BIBLIOTHÈQUE
PHILOSOPHIE CONTEMPORAINE

ESQUISSE PSYCHOLOGIQUE

DES

PEUPLES EUROPÉENS

PAR

ALFRED FOUILLÉE

Deuxième édition

PARIS

FÉLIX ALCAN, ÉDITEUR

ANCIENNE LIBRAIRIE GERMER BAILLIERE ET Cⁱᵉ

108, BOULEVARD SAINT-GERMAIN, 108

1903

ESQUISSE PSYCHOLOGIQUE

DES

PEUPLES EUROPÉENS

DU MÊME AUTEUR

La Philosophie de Platon. 2ᵉ édition. 4 vol in-18 (Hachette).
  Ouvrage couronné par l'Académie des Sciences morales et par l'Académie française
  (Prix Bordin). Chaque volume . . . . 3 fr. 50
La Philosophie de Socrate. 2 vol. in-8º (Alcan).
  Ouvrage couronné par l'Académie des Sciences morales et politiques (Prix
  V. Cousin) . . . . 15 fr. »
La Liberté et le Déterminisme. 5ᵉ édition 1 vol. in-8º(Alcan).   7 fr. 50
Tempérament et Caractère. 3º édition.
Le Mouvement idéaliste et la réaction contre la Science. 2º édi-
  tion . . . . 7 fr. 50
Le Mouvement positiviste et la Conception sociologique du monde.
  2º édition . . . . 7 fr. 50
Histoire générale de la Philosophie. 9ᵉ éd., augmentée d'un chapitre
  sur la philosophie contemporaine.1 vol. in-8º. (Delagrave.)   6 fr. »
L'idée moderne du droit en France, en Angleterre et en Allemagne
  4º édition. 1 vol. in-18 (Hachette) . . . . 3 fr. 50
La Science sociale contemporaine. 3º édition. 1 vol. in-18
  (Hachette) . . . . 3 fr. 50
La Propriété sociale et la Démocratie. 2º édition. 1 vol. in-18
  (Hachette) . . . . 3 fr. 50
Critique des Systèmes de morale contemporains. 5º édition, 1 vol
  in-8º (Alcan) . . . . 7 fr. 50
L'Avenir de la Métaphysique. 2º édition. 1 vol. in-8º (Alcan)   5 fr. »
La Morale, l'Art et la Religion selon Guyau. 3º édition très augmen-
  tée, avec portrait de Guyau. 1 vol. in-8º (Alcan) . . .   2 fr. 75
L'Evolutionnisme des Idées-forces. 3º édition. 1 vol. in-8º (Al-
  can) . . . . 7 fr. 50
Descartes. 1 vol in-18 (Hachette, *Collection des Grands écrivains
  français*) . . . . 2 fr. »
L'Enseignement au point de vue national 2º édition. 1 vol in-18
  (Hachette) . . . . 3 fr. 50
La Psychologie des idées forces. 2º édition 2 vol. in-8º(Alcan)   15 fr. »
Les Études classiques et de démocratie. 1 vol in-18 (Colin)   3 fr. »
Psychologie du Peuple français 2º édition.1 vol in-18(Alcan)   1 fr. 50
La France au point de vue moral. 2º édit. 1 vol. in-8º (Alcan).   7 fr. 50
La Réforme de l'Enseignement par la philosophie. 1 vol in-18
  (Colin) . . . . 3 fr. »
Nietzsche et l'immoralisme. 1 vol. in-8º (Alcan) . . . .   5 fr. »

SOUS PRESSE :

La Morale des Idées-forces.

ESQUISSE PSYCHOLOGIQUE

DES

PEUPLES EUROPÉENS

PAR

ALFRED FOUILLÉE

Deuxième edition

PARIS

FÉLIX ALCAN, ÉDITEUR

ANCIENNE LIBRAIRIE GERMER BAILLIÈRE ET Cie

108, BOULEVARD SAINT-GERMAIN, 108

1903

PRÉFACE[1]

___

POSSIBILITÉ ET DIFFICULTÉ D'UNE PSYCHOLOGIE
DES PEUPLES

De nombreuses lectures, de nombreux voyages, de longs
entretiens avec des hommes de nationalités diverses ne
peuvent pas ne point laisser, dans l'esprit d'un philosophe
préoccupé de psychologie et de sociologie, une impression
plus ou moins exacte sur les traits caractéristiques des
peuples européens. L'étude de leur formation ethnique et
des éléments dont ils se composent, l'interprétation de leur
histoire et l'examen de leurs littératures, surtout de leur
religion et de leur philosophie, toutes ces données m'ont
paru aboutir à quelques résultats très généraux, qui méritent peut-être l'attention. Il importe d'autant plus, en
France, de ne pas négliger la psychologie des peuples, qu'un
des traits de notre tempérament national est la propension
à juger les autres d'après nous. Excellent moyen d'être dupes.
« Il est aussi essentiel, a dit Bismarck, de connaître les
caractères des peuples que de connaître leurs intérêts ».
On sait comment le chancelier établit jadis ses calculs sur
la psychologie du peuple français et sur celle du peuple

___

[1] Ce volume est la fin des études de psychologie appliquée que nous
avions entreprises après avoir publié la psychologie des idées-forces et qui
ont abouti à divers livres sur le tempérament et le caractère, sur la psychologie du peuple français, sur la France au point de vue moral. Nous
avons l'intention de nous consacrer désormais aux problèmes moraux et
sociaux, ainsi qu'aux grandes questions de la philosophie, avec la constante
préoccupation de n'en négliger ni le côté spéculatif, ni le côté pratique.

allemand. Les écrivains étrangers remarquent que la France, sous le second Empire, grâce au despotisme et à la stagnation de la conscience publique, avait perdu le sentiment et de son vrai génie national et de ses vrais intérêts internationaux. Toute la politique impériale, depuis la guerre de Crimée jusqu'à celle d'Italie et à celle du Mexique, ne fut-elle pas une longue suite de contre-sens psychologiques et sociologiques? La France entière s'y associa, d'ailleurs, par ses illusions persistantes sur le caractère des divers peuples, sur les sentiments des étrangers à son égard, sur la domination que devaient exercer les idées françaises dans le monde entier. De là les faiblesses et les erreurs de notre diplomatie. L'Empire, pour n'en citer qu'un exemple, voulut changer l'Italie en grande puissance et s'en faire, par le lien de la gratitude, une « alliée utile et dévouée »; M. Thiers se montrait meilleur psychologue lorsqu'il disait : « Il serait inique de créer une puissance pour qu'elle fût éternellement notre dépendante. La fidélité de l'Italie aura tout juste la durée de sa faiblesse ». Que de fois et pendant combien d'années nous nous sommes nourris de visions sentimentales, de rêveries chevaleresques, d'utopies égalitaires et humanitaires, au lieu de nous demander à quelle nature d'hommes et de peuples nous avions affaire, ce que nous sommes réellement nous-mêmes et ce que sont les autres autour de nous! Mais les temps ont changé : le peuple français commence à avoir l'œil ouvert à la fois sur autrui et sur soi. Nous croirons être utile à notre pays si nous parvenons à faire comprendre combien les peuples qui nous entourent diffèrent du nôtre, — surtout nos voisins immédiats, Allemagne, Italie, Angleterre, et notre alliée lointaine, la Russie —; combien nous devons, dans notre vie internationale, tenir compte de ces différences, combien elles s'imposent à notre attention jusque dans notre vie nationale : c'est une utopie de croire que nous pouvons tout faire et tout oser comme si nous étions seuls ou même comme si nous étions « sans patrie ».

Le livre qu'on va lire n'est évidemment qu'une simple *esquisse* psychologique et sociologique. Mais, en un tel sujet, une esquisse est peut-être préférable à un portrait générique trop achevé, par cela même trop arbitraire et rempli de détails d'autant plus contestables qu'ils sont plus

nombreux et plus particuliers. Un peuple ne saurait entrer
dans une formule précise et étroite : il la déborde nécessairement. Aussi, en ces matières, un certain art doit-il se
mêler à la science; le portrait moral d'un peuple, comme
le portrait physique d'un individu, exige une part de divi-
nation d'après des données exactes. Le psychologue est
obligé de se faire peintre, et, quand il s'agit de sujets
aussi vastes que des personnalités collectives, il ne peut
espérer produire, après un examen minutieux des faits,
que de larges fresques, d'autant plus ressemblantes qu'elles
laisseront maints détails dans une demi-ombre pour mettre
en pleine lumière les traits essentiels des diverses physionomies.

L'étude psychologique et sociologique des peuples *européens* est particulièrement difficile, parce que ceux-ci représentent le plus haut degré de complication sociale due à
la vie civilisée. C'est une tâche ardue que de faire en eux
la part du caractère naturel et celle des mœurs ou maximes
de la vie collective. Cependant, le problème n'est pas aussi
insoluble qu'il le semble d'abord. Le peuple français, par
exemple, le peuple anglais, le peuple allemand, le peuple
italien, le peuple russe, le peuple espagnol sont parmi ceux
dont la physionomie sociale est le mieux déterminée. Le
caractère naturel, en effet, tient au tempérament et à la
constitution, qui eux-mêmes tiennent à la race et au milieu
physique; or, les traits des races composantes (comme
nous l'avons déjà montré dans notre *Psychologie du Peuple
français*) commencent à être connus : on peut dire, d'une
façon très générale, en quoi se distinguent les constitutions physiques et même psychiques du Germain et
du Celte, du Slave et de l'Ibère. D'autre part, les milieux
ont été parfaitement étudiés, ainsi que leur influence
sur le tempérament, puis, par voie de conséquence, sur
l'humeur, sur le mode de sensibilité, d'imagination, d'activité. Enfin l'histoire des divers peuples est connue, ainsi
que leur religion, leur littérature, leurs arts, leur état social.
On peut donc fort bien déterminer le fond de leur caractère.
C'est d'ailleurs plutôt la *constance* que l'*intensité* qui appartient aux qualités communes chez les individus d'un même
peuple. Raison de plus pour rechercher surtout les grands
traits constants de la physionomie et pour négliger les

détails, alors même que ces détails apparaissent chez certains hommes avec une intensité exceptionnelle.

Une des grandes difficultés, quand il s'agit de tracer le portrait psychologique d'une nation, c'est que, si on appartient soi-même à cette nation, on tend à faire involontairement le portrait de sa propre individualité. Si, au contraire, on parle d'une nation étrangère, on ne peut vraiment *sentir* comme elle sent, on est en grande partie un peintre infidèle. Cependant, il ne faut pas exagérer cette double difficulté inhérente à la tâche du psychologue. Oui, je me peins moi-même en peignant le Français, mais, comme je suis Français, j'ai dû retrouver en moi les grands traits fondamentaux de ma nation : ils seront donc dans mon portrait, si j'ai quelque intelligence comme psychologue; seulement, ils y seront enveloppés d'un certain nombre de traits personnels, puisque je n'aurai pu abstraire entièrement mon individualité propre de ma nation propre. Le cas est le même que pour un peintre de portrait, qui se peint indirectement en peignant son modèle. Niera-t-on cependant qu'un peintre très personnel et très original puisse faire un tableau ressemblant? La seule conclusion à tirer, c'est que le portrait des Français par un Français a besoin d'être contrôlé, complété par d'autres portraits. Il en est de même de tout travail de psychologie, d'histoire et même de science.

Reste la seconde difficulté. Si moi, Français, je fais le portrait de l'Anglais ou de l'Allemand, je ne pourrai jamais *sentir* comme sent un vrai Allemand ou un véritable Anglais, et la manière de sentir est précisément d'importance capitale. — Cela est vrai; mais cet élément d'inexactitude partielle ne suffit pas pour taxer une esquisse psychologique de complète inexactitude. D'abord, nous autres modernes, nous pénétrons de plus en plus l'âme les uns des autres. Quand on a conversé longuement avec les étrangers, lu leurs ouvrages, on finit par entrevoir leur manière de sentir. Cela se vérifie surtout pour la littérature. Passez de Racine à Shakespeare ou à Gœthe : si vous ne *sentez* pas d'une manière nouvelle, non racinienne, c'est que vous avez l'esprit et le cœur bien fermés. Lisez des romans anglais ou allemands, vous serez initié à des sentiments tout autres, comme à des mœurs tout

autres. Lisez enfin les portraits divers que les Anglais ou
Allemands ont faits d'eux-mêmes, lisez aussi ceux qu'ils
ont prétendu faire de la nation française ; si vous ne saisis-
sez pas, dans le tableau de leurs nations respectives et dans
les erreurs mêmes qu'ils commettent sur la nation française, des traits de caractère qui les révèlent, eux, qui ouvrent
ainsi des perspectives sur l'âme anglaise ou allemande,
c'est toujours que vous manquez d'esprit de finesse comme
de savoir positif. Enfin, il y a dans la psychologie des
nations un côté sociologique qui acquerra dans l'avenir une
importance croissante, par la croissante réaction des changements sociaux sur les phénomènes psychologiques et
moraux. Or, l'état sociologique d'un peuple, à un moment
donné, est beaucoup plus saisissable que son état psychologique. Vous avez donc là des éléments *objectifs* de la
plus haute importance.

Une dernière difficulté, c'est que les peuples, comme les
individus, changent à travers le temps : ce qui était vrai
de l'Allemand du xviiⁱᵉ siècle ne l'est plus autant de l'Allemand du xxᵉ siècle. — Sans doute ; mais il faut simplement
faire la part du développement historique dans le caractère
psychologique et surtout sociologique. On a beau dire, le
fond reste à peu près le même, parce qu'il tient surtout au
tempérament et à la constitution cérébrale héréditaire.
N'êtes-vous pas frappé de reconnaître encore le Français
d'aujourd'hui chez le vieux Gaulois du temps de César ?

Gardons-nous donc à la fois et du dogmatisme et du scepticisme en fait de psychologie collective. Pour ma part,
j'accepte d'avance toutes les contradictions qu'on opposera
à mes appréciations : elles auront certainement leur part de
vérité. En revanche, on voudra bien aussi reconnaître
une part de vérité dans mes assertions. C'est par la fusion
des jugements successifs et contraires que la psychologie
des peuples fera des progrès. Je n'ai pas, encore une fois,
la prétention de présenter mon essai comme un achève-
ment. Loin de là. Plus il provoquera de discussions et de
corrections, plus je serai heureux. Je réponds d'avance à
toutes les objections qu'on pourra me faire : — « Oui, vous
avez raison, *jusqu'à un certain point*, jusqu'au point où,
moi aussi, je commence à avoir raison. Et si je pouvais
immédiatement ajouter votre point de vue au mien pour

en faire la synthèse, je le ferais. Mon unique ambition est
d'apporter quelques éléments vrais, quoique incomplets.
Je m'excuse aussi d'avance auprès des étrangers, si je ne
les ai pas saisis de la même manière qu'ils se saisissent
eux-mêmes : on a beau vouloir se mettre à *la place des
autres*, on n'y peut réussir entièrement.

Je ne cherche d'ailleurs que la vérité pour tous et l'utilité
pour mon pays, sans la croire opposée à l'utilité pour les
autres nations. Je répète aux Français le mot de Socrate :
— « Connais-toi toi-même », et j'ajoute : — Connais aussi
les autres peuples, sans quoi tu seras leur dupe et leur
proie. J'ai donc cru remplir une sorte de devoir à la fois philosophique et patriotique en livrant aux lecteurs le résultat
de mes recherches sur les caractères étrangers. J'ose
presque le dire, quelque imparfaites que soient les recherches de ce genre (dans la pénurie de travaux d'ensemble
sur la psychologie des peuples), ce serait cependant aussi
une sorte de devoir patriotique pour mes lecteurs que de
lire mes observations, de les contrôler, de les contredire au
besoin, en un mot, de s'instruire le plus possible sur les
termes du grand problème national et international où sont
contenues d'avance nos destinées. En France, nous avons
tous, jusqu'ici, donné tant de preuves d'ignorance psychologique et de légèreté politique, qu'il est temps de nous
imposer des études plus sérieuses, quelque longues et
difficiles qu'elles soient.

En ce moment même, maints réformateurs ou agitateurs
voudraient nous lancer soit dans des expériences sociales
(ou anti-sociales !), soit dans des révolutions intérieures
par voie de table rase, comme si nous étions entourés
d'une muraille de Chine; nos voisins sont prêts à profiter
de nos fautes, de nos discordes, de tout ce qui peut nous
affaiblir. Tandis que les uns poussent le nationalisme et
le « chauvinisme » jusqu'au ridicule, les autres nous
prêchent le dédain de la « patrie », au profit de l'humanité
collectiviste. On tourne les plus nobles idées en niaiseries
politiques ou sociales, et, sous le prétexte que la brebis est
moralement supérieure au loup, on nous engage à nous
faire brebis et à nous laisser dévorer par les loups. On
espère ainsi appliquer une philosophie soi-disant *humanitaire*, sans se soucier le moins du monde des nations voi-

sines, qui ont une philosophie anti-humanitaire, appuyée
par de nombreux canons et par des masses toujours crois-
santes de soldats. Est-ce que nous ambitionnons le rôle de
la Grèce ? Etre conquis par quelque Rome, avec la consolation de la conquérir à notre tour par nos « idées », qui
ne seront peut-être appliquées que dans dix siècles ? *Græcia
capta ferum victorem cepit !*... Les illuminés et les violents
de la Révolution française s'imaginaient, eux aussi, que
leurs « principes » et leur « droit » allaient immédiatement
conquérir le monde ; or, le xix° siècle tout entier fut une
réaction contre ces principes et contre ce droit, une immense levée de boucliers contre cette France turbulente et
sanglante qui avait guillotiné au nom de la fraternité et
voulu asservir l'Europe au nom de la liberté[1]. Nous expions
aujourd'hui nos ignorances et nos fautes. Efforçons-nous
d'acquérir un sentiment plus exact et des vrais *droits* et
des *faits* réels. Légiférons dans nos livres pour le tren-
tième siècle, mais, en attendant, ne nous laissons pas dévorer ou ne nous dévorons pas nous-mêmes au vingtième !

Puisse cette esquisse, si incomplète, suffire cependant
à montrer ce qu'il y avait de faux dans le fatalisme ethnique
ou géographique naguère à la mode ; ce qu'il y a de vrai,
au contraire, dans le point de vue psychologique et sociologique, dont l'importance est de plus en plus mise en
lumière par les événements de l'histoire contemporaine !
Nous sommes loin de soutenir, avec Lazarus, que l'être des
peuples ne repose sur aucun rapport extérieur et proprement naturel, — identité de races ou communauté de langue, régime des biens, etc. Mais nous soutenons que les
rapports psychologiques et les dépendances sociales vont
sans cesse croissant, qu'un peuple est avant tout un
ensemble d'hommes qui se regardent comme un peuple.
« Œuvre spirituelle de ceux qui la créent incessamment,
l'essence d'une nation, dit Lazarus, est dans sa conscience
et dans sa volonté. »
Sans vouloir méconnaître les défauts des divers pays,
puisque je fais, autant qu'il est possible, œuvre de
science psychologique et sociologique, je considérerai

[1] Voir la conclusion de notre livre sur *la France au point de vue moral.*

cependant comme une règle de justice d'insister surtout sur les qualités, qui sont l'essentiel et le fondamental. A l'égard du caractère des peuples aussi bien qu'à l'égard des œuvres individuelles, « la grande critique est celle des beautés plutôt que celle des défauts » ; et c'est aussi la plus difficile, car les qualités d'un peuple sont ordinairement bien plus profondes et plus secrètes que ses vices ou ses ridicules, qui sautent tout de suite aux yeux et se laissent seuls apercevoir des observateurs superficiels. Mieux on connaît les grands peuples, plus on trouve de raisons de les aimer. C'est l'avantage moral qu'on retire des études psychologiques et sociologiques appliquées aux divers membres de l'Humanité. On y apprend à la fois et la justice et la sympathie.

INTRODUCTION

BASES DE LA PSYCHOLOGIE DES PEUPLES

———

I

LE VOULOIR-VIVRE COLLECTIF ET LES CARACTÈRES NATIONAUX

I. — Il est facile de reconnaître chez les peuples un *vouloir-vivre* collectif qui s'exprime sous des formes particulières, comme le vouloir-vivre individuel se projette dans l'organisme et dans les actions relatives au milieu extérieur. Il y a des *espèces* d'animaux et il est impossible de demander au bœuf ce que veut et fait le lion. Dans une même espèce il y a des *variétés*, et le chien de Terre-Neuve voudra ou fera ce que ne fait aucun boule-dogue. Comment donc les diverses variétés humaines seraient-elles identiques ? Comment les divers peuples qui, depuis des siècles, ont une vie à la fois propre et générale, des mœurs et règles collectives, des intérêts communs, des passions et idées communes, même langue, même climat, même position géographique, même histoire, comment ces peuples n'auraient-ils pas une complexion mentale différente, un type national auquel viennent se surajouter les variations individuelles ? Ne reconnaît-on pas un Anglais à sa physionomie physique ? Ne le reconnaîtrait-on pas encore mieux à sa physionomie morale ?

On sait qu'un savant anglais, Galton, au moyen de photographies superposées et fondues en une photographie unique, parvient à rendre visibles des types génériques. Réunissez ainsi en une seule image cent Anglais, ou cent

Français, ou cent Allemands, vous obtiendrez pour chaque nation des physionomies caractérisées par des traits reconnaissables. Plus il y aura de traits communs à toutes, plus la figure générique sera nette et distincte. Il en est de même au moral. Lorsque, par l'effet de l'hérédité, de l'éducation, de l'imitation mutuelle, de l'adaptation à un même milieu, un grand nombre de traits de caractère se sont généralisés dans un peuple, de manière à y produire l'homogénéité sur une grande étendue, le type moral devient lui-même riche en éléments déterminés ; il renferme une multiplicité considérable ramenée à une forte unité. Le type de l'Anglais et celui du Français nous en donnent des exemples frappants. L'Irlande et les hautes terres de l'Ecosse mises à part, un même caractère est aujourd'hui reconnaissable chez presque tous les Anglais ; c'est une des causes de leur force. Leur grande originalité individuelle ne les empêche pas d'avoir une étonnante communauté de sentiments, d'idées et de volonté. Chez nous, la fusion est également très complète ; mais, moins insulaires et plus ouverts au continent entier, nous offrons des types plus variés, tout comme notre climat offre des productions plus diverses ; nous pouvons être moins unis par nature, mais nous sommes très unis socialement.

Autre, d'ailleurs, est la nation, autre l'individu, à tel point que les qualités de l'un peuvent devenir défauts chez l'autre. Renan, dans une de ses boutades, disait qu'un individu qui aurait les défauts tenus chez les nations pour des qualités, qui se nourrirait de vaine gloire, qui serait à ce point jaloux, égoïste, querelleur, qui ne pourrait rien supporter sans dégainer, serait le plus intolérable des hommes. Mais, ajoutait-il, « toutes ces dissonances de détail disparaissent dans l'ensemble ».

Les deux peuples où les individus ressemblent le moins à la nation même, malgré tous les traits communs qu'ils ont avec elle, sont peut-être l'Espagne et l'Angleterre. En France, au contraire, individus et collectivité se ressemblent beaucoup, parce qu'il y a sans cesse rapprochement et fusion entre les deux termes : chaque individu vit d'une vie sociale intense et continue. L'individualisme moins exclusif laisse apercevoir chez chaque citoyen les

traits les plus généraux de la collectivité, et c'est là un
des caractères que le sociologue doit avant tout reconnaître
chez le peuple français.

II

ÉLÉMENTS ETHNIQUES DES CARACTÈRES NATIONAUX

On sait qu'Auguste Comte distinguait dans la sociologie la statique et la dynamique : ces deux parties se
retrouvent dans la psychologie collective. Les éléments
statiques du caractère national sont : 1º la race, sauf les
variations introduites peu à peu par les divers croisements ;
2º le milieu physique, sauf les différences apportées par
la civilisation dans ce milieu et qui le rendent de plus en
plus approprié à la vie de la nation. Les éléments *dynamiques* du caractère national sont physiologiques ou sociologiques. Les premiers consistent dans la sélection des
races ou variétés les mieux adaptées au milieu physique
ou social, ce qui ne veut pas dire nécessairement les races les
« meilleures ». L'élément dynamique est l'histoire du peuple, ses relations avec ses voisins, son développement
interne sous le rapport intellectuel, esthétique et moral. Ce
développement a lieu, très souvent, par le moyen des sélections sociales, soit en mieux, soit en pire.

Il faut donc distinguer chez les peuples le caractère
inné et le caractère acquis. L'un est psycho-physiologique,
l'autre est surtout psycho-sociologique.

Pour comprendre le caractère psycho-physiologique d'un
peuple, le premier point est d'en déterminer les races
composantes. Une race doit se définir l'ensemble des individus qui possèdent en commun un certain type héréditaire.
Rappelons que l'anthropologie actuelle distingue, *grosso
modo*, comme éléments principaux en Europe : l'*Homo
Europæus*, dolichocéphale blond, l'*Homo Alpinus* brachycéphale brun, et l'*Homo Mediterraneus* dolichocéphale brun,
moins nettement déterminé que les deux autres [1].

[1] L'indice céphalique est, comme on le sait, le quotient de la largeur
maxima du crâne, multipliée par 100 et divisée par la longueur maxima du

Certains caractères physiques sont manifestement innés et différents chez les divers sujets dolichoïdes ou brachys, mais les caractères mentaux sont en grande partie acquis, grâce au milieu physique et surtout social, grâce au développement historique des diverses variétés humaines. Certains caractères mentaux doivent aussi exister en vertu du rapport entre le physique et le moral, mais nous ne pouvons que les conjecturer de loin. On comprend que la forme du crâne, par exemple, favorise tantôt l'énergie volontaire, comme chez les dolichocéphales blonds de l'Angleterre, tantôt le développement intellectuel, comme chez les brachycéphales bruns de la France, tantôt la violence des passions, comme chez les dolichocéphales bruns du midi. Mais on ne peut juger de ces choses que par leurs effets à travers l'histoire, qui est elle-même un vaste champ de conjectures.

Il est une doctrine anthroposociologique qui, faisant de la race le facteur dominant de l'histoire, attribue le grand rôle aux dolichoïdes et se lamente sur l'universelle montée des brachycéphales [1]. Sans méconnaître l'intérêt des statistiques mises en avant par les anthropologistes, nous tenons leurs premiers principes et leurs dernières conclusions pour problématiques. La dolichocéphalie, d'abord, peut-elle constituer une vraie « race », même en y ajoutant une taille haute, des cheveux blonds et des yeux bleus? C'est ce qui est contestable et contesté parmi les anthropologistes eux-mêmes. Nous sommes seulement en présence de sous-races ou variétés intéressantes. On nous donne d'ailleurs, pour seules caractéristiques de l'ordre mental, des descriptions qui se résument en ceci : — Les dolicho-blonds semblent avoir plus de volonté énergique et même violente, une humeur plus inquiète et plus entreprenante, peut-être une intelligence plus inventive. — Soit. Mais fonder tout un

crâne. Ce quotient varie sur le vivant entre 70 et 96 environ. Les auteurs ne sont pas d'accord sur la limite qui sépare la brachycéphalie de la dolichocéphalie. On appelle, dans la pratique, dolichocéphales les populations dont l'indice est inférieur à 80 ; brachycéphales, celles dont l'indice est supérieur à 85 ; mésaticéphales, celles dont l'indice est entre 80 et 85. H. Europæus, c'est, a-t-on dit « l'Anglais idéal » ; H. Alpinus, « le Turc ou l'Auvergnat » ; H. Mediterraneus, « le Napolitain, l'Espagnol, surtout l'Andalou ».

[1] Nous avons examiné longuement cette théorie dans l'introduction de notre *Psychologie du peuple français*.

système historique et politique sur des données aussi peu précises, c'est s'aventurer beaucoup. Nous accordons que les dolicho-blonds paraissent en effet plus actifs et plus mobiles ; c'est ce qui semble expliquer leur attrait plus grand pour la vie urbaine et leur plus grande aptitude à s'y maintenir. Leur concentration progressive au sein des villes, dans les pays où ils se trouvent mêlés avec des hommes de race alpine, paraît être le résultat le mieux acquis par les statistiques de l'anthroposociologie. Encore le phénomène n'existe-t-il plus là où les dolichocéphales sont très communs, dans l'Italie du Sud et en Espagne, ce qui diminue beaucoup l'importance attribuée à la forme du crâne. La statistique, d'ailleurs, est pleine de merveilles. N'a-t-on pas lu naguère celle à laquelle se sont livrés les viticulteurs du Bordelais, pour savoir si la longévité est plus grande dans les pays à vins blancs et à vins rouges ? En faveur de ces derniers, les chiffres eurent une supériorité écrasante, — au moment même où les médecins nous faisaient l'éloge du vin blanc et, mieux encore, de l'eau. Qui interprétera ces chiffres ? Quel rôle n'y joue pas le hasard, ce Dieu tutélaire des statisticiens ? Considérez la forme du nez, et faites là-dessus des statistiques, vous arriverez sans doute à des résultats curieux. Considérez la forme des mentons, — ou les lignes de la main, — il en sera de même. Il faudrait aboutir à de très grands nombres et éliminer l'action de toutes les autres causes pour être sûr d'un résultat statistique déterminé.

Un des avantages des dolichocéphales, qui joue peut-être, selon nous, un rôle plus important que leur indice céphalique, c'est leur haute taille. Dans tous les temps, les hommes de grande taille se sont montrés entreprenants, conquérants, pleins de hardiesse et d'initiative. Il n'est pas étonnant que ces hommes, et surtout les dolichocéphales blonds, aiment à émigrer dans les villes, où leurs facultés d'entreprise trouvent mieux à s'exercer. Ce sont les plus ambitieux et les plus inquiets. Souvent aussi, ce sont ceux qui se laissent séduire à l'appât de gains plus élevés, de plaisirs plus nombreux et plus faciles. Il y a même, parmi eux, des paresseux qui croient qu'ils se tireront d'affaire sans grande peine.

— « Depuis les temps préhistoriques, dit-on, l'indice céphalique tend à augmenter constamment et partout. » — Ainsi, tandis que tout le reste fait des progrès, que la civilisation avance, que la science multiplie ses découvertes, que l'humanité accomplit mille prodiges, cette même humanité se détériorerait sous le rapport du crâne et perdrait sa qualité la plus précieuse, la dolichocéphalie ! Il est difficile de prendre au tragique un phénomène aussi « universel » et qui, précisément, coïncide avec le développement universel des intelligences.

D'autres anthropologistes, comme M. Manœuvrier, ont justement contesté les résultats des observations et statistiques en l'honneur des dolichoïdes. Concluons donc que, sans méconnaître l'importance de certains caractères physiques au point de vue de l'anthropologie et de la distinction entre les variétés humaines, il est impossible de leur accorder l'importance morale et sociale que leur prêtent les « anthroposociologistes ». Acceptons les données de ces derniers comme indications de sous-races, acceptons même certaines caractéristiques psychologiques qui semblent vérifiées par l'histoire de ces sous-races; mais ne changeons point une question secondaire de tempérament en une question de valeur morale absolue et définitive. Nous sommes en présence de relations curieuses, imparfaitement établies encore et dont l'interprétation est difficile ; on n'a pas le droit d'en tirer des conséquences pessimistes ou optimistes pour l'avenir de la civilisation.

Selon nous, la vraie raison pour laquelle la composition ethnique d'un peuple a une valeur sociologique, c'est que les effets sociaux diffèrent nécessairement selon le nombre et la proportion des éléments mélangés. En France, ce qui frappe d'abord le sociologue, c'est l'extrême *complexité* et l'extrême *mélange* des races. Comparez la France, par exemple, à l'Angleterre et à l'Espagne, les deux pays où les races semblent les plus pures. En Angleterre, malgré les noms divers des peuples composants, c'est la variété dolichocéphale blonde à haute taille qui est nettement dominante et qui imprime sa marque à l'ensemble. L'Angleterre est un des peuples où l'indice céphalique offre le plus de constance relative. De même, en Espagne, la

race est extrêmement uniforme ; là encore se trouve une
race dolichocéphale, mais c'est la brune, à petite taille, la race
méditerranéenne. Cette uniformité *relative* de race donne, soit
au peuple anglais, soit au peuple espagnol, une physionomie
tout à fait tranchée. En France, au contraire, vous avez une
mixture bien moins unifiée de races diverses, dont les éléments peuvent néanmoins se ramener à trois principaux :
Celtes brachycéphales bruns, Germains ou Scandinaves
dolichocéphales blonds, enfin Méditerranéens dolichocéphales bruns. En outre, il y a chez nous une grande diversité
selon les provinces : impossible de prendre un Breton ou un
Normand pour un Provençal, un Languedocien ou un
Gascon pour un Lorrain, un Picard pour un Auvergnat.

On peut donc admettre que la race ou le mélange des races
conditionne le développement social d'un peuple, c'est-à-dire
lui assigne un certain champ plus ou moins étendu avec des
limites plus ou moins étroites ; mais il est faux que la race
détermine ce développement. Il en est de la constitution
ethnique pour un peuple comme de la constitution physiologique et cérébrale pour l'individu Chaque homme
naît avec des facultés naturelles plus ou moins grandes ;
s'il est peu intelligent, aucun travail ne le rendra capable
de dépasser certaines limites qui lui sont assignées par sa
nature propre. De même, si un individu appartient à une
race humaine manifestement inférieure ou dégénérée, il
restera encore susceptible d'une certaine éducation, mais la
conformation native de son cerveau lui interdira tout développement qui dépasserait certaines limites.

Les races européennes sont très proches parentes, toutes
capables du plus haut développement intellectuel et social ;
de plus, leurs proportions relatives dans les mélanges
nationaux ne vont pas jusqu'à produire des différences
considérables de composition ethnique ; on ne peut donc
considérer aucun des grands peuples européens comme
frappé d'une incapacité native, ni lui dire d'avance : *Tu
n'iras pas plus loin.*

III

ÉLÉMENTS SOCIOLOGIQUES DES CARACTÈRES NATIONAUX. LEUR IMPORTANCE CROISSANTE

En l'absence de conditions sûrement déterminantes qui tiendraient à la constitution physiologique, nous devrons considérer surtout, dans ce livre, les vrais et actifs ressorts de l'évolution des peuples, qui consistent dans les causes psychologiques et sociologiques. Si le climat ne peut rien sans la race, si la race peut beaucoup, malgré le climat, lorsque ce dernier n'offre pas des obstacles physiques insurmontables, ce sont surtout les hommes mêmes, réunis en société, qui peuvent presque tout les uns sur les autres. Ceux-ci inventent, ceux-là imitent, les uns s'attachent à la tradition, d'autres cherchent à faire le contraire de leurs prédécesseurs. Les divers esprits, avec leurs diverses œuvres, agissent ainsi les uns sur les autres et s'enchaînent par une sorte de filiation spirituelle. Tous les éléments de race, de climat, de milieu physique et de tempérament, ne représentent donc, comme nous l'avons dit, que la partie statique du caractère, celle qui subsiste sous les acquisitions de la vie sociale et civilisée; mais, chez les peuples modernes, — notamment en France, où la vie sociale est si développée, — les acquisitions et éléments dynamiques acquièrent une importance toujours croissante.

Il n'y a du reste nulle part, sur la terre, de peuples proprement incultes et à l'état de nature (Naturvölker). La sauvagerie est déjà un premier degré de civilisation; tout groupe est une société, et il n'y a point de société sans certains phénomènes sociologiques qui constituent précisément son degré de civilisation. Les peuples les plus voisins de la nature aux yeux d'un Rousseau sont précisément ceux qui ont l'organisation sociale la plus rigide, la plus inflexible, la plus esclave des traditions [1]. La différence des peuples primitifs et

---

[1] Voir sur ce point l'*Année sociologique* (4° année), p. 141.

des peuples civilisés est d'ailleurs bien connue. Les premiers
se ressemblent tous par certains traits fondamentaux. Rappelons que, d'une manière générale, la vie instinctive
domine chez le barbare, aux dépens de la vie réfléchie,
qui ne peut être chez lui très développée : d'où les
impulsions violentes, mais peu durables, au gré de pas,
sions elles-mêmes mobiles, qui ressemblent à une succession de crises ; de là encore l'absence de prévoyance et de
prudence, le gaspillage des forces et des produits, une intelligence toute associative, une imagination toute mythologique, une religion toute superstitieuse, une morale toute
extérieure. Les peuples se ressemblent d'autant plus entre
eux qu'ils sont plus primitifs. Au contraire, la civilisation,
avec la conscience de soi et le développement social qu'elle
entraîne, produit de nombreuses différences, en même temps,
d'ailleurs, que de nouvelles ressemblances. Comme l'observateur se trouve là devant la pleine lumière et que les causes
intellectuelles, morales, sociales, deviennent prédominantes, il peut arriver à se faire une idée distincte des
physionomies nationales.

Certains sociologues, par une réaction exagérée contre
les ethnologistes, ont prétendu que la terre, le climat, le sol
et la race sont sans aucune importance, que la valeur d'un
peuple est fonction de sa seule population. Nouvelle thèse
non moins excessive que les précédentes. La population ;
vaut elle-même : 1° par ses éléments, où la race joue un rôle,
il n'est pas indifférent d'avoir affaire à un million de blancs
ou à un million de nègres, à un million d'Anglais ou à un
million de Turcs ; 2° par sa densité ; 3° par son homogénéité,
etc. Elle vaut enfin et surtout par sa culture intellectuelle,
morale, religieuse. M. Coste, dans son livre sur l'*Expérience
des peuples*, considère trois données : 1° la population
de la capitale ; 2° celle des grandes villes ; 3° celle de
l'ensemble, comprenant les villes de moins de 50,000 âmes
et les campagnes. La perfection de l'organisation sociale,
ou *socialité*, selon le même auteur, serait en raison du développement des grandes villes et de la capitale, lieux de
contact et d'unification sociale ainsi que de progrès social.
La *puissance* serait aussi une fonction de ces trois éléments ;
si la puissance de la France est représentée par 100, celle

de l'Angleterre est 155, celle de l'Allemagne 121. — Ces chiffres peuvent être intéressants, mais produisent un mirage trompeur. Puissance et socialité sont des termes mal définis. Il y a trop d'éléments divers dans la puissance matérielle, intellectuelle, morale et sociale d'une nation pour qu'on puisse ainsi la formuler en chiffres.

La population, d'ailleurs, n'est encore qu'un phénomène de *quantité*, trop matériel et trop extérieur. Il y a des forces psycho-sociales plus profondes qui agissent pour façonner les peuples : la sympathie ou communauté sensitive, l'accord des intelligences, qui a lieu surtout par la raison, enfin l'accord des volontés, qui produit l'action en commun ou synergie. Nous aurons à constater l'action de ces forces dans les divers caractères nationaux. Nous y examinerons aussi l'action des principales *lois* sociologiques, qui sont celles d'imitation, d'invention, de compétition et de coopération. Ces lois sont elles-mêmes liées aux grandes *fins* de la société : liberté sociale, égalité sociale, fraternité ou solidarité sociale. Enfin, il existe des *formes* sociales résultant du *volume*, de la *densité*, de la *différentiation* et de l'*unification* des sociétés ; nous aurons à rechercher l'influence de ces formes mêmes sur le fond du caractère social qui s'est développé dans chaque pays.

Il résulte des considérations qui précèdent que la psychologie des peuples doit étudier leur caractère surtout au point de vue sociologique, c'est-à-dire en tant qu'il est formé, chez chacun et chez tous, par l'action et la réaction des uns sur les autres. Cette réciprocité d'action et de causation est, en effet, ce qui constitue l'objet même de la sociologie. Le caractère sociologique d'un peuple est un résultat de sa vie en commun prolongée pendant des siècles. Tandis qu'une simple foule est un « être provisoire », qui pourtant offre déjà des traits psychologiques dus à l'action mutuelle, une nation est un être durable, que tous les individus contribuent à former. Ils y contribuent d'autant mieux qu'ils agissent davantage, d'une manière plus puissante, plus étendue dans l'espace, plus longue dans la durée[1]. Il y a des idées et des sentiments qui viennent aux

[1] Voir *Psychologie du peuple français*, introduction.

individus de la nation et *par* la nation ; il y a aussi des qualités de caractère qui leur viennent encore de la nation
et par la nation. L'individu ne peut être compris qu'en
tant que membre d'un *système de volontés* dont les relations mutuelles constituent, selon Hegel, l'*essence intel-*
ligible de chacun. Un Français, par exemple, ne devient
intelligible qu'en tant que membre du système de sensibili-
tés et de volontés qui constitue la nation française et qui
fait de lui, non plus seulement un homme en général,
mais un Français. De là dérivent vraiment, non pas des
races, mais les *types* nationaux : le type français, socio-
logiquement considéré, n'est pas plus le type italien ou
espagnol qu'il n'est le type anglais ou allemand, quelles
que soient les races composantes. En un mot, chaque
peuple enveloppe ce que nous avons appelé ailleurs un
« déterminisme sociologique », c'est-à-dire un ensemble de
sentiments et d'idées produit par l'action des sentiments de
tous sur chacun et des sentiments de chacun sur tous.
C'est ce déterminisme sociologique qui le caractérise et le
définit. Il en résulte, selon nous, un système d'*idées-forces*
collectives qui, en dernière analyse, constitue la *conscience*
nationale, l'âme d'un peuple. De plus, nous avons posé en
loi la prédominance progressive des facteurs psychologiques
et sociologiques à travers l'histoire [1]. Cette loi importante,
que nous avons déjà vérifiée par l'étude du peuple français,
le sera de nouveau dans ce livre par celle des autres
peuples européens : chez les diverses nations nous verrons
dominer de plus en plus la vie de la pensée. Nous ne pour-
rons, évidemment, que donner sur tous ces points de simples
indications, tant les problèmes soulevés par la psychologie
collective sont nombreux et complexes ; mais, n'eussions-
nous fait qu'inspirer au lecteur de la défiance pour les
jugements superficiels qui remplissent livres et journaux,
nous estimerions n'avoir pas perdu notre peine.

[1] Voir *la Psychologie du peuple français*, introduction.

ESQUISSE PSYCHOLOGIQUE

DES

PEUPLES EUROPÉENS

LIVRE PREMIER
LE PEUPLE GREC

CHAPITRE PREMIER
LA GRÈCE ANTIQUE

Les découvertes récentes de l'archéologie et de l'ethnographie ont modifié, sur des points importants, les anciennes idées relatives à la Grèce. Quelles furent les origines et la nature de l'esprit hellénique, tel qu'il s'est révélé dans les arts, les sciences, la philosophie et la religion ? Les Grecs de nos jours sont-ils les descendants des contemporains de Léonidas et de Milliade ? Et si cette filiation est contestée, sont-ils néanmoins les héritiers, pour une notable part, des qualités et des défauts de leurs devanciers ? Quoi qu'en ait pu dire un jour Ernest Renan, rêvant sur l'Acropole, il n'y a point eu de « miracle grec » : dans l'histoire des peuples, une fois qu'on a fait la part des races, des milieux, des individualités, tout s'explique par des lois de psychologie et de sociologie qui sont toujours en action ; et c'est pourquoi la bonne ou la mauvaise fortune des uns a toujours pu servir de leçon aux autres.

I

LA GRÈCE AU POINT DE VUE DES RACES ET DU CLIMAT

I. — Les destinées de la Grèce, ont eu, selon nous, deux causes principales ; l'une est l'heureux mélange de deux

races supérieures, l'autre est la position privilégiée de la
Grèce en un point où devaient forcément se rencontrer et
se mélanger les civilisations européenne, asiatique et
égyptienne, si bien que la Grèce, l'Archipel et la côte
d'Asie Mineure ont profité de l'effort intellectuel déjà accumulé par d'autres races. Quant au beau ciel de la Grèce,
il n'a pas nui sans doute, mais la mer et les îles ont exercé
la principale influence, grâce aux communications qu'elles
permirent entre les esprits les plus affinés du temps.

Sans accorder à la race une action aussi omnipotente qu'il
était de mode à l'époque de Taine et de Renan, il est cependant incontestable que, dans l'antiquité, la race expliquait
pour une forte part les traits dominants du caractère national. Mais ceux qui parlent du « génie de la race grecque »
oublient que celle-ci n'est pas une. On a beaucoup discuté
sur les plus anciens habitants de la Grèce, les Pélasges,
terme vague qui peut désigner diverses couches. Eissner,
Reinisch, Beeck ont cru que les Pélasges étaient un croisement de sang blanc et de sang noir; Donaldson y voit
les *sombres Asiatiques* (πέλος, noir). Il semble probable que
la plus ancienne couche appartenait, sauf les mélanges de
blonds, à la première des trois grandes races qui ont peuplé
l'Europe, à la race « méditerranéenne » brune, dont nous
savons que le crâne est allongé, les cheveux et les yeux
noirs, la taille moyenne; race énergique et vive, aux passions ardentes et concentrées, très intelligente, d'une
volonté patiente et opiniâtre. D'après la tradition grecque,
les murs de Tirynthe et de Mycènes, ainsi que la fameuse
porte des Lions, furent construits par des Cyclopes ou
Pélasges; il y avait aussi, d'après l'*Odyssée*, des Cyclopes
en Sicile; enfin, on sait qu'il existe en Italie des constructions cyclopéennes, probablement antérieures à celles de
Grèce. Les vrais Pélasges étaient sans doute de ces Méditerranéens qu'on appelle en Italie Etrusques, Sardes et
Siciliens; en Grèce, Minyens, Lélèges et Cariens; ils
appartenaient à l'antique race qui a couvert jadis une
grande partie de l'Europe : Ibères, vieux Ligures, etc., et
qui, en France, se nomme race de Cro-Magnon.

Le principal résultat des découvertes qui se sont succédé
depuis un demi-siècle, c'est d'avoir dissipé le « mirage
oriental »; on n'admet plus aujourd'hui la prétendue ori-

gine asiatique de la première civilisation gréco-italienne.
Les vases et poteries trouvés par Schliemann près de l'ancienne Troie, à Tirynthe, à Mycènes, révèlent une première période antérieure à l'influence phénicienne, une
seconde où se reconnaît l'influence orientale, une troisième
où le génie grec s'affranchit. C'est précisément dans cette
dernière période, qui est l'âge héroïque, que les Hellènes
venus du Nord entrent en scène. L'Orient sémitique ou
kouschite n'a eu aucune influence, à l'époque de la pierre
polie ou au début de l'ère des métaux, sur l'Europe centrale, septentrionale et occidentale. C'est à une époque
postérieure, celle du commerce maritime des Phéniciens
(à partir du xiiie siècle environ avant Jésus-Christ), que la
civilisation occidentale subit l'influence de l'Asie. Les
fouilles de Troie, de Chypre, de Mycènes, de Tirynthe, de
la Basse-Égypte nous ont livré de merveilleux documents
qui ont bouleversé tout le système des partisans de l'Orient.
Ces découvertes ont montré que les prétendus « barbares »
d'Europe, du moins ceux du Sud, au moment où ils entrè-
rent en contact avec l'Orient, avaient déjà un long passé
de civilisation. Les divers peuples méditerranéens, au
xve siècle et auparavant, avaient une même culture intellectuelle, comme ils étaient sans doute d'une même race
« dolicho-brune ». Leur civilisation, déjà remarquable,
n'avait rien de babylonien, ni d'égyptien, ni de syrien. Les
représentations grossières d'idoles féminines, relevées sur
les monuments mégalithiques et les parois des grottes
funéraires à Uzès, à Bourg, à Blaye, ont leurs équivalents
exacts dans la céramique de Troie et de Chypre ; on retrouve
les mêmes types, à une époque postérieure, en Bavière,
dans la Prusse occidentale, en Galicie, en Russie[1].

---

[1] Quatrefages, *Histoire des races humaines*, t. I, p. 282. Reinach, *le Mirage oriental*, p. 53. Les dolmens de l'Allemagne du Nord, formés de blocs
erratiques, sont les plus anciens que l'on connaisse. Ceux de l'Inde et de
l'Afrique du Nord sont bien plus récents. Dans les pays favorisés qui se
civilisèrent de bonne heure, comme l'Italie et la Grèce, on ne trouve pas
de dolmens proprement dits, mais ces constructions en gros blocs, dites
cyclopéennes, qui témoignent déjà d'un très grand progrès dans l'art de
bâtir. On crut d'abord que l'étain venait de l'Inde ; c'est, au contraire, le
mot sanscrit *Kastira* qui vient du grec κασσίτερος, et des textes grecs montrent que l'Inde, prétendue patrie du bronze, recevait son étain d'Alexandrie au iiie siècle avant Jésus-Christ.
Les épées de bronze découvertes à Mycènes sont à soie, dit M. Reinach,

Il faut donc admettre pour première base, en Grèce comme dans les contrées voisines, une civilisation néolithique primitive qui, de l'Europe centrale ou même de l'Europe du Nord, « rayonna en éventail vers la Méditerranée ». En Espagne, dans l'Italie même, soustraite au contact de l'Egypte et du monde sémitique, elle resta stationnaire, s'endormit dans une sorte de médiocrité. En Grèce, au contraire, sur toutes les côtes égéennes, la rivalité et le contact des diverses civilisations produisit la vie, le mouvement, le progrès.

Mais la race à laquelle la Grèce dut principalement son essor fut celle des Hellènes. Cette seconde couche ne venait pas davantage de l'Orient. Elle était descendue de la Scythie par le Danube et le rivage de l'Adriatique, vers le xvie siècle avant notre ère : elle était donc, par rapport à l'autre, « hyperboréenne », selon l'expression des Grecs eux-mêmes. Elle faisait partie probablement de la race blonde à crâne allongé et aux yeux bleus. Abusivement appelée aryenne du nom d'une de ses tribus émigrées en Asie, cette race se rattache par le squelette aux races quaternaires et néolithiques de l'Europe occidentale et, selon l'opinion aujourd'hui en faveur, son berceau doit être cherché non en Asie, mais en Europe[1]. Il s'est produit à diverses époques

ont souvent des pommeaux d'albâtre et des ornements en or ; la majorité des epées du bassin du Rhône et de la France entière sont de ce type à soie, avec pommeaux en bois, en corne ou en or. Les poignards à soie et les haches plates trouvees à Troie et dans l'île de Chypre sont identiques aux plus anciens poignards et haches de la Sicile, de l'Italie, de la France, surtout du bassin du Rhône. Une même industrie du bronze a donc existé et a rayonné dans tout le bassin de la Méditerranée.

Si l'ancienne theorie etait vraie, l'île de Chypre, fertile et riche en métaux, très voisine de l'Egypte et de la Syrie, devrait offrir aux archéologues une couche inferieure de civilisation tout orientale, à laquelle se serait superposee plus tard une couche hellenique. Les fouilles récentes de M. Ohnefalsch-Richter ont prouve, au contraire, qu'à Chypre comme sur beaucoup d'autres points, c'est la civilisation égéenne ou méditerranéenne, analogue à celle de Troie, qui est primitive ; puis vient une couche orientale, et enfin une couche répondant à la Grèce historique.

[1] La langue grecque, d'après les recherches les plus récentes, ne vient nullement du sanscrit Ce dernier, avec les langues de l'Inde, est plus eloigné de la langue aryenne primitive, à plusieurs égards, que les langues européennes, notamment le lithuanien, le grec, le vieux latin ; et la langue mère a dû être européenne, non asiatique. (Sayce, *Principes de philosophie comparée*, p. 13 Paris, 1884.) L'écriture indienne, qu'on croyait si antique, dérive des alphabets grecs et arameens : elle est postérieure à Alexandre le Grand. Les *Védas*, où l'on avait voulu voir la « première effusion lyrique

une série d'invasions d'hommes du Nord n'ayant rien d'asiatique. La Gaule fut un des premiers pays conquis par ces
septentrionaux, les vrais Gaulois ou Galates, qui de là pas-
sèrent en Italie et en Espagne. D'après la philologie, les
invasions vers l'Orient seraient postérieures. Trouvant la
voie du Sud fermée par le premier essaim qui s'y était déjà
établi, les hommes du Nord auraient cherché une issue par
l'est de la Baltique et se seraient mêlés aux Pélasges de
Grèce, plus tard aux Perses et aux Indiens. Quant aux Germains proprement dits, aux Belges et aux Normands, ils
représentent un troisième groupe d'émigrations ultérieures,
toujours de la même race. En Grèce, toutes les légendes
s'accordent à présenter les Hellènes, Ioniens, Achéens,
comme des aristocraties venues du Nord et superposées aux
Pélasges de la côte orientale. Ils avaient été précédés, dans
l'Attique même, de 400 à 500 ans, par les Thraces, leurs
congénères et « dolicho-blonds » comme eux. Les Thraces
blonds à crâne allongé s'étaient établis en Béotie sous l'Hé-
licon, sur le mont du Parnasse, dans la Thessalie, au pied
du mont Olympe, dans la Piérie. Des légendes ont représenté les Thraces comme les auteurs de la culture hellénique ; elles furent répandues du vi° au v° siècle avant
Jésus-Christ par les sectateurs des religions mystiques
d'origine thrace, du culte Dionysos et de Déméter; aussi
a-t-on contesté la valeur de ces traditions ; pourtant, si on
les rapproche des autres traditions concernant la venue des
Hellènes et des données relatives à leur type ethnique, on
est porté à croire que Thraces et Hellènes étaient sem-

de l'humanité », ne sont des chants ni primitifs ni naïfs; ce sont des œuvres
savantes postérieures à l'an 1000 avant notre ère et mis par écrit vers le
iii° siècle après Jesus-Christ. (Bergaigne, *la Religion védique*. 3 vol., 1878-
1883.) De même pour l'*Avesta* ; selon M James Darmesteter, cette littérature est postérieure non seulement à Alexandre le Grand, mais à la renaissance de l'Empire persan sous les Sassanides, c'est-à-dire trois siècles après
Jésus-Christ. (Halevy, *Comptes rendus de l'Académie des Inscriptions*,
1884, p. 214.)
On a montré aussi que l'origine asiatique de nos espèces domestiques est
un pur mythe. Si les Asiatiques, d'ailleurs, avaient introduit des animaux
domestiques en Europe, ils n'auraient pas manqué d'y importer des chameaux
et surtout des ânes, qui font précisement défaut dans tous les gisements de
l'âge de la pierre. (A. Otto, *Zur Geschichte der aeltesten Hausthiere*. Bres-
lau, 1890.) Rien ne prouve non plus que le blé vienne de Mésopotamie. En
un mot, tous les arguments en faveur des origines orientales sont aujour-
d'hui contestés.

blables aux anciens Galates ou Kymris par leur aspect, par leur caractère, par leur race.

Les Gaulois des monuments gréco-romains ont le même costume et le même air que les Daces, les Scythes et les Thraces des monuments grecs. On sait que les « Achéens » conquérants des temps héroïques, d'après les peintures égyptiennes et d'après les poèmes d'Homère, étaient des hommes de haute taille à longue chevelure blonde. Si les blonds paraissaient aux Grecs d'essence supérieure, c'est que l'aristocratie était généralement blonde et que, de plus, ce peuple artiste crut reconnaître dans le teint rosé, dans l'azur des yeux et l'or des cheveux, une plus grande délicatesse de coloris, quelque chose de plus floral en quelque sorte, que dans l'uniformité relative des cheveux noirs, des yeux noirs et des teints bruns. On a prétendu que les épithètes homériques qui représentent les Grecs blonds peuvent s'expliquer par une prédilection pour une nuance moins commune. Mais, quoique le gros des Grecs fût resté probablement brun, il y en avait bon nombre du type blond, et d'où ceux-là seraient-ils venus s'il n'y avait eu en Grèce que des Méditerranéens dolicho-bruns ? N'oublions pas que le physionomiste Philémon représente les Grecs de race antique et noble comme blonds aux yeux bleus, à la peau blanche et de haute taille, μεγάλοι, εὐρύτεροι, ὄρθιοι, εὐπαγεῖς, λευκότεροι τὴν χρόαν, ξανθοί. Chacun sait aussi que « le type grec » implique un front assez proéminent et élevé, de grands yeux, des sourcils très arqués, une bouche petite et bien dessinée ; notons aussi un nez droit sans dépression à sa racine, point capital pour les anthropologistes ; or, ce sont là les caractères de la race dolichocéphale blonde, qu'elle soit scandinave, galate ou germanique. Impossible de croire que cette race énergique, essentiellement aventureuse et batailleuse, qui occupait déjà la Thrace, n'ait pas fait d'incursions en Grèce ; elle seule peut y avoir importé les nombreux éléments blonds de l'âge héroïque. Plus tard, la majorité peut-être des personnages de l'histoire semble être revenue au type brun à crâne long, sans doute pélasgique ; mais ce fait n'a rien d'étonnant. Les blonds étaient des conquérants, qui se sont assez vite mêlés à la race antérieure, et on sait que la tendance des blonds est toujours d'aller en diminuant au milieu d'une population brune.

Les Pélasges restèrent isolés et presque sans mélange dans l'Arcadie, pays montueux séparé de tout le reste, au milieu du Péloponèse. Les Arcadiens, Auvergnats de Morée, furent toujours en arrière et ne prirent qu'une très faible part aux progrès de la civilisation hellénique. Les Pélasges d'Athènes, au contraire, mêlés aux Hellènes blonds, en contact avec la mer et, par la mer, avec le monde connu, développèrent toutes les qualités de deux races supérieures.

Les sémites de Phénicie étaient, au fond, des Méditerranéens comme les Pélasges, mais avec une constitution cérébrale différente sur plusieurs points importants, avec une langue d'une autre famille, des mœurs très opposées, un génie plus dur et plus cruel, une religion plus fanatique et plus fermée. Navigateurs et commerçants plutôt que colons, ces sémites apportèrent aux peuples des rivages grecs les éléments d'une civilisation plus avancée, telle qu'elle existait dans la Chaldée, la Syrie et l'Egypte. Danaüs débarque avec ses Phéniciens dans le golfe d'Argos vers le xve siècle ; Cadmus s'installe à Thèbes vers la fin du xive siècle.

C'est dans la période héroïque, où les Hellènes venus du nord entrent en scène, que le génie grec s'affranchit de l'influence orientale et phénicienne. A la tête des vieux Pélasges, les Hellènes luttent contre les Sémites étrangers, pour lesquels ils avaient une antipathie profonde, jusqu'à ce qu'ils aient réussi à les éliminer entièrement. L'expédition des sept chefs contre Thèbes représente le mouvement de l'Hellade contre l'influence de l'Orient. Visible aussi est ce mouvement dans la guerre contre les Asiatiques de Troie, contre les Alexandre-Pâris, les Hector-Darius, à la chevelure « brune » ; enfin, il se retrouve dans les antiques expéditions contre la Basse-Egypte, révélées par les monuments égyptiens, où l'on voit figurer les Grecs du type blond. Les récits homériques et les vieilles traditions de la Grèce parlaient des migrations et perpétuels mouvements de navigation dont les prédécesseurs des Hellènes classiques étaient coutumiers; les historiens modernes avaient pris tous ces récits pour des fables ; les récentes découvertes des égyptologues ont tout confirmé. Deux ou trois siècles après Thoutmès III, les blonds

Achéens se mirent en branle et voulurent fonder une patrie
nouvelle aux bords du Nil; ils se firent battre en plein
Delta, avant de se fixer à Chypre, ainsi que les Tyrrhènes
avant de se tourner vers l'Italie.

Envahie par les Thraces et les Hellènes, la Grèce n'en
avait pas encore fini avec les conquérants septentrionaux.
Soixante ans après la guerre de Troie, les Doriens descendent à leur tour des montagnes de l'Olympe et finissent par
s'emparer du Péloponèse. Ces Doriens n'introduisirent pas
en Grèce d'éléments ethniques vraiment nouveaux. Ils
étaient une sorte d'équivalent des Germains, probablement
de race analogue. Leur invasion fut d'ailleurs présentée
comme un « retour » des Héraclides. Ces Doriens étaient
venus de l'Hellade primitive, qui s'étendait du Sperchios à
Dodone, et ils s'étaient établis au pied de l'Olympe. Le mouvement de migration déterminé par l'invasion des Thessa-
liens se propagea aux Doriens, qui, ayant à leur tête la
famille hellène des Héraclides, se dirigèrent vers le sud.
Ils participèrent alors à la plus générale des fédérations
grecques, l'Amphyctionie de Delphes, qui paraît avoir elle-
même généralisé le nom d'Hellènes et créé une sorte de
droit public des Hellènes, fondé sur l'unité religieuse. Ces
Doriens étaient eux-mêmes des Hellènes, restés plus énergiques et plus frustes dans leurs montagnes du nord.
A Sparte, dans les gymnopédies, on relègue à la fin du
défilé les hommes, fussent-ils illustres, qui n'ont pas une
taille assez grande. Les Spartiates condamnent leur roi
Archidamas à l'amende parce qu'il a épousé une petite
femme, « qui leur donnera des roitelets et non des rois ».
Ce n'est pas une race de petits hommes qui eût eu ce culte
des hautes tailles, ni qui eût pu en fournir tant de beaux
exemplaires : l'élément « hyperboréen » est ici visible.
« C'est chez les Spartiates, dit Xénophon, qu'on trouve
les plus beaux hommes et les plus belles femmes de la
Grèce. »

Par le fait de l'immigration dorienne, un grand nombre
de tribus achéennes et ioniennes s'étaient simultanément
fixées à Athènes. Beaucoup de personnages importants,
dans cette ville, descendaient, soit par leur père, soit par
leur mère, de la noblesse messénienne qui y avait émigré :
Codrus, Solon, Pisistrate, Clisthène, Périclès, Platon,

Alcibiade. Quant à la noblesse même des Ioniens et Achéens, elle se rattachait en grande partie aux conquérants hellènes.

O. Müller a montré que, si les Doriens étaient plus rudes et plus belliqueux que les autres Hellènes, ils n'étaient point cependant les barbares qu'on a supposé et avaient, au fond, les mêmes qualités que leurs congénères. Ils n'en produisirent pas moins, eux et toutes les autres peuplades entraînées dans la migration, une sorte de « moyen âge hellénique », comme les invasions des peuples germains, de race non moins intelligente, devaient produire plus tard notre moyen âge. Pendant ce temps, le commerce phénicien devint prépondérant, et avec lui les influences orientales dans l'industrie. Grâce à ces influences mêmes, le moyen âge dorien prit fin rapidement, et la civilisation proprement hellénique put enfin se produire.

Trompé par la science encore mal informée de son époque, Taine s'écriait : — « Chose étrange, à l'aube de la civilisation, quand ailleurs l'homme est bouillant, naïf et brutal, un de leurs deux héros est le subtil Ulysse, à qui Pallas même dit : O fourbe, menteur, insatiable de ruses, qui te surpasserait en adresse, si ce n'est peut-être un dieu ? » Et il est certain que le héros grec est typique ; mais, à vrai dire, il ne représente pas l'aube d'une civilisation : c'en est plutôt le déclin. Les Grecs d'Homère ne sont nullement des primitifs, et ils sont en avant sur presque tous les autres peuples de leur époque.

En somme, de tous les documents amassés par la science contemporaine, l'anthropologie peut conclure que la Grèce antique offrait un double caractère : presque tout entière à crâne allongé, le fond était dolicho-brun, mais avec une proportion considérable de dolicho-blonds. Encore aujourd'hui, on rencontre en Grèce des femmes aux grands yeux d'un bleu pâle. Les Albanais, chez qui le type grec semble s'être le mieux conservé, sont dolichocéphales, bruns dans le nord, mais en majorité blonds dans le sud, c'est-à-dire dans la partie la plus grecque. Comme, d'ailleurs, les conquérants à crâne allongé semblent avoir traîné partout avec eux des brachycéphales bruns ou celto-slaves (la troisième des principales races qui ont peuplé l'Europe), il est probable qu'une certaine quantité de ces derniers a dû se

trouver même dans la Grèce antique, comme elle se trouve
dans tout le reste de l'Europe. L'examen des crânes et des
statues n'en prouve pas moins que la masse de la nation
grecque avait la tête ovale.

Le caractère des anciens Grecs s'accorde, comme nous
le verrons plus loin, avec ce qu'a dû produire le mélange
des deux races méditerranéenne et galate : on sait que ce
sont les plus intelligentes de toutes, comme en témoigne
l'histoire des divers peuples où elles se sont montrées. Le
vieux sang pélasgique et ibéro-berbère, un peu rude et
dur, plus sauvage et plus concentré, n'expliquerait pas, à
lui seul, cette vivacité légère, cette volonté mobile, aventureuse et expansive, qu'on rencontre chez les Grecs. On
reconnaît chez eux un élément ethnique qui rappelle chez
nous l'élément gaulois, avec cette différence que, dans les
anciens temps, l'élément celto-slave, important en Gaule,
était minime en Grèce. De là un mélange particulièrement
rare des deux races les plus intelligentes et les plus entreprenantes. De plus, ce mélange a trouvé pour théâtre un
pays particulièrement propre à son développement.

II. — La Grèce, en effet, n'est qu'une seule et même montagne à sommets multiples, émergeant des eaux, y étendant
de tous côtés ses bras, y enserrant des golfes sans nombre.
Dans ce massif montagneux, les diverses vallées ou les
rares et petites plaines forment comme autant de compar-
timents, ouverts du côté de la mer, à peu près fermés du
côté de la terre, séparés les uns des autres par des cloisons
difficiles à franchir. C'est une Suisse plongée dans l'eau
et dont les cantons, isolés par les voies terrestres, peuvent
tous communiquer entre eux par voie maritime. Aucun
pays du monde n'offre, proportionnellement à sa superficie,
un aussi grand développement de côtes; dans la seule
Grèce continentale, elles mesurent déjà plus de 2 000 kilomètres. Aussi Strabon appelait-il les Grecs un peuple am-
phibie. Le résultat de cette configuration est double. Par
rapport aux étrangers qui eussent pu l'envahir, la Grèce
était jadis presque inabordable. L'autre conséquence fut la
vie maritime incessante, l'incessante rencontre des Grecs
entre eux, des Grecs avec les pays voisins. Ne pouvant
guère communiquer par les montagnes, les districts hel-

lènes s'abordaient mutuellement par les côtes : chacun
conservait son indépendance et sa physionomie propre, et
cependant tous étaient en rapport perpétuel. C'était l'indi-
dualisme des cités joint à l'expansion et à la possibilité de
l'association. Si la Grèce est née divisée, selon le mot de
Joseph de Maistre, cela n'est vrai que du côté de la terre ;
la mer a fait son unité, mais une unité toute morale et
toute d'action, qui n'excluait pas des rivalités continuelles.
Il en est résulté un développement merveilleux de la vie
communale : l'État n'a pas étouffé les cités, le despotisme
n'a pas arrêté l'essor individuel ; cet essor, à son tour, n'a
pas livré sans défense la Grèce aux ennemis du dehors.
Ainsi la nature a coopéré aux destinées des Grecs, mais la
vraie cause première de ces destinées, c'était leur caractère, avec leurs aptitudes ethniques et leurs qualités sociales.

Incroyable est la quantité de dissertations relatives au
climat de la Grèce, par lequel on voudrait expliquer l'étonnante supériorité du génie grec. Déjà, selon Hippocrate, si
les Asiatiques sont d'un naturel plus doux et moins belliqueux que les Européens, la cause en est surtout dans l'é-
galité des saisons : une perpétuelle uniformité entretient
l'indolence, un climat variable donne de l'exercice au corps
et à l'âme. Aristote explique la supériorité de la Grèce par
la situation intermédiaire qu'elle occupe entre les régions
froides de l'Europe septentrionale et les contrées chaudes
de l'Asie ; c'est ainsi, dit-il, que les Grecs « réunissent à
l'énergie des Barbares du Nord la vivacité d'esprit des
Asiatiques. » Sans nier la part de vérité que ces réflexions
contiennent, il faut reconnaître que le climat est insuffisant
pour expliquer le caractère grec. Comment croire que le
ciel pur et transparent de l'Attique soit une raison sérieuse,
sinon d'un certain goût de clarté et de lumière qui peut se
retrouver aussi bien dans toutes les contrées méridionales ?
Les côtes de Ligurie, de Nice à Gênes, sont découpées en
sinuosités sans nombre, comme celles de la Grèce ; elles
ont la même pureté de ciel, la même netteté de contours
dans les montagnes et dans les rivages ; pourquoi les
Ligures n'ont-ils pas été artistes ? Pourquoi a-t-il fallu que
les Grecs vinssent à Nice et à Antibes comme à Marseille ?
Les Grecs ont essaimé sur toutes les côtes de la Méditer-

ranée et partout ils ont montré des qualités analogues ; ce
qui prouve bien que ces qualités tenaient à la race et
au développement cérébral plutôt qu'à la situation et
au milieu. On a très justement comparé la Grèce antique
à la Grande-Bretagne d'aujourd'hui, du moins au point
de vue du commerce maritime et de l'expansion coloniale ; et les qualités des Anglais, comme celles des
Grecs, se retrouvent partout où ils vont. Le climat de
la Grèce est aussi varié que ses formes : au nord, c'est le
climat de l'Allemagne centrale ; descendez un peu, et vous
trouvez le climat de la Lombardie, celui de Naples et de la
Sicile. Des neiges de l'Olympe ou du Parnasse, vous passez à
la région des palmiers. L'intelligence et l'activité du Grec
sont perpétuellement exercées, sur mer, par les fatigues et
par la vigilance toujours nécessaire ; sur terre, par la
variété du sol et des climats, par la nécessité d'utiliser
la moindre parcelle de terrain et de payer comptant, en travail journalier, tous les dons d'un pays médiocrement fertile. Voilà le véritable effet du climat et du sol. Quant à
l'aspect qu'offre la Grèce aux regards, tout ce qu'on en peut
dire, c'est qu'il favorise les perceptions nettes et claires,
qu'il introduit ainsi dans l'imagination des formes lumineuses et précises, des ensembles dont les diverses parties
offrent des rapports exactement déterminés ; d'où il suit
que le sens et le goût de la proportion sont naturels. Rien
d'immense ni de confus ne sollicite aux vagues rêveries :
le sentiment du fini l'emporte sur celui de l'infini.

C'est surtout chez le peuple grec que les facteurs moraux
et sociologiques de la civilisation, trop souvent sacrifiés
par une certaine école historique, ont montré leur fécondité
et leur prévalence.

II

LE CARACTÈRE GREC

Hippocrate et Aristote signalent avec raison l'équilibre
des facultés et leur eurythmie comme l'attribut distinctif de
leurs compatriotes. Le mélange de deux races bien douées
semble avoir affiné et rendu héréditaire leurs qualités
essentielles. En même temps, les deux tempéraments typi-

ques, l'un sanguin-nerveux et plus fréquent dans le Nord, l'autre, bilieux-nerveux et plus fréquent dans le Midi, paraissent avoir produit un composé harmonieux.

La sensibilité grecque avait la vivacité méridionale, sans être violente et farouche : nous parlons surtout des Ioniens, mais les Doriens mêmes, comme on l'a vu, ont été quelque peu calomniés. Les Grecs étaient d'ailleurs et sont toujours restés encore moins sensibles que sensuels, encore moins sensuels qu'intellectuels. La pensée eut toujours une large part dans leurs émotions. Chez l'Athénien, les passions sont mobiles comme les idées ; il a l'amour du changement, l'appétit de la nouveauté. Il aime à cueillir la fleur des choses, pour passer légèrement d'un plaisir à un autre plaisir. Ce besoin de toutes les jouissances lui est inné et il trouve dans la jouissance même quelque chose de sacré. Au fond des plaisirs que lui offre la nature, quels qu'ils soient, il ne se demande guère s'il n'y a point une secrète amertume. Il sent plutôt l'harmonie que la disproportion entre le réel et l'idéal. Malgré de profondes échappées sur la tristesse des choses, qui ne pouvaient manquer de s'ouvrir à l'esprit de ses grands penseurs, la Grèce conserve un optimisme souriant. Selon le mot de Renan, ce peuple a toujours vingt ans et même, par certains côtés, il mérite ce que disait le prêtre égyptien à Solon : O Grecs, vous êtes des enfants.

Sa sensibilité, au lieu d'être concentrée énergiquement en soi comme celle des Romains, s'épanche volontiers, elle est communicative. Le Grec a la sympathie bien plus prompte que l'Ibère ou le Romain ; au lieu d'instincts sauvages et cruels, il a la douceur et l'humanité. N'est-ce pas Athènes qui éleva un autel à la Pitié, où vaincus, proscrits, esclaves trouvaient un refuge ? A Thèbes, ils avaient l'asile de Cadmus, à Antioche, le bois de Daphné. L'esclave athénien entre dans la famille après avoir reçu sur la tête l'eau lustrale ; désormais, il assistera aux prières et partagera les fêtes : le foyer le protège. Son maître peut le faire sortir de la basse servitude et le traiter en homme libre, mais le serviteur ne quitte pas pour cela la famille, dont il ne peut se séparer sans impiété. A Sparte, quoique la condition des esclaves fût plus dure, elle ne le fut pas autant qu'on l'a prétendu, et c'est ce que Müller a mis hors de doute.

La sympathie facile engendrant la sociabilité, le sociologue peut s'attendre à trouver chez l'Hellène (comme plus
tard chez le Gallo-Romain et le Français) l'instinct social en
son plus haut développement : l'Hellène a l'horreur de la solitude, le besoin de fréquenter ses amis et ses compatriotes, de
passer sa vie au grand air dans des entretiens et discussions
interminables. Platon appelait l'Athénien φιλολόγος, ou
πολυλόγος, et Aristote songeait au Grec quand il définissait
l'homme ζῶον πολιτικόν.

L'ancien Hellène, surtout l'Athénien, est un intellectuel.
Il semble, comme dit Thucydide, « n'avoir en propre que
sa pensée » ; mais ce trésor vaut mieux que tous les autres,
tant cette pensée est souple, agile, inventive. Merveilleuse
en ses applications pratiques, elle l'est davantage encore
en son exercice spéculatif. Les peuples sont comme les
individus : quand leur cerveau est conformé de manière
à leur rendre facile tel genre de travail, un instinct irrésistible les pousse sur la pente la plus douce : un peuple extraordinairement intelligent aimera à penser pour le plaisir
même de penser. Ce fut le plaisir grec par excellence. Le
résultat positif, sans être négligé[1], « semble à l'Hellène, dit
M. V. Egger, relativement secondaire ». Percevoir des détails
et des ensembles, avoir les yeux de l'esprit toujours en
mouvement, surprendre ou deviner derrière ce qu'on voit
ce qui est invisible, enchaîner de longues séries de raisons,
diviser les idées en menues parcelles ou les réunir en
vastes généralisations, en un mot faire partout circuler,
partout pénétrer la subtile flamme de cette pensée qu'Hé-
raclite comparait à un feu vivant, telle est la suprême
jouissance des contemporains de Socrate et de Platon.
C'est ce désintéressement de la pensée ou, pour mieux
dire, cet intérêt pris à la pensée pour elle-même qui
devait produire et la science et la philosophie, selon le
caractère particulier ou universel de son objet. Un Grec
seul, dans l'antiquité, pouvait trouver que les mathématiciens de Sicile dégradaient la science en ne se préoccupant
que de l'appliquer aux machines ; seul, il pouvait opposer
à l'utile l'amour du vrai en soi ; et ce Grec fut Platon.

---

[1] Les Achéens d'Orchomène avaient déjà trouvé le moyen de dessécher le
Copaïs par des travaux que nos ingénieurs n'ont pu renouveler encore.

Euclide poursuivait de même la rigueur du raisonnement, non les résultats pratiques.

L'intellectualisme grec explique, — beaucoup mieux que le « ciel de la Grèce », dont la douceur n'est pas sans caprices, — le besoin de clarté, la haine du vague, le dédain de l'énorme et du monstrueux. le sentiment de la mesure, essentielle à l'ordre. L'Hellène a l'instinct raisonnable et la raison instinctive. Une curiosité toujours en éveil est un de ses traits dominants : il s'intéresse à tout ce qui est nouveau, à tout ce qui pose devant son esprit un point d'interrogation, à tout ce qui lui offre une difficulté à résoudre. Tandis que les Égyptiens et les Chaldéens, satisfaits de leur grand essor, s'arrêtent sur place, le Grec éprouve le besoin de renouveler sans cesse l'horizon. Son idéal, c'est Ulysse « qui a vu les villes et connu la pensée de beaucoup d'hommes. » Les Grecs n'avaient pas seulement l'esprit d'aventure dans la vie réelle, ils l'avaient dans la vie intellectuelle. « Les chemins liquides », comme dit Homère, étaient presque les seuls qui leur fussent ouverts, et leurs esprits comme leurs navires étaient toujours portés au loin sur les flots changeants.

Taine oppose avec raison aux Grecs les Égyptiens, qui, questionnés par Hérodote sur la cause des crises périodiques du Nil, n'avaient rien pu répondre, n'ayant pas même fait d'hypothèse sur un point si important; les Grecs, eux, avaient déjà imaginé trois explications, qu'Hérodote discute pour en proposer à son tour une quatrième. Encore plus que l'Égyptien, le Phénicien sémite est utilitaire : c'est un négociant. Les œuvres d'art sont pour lui articles de commerce : il en fabrique sur des modèles presque invariables, selon les goûts de la clientèle : la beauté en elle-même, il ne s'en soucie guère; aussi il parcourt le monde entier et n'avance pas. Le Grec, lui, joint au sens pratique et à l'adresse commerciale un amour instinctif du beau comme du vrai; il n'est pas seulement fabricant et négociant, il est penseur et artiste. Le génie grec a ainsi deux faces : l'imagination qui vit dans un monde idéal, la réflexion qui s'applique aux réalités de la vie. Homère représente le premier aspect; le second est représenté par Hésiode.

L'aptitude à percevoir les moindres nuances et les

moindres rapports des choses se montre dans la richesse
de la langue grecque, dans l'abondance des symétries,
dans l'existence simultanée d'un vocabulaire pour la poésie
et d'un autre pour la prose, dans l'étonnante facilité à
former des composés, dans la variété des formes du verbe,
dans les ressources dont on dispose pour marquer la subordination des différents membres de la phrase, dans les
particules qui précisent les symétries ou les oppositions
d'idées. C'est une langue de dialecticiens, où la logique
n'est pas rectiligne, mais montante et descendante avec la
synthèse et l'analyse ; et c'est en même temps une langue
d'artistes par la variété et l'éclat des formes, par la
richesse des épithètes où tout un tableau vient se condenser, par l'ondoiement et la liberté rythmique des
périodes et des strophes, qui fait contraste avec la rigidité
un peu monotone et la solennité oratoire de la langue
latine. Le libre génie de la Grèce s'est fidèlement exprimé
dans la langue grecque.

C'est la volonté qui, chez les Grecs non Doriens, s'est
montrée relativement inférieure. Ils sont sans doute capables d'un grand élan et aiment, comme dit Platon, à courir
un beau danger ; mais ce qui leur fait défaut, c'est la persévérance en un même dessein obstinément suivi. Ils sont,
comme les Gaulois, mobiles et trop amateurs de nouveauté.
En outre, ils n'ont pas le besoin de subordination à un
grand tout : leur sens individuel les porte trop souvent à
l'indiscipline. L'extraordinaire développement de leur
intelligence leur fait trop bien apercevoir le pour et le
contre en chaque chose pour que leur volonté se donne
tout entière et pour toujours. Prompts à l'enthousiasme,
ils connaissent trop l'engouement et ses faciles déceptions,
avec le découragement qui les suit.

III

LA RELIGION GRECQUE

Renan considère les Grecs comme la moins religieuse
des races, parce qu'ils n'ont point la préoccupation de la
mort : « c'est, à l'en croire, une race superficielle, prenant

la vie comme une chose sans surnaturel ni arrière-plan ».
Vivre, pour eux, c'est « donner sa fleur, puis son fruit ;
quoi de plus ? » Ce jugement d'un ami des nuances ne
semble guère nuancé ; non plus que celui de Taine, qui
nous représente les Grecs si peu respectueux de leurs
divinités et plaisantant sur les aventures de Jupiter. Par
un excès contraire, Fustel de Coulanges suspend toute la
vie grecque à la religion. Le génie hellène ayant été le
plus varié et le plus riche de l'antiquité, il est bien difficile
et même impossible de l'enfermer ainsi dans des formules :
tout a été vu ou deviné par les Grecs, rien de ce qui est
intelligible ne leur est resté étranger. Et l'inintelligible
même, ils lui ont fait sa part au delà du monde de la pensée, mais sans éprouver en sa présence la terreur profonde ou la profonde vénération des peuples mystiques.
Ils étaient trop logiciens pour attacher à l'inconnaissable
autre chose qu'un sentiment négatif, et, tout en élevant un
autel au Dieu inconnu, ils se sont prudemment occupés
du connu ou du connaissable. C'est pour cela qu'ils ont
eu surtout le culte de la vie présente, celle où l'on pense,
celle où l'on sent, celle où l'on agit. Platon a dit, il est
vrai, que la sagesse est une méditation de la mort, mais,
en le disant, il fait de l'orientalisme. Spinoza exprimera
une pensée plus grecque en disant que la sagesse est une
méditation de la vie. Seulement la vie, pour satisfaire
l'intelligence et les sens, doit être belle et bonne : une
règle de beauté, de sérénité et d'allégresse, qui commande
d'ailleurs, quand il le faut, l'entier sacrifice de soi, voilà
par excellence la morale grecque, dont la religion est
l'expression symbolique.

On a prétendu faire dériver les dieux grecs des dieux
hindous ; ces imaginations sont aujourd'hui réfutées. Les
divinités hellènes ne se retrouvent pas sous forme d'épithètes dans les Védas ou les poèmes de l'Inde, d'ailleurs
plus récents (nous l'avons vu) que la religion hellénique.
Une seule identification a subsisté, celle de Dyâus avec
Zeus, mais ces deux mots désignaient simplement le ciel,
non une divinité proprement dite que les Grecs auraient
empruntée aux Orientaux [1].

---

[1] Otto Gruppe, *Die Griechischen Culte und Mythen.* Leipzig, 1887.

Des vieux Pélasges, on rapporte qu'ils adoraient le Dieu du ciel sur leurs montagnes sacrées, sans images, sans lui donner un nom déterminé. Quand il s'agit de ces temps antiques, une divinité « sans nom et sans images », c'est simplement une puissance de la nature qui n'a pas encore été humanisée, mais à laquelle, cependant, sont consacrés des fétiches, comme les pierres sacrées et le chène de Dodone, l'aigle, le loup, la chouette, qui devinrent plus tard les « attributs » de Jupiter, d'Apollon, d'Athéné [1]. Au fond, la plus vieille religion grecque était analogue à toutes les religions primitives. Les fouilles de Mycènes et de Tyrinthe, outre les restes d'un âge de la pierre taillée et polie, ont découvert des idoles informes, parfois bestiales. Déjà, cependant, la forme humaine est préférée, et le goût pour cette forme ira toujours augmentant : il caractérisera le polythéisme hellénique. Que les dieux de la Grèce aient été primitivement des objets de la nature, là n'est pas le point important ; il est clair que, dans toutes les mythologies, le soleil, la lune, les astres, la terre, jouent nécessairement un rôle, mais ce qui distingue les génies des peuples, c'est la manière dont ils conçoivent et réalisent les grandes causes des phénomènes. Or, le Grec révèle à la fois son instinct artiste et social par la belle forme humaine qu'il érige en représentation des puissances supérieures, et il révèle son instinct philosophique par la nature spirituelle de l'homme qu'il divinise. Hérodote a sur ce sujet un mot d'une étonnante profondeur : les divinités de l'Asie, dit-il, sont de *forme* humaine, ἀνθρωποειδεῖς, mais les divinités de la Grèce sont de *nature* humaine, ἀνθρωποφυεῖς. Il y a dans l'homme, en effet, un élément divin, la pensée ; les Hellènes le transfèrent à leurs dieux et, en même temps, purifient les formes humaines pour les réduire en quelque sorte à leurs proportions éternelles, constitutives de la beauté : ils en font des corps glorieux et immortels, enveloppes subtiles de la subtile pensée. Au lieu donc d'être simplement les forces physiques, les divinités grecques sont plutôt les victorieuses de ces forces, pour toujours subjuguées par l'intelligence. Tandis que les dieux védiques demeurent, pour ainsi dire, enfoncés dans la Nature, luttant

[1] Voir Tiele, *Manuel de l'Histoire des religions.*

en elle et contre elle, les dieux grecs ont atteint, avec la
pleine conscience, la gloire triomphante et l'immortelle
sérénité. L'existence divine n'est pas pour cela immobile :
les divinités sont encore des personnes morales et libres,
ayant leur caractère individuel et leurs relations sociales,
si bien que la religion grecque, en somme, est surtout
psychologique et « sociologique ». Comme sur la terre, la
monarchie est au ciel, avec Zeus tout-puissant, et elle
touche de près au monothéisme ; mais Zeus n'est pas la
divinité solitaire, jalouse et dévoratrice, des cultes sémitiques. Le roi des dieux hellènes ne pouvait être un des-
pote oriental. Il gouverne et juge avec l'aide du conseil
des dieux ; il est tenu de respecter une loi supérieure, soit
la coutume, soit la nécessité, que symbolise la Moira. Par le
moyen de sa balance, Zeus consulte la Destinée, et il est
absolument lié par elle, mais ce lien est celui de la justice.

Aussi voyons-nous, de bonne heure, avec l'élément
humain et social, un élément moral s'introduire dans la
vieille religion naturaliste. Chez Homère, la justice est
déjà divinisée sous la forme de Thémis ; bien des notions
abstraites, comme celles du Destin et celle des Parques, ont
déjà reçu leur consécration religieuse. Chez Hésiode, un
peuple de génies émanés de Zeus, — comme tout en émane,
— parcourent la terre : leur principale fonction, essentiellement morale, consiste à observer « les jugements équitables et les mauvaises actions. » La Justice, fille de Zeus,
traduit devant le trône de son père les iniques jugements
des rois. Les dieux hellènes sont donc loin de créer le juste
ou l'injuste par leur volonté. Minerve et Apollon, qui
personnifient la sagesse et comme le verbe de Zeus, lui
sont intimement unis et ne sont même, eux encore, que
des émanations de sa divine nature. Bien des mythes
orientaux pénétrèrent en Grèce, comme celui d'Astarté
devenue Aphrodite, mais la magie de l'imagination hellénique changea leur brutalité en grâce, leur crudité sensuelle en beauté sereine : elle a tout idéalisé. Les Grecs
seuls pouvaient, du mythe de Prométhée, tirer la plus
haute philosophie en même temps que la plus haute poésie.

Le culte d'Apollon, dieu « hyperboréen », fils et révé-
lateur de la pensée suprême, devint à Delphes, sous
l'influence dorienne, l'inspirateur moral de la ligue amphic-

tyonique, le centre religieux de la nationalité grecque. Par la bouche des prêtres de Delphes, Apollon réglait tout ce qui offrait quelque importance. Aucune nouvelle institution politique, aucun culte, aucuns jeux ne pouvaient être introduits sans son assentiment. Mais ce qui est ici remarquable, c'est encore la prédominance croissante de l'élément moral et social sur l'élément naturaliste. Aucune action extérieure n'est tenue pour suffisante : « c'est avec un cœur pur qu'il faut s'approcher de la divinité ». A celui qui a le cœur pur, une seule goutte suffit de la fontaine Castalie ; mais celui qui vient avec une mauvaise pensée, la « mer entière » n'effacera pas sa souillure. Déjà les vieux Hellènes avaient exprimé cette haute conception que tous les signes extérieurs qui révèlent la divinité ne sont rien, vis-à-vis de la voix divine qui se fait entendre au fond des consciences et qui ordonne d'être juste sans s'inquiéter des résultats. La religion se faisait la gardienne auguste de la justice. Si les Spartiates mettent à mort les hérauts de Xerxès, contrairement au droit des gens, les entrailles des victimes deviennent défavorables, et les prêtres déclarent que le héraut d'Agamemnon, Talthybios, a ressenti l'offense ; pour l'apaiser, deux hommes de Sparte, riches et nobles, vont en Asie s'offrir à Xerxès.

Se connaître soi-même et se juger moralement, c'est la sagesse qu'Apollon conseille. Le faible a la protection du dieu, le repentant a son pardon ; le fourbe ne recevra jamais sa lumière, le malfaiteur son assistance. Aucun État hellénique ne peut consulter l'oracle avec des intentions hostiles contre un des autres États helléniques ; le souvenir d'une guerre civile ne peut, par des trophées permanents, être perpétué dans le temple d'Apollon. Le sacerdoce delphique, formant lui-même une aristocratie spirituelle, était en rapport avec les hommes éminents des divers pays ; il désignait parmi eux « les meilleurs et les plus sages, » il encourageait les poètes, les historiens, les moralistes.

La religion grecque, malgré le préjugé contraire, eut son intolérance : l'histoire d'Anaxagore, d'Alcibiade, de Périclès, de Phidias, enfin de Socrate, en est la preuve ; elle devint surtout intolérante lorsque la Cité se sentit ébranlée et que le triomphe de la démocratie fit craindre, non sans raison, le renversement de toute autorité civile en même temps que religieuse. Les Athéniens eux-mêmes étaient parmi les plus religieux des Grecs et avaient un singulier respect pour les vieux rites ; mais, pour tout ce qui ne touchait pas directement à la religion, comment nier l'indépendance d'esprit dont ils firent preuve ?

A Athènes, l'accusation d'impiété, γραφὴ ἀσεβείας poursuivait les atteintes contre la religion nationale, mais « le droit attique, disent Meir et Schœmann, n'avait pas défini nettement les crimes et les délits qui devaient être qualifiés d'ἀσεβεία, de telle sorte qu'une large place était laissée à l'appréciation du juge .» Cependant, comme le remarque M. Durckheim, ce sont tous ou presque tous des délits d'action, non d'abstention, tandis que, dans le droit théocratique des Hébreux, par exemple, ce sont les prescriptions positives qui abondent. Les principaux délits d'impiété à Athènes sont : la négation des croyances relatives aux dieux, à leur existence, à leur rôle dans les affaires humaines ; la profanation des fêtes, des sacrifices, des jeux, des temples et des autels ; la violation du droit d'asile, les manquements aux devoirs envers les morts, l'omission ou l'altération des pratiques rituelles par le prêtre, le fait d'initier le vulgaire au secret des mysteres, de déraciner les oliviers sacrés, la fréquentation des temples par les personnes auxquelles l'accès en est interdit. Le crime consistait donc, dit M. Durckheim, non à ne pas célébrer le culte, mais à le troubler par des actes positifs ou par des paroles, — ou même, ajouterons-nous, par des opinions subversives trop publiquement exprimées, comme celles de Socrate. Meir et Schæmann remarquent que l'introduction des divinités nouvelles ne semble pas avoir eu besoin d'être régulièrement autorisée et qu'elle n'était pas formellement traitée d'impiété, quoique l'élasticité naturelle de cette accusation l'eût permis. Nous croyons donc, avec M. Durckheim, que la religiosité grecque laissait une forte part à la liberté individuelle. Pour que la philosophie ait pu naître et se développer en Grèce comme elle l'a fait, « il a fallu que les croyances traditionnelles ne fussent pas assez fortes pour en empêcher l'éclosion[1] ». C'est là un trait psychologique

[1] Durckheim, *Division du temps social*, p. 174.

et sociologique de la plus haute importance. Quoique nulle
part, dans l'antiquité, la pleine liberté individuelle en face
de la cité n'ait été reconnue, encore est-il vrai que certaines
cités étaient en tout oppressives, tandis que d'autres éri-
geaient l'essor même de la pensée, le culte du vrai et du
beau en vertus civiques et religieuses.

On trouve dans la théologie grecque deux conceptions
différentes du monde des morts. D'après la première, les
doubles des défunts mènent une vie d'ombres, pâle continuation de leur existence terrestre. Cette notion, qui
rappelle le Schéol des sémites, nous semble avoir été principalement pélasgique ; et d'ailleurs, la race méditerranéo-
sémite nous a paru constituer au fond une seule et même
race, malgré la divergence ultérieure de la branche pélasgo-
ibérique et de la branche sémitique. La seconde conception,
qui semble plutôt hellène et « aryenne », c'est celle d'un
monde des morts situé à l'ouest, près du soleil couchant,
avec les Champs-Elysées pour les bienheureux et un lieu
de supplice pour les coupables. C'est dire que l'idée morale,
par un progrès où le génie proprement hellénique se
révèle, s'introduit dans la vieille conception animiste qui
avait été sans doute celle des Pélasges. Agamemnon prend
les divinités à témoin de son serment : « Vous qui, sous
la terre, punissez les hommes morts, lorsqu'ils ont violé
leur promesse, soyez mes témoins. » La religion grecque
mettait la parole donnée, ce grand lien social, sous la
garde des Euménides, « filles de la Nuit, bienveillantes aux
bons, terribles aux méchants. » Selon Hésiode, dont les
livres faisaient autorité près des théologiens, les ombres
des hommes de l'âge d'or, devenues de bons génies, « parcourent la terre pour dispenser la richesse et réprimer
l'injustice ». Les esprits des méchants « sont tourmentés
et tourmentent les hommes ». Si donc il est vrai de dire
que le souci de la vie future ne fut pas chez les Grecs, —
ni d'ailleurs chez les Hébreux, — une terrible « obses-
sion », comme elle devait l'être chez les chrétiens; si même
le génie critique des Grecs, jusque chez Homère, se reconnaît au peu de cas que les guerriers font d'une existence
réduite à l'état d'ombre; si Achille aux enfers déclare
qu'il aimerait mieux être un pauvre laboureur que de
commander à tous les morts, on ne peut cependant nier

que l'idée morale et sociale d'une sanction eût déjà transformé, chez les Hellènes, le fétichisme animiste des Pélasges et des Sémites. Et il est remarquable que, chez les vieux Germains aussi, l'admission des héros dans le Walhalla d'Odin implique la transition d'une doctrine de pure « survivance » animique à la conception morale et sociale de la « rétribution ». Germains, Galates et Hellènes, ici encore, se montrent proches parents.

IV

LA PHILOSOPHIE ET LA SCIENCE GRECQUES

Artistes en pensées comme ils l'étaient pour tout le reste, les Grecs devaient être des philosophes et ébaucher ou achever tous les systèmes métaphysiques ; ils devaient aussi, grâce à ce noble jeu des facultés intellectuelles auquel ils se complurent, humaniser la morale, fonder les sciences déductives, entrevoir même une multitude de vérités inductives ; mais leur intellectualisme artiste devait les empêcher de parvenir à la vraie science expérimentale.

Pourquoi, d'abord, le caractère grec se prêtait-il merveilleusement à l'essor de la haute philosophie ? C'est que celle-ci est, en grande partie, un art, par cela même qu'elle est une spéculation sur un ensemble que la science positive ne peut tout entier saisir. Un peuple qui aime à ordonner les idées, comme il aime à ordonner les formes, un peuple amoureux de la vérité pour la satisfaction qu'elle donne à l'intelligence, comme il est amoureux de la beauté pour la satisfaction qu'elle donne aux sens et à l'imagination, un tel peuple sera spéculatif ; et il n'aura pas de repos qu'il n'ait épuisé toutes les hypothèses, toutes les constructions intellectuelles ; il élèvera, sous la pleine lumière du ciel intelligible, des Parthénons métaphysiques.

Quant à la morale grecque, c'est celle de l'intelligence concevant le fini sous les lois de l'ordre, de l'harmonie et de la beauté. L'idée d'infini, qui paraît au Grec celle de l'informe, ne le tourmente pas. La puissance ne lui semble bonne qu'autant qu'elle est soumise à l'intelligence. Le droit de la puissance et de la force est absent de toute la

morale hellénique, qui n'admet d'autre droit à commander
que celui de la raison. C'est un des traits psychologiques
les plus remarquables de ce peuple.

Athènes était une ville ouverte, recevant les étrangers,
observant leurs mœurs, les interrogeant et les écoutant.
Les Athéniens avaient beau traiter les autres hommes de
barbares, ils étaient trop hospitaliers et trop voyageurs eux-
mêmes pour ne pas remarquer bientôt combien les hommes
varient sous certains rapports et se ressemblent par une
foule de côtés. La notion de variabilité humaine jointe à
celle de similitude humaine est le germe de l'idée d'égalité
humaine [1].

Mais le rationalisme grec, et surtout athénien, joua un
rôle plus grand encore dans ce développement des idées
égalitaires et, plus tard, humanitaires. Les philosophes grecs
ont presque tous adoré le νοῦς ou le λόγος : ils ont vu dans
la raison le principe d'unité universelle, la marque de la
vraie divinité et en même temps celle de la vraie humanité.
Déjà, pour Platon, les hommes sont un par la raison, égaux
par la raison; on pourrait presque dire qu'ils sont sinon
frères, du moins naturellement amis par la raison ; et c'est
à peu près ce que soutiendra Aristote, quand il parlera de
la philanthropie. Nous pensons donc, avec M. Croiset, que
le rationalisme a été le principal facteur des idées égalitaires à Athènes. M. Bouglé a pu répondre que le rationalisme s'expliquait lui-même par les formes sociales qui, à
Athènes, ont contribué au développement des esprits.

---

[1] Bouglé, *les Idées égalitaires*. La Grèce était très commerçante, et on a
remarqué que l'esprit de commerce tend à produire l'esprit d'égalité. Dans
les relations économiques, a dit M. Bouglé, ce n'est pas la qualité propre
des hommes que l'on considère, mais l'échange égal des quantités d'argent
Ihering a dit : « L'argent est le grand apôtre de l'égalité. » Marx lui-même
ajoute : « L'argent, en qui s'effacent toutes les différences qualitatives entre
les marchandises, efface à son tour, niveleur radical, toutes les distinctions. »
Hors le marché, conclut M. Bouglé, il n'y a plus qu'un échangiste en face
d'un échangiste : race, nation, religion, tout ce qui distingue les hommes est
momentanément oublié. » — Il faut pourtant, observerons-nous, que le commerce soit fait par des esprits assez larges et déjà assez ouverts pour opérer
les abstractions et généralisations indispensables. Les Phéniciens, eux
aussi, étaient des commerçants, et on ne voit pas que, chez eux, le commerce ait produit le même effet que sur l'esprit grec. Les Carthaginois
étaient commerçants comme les Romains, et l'effet ne fut point le même
sur les deux peuples. Malgré cela, l'esprit commerçant joint à d'autres traits
intellectuels aboutit d'ordinaire à un élargissement de point de vue et à un
esprit moins concentré en soi.

Encore a-t-il fallu des esprits, et des esprits capables de se développer. Il est présumable que ce ne sont pas les formes sociales qui ont fait les Socrate et les Platon, quoiqu'elles les aient rendus possibles.

Selon Zeller, la valeur intrinsèque de la détermination volontaire résultant d'une conviction personnelle, et, d'autre part, l'idée des droits et devoirs de l'homme en général n'auront été des principes généralement reconnus dans l'antiquité que « dans la période de transition qui coïncide avec la disparition de l'ancien point de vue grec. » Le véritable prix de l'individu aurait été, selon Fustel, inconnu à la cité grecque. « La cité était la seule force vive; rien au-dessus, rien au-dessous », ni humanité, ni individualité. Si la philosophie du vᵉ siècle diffère de celle du ivᵉ, dit aussi M. Bouglé, si la morale stoïcienne et chrétienne diffère de la morale platonicienne et aristotélicienne, c'est autant par l'individualisme que par le cosmopolitisme.

Sans méconnaître le progrès de ces deux dernières idées avec le stoïcisme et le christianisme, nous ne pouvions cependant admettre les négations, selon nous trop tranchées, de Fustel et même de Zeller. Nous ne saurions non plus, avec M. Bouglé, attribuer le développement de l'individualisme et de l'humanitarisme à la seule action des formes sociales, de la quantité et de la mobilité des unités sociales, de leur différenciation et intégration progressives. Socrate, Platon[1] et Aristote ont déjà l'idée de l'*homme* en général, de l'homme qui n'est qu'homme et dont le propre est la raison. Le rationalisme platonicien a plus influé sur le stoïcisme que le volume ou la mobilité des unités sociales.

La constitution démocratique égalisait elle-même les citoyens. « Si l'on veut fonder la démocratie dit Aristote, on fera ce que fit Clisthènes chez les Athéniens, on établira de nouvelles tribus et de nouvelles phratries: aux sacrifices héréditaires des familles on substituera des sacrifices où *tous les hommes* seront admis ; on *confondra* autant que possible les relations des hommes entre eux, en ayant soin de briser toutes les associations antérieures ». A tour de rôle, par tirage au sort, les citoyens d'Athènes pouvaient arriver à toutes les charges. A l'assemblée du peuple, tous les citoyens d'un certain âge pouvaient également prendre la parole, donner

leur avis sur les affaires. Dans les rues, sur les places, les
sophistes et Socrate avaient la plus grande liberté de langage, et cette liberté supposait l'égalité rationnelle. Devant
la dialectique et par la dialectique, qui est l'usage de la
raison, tous les hommes sont égaux : pourvu qu'ils puissent
définir les notions et les ranger dans leur ordre véritable,
διαλέγειν κατὰ γένη, ils se valent l'un l'autre [1]; c'est des objets
mêmes et de leur hiérarchie que vient la hiérarchie des
hommes : elle doit être fondée objectivement. A ne les considérer que comme animaux raisonnables, ils forment une
unité. Déjà Alcidamas parle contre l'esclavage. Dans le traité
de la *Constitution d'Athènes*, attribué à Xénophon, un Lacédémonien se plaint à un Athénien de la trop grande liberté
des esclaves à Athènes. L'esclave a le même costume que
l'homme libre ; on n'ose pas le frapper dans la rue par crainte
d'erreur, car il ne se distingue pas du citoyen. Il use de
cet avantage, tient le haut du pavé et ne s'efface pas devant
l'homme libre. Et le Lacédémonien de crier au scandale.
M. Croiset cite avec raison ce fait pour montrer l'influence
des idées humaines en Grèce. L'Athénien rationaliste croyait
que tous les êtres pensants ont en partage la dialectique ;
Socrate aurait certainement attribué à un esclave comme
à un homme libre le pouvoir de la maïeutique, la faculté
de répondre aux questions et d'en poser soi-même ration-
nellement. Et pour tous les Athéniens, raison et parole se
confondaient, λόγος ; un esclave à la langue bien pendue,
capable d'enchaîner des raisonnements et arguments, devenait donc l'égal de son maître en dialectique et en rhétorique.

Parmi les sciences, il en est une qui, toute spéculative
en son essence, voisine par là de la construction philosophique, n'est qu'une longue série de notions enchaînées
par des liens nécessaires : la mathématique. Elle devait être,
elle aussi, le triomphe de la pensée grecque. Raisonner
pour raisonner, sans autre souci que la rigueur et l'élégance des démonstrations, s'enchanter soi-même aux
merveilleuses propriétés des nombres, découvrir dans les
combinaisons géométriques des figures, avec les lois des
formes, les premiers rudiments de la beauté, quelle joie

[1] Voir notre *Philosophie de Socrate* et notre *Philosophie de Platon*.

pour des penseurs épris de l'ordre et de l'harmonie, qui avaient donné au monde le nom de Cosmos !

Mais la vérité, pour nous, hommes, qui ne la saisissons qu'abstraite, n'est pas la réalité même ; l'idée n'est pas le fait, l' « intelligible » n'est pas le « sensible », le rationnel n'est pas l'expérimental. C'est ici que l'esprit grec devait échouer, par le défaut même de ses qualités. Le Grec était certes trop intelligent et trop curieux pour ne pas être *observateur*, il fut même le plus observateur des peuples antiques et il ébaucha les sciences d'observation ; mais il n'alla pas, comme il aurait pu le faire, jusqu'à l'*expérimentation* suivie et méthodique, qui eût demandé, avec un certain détachement des systèmes et des vérités abstraites, la recherche minutieuse des réalités de fait. Il faut d'ailleurs distinguer entre les diverses écoles grecques, qui manifestèrent des tendances différentes. Pour le rationalisme de Platon et de ses disciples, ce qui n'est pas expliqué et ramené à des idées est presque sans valeur : le fait brut, purement sensible, gêne l'intellectualisme du philosophe. Comment ce dernier aurait-il la patience de recueillir et même de provoquer une foule de phénomènes sans en saisir les causes, pour les relier ensuite par ces connexions de fait que nous nommons des lois « empiriques » ? Il semble même à ces artistes de la science que la soumission aux faits ait quelque chose de servile, qui sent trop l'industrie de l'ouvrier, non l'art du penseur libre. D'autres écoles, il est vrai, prennent une direction différente, sans aller jamais assez loin [1]. Démocrite a déjà la vraie idée de la science : il écrit une encyclopédie, où chaque science particulière est traitée et où l'ensemble est relié par la conception mécaniste du monde. Le génie encore plus encyclopédique d'Aristote pose à son tour la base de toutes les sciences, sans exception ; mais, préoccupé de chercher les qualités au lieu des quantités, il laisse sans emploi la conception de l'universel mécanisme ; d'autre part, il n'arrive ni à poser les règles ni à donner l'exemple de l'expérimentation régulière. Ce n'est point que l'expérimentation fût étrangère aux Grecs : que n'ont-ils pas vu

---

[1] Voir l'excellent travail de M. Egger : *Science ancienne et science moderne*

ou entrevu ? Médecins et chirurgiens avaient déjà expérimenté ; depuis les premiers pythagoriciens, on expérimentait en acoustique, mais alors on croyait sans doute « s'adonner à une branche des mathématiques et assurer par une théorie savante un art très estimé, la musique » [1]. Agatharchus, sous la direction d'Eschyle, avait expérimenté les conditions de la perspective théâtrale et consigné ses résultats dans un livre qui excita le vif intérêt de Démocrite [2]. Mais aucun philosophe grec n'eut l'idée d'ériger l'expérimentation en organe de la science, et si cette idée manqua, si elle dut attendre ensuite des siècles, la raison en est dans la constitution de l'esprit grec, artiste et trop rationaliste, qui fut toujours préoccupé d'expliquer encore plus que de constater. Telle fut cependant la supériorité générale des Hellènes que, même sur ce dernier point, ils furent bien en avance sur tous les autres peuples : il s'en est fallu de peu qu'ils n'aient créé la méthode expérimentale des modernes. Celle-ci doit d'ailleurs au besoin social, économique et industriel, une partie de son développement.

V

DÉFAUTS SOCIAUX DES GRECS

I. — L'individualisme des citoyens, l'individualisme des cités, voilà, au point de vue sociologique, ce qui fit la grandeur, mais aussi la faiblesse du peuple grec. Jamais les Hellènes n'eurent ni l'esprit de suite, ni l'esprit d'organisation en commun qui devaient caractériser les Romains. L'amour de l'indépendance est d'ailleurs, pour la volonté, un mobile moins positif que négatif : l'important n'est-il pas de savoir l'usage qu'on fera de sa liberté ? Par ce qu'il devait peut-être à ses origines germano-galates, le Grec eut l'amour de la liberté personnelle ; par ce qu'il devait à la configuration morcelée de la Grèce, il eut l'amour de la cité libre ; mais la patrie ne fut pas pour lui cette vaste unité dans laquelle l'individu tend à se perdre comme l'infiniment petit dans

[1] Voir Egger, *ibid.*, p. 21.
[2] Ch. Lévêque, l'Atomisme grec et la Métaphysique (*Revue philosophique*, 1868).

l'infiniment grand. L'État, pour l'Hellène, c'est la cité, toujours visible et tangible, la ville où il est né, où sont nés ses ancêtres, le séjour de la famille séculaire, le foyer élargi autour duquel viennent tour à tour se ranger les générations.

La grande conscience collective ne put donc, pour des raisons à la fois psychologiques et sociologiques, se développer chez les Hellènes autant que chez les Romains. En face d'un péril, lorsque le barbare menaçait, les cités grecques savaient sans doute unir leurs efforts, mais l'union n'était ni entière, ni durable. Le danger disparu, la rivalité reparaissait entre elles. Cette rivalité les avait fait vivre, elle devait les faire mourir. Aucune de ces cités, sauf peut-être la Rome du Péloponèse, Sparte, n'eut l'ambition constante du pouvoir, de l'influence sur autrui : l'Hellène, en général, n'était pas dominateur. Il n'éprouva donc, à aucun point de vue, le désir impérieux de l'unité. Cette caractéristique de l'histoire grecque provient d'une qualité et d'un défaut de la volonté hellène : la qualité était le besoin d'être soi et maître de soi ; le défaut était le manque d'énergie et surtout de constance. On a fort bien dit que la Grèce eut des hommes politiques, mais n'eut pas, comme Rome, une politique.

Dans l'éducation, le Grec se propose non pas seulement, comme le Romain, de fournir à l'État des citoyens et des guerriers, mais de développer harmonieusement le corps et l'âme par la gymnastique et la musique, de former ainsi des hommes complets, beaux et bons, des individus ayant leur valeur en eux-mêmes. Miltiade, Aristide, Périclès, Epaminondas, Aratus — un vainqueur du pentathle — sont des hommes en même temps que des capitaines. Sophocle danse le péan après la victoire de Salamine ; Platon, Chrysippe, le poète Timocléon avaient été d'abord athlètes ; on disait que Pythagore avait eu le prix de pugilat ; Euripide fut couronné comme athlète aux jeux éleusiniens. En dehors des devoirs publics, qu'il est loin de méconnaître, le Grec réserve toujours à l'individu un loisir, pour le consacrer à la culture des arts et au développement de l'intelligence. Il a une personnalité. À son image, il personnifie tout ce qu'il voit ; il personnifie tout ce qu'il adore.

Ce peuple dialecticien et artiste devait aboutir à la

sophistique qui joue avec les idées, à la rhétorique qui
joue avec les mots. Déjà, dans Homère, les héros passent
une bonne partie de leur temps à discuter : eux aussi,
comme les Galates, ils joignent à la passion du *rem militarem* celle de l'*argute loqui*, et la valeur de leurs bras
n'a d'égale que la valeur de leur langue. Le goût de la
dialectique, qui est la pensée s'exerçant sur elle-même et
sur la pensée d'autrui, avec un beau détachement à l'égard
des choses, fit des progrès étonnants chez cette nation
raisonneuse. Et comme la parole est inséparable de la
pensée, dialectique et rhétorique se confondirent. Discuter
sur tout à perte de vue devint l'occupation par excellence
des hommes libres. L'action finit par s'en ressentir. La
politique même, pour les Grecs, se réduisit trop souvent à
la dialectique et à la rhétorique, où, autrefois comme de
nos jours, triomphaient les sophistes et les démagogues.
Politique et guerres intestines ont perdu la Grèce.

11. — Parmi les anthropologistes contemporains, celui
même qui a le plus insisté sur l'influence des races est aussi
de ceux qui ont le mieux montré combien les sélections
sociales d'ordre militaire, politique, religieux, économique,
sont prédominantes dans l'histoire, en particulier dans celle
de la Grèce; si bien que les meilleurs arguments de cet
anthropologiste se retournent contre sa théorie[1]. Est-ce
une question de blonds et de bruns qui a causé les malheurs de la Grèce? Pas le moins du monde. Les causes
morales et sociales ont tout fait. Voyez d'abord l'œuvre
néfaste des sélections militaires. La guerre peut bien produire de bons résultats chez des sauvages, en triant les
plus forts et les plus résistants, mais, chez les peuples
civilisés, elle est ordinairement désastreuse : elle aboutit
à l'extermination mutuelle des meilleurs et des plus courageux. Les Messéniens étaient de vrais Achéens qui combattaient avec le désordre et l'impétuosité des temps héroïques, et qui furent vaincus par la discipline spartiate; mais
les pertes subies par les Spartiates eux-mêmes ne furent
jamais intégralement réparées. D'après Théopompe, il fallut
même, dès cette époque, altérer le sang dorien pour le

---

[1] Voir M de Lapouge, *les Sélections sociales.*

perpétuer et donner des maris achéens aux femmes spartiates faites veuves par les armes messéniennes. « C'est à
peu près l'histoire que l'on racontait autrefois au sujet de
la noblesse de Champagne. La même altération fut plusieurs fois apportée au sang spartiate dans les siècles qui
suivirent, quand la sélection militaire avait trop réduit la
population virile [1]. » Après les guerres médiques, qui tuè-
rent fort peu de Grecs, vint la lutte sanglante d'Athènes et
de Sparte. C'est, dit avec raison M. de Lapouge, un spectacle douloureux que cette lutte sans répit, « guerre de
race entre Sparte dorienne et Athènes ionienne, guerre de
principes entre Sparte aristocratique et militaire, Athènes
démocratique et politicienne. » Mais comment prendre ici
le mot race au sens anthropologique, alors que les Doriens
et les Ioniens étaient au fond les descendants de la même
race ? Toujours est-il que la période de 431 à 421 fut une
suite d'égorgements de détail avec des batailles sanglantes.
Cette histoire des guerres fratricides entre les divers
peuples de la Grèce est-elle une leçon d'anthropologie ou
une leçon de morale et de sociologie ?

Il en est de même de la sélection politique, et l'anthropologie est pour bien peu de chose dans le tableau qu'on
nous en fait : « Luttes de classes, luttes de groupes d'ambitieux, meurtres, guerres civiles, proscriptions, les cités se
déchirent au-dedans avec une férocité dont nous avons
peine à nous faire une idée. Le régime révolutionnaire de
1792-93, le coup d'État de décembre et la Commune sont
des crises isolées : à peu d'exceptions près, toutes les
cités grecques ont vécu presque en permanence dans le
tumulte et le sang. » La colonisation grecque, à son tour,
est comparée « à une saignée constamment répétée. » Elle
a contribué à débiliter la Grèce et à l'avilir. Seule, la
sélection religieuse en Grèce trouve grâce devant les néo-
darwinistes, précisément parce qu'elle a été presque nulle.
Le culte de Vénus, qui ne jetait « aucune défaveur sur l'acte
sexuel », et le culte des ancêtres poussaient fortement au
mariage et à la propagation. Chaque individu n'ayant d'autres moyens d'assurer le repos à son ombre que de laisser
des enfants capables d'accomplir les sacrifices rituels, cha-

[1] De Lapouge, *les Sélections sociales*, p. 432.

cun était intéressé à laisser une postérité aussi nombreuse
que possible, pour multiplier les chances d'accomplissement indéfini des rites[1]. Avec l'incrédulité vint la stérilité
volontaire. On voit ici encore combien les causes intellectuelles et sociologiques l'emportent sur les causes ethniques.

L'art et la démocratie eurent pour premier effet sociologique de déchaîner le luxe. On nous le montre devenu
prodigieux à l'époque classique et à l'époque romaine ;
et la contagion fut d'autant plus facile que, la plupart des
États vivant sous un régime à peu près démocratique, « le
désir d'imiter plus riche que soi torturait davantage la classe
aisée », peut-être même la classe pauvre. « On vit alors,
comme chez nous, des écrins pleins et des berceaux vides ».

La ruine ne venait pas seulement des dépenses inutiles
et de la contagion du luxe : il faut considérer dans quel
état se trouvait alors la société économique. Elle compor-
tait trois éléments : les riches, les travailleurs libres, les
esclaves. L'industrie était presque tout entière pratiquée
au compte des riches par les esclaves. L'esclave grec, dit
avec raison M. de Lapouge, n'était pas à plaindre, il était
mieux traité que l'ouvrier moderne ; son maître étant intéressé à son bien-être et à sa conservation, il avait plus de
facilités que l'homme libre pour vivre et se reproduire.
Mais l'organisation des ateliers serviles, qu'Aristote croyait
si nécessaire, avait cet inconvénient de permettre la production à un prix très bas, qui maintenait au même niveau
inférieur le salaire du travailleur libre. La classe ouvrière
libre se trouvait donc, comme la classe riche, hors d'état
de nourrir de nombreux enfants. « Aussi la voyons-nous
s'éteindre, à partir d'une certaine époque, avec une extrême rapidité, à mesure que le nombre des esclaves allait
croissant ».

Autre misère sociologique, plutôt qu'anthropologique :
la migration des campagnes vers les villes. A Athènes, dès
la plus brillante période de son histoire, on voit les ruraux,
ruinés et dépossédés, affluer dans la ville et s'y employer
comme ils peuvent. « Les thètes athéniens, incapables de
lutter contre la concurrence du travail servile et les industries des métèques, n'ont plus pour vivre que le parasitisme

[1] De Lapouge, *les Sélections sociales*, p. 124.

politique. De là ces hommes libres que nous montre Aristophane, à la merci des politiciens, et attendant l'occasion de juger pour pouvoir vivre de leur salaire de juges![1] ».

En somme, conclut-on, « il a fallu six siècles d'hellénisme pour préparer la splendeur de la Grèce. Au moment précis où tout est prêt, deux phénomènes simultanés se produisent, l'essor brusque de la brillante culture athénienne et celui de la démocratie, qui reçoit d'abord un lustre inattendu du développement des lettres et des arts, mais qui ne tarde pas à en tarir la source ». A mesure que la démocratie devient plus démagogique, les phénomènes de « sélection destructive » se succèdent avec une rapidité foudroyante.

Depuis les premiers temps helléniques, la période aristocratique avait duré six siècles au moins ; il avait fallu tout ce temps pour préparer la grandeur de la Grèce et le brillant essor d'Athènes. « La démocratie prit la puissance athénienne en pleine floraison ; en moins d'un siècle et demi elle eut tout détruit. » La réforme de Clisthènes, l'organisation des dix tribus et l'accession à la cité du premier ban d'étrangers et d'affranchis est de 510. L'établissement définitif de la démocratie par Aristide et l'ouverture de toutes les fonctions électives à la plèbe eurent lieu trente ans plus tard. La guerre de 461 est déjà une guerre de principes politiques. La guerre du Péloponèse éclate en 431. La prise d'Athènes est de 404. Le combat d'Haliarte, début des guerres thébaines, date de 398, la bataille de Mantinée de 362. La bataille de Chéronée et la suprématie de la Macédoine datent de 338. « La sélection politique avait fait son œuvre[2]. » Nous avons tenu à citer ces pages éloquentes où l'anthropologiste se fait moraliste et, sans s'en apercevoir, montre la supériorité des causes sociales sur les causes ethniques. La Grèce a été victime de ses propres erreurs et de ses propres fautes sociales ou politiques, non de la configuration ethnique de son crâne.

[1] *Ibid.*, p. 426.
[2] *Ibid*, p. 442.

CHAPITRE II

LES GRECS MODERNES

Les Grecs de nos jours se considèrent, au point de vue de la race, comme les descendants des anciens Hellènes. Ce point a été fortement contesté, surtout par Fallmerayer. En 1851, à l'époque de la génération qui suivit son affranchissement, la Grèce proprement dite contenait environ un million d'habitants, et ce million, dont il fallait encore déduire 200 000 Albanais reconnus et 50 000 Valaques, représentait le résidu des plus complets bouleversements dont l'histoire puisse nous donner des exemples. L'ancienne Hellade se composait de cités entourées d'un petit district rural ; dans les guerres sans nombre qui désolèrent ce pays, le vainqueur triait tous les hommes en état de combattre, puis « vendait les femmes et enfants comme esclaves ». C'est la formule bien connue qui revient sans cesse dans les récits des historiens. La civilisation antique étant essentiellement urbaine, les citoyens, qui étaient en même temps des propriétaires ruraux, périssaient avec la cité [1]. Philippe extermine les Phocidiens, Alexandre les Thébains ; les Athéniens sont déportés en masse. Délos étant devenue le grand marché d'esclaves, les Romains, après la prise de Carthage et celle de Corinthe, y amènent jusqu'à 100 000 Grecs à la fois ; les simples trafiquants en conduisent parfois jusqu'à 10 000, qu'on vend en un seul jour. Les pirates et les usuriers romains se livrent, sur les côtes de la mer Égée, à une véritable « chasse à l'homme ». Plus tard, on voit la plus grande partie de la population qui restait émigrer à Rome pour y chercher fortune, et ce courant dure des siècles. Plus tard encore, Goths et Hérules incen-

---

[1] Voir M. A. Berthelot dans la *Grande Encyclopédie*, art. *Grèce*.

dient Sparte, Argos, Corinthe. pillent Athènes, égorgent
ou emmènent en masse la population. Puis viennent les
Visigoths d'Alaric, qui détruisent presque toutes les
villes, massacrent les habitants ou les emmènent en esclavage. Bulgares et Valaques ravagent la Grèce à plusieurs
reprises ; les Slaves s'établissent en divers endroits. A la
fin vient le Turc. Il fait disparaître, autant qu'il le peut,
les grandes familles byzantines qui pouvaient lui nuire ;
il n'épargne que le paysan, dont il avait besoin pour se
nourrir. Les classes supérieures disparaissent des villes ;
les uns fuient à l'étranger, d'autres, qui sont restés, sont
malmenés ou se font mahométans, passent même à l'ennemi. Les montagnes furent le refuge des moins soumis
et des plus vaillants, ce qui augmenta le nombre des
Klephtes. Montagnards et marins devaient être plus tard
les héros de la Guerre d'indépendance[1].

M. René Berthelot conclut de ces faits que les Grecs
anciens ont été exterminés par les guerres et par les révolutions sociales, ou éliminés par la transformation du régime
de la propriété. Leurs esclaves, d'après lui, ont fini par les
remplacer. Nous avons vu que les Grecs, très humains,
laissaient leurs esclaves fonder des familles, à tel point
que Xénophon conseille de restreindre cette faculté. A
mesure que les maîtres disparaissaient dans les guerres,
les serviteurs durent les remplacer. La population com-
posite résultant de ces mélanges était constituée à la fin de
l'empire romain. Malgré l'introduction ultérieure des
Slaves, des Albanais, des Latins, cette population forme
encore la majorité des Grecs actuels. Il est donc exagéré de prétendre, avec Fallmerayer, que les Grecs contemporains descendent uniquement de Slaves grécisés. Ils
n'ont qu'une certaine quantité de sang slave proprement
dit et descendent des Grecs de l'Empire romain, par
exemple de ceux du temps de Justinien. Ces derniers ont
fourni environ la moitié de leur sang et ont imposé leur
langue, leurs mœurs, aux autres éléments plus ou moins
hétérogènes. D'après la carte ethnographique des pays
grecs, publiée par la Société pour la propagation des
lettres grecques en 1878, les Romains et les Serbes sont

[1] Voir *Ibid*, le remarquable article de M. René Berthelot.

nettement circonscrits, les Bulgares dominent de Misch à Vorna, occupent même la partie nord-ouest de la Macédoine, la contrée qui a pour centre Philippopolis, toute la Thrace et le sud-est de la Macédoine. Le sud de l'Albanie, Chypre et enfin la Crète, objet de la dernière guerre, seraient en majorité hellènes ; mais on voit qu'il s'agit d'un hellénisme de seconde ou troisième main, altéré par de très nombreux mélanges.

Une chose certaine, c'est que l'indice céphalique est monté en Grèce de 76 à 81 : le nombre des dolicho-blonds et même des dolicho-bruns y est donc devenu minime. Ce fait indique un changement profond du type : la Grèce est aujourd'hui brachycéphale, et par conséquent, au point de vue anthropologique, elle est en majorité ce qu'on appelle « celto-slave. » Nous avons vu qu'on trouve cependant encore, de tous côtés, mais à l'état de dissémination, les divers traits du type grec classique : nez droit, grands yeux bleus, belle chevelure blonde. M. E. Reclus, non sans y mettre quelque complaisance, croit reconnaître chez le Béotien d'aujourd'hui la même démarche lourde « qui faisait de lui un objet de risée parmi les Grecs » ; le jeune Athénien lui paraît avoir « la souplesse, la grâce et l'allure intrépide » qu'on lui reconnaissait dans l'antiquité. Les femmes d'Athènes, selon M. Gaston Deschamps, ressemblent plutôt à des figurines de Tanagra qu'à la Vénus de Milo, « avec une pointe de sauvagerie mutine » qui rappelle le voisinage de la race albanaise. En général, « leurs cheveux sont furieusement noirs et leurs yeux brillent sous le voile de longs cils ; leur teint est mat, légèrement pâli. » On admire d'ailleurs chez les femmes grecques la dignité calme, la vivacité de sentiment, la naïveté, l'entier dévouement à ceux qu'elles aiment.

Il est des ressemblances de mœurs, de coutumes, de genre de vie, qui traversent nécessairement les siècles, surtout dans les contrées où le mouvement de la civilisation moderne a été peu intense. Un pays de côtes et d'îles comme la Grèce favorisera toujours la vie maritime, et ses montagnes conserveront des coutumes qui remontent à des siècles. Mais ce sont là des survivances superficielles. On en peut dire autant des qualités ou défauts qui sont sous la dépendance immédiate du genre de vie que le pays commande. La langue elle-même impose un certain pli, favorise tels modes de penser et surtout de parler. Il y a de la rhétorique dans les langues mêmes du midi, il y en a, nous l'avons vu, et aussi de la dialectique, dans la langue des Grecs. Mais, ici encore, nous sommes en présence d'héritages intellectuels, d'une éducation de la pensée et de la parole qui n'entraîne pas nécessairement les mêmes facultés profondes qu'à la grande époque hellénique. Juger les caractères nationaux d'après tous ces signes, ce serait juger d'après les dehors.

La Grèce moderne, n'a pu être radicalement transformée depuis son affranchissement; il lui reste donc plus d'une empreinte des temps malheureux. Les défauts traditionnels de la volonté grecque n'ont pu que s'augmenter par le mélange d'une forte quantité de sang slave et par la longue servitude que la nation a subie : légèreté, mobilité, horreur des grands efforts et surtout des efforts soutenus, propension à une paresse agitée et affairée, qui fait plus de bruit que de besogne. L'agriculture, chose trop pénible, est délaissée. Aimant mieux faire usage de son esprit que de ses bras, le Grec préfère le commerce, pour lequel d'ailleurs il a une grande aptitude. Outre des commerçants, la Grèce actuelle produit des banquiers, qui ne sont pas sans rappeler les qualités et défauts des banquiers israélites; elle produit des marins, des avocats et surtout des politiciens. Le plaisir suprême de ce peuple sobre, a-t-on dit, c'est de parler politique autour d'un verre d'eau, « depuis neuf heures du soir jusqu'à trois heures du matin ». Le Grec est le plus tempérant des Méridionaux; il boit beaucoup, mais il boit de l'eau ; la nourriture d'un laboureur anglais suffirait en Grèce, dit About, à une famille de six personnes. Les anciens nous montraient déjà l'Athénien content d'une tête de poisson, d'un oignon, de quelques olives. Cette modération dans la manière de vivre subsiste encore aujourd'hui et constitue une des qualités de cette nation, tempérante et frugale par nécessité autant que par habitude. Pour la chasteté comme pour la sobriété, le Grec l'emporte sur les autres Européens. La natalité illégitime est très faible en Grèce, 12 sur 1 000, et, dans les campagnes, presque zéro. L'opinion est d'ailleurs très sévère à

cet égard : le mariage s'impose au séducteur sous peine
de meurtre [1]. On ne badine pas avec l'amour.

La sensibilité grecque, comme celle de tous les Méridionaux, est éminemment irritable : éternelles sont les rancunes, terrible la *vendetta*. Sous ce rapport, Grecs, Siciliens, Napolitains, Corses et Espagnols se ressemblent. C'est
peut-être aussi un trait de la race ibéro-ligure. L'humeur du
Grec n'en est pas moins enjouée ; il aime les plaisirs faciles
et qui viennent sans effort, la douce fuite des heures légères.
A un voyageur qui lui demandait le pourquoi de ses occupations, un Grec répondit : l'heure passe [2]. L'Hellène est
passionné pour la musique, la danse, les fêtes. Ses rap-
sodes errants sont encore en bon nombre. Ses chansons
populaires se chantent sur un rythme monotone et mélancolique, mais la mélancolie n'est guère que dans la musique.
L'Hellène aime la représentation, il aime la gloire ; mais il
a conservé le sentiment égalitaire des républiques. Les
titres de noblesse n'ont pu s'implanter en Grèce : ils sentent
l'orgueil, tandis que le Grec a simplement de la vanité.
Et cette vanité est trop universelle pour créer des différences sociales.

L'élément pélasgo-ibérique, mêlé à l'élément slave, dans
des pays longtemps asservis, engendre facilement des
caractères renfermés en soi, défiants à l'égard d'autrui,
surtout de l'étranger, peu communicables sous des dehors
ouverts, préférant les lignes tortueuses à la ligne droite.
Le *græculus* fut de tout temps accusé de mettre sa subtilité
au service de l'intrigue.

La sociabilité de la race est toujours la même : le Grec
est poli, hospitalier ; il est démonstatif, mais il ne se livre
pas. De tous les peuples bavards et aimables, a-t-on dit.
c'est « celui qui se révèle le moins à l'étranger qui passe. »
Comme l'Italien, l'Hellène s'enivre de sa propre éloquence,
mais, pas plus que l'Italien, il ne s'enthousiasme facilement.
Il a un flegme démonstratif et loquace, si on veut donner
le nom de flegme à cette verve qui se possède, à cette raison lucide que n'échauffe pas la chaleur des paroles. Les

---

[1] La natalité en général est élevée, quoique inférieure à celle de la Russie
et de l'Allemagne. La mortalité est faible, 20 pour 1 000. Seuls les pays
scandinaves offrent des chiffres aussi favorables.

[2] M. Gaston Deschamps, *la Grèce d'aujourd'hui*

croisés de 1204, « prud'hommes et droicturiers », ne purent
vivre en bonne intelligence avec les Byzantins. C'étaient
cependant des races également spirituelles et ayant des
points communs. Mais « elles sont séparées, dit M. Deschamps, par des différences fondamentales qui s'effaceront
malaisément. » Dans les *Chroniques de Morée*, les compatriotes de Villehardouin, prince d'Achaïe, se plaignent de
l'excessive subtilité du peuple trop ingénieux qu'ils ont conquis. Le Grec moderne a toujours l'esprit avisé, prévoyant,
« inépuisable en ruses », qu'Athéné admirait chez Ulysse.

Ce qu'on vante le plus, et avec raison, ce sont les qualités intellectuelles des Grecs modernes. Il y a d'ailleurs
ici des distinctions nécessaires. Le fait que, parmi eux,
tous les gens cultivés entendent le français et l'anglais ne
prouverait à lui seul qu'une facile assimilation des langues,
qui se retrouve à un plus haut degré encore chez les Slaves.
La vivacité intellectuelle, commune aux Slaves et aux
Méridionaux, ne serait pas non plus une preuve suffisante
de supériorité. Mais, soit identité partielle de race, soit plutôt
effet de l'éducation et de la tradition sociales, le Grec
moderne, comme l'ancien, est éminemment curieux; de plus,
il aime la discussion, il s'y montre subtil et fin. Son imagination, comme celle des anciens Grecs, est alerte et colo-
rée; il est spirituel; il a, dans la parole, l'aisance et la
faconde. Il naît avocat, comme le Circassien naît soldat.
Edmond About, qui s'y connaissait, trouvait aux Grecs de
l'esprit autant qu'à peuple au monde : il n'est, ajoute-t-il,
« aucun travail intellectuel dont ils ne soient capables. »
Les ouvriers, en quelques mois, deviennent aptes à un
métier difficile. Taine, à son tour, nous montre un village
tout entier, prêtre en tête, interrogeant et écoutant curieu-
sement des voyageurs; tous traits qui rappellent nos ancêtres galates comme leurs ancêtres grecs.

Un peuple aussi intellectuel ne pouvait manquer de
s'ouvrir avec empressement à l'instruction moderne.
Comment ne pas admirer cette soif de s'instruire si répandue en Grèce, ces villageois qui, malgré leur pauvreté,
fondent des écoles, tiennent même « des classes en plein
air »; ces étudiants qui, pour subvenir à leurs besoins pendant leurs études, exercent un métier, — sauf à être
dégoûtés plus tard de toute occupation « non libérale »;

— l'initiative privée et les villes consacrant des sommes
considérables à des fondations pour l'instruction publique,
pour les sociétés savantes, les musées, les bibliothèques,
les universités ?

En 1832, la Grèce n'avait que 75 écoles primaires élémentaires, 18 écoles primaires supérieures et 3 collèges.
En 1892, elle comptait déjà 2 400 écoles élémentaires ou
professionnelles, 80 écoles privées, 300 écoles primaires
supérieures, 5 écoles ecclésiastiques, 5 écoles normales,
5 écoles nautiques, une école supérieure pour les jeunes
filles, 35 collèges, une école polytechnique, enfin une
université, avec des élèves venus de toutes les rives de la
mer Egée. 86 p. 100 des hommes et 23 p. 100 des femmes
savent lire. En 1832, il n'y avait d'imprimerie grecque
qu'à Constantinople, Corfou et Zante. Dès l'année 1878,
la Grèce comptait 104 imprimeries et 80 librairies et avait
publié 1 479 livres de 1807 à 1877. Cet heureux pays
possède maintenant plus de 50 journaux et près de
30 revues. La langue française est enseignée partout en
Grèce, concurremment avec le grec classique. Notre esprit,
notre littérature, nos arts, notre éducation sont beaucoup
plus en harmonie avec le génie grec que ne le seraient
ceux des autres pays.

Maintenant, n'y a-t-il point des ombres au tableau ? On
reproche à toute cette instruction d'être quelque peu superficielle, de chercher plutôt le « bien dire » et l'apparence
de la science que la science solide et les connaissances
positives. La tradition hellénique est encore ici visible. On
reproche surtout à cette instruction généralisée de ne
pas être en rapport avec les besoins réels du pays et
d'exciter dans les esprits des ambitions impossibles à satisfaire. Ce mal universel est plus sensible en Grèce qu'ailleurs, car il est favorisé par le caractère même de la
nation ; et il y est plus dangereux qu'ailleurs, car une nation
pauvre a plus besoin de travailleurs que de discoureurs.
Dès l'année 1876, sur 2 634 étudiants qui encombraient
l'université d'Athènes, la moitié à peu près, 1 281, était
pour les études de droit, 867 pour la médecine. Athènes est
une grande fabrique d'avocats inutiles ou nuisibles. Un
certain nombre d'étudiants en médecine viennent compléter leurs études à Paris ou à Vienne ; après quoi, ils

ne veulent plus s'enterrer dans un village, fût-il sur les
flancs sacrés du Pinde ou du Parnasse[1].

Capo d'Istria, politique prévoyant, redoutait la trop soudaine et trop complète extension des connaissances modernes, surtout de l'instruction littéraire, chez un peuple
ruiné, où l'agriculture et l'industrie manquent de bras,
où la rhétorique ne fut toujours que trop en honneur[2]. Il
prévoyait la poussée vers les carrières libérales et l'abandon des arts ; il s'opposait à la création d'un trop grand
nombre d'établissements d'instruction supérieure, dispen-
sateurs de diplômes, et même à celle d'un trop grand nombre d'établissements d'instruction secondaire ; il voulait
multiplier les écoles pratiques et professionnelles : il voulait que la nouvelle Grèce vécût avant de philosopher. On
sait comment des fanatiques mirent à mort cet « ennemi de
la liberté et du progrès ». Aujourd'hui, tous les Grecs
éclairés qui se préoccupent de l'avenir nous signalent les
deux fléaux sociologiques qui sévissent en Grèce : extension
du fonctionnarisme et accroissement de l'armée des déclassés. Tout Grec, ou à peu près, dit M. Nocolas Politis, croit
que la principale mission du gouvernement est de donner
une « place » soit à lui-même, soit à un membre de sa
famille. Il y a une série de fonctionnaires attachée à chaque
parti : ceux de l'opposition attendent le renversement du
ministère pour prendre les places de leurs rivaux ; chaque
parti ayant un état-major, dès son avènement au pouvoir
tout son personnel est placé, « du premier préfet au dernier maître d'école. » Pendant ce temps, que font ceux de
l'opposition, comment vivent-ils ? Ils végètent dans la
misère et, n'ayant pas de métier, gagnent leur vie comme
ils peuvent, en attendant le renversement du ministère et
le triomphe de l'antistrophe sur la strophe. M. Politis nous
apprend même que quelques-uns, dignes compatriotes du

---

[1] Voir, dans la *Revue des Deux-Mondes* du 1er mars 1887, l'étude de
M. Émile Burnouf

[2] L'agriculture, en Grèce, est restée rudimentaire, ainsi que l'industrie.
Vainement on a de grandes forêts dans les montagnes, on ne sait pas les
exploiter, et on fait venir les bois de charpente d'Autriche, de Prusse,
d'Italie, d'Allemagne En outre, les bergers grecs prennent l'habitude d'in-
cendier les forêts pour y conduire leurs troupeaux. « Le gouvernement
assiste impassible au flamboiement des forêts. » (Voir M. N Politis, *Revue
de Sociologie*, 1894.)

sage Ulysse, ont soin d'avoir dans leur propre famille des
membres qui sont du parti ennemi au leur, de sorte que,
soit d'un côté, soit de l'autre, il y a toujours une *place*
dans la famille. Quant aux déclassés, ils sont, pour la plupart, des jeunes gens instruits qui auraient cru déchoir en
continuant le métier de leur père, métier plus ou moins
manuel et « servile ». En Grèce comme partout, ils se font
ou politiciens, ce qui est le plus conforme à la tradition
athénienne, — ou journalistes, — une profession qui eût
eu aussi à Athènes le plus grand succès; ou encore socialistes, ce qui est propre à l'exercice de la dialectique.
M. Politis nous apprend que bon nombre finissent en cour
d'assises, s'évadent de prison et deviennent brigands, le
brigandage n'étant autre chose que la forme revêtue en
Orient par l'anarchie. Il est vrai que ces bandes de brigands,
loin d'être elles-mêmes anarchiques, sont fort bien organisées, et forment « de petits états dans l'État ». Elles
envoient « des circulaires », lèvent des impôts sous forme
de rançons, délèguent des ministres plénipotentiaires au
gouvernement « pour lui demander de fortes sommes »,
jusqu'à ce que le gouvernement, lassé de payer, leur livre
enfin bataille. Il y a quelques années, près de Lamia, on
a vu le fameux chef de bande Papakyritzopoulos, ancien
élève de l'école préparatoire des sous-officiers, faire prisonniers, par un choix heureux, le procureur même du roi
et le juge d'instruction, puis intimer au gouvernement
l'ordre de retirer ses troupes, avec menace, en cas de refus,
de tuer les prisonniers. Le gouvernement, sacrifiant les
deux magistrats, se décida à poursuivre les brigands et à
livrer bataille. Récemment, inquiet du nombre d'avocats
sans cause ou de médecins sans clients qui dissertent à
Athènes et ailleurs, le gouvernement grec a imposé des
droits d'inscription à la charge des étudiants de l'Université, afin de débarrasser la Grèce d'un certain nombre de
dialecticiens ou de politiciens. Mesure dont on ne saurait
trop approuver la sagesse. A peine échappé à la domination turque, et sans apprentissage préalable, le Grec
moderne a reçu d'un seul coup toutes les libertés qui, de
nos jours, peuvent appartenir à un citoyen : liberté politique, suffrage universel, instruction publique, liberté de
la presse ; beaucoup de Grecs prudents trouvent qu'une

arme n'est bonne qu'à qui sait la bien manier, et pour de
bonnes fins. Il faut convenir que les libertés modernes
sont particulièrement dangereuses en un pays qui a toutes
les misères avec toutes les ambitions. La Grèce manque
absolument de capitaux, ce qui n'empêche pas ses rhéteurs
socialistes de faire des conférences publiques sur la
« tyrannie du capital », une thèse que Gorgias aurait regret
de n'avoir point connue. De nos jours comme jadis, c'est
la politique et les politiciens qui ont perdu la Grèce. Écoutez tous ceux qui ont suivi de près les affaires de ce pays,
ils vous diront que l'autorité, au lieu d'y être regardée
comme la gardienne de l'ordre public, y est devenue un
instrument au service des partis ; que, aux yeux de l'administration, une seule classe de citoyens mérite protection et
sollicitude, à savoir les partisans du gouvernement : tout
citoyen qui n'est pas rangé sous « la bannière gouvernementale » est considéré comme un « ennemi ». On ajoute
que, l'administration étant tout, les députés ont une seule
chose à cœur : se maintenir dans ses bonnes grâces.
Nommés pour faire principalement les affaires de leurs
électeurs, ils soutiennent les ministres qui les y aident.
Quand on nous fait encore le tableau de l'ingérence des
députés dans la nomination des fonctionnaires, choisis par
faveur, devenus des agents politiques et chargés de la
défense d'intérêts individuels ; quand on nous montre cette
ingérence s'étendant à la distribution de la justice, grâce
au droit qu'a le gouvernement de déplacer les magistrats
et de les avancer ; quand, enfin, on nous décrit l'empiéte-
ment des députés sur les choses de l'armée, l'immixtion
de la politique aboutissant à la désorganisation des différents services, à l'indiscipline et au favoritisme, les députés
distribuant exemptions et dispenses, assurant même l'impunité aux déserteurs et aux insoumis ; le droit donné à
tout officier de se présenter aux élections, la politique
enfin présidant à la formation des états-majors, la politique
plaçant ses favoris à la tête des armées, on comprend les
désastres que la Grèce a subis et on entrevoit ceux qui
attendraient, dans n'importe quel pays, les imitateurs de
ce régime social.

Un des plus beaux traits du caractère grec, c'est l'amour

passionné pour la liberté et pour l'indépendance : on sait
à quel héroïsme cette passion s'est élevée en notre siècle
et, là encore, on reconnaît les dignes fils des Grecs.
Descendants ou non des anciens Hellènes par le sang, ils
le sont, a-t-on dit, au point de vue moral ; façonnés par le
même milieu, héritiers de leurs traditions et de leur langue,
ils peuvent, à l'exemple de l'Italie, être appelés un jour à
un vrai « resorgimento », si l'on en juge par leur admirable essor depuis les quelques années qu'ils sont affranchis. Leur tort est d'avoir voulu marcher trop vite et, qui
plus est, marcher seuls, sans le concours de l'Europe.
C'était oublier que la politique internationale, aujourd'hui
plus que jamais, est soumise à des conditions de solidarité.
C'était oublier aussi que, dans notre vaste monde moderne
qui lui doit ses sciences et ses arts, la Grèce est devenue
matériellement trop petite. Déjà exiguë jadis, elle l'est
encore davantage relativement à notre civilisation actuelle ;
fût-elle habitée par la plus pure race hellène, elle aurait
grand'peine à ressaisir son ancienne gloire. En outre, elle
n'a plus aujourd'hui la situation privilégiée qui la fit profiter à la fois de l'Europe, de l'Asie, de l'Afrique : l'axe
de la civilisation s'est déplacé. Enfin les conditions de la
guerre moderne ont diminué, au profit du nombre, de
l'armement et de la tactique, l'importance des frontières et
défenses naturelles. L'Olympe et les Thermopyles ne sont
plus infranchissables ; la Grèce n'est plus « le piège à trois
fonds » dont parle Michelet ; où les hordes perses vinrent
se perdre, les bataillons turcs, armés et commandés à
l'allemande, ne peuvent que trop bien passer. Insuffisante
est la population que les siècles ont laissée à l'Hellade :
deux millions d'habitants environ. La sociologie en action
des temps modernes opère sur une plus vaste échelle,
avec un plus grand « volume » et une plus grande « densité » de population.

La politique a bien des retours, et les peuples qui veulent vivre ont bien des ressources. Si les circonstances lui
redeviennent favorables, si elle sait se recueillir, se fortifier et attendre, la Grèce pourra un jour, comme on le lui
a plus d'une fois prédit, retrouver la prépondérance maritime dans la Méditerranée orientale. Ceux qui ont confiance
dans ses destinées, — et nous sommes du nombre, —

nous montrent les motifs de consolation qui lui restent dans ses malheurs, le côté généreux de ses plus folles entreprises, l'ardeur de son élan national, la mobilisation accomplie avec rapidité, soixante-dix mille hommes en peu de temps réunis, les réservistes répondant presque tous aux appels, personne n'élevant la voix pour se plaindre, malgré une interruption de six mois dans les affaires et dans l'administration de la justice ; le pays donnant sans compter et consentant à tous les sacrifices d'hommes ou d'argent que le gouvernement lui demande ; n'y a-t-il pas là les preuves des plus précieuses qualités d'abnégation ? L'ardent patriotisme de ce trop petit peuple, la profonde unité des esprits, l'étroite fraternité qui unit les Grecs aux autres Grecs résidant dans la Turquie d'Europe ou en Asie, la « vie nationale » qu'ils vivent avec eux, « en dehors du gouvernement », la persuasion où ils sont de former une famille unique, l'orgueil de leur ancienne gloire, qui est leur vrai lien, l'entière confiance qu'ils ont dans les destinées de leur « race », tous ces traits montrent l'importance et la force des traditions de l'ordre moral et social, qui unissent réellement les esprits et en forment une même âme, malgré l'inextricable mélange d'éléments ethniques qui ont pu constituer le corps de la nation. S'il en est ainsi, les psychologues et les sociologues peuvent encore beaucoup attendre, en dépit de ses revers, d'un peuple qui a conservé, avec l'indomptable souvenir, l'indomptable espérance.

LIVRE II
LE CARACTÈRE ITALIEN

CHAPITRE PREMIER
LE PEUPLE ROMAIN

I

RACES, TEMPÉRAMENT ET CARACTÈRE DES LATINS

Avant les immigrations de la race blonde, dite aryenne, la péninsule italique était occupée par des populations probablement berbères. Les Berbères anciens étaient de race blanche, analogues aux Lybiens et aux Kabyles, répandus sur une grande partie du littoral de la Méditerranée. C'était la race méditerranéenne brune à crâne allongé ; les Étrusques eux-mêmes semblent avoir appartenu à ce type.

Les Latins proprement dits paraissent d'origine aryenne ou, si l'on veut, septentrionale. Un premier rameau scandinave se détacha de la souche commune et remplit le Nord, y compris la Gaule ; le second, qui devait peupler les contrées du Sud et de l'Ouest de l'Europe, était composé des nations qui, dans l'antiquité, étaient connues sous les noms de Thraces, d'Illyriens, de Ligures. La branche des Hellènes se dirigea vers le Sud-Est. Deux ou trois cents ans plus tard, les Italiotes prirent possession de la péninsule italienne, où ils se séparèrent en deux branches distinctes, Latins et Ombriens. Plus tard, enfin, vinrent en Italie, les Gaulois et les Celtes, qui occupèrent le Nord et formèrent les Celto-Ligures ; c'est l'élément inexactement appelé celto-slave, à crâne large. De nombreux « méditerranéens » bruns, à crâne long avaient occupé les côtes et le Sud. Le tout est aujourd'hui mêlé d'un reste des invasions septentrionales dolicho-blondes, qui diminue de plus en plus. L'élément blond, qui existait autrefois en assez forte proportion chez les Romains, à côté de l'élément celtique et de l'élément méditerranéen, est allé s'éliminant à travers les siècles : il n'est plus que de 2 p. 100 (Beddoe) ; là comme ailleurs, l'aristocratie s'est peu à peu absorbée dans les masses, plutôt brunes et à tête large, qui avaient sans doute une constitution mieux appropriée au climat méridional.

En Italie, l'indice céphalique moyen est de 0,83. C'est-à-dire que, dans son ensemble, la nation est brachycéphale. Dans les vallées alpines, comme Aoste, où l'élément celte est à l'état de pureté, l'indice atteint 89,1, ce qui suppose un crâne très large. A Rome, on est sous-brachycéphale (0,80) tandis qu'en Sicile, le crâne s'allonge (0,78 à 79). En somme, si l'Italie actuelle est romaine de traditions, elle l'est fort peu de races [1].

Ajoutons qu'en Italie les génies et talents semblent plus nombreux là où dominent la race étrusque et la race grecque (Mantoue, Modène, Lucques, la Toscane, Catane, etc.) ; ils sont inférieurs là où l'emporte la race celtique.

La fusion de races si diverses, dès l'antiquité, semble avoir contribué à produire l'esprit assimilateur et équilibré des Romains. En outre, la position de Rome fit de ses habitants un peuple agriculteur en même temps que militaire. Ce dernier caractère tenait surtout, selon M. Bovio et M. Puglia, à un facteur psychologique de grande importance : « un naturel violent, que l'on ne peut nier, soit qu'on admette la légende qui attribue la fondation de la cité à des malfaiteurs ou celle qui l'attribue à des peuplades errantes. » La violence romaine supposait, selon nous, la prédominance du tempérament bilieux et colérique, qui s'accompagne d'une volonté aussi énergique que tenace, tour à tour contenue et déchaînée. C'est cette volonté à la fois impulsive et maîtresse de soi qui fut la vraie caractéristique des Romains et qui fit leur force.

---

[1] Dans l'Italie du Nord dominent les brachycéphales, et cela surtout dans les campagnes : Milan a comme indice 83,8 ; les environs de Milan, 84,3 ; Florence, 81,7 ; les environs, 83,1. (*Anthropométrie militaire*, Rome, 1896) L'Italie du Sud, dolichocéphale brune, présente entre les villes et les campagnes un phénomène inverse ; les campagnes sont un peu plus dolichocéphales que les villes : Messine, 79,6 ; province, 78,8 ; Bari, 82,4 ; province, 80,7.

Une des lois de la sociologie, c'est que, chez un peuple d'agriculteurs, les rapports sociaux sont plus simples que chez un peuple de commerçants : les coutumes semblent participer à la stabilité et à la sûreté de la terre où le laboureur dépense sa peine ; les limites des champs ont elles-mêmes une fixité sacrée. Chez les peuples de commerçants, au contraire, les gains subits et les pertes soudaines, avec toutes les chances qu'entraîne le négoce, favorisent l'esprit de spéculation plus ou moins hasardeuse, ainsi que les innovations de toutes sortes. Les Grecs en furent un exemple. La vie agricole a quelque chose de bien plus rigide et de plus traditionnel, témoin Rome. Ajoutez la naturelle économie du paysan, sa prudence, sa prévoyance, son perpétuel souci du lendemain, sa longue patience à attendre la récolte lointaine. Si, d'autre part, un peuple agriculteur est en même temps guerrier, il en résultera un mélange original de l'esprit militaire avec l'esprit conservateur ou juridique. Laboureurs, soldats, plaideurs, voilà les anciens Latins, race rangée et régulière, avare et avide. Acquérir, quand on est belliqueux, devient conquérir. Michelet compare les Romains aux Normands du moyen âge, ce peuple agriculteur, chicaneur et conquérant qui, comme ils l'avouent dans leurs chroniques, voulaient toujours *gaigner*, et qui ont gagné en effet l'Angleterre et les Deux-Siciles. Mais, malgré les ressemblances, autre est l'aventureux et fougueux Normand, autre le prudent et tenace Romain. Tantôt courbé sur la charrue, tantôt armé de la lance, celui-ci travaille toujours ; il ne guerroie pas, comme le Gaulois ou le Normand, pour le plaisir de guerroyer et pour chercher au loin des aventures : la bataille n'est pour lui qu'une besogne encore plus pénible que la lutte contre un sol ingrat. « Le peuple romain, dit Lucilius, a été vaincu dans de nombreux combats, dans une guerre, jamais : et tout est là. » Les Romains, en effet, furent presque toujours battus dans leur première rencontre avec un ennemi nouveau, — Gaulois, Pyrrhus, Xanthippe, Annibal, Cimbres ; — ils l'ont moins emporté par le génie militaire que par le génie politique, l'opiniâtreté, la discipline, la froide persévérance, la fermeté prudente, le calcul et les lentes combinaisons, la régularité d'efforts ordonnés en vue d'un but immuable : conquérir la

terre. N'avait-on pas trouvé, en creusant les fondements du
Capitole, une tête humaine. et les devins consultés
n'avaient-ils pas répondu : « Ici sera la tête du monde. »
Ils avaient foi dans leurs destinées, ils avaient foi en eux-
mêmes ; quand Annibal était aux portes de Rome, le champ
où il campait trouva un acheteur.

La grande vertu intellectuelle des Romains fut le profond
sentiment du général dans le particulier, vertu qui devait en
faire le peuple organisateur et législateur par excellence ;
leur grande vertu morale et sociale, parallèle à l'autre, fut
le dévouement et l'entier sacrifice de l'individu à l'ensemble ;
le clan, la *gens* était un corps dont les personnes n'étaient
que les membres[1]. De là dérivèrent et la vigueur de leur
unité politique et la croissante universalité de leur domination. En d'autres termes, si la force virile ¸*virtus)* fut la
première qualité du Romain, la seconde fut l'ordre. Jamais
peuple ne sut mieux organiser la force. Son esprit ordon-
nateur concilia la tradition avec le progrès. Sa destinée
fut de tracer par le monde et en tous sens des voies éternelles. Rome a conquis la terre par un développement
régulier et lent de sa puissance, jusqu'à ce que l'ombre de
la « grande louve » se projetât sur l'univers. Le Romain
aimait ce qui est à la fois grandiose et bien ordonné, ce
qui est respectueux des règles fixes. Partout où il arrivait, il portait l'ordre et même « la sévérité de l'ordre »,
la sûreté des personnes, le sentiment de la discipline,
le respect de l'autorité, une sorte d'austérité fondamentale.

Les défauts du caractère romain sont bien connus : rapacité, égoïsme, dureté, ruse, perfidie. On connaît aussi les
excès du sens positif et pratique chez ce peuple de paysans
soldats. Pour les anciens Italiens, dit Vico, « fait et vrai
furent toujours synonymes ». Ils étaient par essence utilitaires, et la vertu même était à leurs yeux la première des
utilités : *omnium utilitatum ac virtutum rapacissimus.* Ces
caractères de la race latine sont, pour la plupart, en parfait
contraste avec les qualités et les défauts de nos ancêtres
Gaulois, si bien décrits par César. C'est d'ailleurs, comme

---

[1] V. Vitali, *Elementi etnici e storici del carattere degli Italiani.* (*Rivista
italiana di sociologia,* anno II, fasc. VI.)

nous le verrons plus loin, par une étrange inadvertance qu'on nous parle sans cesse de notre « sang latin ».

La langue des Latins primitifs était très parente du grec archaïque, surtout du dialecte éolien ; les traditions et les mythes étaient aussi analogues ; mais, à Rome, la vie agricole et guerrière absorbant tout, la poésie et la littérature ne pouvaient se développer, faute du terrain social dont elles ont besoin. La classe patricienne, qui fit la loi dans les premiers siècles, était occupée à bien autre chose qu'aux lettres : à l'intérieur, lutte contre les plébéiens, à l'extérieur, guerres et conquêtes. Enfin il y avait chez les Romains, comme obstacle à la poésie, ce fond de dureté et de rigidité qui n'existait pas chez les Grecs, du moins chez les Athéniens, et qui rappelait plutôt les Spartiates. Tandis que la culture des arts était pour le Grec un repos, le Romain méprisait *le græcum otium* et lui opposait *l'occupatio fori*. En Grèce, l'éducation avait pour but de former l'homme complet, à Rome, le soldat et le citoyen. L'éducateur romain ne se préoccupe pas de l'individu, mais de l'État :

Moribus antiquis res stat romana virisque.

Les fêtes et les jeux ont un caractère exclusivement guerrier ; ils ne sont pas dominés, comme en Grèce, par l'idée du beau. Le milieu extérieur ne favorisait pas non plus l'essor de l'imagination poétique. Quel fut le berceau de la grandeur romaine ? Un pays ingrat, pauvre, malsain, régulièrement désolé par la famine et par la peste, où il fallait, dit le vieux Caton, labourer des cailloux. La vue de cette nature ne rappelait que labeur et n'excitait aucun enthousiasme ; la guerre même, labeur encore plus écrasant était sans poésie. La loi était dure et forte. Aussi les jeunes gens n'avaient-ils point les Muses pour éducatrices. « Dans notre enfance, dit Cicéron, comme seul poème nécessaire, *carmen necessarium*, nous apprenions la loi des Douze Tables. »

La langue latine, moins riche et moins flexible que la grecque, a des formes plus arrêtées, des contours plus rigides. Répugnant à tout ce qui est arbitraire et confus, elle se plaît à ce qui est réglé et normal : elle soumet tout à des lois invariables. Les qualités dominantes de cette langue sont la force et l'énergie des vocables, en même temps que leur disposition harmonique, leur équilibre, leur savante répartition, leur belle ordonnance. Quand la pensée l'exige, la langue acquiert rapidité et force vibrante, mais son mouvement général est plutôt une lenteur régulière ; les périodes arrondies se succèdent en bon ordre. comme les soldats de la légion. La solennité romaine se manifeste dans la langue même. On a remarqué que l'épigraphe fut une des formes préférées de la pensée latine ; concision, force, majesté, tels en sont les caractères, qui expriment excellemment le génie à la fois militaire et juridique de Rome.

Chez ce peuple rude et positif, à toutes les époques, devait dominer le côté sensuel et matériel de l'art. Dans les représentations théâtrales, c'était la musique et surtout la mimique qui séduisaient. Livius Andronicus, qui jouait lui-même ses tragédies, s'étant brisé la voix, fit dire les paroles par un esclave et se borna à faire les gestes : ce dernier point était le seul important. Aux comédies et aux tragédies, le Romain préféra toujours les danses d'ours et les saltimbanques, le défilé des grands triomphes, enfin et surtout le réalisme des combats de gladiateurs : c'étaient alors de vrais flots de sang qui coulaient sous ses yeux. Le triomphe et le cirque furent les spectacles de Rome, art dramatique en action, poussé jusqu'à l'identité avec la vie et surtout avec la mort.

Le triomphe manquant, on avait les saturnales, qui sont devenues plus tard le carnaval.

S'il ne pouvait y avoir ni invention, ni élan dans la poésie romaine, en revanche l'énergie du Romain, son patriotisme, la gravité de ses mœurs, son sens pratique, politique et juridique, trouvèrent dans la prose leur naturelle expression. Les genres littéraires qui offrirent à Rome une véritable originalité furent l'éloquence et, plus tard, en fait de poésie, la satire. L'éloquence tend à l'action : c'est de l'art appliqué aux faits, c'est la beauté de la forme pour l'utilité du but : rien de plus romain. Quintilien disait : « La rhétorique est une vertu » ; au moins peut-on dire qu'elle était une vertu romaine. Quant à la satire, c'est une arme d'idées et de paroles avec laquelle on peut châ-

tier les personnes, réformer les mœurs. faire passer les
idées dans les faits. Volontiers les esprits positifs et pro-
saïques sont railleurs ; le Romain eut le génie de la farce et
de la moquerie : « *Satira tota nostra est.* »

Comme la littérature latine, la philosophie latine fut
une importation de la Grèce ; elle ne pouvait avoir ni l'originalité ni la subtilité grecques. Pendant six cents ans, on
redouta et on méprisa la philosophie. Les Romains étaient
d'esprit trop terre à terre pour se perdre dans les spéculations
des métaphysiciens : seules les doctrines pratiques, comme
celles d'Épicure et de Lucrèce, convenaient à leur génie,
surtout le stoïcisme, qui, avec la force de la volonté, déifie
l'orgueil de la vertu.

II

LES INFLUENCES SOCIOLOGIQUES CHEZ LES ROMAINS

Les conditions sociales de la Grèce, surtout à Athènes,
avaient laissé une place énorme, parfois la place principale aux individualités, aux talents de toutes sortes et aux
idées, dont fut si généreuse cette race particulièrement
bien douée ; à Rome, la race n'avait, comme nous venons
de le voir, ni la même puissance intellectuelle ni le même
génie artistique ; mais les conditions sociales, par l'élargissement de leur théâtre et par l'étendue toute nouvelle
de leur champ d'action, eurent sur l'esprit latin une merveilleuse influence. C'est surtout dans l'empire romain
que les sociologues peuvent trouver la confirmation d'une
foule de leurs thèses, qu'il s'agisse de l'influence exercée
par « le volume, la densité et la mobilité des unités sociales »,
ou de l'influence exercée par leur « hétérogénéité et leur
homogénéité », par leur complication et leur unification, ou
encore des effets dus à l' « imitation sociale » et à ses
diverses formes, depuis la coutume jusqu'à la mode.

Le simple accroissement de l'Etat romain sous le rapport du volume et de la quantité devait avoir son contre-coup
psychologique. Le *citoyen* romain, ce ne fut d'abord que
le quirite, mais, par la suite, que ne fut-il pas ? Combien
d'hommes de combien de races obtinrent de prononcer la

parole libératrice : *civis sum romanus!* Peu à peu on comprenait que, pour être citoyen, il suffit au fond d'être homme, et que, sous maint rapport essentiel, les hommes peuvent se valoir, disons mieux, qu'ils se valent. Le Romain devait finir par penser : *civis sum totius mundi.* Au droit de « peuple » et au droit de « classe » se substitue le droit humain, le droit universel. Ihering a eu raison de dire que Rome fut le champion de l'universalité.

Les anthropologistes qui attribuent tout à la race, notamment à la race blonde, se lamentent sur la rapide disparition à Rome des vieux quirites ; ils nous rappellent que, du temps de Cicéron, pour un descendant corrompu des Quirites, il y avait dix Latins corrompus et dix Étrusques ; que, de naturalisation en naturalisation, la cité romaine s'étendit aux Bretons, Syriens, Thraces et Africains, alors que les Romains de race avaient disparu. Il est certain que tout ce pêle-mêle d'éléments eut des effets dissolvants sur le grand corps latin ; mais c'est surtout parce qu'ils étaient mal fondus, à des degrés de civilisation très divers, non parce que les crânes avaient une configuration légèrement différente. Au reste, le crâne des Gaulois ou des Germains valait celui des Romains et tous ces éléments disparates devaient faire l'Italie moderne.

Outre le mélange des races considérons le nombre, la densité et la mobilité des individus formant la nation. Pour que le *nombre des unités sociales* influe sur les idées sociales elles-mêmes, il faut que les membres nombreux d'un même État agissent réellement les uns sur les autres et, par suite, dit M. Bouglé, qu'ils soient recueillis, non disséminés. La concentration est le propre des nations modernes : ce qui les distingue, dit Von Mayr, ce n'est pas tant leur grand volume que leur grande *densité*. Les villes sont un agent de concentration dont l'importance est hors de doute pour les sociologues. L'*Urbs*, la Rome antique, devait être la cité où, des quatre coins de l'horizon, les masses des peuples divers concouraient pour se pénétrer[1]. D'autre part, la mobilité des unités sociales confère à l'esprit social lui-même un caractère sinon plus mobile, au moins plus ouvert, plus large, moins hostile

---

[1] Bouglé, *Des idées égalitaires*, p 162.

au nouveau, moins esclave des traditions locales et des coutumes traditionnelles. Elle donne de l'air et de la lumière au cerveau. L'esprit latin devait, avec l'agrandissement de la république et de l'empire, en fournir la preuve. Les Romains établirent entre les parties les plus reculées du monde de larges voies de communication, dont les restes se peuvent encore apercevoir depuis la Syrte africaine jusqu'à la Grande-Bretagne ou à l'Euphrate[1]. En même temps, on cessait de demeurer enfermé dans sa ville natale, on voyageait, on faisait connaissance avec les terres les plus lointaines et avec les mœurs les plus nouvelles. Quant à l'effet psychologique de cette mobilité dans l'espace, il est bien connu : une séparation s'opère d'elle-même dans les esprits entre le changeant et le constant, entre le particulier et le général ; il s'y produit, finalement, une sorte de généralisation spontanée. L'esprit généralisateur des Romains devait d'autant mieux se manifester à la longue qu'ils avaient affaire à des hommes et à des peuples plus divers, dont il fallut négliger les particularités pour ne retenir, au point de vue de l'administration et du droit, que les traits communs de l'humanité.

D'un bout à l'autre de l'Empire romain, c'était, suivant l'expression de Montesquieu, une incessante circulation d'hommes. On a l'impression, conclut Friedlaender, que les hommes ne voyageaient pas moins alors et peut-être voyageaient plus qu'en Europe à l'époque moderne, avant les chemins de fer.

Les sociologues qui insistent, avec tant de raison, sur l'importance de la *mobilité sociale* et y font voir un indirect accroissement de densité[2], nous montrent aussi, par cela même, un accroissement des points de contact entre les hommes, c'est-à-dire entre les consciences, une multiplication des relations entre les hommes, c'est-à-dire encore entre les consciences, entre les sentiments, entre les idées. La mobilité dans l'espace entraîne la mobilité psychologique, je veux dire le mouvement des idées et leurs incessantes modifications.

---

[1] Nous avons plus d'une fois admiré à la Mortola, entre Menton et Vintimille, les restes de la grande voie romaine longeant la mer.

[2] Bougle, *Les Idées· égalitaires*.

La *complication* croissante de la société romaine exerça aussi son influence sur les esprits, en établissant entre les hommes des rapports de plus en plus différents, parfois opposés entre eux. Au sein de la grande collectivité se formaient des groupes moins vastes, des associations ou « collèges » de toutes sortes. L'Etat romain avait beau, avec une rigueur jalouse, défendre sa suprématie et ses droits, il ne pouvait empêcher ces associations de devenir de plus en plus nombreuses et complexes. De là « un déplacement de l'estime sociale », qui devait bouleverser les situations et reporter finalement le respect de la caste à l'individu. A Rome, remarque M. Boissier, la hiérarchie primitive fondée sur la religion de la famille devait être ébranlée le jour où un fils, chargé de veiller aux intérêts de l'Etat, commandant le respect aux vieillards, pouvait, entouré de ses licteurs, exiger le salut même de son père. Pour les mêmes raisons, peu d'institutions devaient plus contribuer au relèvement de l'esclave que les collèges de l'Empire. Non seulement ils lui permettaient de sortir de la famille où il était sévèrement enfermé, mais encore de dépasser son rang ordinaire, et, nommé trésorier ou président, de dominer, pour quelques instants au moins, des hommes libres. « Combien, dit M. Boissier, un esclave qui avait revêtu, ne fût-ce que pour quelques heures, la robe du magistrat, ne devait-il pas gagner en dignité ? » De même, plus tard, selon Fustel de Coulanges, parce que la hiérarchie de l'Eglise chrétienne admettait des esclaves dans les ordres et les nommait ainsi pasteurs d'hommes libres, elle travaillait indirectement au nivellement des conditions [1].

Non seulement l'empire romain offrait en ses parties une extrême complication, mais encore il offrait, sous les rapports essentiels, une merveilleuse *unification*. Tout a été dit sur la centralisation romaine, sur cette administration à la fois ferme et souple qui pliait aux mêmes règles de civilisation les barbares des terres les plus distantes et les plus perdues, sur cette justice redoutable et équitable qui pesait dans la même balance les actions les plus diverses des hommes les plus divers. Un tel rôle dévolu au Romain ne pouvait manquer de développer en lui ce sens juridique

---

[1] V. Bouglé, *Des idées égalitaires*, p. 201.

qui forme un des traits les plus remarquables de son caractère. Inflexible sur toutes les conditions indispensables à la
paix romaine, qui était aussi la paix sociale, le Romain
devait fléchir et se montrer tolérant pour tout ce qui ne
rentrait pas dans ces conditions, pour les croyances particulières aux divers peuples, pour leurs religions changeantes, pour leurs mœurs, leurs coutumes et leurs modes.
Les peuples pouvaient adorer les dieux les plus divers,
pourvu qu'ils se réunissent dans le même respect de la loi
romaine et de l'empereur, où la loi était personnifiée.
Tous les historiens et sociologues jurisconsultes ont marqué la distance qui sépare l'ancien Droit romain du Droit
nouveau, élargi par les édits des préteurs. Mais l'influence
des formes sociales ne saurait ici faire méconnaître l'influence des idées et leur force. M. Bouglé, si dédaigneux
des explications « idéologiques », rappelle lui-même que le
Droit nouveau est un Droit à principes philosophiques ;
« les auteurs des Pandectes, en juristes stoiciens, prétendent conformer les lois aux exigences de la Raison ;
pour l'éducation de l'humanité ils inscrivent les maximes
égalitaires au fronton du temple. » — Et si l'on exagère
lorsqu'on représente, à la fin de l'Empire romain, tout le
peuple pénétré des idées nouvelles, « on ne se tromperait
pas moins en croyant qu'elles demeuraient cachées dans le
cerveau de quelques juristes isolés. » Ils sont nombreux
et de toutes conditions « les Romains qui philosophent et
demandent à la philosophie des maximes de conduite. » On
sait que les Stoïciens régnèrent en même temps que les
Empereurs, et avec assez d'éclat pour émouvoir l'opinion.
Épictète, dit Origène, était dans toutes les mains. « Une
école qui réunissait un esclave comme Épictète, ami
d'Adrien, un chevalier comme Musonius Rufus, un consu-
laire comme Sénèque, un empereur comme Marc Aurèle,
ne pouvait manquer d'exercer, tant par l'exemple que par
la doctrine, une large influence égalitaire[1]. De fait, dit
M. Bouglé, tandis qu'un Aristote, cédant sans doute à la pression de son temps, n'ose assimiler les esclaves aux hommes,
ce n'est pas une voix, mais vingt voix qui s'élèvent, sous
l'Empire, pour demander que les esclaves soient enfin

[1] V. Friedlaender, *Darstellungen*, III, p. 674. 676.

traités comme des hommes. Si la loi hésite à les affranchir,
les classes supérieures se flattent de les relever, et les
classes populaires de les soutenir. Christianisme et
Stoïcisme conspirent pour l'élargissement des sociétés et
l'émancipation des individus. En un mot, malgré toutes les
survivances de l'esprit de la cité antique, à la fin de l'Empire romain, l'étranger a forcé les portes du droit, l'esclave
va les forcer à son tour. L'idée se fait jour qu'il existe une
humanité[1]. » — Y a-t-il là seulement demanderons-nous,
l'influence des formes sociales, ou plutôt, dans le cadre
même de ces formes, ne voit-on pas grandir et se dessiner
les idées sociales, les idées morales ?

Nous l'accorderons d'ailleurs à notre tour, pour que
l'idée conçue d'abord par des personnalités supérieures
devienne collective et descende dans les masses, il importe
que les transformations des milieux lui préparent les voies.
L'« universalité », propre à l'Empire romain, en faisait donc
un terrain tout préparé pour la floraison des doctrines
stoïcienne et chrétienne, et « désignait à jamais Rome
comme le siège consacré des idées *catholiques* ».

Les sociologues ajoutent encore avec raison que, si l'extension des sociétés favorise la conception des droits de
l'humanité, elle favorise du même coup la conception des
droits de l'*individualité* : l'apparition de ce groupement
nouveau, le plus large de tous qui est le genre humain,
« enlève aux groupements antérieurs et plus étroits, dans
lesquels les personnes risquaient d'être comme absorbées,
une part de leur autorité ; comme elle les rend moins exclusifs, elle les rend moins oppressifs. » Suivant II. Denis, la
morale antique au temps d'Alexandre était déjà devenue à
la fois plus universelle et plus *personnelle*. Suivant Burkhardt
la « découverte de l'humanité » devait coïncider, à la
Renaissance, avec la croissance du sentiment de l'individualité. « Quand les concepts sociaux s'élargissent, dit
M. Bouglé, la moralité tend à se définir, « non plus comme
la soumission aux besoins d'une collectivité quelconque,
mais comme la recherche de la perfection individuelle[2]. »
Le recueil des *mœnia mundi* conduit les hommes « au

[1] Cf. Havet, *Le Christianisme et ses origines*, II, ch. xiv.
[2] Bouglé, *Ibid.*, 115, 118.

respect du for intérieur : les fins dernières deviennent les
fins intimes ». Le même accroissement de la *quantité
sociale* « qui érige, au dessus de tous les classements partiels, l'humanité, dresse, au milieu de tous les classements partiels, l'individu »[1]. — A condition. ajouterons-
nous que, dans cette quantité sociale, il existe une certaine
qualité d'hommes et d'esprits qui soient capables de concevoir
telles et telles *idées*, pour y conformer ensuite leurs actions.

On s'est demandé si Rome eut vraiment l'esprit *national*, la vraie nation étant une personne consciente de
soi, consciente de son unité même, qui sent sa force et
la responsabilité de sa force. Selon M. Lavisse, la terre
n'aurait pas vu de nation proprement dite avant notre
temps. — Il y a là, semble-t-il. quelque exagération.
Les petits peuples démocratiques de la Grèce étaient déjà.
par l'unité de leur esprit et la clarté de leur conscience,
de petites nationalités, ayant chacune sa physionomie
psychologique ; le peuple romain, avant de se dilater jusqu'à embrasser des Germains de races disparates, avait eu
aussi la conscience de son unité, de sa volonté commune,
puissante et envahissante, de son caractère national. En
tout cas, si l'Empire romain ne fut pas vraiment une grande
nationalité, il fut le premier exemple d'un grand *État*, c'est-
à-dire d'un pouvoir politique organisé et centralisé, à la fois
un dans son moteur et varié en son point d'application.

Il n'y avait plus, dit Eusèbe, cette multitude de chefs, de
princes, de tyrans et de gouverneurs de peuples : « l'Empire romain seul s'étendait sur tous. » Et l'évêque de
Césarée fait remarquer que par là l'Empire romain préparait le monde à l'idée de l'unité de Dieu. — Il le préparait
du même coup, ajoute M. Bouglé, à l'idée de l'égalité des
hommes et de l'unité romaine. Toutefois, « l'idée de l'égalité
n'apparait alors que pour s'éclipser bientôt, comme devait
s'effacer bientôt l'unification romaine. L'unité d'une société
si étendue et si hétérogène ne pouvait être que superficielle ». Elle était en quelque sorte promulguée plutôt
qu'acceptée, formulée plutôt que réalisée. « L'Empire, dit
Duruy[2], n'est qu'un grand corps sans muscles et sans

[1] *Ibid.*
[2] *Histoire des Romains*, VI, p. 313

nerfs, tenant debout par les seuls liens dont l'administration l'avait enlacé. » Les citoyens ne coopèrent pas assez
au gouvernement ; les parties de cet ensemble immense
ne collaborent pas à leur propre unité. Nous dirions volontiers, pour notre part, que l'Empire romain constituait un
mécanisme gouvernemental, non un *organisme contractuel*,
où la vie vient du consensus plus ou moins conscient et
volontaire de toutes les unités sociales.

La politique étant comme l'âme de l'État romain, l'esprit
politique devint, comme l'esprit juriste, un élément intégrant de l'intelligence latine. Rome s'égalait au monde,
fiebat orbis urbs, il fallait bien que la pensée romaine
s'égalât à la pensée humaine ; il fallait qu'elle effaçât les distinctions de race, de temps et de lieu, pour ne plus voir
que ce qui unit les hommes sous les mêmes lois de la
raison. La vraie originalité *intellectuelle* des Romains
fut dans leur doctrine du droit. Une fois maîtres du monde,
les Romains y établirent le droit conçu sous une forme
universelle. Leibnitz a pu comparer les réponses des jurisconsultes romains aux propositions de la géométrie. Mais,
en même temps, les Romains ne perdent jamais leur sens
du réel, des nécessités civiles ou politiques. La loi est
vraiment pour eux « l'utilité » soumise à la règle universelle de la « raison » et appuyée sur la « force ». Leur
rôle n'est pas de contempler l'idéal ; c'est de façonner la
réalité, soit par l'inflexible épée, soit par l'inflexible loi.

III

LA RELIGION ROMAINE

Fustel de Coulanges a insisté sur le caractère religieux
de la cité romaine comme sur celui de la cité grecque, mais
il est obligé de reconnaître à la fin que le caractère religieux était beaucoup plus marqué dans la cité athénienne.
Nous venons de voir que la société romaine, par son volume
et son extension, offrait déjà un type différent des cités grecques, et que, en outre, elle était éminemment politique. Les
fonctions politiques s'y séparèrent très tôt des fonctions

religieuses et se les subordonnèrent. « Grâce à cette prépondérance du principe politique, dit Reiss dans son *Droit
criminel des Romains* (p. 887), et grâce au caractère politique
de la religion romaine, l'Etat ne prêtait à la religion son
appui qu'autant que les attentats dirigés contre elle le
menaçaient lui-même indirectement. Les croyances religieuses d'Etats étrangers ou d'étrangers vivant dans l'Empire romain étaient tolérées si elles se renfermaient dans
leurs limites et ne touchaient pas de trop près à l'Etat. » En
outre, on voit à Rome les crimes contre la religion se définir
nettement, se circonscrire, diminuer de nombre, diminuer
aussi de gravité. Ce qui était crime *inexpiable* à Athènes
devient *crime expiable* à Rome (au moyen d'un simple
sacrifice offert aux Dieux) : profanation de tout *locus sacer*.
profanation de tout *locus religiosus*, exposition d'un mort
aux rayons du soleil, etc. [1] Les raisons sociologiques ont
joué là leur rôle, la cité romaine étant plus *moderne* socio-
logiquement que la cité grecque.

Dans la religion des Romains, comme M. Puglia le
remarque avec Mommsen, ce n'est pas le sentiment intérieur
qui prévaut, c'est la forme extérieure et sociale. Le culte des
diverses divinités n'a pas la valeur d'une fin, mais celle « d'un
moyen en vue de buts politiques, ou, pour mieux dire de
buts terrestres. » C'est pour cette raison que les Romains
accordèrent tant de tolérance à toutes les croyances religieuses, qu'ils laissèrent, avec les peuples vaincus, pénétrer
dans Rome les dieux de ces peuples ; aucune guerre à
l'extérieur ou à l'intérieur n'eut jamais lieu pour une cause
purement religieuse. Ils ne se préoccupent pas, dit M. Puglia,
de la vie ultra-mondaine, mais bien de la vie présente, et la
religion, à leurs yeux, a plus de valeur pour celle-ci que
pour celle-là. Ce sens de l'utilité terrestre ne pouvait
manquer d'introduire peu à peu la morale sociale dans
la religion, puis la politique. Les prêtres, et spécialement
les pontifes, profitèrent de la crainte inspirée par les dieux
pour renforcer les devoirs moraux et sociaux, en particulier
ceux pour lesquels la loi n'avait point de sanction suffisante.
Ainsi, dit Mommsen, celui qui en labourant avait reculé
les limites d'un champ, celui qui avait commis nuitamment

[1] V. Durckheim, *Division du travail social*, p. 175

un vol dans la campagne encouraient, outre la peine civile, l'imprécation de telle ou telle divinité particulière. D'autres crimes que la loi n'atteignait pas, tels que la vente d'une femme ou d'un fils marié, les violences contre un père, la violation de l'hospitalité, encouraient l'anathème des dieux. Outre cette utilité morale et sociale, la religion avait encore une haute utilité politique et servait à donner un caractère de solennité aux actes publics les plus importants : voyez, par exemple, les formalités pour la déclaration de guerre. L'avantage sociologique d'une religion aussi utilitaire, c'était l'absence de fanatisme ; son désavantage phychologique et moral, c'était d'être inféconde pour la vie de l'âme, d'arrêter l'essor du sentiment et de la pensée, de n'encourager ni la spéculation, ni la poésie, ni l'art. La religion grecque s'était développée dans le sens de la liberté, sous l'influence de l'imagination la plus variée : les dieux de la Grèce ont mouvement et vie, ils ont leurs naissances, leurs amours, leurs joies et leurs souffrances. Les dieux romains, au contraire, ne sont pas des individus : ce sont les signes des êtres et des choses; ils n'ont point d'histoire. Nous voyons, jusque dans la théologie romaine, régner la nécessité, l'ordre, l'uniformité inflexible. Au lieu de poursuivre, comme les Grecs, un anthropomorphisme de plus en plus complet, qui devait atteindre sa perfection dans la sculpture attique, le Romain ne voit dans les divinités que des abstractions personnifiées ; aussi les laisse-t-il à l'état nuageux, sans sexe précis, sans mariages : « *Sive Deo, sive Deæ, sive quo alio nomine te appellari volueris.* »

Ce qui caractérise la religion romaine, c'est l'innombrable quantité d'idées plus ou moins abstraites élevées artificiellement au rang d'êtres supérieurs. Chaque homme a son *genius*, chaque femme sa *Juno* ; chaque circonstance de la vie sociale, chaque opération agricole, jusqu'à l'ouverture même des greniers, jusqu'à la provision annuelle des grains (*Annona*), jusqu'à la chair en santé du corps humain (*Carnia*), tout a sa divinité. La monnaie d'argent est-elle introduite à Rome, le vieux génie de la monnaie de cuivre, *Aesculanus*, reçoit aussitôt un fils, *Argentinus*. La Terreur et la Pâleur dans le combat, la Paix, la Liberté, l'Espérance, la Bonne Fortune, l'Indulgence, la Clémence

même de César sont érigées en divinités et ont des autels.
Le culte, voilà l'essentiel de la religion : la doctrine
est sans importance : un nom suffit, pourvu que les rites
l'accompagnent. L'omission de la moindre pratique ôte au
sacrifice sa vertu, le rituel est inflexible ; tout est réglé
par les soins de l'autorité. Le contrôle du gouvernement
s'exerce sur le sacerdoce et sur son chef suprême. C'est
donc bien une religion d'État. Jupiter très puissant (au sens
antique *d'optimus*) et très grand n'est plus le dieu patriarcal de la lumière et de la pureté : il devient, sur le Capitole, la personnification divine de l'État conquérant ; il
symbolise l'universalité de l'empire romain. Seul, le peuple
juif éleva pour son dieu la même prétention à la domination universelle ; de là, comme l'a fort justement remarqué
Tiele, la lutte finale qui devait éclater entre les deux religions. Sans ce conflit fondamental, elles se fussent accom-
modées l'une à l'autre, puisque tout dieu qui ne se dressait
pas contre le Jupiter romain était volontiers accueilli dans
le Panthéon. La froideur du culte d'État ne pouvant satisfaire la foule, on avait emprunté sans cesse aux cultes
étrangers, non leurs meilleurs éléments, mais les plus bas
et les plus sensuels. Enfin, sous les Césars, cette religion
avait abouti à deux résultats sociaux importants : d'abord
la déification des empereurs eux-mêmes, puis l'identification
de Jupiter avec tous les dieux suprêmes des autres peuples.
« Chaque divinité principale était en réalité un Jupiter, et
le culte de ce Jupiter, sous ses différentes formes, combiné
avec celui de sa visible incarnation sur la terre, l'Empereur, devint désormais la religion universelle pour le
grand empire universel [1]. De là au catholicisme si justement appelé *romain*, il n'y avait qu'un pas : l'empereur fut
simplement remplacé par le pape. La forte organisation et
l'unité de la religion romaine eurent ce grand résultat
sociologique de répandre le christianisme et de l'imposer
partout, comme s'était répandue la suprématie de Rome.
Après la majesté de la Paix romaine, régna celle de la Paix
chrétienne.

[1] Tiele, *Histoire des religions*.

CHAPITRE II

LE CARACTÈRE ITLAIEN

I

INFLUENCE DES INVASIONS BARBARES ET DU CATHOLICISME

Le caractère romain ne pouvait manquer de se modifier avec le temps. Il subit trois crises principales : les invasions des barbares, qui étaient précisément les Germains et Saxons d'alors, le catholicisme, enfin les révolutions italiennes. Des races nouvelles vinrent dans la péninsule se mêler aux anciennes, et tous ces croisements introduisirent peu à peu un manque d'équilibre dans l'antique esprit des Romains, si un et si rigide. La question n'est pas de savoir si les éléments importés étaient supérieurs ou inférieurs au point de vue ethnique : ils étaient autres et, sous le rapport de la civilisation, ils étaient alors inférieurs.

C'est avec raison, en effet, qu'on a appelé l'Italie une région œcuménique, « rendez-vous séculaire de toutes les races humaines. » M. Gebhart y a montré « le lieu de passage d'une caravane éternelle ». Gaulois, Espagnols, Grecs, Asiatiques, Égyptiens, Juifs, Germains, Bretons, Africains, Goths, Lombards, Byzantins à Ravenne, Slaves à Venise, Allemands, Normands, Angevins, Sarrazins, etc.; cherchez dans ce pêle-mêle la « race latine ! » Ce qui a fini par dominer dans l'Italie moderne, au point de vue ethnique, ce n'est pas l'élément latin, c'est, nous l'avons déjà vu, l'élément celto-slave à crâne large, dans le nord, avec de nombreux Méditerranéens à crâne long dans le midi. Du « sang » des Quirites, il ne reste aujourd'hui à peu près rien, c'est donc précisément l'élément latin qui manque le plus aux races dites « latines », qu'il s'agisse des modernes Italiens comme des Espagnols ou des Français.

Après les modifications ethniques vint la révolution religieuse, bien plus importante que la physiologie des races.

Nous avons vu plus haut que la morale grecque était intellectualiste, faite pour des sages à la raison cultivée, pour une élite aristocratique ; or, au temps de la décadence romaine, c'était la foule qu'il s'agissait de diriger et de conduire, et la foule fait prédominer l'action sur la contemplation, l'instinct sur la raison. En outre, la misère allait croissant, ainsi que le sentiment de la misère, auquel s'ajouta bientôt le sentiment du péché et de la corruption intérieure. La philosophie grecque ne s'était pas abaissée jusqu'aux misères physiques et morales dont souffrait l'humanité ; elle ne se haussait pas non plus « jusqu'aux ambitions nouvelles qui soulevaient les âmes [1] ». Le christianisme, au contraire, ne méconnut rien de ce qu'il y a de plus bas et de plus humble sur terre, comme de ce qu'il y a de plus haut et de plus sublime « dans le ciel ».

Le christianisme contenait des germes féconds de liberté spirituelle. En attribuant la valeur suprême à la vie de l'esprit, il ramenait les choses terrestres à une valeur inférieure : il abaissait toutes les grandeurs politiques ou sociales. En représentant l'âme de l'individu comme ayant un prix infini, digne d'être rachetée par la mort d'un Dieu, il donnait à l'individualisme un fondement tel qu'il n'en avait jamais eu de semblable. En représentant, d'autre part, la société humaine comme un seul et même corps dont tous les membres sont frères, et qui préfigure l'unité de la société céleste, il donnait aussi à un certain socialisme sa base légitime, morale et sociale.

L'intolérance que le christianisme devait montrer par la suite n'en était pas moins un progrès sur l'intolérance antique ou même sur cette tolérance qui est si voisine de l'indifférence. La sphère de l'intolérance chrétienne est très limitée, parce qu'elle s'étend seulement à certaines croyances fondamentales ; de plus, elle est une défense plutôt qu'une agression. M. Durckheim fait remarquer à ce sujet que le sacrilège, dont le blasphème n'est qu'une variété, et l'hérésie sous ses différentes formes sont désor-

---

[1] E. BOUTROUX, *Questions de morale et d'éducation*

mais les seuls crimes religieux, par opposition aux innombrables crimes religieux de l'antiquité. De plus la sévérité contre ces crimes mêmes fut tardive : au ix° siècle, le sacrilège est encore racheté moyennant une compensation de 30 livres d'argent. C'est une ordonnance de 1226 qui, pour la première fois, sanctionne la peine de mort contre les hérétiques.

Dès l'origine, des sectes opposées et des écoles différentes avaient agité, vivifié le christianisme. La scolastique fut un premier effort de libre réflexion et de libre discussion. Quoique limités à une certaine sphère, « les droits de la discussion sont reconnus en principe »[1]. Il faut donc se garder de méconnaître les services rendus dès le commencement par le christianisme à la libre-pensée et à la philosophie même. Il y a là un exemple de la force des idées, qui nous montre que les formes sociales ne sont pas tout, que le fond moral ou philosophique a encore plus d'importance. Le christianisme entrera désormais, avec ses idées fondamentales et ses sentiments fondamentaux, dans les divers caractères nationaux comme une sorte d'élément intégrant, qui prendra diverses formes selon les divers milieux. Il spiritualisera, dans diverses mesures, tous les tempéraments des peuples.

Transporté dans le milieu social de Rome, où il établit son centre, le christianisme devait lui-même se transformer. s'accommoder au caractère romain et à la situation de l'Italie. Pour les croyances religieuses comme pour tout le reste, l'esprit classique et latin, héritage de Rome, avait laissé sa marque chez le peuple italien et chez tous les peuples de culture latine. Par le manque de mysticisme, l'Italie moderne, comme l'ancienne, échappa au fanatisme. Ramener sur terre le ciel de l'évangile et l'introduire dans le domaine de l'art, voilà sa tendance constante. De l'âme italienne, on ne pouvait guère attendre la foi germanique au divin « mystère » des choses et de la vie ; elle s'en tint de préférence aux œuvres et, trop souvent, à l'observance rituelle, qui est comme la partie légale du code religieux. Mais la complication des rites et des pratiques n'en eut pas moins pour l'Italie moderne, comme

[1] Durckheim, *La Division du travail social*, p. 177.

pour les anciens Romains, un sens profond : elle représentait les liens sociaux, l'union du citoyen avec son pays ; la religion était, dit M. Barzellotti, « une fonction de la vie publique ».

Quelque puissante qu'ait été l'action sociologique du catholicisme, pouvait-elle radicalement transformer l'esprit de la nation italienne? Les uns ont accusé la papauté des défauts qui se développèrent dans le caractère italien à travers l'histoire; les autres ont accusé le caractère italien des défauts mêmes de la papauté. Une discussion s'élevait, récemment encore, sur ce point de psychologie et d'histoire entre M. Mariano et M. Barzellotti. Nous croyons, pour notre part, qu'il y eut ici réaction mutuelle, mais qu'il faut attribuer surtout au caractère romain et aux institutions romaines la forme prise à Rome même par la religion du Christ.

En Espagne, le catholicisme devait trouver devant lui l'islamisme arabe, en France, le manichéisme albigeois ou la réforme calviniste; en Allemagne, la Réforme luthérienne; comment aurait-il pu s'affaisser et sommeiller comme il l'a fait en Italie? L'ardeur et la valeur de la foi se mesurent en partie au nombre d'hérésies qu'elle suscite, car chaque hérésie témoigne de l'importance attachée aux idées, du désir de mieux qui travaille les esprits: au contraire, la stagnation dans les mêmes croyances et dans les mêmes pratiques extérieures accuse le changement de la foi vive en foi morte, de l'effort moral en routine machinale. Comme les intelligences, les volontés se retrempent dans les luttes religieuses et dans les discussions de croyances, car elles sont alors obligées à une dépense d'énergie et cette dépense a lieu en vue d'un idéal élevé. Luther avait raison de dire : « Mon nom enlèvera pour toujours la paix d'entre vous, jusqu'à ce que vous ayez ou consommé votre perdition, ou changé en mieux ». La France a eu ses Albigeois, son Calvin et ses huguenots, son Port-Royal et ses jansénistes, ses quiétistes, même ses gallicans, tous épris de quelque pensée plus ou moins haute, tous animés d'un esprit de liberté vivifiante. On a souvent remarqué combien, de nos jours, le vieux catholicisme gagne, en Allemagne, en Angleterre, en Amérique, au contact et à la rivalité des protestants. Depuis l'origine même, c'est la lutte qui avait fait la vie du christianisme, par opposition à l'indifférente multiplicité du paganisme et à la rigide unité du judaïsme. Ce n'est donc pas sans raison que les Italiens éclairés déplorent eux-mêmes la dictature des consciences et l'uniforme servitude des esprits qu'a produites chez eux le « catholicisme romain », héritier de la centralisation romaine et de la religion d'État romaine.

Où sont, dans l'histoire du christianisme, les mystiques et les hérétiques? La majorité est chez les Celtes et les Germains. Où sont les docteurs orthodoxes qui soutiennent la domination et les décisions de l'Église? Pour la plupart, depuis Anselme d'Aoste jusqu'à Thomas d'Aquin, ils sont Italiens. En Thomas d'Aquin revit l'esprit de toute la latinité. Il se tient à égale distance du formalisme scolastique et du mysticisme, il essaie de concilier la foi et la raison, le naturel et le surnaturel; il tente une synthèse harmonieuse de toutes les doctrines et de toutes les croyances; il est comme le législateur romain de la théologie et de la philosophie.

L'Italie a eu cependant, elle aussi, quelques hérétiques et quelques mystiques, mais, en somme, les plus modérés de tous, de même que ses philosophes furent les plus étrangers à ce que les Allemands appellent le transcendantalisme. Et ce qui fait l'originalité des mystiques italiens, c'est que leur mysticisme apparent n'est qu'un sens plus profond de l'humanité et de la nature. Est-ce surtout sur les mystères divins que médita François? Est-ce dans les arcanes de la haute théologie qu'il s'absorba? Pas le moins du monde. Pour lui, Dieu se révèle dans l'humanité et dans la nature entière : c'est là qu'il faut le chercher, qu'il faut l'aimer. La sympathie du saint poète s'étend non seulement à ses frères et à ses sœurs de l'humanité, mais encore à ses frères les passereaux, à ses sœurs les colombes, auxquels il prêche l'universel amour de Dieu. Quand il entonne le *Cantique des créatures*, quand il chante ses sœurs les étoiles et son frère le soleil, son mysticisme s'épanouit en une sorte de naturalisme. Rien de sombre, rien d'attristé dans ses doctrines; en croyant revenir au christianisme primitif, il se tenait encore en partie aux primitives conceptions de la Grèce et de Rome. En même temps, ce doux rêveur a le sens pratique et politique des

Romains ; il accomplit sa réforme dans l'Eglise même et
avec l'Eglise ; nulle hérésie, mais un respect scrupuleux
des traditions : point de fanatisme à l'espagnole, point de
dogmatisme scolastique à l'allemande ou même à la française, mais un christianisme d'artiste, familier avec l'homme
et avec la nature. Aussi celui qui avait eu pour premiers
maîtres les troubadours aura-t-il pour disciples les poètes,
qui, à son exemple, écriront en langue « vulgaire », et
avant tout, Dante ; il aura encore pour disciples indirects
les peintres comme Giotto, animés de son esprit et de sa
sympathie universelle pour les hommes ou les choses. Et
Catherine de Sienne ? Ses extases ont-elles empêché
l'épouse du Seigneur d'accomplir les plus difficiles mis-
sions de politique et de diplomatie romaine ? N'est-ce pas
elle qui, pendant la guerre que faisaient à Grégoire XI
Guelfes et Gibelins réunis, retient dans l'obéissance les
villes d'Arezzo, de Lucques et de Sienne ? N'est-ce pas elle
qui, envoyée par les Florentins, négocie la paix avec le
pontife ? Elle enfin qui détermine le pape à quitter Avignon
et la France pour revenir à Rome, dans la vraie patrie du
catholicisme ? Les mystiques latins et surtout les hérétiques
latins n'eurent jamais qu'une suite peu nombreuse, à moins
qu'ils ne soient devenus, comme Arnauld de Brescia, des
agitateurs politiques. Après avoir annoncé le retour à la
simplicité de la primitive Eglise, ils rêvent de rétablir à
Rome l'empire universel et ils essaient de réaliser leurs
rêves. Joachim de Flore et François d'Assise demeurent
donc des « figures isolées ». Les autres grands croyants
d'Italie, non seulement Arnauld, mais Dante, Dolcino,
Savonarole, ne sont point animés d'un esprit exclusivement
religieux ; ils ont des idées patriotiques, sociales, humanitaires. L'esprit latin ne s'enflamma jamais longtemps
pour les abstractions de la théologie pure. Chez le grand
Bruno lui-même, le panthéisme s'achève en un vaste naturalisme : la religion qu'il veut fonder est celle de la pensée et de la vie ; loin de prêcher, avec l'auteur de l'*Imitation*, l'anathème à la nature, ses *Eroici furori* sont
l'apothéose de la nature ; son enthousiasme, dit-il, est
« *Un furore sensato.* »

L'Eglise romaine fut toujours moins un apostolat qu'une
domination. En Italie, on aurait pu définir le catholicisme

romain un christianisme à demi paganisé. L'humanisme
latin resta profondément enraciné dans le génie italien.
Les papes mêmes du seizième siècle, avec leur amour
des lettres antiques et des arts, étaient pénétrés de cet
esprit, si bien que la religion travailla dans le même
sens que les traditions de race et d'histoire : elle matéria-
lisait l'esprit national. Les Vénitiens aimaient à répéter :
nous sommes d'abord Vénitiens, puis chrétiens. Machiavel
a écrit, dans ses *Discours sur la Première Décade de Tite-
Live* : « Nous avons, nous autres Italiens, cette première
obligation à l'Eglise d'être devenus irréligieux et méchants;
mais nous en avons une plus grande encore, la raison
même de notre ruine : c'est que l'Eglise a tenu et tient
encore l'Italie désunie. » Une des causes principales qui, en
effet, empêchèrent l'unité de l'Italie et contribuèrent à ses
divisions politiques, par cela même à la démoralisation des
caractères, ce fut la situation cosmopolite de son pape.
D'une part, la papauté romaine était une institution non
moins politique que spirituelle : outre qu'elle possédait un
pouvoir temporel, elle exerçait partout une influence temporelle; d'autre part, quoique romaine d'origine et d'esprit,
elle ne pouvait avoir un but national : ses fins étaient
cosmopolites. De là, au sein même de l'Italie, une cause
permanente de faiblesse, de conflits intérieurs, de conquêtes étrangères. La papauté avait beau avoir son fondement et son point d'appui dans Rome, elle gravitait
nécessairement au dehors; ne pouvant s'identifier avec les
intérêts civils et politiques de l'Italie, elle y rompait l'équilibre des forces nationales et y introduisait une sorte de
division constante contre soi. C'est ce que M. Barzellotti,
à la suite de Machiavel et de Taine, nous semble avoir
démontré.

En outre, sans donner l'empire du monde à l'Italie, en
l'empêchant même de faire sa propre unité et d'exercer sur
soi son propre empire, la papauté mit encore obstacle au
progrès de la sécularisation intellectuelle en Italie; elle y
arrêta cet essor de la pensée moderne qui, ailleurs, devait
aboutir à la Réforme, puis à la liberté philosophique et à la
Révolution française. Elevé par l'Eglise romaine l'Italien
eut toujours, comme l'ancien Romain, à l'égard du fond
métaphysique des religions une naturelle indifférence. C'est

à cause de cette indifférence même que l'observation des pratiques extérieures fut toujours si grande en Italie ; la négation franche et résolue d'une croyance implique une foi profonde, au sens négatif ; l'indifférent, lui, ne prend pas même souci de combattre ou de nier : il ne veut que sa tranquillité propre. Cet état d'incrédulité religieuse n'excluait pas la crédulité aux superstitions : au *Quattrocento*, ceux qui niaient les miracles croyaient à l'astrologie [1].

N'ayant pu elle-même entretenir l'enthousiasme religieux, l'Église romaine empêcha encore tous les autres enthousiasmes de se produire. Les menaces de l'Inquisition exercèrent sur l'âme de toute l'Italie le même effet que sur l'âme de Galilée : celui-ci fut prisonnier et abjura. Le philosophe fut réduit au silence ; le savant positif eut seul, dans d'étroites limites, la permission de parler. Aussi, dit M. Barzellotti, depuis le supplice de Bruno et l'emprisonnement de Campanella, « nous n'avons eu en Italie, à l'exception de Vico, que des expérimentalistes et des hommes d'école ». Les sciences morales ont été étouffées par l'atmosphère romaine.

Terenzio Mamiani, qui présidait le cabinet du pape Pie IX en 1848, écrivait lui-même en octobre 1870 : « Le romanisme a fini par produire trois déplorables résultats : superstition dans le bas peuple, indifférence dans les autres classes, manque de foi chez la plus grande partie des penseurs et écrivains ». Le baron Ricasoli écrivait en juin 1871 : « Je crains qu'il n'y ait plus de foi parmi nous, que la religion en Italie ne soit un cadavre ». Inutile, dit Louis Ferri, de s'aveugler sur les faits : la substitution de l'extérieur à l'éternel, de l'*esterno* à l'*eterno* dans les actes et les objets du culte, ne pouvait pas, là où elle s'est produite, être sans harmonie avec les tendances sensuelles de notre peuple ». — « Je tiens toujours fermement à cette pensée, dit à son tour M. Mariano, que le mal profond qui afflige et épuise l'Italie, c'est le sommeil où elle s'est comme pétrifiée dans le verbe catholique papal, forme tout extérieure et mécanique du christianisme. C'est pour cela que la veine de ses énergies spirituelles et morales est tarie. Je sais

---

[1] Voir les études de M. F. Gabotto sur la philosophie de la Renaissance en Italie. *Rivista di filosofia scientifica*, anno 1889.

bien que, parmi les Italiens qui pensent, bien peu sont
prêts à convenir de ce fait ; mais ce n'est point une raison
pour moi d'abandonner ma conviction... Le suprême et
désastreux effet de l'empire absolu et de l'action du catholicisme papal sur le peuple italien est d'y avoir réduit au
silence, d'y avoir étouffé toute intention, toute curiosité
à l'égard des problèmes du monde moral et des choses spirituelles. »

M. Gebhart a fait observer que, si l'Italie échappa au
fanatisme, c'est en partie à cause du manque de terreur
religieuse : la terreur, comme le fanatisme, « est utile à
la perpétuité et à l'intégrité des religions ». Dieu ne lui faisant point peur, l'Italie « l'aima parfois tendrement », mais
« se réserva de le servir très librement ». Si saint François
fut son grand apôtre, c'est qu'il fonda son église sur la
liberté comme sur l'amour. M. Gebhart déclare avoir été
toujours frappé du peu de sérieux que les peintres primitifs
de la péninsule ont montré dans les représentations de
l'enfer : le diable, évidemment, n'inquiétait guère leurs
contemporains. M. Mariano remarque que l'Italien méridional, à la fois superstitieux et idolâtre, n'est point païen
de la même manière que le Toscan. L'homme du Midi, le
demi-sauvage de la Calabre, le pauvre pêcheur du golfe de
Tarente, ennoblissent même leur dévotion puérile et leurs
croyances à un surnaturel de Croquemitaines d'un reste
de religion aveugle, très sincère, mais enfin d'un élément
de christianisme ; en Toscane, la superstition populaire se
mêle à une incrédulité froide, à « un positivisme moqueur
et impie [1] ».

[1] « Nous sommes là, dit à ce sujet M. Gebhart, dans le pays des vieux conteurs
florentins : bourgeoisie, menu peuple, paysans se rient de l'homme d'Église,
qui ne leur apparaît que comme un trafiquant, tout de noir vêtu, à qui l'on
demande contre argent comptant le baptême et l'extrême-onction ; et le
prêtre distribue les sacrements avec la précipitation et l'indifférence d'un
marchand qui débite ses denrées A Florence, la cathédrale ne s'emplit de
fidèles que pour la messe du samedi saint Au *Gloria in excelsis*, l'officiant
allume à l'autel une fusée qui court le long d'un fil de fer et enflamme au
dehors, sur la place encombrée de curieux, un char d'artifices, énorme,
saugrenu, dont les pétards éclaboussent la foule : tel est l'*Alleluia* que le
peuple le plus fin de toute l'Italie chante a son Dieu ressuscite. A Pise, j'ai
vu la cathédrale absolument vide au matin des Rameaux, tandis qu'une
admirable chapelle psalmodiait l'évangile de la Passion .. La foi des grandes
âmes comme celle des simples de cœur est bien éteinte au pays de Dante.
A Naples, dans les monts de la Calabre, dans l'ancienne Grande-Grèce,

La lutte contre le pouvoir temporel du pape était légitime, puisque ce pouvoir a eu les conséquences qu'on vient de passer en revue. De plus, en reconquérant son unité, l'Italie a fait une œuvre grande et glorieuse. Mais il est juste d'ajouter que, si la papauté eut des influences si fâcheuses, elle a eu cependant son action bienfaisante en maintenant dans la bourgeoisie et dans le peuple des traditions d'obéissance à la règle ; malgré son affaissement pendant la Renaissance, c'est en partie grâce à elle que, plus tard, la nation a pu se ressaisir et se relever. Aujourd'hui même, la papauté pourrait encore beaucoup pour achever ce relèvement. Est-ce la faute du vrai christianisme, demande M. Garofalo, chrétien convaincu, si une grande partie des ministres du culte catholique accordent de l'importance seulement aux dogmes, aux mystères, aux miracles, aux jeûnes et aux litanies ? Selon M. Garofalo, on pourrait faire dans les nations néo-latines une réforme qui n'imitât point la réforme protestante (fondée sur une révolution dogmatique), qui laissât au contraire intacts les dogmes du catholicisme, mais qui « changerait les bases du système d'enseignement et de prédication ». Par malheur, une telle réforme nous semble bien peu conciliable avec l'immobilité dogmatique du romanisme.

vous rencontrerez bien des signes d'un paganisme naïf, paganisme d'icônes et de vierges noires, qui fait penser aux Byzantins. » Partout ailleurs dans les parties très civilisées de l'Italie, en Toscane, en Romagne, en Vénétie, en Piémont, en Lombardie, à Rome, « depuis qu'un régime libéral a dispensé les Italiens d'un faux semblant de religiosité politique, le trait caractéristique du catholicisme, c'est l'indifférence. Je voudrais bien trouver un autre mot, celui-ci ayant, pour nous Français, un sens philosophique trop précis, car il exprime une conviction rationnelle, et par conséquent ne convient qu'à une certaine élite d'esprits très réfléchis. En Italie, l'indifférence religieuse a pénétré plus profondément qu'en France la bourgeoisie et le peuple ; elle est endémique et comme inconsciente ; mais elle n'implique aucun sentiment d'hostilité ou de dédain à l'égard de l'Église. Elle n'empêche point une pratique languissante, distraite, pour ainsi dire morcelée ou fortuite, du culte ou de la discipline sacramentelle. L'Italien entre à l'église quand il en a le loisir, y prend de l'eau bénite si le bénitier est à la portée de sa main, assiste à un fragment de messe et se croit sincèrement quitte avec le bon Dieu. Mais cette piété superficielle n'est point l'effet d'une religion sérieuse : elle n'a sur la vie morale de l'individu aucune répercussion bienfaisante. Ici, nous touchons peut-être à l'élément tout à fait païen du catholicisme italien : l'impuissance de la religion à réformer ou à régler les consciences »

II

La longue défiance des anciens Romains à l'égard des arts les avait empêchés de montrer combien, au fond, ils étaient artistes par le sentiment même de la forme bien ordonnée et de la beauté dans la grandeur. Cependant il est un art où leur génie propre s'était déjà manifesté : l'architecture. Quand l'esprit grec eut peu à peu adouci et embelli l'esprit latin en lui communiquant par contagion l'amour du beau, le peuple législateur et organisateur par excellence révéla de nouvelles aptitudes. Ce que le peuple romain avait accompli d'abord pour une fin pratique, — faire régner partout l'ordre et la forme, — il le fit plus tard en vue du seul agrément : il transporta dans les arts le même amour de la belle ordonnance et de l'harmonie.

Le génie néo-latin se personnifia en un homme qui, loin de représenter une race « inférieure à l'anglo-saxonne », est un des plus beaux types de l'humanité éternelle. Philosophe et théologien, Dante est grand créateur parce qu'il est grand observateur. Comme Homère, il voit les choses par leurs caractères les plus significatifs et, d'un mot, il les fait surgir devant nos yeux. Soit qu'il nous montre Sordello, qui « regarde comme le lion au repos », ou Bertrand de Born tenant sa tête comme une lanterne et la levant au bout de son bras pour « approcher sa parole » de son interlocuteur, ou les flocons de neige tombant lentement sur l'Alpe sans vent, ou « les grenouilles qui, dans un fossé, tiennent leur tête à fleur d'eau, cachant leurs pattes et le reste de leur corps », ou les étourneaux qui arrivent en troupes larges et serrées, les grues formant une large file dans l'air, l'alouette qui s'élève en chantant et puis se tait, contente de la douceur dernière qui la rassasie, Dante est réaliste autant qu'idéaliste. De plus, il poursuit dans son poème, comme il l'avoue, la morale pratique ou « l'éthique ». Il ne fait point de l'art pour l'art : c'est un lutteur et un lutteur fougueux, passionné.

Le malheur est que cette ferveur pour la morale devait

tomber bientôt chez les Néo-Latins : leur littérature se vida
des hautes idées théologiques ou éthiques. Nous avons déjà
vu que la forme avait toujours eu chez les anciens Latins
une grande importance ; quand l'esprit des Romains n'était
pas formaliste, on peut dire qu'il était au moins formel.
L'harmonie extérieure, image de l'harmonie intérieure,
loi devenue visible aux yeux, voilà qui avait toujours séduit
le peuple pacificateur du monde. Quand vint l'époque
appelée Renaissance, Rome, qui ne pouvait plus employer
son sens du beau et du grand à la conquête et à l'organisation, se désintéressa des fins supérieures, aboutit à
l'art pour l'art. C'est alors qu'à l'ancien idéal, tout ensemble
moral et politique, de la *virtus romana*, succéda l'idéal
artistique de la *virtù*. M. Brunetière a excellemment montré
que cette *virtù* de l'artiste, — genre dont la virtuosité
n'est qu'une espèce et qui consiste, croyons-nous, dans
l'énergie productrice uniquement soumise à la beauté de
la forme, — est la préoccupation des Néo-Latins de
la Renaissance. La *virtù* finit par tenir lieu de tout le
reste : « Les hommes du mérite de Cellini, disait le pape
Paul III, sont au-dessus des lois. » Les Grecs eux-mêmes
n'avaient pas eu ce culte de la forme pour la forme ; ils
étaient trop penseurs, trop philosophes, trop savants pour
se laisser séduire au seul aspect des choses visibles. Leur
littérature, à ses grandes périodes, eut toujours la solidité
des idées : sous la beauté de la surface, elle poursuivit toujours les profondeurs du vrai et du bon, le καλοκάγαθόν.
Les Grecs n'étaient pas de purs artistes, au sens détaché du
mot, au sens dilettante et virtuose : idée et sentiment
les préoccupèrent toujours. Chez les Latins, la vie de la
pensée n'avait pas eu cette puissance : à Rome, l'art devait
donc s'éprendre à la fin de ses propres formes. Ainsi se
produisit ce phénomène étonnant au premier abord, logique
en réalité : un peuple qui, ne pouvant plus être un peuple
d'action et de domination, ni être, d'autre part, un peuple
penseur et philosophe, finit par être un peuple artiste.

Ce qui acheva en Italie le triomphe du naturalisme et de
l'individualisme, ce qui altéra en même temps au plus haut
degré les consciences italiennes, ce fut la politique de la
Renaissance. Là est la grande crise du caractère national.

À cette époque, l'Italie nous donne en pleine civilisation,
le spectacle de la vie barbare. Plus de justice ni de police ;
il faut recourir à la force, en appeler à soi-même pour se
protéger : qui se fait craindre n'a plus autant à craindre.
Violence et ruse deviennent les armes à la fois défensives
et offensives ; armes de sauvages entre les mains d'hommes
cultivés, nourris aux lettres antiques, admirateurs des
sciences naissantes ou renaissantes. Aux volontés les plus
énergiques, les plus capables à la fois de réflexions lentes
et de résolutions soudaines, le succès appartient. Il faut
savoir dissimuler et attendre ; il faut aussi, quand le danger est pressant, ne pas attendre. Poison et fer ont tour
à tour leur emploi. Sans cesse on risque le tout pour le
tout, car sans cesse la vie est en jeu. L'Italien de la Renaissance, si on le touche personnellement, saura se défendre
et se venger : son poignard est prêt ; mais le crime qui ne
l'atteint pas, lui ou les siens, ne lui inspire aucune horreur :
il regarde avec le plus entier détachement les affaires qui
ne sont pas ses affaires.

M. Mariano dit qu'on ne peut rendre les humanistes
de la Renaissance responsables de la décadence du christianisme italien ; M. Gebhart demande aussi comment quelques lettrés, une douzaine de philosophes, une poignée de
beaux esprits auraient séduit l'âme des multitudes, et comment leur ironique incrédulité aurait suffi pour abolir le
credo antique ! Le scepticisme savant, dit-il, ne gagne
jamais par contagion que les gens du monde, qui déjà
n'avaient plus que des croyances chancelantes. « Les superstitions mêmes des humanistes n'étaient point dangereuses pour la conscience populaire, par exemple l'astrologie, à laquelle croyaient Machiavel et Paul III. » —Nous
répondrons à M. Mariano et à M. Gebhart qu'il ne s'agit
pas ici du scepticisme savant, mais du scepticisme pratique ;
et c'est ce dernier qui est éminemment contagieux. Comment le peuple aurait-il continué de croire, surtout à la
morale religieuse, en voyant les grands, les cardinaux,
les papes mêmes montrer par les faits et par les actes la
plus profonde incroyance et la plus radicale immoralité ?
L'imitation n'est-elle pas un des grands ressorts de l'homme ?

Aussi la *renaissance* en Italie fut-elle, pour beaucoup, une
« mort » religieuse et morale. Cette époque ne nous offre

même pas la lutte poignante du mal et du bien, du vice et de la vertu au sein des âmes ; elle ne nous montre que la suppression de toute barrière entre le mal et le bien. Ce n'est plus l'immoralité, c'est l'amoralité. La désorganisation politique, l'indifférence religieuse, le scepticisme scientifique et philosophique, l'enthousiasme sans bornes pour l'antiquité païenne, le développement excessif de l'industrie et du commerce, comme de la recherche purement spéculative, aux dépens des occupations guerrières ou des préoccupations religieuses, finirent par réduire à un chaos les sentiments moraux de la nation. Grâce au culte renaissant de la Nature, au culte naissant de la Science, au développement parallèle de l'individualisme, la faculté de raisonner sur les causes et les effets remplaça celle de juger la valeur de la conduite. Le criterium unique des actions fut le succès personnel, leur unique limite fut celle de la puissance personnelle. On ne se révoltait ni contre le crime ni contre la vertu : on était indifférent à l'un et à l'autre. C'était moins les hommes qui étaient monstrueux, que le milieu social où ils vivaient et qu'ils reflétaient en eux-mêmes. Quand Victor Hugo veut nous peindre Lucrèce Borgia, il en fait une furie surhumaine de débauche et de cruauté ; la Lucrèce de l'histoire, moitié Espagnole, moitié Italienne, n'est qu'une créature indifférente, sans caractère, passive aux influences extérieures, aveugle au bien et au mal, « infâme dans la Rome infâme, grave et gracieuse dans la grave et gracieuse Ferrare, parmi les poètes platoniciens et les pacifiques courtisans des d'Este [1]. » C'est avec sérénité que Borgia commettait tous les crimes, et cette sérénité était si générale autour de lui que les horreurs du temps n'inspiraient aucun sentiment tragique, sinon aux témoins étrangers. Les soldats de Charles VIII, pour amuser leurs loisirs, avaient élevé dans leur camp un théâtre en planches et y jouaient de rudes mystères ; le sujet qu'ils choisirent ne fut pas l'histoire de Joseph vendu par ses frères, ni la naissance du Sauveur, ni la tentation de saint Antoine : ce fut la représentation demi-allégorique, demi-dramatique, du pape Borgia régnant et de ses enfants.

[1] Voir les belles pages de Vernon Lee, *The Italian Renaissance*, dans le *British Quarterly Review*, april 1882.

Telle fut la première tragédie inspirée aux étrangers par
les horreurs de la Renaissance italienne ; les Italiens, eux,
se délassaient à des pastorales. Les Anglais ensuite, au
temps d'Elisabeth, s'inspirèrent dans leurs drames de tous
les crimes de l'Italie. Il n'y a tragédie que là où il y a
lutte, conflit moral, comme lorsque Macbeth subit peu à peu
son absorption consciente, irrésistible, mais dans une iniquité
qu'il reconnaît. Là où est le silence de la conscience, il n'y
a plus rien de tragique : c'est simplement un phénomène
naturel qui fait sortir ses effets de ses causes par une indifférente nécessité. Les scélérats d'alors ne sont pas plus des
démons, a-t-on dit [1], que d'autres du même temps ne sont
des anges ; ce sont des hommes ramenés par leur milieu
social à un état de nature où la distinction du bien et du
mal n'existe plus : c'est presque l'innocence de la scéléra-
tesse. La Judith de Mantegna place la tête d'Holopherne
dans son sac avec la sérénité d'une muse : voilà l'image de
la Renaissance italienne.

Rappelez-vous avec quelle tranquillité d'analyste Machiavel, ce terrible éducateur, fait l'éloge de son héros Castracani,
dans un de ces livres qui sont aujourd'hui aux mains de la
jeunesse italienne : il le montre obligeant pour ses amis,
terrible pour ses ennemis, juste avec ses sujets et sans foi
avec les étrangers, n'employant jamais la force là où il pouvait vaincre par la ruse, persuadé en un mot que c'est la
victoire elle-même et non la façon de vaincre qui donne
la gloire. Les hommes sont si simples et obéissent si fort
à la nécessité présente, ajoute-t-il, que « celui qui trompe
trouve toujours quelqu'un qui se laisse tromper ». Telles
sont les leçons que l'Italien reçoit encore du grand auteur
national. Macaulay a bien raison de montrer, sous les contradictions apparentes, les secrètes harmonies de l'Italien
élevé dès le jeune âge à l'école de Machiavel. Il peint ce
précoce politique dont les pensées et les paroles « n'ont
aucun lien entre elles », qui n'hésite jamais à prêter un
serment lorsqu'il veut séduire, qui ne manque jamais d'un
prétexte lorsqu'il est disposé à trahir ; qui saurait poignarder
ses rivaux dans un embrassement amical ou les empoisonner
dans une hostie consacrée ; dont les cruautés ont pour prin-

---

[1] Vernon Lee, *Ibid.*

cipe de profondes et froides méditations ; « dont les passions, comme des troupes exercées, sont impétueuses par discipline et n'oublient jamais, dans leur opiniâtre furie, la règle à laquelle elles se sont soumises ». Jamais il n'excite le soupçon de son ennemi par de petites provocations : « son dessein ne se dévoile que lorsqu'il est accompli ». Son visage est calme, ses discours sont courtois, jusqu'au jour où la vigilance s'endort, où l'adversaire se découvre, où l'occasion de viser sûrement se présente, « et alors il frappe pour la première et dernière fois ». Se reportant aux portraits des Italiens les plus remarquables qui abondent dans les musées d'Italie, Macaulay nous montre ces fronts larges et majestueux, ces sourcils noirs et accentués, qui cependant ne se froncent jamais, ces yeux dont le regard calme et plein n'exprime rien, mais semble tout voir, ces lèvres d'une délicatesse féminine, comprimées avec une fermeté plus que masculine ; — tous traits qui indiquent des hommes à la fois entreprenants et timides, aussi habiles à démêler les intentions d'autrui qu'à dissimuler les leurs propres, ennemis formidables, amis peu sûrs, mais en même temps « d'un esprit assez grand et assez fin pour être aussi éminents dans la vie active que dans la vie contemplative ».

Il serait souverainement injuste de prendre tous les conseils de Machiavel pour des marques du caractère italien ; mais il serait non moins inexact de ne pas reconnaître dans Machiavel un génie italien par excellence, devenu classique au-delà des monts et qui continue d'y exercer une très large influence. La glorification de la force n'est pas chez lui purement spéculative, comme chez Hobbes et surtout chez Spinoza, où la force est prise en un sens supérieur et métaphysiquement identifiée avec le droit. Machiavel, lui, est un esprit essentiellement pratique : son mobile est l'amour de la patrie, son but est l'acquisition de l'indépendance. « Si j'ai appris aux princes, disait-il, à devenir des tyrans, j'ai aussi appris aux peuples à se défaire de leurs tyrans. » Cette docte impartialité ressemble parfois un peu trop à l'indifférence. Il est difficile de concéder à Louis Ferri que les écrits de Machiavel « trouvent une large compensation dans ceux de Paul Paruta », qui réconcilia la politique et la morale. Avez-vous lu Paruta ? On peut d'ailleurs accorder à Louis Ferri, comme à la plupart des critiques et

historiens d'Italie, que Machiavel « ne *confond* pas l'honnêteté avec son opposé » ; mais, désespérant, en ces temps
de corruption, d'assurer la grandeur de son pays par la
vertu, il a montré ce que la force peut faire pour ramener
à la santé un corps social affaibli et incapable de se relever
par une autre voie. « Une veine de pessimisme trouve son
chemin dans les écrits de ce profond observateur des caractères et des États, qui ne voit autour de lui que faiblesse
et impuissance et qui tend par-dessus tout à relever une
fois de plus le caractère. »

Autant la Renaissance, pour les autres nations, eut
des suites fécondes et durables, autant, pour l'Italie,
elle devait avoir un effet désastreux. C'est que, chez les
autres peuples, elle avait trouvé un fond original d'idées et
de sentiments auquel elle ne faisait qu'apporter ce grand
moyen de mise en œuvre, le retour aux procédés de l'art
antique. En se combinant avec cette renaissance religieuse
qui fut la Réforme, elle échappa au danger du naturalisme
et du formalisme païens. En Italie, au contraire, la Renaissance consomma la paganisation. On finit par se borner à
l'imitation des modèles antiques dans la littérature, imitation
qui devait tôt ou tard aboutir à la stérilité. A partir du
xive siècle, la civilisation italienne se détourna de la base
morale du christianisme pour devenir ce qu'un Italien
appelle « une réviviscence atavique de la tradition classique
et du sensualisme païens ». Anticipant de deux siècles sur
le reste de l'Europe, l'Italie dépensa sa riche vitalité en
une floraison précoce qui aboutit à des merveilles de forme,
mais ces formes restèrent sans contenu spirituel.

III

TEMPÉRAMENT ET CARACTÈRE ITALIEN

Les luttes intestines, la longue domination de l'Église et
de l'étranger coalisés façonnèrent le caractère italien d'une
manière nouvelle, sans pourtant faire disparaître le vieux
fond romain, avec ses hautes qualités comme avec ses imperfections. Le caractère historique du peuple vint seulement
s'ajouter au caractère ethnique et inné. Peu à peu, un

certain équilibre nouveau s'établit dans l'âme de l'Italie moderne, sous la triple influence de la tradition romaine, de la tradition catholique, enfin de la tradition à la fois politique et artistique des siècles dits de Renaissance. Par l'action de tant de causes, les unes ethniques, les autres sociales, morales et religieuses, le caractère de la nation se transforma historiquement et devint ce qu'il est aujourd'hui. La Renaissance avait été la révolte de l'individualisme contre tous les cadres moraux, sociaux et religieux : l'Italien, nous allons le voir, est resté individualiste [1].

I. — Le tempérament qui domine aujourd'hui en Italie est le nervo-bilieux. Nous avons montré [2] ailleurs que ce genre de tempérament influe sur la sensibilité et donne aux passions une forme spéciale : violence innée, impulsivité souvent irrésistible dans les moments de paroxysme, jointe à l'empire habituel sur soi-même. Chez l'Italien, la sensation présente prend une acuité extraordinaire : c'est une outrance soudaine ; mais ses passions, comme celles du Romain, comme celles des hommes de la Renaissance, ne sont pas seulement explosives, elles sont aussi concentrées. Elles ont beau alors être intenses, elles savent se contenir par la réflexion, se changer même en calcul dans l'intérêt de leur satisfaction future. L'Italien offre l'étonnante combinaison d'une raison froide et positive avec la fougue du tempérament, d'un sens intellectuel de l'ordre avec une sensibilité tumultueuse, avec cette « énergie sauvage » qu'admirait Stendhal. La vengeance même, si familière aux races méridionales, prend souvent ce caractère raisonné et cette apparence calme. Selon le proverbe florentin, c'est « un plat qui se mange froid ». Comment la barbarie civilisée de la Renaissance n'aurait-elle pas développé ces passions à longue portée qui savent se dissimuler pour mieux assurer leur but ?

---

[1] Dans cette étude du caractère italien, nous nous appuierons, autant qu'il sera possible, en les contrôlant et les discutant, sur les témoignages des Italiens eux-mêmes, sur l'opinion qu'ils se font d'eux, sur l'interprétation qu'ils donnent de leur propre pensée, de leurs traditions et de leur histoire. Notre jugement, ayant ainsi un caractère plus impersonnel, aura peut-être aussi plus de vérité.

[2] Voir notre livre *Tempérament et Caractère*.

La précocité sexuelle de l'Italien engendre de bonne heure les passions de l'amour, et ce n'est pas Vénus Uranie qui est l'objet ordinaire du culte. Comme tous les peuples de climat méridional, l'Italien est libidineux[1]. De plus, il attache à la possession individuelle de son objet une importance capitale : question de vie ou de mort pour les rivaux. La jalousie est terrible en Italie comme en Espagne, et le point d'honneur est ici inflexible ; il est élevé à la hauteur d'une religion. Tant pis si l'autre religion, la catholique, se met en contradiction avec celle-là ; vengeance d'abord, il sera toujours temps d'obtenir ensuite l'absolution.

L'imagination de l'Italien est à la fois intense et rapide : il saisit immédiatement les choses par la vision intérieure comme si elles étaient sous ses yeux, et il est porté à agir en conséquence. De là, dans le mal comme dans le bien, ce mélange si original d'improvisation et de réflexion. C'est

---

[1] A en croire M. Ferrero, l'unique occupation des peuples « latins », dès que les besoins immédiats de la vie sont satisfaits, serait l'amour — et non pas l'amour platonique ! Il fait un fantastique portrait des « salons d'Italie », auxquels il ajoute ceux de France, sous le prétexte de notre « latinité ». Observez dans ces pays, dit-il, « un salon où hommes et femmes instruits se rassemblent pour une cause quelconque, et vous verrez que le but de tous, conscient ou inconscient, est de se faire la cour.. Qu'ils parlent de littérature ou d'art, de science ou de politique, de modes, de finances, de sport, l'allusion amoureuse se mêle sans cesse à leurs discours, continuellement rappelée par les associations d'idées les plus lointaines et les plus accidentelles.. Dans nos pays, il est quasi impossible de parler sérieusement sur un sujet quelconque, sinon dans une réunion de personnes appartenant au même sexe ; car, si hommes et femmes se trouvent ensemble, fussent-ils tous des personnes sérieuses et raisonnables, ils ne pensent plus qu'à se plaire les uns aux autres et à se dire des choses qui excitent au fond de l'organisme, comme une résonnance lointaine, la volupté. »

M. Ferrero note aussi dans les trois pays « néo latins », au milieu de tous les entretiens, « une forme de sourire que vous chercheriez en vain sur les lèvres d'un Anglais et qui est toute propriété latine : ce sourire malicieux et ironique qui souligne les allusions et qui sert à l'homme et à la femme comme d'une déclaration mutuelle,... sourire de luxure, mitigé, composé, quasi élegant... » Nous ne savons si tout ce portrait est vrai de l'Italie, mais les Français peuvent-ils bien y reconnaître les entretiens de la bonne compagnie? Et si, dans les conversations, le Français aime à briller et à plaire, n'y a-t-il point là, sauf exceptions, plus de vanité, de politesse et de sociabilité que d'érotisme? Nous ne pensons pas que cette excitation continuelle dont parle l'auteur italien fasse le fond des conversations françaises : alors même que la galanterie y joue son rôle, on n'y prend pas les choses tellement au sérieux ni avec une telle frénésie. Gardons-nous donc d'exagérer l'érotisme prétendu latin, d'autant plus que, pour notre malheur, la gauloiserie n'est que trop du terroir celtique, sans qu'il nous soit besoin de rien emprunter à l'Italie ni aux Espagnols.

pour cette raison qu'il unit la violence immédiate de la
réaction aux calculs à longue portée : — trait que nous
retrouverons dans la criminalité italienne.

Chez l'Italien, la sensibilité esthétique s'est, comme nous
l'avons vu, bien plus développée que chez l'ancien Romain.
Elle a surtout acquis une sorte de largeur qui rend l'Italien
moderne beaucoup plus propre aux beaux-arts, non seulement aux arts plastiques, mais à la musique et à la poésie.
Le commerce constant d'une vive sensibilité avec la belle
nature, joint à une intelligence amie de la forme et de
l'ordre, devait développer à la longue le penchant esthétique. Raffiné et élégant, ayant plus que jamais le sens de
l'harmonie dans les formes visibles, l'esprit italien devint
essentiellement propre à la peinture. Qu'est-ce en effet
qu'un peintre? Est-ce un penseur pur et abstrait? Non, sans
doute. Un pur sensuel? Pas davantage; c'est un sensuel intellectuel, à qui la forme telle quelle ne suffit pas et qui lui
demande d'être belle. Autant on en peut dire de la sculpture. Enfin, dans la musique, le langage de la passion
s'ennoblit, se soumet à une règle d'harmonie, de proportion et de mesure. Sentir fortement et avoir en même
temps l'intelligence satisfaite par l'eurythmie qui soumet
tout à sa loi, tel est le plaisir que l'Italien cherche en ses
mélodies à la fois passionnées et régulières.

Ce n'est pas sans vérité que les Italiens d'aujourd'hui
s'attribuent à eux-mêmes, comme leur trait le plus commun peut-être le « goût de l'art », le sentiment du beau
dans toutes ses manifestations, surtout les manifestations
visibles ou sonores. Un tel sentiment se diversifie avec les
diverses régions de l'Italie, mais il est toujours celui qui,
avec plus d'intensité que les autres, unit entre eux les Italiens : « l'âme du peuple italien pourrait se définir, dit
M. Viccoli, une manière commune de sentir le beau. » La
communauté des sentiments est tellement plus intense
que toute autre qu'elle suffirait, à elle seule, « pour constituer un lien puissant de nationalité ». Le goût classique renouvelé a plus d'une fois rapproché tous les Italiens
dans un même sentiment national. C'est qu'en Italie le
sentiment du beau, plus que tous les autres, a un vrai
et propre office social. « Ce que notre peuple a de spi-
ritualité, il le doit uniquement au sentiment artistique. »

L'ornementation, par exemple, qui à première vue peut
paraître inutile, est appliquée par tous les Italiens à toutes
leurs productions, même les plus humbles : du plus petit
vase au plus grand édifice, il faut qu'ils ornent, il faut
qu'ils embellissent, par un besoin de nature. Il y a là une
des causes pour lesquelles l'art réaliste et objectif, au
sens moderne, leur est plus difficile : dans leurs œuvres
les plus réalistes ils révèlent encore, avec le goût d'em-
bellir, un certain « sentiment intime, personnel », qui vient
de leur individualisme et de leur manière propre de sentir le
beau, objet du commun amour. Grâce à ce tempérament
d'artistes, l'art musical, avec son caractère de spontanéité,
de passion, de clarté et d'ornementation plus ou moins
fleurie, a coopéré à la « solidarité des peuples d'Italie. »
De là on peut conclure, avec les Italiens eux-mêmes, que
les besoins esthétiques, plus encore que les besoins intellectuels, ont, pour leur part, favorisé l'unité nationale :
ces besoins, en premier lieu, sont sentis du peuple entier,
en second lieu, malgré la distance des siècles, ils constituent l'héritage le plus efficace des Romains et des Grecs.
— En faisant la part des exagérations qui peuvent se
mêler à une telle théorie, il est incontestable que nous
sommes ici en présence d'un des traits les plus curieux
de la sensibilité italienne.

II. — Sous le rapport intellectuel, les Italiens s'attribuent à eux-mêmes, comme penchant fondamental, la
tendance innée à la contemplation du monde sensible.
Le développement du système nerveux, sous un climat
méridional et sous un ciel ensoleillé, les prédispose à
cette sorte de sensualisme instinctif. De là résulte, pour
l'intelligence néo-latine, la répugnance à séparer la pensée
du réel, objet des sens. Chez les Italiens modernes, comme
déjà chez les Romains, on trouve l'aptitude à l'observation,
à la comparaison (qui empêche de ne voir qu'un côté des
choses), l'amour des faits et le désir de mettre les idées
en harmonie avec les faits. On trouve encore le sens de
l'utile et, ce qui est qualité plus rare peut-être, le sens de
l'inutile. Ajoutez l'instinct des compromis, une conception
éminemment pratique de la vie, le besoin de « cueillir
immédiatement les fruits de la méditation », d'extraire

l'avantageux du certain, au lieu de concentrer son énergie dans les sphères solitaires et pour ainsi dire mortes du sujet replié sur soi. Voir c'est savoir, savoir c'est prévoir, ainsi raisonne volontiers l'Italien. Il est positiviste de nature, tout en idéalisant l'expression, les formes, les sons, les paroles; car, ne l'oublions pas, c'est un positiviste artiste, et c'est ce qui fait l'originalité du génie national.

Au point de vue de la mémoire, l'Italien n'est pas comme le Français, qui oublie tout, — les maux plus que les biens, les injures plus que les bienfaits, ce qui lui a été pénible plus que ce qui l'a enchanté —, et qui aime si peu à faire repasser son esprit par des souvenirs désagréables. La longue rumination intellectuelle est une des caractéristiques de l'Italien : il a la mémoire longue, tenace, implacable ; et mieux vaut, sur ses tablettes intérieures, figurer à la colonne des amis qu'à celle des ennemis.

Toutes ces tendances intellectuelles et sensibles, loin de se perdre à travers les âges, ont eu sans cesse l'occasion de s'exercer. Elles furent même, aux époques de trouble et de servitude, des moyens de conservation. Le professeur Carle, en son remarquable ouvrage sur la *Vie du droit*, la *Vita del Diritto*, soutient que l'intelligence italienne tient toujours du génie latin en ce que sa vocation véritable n'est ni la métaphysique, ni la spéculation abstraite, ni, d'autre part, l'observation menue et patiente des faits pour eux-mêmes, mais plutôt une certaine aptitude naturelle « à comparer entre eux l'idéal et le réel », ainsi qu'une tendance à « faire la part de la spéculation et celle de l'observation ». A vrai dire, la balance a fini par incliner plus vers le réel que vers l'idéal. La raison en est simple : les diverses formes de l'idéal ont successivement disparu en Italie, sauf l'idéal de la *forme* artistique. Si donc il est certain que l'Italien ne se perd pas, comme l'Anglais, dans l'analyse minutieuse des faits et conserve quelque esprit synthétique, il est non moins certain qu'il cherche la synthèse dans la généralisation plutôt que dans l'idéalisation. Plus encore peut-être que le Romain d'autrefois, l'Italien d'aujourd'hui est profondément réaliste. L'idée pure, qui charme l'Allemand, souvent aussi le Français, et même l'Anglais, « ne dit rien à l'esprit de l'Italien », il faut qu'elle prenne forme, qu'elle s'in-

corpore à quelque chose de visible, qu'elle acquière le
relief et les solides contours de la réalité. Essayez d'exprimer dans la langue latine les abstractions où se jouaient
les Grecs, vous êtes condamné à la périphrase ou au bar-
barisme. Certes, la langue italienne n'a plus ce caractère exclusivement concret : elle s'est pénétrée, plus même
que toute autre langue, des termes de la théologie et de
la scolastique ; mais l'abstraction et le vague n'en répu-
gnent pas moins au génie net et précis de l'Italien. Les
« choses » l'attirent. Objectivité, voilà sa dominante intellectuelle, que les Italiens opposent justement à notre habitude, si peu latine, de juger tout d'après une « mesure
subjective ». Ce qui reste subjectif, chez l'Italien, c'est la
direction du sentiment et de la passion, qui le fait vivre
d'une vie plus concentrée qu'expansive. L'originalité même
du caractère italien à nos yeux, et ce qui fait sa force,
c'est cette combinaison d'une intelligence si objective
avec une sensibilité très personnelle. Lors même qu'il
semble se répandre au dehors, l'Italien vit le plus souvent
en soi, il vit pour soi. L'Espagnol a une sensibilité du
même genre, mais avec une intelligence qui se perd volontiers dans le royaume des chimères. « En Italie n'ont pas
prise, comme chez les autres nations dites latines, les
légendes chevaleresques [1]. »

Grâce à son intelligence avisée et pratique, l'Italien
comprend tout, apprend tout, fait tout, est propre à tout.
Il saura votre langue bien avant que vous commenciez à
balbutier la sienne ; il vous aura percé à jour bien avant
que vous ne commenciez à le connaître. Il saisit tout à
demi-mot, à demi-geste, à demi-sourire, à demi-regard.
Son esprit est nuancé ; il n'aime pas le oui ou le non,
qui sont sans nuances, et préfère à la rigueur mathématique l'ondoiement de la vie réelle. Il est peu propre
à la déduction mathématique, et ce n'est pas en Italie
que vous trouverez l'étonnante lignée de mathématiciens
que l'on rencontre en France. L'Italien est plutôt inductif, et encore moins inductif qu'observateur : c'est dans
les sciences d'observation qu'il brille le plus. Son intelligence extrêmement compliquée tient à la fois de la

---

[1] Vitali, *Rivista italiana di Sociologia*, II, fasc. VI.

ruse du barbare et des raffinements du civilisé : la finesse instinctive s'y joint à la sagesse réfléchie. Pour cette sorte d'esprit, il n'y a rien de simple, rien de rectiligne, rien de complètement sûr ; le pour ne fait pas oublier le contre, la gauche ne fait pas perdre de vue la droite, le dessus ne fait pas négliger le dessous. C'est la vraie *circonspection*, qui regarde en tous sens, attend pour se décider et prend pour maxime : — Il faudra voir !

L'excellent auteur de l'*Histoire des révolutions d'Italie*, Ferrari, oppose la simplicité de structure du Français à la complexité italienne. Le caractère du génie italien, selon lui, c'est précisément la complication jointe à l'agilité et à la prudence pratique ; on trouve ces qualités, dit-il, chez les anciens Romains comme chez les Papes, à Rome comme à Venise, dans la grandeur comme dans la décadence du pays : — « C'est là une des espérances de l'Italie. » Sur l'esprit de finesse, sur l'habitude d'avoir des arrière-pensées et d'en supposer chez autrui, les témoignages des Italiens eux mêmes sont unanimes. « Dans un livre, disait l'abbé Galiani, les Français lisent le noir, les Italiens préfèrent lire le blanc ». En son ouvrage récent sur l'*Europa giovane*, M. Ferrero nous présente Mazarin comme un des types du *vrai Italien*, c'est-à-dire : « bourgeois et ennemi des armes par nature, mais grand politique ; astucieux, calculateur et patient, qui ne connaît pas les courtes colères, mais les longues rancunes ; qui sait supporter impassible un affront personnel, si pour le moment il a des fins plus hautes que la vengeance, qui sait se fixer un but et y tendre silencieusement, obstinément, à travers les détours les plus compliqués [1] ».

III. — Il n'est pas loin le temps où Gioberti, célébrant le *Primato* de l'Italie, déclarait que la plus grande qualité de l'homme est la volonté, — volonté patiente, tenace, énergique, constante chez l'Italien, tandis qu'elle est, selon lui, « faible et indocile chez le Français ». La volonté romaine subsiste, mais avec moins d'âpre énergie et aussi moins de dureté cruelle : il y a tout ensemble affaiblissement et adoucissement. Les longues révolutions

---

[1] Ferrero, *Europa giovane*. p. 7.

pouvaient-elles manquer de produire ici une certaine usure ?
Alfieri a beau dire que la « plante homme, *la pianta
uomo*, naît en Italie plus forte qu'ailleurs », nous ne sommes
plus au temps des vieux Romains.

Une qualité maîtresse est cependant restée chez nombre
d'Italiens : le sang-froid; un sang-froid particulier, non
pas celui des flegmatiques comme les Allemands ou les
Anglais, mais la froideur apparente des bilieux à « sang
chaud ». En d'autres termes, comme nous l'avons vu, le
fond est ardent, mais d'une ardeur que le plus souvent
la volonté règle. On pratique volontiers la maxime de
Guichardin : « quelque certaine que vous paraisse une
chose, réservez-vous toujours une chance pour l'événement contraire, si vous pouvez le faire sans gâter votre
jeu ». L'homme de ce type est d'une souplesse telle qu'un
habitant de Florence a pu dire : « Nous autres Italiens,
nous n'avons pas d'épine dorsale ». La volonté n'abandonne
jamais son dessein, mais elle sait différer l'exécution ; l'Italien
est né temporisateur, *cunctator*. Rien n'égalait la hardiesse
romaine, sinon la précaution romaine. L'homme maître
de soi ne s'aventure ni ne se précipite : craignant de se
compromettre, il ne parle ni n'agit à la légère. Lent dans
ses décisions toutes les fois qu'il le peut, mais prompt
au besoin dans ses actes, il a pour principe que la première
inspiration est rarement bonne et que, quand on a du
temps devant soi, mieux vaut réfléchir. Si le Français est
l'homme du premier mouvement, on peut dire que l'Italien, sauf dans le paroxysme de la passion, est l'homme
du troisième. La *furia francese* ne plaît pas beaucoup
plus à l'Italien que ne plaisait au Romain le *tumultus
gallicus*.

Comme il se réserve en face des événements, il se
réserve en face des hommes. Quand vous parlez à un
Italien, examinez sa physionomie fine et réfléchie : que
de fois il a l'air d'écouter intérieurement non ce que vous
lui dites, mais ce que vous ne lui dites pas ! Ne vous laissez point tromper à certain flot de belles paroles qui
semblent indiquer un goût d'épanchement : tout ce qui est
extérieur et formel, tout ce qui est indifférent aux affaires
propres de l'individu, tout ce qui lui semble beau d'une
beauté impersonnelle, il le versera volontiers en discours

accompagnés de gestes ; mais, après deux heures de conversation, vous ne serez pas plus avancé qu'auparavant dans
la connaissance intime de votre interlocuteur. La rhétorique
et l'esthétique ne sont pas des révélations du fond de l'âme.
L'Italien sait demeurer discret au milieu même d'un torrent
de discours, il sait se taire en parlant beaucoup. L'art oratoire n'est fait ni pour livrer sa pensée, ni pour se convaincre
soi-même, mais, ce qui est bien différent, pour persuader
les autres, même de choses fausses, et surtout les amener
à ses propres desseins.

La politesse de l'Italien est extrème ; courtois et patient
devant l'étranger, il ne sourira pas des barbarismes ou solé-
cismes dont votre conversation est semée. A l'égard de
ses compatriotes, il se gardera de toute moquerie, il se
défiera des traits d'esprit et coups de langue, qui peuvent
amener des coups de poignard. Méfiant et subtil, il veillera
sur toutes ses paroles. L'Italien n'entend pas la plaisanterie, à moins que ce ne soit sur les sujets les plus indifférents du monde ou les plus lointains, sur la pluie et le beau
temps, sur ce qui se passe en Chine. Pour tout le reste, il
est sérieux et veut qu'on soit sérieux. Aussi reprochera-t-il
volontiers aux Français, avec Gioberti, leur « frivolité », qui
fait qu'ils s'amusent d'eux-mêmes comme des autres qu'ils
rient de leurs propres défauts ou de leurs propres mésaven-
tures. De l'autre côté des Alpes, on dit volontiers : « Un tel est
Sicilien, insulaire, donc fermé » ; à vrai dire, dans aucune
région de l'Italie il n'est habituel de dévoiler étourdiment
ses pensées intimes. On a trop vécu jadis dans une atmosphère de conspirations et de périls ; on a gardé dans l'esprit
et les manières quelque chose de secret. Rarement on se
livre. C'était le système de Mazzini : « donner à chaque
personne un seul fil et conserver pour soi-même tous les
fils en sa main ». L'amour des conspirations et l'habitude
des sociétés secrètes sont en harmonie avec ces traits du
caractère italien, comme avec les mœurs que l'histoire a
développées. Encore aujourd'hui, on sait le rôle de la
Camorra et de la *Maffia*[1]. Le grand exercice auquel la
nation entière fut soumise pendant le moyen âge et la
Renaissance, ce fut une lutte universelle pour asservir les

[1] Voir le livre de M. Alongi sur la *Maffia*.

autres afin de ne pas être asservi par eux, une immense compétition de ruse et de violence.

A la défiance mutuelle qui est si fréquente en Italie, comparez la confiance mutuelle qui est ordinaire en France, et vous verrez éclater la différence des caractères. Tout Italien étant un politique né, notre légèreté gauloise est pour lui un objet de stupéfaction et de secret dédain. Il y a longtemps que César se jouait de nos ancêtres si bouillants et si courageux, mais « simples et sans arrière-pensée ». Il savait comment les attirer dans un piège, où ils donnaient tête baissée. Dans la vie comme à la guerre, il y a des hommes d'entraînement et des hommes de tactique : appliquée à la conduite de chaque jour, la tactique est le triomphe de l'Italien.

Nous pouvons maintenant, d'après tout ce qui précède, comprendre combien est fort chez l'Italien le sentiment du moi. « L'individualité est son type » a dit un auteur d'outre-monts, — formule heureuse qui fait de ce qu'il y a de plus particulier, l'individuation, l'objet même de ce qu'il y a de plus général, le type spécifique. L'Italien est son espèce à lui-même. Retiré dans le for intérieur de ses sentiments propres, plutôt que de sa conscience morale, il veut être respecté au moins en paroles et en actions, sinon en pensées. Vous pouvez bien penser ce qui vous plaira, même de lui, mais ne lui touchez pas ! Vous pourriez avoir à regretter un mot, fût-il le plus spirituel du monde, si ce trait d'esprit touche à sa personnalité.

Un autre auteur remarque avec perspicacité que, si les foules sont moins criminelles en Italie qu'ailleurs, malgré l'énorme criminalité générale, c'est que « même dans le délit, l'Italien est plus individualiste ».

Son grand défaut est de n'avoir, qu'en une mesure insuffisante hors des questions d'intérêt, l'esprit de solidarité humaine : « C'est ce qui nous rend si tolérants pour les coupables, quand nous ne voyons pas en eux *notre* ennemi individuel ». Aux Italiens manque aussi le sentiment de solidarité avec les descendants : « par orgueil ancestral et par paresse, nous sentons seulement avec les ancêtres [1] ».

Par rapport au reste de l'humanité, l'Italien ne connaît

Niccoli, *Ibid*

pas cet esprit de prosélytisme que le Français pousse jusqu'à la manie : il n'éprouve nul besoin de convertir les autres ni à ses idées ni à ses sentiments ; il demande qu'on le laisse tranquille et il laisse les autres tranquilles, tant qu'ils ne font rien qui entrave ses desseins. Il ne tient pas à rayonner jusqu'en autrui ni à recevoir en soi les épanchements des autres : sa vie, encore une fois, ne tend pas à l'universalité, mais à l'individualité.

La plupart des psychologues italiens s'accordent à reconnaître dans leur pays, comme contraste avec l'antiquité romaine, cet excès d'individualisme qui finit par se mettre souvent en opposition avec la discipline sociale. Déjà le Tasse disait :

Alla virtù latina
O nulla manca, o sol la disciplina.

M. Garofalo avec quelque exagération peut-être, ajoute que, pour ce peuple, toute coercition de la part de l'autorité est une vexation intolérable. « Il n'y a pas d'exemple en notre pays d'un règlement quelconque auquel on obéisse tranquillement. » Chaque année, beaucoup d'agents de police, « victimes ignorées du devoir, tombent sous le couteau des scélérats, qu'ils avaient surpris en faute ». Quelque nouvelle loi qu'on fasse, « notre peuple ne se préoccupe que d'une chose : trouver le meilleur moyen de l'éluder. L'intolérance de tout frein est une des caractéristiques de l'Italien ; seul le service militaire, avec ses peines sévères et immédiates, parvient à en triompher pour quelques années. L'Italien, à tous les moments de sa vie, veut faire seulement ce qui lui plaît ».

Appliquées au travail, les qualités générales de l'Italien, comme celles du Romain, sont des plus précieuses. Malgré le préjugé contraire, il est laborieux (beaucoup plus que l'Espagnol), sauf dans quelques villes ou provinces du Midi; son labeur est régulier, son régime d'une tempérance exemplaire. La sobriété physique et morale du vieux Romain est restée un trait dominant de l'Italien moderne. « Il vit de rien et aspire à tout ». On sait qu'à côté des *latifundia* il y a en Italie une abondante population inoccupée, qui, sous la pression de la misère,

émigre temporairement ou pour toujours ; or, pourquoi
le paysan italien qui émigre est-il vu souvent d'un mauvais
œil, en Europe comme en Amérique, et traité comme
étant de « race inférieure » ? Une des principales raisons,
c'est qu'il travaille trop pour de faibles salaires. « Il est
donc capable de travailler ! » dit avec raison M. G. Fiamingo. En fait, pour la besogne et la sobriété, l'Italien
rivalise « avec le Chinois ». Il y a des vertus qui, aux yeux
des concurrents, deviennent des vices.

M. Ferrero prétend qu' « un Italien vaut plus qu'un
Allemand, mais que quatre Allemands *ensemble* valent
plus que douze Italiens pris un à un [1] ». S'il en est ainsi,
c'est simplement parce que les Allemands, comme les
Anglais, savent diviser les tâches et, en même temps, uni-
fier les buts, tandis que le néo-Latin, ayant le sentiment
d'une intelligence souple et capable de tout, prétend tout
faire par lui-même et à lui seul.

Dans les questions où l'intérêt et la passion ne sont
pas en jeu, le néo-Latin bénéficie de l'union qui existe entre
une intelligence très lucide, une sensibilité très vive, une
volonté forte et patiente. L'impartial Kant admire avec
raison « ce sens profond du beau, cette disposition de
la sensibilité à jouir des émotions grandioses et sublimes,
en tant toutefois qu'elles sont compatibles avec le beau ».
De même, dit-il, que la vue qui s'ouvre du haut des Alpes
offre, dans les riantes vallées, quelque chose qui provoque
au courage et quelque autre chose qui invite au repos,
il y a chez l'Italien un mélange d'énergie et de calme.

Les mœurs de la Péninsule n'ont jamais admis, parmi
les jeux populaires, les courses espagnoles de taureaux,
pour lesquels l'Italien artiste professe le plus profond
mépris. Il a pourtant le goût des spectacles et le besoin
de paraître lui-même en spectacle : il veut voir et être vu.
Mais il veut voir de belles choses, entendre de belles
paroles et de belle musique. Voyez dans les bourgs d'Italie
ces affiches où les mots sont tracés au pinceau sur du
papier rouge, pour faire l'économie de l'imprimerie. Quelque humble troupe de comédiens ambulants vient donner

[1] *L'Europa giovane*, p. 376.

des représentations, et que lisez-vous en grosses lettres ?
— *Norma* ou quelque autre tragédie. C'est comme si en
France d'humbles comédiens de passage jouaient *Athalie*.

Pour revenir à Kant, il reproche aux Italiens leur sensualisme, leur formalisme ; il constate leur esprit utilitaire.
À ses yeux, c'est un trait distinctif que l'invention du
change, de la *banque* et de la *loterie*. Kant a raison.
Qu'étaient les Médicis eux-mêmes ? Des banquiers qui,
par force et surtout par adresse, devinrent les premiers
magistrats, les vrais souverains de la cité, entretenant
autour d'eux poètes, peintres, sculpteurs, savants. Le bon
Gênois Christophe Colomb écrit : « L'or est ce qu'il y a
de plus excellent : avec l'or on forme un trésor, et celui
qui le possède peut se procurer tout au monde : il parvient
même à forcer pour les âmes l'entrée du paradis ».

On peut regretter, avec Kant, de ne pas retrouver là-
bas « l'esprit français de sociabilité et de société » ; mais
comment cet esprit se serait-il développé au milieu de l'universelle défiance à laquelle fut condamnée la malheureuse
nation ? Kant compare les conversations italiennes à une
bourse où la dame de la maison fait déposer à chacun
quelque chose à dépenser pour se communiquer les
nouvelles du jour, « sans du reste que l'amitié y soit
pour rien ». Toutefois, depuis le relèvement de l'Italie, la
tension est moins grande dans les rapports sociaux, la
confiance reparaît peu à peu ; mais ce n'est pas encore dans
ce pays qu'on rencontrera une vie expansive et communicative. « Très peu de salons, disait Taine ; l'esprit de société
manque, et on ne s'amuse guère ». Une autre circonstance
mortelle à l'esprit de société, selon Taine, c'est le manque
de laisser-aller : on se surveille trop soi-même et on est
trop surveillé.

Que le peuple italien ait fini par montrer l'envers de ses
qualités, c'était chose inévitable. L'extrême souplesse pratique risque, chez certains, de dégénérer en astuce ; la
modération peut avoir sa perfidie ; l'individualité, si elle
est trop fermée, peut devenir égoïsme ; le respect exagéré
du fait peut rendre insensible aux idées. Mais, sur les
défauts possibles d'un tempérament à la fois passionné et
concentré, nous préférons laisser la parole aux Italiens

eux-mêmes : mieux que personne ils ont su peindre leurs
défauts, leurs périls moraux, si l'on préfère. Souvent même
ils les ont grossis, car, étant artistes et quelque peu portés
à l'exagération, comment n'auraient-ils pas accusé à l'excès
certains traits de leur physionomie historique ? Mamiani
reproche à ses compatriotes leur tendance à l'amour de
soi, à l'envie, à la discorde ; il leur déclare que le moyen
de s'élever au-dessus de ces sentiments est de poursuivre
quelque chose de généreux, d'idéal et de poétique. Ferrari, après nous avoir dépeint la « fausse légèreté » du
Vénitien, la « badauderie affectée » du Milanais, le
« calme violent » du Romagnol, la « finesse captieuse » du
Florentin, la « perspicacité arabe » du Sicilien, ajoute que
toutes ces physionomies réflètent avec une facilité inconnue aux autres peuples, « cet incompréhensible mélange
d'ironie et de sérieux qui se joue de toutes les idées et de
tous les combats » et dont l'Arioste, dans son poème, nous
a donné le type accompli [1].

Un des plus curieux portraits des Italiens par un Italien
parut dans le *Paris-Guide*, publié en 1867 avec la collaboration de Victor Hugo, de Littré, de Sainte-Beuve, de Th.
Gauthier ; il était dû à l'historien distingué et député Pet-
truccelli della Gatina. Selon cet observateur, qui ne manque ni de force ni de finesse, les Italiens ont toutes les
aptitudes. Ils sont habiles et travailleurs ; la proverbiale fai-
néantise italienne est « une fadaise de touriste, qui donne
la dernière touche au tableau convenu du ciel toujours bleu,
de l'air parfumé, de la femme facile, du brigandage universel, etc. La vérité est que l'Italien voit dans l'épargne
« son indépendance et la défense de sa fierté, deux sentiments
bien profonds dans l'âme italienne, quelles que soient la
forme et l'attitude que les circonstances lui imposent ».
Le caractère italien, selon une curieuse définition de
M. Petruccelli, est « intérieur, psychologique », plutôt
qu'extérieur. N'entendez pas par là que l'Italien soit psychologue ; il l'est quand il s'agit de politique, soit publique.
soit privée, mais ni la philosophie italienne, ni la littérature italienne n'ont proprement la marque psychologique. Il s'agit ici, simplement, de ce genre d'intério-

[1] *Histoire des révolutions d'Italie*, t. IV, p. 242.

rité qui consiste à ne pas livrer son moi. « Ce caractère *psychologique* », continue M. Petruccelli, l'Italien le conserve soigneusement, même à l'étranger, tout en revêtant souvent la forme extérieure du peuple au milieu duquel il habite ». Dans une peinture à la fois humoristique et sérieuse, M. Petruccelli nous représente l'Italien comme ne hasardant rien, n'aimant pas le faste improductif, confiant sans restriction en lui-même, ayant horreur des chances de l'avenir, « courant après le positif légèrement idéalisé par le désir » — une formule charmante ! — l'imagination « bornée à la sphère du visible », la convoitise « arrêtée aux bornes de la sécurité du lendemain ».

Tout en faisant la part des exagérations auxquelles s'abandonnent volontiers les peintres des peuples, comme les peintres des individus, il est difficile de méconnaître même sous l'ironie une part de vérité. Se méfiant de tous et de tout, « sevré du criterium du bien et du mal, ayant des notions confuses du droit et du devoir », l'Italien, à en croire M. Petruccelli, adopterait dans toutes les opérations de la vie le faux nez de Machiavel. « A l'étranger, il couvre en outre ce faux nez d'un autre : celui des convenances du milieu ambiant où il vit ». Qu'il s'estime ou non lui-même, « rarement l'Italien estime les autres, bien qu'il en ait presque toujours le semblant. » Son « individualité est si forte », que les liens de la famille eux-mêmes sont « peu resserrés et n'exercent aucun entraînement sur lui ». L'amitié est, pour l'Italien, à cause de cela, « une fonction économique, un échange de services plutôt qu'une fonction du cœur [1] » M. Petruccelli expliquait par la longue tyrannie de l'Église et de l'étranger ce « double jeu, si antithétique » du développement extérieur et du sentiment intime. « L'Italien a presque toujours un masque. Son masque n'est presque jamais beau. Mais le visage qu'il couvre est peut-être un des plus dignes des races européennes. Son monde moral ne ressemble pas exactement à celui que la conscience des autres peuples a consacré. Je ne veux pas me prononcer sur la valeur intrinsèque des deux ; je constate seulement que l'éthique italienne est la moins catholique de l'Europe.

[1] Taine a dit également, après Stendhal : « Dans ce pays, on n'a guère d'amis ; partant la seule occupation est l'amour. »

Machiavel l'a dit : la faute en est à l'Église temporelle. »

L'écrivain que nous venons de citer allait jusqu'à prétendre, avec une exagération visible, dans des pages qui s'adressaient aux Français de 1869 : « Entre le Français et l'Italien il n'y a aucune harmonie de conscience ; ou bien l'Italien a cessé d'être en harmonie avec la conscience de son pays, et on le flétrit alors dans la Péninsule presque comme un rénégat ». C'était pousser à l'extrème l'avertissement donné aux Français. « L'avenir de l'Italie, concluait M. Petruccelli, est tracé comme une raie dans le bronze : « alliance *économique* avec la France, alliance *politique* avec la Prusse ». Ce plan, qui fut suivi, était lui-même un chef-d'œuvre de politique italienne : utiliser l'argent de la France pour se préparer à lui faire la guerre.

Si nous résumons tous les traits de physionomie que nous avons passés en revue, le caractère italien nous apparaîtra comme un mélange de rudesse *barbare*, due à la persistance effective d'une certaine barbarie dans maint endroit de la péninsule, avec un *raffinement de civilisation*, dû aux effets d'une longue *culture intellectuelle* et à ceux d'une longue *politique*, d'abord *guerrière*, puis *sacerdotale*. On rencontre ainsi tout ensemble, en Italie, je ne sais quoi d'arriéré et je ne sais quoi de décadent, ce qu'il y a de plus attardé à côté de ce qu'il y a de plus avancé. De tout temps, d'ailleurs, le lien politique et social avait été lâche dans l'Italie du moyen âge et de la Renaissance. Nulle part les passions humaines ne furent « plus débridées », ne se donnèrent plus libre cours. Il y avait jadis des parties de la péninsule livrées à la sauvagerie. Burckardt raconte qu'au quinzième siècle, dans certaines régions de l'Italie où ne pénétrait pas la culture, les gens de la campagne tuaient régulièrement tout étranger qui tombait entre leurs mains. Cette coutume existait notamment dans les parties reculées du royaume de Naples. Les meurtres et les empoisonnements, dit Dubarry dans *le Brigandage en Italie*, étaient devenus si fréquents que le mot *Italien* était, à l'étranger, synonyme d'empoisonneur. Nous avons vu comment la Renaissance mit le comble à la fureur homicide : toutes les villes se faisant réciproquement la guerre, chaque commune déchirée par des factions qui se poursuivaient l'une

l'autre d'une haine sanguinaire [1]. L'Italien du peuple, surtout dans le centre et dans le midi, est resté brutal; il
maltraite souvent les animaux. En Sicile, dit M. Alongi
dans son livre sur la *Maffia*, on voit des mères, pour corriger leurs enfants, les poursuivre et en pleine rue les
mordre au visage, aux bras ou aux jambes, jusqu'au sang.
Entre hommes et femmes, en Sicile, la menace la plus
commune en cas de dispute est celle-ci « *Ti ain a mangiari
lu cori, de tra mi uni ain a biviri lu sanga* (je veux te
manger le cœur et boire ton sang). » On a vu des assassins
boire ou lécher le sang de leurs victimes, comme des
cannibales. Ce sont là restes de sauvagerie qui font contraste avec la culture des classes supérieures et avec les ins
tincts artistes de la masse.

En résumé, invasion et mélange de barbares, lettres et
arts gréco-romains, catholicisme, longues mêlées du moyen
âge et de la Renaissance, suprématie du pape et des jésuites,
tout cela a produit une mixture originale des qualités les
plus précieuses et des vices les plus dangereux. Et ce sont,
en somme, les qualités qui l'emportent. « J'aime les Italiens,
disait le sculpteur Greenough. Si tout autre peuple avait
été soumis à autant d'années de servitude et de dépravation
qu'en a subies l'Italien, peut-être serait-il aujourd'hui
semblable à la brute et garderait-t-il à peine trace de visage
humain. »

[1] Encore aujourd'hui, d'un village à l'autre, les haines régionales sont
fréquentes Dans le Latium, à 20 et 30 kilomètres de Rome, il est des petites
villes dont les habitants mettent à se détester et à se nuire un acharnement
féroce. Le dimanche, les jeunes gens de chacune de ces villes se réunissent
parfois en bandes et se battent à coups de pierres ou de fusil, comme,
au moyen âge, ils eussent pu le faire à coup de hallebardes Il y a quelques
années, il y eut une réconciliation publique et solennelle entre deux
de ces villes, l'Ariccia et Genzano ; on y établit une sorte de trève de
Dieu Ailleurs, dans les Romagnes, par exemple, c'est la politique qu
provoque la « rage homicide » ; les partis, dans cette contrée, dégé
nèrent en de véritables factions qui luttent entre elles non à coups de bul-
letins de vote, mais à coups de revolver ou de poignard. (Voir l'étude de
M. François Carry sur *la Criminalité en Italie*, dans le *Correspondant*,
année 1895)

IV

TENDANCES PSYCHOLOGIQUES DE LA NATION ITALIENNE

Si nous passons des individus à l'État, nous retrouvons le même caractère agrandi. Conquérant, politique, législateur, voilà en trois mots, comme on l'a vu, l'État romain. Conquérant, le peuple italien ne peut plus l'être, du moins de la même manière, mais il est resté toujours envahissant. Le souvenir de la domination romaine est encore étonnamment vivace au cœur de cet État, et Gioberti a des raisons de dire: « *Il primato è il dogma dell' Italianità*. Si le peuple romain était législateur, le peuple italien est plutôt légiste et crimino-légiste. Jupiter Capitolin ne donnant plus la loi au monde, l'Italie ne pouvait plus avoir les grandes vues juridiques de ses ancêtres : l'horizon s'est nécessairement rétréci.

Malgré son génie réaliste et pratique, le Romain avait, nous l'avons vu, l'amour de la généralité et même de l'universalité ; ce sentiment dut s'affaiblir chez l'Italien moderne, qui, n'ayant plus le grand rôle de ses ancêtres, ne pouvait manquer de devenir, comme on l'a vu, beaucoup plus individuel. A mesure que tout se morcelait, les sentiments perdirent leur ancienne convergence vers un seul et même but : grandeur de la patrie. Dans l'Italie déchirée par les factions, chacun luttant contre les autres, le souci de la communauté s'amoindrit peu à peu au profit du moi, devenu à lui-même son seul soutien. Ainsi se produisit à la longue, chez des caractères naturellement concentrés, une concentration nouvelle, une croissante gravitation sur soi. C'est, pour le psychologue et le sociologue, le résultat le plus important et le plus général des diverses crises traversées par la nation italienne, qui furent des crises sociales.

Dans l'ordre politique, quelque chose devait aussi se perdre à la longue de ce que les Romains avaient eu de génie et de puissance. Où est aujourd'hui cette sorte de foi politique si profonde qui, dans la Rome antique, était devenue une vraie religion, pour ne pas dire la seule religion?

M. Mariano avoue que, en fait de politique, la nation est éminemment désabusée ; elle a trop vu de révolutions, elle en a trop souffert; elle n'attache de valeur absolue à aucun moyen de gouvernement: la fin est tout, il faut réussir. Le scepticisme la sauve de notre radicalisme. A l'inverse du Français, l'Italien qui se déclare le plus radical ne perd jamais le sentiment de la mesure et de la modération. Il n'est ni « simpliste » ni rectiligne ; il croit qu'en politique la ligne courbe est le plus court chemin d'un point à un autre. Si l'Italien moderne n'a plus le puissant génie d'organisation qui caractérisait les Romains, ce qu'il a conservé, peut-être accru (comme sa ressource suprême), c'est l'art politique d'arriver à ses fins, la pénétration, l'adresse à cacher son jeu, toutes les ruses de la diplomatie. Macaulay, qui ne se laissa pas séduire aux théories devenues courantes sur la prétendue communauté des nations néolatines, remarquait que le courage militaire, « qui fait l'orgueil du frivole et bavard Français, comme du lourd Allemand, de l'arrogant et romanesque Espagnol », était généralement « dédaigné de l'Italien positif et calculateur » : là où on peut réussir par adresse politique, pourquoi employer la force ? Comme Machiavel, l'Italien estime volontiers que « des revendications réitérées finissent par constituer des droits », comme Guichardin, « que l'on crée le succès en répétant qu'il existe »; d'où il suit qu'il ne faut jamais se lasser de demander, de réclamer, de s'attribuer la chose d'avance comme si elle était sienne. Les Romains connaissaient déjà le procédé; parmi les Néo-Latins, l'Italie seule le conserve, — et c'est parmi les Anglo-Saxons qu'il atteint un développement incomparable : voyez les Anglais !

L'esprit politique italien a un souverain dédain non seulement pour « la logique mise au service de la passion », que reprochait Cavour à la nation française, mais même pour la logique mise au service des idées, qui est bien aussi une habitude française. L'Italien, lui, trouve que le raisonnement est excellent pour détruire, nullement pour créer; que la politique vit de deux espèces d'illogismes, le grand et le petit : l'un, propre à tous les vrais hommes d'État, consiste dans la persuasion qu'on ne peut appliquer la rigueur des raisonnements aux faits, parce que la nature est pleine de contradictions et que la société ne se déve-

loppe pas selon la perfection des formes géométriques;
l'autre, le petit, est l'illogisme des partis ayant à défendre un
intérêt matériel, et qui emploient le raisonnement à déduire
les conséquences avantageuses pour eux, en ayant bien
soin de négliger les désavantageuses [1]. Que la logique
humaine ne fasse pas violence à la vie!

La méthode politique de l'Etat italien, selon Gioberti,
c'est « une grande prudence jointe à une grande audace ».
tandis que la méthode française est la témérité imprudente.
Napoléon dut ses victoires à la première méthode, sa chute
à la seconde, à cette *furia* qui agit « par des mouvements
brusques, emportés, cassants, désordonnés ». *Suaviter et
fortiter*, la célèbre congrégation n'est pas sans avoir exercé
sur le caractère italien une longue et profonde influence.

Les jugements des historiens sur la politique italienne sont
sans nombre et, en somme, assez uniformes. D'après l'historien allemand Léo, « l'Italien emploie les autres hommes
plutôt qu'il ne se livre à eux ; en toute circonstance, il
sait être libre à leur égard ; il les considère comme des instruments ». L'homme d'Etat autrichien qui fut le confi-
dent et l'ami de Maximilien dit, dans son livre intitulé *Le
dernier des Napoléon* : « Pour vous détruire, l'Italien se fera
plus pieux que le pape, plus humble que l'esclave, plus
dévoué que le dévouement, jusqu'à ce qu'il vous ait attiré
dans son nœud coulant. » En ce qui concerne l'ambition, le
sens réaliste, l'habitude de ne reculer ni devant l'emploi de
la force ni devant celui de la ruse, la patrie de Machiavel
a le droit de se comparer elle-même à celle de Frédéric II.
Ce dernier affectait cependant à son égard un dédain
tudesque : « plus de ruse que d'intelligence, de l'avarice
et de l'ignorance, beaucoup de superstition et pas de vraie
religion, voilà l'Italie ». Portrait satirique. Avec le même
sans-gêne, Napoléon écrivait au général Junot: « Le
rapport du major du 42e est d'un homme qui ne connaît pas les Italiens, qui sont faux. Séditieux sous un gouvernement faible, ils ne redoutent et ne respectent qu'un
gouvernement fort et vigoureux ». Les Italiens comme les
Allemands reproduisent assez volontiers aujourd'hui la boutade où Schopenhauer dit que les Français sont pour l'Europe

---

[1] Ferrero, *L'Europe giovane*, p. 63.

ce que les singes sont pour l'Amérique ; ils oublient d'ajouter que le même philosophe misanthrope faisait profession de « mépriser la nation allemande à cause de sa bêtise infinie », et qu'il reprochait aux Italiens de son temps une certaine impudeur qui fait que l'on ne se considère « ni trop mauvais pour rien, ni trop bon pour rien ». « Quiconque a de la pudeur est pour certaines choses trop timide, pour d'autres trop fier. L'Italien n'est ni l'un ni l'autre ». La satire a partout lieu de s'exercer.

Un objet d'ironie et de critique de la part de nos voisins, c'est notre « humanitairerie » et, d'une manière générale notre « sentimentalisme », notre « cosmopolitisme » d'où résulte à leurs yeux notre manque de sens politique. Sous ce rapport, où nous sommes si peu Latins, Gioberti se moquait de notre « amour des antipodes et du genre humain », substitué souvent à l'amour de la patrie. L'Italien est bien cosmopolite, lui aussi, mais avec cette nuance, a-t-on dit encore, que le cosmopolitisme français veut mettre la France au service de l'humanité, tandis que le cosmopolitisme italien, comme celui des Romains, veut faire servir l'humanité à la grandeur de la patrie [1].

A mesure que l'État italien a retrouvé son unité, le dévouement à la patrie y a fait de très grands progrès. « Il n'y a rien, a-t-on dit, que l'Italien ne puisse faire, mais, du plus vil au plus élevé, il est toujours patriote ». Louis Ferri rappelle que les histoires de Florence, de Venise, du Piémont et de Gênes fournissent de magnifiques exemples, non seulement de vertu individuelle, mais aussi d'héroïsme de la part de peuples entiers. Aux moments critiques, quand la liberté était en question, on a vu de magnanimes efforts en Sicile et à Naples. Les populations mêmes de l'Italie centrale, que la diplomatie de la première moitié du siècle représentait comme absolument indisciplinées et impropres à la liberté, « prennent aujourd'hui leur part, comme le reste, sans résistance, dans les sacrifices, pourtant si lourds, imposés au jeune État ».

L'imagination méridionale, jointe au souvenir de la

---

[1] A. Blachet, *L'Italie qu'on voit et l'Italie qu'on ne voit pas*; livre trop pessimiste où les documents abondent, mais qui n'a pas mis en lumière les beaux côtés du caractère italien.

grandeur passée, expose l'Italien, comme l'Espagnol, à la
mégalomanie. De l'étonnante fortune due par l'Espagne à
la conquête de l'Amérique était resté, dans l'imagination
espagnole, l'amour de l'improvisé, la perpétuelle attente du
coup de théâtre ; c'est pourquoi, a-t-on dit, la loterie a toujours eu tant de succès en Espagne. Son succès n'est guère
moindre en Italie. De plus, dans ce dernier pays, l'orgueil
de la domination romaine entretient le rêve perpétuel d'un
nouvel empire latin. Comment empêcher un peuple qui a
eu de grandes destinées de conserver toujours les grandes
ambitions ? Si la France, pas plus que l Italie, n'oublie son
histoire glorieuse, croit-on que l'Anglais ou le Germain
soient plus portés à l'oubli ou à la modestie nationale, à
l'amour sobre de l'*aurea mediocritas ?*

V

LES SCIENCES, LA PHILOSOPHIE, LA MORALE, LA SCIENCE
SOCIALE EN ITALIE

Dans le domaine des sciences et de la philosophie, le
mélange d'aptitudes diverses aboutissant à l'équilibre
devait produire , chez les Latins et Néo-Latins, l'aspiration
encyclopédique. Il leur est d'ailleurs difficile de suivre une
seule ligne de travail, dit Louis Ferri, « principalement
si elle est d'ordre subjectif et sépare violemment l'intellect
de ses objets les plus naturels ». Pourquoi les compatriotes
de Galilée se sont-ils montrés plus particulièrement propres à l'étude des sciences physiques ? C'est que les symboles objectifs de ces sciences sont aussi inséparables de la
réalité sensible qu'appropriés à la « contemplation intellectuelle du monde ». Campanella, ayant eu connaissance
des idées de Galilée, l'engageait à les réduire en un système ;
on sait que le grand savant refusa : « Je préfère un petit
nombre d'émotions certaines à des doctrines spécieuses et
problématiques ». Plus fidèle que Campanella au vrai génie
de sa race, Galilée instituait la conception et la pratique
de la méthode expérimentale.

L'esprit latin « fermement appuyé sur le monde objectif », n'est pas resté sans défiance à l'égard de la spéculation

métaphysique. Les philosophes de Rome et de l'Italie sont, de tous, les plus étrangers à ce que les Allemands appellent le transcendantalisme, de même que, nous l'avons vu, les mystiques italiens furent les plus raisonnables et les plus modérés de tous.

À l'esprit grec d'analyse subtile s'opposait l'esprit romain de coordination et de généralisation. À la spécialité qui se confine en une étude limitée, le Romain préférait, dans le savoir comme dans la politique, les vues universelles. Le spécialiste risque de trop oublier, dans son domaine particulier, cette valeur sociale que le Romain avait pour but et qui confère aux travaux, sinon une sorte d'universalité objective et métaphysique, du moins une universalité humaine, — analogue à la synthèse subjective dont parle Comte.

Plutôt éclectiques et conciliateurs que systématiques, les Latins et leurs successeurs ne pouvaient guère s'élever à ces grandes constructions de la philosophie qui sont le développement d'une seule idée maîtresse. C'est un Celte, Scot Érigène, qui donna la première impulsion au néo-platonisme du moyen âge ; c'est un Germain, Nicolas de Cuss, dont le néo-platonisme commença la métaphysique de la Renaissance. Les trois grandes doctrines relatives à la nature des idées générales avaient eu pour initiateurs trois Français : Roscelin, Guillaume de Champeaux, Abailard. Les Italiens n'en ont pas moins eu une sorte d'inspiration philosophique générale, qu'ils ne séparent jamais de la faculté poétique. Dante, Léonard de Vinci, Michel Ange, Pétrarque, Bruno en sont les plus glorieux exemples. Au lieu de ramener par l'analyse le procédé artistique aux conditions les plus profondes de la pensée et du sentiment, la philosophie italienne, comme avait déjà fait la grecque, tend à ériger le procédé artistique en moyen d'explication universelle ; elle conçoit le monde entier, à la façon de Platon, comme une œuvre d'inspiration poétique, imitation et réalisation du beau. Le platonisme a d'ailleurs exercé une durable influence sur l'âme italienne par sa conception de la beauté et de l'amour. Quand il se fut joint à l'influence des troubadours et de la chevalerie, — influence en grande partie française — ne vit-on pas le platonisme aboutir à la déification du sexe féminin ? Le beau

et l'amour jouent un tel rôle dans la littérature italienne,
qu'il suffit de rappeler « la triade de Dante, Pétrarque et
Boccace », pour comprendre comment la littérature d'amour,
comment la philosophie même dut se diviser entre les
tendances idéalistes et les tendances réalistes. Pour Dante,
l'amour est à la fois « une faculté morale et esthétique,
un principe théologique et cosmologique ». Pour François
d'Assise, l'amour est une force à la fois humaine et divine,
il est la puissance créatrice et conservatrice, et la morale
n'est que l'universalité de l'amour. Les idées de Pétrarque
sur l'amour sont connues ; le dialogue de Tullia d'Aragon
roule sur l' «infinité de l'amour »; la même conception se
retrouve en Campanella ; enfin la puissance de l'amour est
le sujet même des *Eroici furori*.

Ce qui caractérise la morale enseignée par les philosophes d'Italie, c'est de prendre pour bases les doctrines de
l'hédroisme et de l'utilité sociale, mais en y superposant
d'ordinaire les idées de beauté et de bonheur. Dans son
discours sur le sens moral des Italiens, Mamiani remarque
que, si leur vie subjective manque de profondeur et de
continuité, ce défaut trouve une certaine compensation
dans leur sens esthétique, qui voit le bon dans le beau plutôt
qu'il ne le reconnaît en lui-même et à part de la beauté.
Ce qui devait l'emporter chez des esprits éminemment positifs en même temps qu'artistes, ce n'est pas « l'impératif
catégorique » de Kant, mais bien plutôt la théorie aris-
totélique du bonheur. Si donc il est vrai de dire que la
philosophie italienne subordonne la morale à l'esthétique,
il n'est pas moins vrai d'ajouter qu'elle subordonne l'esthétique à l'eudémonisme.

Plus qu'à la psychologie et à la morale, le génie latin
est apte à la sociologie. Nouvelle de nom, cette science
fut toujours cultivée en Italie : Vico ébaucha les principes et les lois qui, dans le cours de l'histoire, règlent
les multiples manifestations des groupes humains; tous
les maîtres italiens de la science politique ou juridique ont
travaillé à la solution des problèmes sociologiques. Les
études relatives à la législation, à ses principes et à ses
effets sociaux, ont jusqu'à nos jours continué d'être très
florissantes en Italie. Bello et Gentile avaient été jadis les
précurseurs de Grotius. Vico définissait le droit : l'utilité

naturelle soumise à une règle éternelle de mesure. Romagnosi et Rosmini se préoccupèrent également et de « l'utilité » et de la « proportion ». M. Puglia observe avec raison que le génie positif des Latins n'a jamais pu, dans l'idée du droit, « faire abstraction de l'utile, tandis que le Français le peut ». Il y a bien pour les deux peuples un élément idéal inhérent au droit, mais, pour l'un, c'est la liberté, avec l'égalité qui en dérive, pour l'autre, c'est « la proportion », qui assure le succès[1]. Cette préoccupation d'une mesure et d'une proportion exacte a inspiré aussi et les travaux de Beccaria et les études récentes des Italiens sur les facteurs anthropologiques, physiologiques et sociaux du crime : il s'agit toujours là d'établir un rapport rationnel entre le délit et le remède juridique. On reconnaît assurément, dans les belles études de « la criminologie positive », l'esprit pratique de l'Italie.

VI

LA CRISE MORALE EN ITALIE

En Italie comme en France, il existe une crise morale compliquée par la crise religieuse, par la *miscredenza*. L'Italie a conquis son unité politique aux dépens de ce qui lui restait de sa vie religieuse, que l'influence du catholicisme romain avait fini par confondre entièrement avec la vie morale. Déjà, nous l'avons vu, la religion n'était guère intense outre monts, si on la fait consister dans la ferveur de la foi intérieure; elle se réduisait presque au culte et aux œuvres. C'était encore beaucoup, puisqu'il y avait là une règle morale et sociale, qui empêchait des esprits à la fois positifs et passionnés de tomber dans un matérialisme complet. En notre siècle, par la force des choses, la lutte s'est produite entre la royauté et la papauté. Or la royauté n'a pas seulement renversé la

---

M. Puglia veut d'ailleurs voir, bien à tort, dans la jurisprudence « la manifestation la plus élevée de la pensée philosophique ». Par là, il se montre lui-même très Latin, un peu trop préoccupé de l'application des idées à la réalité positive. Pour notre part, nous préférerions moins de légistes, plus de moralistes et de métaphysiciens.

puissance temporelle du pape : son triomphe a eu pour effet,
dans la masse du peuple, — étrangère à toute croyance
philosophique, sociale, humanitaire, — d'ébranler la puissance spirituelle du christianisme même. On prétend qu'un
homme d'état anglais disait à un ministre italien : « Je considère comme impossible à une nation de subsister sans
une base religieuse, quelle qu'elle soit », et le ministre de
répondre : « Nous autres Italiens, nous sommes en train de
tenter l'expérience ».

Si la base théologique du devoir ne paraît pas aux philosophes absolument nécessaire, ou si du moins elle ne doit
pas l'être toujours, nul philosophe, pourtant, n'admettra
qu'une nation puisse vivre sans une foi morale ou
sociale, sans une religion laïque de la justice et de
l'humanité. En France, après l'ébranlement des croyances
catholiques nous avons eu une foi humanitaire que le dix-
huitième siècle et la Révolution avaient développée ;
nous avons eu une religion du « droit » et du « progrès ».
« O France, terre de l'enthousiasme ! s'écriait Mme de Staël ».
Quelque ingénuité qui pût s'y mêler, cet enthousiasme
n'en a pas moins fait longtemps notre force. Dans l'Italie
actuelle, à la place des croyances qui s'en vont, où
voit-on les croyances qui viennent? Humanitaire, l'Italie
ne se pique pas de l'être ; elle professe en tout, nous
l'avons constaté, plus de scepticisme que d'enthousiasme.
La seule idée impersonnelle qui actuellement la soutienne,
c'est donc celle de son unité intérieure et de son expansion extérieure; c'est une idée *politique*. Support douteux
pour la conscience d'une nation, et qui risque de laisser
bientôt place, après les désillusions de la « mégalomanie, »
aux âpres revendications des socialistes ou des anar-
chistes.

Le patriotisme bien entendu est certainement un grand
ressort moral, mais insuffisant pour l'Italie. Celle-ci d'ailleurs, selon M. Alexandre Groppali, a encore moins des
traditions nationales que des traditions provinciales et
urbaines. Elle a toujours mal endossé « la camisole de force
de l'unité. » Même de nos jours, les différents États ont
été plutôt confondus que fondus.

Dans son remarquable ouvrage sur Hippolyte Taine,
M. Barzellotti établit un parallèle plein d'intérêt entre la

révolution italienne et la révolution française, qui avait été si sévèrement jugée par notre grand écrivain. La révolution italienne eut beau être « pure de grands crimes », M. Barzellotti la reconnaît inférieure sous deux aspects à la révolution française. D'abord, il lui a manqué quelque « grand ciment », quelque chose qui pût « retremper la nation *tout entière* au feu du sacrifice ». Préparée par ses écrivains et par ses anciens martyrs, « mise dans sa voie par Cavour et Victor Emmanuel et par les audaces géniales de Garibaldi ; parvenue, — non par sa seule force propre, mais avec l'aide française, en 59, puis en 66, puis en 70, après une guerre non heureuse et par la faveur d'événements inespérés, — à conquérir enfin l'indépendance et l'unité nationale, notre révolution n'est pas l'œuvre de la vertu et des sacrifices de tout le pays. Elle a été commencée et accomplie, si on peut dire, entièrement par une seule classe sociale, la bourgeoisie, qui, presque seule, en a profité, donnant, pour ses besoins de gouvernement, la plus large liberté politique à un peuple non préparé, non élevé pour s'en servir ». Dans l'acquisition de Rome, arrivée du vivant de Manzoni, M. Barzellotti voit « la pierre de touche qui constate l'infériorité des classes politiques italiennes par rapport à la fonction historique qui leur appartenait, de former et de discipliner notre peuple pour une nouvelle vie ». A travers les ruines de la Rome antique et en face de la Papauté, la mesquine stature morale du nouveau Royaume disparaît dans l'ombre gigantesque des deux plus grandes créations historiques dues à la prudence civile ordonnatrice de la race latine ». M. Barzellotti regrette que la révolution italienne n'ait pas encore pu, en trente ans, donner au pays « une *vraie* et stable assiette économique, morale et civile, digne de ses traditions ». L'éminent philosophe et patriote demande où est « une seule idée vraiment nouvelle et organique, digne de rester dans l'histoire du pays, qui lui soit venue des hommes par trop inférieurs qu'eut pour successeurs Cavour. — « Y a-t-il une seule de nos institutions, excepté l'armée et la marine, « qui puisse se dire nôtre et vitale ? » — Dans l'ordre de ses relations morales avec l'Église, dans l'instruction populaire, dans l'organisation des études, « la nouvelle Italie n'a pas fait, en trente années, souffler encore une pensée nouvelle et sienne.

Sisyphe de la finance, elle n'a pas réussi, en trente années, à arrêter une seule fois le rocher du déficit qui lui retombe toujours sur les épaules. Dans son régime administratif, très compliqué et en même temps inefficace, elle a tous les défauts de la centralisation française, sur laquelle il est copié, sans en avoir les mérites de rapidité, de précision, de régularité quasi militaire. Sous l'influence délétère du parlementarisme, l'État chez nous est devenu désormais une grande coalition d'intérêts locaux, régionaux et privés, auxquels on donne, bien à tort, le nom de chose publique, une immense agence de placement pour les clients et grands électeurs des députés les plus industrieux, dont le gouvernement n'est que le comité distributeur et le gérant *non* responsable. Et dans le vide moral et économique fait de toutes parts par la politique, les forces qui devraient être les forces vives du pays, l'agriculture, l'industrie, le commerce, les arts, la foi active dans l'idéal, l'ardeur au travail et aux études élevées, tout cela languit exténué[1] ». M. Mariano et Louis Ferri ont beau être des adversaires du « romanisme », ces éminents professeurs d'université n'en déclarent pas moins que « la lutte incessante contre l'influence *spirituelle* de la papauté, jointe au développement du militarisme, risque de supprimer toute vie morale, sans autre compensation que la Triple-Alliance avec les chances d'une guerre européenne ». Le résultat est de paralyser en Italie l'essor intellectuel. « Nous ne manquons point, dit M. Barzellotti, d'hommes égaux en souffle et en érudition profonde aux meilleurs des autres nations ; mais nous souffrons du manque de cette haute vie idéale qui, selon Goethe, est nécessaire pour donner à la science vitalité et réalité. Dans aucun autre pays on ne trouve si peu d'hommes voués aux sciences morales, philosophiques, religieuses, à tout ce qui est au-dessus des fins purement matérielles ». Tout cela rencontre « l'indifférence ou le dédaigneux sourire de ceux qui s'imaginent (et ils sont légion, surtout parmi les hommes de science, les hommes d'école et les économistes) que le train de la pensée moderne

---

[1] G. Barzellotti, professore di filosofia all' Università di Napoli. *Ippolito Taine*, 1895, p. 284. L'ouvrage a été traduit en français (Alcan).

est essentiellement matérialiste et exclut, comme inutile, toute considération des problèmes ultimes de la conscience ». M. Barzellotti nous montre enfin comment l'activité dangereuse des sectes ennemies de l'ordre social, encouragée par « une presse malhonnête et licencieuse. que le gouvernement tolère », fait des progrès dans le crime.

C'est une loi historique et sociologique, ajoutent ces penseurs, que, par la force même des événements, une forme de gouvernement traditionnelle tombe dans l'affaiblissement et le discrédit, ne peut plus administrer les affaires d'une grande nation, ne peut plus fonder aucun appui sur sa vie intellectuelle et morale, lorsqu'elle ne s'est jamais identifiée avec ses idéaux les plus élevés et les plus vrais. Alors, en effet, l'esprit de la nation est d'un côté, celui du gouvernement est de l'autre. Or. comment la masse du peuple italien connaît-elle aujourd'hui le gouvernement? « Elle ne le connaît, dit M. Barzellotti, qu'à travers le contrôle du fisc, qui lui impose les taxes les plus lourdes, à travers la police, qui empêche toute insurrection ; mais elle ne sent jamais sa puissance directrice et éducatrice, qui manque entièrement à un point de vue élevé ». En 1872, un écrivain distingué de l'Italie qui fut plusieurs fois ministre de l'instruction publique, M. Pasquale Villari, écrivait : « Depuis que l'Italie est devenue indépendante et libre, on dirait qu'elle a laissé le temps tel qu'elle l'a trouvé ; nous avons obtenu tout ce que nous voulions et, au lieu de s'élargir devant nous, notre horizon semble s'être rétréci. Nous sommes des gens désabusés et découragés ». Le Ministre des affaires étrangères disait à la Chambre des députés, le 3 mai 1894 : « C'est ainsi que, dans une nation relevée par tant de vertus montrées par notre peuple au milieu des espérances des peuples amis, dans une nation qui ne peut. sans suicide, laisser vide moralement la place qu'elle occupe géographiquement, la conscience publique est restée obscure ».

M. Ferrero rappelle, non sans mélancolie, que, dès l'année 1848, dans son écrit sur *l'Unité italienne et les fédérations*, Proudhon faisait un tableau de l'Italie future « si merveilleux de précision, que non seulement les grands faits, mais jusqu'aux petits incidents scandaleux de la poli-

tique actuelle y sont prédits [1] ». Et M. Ferrero conclut que
tout le grand mouvement de l'Italie vers l'unité a abouti
« à construire l'édifice gigantesque d'un grand État centralisateur sur une montagne croulante d'éboulements [2] ».

Comme c'est depuis peu de temps que les Italiens ont rétabli leur unité, il ne faut pas s'étonner qu'ils n'aient point
encore appris cette constante subordination de l'individu à
l'État qui fit la puissance romaine. Au lieu de s'efforcer à
reconquérir cette vertu fondamentale, l'Italie actuelle tend
à faire déborder la patrie par delà ses frontières. Mais si, tout
au fond de sa pensée, elle a conservé l'ambition des Romains
à l'extérieur, elle n'a pas conservé leur cohésion préalable à
l'intérieur. Bonaparte écrivait au général Gentili, en l'en-
voyant dans les provinces vénitiennes : — « Ne manquez
pas, dans vos proclamations, de leur parler de la Grèce et de
Rome ». Et c'est le même Napoléon qui, quand il s'agissait
des Français, non plus des Italiens, écrivait à Fouché :
« Supprimez tous les journaux, mais mettez en tête du décret
six pages de considérations libérales sur les principes ».
Il connaissait le faible du Français comme celui de l'Italien.

Ici encore, la lecture des philosophes et sociologues
d'Italie est précieuse. « Pour quel but, dit l'un d'eux,
sinon pour étouffer les plus légitimes aspirations de notre
peuple, qui voyait encore incomplète l'œuvre de sa réha-
bilitation politique, pour quel but nos gouvernants ont-ils
voulu, depuis quelque temps, nous habituer à une politique
extérieure tout artificielle, nous faire courir après de purs
fantômes, en laissant d'autres, mieux avisés que nous, faire
bonne proie des intérêts les plus vitaux de l'Italie ? » Ainsi
parle, faisant allusion à l'Allemagne, M. Celso Ferrari dans
son livre intéressant sur la *Nazionalità e la vita sociale* [3].
Mais n'est-il pas curieux de voir le même auteur, dans la
page suivante, ériger ainsi l'irrédentisme en doctrine sociale :
« Les gouvernants cherchent, dit-il, à étouffer chez nous
ce sentiment de fraternité qui nous lie si fortement à
ceux de nos co-nationaux qu'une raison de gouvernement mal entendue nous oblige encore à considérer comme

[1] *L'Europa giovane*, p 77.
[2] P. 35.
[3] Palermo, 1896.

étrangers. L'irrédentisme a cessé d'être pour nos gouvernants le symbole de cette *expansion naturelle* qu'eux-mêmes reconnaissaient naguère la *seule possible* pour notre organisme social, le symbole de cette complète correspondance avec le milieu social *externe* duquel peut dépendre l'existence de notre nation ! » D'une part, donc, l'auteur blâme le militarisme à l'allemande et la mégalomanie ; d'autre part, il veut l'expansion de l'Italie à Trieste, dans le Trentin, en Savoie et à Nice, tant cette expansion « naturelle » tient au cœur des Italiens.

Dans le tableau des maux de l'Italie, que de traits pourraient s'appliquer à tous les pays, y compris le nôtre ! L'exemple de nos voisins d'outre-monts est pour nous, un utile avertissement. Il nous montre où pourrait aboutir l'affaissement des études morales et philosophiques, où pourrait aboutir une lutte aveugle contre les idées religieuses alors qu'on n'offre rien pour les remplacer dans la masse d'un peuple. Si jamais la France voulait, comme l'Italie, vivre de pure politique, elle ne vivrait pas ; la politique n'est qu'un moyen et non une fin. Aussi est-il difficile aux plus libres penseurs de ne pas reconnaître avec quelle vérité Léon XIII rappelait naguère à ses compatriotes que la religion est une des grandes forces sociales et que l'Italie d'aujourd'hui n'a pas assez de ces forces à sa disposition pour s'aliéner volontairement celle-là. Sans être partisan du catholicisme papal, M. Barzellotti conclut à son tour : — « La vraie politique ne consiste pas à diminuer ou à combattre toutes les forces morales qu'un pays peut renfermer, mais à les *soutenir toutes dans la limite des lois.* » Cette leçon de sage politique donnée par des Italiens éclairés et philosophes, — incroyants, mais tolérants, — est précieuse pour tous les « Néo-Latins ».

VII

LA CRISE ÉCONOMIQUE EN ITALIE ET SON INFLUENCE

Au point de vue économique, la vitalité et le ressort de l'Italie sont beaucoup plus grands que ne l'imaginent les contempteurs de la « race latine ». Les Italiens, si obérés,

n'en ont que plus de mérite, nous allons le voir, à lutter
contre des circonstances défavorables. à travailler, à épargner, et à faire, malgré tant d'obstacles, les progrès qu'ils ne
cessent d'accomplir.

La population de l'Italie, qui est de près de 33 millions
d'âmes, se meut sur une superficie de 28 millions et demi
de kilomètres carrés. Un tiers de ce territoire est couvert
de montagnes qui apportent des obstacles et à la production
et à la circulation. Ces montagnes limitent aussi la partie
habitable pour une population déjà dense, qui se réfugie
vers les côtes (d'une étendue de 6 785 kilomètres, îles
comprises). Sur les 155 fleuves de l'Italie, ceux du nord
sont navigables et constituent une source de richesses ;
ceux du midi, au contraire, non seulement ne sont pas
navigables, mais « désolent et rendent inhospitalières les
terres qu'ils arrosent[1]. »

Les Italiens reconnaissent cependant toujours dans leur
merveilleuse contrée un pays essentiellement agricole, la
magna parens frugum, la *Saturnia tellus* des poètes antiques. Il y a en Italie 9 millions d'agriculteurs. L'agriculture
emploie 600 habitants sur mille, l'industrie, 300 ; la Hongrie (625 agriculteurs), l'Autriche (552), l'Irlande (540)
viennent seules avant elle. La France la suit avec 487 de
population agricole et 242 de population industrielle. L'Al
lemagne a 423 contre 212. En Belgique, en Angleterre, en
Suisse, en Écosse, la population industrielle l'emporte.

Par malheur, en Italie, le régime foncier est vicieux et
la propriété rurale est mal distribuée. On n'y trouve pas le
développement régulier qui, dans la plupart des États
d'Europe, et notamment en France, a lentement amené les
travailleurs à la possession du sol. L'Italie a été entraînée
à deux excès inverses : ici, extension indéfinie des grands
domaines, là, morcellement progressif des petits fonds
ruraux[2]. Très étendues sont les « terres publiques » en
Italie : 500 000 hectares dans les provinces dépendant de
Naples et de la Sicile, près de 200 000 en Sardaigne, 200 000
dans les États pontificaux. Les biens patrimoniaux de l'État

---

[1] M. Groppali, *Revue de sociologie*, 1898, p. 890.

[2] Léopold Mabilleau, *La Prévoyance sociale en Italie*. Voir aussi *Cosmopolis*, juin 1898.

sont évalués à 100 millions de lires, ceux des « œuvres pies » à 700 millions, ceux des dotations ecclésiastiques à un milliard. La saisie des propriétés pour lesquelles on n'a pu acquitter l'impôt vient encore augmenter chaque jour cette espèce de fonds de main-morte, soustrait sinon à tout entretien, au moins à toute exploitation activement intéressée. En 1892, on avait relevé 1881 ventes publiques pour des cotes inférieures à 2 francs. Chaque année, dix à douze mille jugements sont prononcés ordonnant la mise à l'enchère d'autant de propriétés pour non paiement des taxes [1].

L'Italie souffre à la fois, selon les économistes, et du développement nouveau de la production capitaliste et de l'actuelle insuffisance de ce développement. Dans l'Italie du nord, le système de production capitaliste a fait de grands progrès ; dans le midi, la forme de production patriarcale domine. Ici, ce n'est plus la théorie des races, c'est la doctrine de Marx qui fournira plutôt des explications valables. Les régions septentrionales, — où ce sont pourtant des Celtes brachycéphales qui prédominent —, ont été appelées « l'Angleterre de l'Italie », quoique le défaut de fer et de charbon les empêche d'être des pays pleinement industriels. L'industrie du nord est florissante et se passe du secours des « Anglo-Saxons ». Milan, avec une population égale à celle de Naples, compte 3 025 ateliers avec 1 210 chaudières à vapeur et 1 800 moteurs ; Naples n'a que 2 704 ateliers, 308 chaudières et 579 moteurs ; Milan occupe 150 000 employés, Naples 50 000. Le sud de l'Italie, dans ses grandes lignes, reproduit « la physionomie du moyen âge » ; il est « la chaîne du passé attachée aux pieds de l'Italie moderne. » La campagne y est désertée, la population s'égrène, la *latifondi* domine ; la culture purement extensive appauvrit le sol. Au lieu d'une véritable bourgeoisie, on n'a qu'une « aristocratie absentéiste, une classe d'usuriers et de *camorristes* [2] ».

<hr>

[1] L. Mabilleau, *Ibid.*

[2] M. Groppali, *Ibid.* « Dans le midi de l'Italie, écrit aussi M. Villari en ses *Lettere meridionali*, les paysans attachés à la culture des *latifondi*, qui est le régime normal de la propriété dans l'Italie méridionale, y habitent pendant presque toute l'année, venant les uns tous les quinze jours, les autres tous les vingt jours, revoir à la ville leur femme, leurs enfants et leur maison. A la campagne, ils vivent dans une grande cahute, dormant dans des niches qu'ils ont creusées dans les murailles tout autour. Leur lit est un sac de

A la répartition défectueuse des richesses, — facteur sociologique et non ethnique, — s'ajoute une répartition également défectueuse des contributions publiques. Le professeur Pantaleoni, en mesurant la richesse privée de 1872 à 1889, a trouvé 16 p. 100 en Piémont et Ligurie, 14 en Lombardie, 13 en Toscane, 9 en Vénétie, 7 1/2 dans la Napolitaine, 7 dans la Marche et l'Ombrie, 6 1/2 en Sicile et 5 en Sardaigne. Or, l'impôt italien est inversement proportionnel à la richesse. La Haute-Italie, qui possède 48 p. 100 de richesse, ne supporte pas 40 p. 100 de la charge des impôts ; l'Italie centrale, qui possède 25 p. 100 seulement de richesse, paie 28 1/3 p. 100 de la charge totale ; l'Italie méridionale, qui ne possède que 27 p. 100 de la richesse nationale, paie 32 1/4 p. 100 de la charge des impôts [1].

Mal réparties selon les personnes, les taxes ne sont pas mieux réparties selon leurs objets. Celles qui frappent en Italie les aliments de première nécessité sont énormes, tandis que sont relativement légères celles qui frappent les produits nuisibles à la santé, comme les boissons alcooliques. Les économistes italiens se plaignent de voir ainsi le contraire de ce qui a lieu dans les nations civilisées, comme l'Angleterre, où l'on paie pour les objets préjudiciables à la santé 17 fr. 19 par habitant, et 0 fr. 41 seulement pour les objets indispensables à la vie.

---

paille sur lequel ils dorment tout habillés, car ils ne se déshabillent jamais. Ils sont commandés par un *massaro* qui leur fournit tous les jours à chacun, pour le compte du maître, un pain noir et dur du poids d'un kilogramme, qui s'appelle *panrozzo*. Le paysan travaille de l'aube jusqu'au coucher du soleil ; à dix heures du matin, il se repose une demi-heure et mange un peu de son pain. Le soir, le travail terminé, le *massaro* met sur un grand feu qui est au fond de la cahute une grande chaudière, où il fait bouillir de l'eau avec très peu de sel, *con pochissimo sale*. (On sait que l'impôt sur le sel est très élevé en Italie ; le sel y est presque un objet de luxe.) Pendant ce temps, les paysans se mettent en file, coupent leur pain par tranches dans des écuelles en bois, dans lesquelles le *massaro* verse un peu d'eau salée avec quelques gouttes d'huile. Ceci est la soupe qu'ils mangent toute l'année ; ils l'appellent *acquasale*. Et *ils n'ont jamais d'autre nourriture*, sauf au temps de la moisson, quand on leur accorde un ou deux litres de *vinello* pour les mettre à même de supporter de plus dures fatigues. Et encore ces paysans conservent-ils chaque jour un morceau de leur kilo de *panrozzo*, qu'ils vendent ou portent chez eux pour entretenir leur famille, avec une paie de 132 francs par année (à peu près 7 sous par jour) et une certaine quantité de grains et de fèves, selon la récolte. »

[1] Delle regioni d'Italia in ordine alla loro richezza, *Giornale degli Economisti*, 1891, p. 73.

Les denrées de grande consommation sont frappées, à l'entrée de l'Italie, de droits de 100, 200 à 400 p. 100 *ad valorem*. Dans les pays voisins, le pain coûte ordinairement 25 centimes le kilogramme, le sel 10 centimes, le pétrole, 10 centimes le litre, le café 2 francs et le sucre 1 franc le kilogramme ; M. Nitti a publié des tableaux comparatifs qui montrent que les prix de ces marchandises sont, en Italie, une, deux et jusqu'à sept fois supérieurs. Cependant le peuple s'est résigné aux charges les plus accablantes, parce qu'il avait foi et dans la solidité du gouvernement nouveau et dans l'avenir de l'Italie nouvelle. Tout en supportant ces charges, il a travaillé, épargné, montrant toutes les qualités possibles de courage, de patience et de prévoyance.

Malgré cette activité croissante des habitants, il reste encore en Italie 2 800 000 hectares de terres cultivables qui ne sont pas cultivées. La *pellagre* fait plus de 100 000 malades ; l'émigration expatrie 200 000 Italiens par an. La *malaria* stérilise 2 000 000 d'hectares de terre, empeste 5 590 communes (les deux tiers), empoisonne un million et demi de personnes, en tue 15 000 par an. Les deux tiers de l'Italie agricole se composent, nous l'avons vu, d'une population misérable pour qui la souffrance et la faim sont chroniques. Nous pouvons donc conclure que la fortune publique, en Italie, est tout ensemble très basse et très inégalement répartie, ce qui pose devant l'esprit industrieux de ce peuple un problème de haute difficulté à résoudre.

Une fois l'unité faite en 1870, le gouvernement nouveau voulut se mettre à la hauteur des grandes puissances et, pour cela, en toute occasion, « faire grand ». Cette ambition du gouvernement italien entraînait toutes les dépenses indispensables pour les travaux publics, chemins de fer, routes, canaux, et aussi pour la centralisation qu'on voulait établir, pour les administrations et ministères, pour les bureaux et offices sans nombre. De là une masse de constructions, de réparations, d'appropriations, dont aucun pays d'Europe n'avait eu à supporter d'un seul coup la charge[1]. Les particuliers, suivant l'exemple du gouver-

---

[1] Léopold Mabilleau, *La Prévoyance sociale en Italie*, Introduction, et *Cosmopolis*, juin 1898, p. 784.

nement, construisaient, détruisaient pour reconstruire ;
les grandes villes faisaient surgir « comme par enchante
ment » des quartiers entiers. Ce fut l'âge d'or des maçons,
des charpentiers, des manœuvres, des hommes de peine
de toute sorte, des *braccianti*. On les voyait arriver en masse
du fond des campagnes, de plus en plus désertées tandis
que les villes s'emplissaient. Mais, l'ambition ayant dépassé
les ressources, gouvernement et particuliers durent s'arrêter. Au travail succédèrent les chômages : en 1898, 40 000
journées de grève, en 1880, 91 000 ; en 1885, 24 400, et
ainsi de suite. La situation de la basse classe ouvrière était
grave vers 1880. « Un groupe d'économistes et de sociologues, imbus des idées d'association et de coopération,
tenta de la sauver en l'organisant[1] ». Ainsi à l'action politique, en grande partie artificielle, succéda une action économique et sociologique, encore en partie artificielle, en
tant que due à des volontés particulières. Le gouvernement
encouragea les associations et leur conféra des privilèges ;
par cela même il inspirait aux membres, une fois rentrés
dans les cadres, cette pensée toute naturelle que l'État ou
les villes leur devaient du travail. Les associations ouvrières
furent ainsi organisées en vue d'un recours continuel aux
entreprises publiques. Le gouvernement se trouvait engagé
dans la voie du socialisme d'État, de telle façon qu'il ne
peut plus aujourd'hui ni y persister sans dommage ni s'en
retirer sans péril[2].

Les scandales de Panama ne pouvaient manquer d'avoir
leurs analogues en Italie, quoique sur une moins vaste
échelle. Un Français que nous connaissons racontait à un
prince cardinal romain l'histoire d'un de nos grands journalistes qui avait touché pour Panama la forte somme ; et
le cardinal curieux de demander : — Combien ? — Devinez.

---

[1] L. Mabilleau, *Ibid.*

[2] « En organisant légalement les *braccianti* et en leur accordant des
privilèges fiscaux, l'État italien s'est moralement obligé à leur assurer la
vie... Il sera probablement obligé à une intervention continue en ce qui
concerne les travaux d'amélioration de la terre. Bon gré, mal gré, il faut
donner de l'occupation à ces 300 000 hommes qu'on a tout exprès fédérés.
A défaut de l'État, que les provinces en trouvent, ou les villes Les *braccianti* ne connaissent pas les crises financières et se moquent des budgets
en déficit. L'Italie est donc condamnée à la prospérité, ou tout au moins à
la dépense. » (L. Mabilleau, *Cosmopolis*, juin 1898)

— Cent mille francs? — Quelle bagatelle! — Cinq cent
mille francs? — Vous n'y êtes pas. — Quoi? serait-ce un
million? — Vous n'y êtes pas encore. — Est-ce possible?
Combien donc? — Quinze cent mille francs. — *Com' è
bello!* C'était le cri de l'artiste. Il y a toujours un artiste
même chez un cardinal romain.

Dans la *Revue de sociologie* M. G. Fiamingo, montre que,
si l'Italie traverse une crise terrible, le fait est encore dû en
grande partie à l'application du tarif différentiel français.
Tout le monde sait qu'en 1889 l'Italie ne renouvela pas
son traité de commerce avec la France « dans l'intérêt des
producteurs du Nord, en sacrifiant ainsi ceux du Sud...
Son gouvernement n'a retiré de son alliance avec l'Allemagne d'autre bénéfice que l'esprit d'absolutisme et de
militarisme [1] ».

La situation déplorable de l'agriculture et même de l'industrie sur bien des points a produit la diminution des
salaires. La consommation des produits alimentaires,
« ce thermomètre précis du bien-être des peuples », dit
M. Bodio, a baissé sensiblement. Au moment des dernières émeutes, le prix de 30 ou 35 centimes par kilogramme de pain, déjà trop élevé, avait atteint 40, 45
et jusqu'à 50 centimes. C'était pour beaucoup la famine,
car il y a des salaires agricoles qui ne dépassent pas
1 franc et 1 franc 50 ; bien des ouvriers sont d'ailleurs
sans travail ; enfin, en Italie, le pain est presque le seul
aliment ou, pour un très grand nombre de travailleurs,
l'aliment essentiel.

Les troubles ont éclaté, mais dans la région la plus prospère de l'Italie. C'est qu'elle est aussi la plus travaillée par
les sociétés ouvrières. La première cause du malaise remonte au mouvement national qui a fait l'Italie une, et qui
eut pour instrument l'ambition patriotique de la maison de
Savoie. Celle-ci, en face de la révolte, a employé surtout
des moyens politiques. De sanglantes collisions ont eu lieu
entre l'armée et l'émeute. On a compté de nombreuses
victimes et, si le mouvement paraît réprimé aujourd'hui, on
peut craindre qu'il ne renaisse avec une nouvelle vivacité
au premier signal. Le peuple avait faim ; la cherté des

[1] *Revue de sociologie*, avril 1895, p. 314.

vivres, coïncidant avec l'absence ou l'insuffisance du salaire, engendrait une profonde misère ; mais il y avait encore autre chose dans cette agitation. Il faut y voir aussi un mouvement politique organisé par les adversaires du régime actuel, qui n'a pas su donner satisfaction aux aspirations populaires, qui a soumis les contribuables à une pression extraordinaire, qui a voulu faire figure dans la triple alliance au prix de sacrifices énormes, qui a subordonné au désir de paraître le repos et le bien-être de la population laborieuse. La politique mégalomane portait ses fruits. Dans les finances, plutôt que de recourir aux économies pour équilibrer le budget national, on a toujours pensé que le contribuable seul devait fournir. Aussi le Trésor italien est à l'aise, mais la population qui l'alimente est dans la détresse. Contraste anormal, effet de l'imprévoyance en haut, cause de la sédition en bas.

Le budget italien, pour l'exercice 1896-1897, se solda par un excédent de recettes de 34 millions de lires effectives, qui a servi aux constructions de chemin de fer. Le budget de 1897-98 eut un excédent de recettes de 36 millions également affecté, pour la plus forte partie aux constructions des chemins de fer et de la flotte. Même excédent pour le budget de 1898-99. Cette situation serait excellente, sans doute, si la charge imposée aux contribuables n'était point hors de toute proportion avec leurs forces. Mais on a le tort de croire qu'un trésor riche soit synonyme d'un pays riche. En Italie, on veut un trésor riche par pure ostentation. On s'est mis dans la situation de ces « faux opulents » qui, pour pouvoir frayer avec des voisins bien rentés, sacrifient tout aux apparences et font passer le nécessaire après le superflu [1].

Concilier les besoins militaires d'une grande puissance et les ressources budgétaires d'une nation arrivée aux limites de sa force contributive, c'est la quadrature du cercle. « L'Italie politique a ruiné l'Italie agricole », disait M. Pacini dans son rapport sur l'enquête agraire. Ces terrains incultes qui occupent un peu plus d'un tiers de l'Italie sont d'immenses ressources que l'on pourrait utiliser ;

[1] Au 30 juin 1897, la dette publique totale de l'Italie (perpétuelle et amortissable) s'élevait à près de 13 milliards, représentant une charge annuelle de 583 millions, le tout en lires et en chiffres ronds.

on pourrait défricher et rendre fertile une grande étendue
de terres jadis fécondes et abondantes en moissons, aujour-
d'hui inhospitalières et désolées par la malaria; mais les
entreprises extérieures et lointaines absorbent les millions
du budget. Les économistes ont calculé que l'Italien donne
13 lires pour l'armée et la marine, mais à peine 25 centimes au bénéfice de l'agriculture, qui est cependant la
grande ressource du pays. L'armée, à elle seule, a coûté à
l'Italie nouvelle plus de 10 milliards ; dernièrement on a
accru encore de 10 millions le budget de la guerre. Le
général Primerano, ex-chef de l'état-major, avait dit devant
le Sénat, en juin 1896, que, « si on conduisait un jour
l'armée à une guerre européenne, on subirait un désastre
supérieur à celui d'Abba-Carima ». Cela n'est nullement
certain, mais ce qui est certain, c'est que l'armée, porte une
dépense annuelle de 240 millions ; en y ajoutant 7 millions
voués à l'Afrique et 100 pour la marine militaire, on a
346 millions sur un budget de 1 600, réduit à 700 effectivement disponibles, les autres 900 étant absorbés par la
dette publique et autres engagements inévitables. En re-
tranchant de ces 700 millions les 346 millions de dépenses
militaires, il reste seulement 354 millions pour la justice,
l'instruction publique, l'agriculture, le commerce, etc. ;
— ce qui confirme par un exemple éclatant les réflexions du
tsar sur les inconvénients de la paix armée. Ajoutons que
la dette publique en Italie, de 1862 à nos jours, a augmenté de plus de quatre fois, que les impôts ont décuplé
et que le prix des denrées a triplé. Résultat : on a 40 p. 100
de gens plus ou moins aisés et 60 p. 100 d'indigents ; cette
dernière classe fournit le 86 p. 100 de délinquants, et la
première seulement le 13 p. 100.

En dépit de tant de maux et à prendre les faits dans leur
ensemble, le bien-être n'a pas subi, en Italie, l'abaissement
que l'on eût pu craindre. C'est principalement aux sociétés
coopératives de consommation que l'on a attribué ce résultat, malgré la fausse direction qu'elles ont prise à l'origine
en face du gouvernement. Mutualité, coopération, crédit,
telles sont les formes sous lesquelles l'effort de l'Italie a
montré une merveilleuse entente de l'action en commun,
malgré l'individualisme paralysateur qui, disait-on, resterait

à jamais dans le sang même de tous les Néo-Latins. Les qualités natives de l'Italien se sont ici déployées dans une direction toute nouvelle. Remarquons d'ailleurs que la vie journalière est très simple en Italie, frugale et sans luxe ; la classe moyenne est pauvre, les employés et ouvriers fort peu payés, les petits commerçants peu nombreux ; mais cette exiguïté des ressources, jointe au tempérament de la nation, a produit « une étonnante habileté à organiser la dépense et à profiter des avantages de la coopération [1] ». C'est d'ailleurs l'honneur de l'Italie que d'avoir précédé tous les peuples de l'Europe dans les œuvres de mutualité. Les *Monti di Pietà*, les *Monti frumentari*, développés sous l'action des idées catholiques, qu'étaient-ils, sinon des formes de la coopération ? Les *Opere pie* ont rendu et rendent toujours les plus grands services à un peuple dont l'état économique laisse encore tant à désirer. D'autre part, les coopératives de consommation ont permis de vivre avec 25 millions comme on l'aurait fait avec 40 : de plus, elles sont devenues les principaux ressorts du commerce national. L'ingéniosité et le sens pratique de l'Italien se sont révélés dans cette organisation qui laisse à l'individu toute sa liberté de vie personnelle, mais établit entre lui et les autres une solidarité d'intérêts généraux, d'économie dans la dépense. Ainsi, dans l'art de s'associer, — qui sera l'art de l'avenir, — nous voyons la plus latine des nations dépasser d'autres qui le sont moins, comme l'Espagne et la France, et rivaliser avec les nations les plus germaniques ou les plus anglo-saxonnes. On n'est donc pas perdu pour être « néo-latin ! »

Malgré ses revers et ses charges, l'Italie a développé étonnamment son marché vinicole, surtout dans l'Amérique du Sud et en Angleterre même. Par suite du percement du Saint-Gothard, par suite surtout du percement du Simplon, le marché italien va se trouver presque à portée de l'Angleterre, et le midi de la France sera en fait beaucoup plus loin de Londres que ne le sera le nord de l'Italie. Or c'est justement l'Italie du nord qui se développe et qui fournit presque toute la production de la péninsule. La partie au-dessous de Rome fournit peu et se laisse

---

[1] Voir *La Coopération*, par M. Leopold Mabilleau.

presque entretenir par l'autre [1]. Notre commerce agricole, par une conséquence inévitable, trouve de ce côté une active concurrence. Si notre langue et notre action ont encore l'avantage dans la partie occidentale de la Méditerranée, elles sont de plus en plus battues en brèche dans la partie orientale, surtout par l'Italie, qui, avec son merveilleux sens utilitaire, envoie partout des religieux et des instituteurs pour fonder des écoles en rivalité avec celles des autres peuples.

Ne nous laissons donc pas tromper par la crise que l'Italie traverse. Ce grand peuple, enfin délivré de la politique crispinienne, éclairé par ses revers en Afrique et par ses troubles à l'intérieur, habitué à ne pas s'obstiner dans l'immobilité quand les circonstances changent, s'est rapproché récemment de la France, dans l'intérêt commun des deux pays. Qui profitera le plus de ce rapprochement ? Il est vraisemblable que c'est celui des deux peuples qui avait le plus souffert de la rupture. L'Italie saura sortir du mauvais pas. Et puisse notre imprévoyance financière, bien plus grande que celle de la royauté italienne, ne pas nous exposer nous-mêmes à des difficultés comme celles que l'Italie traverse et dont elle se tirera sans doute à son honneur !

VIII

LA CRISE SOCIALE EN ITALIE

Toute crise économique, surtout jointe à la crise morale et religieuse, ne peut manquer de se résoudre en crise sociale.

La marche des idées socialistes en Italie s'est manifestée d'abord par le nombre croissant des grèves, dont nous avons déjà parlé; puis par les congrès socialistes comme celui de Reggio Emilia en 1893, par la multiplicité toujours croissante des publications socialistes, par le mouvement social et agraire en Sicile, enfin par les troubles du Nord. Toutefois, n'oublions pas que les événements de Sicile ne

[1] Voir M. Mabilleau, *Ibid.*

furent point le résultat d'un mouvement exclusivement socialiste ; ils étaient plutôt une révolte contre une organisation administrative et économique vraiment insupportable.
C'était « l'insurrection de la faim ». M. Colajanni, député
socialiste, avoue, dans son ouvrage sur la Sicile, que
beaucoup de paysans qui se disaient socialistes et faisaient adhésion au *fascio* local, perdirent vite confiance
en cette institution ; les chefs du mouvement eux-mêmes
étaient peu versés dans les études sociales. Dans le Nord,
au contraire, les doctrines collectivistes sont répandues et
ont joué un grand rôle dans l'agitation de Milan.

Le parti socialiste, en 1892, avait obtenu 27 000 voix en
Italie ; en 1895, il en obtint 80 000 ; dans les dernières élections, 150 000. Le Piémont en a fourni 30 000, la Lombardie,
29 000 ; l'Emilie, 14 000 ; la Vénétie, 11 000 ; la Toscane,
10 850 ; l'Ombrie, 3 690 ; la Campanie, 2 320 ; la Calabre,
2 571 ; la Pouille, 2 266 ; les Abruzzes 1 169 ; la Sicile,
1 454, la Sardaigne, 397.

Le caractère distinctif du socialisme italien, c'est sa composition en grande partie bourgeoise. Les transfuges, les déserteurs de la bourgeoisie, les professeurs, les étudiants,
tous gens ayant en somme une profession, les petits propriétaires enfin, sont légion dans le parti socialiste ; et c'est là,
selon un économiste de l'école de Marx, une « spécialité tout
italienne, à laquelle on ne songerait pas en Allemagne et
en France, car il est illogique qu'un parti socialiste recrute
ses principaux adhérents dans la bourgeoisie et non dans
les classes ouvrières [1] ». On explique ce phénomène par
l'épais filet de « parasitisme » où la production et la division
du travail se trouvent emprisonnées. « Tout dépend de l'Etat,
on attend tout de lui ; les emplois de l'État sont le grand
bonheur auquel tous aspirent. » Et de même, nous l'avons
vu, les travaux fournis par l'État sont le grand objet de
convoitise pour les associations ouvrières. Places des
ministères, des provinces, des communes, administration
des œuvres pies, bureaucratie civile et militaire, écoles,
tribunaux, etc., voilà ce que les classes moyennes et élevées veulent envahir. De là « la lutte terrible pour la
conquête du pain ». L'éminent directeur du Bureau général

---

[1] Groppali, *Revue de sociologie*, 1898, p 919.

de Statistique, M. Bodio, a montré qu'il sort chaque année
de l'Université environ 500 docteurs en droit de trop,
500 médecins de trop, 50 ingénieurs, 50 docteurs ès lettres
et philosophie de plus qu'il n'en faut pour les nécessités
du pays. Il y a plus de 1 000 diplômés supérieurs, — sans
compter le nombre énorme de jeunes gens sortis des
lycées, gymnases, écoles et instituts techniques, — qui
tous les ans viennent frapper aux portes des bureaux « pour
demander en même temps leur emploi et le pain qui doit
apaiser leur faim ». Les socialistes italiens sont les premiers à déplorer la place que prennent dans leurs rangs
ces déclassés et ces mécontents, en qui ils ne trouvent que
des « éléments fort peu solides », n'ayant pas la même
ardeur de foi et de sentiment que les prolétaires, recrues
surérogatoires, qui ne sont pas dues « au développement
normal du capitalisme » sur lequel comptait Marx, mais
à l'œuvre et à l'intervention maladroite de l'État ainsi
qu'à l'insuffisance de ses ressources.

M. de Albertis prétend, non sans exagération, que la
plupart des instituteurs du Piémont sont socialistes. En
Romagne et en Lombardie il en est qui font des conférences
et organisent des comédies socialistes dans les petits centres
ouvriers. On nous en donne quelques titres : « La propriété,
c'est le vol. — Ni Dieu ni prêtre. — Le pays de la honte.
Comment ça finira[1]. »

M. Garofalo raproche, lui aussi, à beaucoup d'instituteurs
italiens de se faire politiciens, agents électoraux, socialistes,
révolutionnaires ; il attribue les progrès du socialisme au
mauvais état des finances, qui lui-même résulte, dit-il, de
ce que les dépenses militaires absorbent tout. Il constate
aussi la pléthore de médecins, d'avocats, d'ingénieurs, d'architectes, dont le nombre augmente d'année en année et
qui est hors de toute proportion avec le nombre de places

---

[1] Un des préfets d'Italie écrivait à M. Serena, le 15 mai 1896 : « La marée
socialiste a submergé la majeure partie de ma province. Les affiliés
occupent beaucoup de postes administratifs. Même dans les écoles élémentaires, la propagande est faite par les maîtres, ou tolérée par eux ; dans
quelques-unes, les élèves gardent au fond de leurs pupitres l'*Hymne des
travailleurs* (sorte de *Carmagnole* italienne) ou celui de la *Canaglia* (sorte
d'hymne à Ravachol), et ils les chantent publiquement. » — Et six mois après,
le 8 novembre, le même préfet demandait « la prohibition de toute conférence publique ou privée et de toute publication, périodique ou non, qui
traiterait de la question sociale autrement que scientifiquement. »

disponibles. Enfin le développement de l'enseignement supérieur lui paraît entraîner un nombre énorme d'activités inoccupées, et ce prolétariat intellectuel, ouvert à toutes les utopies sociales, finit par constituer lui-même un véritable danger.

Toutefois, comme les grandes agglomérations industrielles sont encore relativement rares en Italie, surtout au Sud de Rome, nous ne pensons pas que le danger socialiste soit grave *actuellement ;* le tact est si grand dans cette nation qu'elle ne semble pas encore exposée aux expérimentations des doctrinaires. La population italienne a l'horreur de la révolution ; pour y échapper elle supporte tout, même ce qui eût paru d'abord insupportable, et, dans son ensemble, elle applaudit à toute répression, même trop rigoureuse, des menées révolutionnaires. L'Italie n'est pas l'Espagne.

Dans les régions méridionales, le socialisme est « un phénomène passager, provoqué par les crampes d'estomac » : il s'y compose en grande partie, nous l'avons vu, des « mécontents et des sans-place ». Il n'y a nulle part des conditions économiques et sociales pour la formation d'un parti socialiste proprement dit ayant une grande extension. Si le Piémont, la Lombardie et la Ligurie comptent un nombre supérieur et toujours croissant de votes socialistes, c'est parce que, dans ces provinces, l'industrie et la culture sont très développées. Encore un phénomène où le climat et la race n'importent guère : quel est le pays où le socialisme a formé l'armée la mieux organisée ? L'Allemagne.

Il n'en reste pas moins vrai que le malaise social et moral se fait trop ressentir en Italie. Nous allons en voir le contrecoup dans la criminalité.

IX

LA CRIMINALITÉ ET LE CARACTÈRE ITALIEN

Déjà, en 1879, M. Garofalo écrivait : « l'Italie est rongée par la terrible infirmité du crime, » *corrosa dalla terribile infermità del delitto.* D'après la statistique, le chiffre

des délits y atteint, dans son ensemble, le double de la
moyenne des autres pays. La criminalité violente y est
beaucoup plus élevée que partout ailleurs. Il y a en Italie,
à chiffre égal de population, seize fois plus d'homicides
qu'en Angleterre (vingt fois plus en 1889), neuf fois plus
qu'en Belgique, cinq fois plus qu'en France, deux fois plus
qu'en Espagne même.

En revanche, par million d'habitants, il y a en Italie
59 condamnations pour outrages et injures graves, contre
218 en Allemagne; 45 suicides contre 392 en Saxe, 198 dans
le Wurtemberg, 166 en Prusse; 2 444 vols contre 2 608 en
Angleterre et dans le pays de Galles, et 4 236 en Écosse.
Sur 1 000 naissances, l'Italie en compte 73 illégitimes, la
Saxe, 127, la Suède et le Danemark, 101. Il y a eu en
Prusse 230 705 mariages et 3 902 divorces, en Italie,
233 931 mariages et 556 divorces. On voit que les meurtres
seuls sont plus nombreux en Italie qu'ailleurs, ce que les
Italiens attribuent à la fougue de leurs passions, et ce qu'il
faut attribuer aussi à l'habitude de la vengeance. Les condamnations pour homicide, qui, en 1893, étaient pour l'Angleterre, de 0,50, pour la France, de 1,72, pour l'Allemagne, de 1,06, pour l'Espagne, de 4,74, s'élevaient en Italie
à 8,14. Par rapport à l'Espagne, dit un Italien, nous
n'avons pas même « la consolation de Rossini ». Coups et
homicides, d'après M. Carelli, dans sa *Relatione statistica*, sont devenus l'aliment de la chronique quotidienne
dans les journaux; « les femmes hystériques peuvent les
lire sans avoir de convulsions, et les citoyens paisibles
n'éprouvent plus d'autre impression que l'ennui de l'uniformité[1]. »

[1] Voici un simple fait divers entre mille autres, que nous avons relevé
dans un journal italien :

« Reggio-de-Calabre (Italie), 28 mai 1899.

« La commune de Canolo, près de Gerace Marina, a été le théâtre d'un
meurtre inexplicable. Un barbier, Domenico Guilloni, âgé de trente-quatre
ans, faisait la barbe à un agriculteur, M. Giovanni Casuzo, âgé de quarante
ans, lorsque celui-ci lui dit en plaisantant : « Votre rasoir est en plomb. Il ne
coupe pas! » Le barbier fut froissé dans sa dignité professionnelle, et à
peine Casuzo sortait-il de la boutique que Guilloni décrocha son fusil, et,
avant que les autres clients pussent intervenir, il lui en tirait un coup.
M. Casuzo reçut dans le dos toute la charge de plomb et s'abattit sur le
pavé comme une masse. Il était mort. Le vindicatif barbier a été aussitôt
arrêté par les carabiniers. »

La statistique prouve que la préméditation est relativement rare en Italie, sauf dans les cas de vendetta; si les
meurtres sont très fréquents, c'est parce que l'Italien, surtout l'Italien du peuple, sort rarement sans être armé d'un
revolver ou d'un couteau [1], ce qui permet à ses colères
de s'assouvir sur le champ. L'homicide soudain implique
la passion poussée à son paroxysme beaucoup plutôt qu'un
acte de cruauté savamment conçu et froidement exécuté.
Un écrivain italien, M. Aristide Gabelli, a pu s'écrier avec
raison : *L'Italia è la terra dell'omicidio improviso.* Le
meurtre improvisé, instantané, c'est là, en effet, le crime
de sang le plus fréquent en Italie. En quarante ans,
il y a eu 80 000 victimes du meurtre, ce qui équivaut
aux désastres d'une guerre. Il y a chaque année, en
moyenne, plus de 4 000 plaintes pour meurtre consommé
ou tenté. « Quelle bataille perdue, disait un homme
d'État italien, peut évoquer un aussi douloureux souvenir
que ce chiffre ? » L'Italie est « un champ de bataille en
temps de paix ». Dans le monde contemporain elle représente un anachronisme. Alfieri a dit :

> L'Italie, en ce seul point une et entière,
> Tient le meurtre dans une rixe pour une peccadille,
> Aussi grave que d'enfreindre la règle du Vendredi.
> « Il a donné trois coups de couteau; le pauvre homme !
> Quelle disgrâce ! L'Église, l'Église ! Que quelque saint frère
> Lui permette de s'échapper sous son capuchon ! »

Le mot d'Alfieri, *Disgrazia!* est pris sur le fait, et nous
avons entendu nous-même une femme de service dire en parlant de son mari, qui avait dû passer en France : « Le pauvre homme a *eu un malheur* ».— Quel malheur?— Il a donné
un coup de couteau, *disgrazia!* » M. Garofalo raconte qu'on
blâmait un jour, en sa présence, un homme qui avait révélé
un secret compromettant pour une femme. « Comment!
s'écria une dame italienne, cet homme vit encore ! Si cela me

---

[1] Pareillement en Corse, pays italien de langue et de mœurs, le plus grand
nombre des meurtres et assassinats sont perpétrés à l'aide des fusils et des
pistolets. Or, en Corse, comme dans certaines provinces de l'Italie, les
paysans ont l'habitude de sortir armés de leur fusil. En Italie, les attentats
au vitriol, œuvre d'une froide préméditation, sont excessivement rares et
on peut les considérer comme une importation de la France. De même,
l'homme ou la femme coupés en morceaux sont des cas inconnus en Italie.

fût arrivé, je l'aurais fait tuer, *io lo avrei fatto ammazzare!* »
L'Italie, ajoute M. Garofalo, en est encore aux temps
héroïques, moins l'héroïsme. Le prix de la vie humaine
est nul : le moi avant tout. Tandis que, dans les autres
nations, on en vient aux mains, *alle mani*, ici on en vient
aux armes, *alle arme*.

De plus, on connaît le rôle de la *Camorra* et de la
Maffia. Selon MM. Garofalo, Lombroso, Alongi [1], dans
plusieurs grandes villes, il y a des sociétés qui offrent aux
délinquants une carrière : pour être admis, il faut prouver
qu'on sait manier le couteau; pour être promu à un grade
supérieur, il faut avoir tué.

Cette criminalité, selon nous, est due à la combinaison
du tempérament méridional, — je ne dis pas *latin*, — avec
des conditions sociales encore arriérées, — je ne dis pas
décadentes. Nous avons déjà remarqué que l'imagination
méridionale, chez l'Italien comme chez l'Espagnol, a une
vivacité qui produit le renouvellement immédiat de la sensation passée. A vrai dire, cette sensation n'est plus passée,
elle est présente. Même quand l'objet est une vieille injure,
il revit d'une vie toujours intense. Le code pénal italien a
dû inventer, comme circonstance atténuante, ce qu'il appelle
la *forza irresistibile*. L'Italien sent, imagine, et l'acte suit.
La vengeance, si familière aux races méridionales, peut
bien prendre chez l'Italien un caractère raisonné et une
apparence calme, elle n'en est pas moins un feu ardent
que rien n'éteint et qui rejaillit en flamme dès que l'occasion se présente. Ce phénomène se retrouve en Espagne,
il est bien plus rare en France, même chez nos méridionaux, parce que la vengeance est une habitude de peuples
primitifs et encore à demi barbares sous maints rapports.

Le couteau finit par faire partie intégrante de l'Italien
comme de l'Espagnol, comme du Corse, qui, lui aussi, est
plus arriéré que décadent. Dans les proverbes mêmes le
couteau joue le premier rôle; veut-on parler des divisions entre frères, on dit : « *Tre fratelli, tre coltelli*,
trois frères, trois couteaux. » Un coup de couteau, pour
l'ouvrier italien, équivaut souvent à un coup de poing
pour les autres. La coutume de la vendetta, immédiate

[1] *La Maffia.*

ou ultérieure, est imposée par une sorte de point d'honneur, comme les duels parmi nous. La vendetta, dit M. Tarde, est un assassinat précédé d'une déclaration de guerre; en quoi elle diffère profondément de l'assassinat véritable et est une guerre, ou peu s'en faut. » Il y a plus d'assassinats en Corse qu'ailleurs, disait Mérimée, mais jamais vous ne trouverez une cause ignoble à ces crimes. Si la Corse tient, en France, le premier rang pour le meurtre, l'assassinat, les coups et les blessures volontaires, elle n'occupe (statistiques de 1825 à 1899) que le quinzième rang pour les infanticides, le soixante-quatorzième pour les attentats à la pudeur. Les procès d'adultère et en séparation y sont extrêmement rares, aussi bien que les séductions.

De l'étude de la délinquence italienne dans les dernières années résulte un fait remarquable : c'est la transformation qu'elle a subie. Les crimes violents, tels que l'homicide, diminuent, tandis que croissent vols, fraudes, actes de résistance à l'autorité, tous phénomènes en grande partie liés à la crise économique, nullement à des causes ethniques. L'augmentation du nombre des délits dont les auteurs sont restés inconnus est constante. Enfin la délinquence générale a augmenté sensiblement. Dans les divers bagnes et maisons de peine d'Italie, il y avait en 1862, 15 037 détenus; en 1894, 28 336. En 1889, les enfants mineurs condamnés à toute espèce de peines étaient déjà 69 000, c'est-à-dire le cinquième du nombre total. Parmi eux, il y avait 5 500 mineurs de moins de quatorze ans. De 1871 à 1891, le nombre des enfants instruits dans les écoles italiennes s'est élevé de 1 million 723 000 à 2 millions 245 000. Les délits, « ni grands, ni petits », n'ont diminué; ce qui prouve une fois de plus que, par lui-même et à lui seul, l'alphabet n'est pas un antidote. La réforme des sentiments est plus importante que l'acquisition pure et simple des connaissances primaires.

L'augmentation récente de la criminalité est d'abord due aux facteurs sociaux et aux conditions économiques. Le professeur Todde, de l'Université de Cagliari, a constaté que, en Sardaigne, la délinquence avait été en diminution sensible pendant la période de prospérité économique 1880-1887; l'augmentation devint sensible avec la grave crise écono-

mique qui, depuis 1887, a commencé à sévir dans l'île. De
même, dans la province de Bari et dans les Pouilles, une
amélioration sensible était constatée lorsque, en 1887,
après la dénonciation du traité de commerce avec la France,
la crise économique commença et augmenta rapidement
les crimes contre la propriété.

Une autre cause reconnue de l'accroissement anormal
de la criminalité italienne est la conception et l'administration de la justice pénale, qui représente un état de
choses vers lequel nous devons prendre garde de nous
acheminer en France. La peine de mort a été abolie.
35 p. 100 des délits échappent aux investigations de la
police; pour les vols, 41 p. 100; pour les rapines, les extor-
sions et les *ricatti*, 40,82; pour les faux en monnaie et
en actes publics (délit très commun en Italie), 73 p. 100;
pour les homicides, 10 p. 100. Il y a donc un bon tiers
des délits qui échappent complètement à l'action de la
justice. Les instructions criminelles sont d'une extrême
lenteur. Une autre cause, selon M. Lombroso, est l'abus
des appels, qui réforment en moyenne 45 p. 100 des sentences et toujours dans un sens favorable à l'accusé. Le
droit de grâce est appliqué cent fois plus en Italie qu'en
France. Sur 20 000 demandes en grâce, il y en a 3 000 et
plus en moyenne d'accordées. En 1891, il y en a eu 3 195.
C'est une espérance ouverte à l'impunité et une cause de
nouveaux crimes. L'institution du jury, dans certaines
provinces aboutit à des énormités encore plus grandes que
chez nous [1]. M. Garofalo décrit ironiquement les épouvan-

---

[1] M. Lombroso nous en apporte des exemples A Terni, le jury acquitta
un individu qui avouait avoir tué son père, la nuit, avec préméditation, et qu
avait déjà été une fois condamné à mort A Parme, un individu tua sa femme,
également avec préméditation et dans un guet-apens; il fut acquitté, les
jurés ayant admis la *forza irresistible*, — qu'ils admettent aussi en France
de plus en plus. A Spolète, le jury concéda les circonstances atténuantes
à un assassin, « parce qu'il avait brûlé sa victime » après l'avoir assassi-
née. Le crime, sans doute, parut plus « passionnel ». A Pizzo Mirteto, un
individu tua son père avec un couteau qu'il avait passé plusieurs jours à
aiguiser : il fut acquitté. A Syracuse, un étudiant avait déclaré à son professeur qu'il le tuerait s'il était refusé à son examen, refusé, il tira sur lui
à bout portant, mais heureusement le manqua. Le jury l'acquitta entièrement,
sous prétexte qu'il était fou, quoique le jeune homme fit les aveux les plus complets. Nicodemi, administrateur d'une société, soustrait 100 000 francs, il en
avoue 40 000 ; il est acquitté. Un autre, prévenu d'escroquerie et de faux,
est également acquitté, sous l'excuse qu'il était atteint de semi-idiotisme.
L'ignorance de certains jurys dépasse les limites du vraisemblable. Dans

tables travaux des galériens, « occupés à tricoter des bas »,
et il les compare avec le labeur des ouvriers dans les usines
ou avec celui des paysans sous les rayons d'un soleil tor-
ride.

Nous pouvons admettre, avec la plupart des criminologistes, que, si la criminalité est plus grande en Italie
qu'ailleurs, c'est que ce pays y rassemble en ce moment
les délits et les crimes de la civilisation à l'européenne,
qui y a fait irruption, et ceux d'un état social plus arriéré.
La criminalité violente, legs d'un autre âge, continue d'y
sévir, en même temps que la criminalité frauduleuse et
immorale y suit une marche ascendante, comme dans les
autres pays de l'Europe. La criminalité y réunit à la fois
l'extension et l'intensité.

De cet accroissement de la *delinquenza*, on aurait tort
de conclure que l'Italie, prise dans son ensemble, soit
un pays immoral. « Un indice certain de la moralité d'un
pays, c'est assurément la stabilité de la famille ; or la
famille est constituée en Italie sur des bases plus solides

---

un procès, le jury déclare un accusé *innocent, mais avec circonstances
atténuantes* Dans le Piémont, aux demandes du président ; 1° s'il y avait
provocation ; 2° s'il y avait provocation grave, le jury répond *non* à la première demande, et *oui* à la seconde. Dans un procès où l'on posa la question d'*eccesso di difesa* (d'excès dans la légitime défense), le jury répondit
oui par l'organe de son président, parce que, déclara-t-il, l'avocat, ayant
parlé plus de deux heures, avait commis un *eccesso di difesa*. « Le condamné dut son acquittement à un calembour. » Les procès durent presque
toujours plusieurs jours, quelquefois plusieurs semaines et même plus d'un
mois. M. Lombroso cite un procès criminel à Ancône où l'on interrogea
747 témoins et où l'on posa aux jurés 5 000 questions ; « il y a de quoi devenir
fou ». Beaucoup de jurés se font excuser, dit M. Lombroso, non pas tant
par paresse, comme en France, que par peur de se compromettre ; d'autres
se vendent au plus offrant. Si l'accusé est riche et puissant, son acquittement est probable A Potenza, dans les Calabres, pendant un procès criminel, un maître d'hôtel prépara, le jour où devait être prononcé le jugement,
un grand dîner où étaient marquées les places des jurés, des accusés et de
leurs amis, tellement son acquittement était certain.
Nulle part en Europe le régime pénitentiaire n'est aussi doux qu'en Italie.
Des individus commettent des crimes ou feignent d'en commettre pour se
faire enfermer dans ce que M Lombroso appelle un *commodo albergo*
M. Lombroso cite une chanson populaire dans les prisons de Naples :

> *Prison, ma vie, vie heureuse et chère,*
> *Quel plaisir pour moi d'y faire ma demeure !*

On désire la prison plus qu'on ne la craint. *Le carceri sono più deside-
rate che temute.*

que dans d'autres pays, en France, par exemple. Dans la péninsule italienne comme dans l'ibérique et l'hellénique, les mariages sont très féconds, le fléau de la stérilité volontaire est presque inconnu ; l'autorité des parents est respectée, le lien qui unit entre eux les différents membres de la famille est très fort [1]. La *delinquenza* particulière à l'Italie atteste donc plutôt une fausse idée de l'honneur, un reste de barbarie, une misère trop grande qu'une radicale perversion des mœurs. Il n'en est pas moins vrai que, la criminalité immorale et « moderne » augmentant elle-même en Italie, le danger presse, et un tel état de choses devrait préoccuper davantage ceux qui ont souci de l'avenir.

X

LES RESSOURCES ET L'AVENIR DU PEUPLE ITALIEN

L'Italie a pour elle deux importantes conditions de progrès et de croissante influence : sa grande fécondité, qui lui assure un rapide développement de population, et sa sobriété, qui la sauve des dangers de l'alcoolisme. Sous ces deux rapports, loin d'offrir la moindre trace de cette dégénérescence qu'on veut aujourd'hui voir un peu partout, l'Italie donne des preuves éclatantes de vitalité et de santé. Le taux d'accroissement de la population, pour l'Italie, est parmi les plus élevés : 38 p. 1 000, mort-nés déduits (l'Allemagne, 36). Comme notre taux, en France est presque nul, il en résulte que l'Italie ne tardera pas à nous dépasser : il lui faut, pour cela, un laps de temps assez court, pendant lequel de profonds changements dans l'esprit et les mœurs de ses familles sont peu probables.

L'augmentation continue du chiffre de la population en Italie et l'abaissement du taux de la mortalité permettent une émigration très considérable, définitive ou temporaire, qui compense l'excès des naissances sur les décès.

D'autre part, c'est en Italie que l'alcoolisme est à son

---

[1] En Italie, le chiffre des parricides est sans doute le double de celui de la France, mais ce fait prouve une seule chose, dit M. Carry, la brutalité des mœurs et la violence des passions. En revanche, nous l'avons vu, il y a deux fois moins d'infanticides en Italie qu'en France.

plus faible degré, la consommation de l'alcool se maintenant au-dessous de 1 litre par habitant. Le vrai méridional n'a pas besoin d'excitants ; il est déjà à l'état d'excitation perpétuelle : le soleil et le vent entretiennent chez lui une sorte d'ébriété chronique, « il est ivre de naissance » dit Alphonse Daudet. L'absence d'empoisonnement alcoolique assure au peuple italien le maintien de sa force physique, — et même morale, — par l'heureuse hérédité de générations saines. A ces deux vertus fondamentales, d'ordre à la fois physiologique et psychologique, joignez toutes les qualités d'intelligence et de volonté que nous avons reconnues dans la nation italienne, et vous reconnaîtrez que sa part est belle.

De fait, il y a en Italie une croissante activité intellectuelle, qu'on ne trouve pas en Espagne et qu'on trouve en France ; la jeunesse a un vif désir d'instruction scientifique et positive, également rare chez la jeunesse espagnole. Au témoignage de M. de Laveleye, la noblesse italienne est plus amie qu'en nul autre pays du progrès sous toutes ses formes, de la science, des arts et des lettres. Les œuvres de d'Annunzio, Fogazzaro, Verga, Carducci, etc., montrent que la fécondité littéraire des Italiens est loin d'être épuisée. Seulement, malgré la réalisation de l'unité politique, des différences provinciales subsistent encore, pour des raisons de race et surtout d'éducation, entre les diverses parties du jeune royaume, qui, de plus, ne possède point de vrai centre intellectuel. C'est là une des raisons qui expliquent ce que M. Ojetti, dans « son Enquête sur la renaissance littéraire en Italie », appelle « le manque d'une âme italienne ». L'âme d'une nation n'existe qu'à la condition d'avoir un *idéal* qui lui appartienne *en propre* ; — et en effet, nous l'avons montré[1], l'âme d'un peuple n'est au fond qu'une idée dominante ou un système d'idées, d'ailleurs inséparables des sentiments qui leur donnent la puissance motrice et en font des idées-forces ; — et c'est là ce qu'il n'est pas facile de trouver en Italie. Point d'idéal politique, social ou religieux qui soit vraiment italien. La langue même va différant de d'Annunzio à Fogazzaro, de Carducci à Verga. Cette absence de ce que Victor Hugo eût appelé un verbe national, fait que « le lecteur italien, dit M. Ojetti, ne sympathise

---

[1] Voir l'*Introduction* et notre *Psychologie du peuple français*.

guère plus avec l'écrivain italien qu'avec l'écrivain anglais ou français », et c'est même plutôt le contraire. Déjà M. Carducci avait dit dans le même sens : « Nous sommes aujourd'hui trop Français, trop Anglais, trop Allemands, trop Américains ; nous sommes doctrinaires, positivistes, évolutionnistes, éclectiques ; nous sommes individualistes, socialistes, autoritaires : nous sommes tout, sauf Italiens. »

L'enseignement primaire est d'ailleurs médiocrement développé et le nombre des conscrits illettrés est de près de 10 p. 100, chiffre élevé relativement à celui des autres nations et qui n'a de supérieur que celui de l'Espagne[1]. En outre, l'instruction primaire, en Italie comme dans tous les pays, y compris l'Allemagne, donne trop de place aux *connaissances* et trop peu aux *sentiments*. Il en est de même pour l'enseignement secondaire et supérieur. Les moralistes italiens regrettent que les écoles primaires d'Italie répandent une instruction sans valeur éducative suffisante, qui crée dans bien des esprits des besoins et des désirs non satisfaits, de l'impatience, un profond découragement.

L'armée italienne est militairement instruite, de mieux en mieux exercée, et elle n'est pas divisée par les opinions politiques. Il serait très imprudent de la juger sur ses échecs dans cette sorte de Suisse africaine qu'est l'Erythrée. Là même, en dépit de tant de calomnies répandues, elle a montré de très hautes qualités de résistance et de dévouement.

Au point de vue politique, s'il faut en croire M. Fiamingo, comme aussi M. Novicow, l'Italie inaugurerait dans les annales de l'humanité une ère nouvelle, où les États seront constitués par le consentement libre de leurs concitoyens. Idéalisant quelque peu l'histoire contemporaine, M. Fiamingo nous dit : « Chez d'autres nations, on oppose le prince au peuple ; en Italie, le peuple se leva d'abord au nom de la liberté, chassa les maîtres étrangers, puis, par des plébiscites, élut un prince national[2]. » La constitution italienne, sous ce rapport, lui paraît « contractuelle » ; elle réalise l'hypothèse de Hobbes, qui s'ap-

---

[1] Bodio, *Annuario statistico italiano*. A Turin, il n'y a que 5 p. 100 d'Italiens ne sachant ni lire ni écrire ; à Cosenza, 80 p. 100.

[2] *Revue de sociologie*, mars 1895.

puyait sur le contrat « pour transformer le droit du plus fort en droit du plus grand nombre ».

Malgré des maux qui se retrouvent à divers degrés dans toutes les nations, y compris les peuples germaniques et anglo-saxons, l'avenir de la nation latine par excellence, peut, sous bien des rapports, apparaître comme ouvert aux longues destinées. Mais les nations, quelle que soit leur race, ne doivent pas oublier la suprême condition de toute vraie grandeur nationale : un idéal élevé et une moralité ferme à son service. Que l'effort de la nouvelle Italie se tourne surtout vers elle-même, vers sa prospérité et vers sa moralité intérieures. Un peuple qui a fait d'aussi grandes choses que le peuple romain et italien a toujours en lui un trésor de forces vives, mais il ne doit pas commettre d'erreur sur le véritable emploi de ces forces. Les premières et les plus hautes ambitions de tout peuple doivent être dirigées au dedans, non au dehors, vers la régénération morale et intellectuelle des caractères, non vers une expansion de frontières ou un apparat de puissance belliqueuse. Pour tout corps politique dont les membres séparés ne font encore que se rejoindre et où le lien demeure lâche entre les diverses parties, c'est l'unité et l'équilibre du caractère national qui doit être le principal objet de préoccupation : que serait l'unité matérielle sans l'unité morale ? Si l'homme ne vit pas seulement de pain, il ne vit pas davantage de rêves de grandeur politique. En considérant la situation de l'Italie avec l'impartialité du moraliste et du psychologue, jointe à la traditionnelle sympathie du Français pour l'Italien, nous craignons que le centre de gravité, dans la politique actuelle de ce pays, n'ait été établi par le gouvernement à l'opposé du point où il devrait être. Au lieu de travailler à son essor intérieur, l'Italie semble avoir cherché à l'extérieur son point de gravitation. Ambitionnant un des premiers rôles dans la politique européenne et même coloniale, elle a rêvé l'écrasement de ses voisins ; enfin, au lieu de garder sa liberté d'action, qui l'eût placée parmi les arbitres de l'Europe pouvant jeter leur épée dans l'un ou l'autre plateau de la balance, elle a renoncé à sa prudence traditionnelle pour se mettre à la suite et au service de l'Allemagne.

En somme, si nous en revenons à la question des caractères nationaux, le tempérament moral des successeurs des Romains et celui des descendants des Gaulois ne se ressemblent guère. C'est ce que les Italiens, qui n'ont point notre naïveté, ont toujours vu ; ils le constataient au moment même où nous nous flattions des plus touchantes harmonies de naturel entre les peuples « latins ». Nos harmonies latines sont en réalité acquises, et elles n'en sont que plus importantes ; mais nous ne devons nous bercer ici ni d'illusions psychologiques ni d'illusions politiques. Depuis Dante jusqu'à Gioberti, l'esprit italien, se souvenant de son passé, avait toujours eu une confiance superbe en sa supériorité native. Or il s'est trouvé que la France, après avoir mainte fois troublé le repos de l'Italie, a fini par conquérir, au centre des races dites latines, la suprématie intellectuelle et politique ; il en est résulté, par rapport à nous, une tendance hostile, ce que Bonaparte appelait déjà « une opposition foncière, par l'habitude des siècles, par préjugé, par caractère ». Il y a cinquante ans, les observateurs attentifs apercevaient seuls ce sentiment de rivalité, qui, disait M. de Carné en 1861, « n'est guère moins vif au delà des Alpes que la vieille antipathie contre l'Autriche et qui survivra longtemps à celle-ci. » — « Aussitôt qu'elle le pourra, ajoutait M. de Carné, l'Italie se jettera dans les bras de l'Angleterre et de l'Allemagne, pour décliner la protection de la France. » La tendance constante de l'Italie devenue grande puissance fut en effet, comme l'avaient prédit les sages, de substituer partout son initiative à la nôtre, de reconquérir le fameux *Primato*, de réaliser le programme bien connu : « La France est l'Autriche des nations latines, l'Italie doit en être la Prusse. »

Il a fallu la leçon des événements pour nous faire reconnaître que Solférino, en affaiblissant l'Autriche, devait engendrer Sedan, que « nous paierions l'unité italienne de notre propre démembrement », enfin que l'Italie et l'Angleterre s'allieraient contre nous dans la Méditerranée et en Afrique, où, aux yeux des Italiens, leurs intérêts sont solidaires et également opposés aux nôtres. Si nous avions mieux connu la psychologie des peuples et, en particulier, la psychologie de la nation italienne, nous n'aurions pas fait jadis la guerre

« pour une idée », parce que nous y aurions reconnu une
idée fausse. Il ne faut pas, d'ailleurs, a-t-on dit avec raison,
qu'une seconde erreur psychologique nous conduise un jour
à une lutte avec à l'Italie, et qu'après s'être laissé gouverner
par ses illusions, « la France, comme les ignorants, se
laisse emporter par ses colères ». Le danger serait d'autant
plus grand que l'Allemagne, peut-être, compte sur ce
second piège psychologique pour nous lancer, si jamais il
en était besoin, dans une nouvelle guerre, qui, à ce qu'elle
croit, pourrait être la fin de la France.

La Prusse a introduit, tout au moins réduit en système
une nouvelle conception politique : la haine de race ou de
nationalité ; certains hommes d'État, en Italie, eussent bien
voulu faire adopter cette conception. Mais la haine, principe négatif, ne sera jamais un soutien solide pour remplacer la foi religieuse, la foi morale, la foi sociale, une
croyance quelconque à quelque grande idée. D'autant moins
sûre est la haine que, une fois entrée dans les âmes, elle
cesse bientôt d'être internationale pour devenir haine de
classes à l'intérieur. Quand elle donne une cohésion
artificielle à tout un peuple en face d'un autre peuple,
elle n'en aboutit pas moins à diviser la nation contre
elle-même et risque de faire sa perte. Si on a pu
reprocher à la France son sentimentalisme humanitaire,
encore bien moins les peuples pourraient-ils compter sur un
sentimentalisme haineux. La politique du droit, tant mépri-
sée des habiles, mais qui est, au fond, celle de l'intérêt
national dans son accord avec les grands intérêts internationaux, reste encore la moins chimérique ; et c'est elle,
malgré les apparences, qui a le plus d'avenir. C'est sur la
justice réciproque que nous devons compter.

Heureusement ! Il est visible que cet esprit de justice fait
aujourd'hui de grands progrès entre les nations voisines sur
la Méditerranée. Ces nations ont de plus en plus conscience
que leurs vrais intérêts, qui sont les intérêts intellectuels
et moraux, sont en réalité identiques. Elles ont les mêmes
périls sociaux à combattre et, en somme, les mêmes idées à
défendre, auprès desquelles les rivalités politiques ou économiques sont d'ordre secondaire. Si, en France, nous avons
conservé des croyances plus nombreuses et surtout plus
intérieures, plus ardentes, plus inflammables que celles des

Italiens, si nous avons une foi sociale qu'ils n'ont pas au
même degré ; nous n'en sommes pas moins exposés comme
eux à voir, sous l'influence d'un scepticisme croissant, le
vide se faire dans la conscience nationale. On a souvent
déclaré que l'éducation, la religion même, les institutions
politiques et administratives sont sans influence profonde
sur le caractère d'un peuple et sur sa destinée, qui, dit-on,
dériverait presque uniquement de ses éléments ethniques.
L'histoire de Rome et de l'Italie nous a offert, au contraire,
un frappant exemple de ce que peut devenir, à travers les
siècles, le caractère d'un peuple qui, en son tempérament,
peut bien rester toujours analogue à lui-même, mais
subit le changement perpétuel des influences religieuses,
morales et sociales. L'Italie a été tour à tour grande et forte,
abaissée et faible, sans que son tempérament psychologique ait radicalement changé. Ses diverses vicissitudes
nous montrent ce que la nation française pourrait devenir
si, par impossible, nous venions à perdre tout empire
de la volonté sur nous-mêmes et toute aspiration à un
but élevé. Les Italiens, déjà réalistes par nature, peuvent, à leurs risques et périls, faire bon marché de ce
qui leur restait d'idéalisme ; si nous abandonnions, nous,
le sens de l'idéal, nous n'aurions pas même en compensation leur réalisme solide et pratique : nous reste-
rions entre ciel et terre ; il ne subsisterait parmi nous,
comme au temps de la Renaissance italienne, que des intérêts ou des passions, soit d'individus, soit de classes, et leur
insoluble conflit serait la dissolution même de l'esprit national. Le danger est commun à tous les peuples ; aucune
fatalité ni de « race », ni de « caractère » ne le rend inévitable, mais tout l'effort des volontés et des intelligences
n'est point de trop pour le conjurer.

LIVRE III

LE PEUPLE ESPAGNOL

———

Il est des peuples qui ont monté, il en est d'autres qui, après être descendus, ont assez de ressources intellectuelles et morales pour remonter encore; l'étude des uns et des autres est précieuse pour le psychologue et le moraliste, qui recherchent dans les caractères nationaux les vraies raisons profondes de la grandeur ou de la décadence des nations. La théorie de Marx, qui veut expliquer tout le mouvement de l'histoire par des causes purement économiques et par des raisons toutes matérialistes, ne s'applique guère à l'Espagne, où nous verrons le caractère, les mœurs et les croyances jouer le principal rôle [1].

LE CARACTÈRE ESPAGNOL

Au physique et au moral, il y a plusieurs Espagnes, qui cependant forment bien une Espagne. Au nord, de la Catalogne à la Galice, l'Espagne plus proprement européenne a l'âpreté et le sol rugueux de l'Auvergne, du Limousin, de la Bretagne; c'est là, selon le dicton, que l'on fait du pain avec de la pierre. L'Espagne du sud est africaine; à la vigne et à l'oranger elle mêle le dattier et la canne à sucre. L'Espagne intermédiaire, la vraie Espagne, avec ses sierras et ses steppes, a été comparée à une vaste forteresse

———

[1] Sur le caractère espagnol, voir, au XVIᵉ siècle, les *Relations des ambassadeurs vénitiens*; au XVIIᵉ, la *Relation du voyage d'Espagne*, de Mᵐᵉ d'Aulnoye (La Haye, 1692) — Comp. Kant, *Anthropologie*, Laborde. *Itinéraire*, t. V; et ce que disent des anciens Ibères: Strabon (III, 4, 17), Justin (44, 6, 2). Consulter aussi l'article *Espagne* dans la *Grande Encyclopédie*.

dressant ses créneaux dans le ciel. L'aridité est le trait
général du climat espagnol, où la pluie est plus rare non
seulement qu'en France, mais qu'en Italie et en Grèce ; sous
ce rapport, l'Espagne est analogue à la région de l'Atlas.
Si, dans les provinces d'Andalousie, de Murcie et de Valence,
le climat devient tout à fait africain, il reste proprement
méditerranéen dans la vallée de l'Èbre, océanique à l'ouest
ou au nord-ouest. L'ensemble du plateau sec et froid qui
s'étend depuis les Pyrénées cantabriques jusqu'à la Sierra
Morena rappelle par plusieurs points la Russie. « Trois
mois d'enfer et neuf mois d'hiver. » Une race sèche elle-
même vit au milieu de cette sécheresse. L'Espagnol a jusque dans son caractère quelque chose d'âpre comme la brise
de ses sierras, de dur comme son sol, de brûlant comme
son soleil.

A peine séparée de l'Afrique par un étroit canal, l'Espagne se trouve à la rencontre des deux continents. Dès la
plus haute antiquité, les populations berbères, qui semblent
un mélange de la race méditerranéenne à crâne long et de
quelques tribus noires d'Afrique, ont pu se répandre en Espagne, comme le prouvent les fouilles faites dans les cavernes
et dans les sépultures. Ibères et Berbères sont analogues.
Non seulement ils remplirent la péninsule, mais ils débor-
dèrent en Gaule (où les Basques sont leurs descendants) et
au nord de l'Italie. M. Siret a fait en Espagne des découvertes nombreuses et du plus haut intérêt, qui ont mis à nu
la civilisation primitive de la péninsule[1]. L'Espagne, riche
en métaux précieux, fut de très bonne heure fréquentée
par les Phéniciens ; on croyait que ces derniers y auraient
apporté les premiers arts et les premières connaissances.
Or, ce pays n'a fourni encore qu'un seul monument phénicien de basse époque, et ses plus anciens monuments n'ont
rien d'oriental. Ils sont analogues à tous ceux de la civilisation égéenne ou méditerranéenne. Les Phéniciens, de
race sémitique, conséquemment aussi méditerranéenne à
crâne long, n'apportèrent pas d'élément ethnique vraiment
nouveau ; mais, concurremment avec les Grecs, ils établirent leurs marchés et leurs comptoirs sur la côte d'Anda-

---

[1] *Anthropologie*, 1892, p. 385. — *Revue des questions scientifiques*, oct.
1893, p. 489. — G. Reinach, *Le Mirage oriental*, p. 71.

lousie et jusque dans l'intérieur, sur le Guadalquivir. Plus
tard, les Celtes firent leur invasion par le nord; leurs crânes
se retrouvent dans des sépultures plus récentes que celles
des Ibères. Strabon, Pline, Ptolémée distinguent avec soin,
parmi les tribus espagnoles, les celtiques et les ibériques.
Fondues au pied des Pyrénées, elles forment alors la Cel-
tibérie, puissante et redoutée. Puis l'Espagne devient cartha-
ginoise, subissant ainsi de nouveau l'influence sémitique.

D'Europe en Espagne, d'Espagne en Europe, difficile
est le passage; difficile aussi d'une région intérieure à
l'autre. Il y a peu de pays où les communications fussent si
rares qu'en Espagne, grâce au relief compliqué du sol et à
l'absence de fleuves navigables à l'intérieur. Doublement
isolés, les Ibères se renfermaient volontiers en soi. C'est
une des causes, sans doute, qui concentrèrent de plus en
plus des tribus déjà farouches et peu communicatives. Les
anciens opposent sans cesse l'Ibère, ami de la solitude, au
Celte, amoureux de camaraderie, vivant en société, avide
de nouvelles, prodigue de discours, étourdi et mobile, lançant partout ses hordes mouvantes. Les Ibères, dit Strabon, étaient divisés en petites tribus montagnardes qui ne
se liguaient guère entre elles, « par l'effet du caractère et
aussi d'un orgueil qui leur inspirait un excès de confiance
en leurs forces ». Ils n'avaient ni la sympathie rapide ni le
besoin de compagnie qui entraînaient leurs voisins gaulois.
Leur aspect même, leurs vêtements noirs contrastaient
avec les vêtements éclatants et bariolés de la Gaule. Les
Ibères étaient d'un génie médiocre, mais laborieux, agriculteurs, mineurs, attachés à la terre pour en tirer les métaux et le blé. Obstinés et indomptables, ils eurent plutôt
le courage de la résistance que celui de l'attaque, si familier aux Gaulois : pour les unir entre eux, il fallut la conquête du dehors, la conquête du dedans; et ce sont d'autres
races, plus expansives et plus unitaires, qui ont fini par tout
ramener, à grand'peine, sous un même joug.

L'énergie de résistance éclate dans la défense de l'Espagne contre les Romains, dans ces deux siècles de guerre
opiniâtre que le vainqueur dut subir. Les prisonniers em-
barqués comme esclaves et perçant la cale du navire pour
couler dans la mer avec leurs nouveaux maîtres; le pâtre
Viriathe, neuf ans invincible, jusqu'à ce que Rome le fît

assassiner; les 60 000 légionnaires de Scipion et la famine
ne pouvant réduire les 4 000 Numantins, qui aimèrent
mieux mourir que de se rendre; Sertorius battant Metellus
et Pompée; César s'étonnant de voir à Munda, pendant
une journée entière, la victoire indécise; enfin, sous Auguste
même, les gorges des Cantabres et des Asturies toujours
remuantes : ce sont là les preuves d'une volonté pleine
d'énergie, ramassée sur elle-même jusqu'au moment où,
d'une seule détente, elle fait explosion et frappe.

Une certaine quantité de sang germain, qui devait modifier le caractère ibérique, fut introduite en Espagne par
les Wisigoths, établis dans la vallée de l'Ebre; par les
Suèves, dans la Lusitanie; par les Vandales, dans la Bétique. On sait que les Wisigoths furent, de tous les barbares,
les plus doux et les plus aptes à la civilisation; chrétiens
de bonne heure, parlant la langue de Rome, pliés à ses
institutions, ils avaient à la fois le courage aventureux et
la réflexion des races germaniques, avec le sentiment très
développé de la liberté individuelle. « Celui-là seul qu'ils
avaient élu, ils le reconnaissaient pour chef. » L'institution
élective ne put jamais être abolie : rarement un souverain
put faire agréer son fils, et toujours le nouveau roi dut
être reconnu par l'assemblée des soldats, des grands et des
évêques. Les rois ne pouvaient prononcer ou faire prononcer un jugement hors des formes de la justice. Le servage, considérablement adouci en Espagne, ne garda rien
de l'esclavage antique.

Devant les périls communs, Goths et Ibéro-Romains acqui-
rent le sentiment de la solidarité et se montrèrent unis.
Ainsi s'introduisait dans le caractère des Espagnols un élément de vrai individualisme et de sociabilité tout ensemble. Le courage germanique et le courage ibérique, l'un
bouillant et plus expansif, l'autre résistant et plus intensif,
se mêlèrent en des volontés également énergiques et également amoureuses de l'indépendance. Les sentiments de
la dignité personnelle et de l'honneur se développèrent;
les côtés admirables du caractère espagnol commencèrent
de se dessiner. Ce concours de volontés entreprenantes et
de volontés tenaces nous explique l'héroïque croisade de
sept siècles par laquelle, du rivage où il avait été refoulé,
l'Espagnol, pied à pied, reconquiert sa patrie sur les Mau-

res, jusqu'à ce que Boabdil fugitif verse des larmes sur son royaume perdu. C'est une poignée de Goths réfugiée dans les montagnes qui se fait le centre de la patrie, amassant ses forces pour se ressaisir; ce sont des Germains qui, compagnons de Pélage, ce parent du roi Roderick, étendent peu à peu leur reconquête sur toutes les Asturies, la Galice, le pays de Léon, et préparent la délivrance de l'Espagne entière. Le même amour de la liberté et la même opiniâtreté de lutte devaient plus tard nous chasser nous-mêmes d'Espagne, après la folle et coupable invasion de Napoléon Ier.

D'après toutes ces données concordantes de l'anthropologie et de l'histoire, nous pouvons nous attendre à voir, dans l'Espagne du sud et du centre, dominer la race brune à crâne allongé, c'est-à-dire méditerranéenne et sémite. Possédée par les Maures pendant plusieurs siècles, l'Espagne avait reçu une forte dose de sang africain. Au nord et à l'ouest se trouvent quelques éléments celtes et germaniques. Mais ceux-ci se sont principalement conservés dans l'aristocratie espagnole.

L'indice céphalique est remarquablement semblable à lui-même dans la péninsule ibérique, et, de plus, il y est généralement bas ; la race dolichocéphale méditerranéenne, — à laquelle appartenaient les populations primitives ainsi que les immigrations ultérieures de Phéniciens, de Maures et de Juifs, — y est donc restée presque pure. C'est là un fait dont il faut tenir grand compte. L'Espagne se trouve ainsi, avec l'Angleterre, le pays le plus homogène d'Europe sous le rapport de la race. Tous les deux sont dolichocéphales, mais l'un de la race brune du midi et l'autre de la race blonde du nord. Cette ressemblance fondamentale des citoyens entre eux, en Espagne comme en Angleterre, entraîne une remarquable unité de caractère national sous les variétés les plus grandes de provinces. Il n'y a jamais eu d'immigration en masse de brachycéphales ou de crânes larges par-dessus les Pyrénées. C'est seulement dans les provinces dominées transitoirement par les familles germaniques, Suèves en Galice, Goths à Tolède, Vandales en Andalousie, que la largeur des têtes augmente un peu. Ce n'est d'ailleurs pas le fait de la race germanique elle-même, mais, selon la remarque de M. Otto-Ammon, des serfs brachycéphales amenés de Gaule par les Germains. M. Federico Oloriz, professeur d'anatomie à l'Université de Madrid, a publié un remarquable livre sur la *Distribucion geografica del indice cefalico en España* (1894) et montré que la population est presque entièrement dolichocéphale brune. Les villes ont un indice à peu près égal à celui des campagnes, quoiqu'en général plus bas encore. Par tous ces traits, l'Espagne ressemble à la Sicile et à l'Italie du sud, non à l'Italie du centre et encore bien moins à celle du nord. Quant à la France, elle n'offre avec l'Espagne aucune ressemblance de race, si l'on excepte une faible partie de nos Méditerranéens et nos Basques. On voit ce qu'il faut penser de tous les lieux communs antiscientifiques sur les *races latines*, qui remplissent les journaux et leur fournissent au besoin des arguments. Ces diverses races, encore une fois, n'ont rien de latin, sauf la culture, et rien ne ressemble moins à un Français qu'un Italien et un Espagnol, qui eux-mêmes ne se ressemblent pas entre eux.

L'ensemble d'influences ethniques subies par l'Espagne a produit une race forte et vigoureuse, au crâne volumineux. Le Castillan en représente bien le type moyen, dolichocéphale brun au visage ovale. L'Espagnol est généralement de petite taille, aux muscles fermes, sobre, très endurci à la fatigue, supportant toutes les privations. La femme espagnole, — grands yeux noirs, longs cils épais, taille cambrée, port onduleux, — est aussi du type méditerranéo-sémitique. Le tempérament espagnol est le plus souvent bilieux-nerveux. C'est dire que, brûlant d'un feu intérieur, il sait comprimer la passion qui le consume. C'est dire aussi qu'il est capable de couver les rancunes à longue échéance. Comme tous les Méditerranéens, l'Espagnol a le goût du plaisir, un fond de bonne humeur et d'esprit, mais, plus que tous les autres, il a les passions violentes, concentrées et non expansives. Sa sensibilité est irritable et, en même temps, l'amour-propre le domine : voilà ses deux caractéristiques. Aussi n'y a-t-il pas loin de la main au couteau. Les *ferias* sont l'occasion de meurtres nombreux. Les condamnations pour homicide, qui, en 1893, étaient de 0,50 pour 1 000 en Angleterre, de 1,06 en Allemagne, de 1,72 en France, s'élevaient en Espagne à 4,74 (et, on s'en souvient, à 8,14 en Italie).

Les Espagnols sont loyaux, fidèles à la parole donnée;

ils ont le sentiment de la dignité et de l'honneur. Ils sont généreux, hospitaliers, peut-être encore plus dans le sud que dans le nord ; et cependant on ne saurait dire, en général, qu'ils soient humains. Durs pour les animaux domestiques, durs pour les hommes, durs pour eux-mêmes, c'est par l'absence de bonté sympathique et sociable qu'ils contrastent avec d'autres peuples. Cette dureté est un des signes caractéristiques de la race ibère et berbère, comme de la race sémitique, telle que nous la montrent surtout les Phéniciens. Les Espagnols se croyaient bien différents des Maures ; au point de vue ethnique, ils en étaient déjà très voisins. Ils n'ont pas reçu assez d'éléments celtiques et germaniques pour avoir la douceur dans le sang ; ils sont demeurés Africains, et ces Occidentaux sont aussi des Orientaux. Leur insensibilité, dont les Indiens conquis firent l'épreuve, alla souvent jusqu'à la cruauté froide et à la férocité. Les peintres eux-mêmes se plaisent à représenter des supplices. Entretenue jadis par les spectacles de l'autodafé, leur dureté l'est, aujourd'hui encore, par l'éducation des courses de taureaux. Quelques âmes naïves, à la suite d'Edgar Quinet, se sont persuadé que ces jeux contribuaient à la persistance de l'énergie espagnole ; comme si la cruauté et l'énergie étaient identiques ! Y avait-il des jeux de taureaux à Numance ? Est-ce le taureau qui enseigna la valeur aux Goths de Pélage et du Cid ? Ce que ces spectacles contribuent à maintenir, c'est simplement la barbarie ; le goût du sang ne fut jamais nécessaire pour faire des héros.

Pendant la dernière guerre et malgré les nouvelles des désastres, ces malheureux Espagnols ne pouvaient pas se priver de leurs jeux de taureaux, devenus aussi nécessaires à leur existence abâtardie que le manger et le boire. En vain les évêques eux-mêmes les invitèrent à s'abstenir des réjouissances accoutumées : comment renoncer à boire des yeux le sang des chevaux éventrés ? C'est ainsi que le taureau a entretenu la « virilité espagnole ».

L'imagination de l'Espagnol s'exalte en dedans et se nourrit de ses visions intenses, jusqu'au moment où tout éclate au dehors. Mais, si cette imagination est forte, elle est en même temps bornée. Par cela même, les passions conservent quelque chose de simple et de monotone, dépourvues qu'elles sont de tout ce que les vastes horizons intellectuels pourraient y ajouter en étendue et en variété. Simplifiez le sentiment religieux en lui conservant son énergie, vous aurez le fanatisme étroit et violent; simplifiez le sentiment de dignité personnelle, vous aurez l'orgueil farouche; simplifiez l'amour, vous aurez la jalousie exclusive et toujours menaçante. Cette dernière passion est une des plus fréquentes chez les Méridionaux bilieux et au sang chaud : on sait quel degré elle atteint chez l'Espagnol, quelle part elle a dans toute sa littérature. Toutefois, en Espagne, le jaloux pense encore plus à son honneur qu'à son amour. « Il y entre, disait M\ugeup{me} d'Aulnoy, moins d'amour que de ressentiment et de gloire : les Espagnols ne peuvent supporter de voir donner la préférence à un autre, et tout ce qui va à leur faire un affront les désespère. »

La combinaison de la plus féroce jalousie avec le plus féroce point d'honneur peut aboutir à une morale extraordinaire. L'amant ou le mari qui se sait trompé doit en tirer vengeance, première loi; mais son honneur veut que l'outrage reçu demeure ignoré de tous, seconde loi; il faut donc que le motif de la vengeance demeure secret. C'est pourquoi, dans *le Châtiment sans vengeance*, de Lope de Vega, le mari, ayant son fils pour rival, annonce à sa femme qu'il connaît son crime, pour qu'elle s'évanouisse, puis la bâillonne et l'enveloppe d'un drap, la présente comme un noble qui conspirait contre lui, ordonne à son fils de tuer le conspirateur, enfin dénonce son fils aux officiers comme ayant assassiné sa belle-mère et leur commande de le tuer! De même, chez Calderon, dans le *Médecin de son honneur*, le mari fait saigner sa femme à mort par un médecin masqué, qu'il a menacé lui-même de le tuer; après quoi, il prétend que les bandelettes se sont d'elles-mêmes détachées et va partout à la ronde célébrant la vertu de sa femme. Grâce à ce mensonge, son honneur conjugal est sain et sauf. Un sujet non moins atroce se retrouve dans une autre comédie de Calderon dont le titre est expressif : *A outrage secret, vengeance secrète*. L'Italie seule, pour la *vendetta* froide et longtemps méditée, rivalise avec l'Espagne, mais elle est plus impulsive [1].

Autant que la sensibilité de l'Espagnol, sa volonté

---

[1] Le théâtre espagnol, se développant en toute liberté, en dehors des

indomptable, mais également bornée, se ressent du manque
d'un haut développement intellectuel. La lutte longue et
monotone contre l'ennemi n'a fait que la tendre encore et
la raidir. Cette volonté n'en a pas moins des qualités de mâle
vigueur qui sont dignes de profonde estime, malgré le
manque de ces élans de tendresse et d'humanité qui
excitent plus particulièrement la sympathie. Mais la volonté
de l'Espagnol, gravitant sur soi, se répand mal au dehors
en grandes initiatives : elle agit moins qu'elle ne souffre ;
elle résiste, se prive et peine.

M. Angel Ganivet, diplomate espagnol, représentant de
l'Espagne d'abord en Belgique, puis en Finlande, l'auteur
des *Lettres finlandaises* et de *Grenade la Belle*, a tracé
dans un livre substantiel une esquisse de la philosophie de
l'histoire d'Espagne, sous ce titre : « *Idearium español* ».
D'après lui, le trait le plus accentué de l'âme espagnole
serait un certain stoïcisme qui ne rappelle en rien « ni le
calme olympien et l'ataraxie de Marc Aurèle, ni le stoïcisme rigide et sec d'Épictète ». Le fond de la complexion
morale de l'Espagnol serait le stoïcisme à la Sénèque, plus
humain et plus naturel. « Sénèque est Espagnol par naissance et quoiqu'il soit né dans la Bétique, il est avant tout
Castillan. Sa doctrine, à travers les mille développements
de l'idée stoïcienne, peut être résumée dans cette simple
maxime : — Conduis-toi de telle sorte que, quels que soient
les événements, l'on puisse dire de toi que tu es toujours
un homme. » *Esto vir* est un mot si profondément espagnol que Sénèque, à en croire Ganivet, n'aurait eu qu'à
interroger l'âme de son pays et à s'interroger lui-même
pour trouver la formule la mieux appropriée au caractère
national. « La première fois qu'étant encore étudiant, continue Ganivet, je lus les œuvres de Sénèque, je me sentis
comme abasourdi, comme quelqu'un qui, ayant perdu le
sens de la vue et de l'ouïe, les recouvrerait tout à coup. La
part du stoïcisme dans la formation de l'âme espagnole est
immense, son influence décisive se fait sentir non seulement dans le droit et dans les arts, dans la religion et dans
la politique, mais encore dans les sentences populaires. »

règles classiques et avec la seule règle de « toujours plaire », comme dit
Lope de Vega, ne peut manquer d'offrir une représentation particulièrement
fidèle de ce que le public connaît le mieux ; les mœurs nationales.

Ganivet exagère assurément la part de l'influence stoïcienne sur un peuple qui ne s'occupait guère de philosophie, et il est plus dans le vrai quand il ajoute que l'influence arabe a été parmi les plus prépondérantes dans la formation mentale de l'Espagne.

Le mélange du sang européen et du sang arabe est sans doute une des causes de cette universelle aspiration au grand et au noble qu'on retrouve par toutes les Espagnes. Jusque dans la simple conversation, on est frappé par la solennité des manières et du langage. Kant remarque que le badinage familier du Français est antipathique à l'Espagnol ; ce qui n'empêche pas ce dernier de s'amuser, aux jours de fête, par des chants et des danses ; mais « le *fandango* lui-même, dit Kant, comporte un certain sérieux. » Des paysans d'Andalousie, galants comme des chevaliers, « orgueilleux comme des princes », élégants comme des artistes, vantards comme des Gascons, se piquent, sinon par la race, au moins par les manières, d'être gentilshommes. Tel mendiant, à la porte d'une cathédrale, vous tendra la main, comme chacun sait, avec la dignité d'un hidalgo. Dans un de ses voyages, Mme Arvède Barine avait demandé son chemin, puis donné de la monnaie à un mendiant de Grenade ; ce dernier indiqua le chemin d'un geste large, souleva dignement son feutre percé et « rendit la monnaie ». Un salaire eût été vil, l'aumône est noble ; un mendiant d'Espagne ne saurait déchoir.

Buckle prétend qu'il existe parmi les diverses nations un esprit insulaire, un esprit péninsulaire et un esprit continental. L'esprit insulaire, chez une grande nation commerçante et industrielle, engendre l'esprit de colonisation et de conquête : voyez l'Angleterre. La position continentale, en exposant aux invasions, favorise l'esprit proprement militaire, l'habitude d'organisation armée, défensive et offensive. Voyez la France et l'Allemagne. Quant à la position péninsulaire, elle tient des deux autres, mais aboutit surtout à l'esprit de fierté et d'indépendance qui caractérise les Espagnols. De telles considérations sont fort incertaines : la péninsule italienne et l'ibérique ne se ressemblent guère. Ce qui est certain, et ce que soutient pour sa part Ganivet, c'est l'existence de l'esprit « territorial » en Espagne ; ce fait nous rend compte de ce que l'Espagne, qui a tant lutté au dedans

et au dehors, « n'a jamais possédé l'esprit *militaire*, mais bien
l'esprit *guerrier*, fait de spontanéité, de courage individuel
foncièrement aventureux, répugnant à toute véritable organisation ». A l'heure actuelle, l'Espagne ne possède pas encore
une armée organisée scientifiquement à la moderne ; « elle
n'a qu'une admirable milice animée de cet esprit territorial
qui lui permet d'envisager son indépendance avec la même
sécurité que l'Angleterre dans sa position insulaire et avec
ses forces navales. »

Le défaut de liaison naturelle qui se manifeste dans la
configuration de la péninsule a aussi exercé une influence sur
le caractère et sur les destinées de ses populations. La communauté d'une longue série d'événements historiques, luttes
et souffrances, aurait dû produire une fusion complète des
divers groupes ; par malheur, le pays est « naturellement
morcelé »[1]. Le régionalisme reste « incrusté » dans l'âme
de ces populations, encore plus séparées du reste de l'Europe qu'isolées entre elles.

Opposer l'individualisme anglo-saxon ou germanique au
socialisme des nations néo-latines, cela est devenu un lieu
commun ; et pourtant, il y a un certain individualisme,
celui qui est fait de vie uniquement ramassée en soi, inex-
pansive, impatiente du joug et de la discipline sociale,
étrangère à la coopération et à l'effort en commun, qui
est des plus fréquents en Espagne, — comme aussi en
Italie et trop souvent en France ; — en ce sens, l'Espagne
est profondément individualiste.

Malgré la variété des provinces, le fond commun se
reconnaît partout. Les Basques, qui représentent les Ibères
les plus purs, — non sans des caractères propres, — ne
fusionnent avec aucune autre race, s'enferment dans leur
isolement, à moins qu'ils n'émigrent et ne se lancent dans
les plus lointaines aventures. D'imagination étrange et
d'esprit hasardeux, ils n'échappent aux cadres étroits de
la vie locale que pour s'égarer dans l'universel et dans
l'absolu. A côté de ses marins, la région basque cite ses
missionnaires, François Xavier et surtout Ignace de
Loyola. Jaloux de leurs privilèges ou *fueros*, les Basques
ont, comme les Navarrais et les Aragonais, avec l'atta-

---

[1] M. Vidal Lablache, *Etats et Nations de l'Europe*.

chement aux vieilles coutumes, la ténacité, l'agilité, la
bravoure. Ils trouvent intolérables la conscription et des
impôts même médiocres, mais ils donnèrent avec plaisir
au Carlisme toutes leurs rentes, toute leur population
valide ; ils sacrifièrent en quatre ans, comme l'a remarqué
Louis Lande, plus que le gouvernement espagnol ne leur
eût pris en un quart de siècle.

Les Catalans n'ont longtemps formé qu'un seul peuple
avec les Provençaux, dont ils se rapprochent par le caractère. On loue leur travail et leur industrie, leur audace
mêlée de bon sens, leur esprit d'entreprise pour quérir la
fortune. Moins de bruit que de besogne, telle était jadis la
devise des Catalans. Grâce, en partie, au voisinage de la
France, ils ont eu la part la plus large et la plus solide de
l'industrie et du commerce espagnols. M. Almirall, dans
son livre sur *lo Catalanismo*, oppose le génie pratique du
Catalan au donquichottisme castillan, l'activité matérielle
de sa province à l'inertie des autres. L'imagination du
Catalan se tourne vers l'action et les affaires, plutôt que vers
l'art et l'éloquence ; non seulement dans la péninsule, mais
dans les colonies, il met la haute main sur le commerce,
la banque, l'industrie ; la politique générale le laisse
presque indifférent, d'autant plus qu'elle se confond trop
avec la politique madrilène, pour laquelle il a une antipathie innée. Particulariste d'instinct, il a su restituer à son
idiome, qui dégénérait en patois, le caractère de langue
littéraire. Y a-t-il bien lieu de l'en féliciter, dans un pays
où le principal des maux est justement le particularisme ?

Vifs, légers, spirituels, gascons de l'Espagne, les Anda-
lous s'enorgueillissent du sang maure qui abonde en leurs
veines. Les habitants de Murcie et d'Alicante, plus indolents,
ont le fatalisme arabe. Ceux de Valence, laborieux, mais
amis du luxe et des plaisirs, fournissent nombre de toreros
et de danseurs. « Les Valenciens, dit Murillo, sont gais,
ingénieux, appliqués aux lettres, légers, adonnés aux
danses, aux bals, à tous les exercices qui exigent de la
légèreté. Quelques-uns parcourent l'Espagne et y gagnent
leur vie en dansant ». On compare aux Auvergnats les
Galiciens, portés à émigrer par la population surabondante
de leur province et qui, en Espagne, ont le monopole des
métiers d'hommes de peine. Lourds, robustes, on loue

leur simplicité et leur franchise, leur probité et leur amour
du travail.

Autant l'Andalou est vif et exubérant, autant l'habitant
des grandes plaines grises de Castille est sérieux, lent et
grave, sous sa « *capa* aux plis classiques ». En sa demi-mi-
sère, il a encore l'attitude fière du conquérant et du
maître. Solennel, hautain, très soucieux de l'honneur,
apathique devant les réalités de la vie, le Castillan, ayant
imposé sa domination à toute l'Espagne, est médiocrement
aimé des autres Espagnols : il n'en a pas moins peut-
être les plus hautes qualités de la race. Malgré tant de
différences régionales, l'Espagnol a une physionomie
tranchée et une. Il a conservé partout un idéal de virilité,
et même de virilité héroïque ; c'est cet idéal, toujours présent à l'esprit de la nation, qui explique beaucoup de ses
tendances les meilleures, comme aussi de ses défauts.
Chez tout Espagnol typique, il y a un don Quichotte,
idéaliste songe-creux, et un Sancho Pança, observateur et
amateur de la réalité.

II

LA RELIGION ESPAGNOLE

La religion espagnole est restée étrangère à toute
métaphysique et n'a pas davantage conservé le sens profondément moral des dogmes. Elle est ritualiste, comme
la religion des Romains, mais, au lieu de l'indifférence
foncière qui devait caractériser la foi italienne, l'Espagnol
montra toute l'ardeur du fanatisme [1]. Ce fanatisme, en
Espagne, ne provient pas d'ordinaire, comme chez
l'Allemand ou l'Anglo-Saxon, de l'intériorité mystique
d'une pensée perdue en Dieu ; il est plutôt l'attachement
inflexible et aveugle aux dehors de la religion, au culte et
aux pratiques. Le fanatisme, a-t-on dit avec finesse, est à

[1] En Angleterre, au XVIIe siècle, par l'effet des circonstances, l'élément
dolichocéphale brun ou ibérique joua un grand rôle et il s'y est manifesté
aussi par un fanatisme intense. M. Galton et plusieurs autres anthropologistes ont étudié les portraits du temps de Cromwell et résumé leur opinion :
prédominance des types ibériques. Voyez de Lapouge. *Les Sélections so
ciales*, p. 93.

la religion ce que la jalousie est à l'amour, et l'Espagnol
est trop jaloux pour ne pas être aussi très fanatique [1].
On a vu la dévotion aboutir, en Espagne, à toutes les macé-
rations orientales, à cette dureté envers soi qui faisait le
pendant de la dureté envers les autres. Ne voyait-on pas
se promener dans Madrid des pénitents nus jusqu'à la
ceinture, le corps bleu et meurtri de coups, portant jusqu'à
sept épées passées dans le dos et dans les bras? D'autres,
ployant sous le faix de croix énormes, recevaient de leurs
domestiques du vin ou du vinaigre en guise de cordial, pour
ne pas tomber exténués. C'était l'ostentation de la péni-
tence : la fierté castillane ne perdait rien à cette humilité.

Par ses tendances sémitiques et musulmanes, l'Espagnol
est porté à imposer la foi par la force : il méconnaît
volontiers le droit d'autrui, surtout le droit de la conscience. Un caractère de la foi espagnole, c'est l'esprit de
prosélytisme conquérant, c'est le besoin de dominer
l'infidèle ou l'hérétique. Si sainte Thérèse, à sept ans,
s'échappe avec son frère de la maison paternelle pour aller
chercher le martyre chez les Maures ; si, après avoir
prononcé son premier vœu, pressentant déjà tout ce qu'elle
voudrait accomplir de grand, elle s'écrie : « Je n'ai pas
encore vingt ans, et il me semble tenir sous mes pieds le
monde vaincu ; » si elle dédaigne la dévotion doucereuse
et mièvre pour une dévotion ardente au dedans, militante
au dehors ; si elle mêle à ses extases maladives toute la
lucidité d'une raison ferme et toute la vigueur d'une âme
presque virile ; si elle condamne la mélancolie, qui n'est
au fond, dit-elle ingénieusement, que le désir de faire sa
propre volonté ; si enfin elle transporte l'action et l'énergie
jusque dans la contemplation, comment ne pas reconnaître en elle, à tous ces traits, le sang et l'éducation des
héros espagnols? Le père de sainte Thérèse, Alphonse
Sanche de Cepeda, Avilais de la vieille Castille, homme
de haute taille et de grande mine, comptait parmi ses
ancêtres un roi de Léon ; sa mère, Béatrice Davila de
Ahumada appartenait à la plus vieille noblesse de Castille. C'est dire que le sang des races du Nord se mêlait

---

[1] Voyez Desdevises du Dézert, *L'Espagne sous l'ancien régime*. Paris, 1897.
Pourtant l'Italien est jaloux en amour et non fanatique en religion.

chez la sainte à celui du Midi, sans aucune mésalliance
mauresque ou juive qui en altérât la *limpieza*. Ignace de
Loyola, chevaleresque aussi et romanesque, est une autre
personnification de la foi espagnole. Chez ce Basque, né
de parents nobles au château de Loyola en Biscaye, quel
esprit héroïque d'aventure et, en même temps, quel esprit
positif d'organisation pratique! Blessé au siège de Pampelune, la lecture de livres de piété pendant sa convalescence donne l'essor à son imagination, détermine sa
vocation religieuse. Le voilà qui renonce aux biens et
honneurs de ce monde pour se vouer à une vie d'ascétisme
et de pauvreté, mais aussi de prosélytisme et de propagande.
Aujourd'hui à Jérusalem, demain à Barcelone et à Alcala,
plus tard à Paris, au collège de Sainte-Barbe, il découvre
que le meilleur moyen de prêcher partout l'Évangile,
d'instruire la jeunesse, de convertir hérétiques et infidèles,
c'est de fonder une immense chevalerie pratique, sous forme
d'une association vaste comme le monde. Son ami François
Xavier, « l'apôtre des Indes », qui était né au château de
Xavier près Pampelune, était venu aussi achever ses études
au collège Sainte-Barbe et avait enseigné la philosophie
au collège de Beauvais. Après s'être associé aux vœux
prononcés par ses autres compagnons au monastère de
Montmartre, ce berceau de la célèbre compagnie, Xavier
se rend en Italie, passe en Portugal, s'embarque pour les
Grandes Indes, baptise, dit-on, plus de 25 000 barbares,
part pour le Japon, meurt au moment où il va pénétrer
en Chine. Ce sont les grandes aventures religieuses, qui
font le pendant des grandes conquêtes. Noble inquiétude qui
entraîne au bout du monde, prévoyante sagesse qui ne perd
jamais de vue ni la fin, ni les moyens, que la fin justifie!

Quand elle n'est pas ainsi envahissante et conquérante,
la foi espagnole n'aboutit trop souvent qu'à la pratique
machinale et formaliste. Ce n'est plus alors l'esprit qui sauve,
c'est la lettre. Calderon nous montre, dans *la Dévotion à
la Croix*, un homme qui a commis tous les crimes, mais
qui, ayant conservé depuis son enfance le respect pour le
signe de la rédemption, obtient au dénouement la miséricorde divine, — avec la pitié du public. C'est le salut,
non plus par les œuvres, non plus même par la foi intérieure, mais par les rites extérieurs. Ainsi, aux mains de

l'Espagne comme aux mains de l'Italie, déviait le christianisme, altéré en son essence. Il serait injuste de le rendre responsable en lui-même des écarts dus à des peuples trop esclaves des formes extérieures. Cette extériorité est contraire au véritable esprit du christianisme, à la grande et constante tradition qui enseigne que la valeur des actes vient du dedans ; que, sans la disposition du cœur, l'effet au dehors n'est que mensonge ; qu'une bonne action perd son prix si l'intention n'est pas droite, que l'acte même de piété et « l'approche du sacrement », avec un cœur indigne et une conscience impure, constitue le plus « haut sacrilège. » Telle était la vraie orthodoxie ; et il faut bien convenir, pour être juste, que la catholique Espagne fut trop souvent hétérodoxe, nourrissant elle-même au for intérieur l'hérésie qu'elle poursuivait si impitoyablement au dehors.

Ce n'est pas sans raison que les Espagnols éclairés déplorent la dictature des consciences et l'uniforme servitude des esprits qu'a produites chez eux un catholicisme dénaturé par la politique. Chrétien éclairé, profond admirateur des idées de Léon XIII, M. Sanz y Escartin constate que, dans la très fidèle Espagne, l'incrédulité et l'indifférence ont augmenté de jour en jour. Et ce fait lui semble encore bien plus marqué dans l'Amérique espagnole. Si Buenos-Ayres ne lui paraît pas tout à fait, comme à M. Child, « la ville inhabitable pour qui possède quelque délicatesse de conscience et un peu de moralité », il y reconnaît sûrement « une des villes ayant les mœurs les plus irrégulières du monde ». En général, les populations hispano-américaines, quoique se proclamant catholiques, « ne croient pas à la religion et ne la pratiquent pas ». Se demandant alors quelles sont les causes du phénomène, ce croyant répond ce que tout le monde a déjà répondu : la principale cause est que, pendant de longs siècles, la soumission matérielle, l'unité vide, l'extériorité de l'activité religieuse ont eu la suprématie « sur la spontanéité et la liberté nécessaires, sur la sincérité et la droiture du cœur, sur la communion efficace dans l'humanité et dans le bien [1] ». *Oportet hæreses esse.*

_____
[1] *L'Individu et la réforme sociale*, p. 292.

III

Du latin, la langue espagnole a gardé une gravité et une sonorité de prononciation quelque peu emphatique, que n'ont point les autres langues et où s'exprime bien le génie national. La littérature de l'Espagne s'est développée librement et n'a subi l'influence latine qu'autant qu'il fallait pour conserver la précision et la clarté des formes : l'esprit est resté espagnol. Jusque dans l'antiquité, l'Espagne romanisée s'était, dans les lettres, montrée plus originale que la Gaule, — avec les Sénèque et les Lucain, avec Quintilien, Silius Italicus, Martial et Florus. Si l'on trouve dans Sénèque, à côté de l'élévation et de la grandeur, la déclamation et la recherche du trait, les antithèses et les jeux de mots, l'emphase et la subtilité tout ensemble ; si la versification de Lucain, énergique et brillante, est déclamatoire aussi et vise à l'effet, le génie ibérique y est assurément pour quelque chose.

L'Espagnol a besoin de sensations violentes. Son imagination ne se plaît ni au rêve vaporeux, ni au fantastique ; il veut des contours arrêtés et des couleurs chaudes. Un des caractères de la littérature épique espagnole, c'est l'absence du merveilleux, ou du moins sa réduction à un rôle très effacé. Au fantastique, la poésie espagnole préfère l'héroïque. La foi religieuse et le patriotisme ont fourni au poème du *Cid* une grandeur rude et parfois sauvage. Dans le *Romancero*, les traits féroces abondent, ingénument racontés comme s'ils n'avaient rien que de naturel.

M. Brunetière a magistralement marqué le caractère général de la littérature espagnole en la représentant comme essentiellement chevaleresque et romanesque. L'Italie du xve siècle était toute naturaliste et entièrement livrée à la morale de l'intérêt personnel, ou plutôt à l'absence de toute idée morale. La France d'alors, « demi-anglaise et demi-bourguignonne », était, elle, *uniquement* réaliste. Les Espagnols contribuèrent, en posant la religion du point d'honneur, « à réintégrer quelque idée de la justice dans ce monde nouveau qui était en train de se fonder alors sur l'intérêt comme sur sa seule base ». Le point d'honneur espagnol a empêché le naturalisme italien d'envahir toutes les littératures modernes. Quant à l'affinité que devait plus tard offrir le romantisme avec la littérature espagnole, M. Brunetière l'explique par l'effort même du romantisme pour renouer, par delà la Renaissance, la chaîne de la tradition du moyen âge. Nous devons donc à l'Espagne d'avoir conservé et, par la contagion de sa littérature, répandu en Europe ce qu'il y avait de meilleur dans l'idéal du moyen âge : courage chevaleresque et culte de la femme.

Quoique le théâtre, en Espagne, s'adressât au peuple comme aux seigneurs, l'habitude de dignité et la fierté partout répandue l'empêche de tomber dans la platitude et dans la vulgarité : on exigea un certain sentiment poétique et la langue des vers. Mais le génie romanesque et dramatique de l'Espagne n'exclut pas le génie observateur : *Don Quichotte* est une œuvre de haute imagination et de solide réalisme ; cette peinture de la folie est un livre de sagesse. Si vraie y est l'observation de la démence idéaliste que de doctes commentateurs ont voulu découvrir chez Cervantes un médecin prédécesseur d'Esquirol. Mais Cervantes lui-même n'a pu triompher entièrement (ne nous en plaignons pas) du sentiment chevaleresque cher aux Espagnols. L'âpre génie de l'Espagne, comme celui des Romains, est propre à la satire, mais en raison de sa gravité naturelle, il donne plus volontiers à sa moquerie la forme d'une ironie amère. Ce n'est pas la pitié pour les misérables, c'est le mépris qui inspire le réalisme cruel des romans picaresques. Par ces romans, l'Espagne préparait les modernes études de mœurs, qui passent en revue aussi bien les plus humbles classes de la société que les plus hautes.

La grande peinture espagnole, elle aussi, est naturaliste : elle saisit la réalité sur le vif pour la reproduire avec franchise et vigueur. Là encore éclate l'originalité de l'Espagne. Velasquez, Murillo, Zurbaran, Ribera, Goya, qu'ont-ils en commun ? Le penchant irrésistible pour le naturel, la passion de la vérité vivante, au besoin brutale, horrible ou triviale ; mais ils ne la regardent pas avec l'observation humble et terre à terre des Hollandais, comme à la loupe : ils la voient de haut et la représentent avec leur hardiesse, leur grandeur, leur fierté naturelles. Ce réalisme, au lieu d'être bourgeois, conserve quelque chose d'héroïque et de romantique. Et si, au-dessus de la réalité, viennent planer des rêves de mysticisme, le peintre espagnol ne se contentera pas, comme l'Italien, de les incarner en des scènes du Nouveau Testament; il ira de préférence à la légende des saints, pour pouvoir représenter des scènes familières et des tableaux de vie réelle.

Rêveur et tendre, comme par une sorte d'exception rare, Murillo a la sympathie irrésistible pour le peuple, dans le sein duquel il est né, et il le représente avec ses haillons en une glorieuse lumière. L'insouciance dans la misère est un de ses thèmes favoris. Son idéalisme, inspiré par une foi ardente et simple, servie par une merveilleuse souplesse de pinceau, se fond avec le réalisme traditionnel de l'art espagnol [1].

Autant est grande la place de l'Espagne dans l'histoire des lettres et des arts, comme dans l'histoire politique des temps modernes, autant est petite sa place dans l'histoire de la philosophie. Suarez n'y représente que le dernier effort de la scolastique mourante. Dans l'Espagne isolée et fermée, sous la haute surveillance de la police inquisitoriale, comment la philosophie aurait-elle été cultivée, sinon par de rares adeptes, moitié savants, moitié théologiens? Ils naquirent surtout dans le royaume d'Aragon. On rencontre parmi eux quelques beaux types d'Espagnols. Ramon Lull, d'une famille noble de Palma, et dont le nom trahit l'origine gothique, passe sa vie dans le désordre

[1] On a eu raison de dire que le trait distinctif de l'art espagnol est la spontanéité, l'indépendance, la fougue de l'inspiration, réfractaire à la discipline et aux règles de la technique. Velasquez, qui est un des plus grands génies artistiques qui aient existé, est aussi rebelle que Goya à la réflexion calme de la technique et aux procédés de l'exécution. Aussi Ganivet resume-t-il l'histoire de l'art en Espagne en disant que ce pays, qui nous a donné des œuvres magistrales inimitables, nous a aussi donné bien des ébauches d'élèves indisciplinés. Ce qui arrive pour l'art, on le constate en Espagne, mais à un degré moindre, pour la littérature : des maîtres et point d'écoles, point de principes directeurs qui s'imposent, point d'idées régulatrices : « La langue espagnole est comme ce manteau national, cette *capa* castillane, ample vêtement sans forme arrêtée, le plus individualiste de tous, le plus difficile à bien porter et dont la forme dépend de la musculature de celui qui se drape en ses plis. »

jusqu'à trente ans, se fait franciscain et conçoit le projet
de former une milice de théologiens qui iraient convertir
les musulmans par la dialectique. Ce Don Quichotte de
l'école, inventeur du *Grand Art* qui permet de raisonner
mécaniquement, argumente à Tunis, à Bône et à Alger
avec les philosophes averroïstes, jusqu'à ce qu'il se fasse
lapider. On reconnaît en lui un digne compatriote d'Ignace
et de sainte Thérèse. Si Arnaud de Villeneuve n'est pas
né près de Montpellier, il est né près de Barcelone ; il fut
d'ailleurs plus alchimiste que philosophe. Raymond de
Sébonde, lui, est sûrement né à Barcelone, mais c'est à
Toulouse qu'il professe la médecine, la théologie et la
philosophie scolastique. Michel Servet, de l'Aragon, vient
très jeune en France, étudie le droit à Toulouse, la
médecine à Lyon et à Paris, s'enthousiasme pour la
Réforme, lutte contre Calvin et se fait brûler à Genève ;
mort digne d'un Espagnol, mais commune à beaucoup
d'autres. En dehors de ces noms, la philosophie théologique
et la science même n'ont presque rien à citer. De nos
jours encore, malgré quelques heureux essais, la philosophie n'a guère de représentants en Espagne [1].

IV

LA DÉGÉNÉRESCENCE DU CARACTÈRE ESPAGNOL ET SES CAUSES

Un des problèmes les plus dignes d'intérêt, non pas
seulement pour l'historien, mais encore pour le psychologue, c'est la décadence si rapide de ce peuple dont on
avait pu dire un siècle environ auparavant : « Quand
l'Espagne se remue, le monde tremble. » La dégénérescence du caractère national en Espagne eut des causes
multiples, à la fois physiques et morales. Physiques, parce

---

[1] « C'est, a dit M. Guardia, aux savants et aux philosophes qu'elles produisent que se reconnaît la santé mentale des nations. Certes, les corporations savantes ne manquent point en Espagne, ni les cours de philosophie.
Mais où sont les savants, où sont les philosophes espagnols ? Connus dans
le monde officiel dont ils font partie, ils n'ont point de notoriété en dehors
de la zone administrative. Voilà brutalement la vérité, toute la vérité, sans
atténuation ni excuse. » *En realidad de verdad*, comme dit Cervantes. Toutefois, l'Espagne a produit dans ces dernières années quelques vrais savants.

que la race fut atteinte jusque dans son sang, dont elle
avait follement dépensé la partie la plus pure et la plus
vitale. Elle s'était, par plusieurs voies, vidée elle-même de
ses éléments supérieurs. D'abord elle avait brûlé de ses
propres mains, comme en un immense *autodafé*, presque
tout ce qui avait foi profonde et intérieure, pensée indépendante, volonté dévouée à tout sacrifice, conscience
inflexible. M. Galton a calculé le nombre considérable de
familles que l'Inquisition fit disparaître, familles d'élite et
fécondes en talents (ou *eugéniques*), dont l'extinction
contribua à paralyser l'industrie, les arts, la littérature.
En même temps que l'Espagne exerçait à rebours la
« sélection religieuse », en éliminant par le fer et le feu
les consciences les plus ardentes et les volontés les plus
fortes, elle l'exerçait encore à ses dépens en multipliant
outre mesure les ordres monastiques voués au célibat. Les
parties de la nation les plus capables de foi profonde et
de haute moralité se trouvaient ainsi triées en quelque
sorte, vouées à l'infécondité, incapables de faire souche.
Peu à peu, par l'élimination directe des croyants hétéro-
doxes et l'élimination indirecte des croyants orthodoxes,
la foi devait aller en perdant son intériorité pour se
paganiser et se réduire, comme nous l'avons vu, aux
pratiques populaires.

A quelle époque l'Espagne eut-elle vraiment spontanéité, initiative, force, sève et vie ? Est-ce sous les rois
rachitiques qui lui donnèrent l'unité en lui enlevant la
liberté ? Non ; si vous voulez le spectacle de la vitalité
espagnole, regardez l'Espagne romaine, puis la civilisation
hispano-arabe du moyen âge. C'est alors que l'Espagne
avait quarante millions d'habitants, industrieux et actifs,
c'est alors que s'élevaient les villes magnifiques dont on
admire aujourd'hui les ruines, c'est alors que l'agriculture
était prospère et que, grâce aux travaux des Maures, l'eau
coulait partout pour féconder les campagnes. De toute
cette floraison, le catholicisme tira les fruits, puis réussit
à étouffer les germes des floraisons futures.

Malgré cela, il est difficile d'admettre que l'Inquisition
et le monachisme, à eux seuls, eussent pu ainsi anémier
la race même. Il y faut ajouter les guerres folles de
Charles-Quint, et surtout les conquêtes en Amérique, qui

déversèrent au delà de l'Océan tout ce que l'Espagne
contenait de caractères entreprenants et énergiques. Ces
diverses causes réunies produisirent une sorte de saignée à
blanc par laquelle s'écoulèrent les éléments les plus généreux de la vie nationale. Ce furent surtout les descendants
des Goths et Germains, les dolicho-blonds, ainsi que les
meilleurs représentants de la race méditerranéo-sémitique
ou dolicho-brune, qui furent victimes ou de leur humeur
aventureuse et batailleuse, ou de leur indépendance
d'esprit et de l'ardeur de leur foi. Le gros des races sans
résistance et sans ressort demeura intact, mais presque
toute l'aristocratie naturelle disparut. Telles sont les raisons physiologiques qui produisirent la dégénérescence
espagnole. A elles seules, elles n'expliquent pas tout : les
causes morales et sociologiques vinrent s'y joindre.

L'expulsion des juifs en 1492, celle de tous les habitants d'origine maure en 1609-1610, privent l'Espagne
d'une population particulièrement active et laborieuse ;
l'indolence méridionale, le préjugé contre les travaux
manuels, le fléau de la mendicité toujours croissante
prennent bientôt le dessus. Bien des petits faits nous font
comprendre dans quelle atmosphère de soupçon et de
crainte on vivait alors ! Les bains ressemblant aux ablu-
tions, on les proscrivit en même temps qu'on bannissait la
race infidèle : prendre un bain ou le prescrire aux malades,
c'était chose périlleuse. Dans la Vieille Castille particuliè-
ment, où les nouveaux chrétiens étaient en petit nombre,
leurs démarches pouvaient éveiller les soupçons : « Un
médecin convers, dit M. Guardia, qui eût ordonné un bain
eût fait scandale. » De là une malpropreté générale et les
maladies de peau devenues endémiques. Voilà l'image matérielle des effets du despotisme et de leurs répercussions lointaines. Les expéditions de Charles-Quint avaient si bien
soutiré hommes et argent que les maisons se fermaient, les
campagnes devenaient désertes, une partie de l'Espagne
retombait en friche. Mais, ici encore, la découverte de
l'Amérique avait été la principale origine des calamités
morales et sociales de l'Espagne. C'est une cause puissante de déséquilibration, pour le caractère d'un peuple,
que le bouleversement plus ou moins soudain de toutes les
conditions sociales, qui enrichit les uns, ruine les autres,

fait monter ceux-ci, descendre ceux-là, entraîne tout dans des courants contradictoires. On s'habitue à compter sur le hasard plutôt que sur la volonté ; et, si on fait acte de volonté même, c'est sur un effort passager, non sur un travail soutenu et persévérant que l'on fonde ses espérances. Or, quoi de plus démoralisateur que le hasard? Un peuple ne vit pas d'aventures, mais de ce travail quotidien qui assure le pain quotidien. Le romanesque, pour une nation, n'est jamais une inoffensive maladie. « Les grandes et glorieuses aventures nationales, avoue un Espagnol, firent de nous un peuple d'aventuriers[1]. »

La cupidité confiante dans la chance engendre nécessairement la paresse, qui, quand elle devient elle-même un objet d'orgueil, constitue un péché deux fois capital. Ce fut celui de l'Espagne. La soif de l'or obtenu sans travail régulier, l'honneur placé dans la vie d'expédients, toutes les ambitions allumées par les récits merveilleux du Nouveau Monde, les têtes en fièvre, les imaginations exaltées, des fortune insolentes par leur soudaineté, des ruines et des catastrophes encore plus grandes, la violence et l'intrigue remplaçant à la fin le devoir patiemment accompli et les tâches modestes, mais sûres, un vent de folie soufflant sur tout un peuple, qui, au moment même où il perdait sa moralité profonde, se posait en héros d'épopée, — voilà l'incroyable spectacle que nous offre l'Espagne de Charles-Quint et de Philippe II. Le résultat intérieur fut l'universel affaissement des volontés.

Les romans de chevalerie, on les vivait en Amérique, s'il faut appeler chevaleresques les aventures fabuleuses et les exploits barbares des Cortez et des Pizarre. C'est ce qui donnait vraisemblance et vogue aux romans d'alors. L'épidémie morale fut telle que Charles-Quint fit des lois contre

---

[1] Selon Ganivet, l'Espagne a souffert, à travers toute son histoire, d'un excès d'action extérieure ; ce qui lui a manqué, c'est le recueillement, le retour sur elle-même, condition d'une pleine possession de soi. Au lieu de se concentrer sur son propre sol, la vitalité nationale s'est répandue un peu partout, en Italie, aux Pays-Bas, en Amérique, et aujourd'hui l'Espagne nous fait l'effet d' « un pauvre névropathe épuisé, arrivé haletant au bout d'une course effrénée ». « Au sortir du moyen âge, au lieu de songer à employer sa vigueur acquise par huit siècles de luttes à des œuvres utiles et réellement nationales, l'Espagne se jeta dans une politique contraire à ses intérêts les plus évidents. L'influence de Charles-Quint fut néfaste à ce pays en l'entraînant hors de sa voie naturelle ».

ces romans, ce qui ne l'empêchait pas de lire lui-même en cachette *Don Belianis de Grèce*. Sous Philippe II, les Cortès demandèrent au roi de brûler en masse tous les romans de chevalerie ; on promit tout, on ne fit rien.

— Le drainage produit par les colonies d'Amérique ne saurait, dit-on, expliquer la déchéance espagnole d'alors ; car des colonies plus pauvres et qui n'étaient guère plus sagement administrées ont fait la grandeur de l'Angleterre. — Sans doute, mais le drainage de l'Angleterre peut-il entrer en comparaison avec celui des *conquistadores* de l'Amérique ? Les colonies anglaises n'ont pas fait se reposer les Anglais dans leur propre pays sous le prétexte que l'or leur viendrait tout seul de là-bas. Aux métaux précieux de l'Amérique l'Espagne accorda la préférence sur les trésors bien plus réels et plus durables du sol et de l'industrie ; on autorisait, de chaque côté des routes, les ravages des troupeaux voyageurs de la *Mesta* ; les nombreuses terres du clergé et de la noblesse étaient mal cultivées par les colons, dont l'intérêt était de ne pas augmenter les revenus pour ne pas augmenter leur fermage. Enrichis par les mines du Nouveau Monde, les Espagnols prirent l'habitude de demander aux autres pays ce que le leur aurait pu produire. Une sorte de « régression psychologique » raviva en Espagne les idées et sentiments correspondant aux modes primitifs d'acquisition des richesses. Dans l'ordre moral et dans l'ordre économique, la partie la plus noble de la nation s'habitua à recevoir passivement les éléments de sa vie. La fière paresse, que la découverte de l'autre hémisphère rendit universelle et classique, devint bientôt, comme on l'a dit, « une sorte de religion sans dissidents ». L'esclavage, qui existait en Espagne et que l'horrible traite des noirs transportait en Amérique, contribuait encore à faire mépriser le travail manuel. Le métier des armes engendrait le même dédain des métiers serviles. Despotisme et intolérance, goût de l'extraordinaire et mépris de l'effort ordinaire apparaissent déjà sous Fernand et Isabelle. De nombreux oisifs, préférant la misère au travail, prétendaient descendre des anciennes familles chrétiennes et faisaient remonter leurs titres de noblesse jusqu'à la lutte contre les Maures. Deux types résument, comme on sait, l'Espagne de la fin du XVIᵉ siècle : le cavalier et le *picaro*.

Le preux manqué devient un gueux ; le chevalier épique se change en chevalier d'industrie. Le roman picaresque n'a bientôt plus à peindre que la foule des oisifs qui auraient cru déchoir en faisant œuvre de leurs dix doigts, des hidalgos faméliques, des aventuriers et des intrigants à la recherche de la fortune, gens sans aveu et sans scrupule ; des soldats fanfarons, des valets menteurs et fripons, des entremetteuses, des sorciers, des bohémiens, des détrousseurs de grand chemin et des spadassins. Par une étrange aberration, le point d'honneur, au lieu d'être placé dans ce qui est honorable, s'attache à ce qui ne l'est pas. On connaît l'histoire de ce spadassin qui avait reçu de l'argent pour un assassinat et qui, après la réconciliation des deux ennemis, ne voulut ni rendre l'argent, ni le garder sans l'avoir gagné, si bien qu'il tua fièrement son homme, par honneur.

L'aversion de l'effort soutenu et persévérant, l'idée de supériorité attribuée à la vie oisive, si mesquine qu'elle soit, ont laissé jusqu'à nos jours, dit M. Sanz y Escartin, de profondes racines dans certaines régions de l'Espagne ; que l'on ajoute à cela « l'admiration et la sympathie témoignées à ceux qui dépensent et dilapident stérilement leur fortune », l'espèce de hauteur avec laquelle on envisage « tout ce qui est prévision, ordre et travail personnel », on aura juste le tableau opposé à celui de la vie anglo-saxonne ; on comprendra l'influence des maximes de la vie collective sur la destinée des peuples. M. Sanz y Escartin cite un exemple caractéristique de cette aberration de l'esprit national qui met son pays en contraste avec presque tous les autres. A Madrid, dans une réunion de personnes appartenant à la classe aisée, on parlait d'un jeune homme qui, grâce à ses études et à ses mérites, avait obtenu par voie de concours une situation honorable. « Ce jeune homme ne doit pas avoir grande valeur, s'écria une dame avec un accent de dédain ; autrement, il aurait trouvé quelqu'un pour se charger de lui, sans prendre toute cette peine. » Les assistants approuvèrent tacitement ce jugement, qui ouvre des perspectives sur certains états particuliers de l'âme espagnole. L'or est bien loin de déplaire à l'Espagnol ; ce qui lui déplaît, c'est l'effort pour le gagner.

La guerre dite des Communes, sous Charles-Quint, avait

préparé la ruine des libertés publiques ; la répression sanglante du protestantisme, sous Philippe II, acheva de rui-
ner la liberté de conscience. L'unité, voilà le rêve espagnol,
et l'Espagne réalisa son rêve. Pendant des siècles, l'unité
y a régné, de par la politique. Mais la politique acheva d'y
cultiver les éléments les plus dangereux du caractère de la
race : l'indolence méridionale et l'aversion des choses
nouvelles, d'une part; d'autre part, la réduction de l'activité spirituelle à « l'empire des formes et à la vie imaginative ». Tout régime tendant à établir, par l'oppression, l'uniformité d'idées, va contre la nature des choses et n'engendre que dégénérescence et misère[1]. M. Jean Valera, de
l'Académie espagnole, ministre plénipotentiaire près le
gouvernement de Belgique, a essayé, il est vrai, de montrer dans l'Inquisition une sorte d'académie composée des
esprits les plus distingués de l'époque : *todos los hombres
ques sciences sabian*. Dans un discours prononcé en 1875
devant l'Académie espagnole, il soutint que le pouvoir
absolu et le saint office n'ont presque point influé sur la
décadence du peuple espagnol : c'est son orgueil formidable,
satanique qui l'a dégradé. M. Valera convient cependant
que l'Inquisition fit du mal à l'Espagne, en l'isolant du
monde civilisé[2]. Philippe II, en effet, protégea l'Espagne
contre l'invasion des idées par un « cordon sanitaire »
infranchissable. La terreur de l'Inquisition enferma la pensée dans un cercle de feu. Encore en 1680, à l'auto-da-fé
de Madrid, figuraient cent vingt condamnés à mort, dont
vingt et un furent brûlés vifs, en présence de la Cour, de
quatre-vingt-cinq grands d'Espagne, des autorités ecclésiastiques et civiles, « d'une foule curieuse, dévote et enthousiaste ». L'Inquisition invoquait la divine miséricorde :
« Je ne veux point la mort du pécheur, mais qu'il se con-
vertisse et qu'il vive ». Et c'est pourquoi, *sine sanguinis
effusione*, on le brûlait. Cette casuistique meurtrière pouvait-elle vraiment rester sans influence sur l'âme d'un peuple ? L'Inquisition ne se contenta pas d'abêtir, elle démo-
ralisa. Au milieu d'une nation chevaleresque, Philippe II

---

[1] Sanz y Escartin, *l Individu et la Réforme sociale*, p. 216.
[2] Le même auteur a écrit une étude : *De la perversion morale en la
España de nuestros días*.

avait pris pour devise : « Dissimuler » ; cette devise devint
celle de tout le monde. Le fanatisme des uns engendre
nécessairement l'hypocrisie des autres, et le proverbe espagnol a raison, qui prétend que le diable a coutume de se
masquer derrière la croix. La compression des esprits produisit en Espagne, comme partout, la sophistique et la rhétorique. Ne pouvant s'exercer sur le fond même des choses,
l'intelligence s'exerça sur les formes et substitua les raisonnements aux raisons. On déguisa la pensée sous les
métaphores et les figures de diction. On écrivit moins pour
être compris que pour laisser deviner sa pensée ; « ceux-là
furent le plus admirés que l'on comprenait le moins. » La
subtilité et le brillant du style, sans les idées, ne pouvait
manquer d'aboutir au gongorisme et au cultisme. Enfin,
rien ne pouvant se publier sans préalable autorisation,
comment la science aurait-elle fait le moindre progrès ?
Après la Chine, l'Espagne est le pays qui eut le plus, non
de savants, mais de mandarins : docteurs, licenciés et
bacheliers dans les quatre facultés. Les petites universités
vendaient leurs diplômes et s'en faisaient des rentes. On
prenait des grades pour se soustraire au travail. Le parasitisme « empruntait le masque de la religion et de la
science », et les bras manquaient pour cultiver le sol. Tout
se donnait au concours, et les historiens espagnols nous
apprennent que, pour obtenir une prébende, un bénéfice,
un emploi, une charge, une chaire, une position sociale, il
fallait argumenter victorieusement. C'était une véritable
épidémie scolaire : la logique, la rhétorique et le beau style,
seuls exercices permis à l'intelligence, servaient de déversoirs au trop-plein des esprits inoccupés. Chacun s'enor-
gueillissait de ses titres universitaires, et, à défaut d'hommes sérieux, l'Espagne avait des hommes graves[1].

Ignace de Loyola, tout chevaleresque qu'il fût, contribua
encore sans le vouloir à l'affaissement de son pays, car la
morale relâchée des jésuites espagnols et la police exercée
par eux contre toute liberté furent une des causes qui achevèrent de déprimer les âmes.

Un peuple vit surtout par la conscience, source profonde
de toute moralité. Le despotisme politique et le fanatisme

---

[1] Voir M. Guardia, *Revue philosophique*, 1890.

intolérant ont toujours supprimé la dignité personnelle, pour la remplacer par le ploiement de la machine à des règles toutes formelles. Le véritable esprit politique et le véritable esprit religieux furent du même coup étouffés en Espagne. Une unité extérieure et factice remplaça cette unité intime et vivante que donne à une nation la libre communauté des idées ou des sentiments ; et, quand le pouvoir absolu faiblit, l'unité artificielle fit place à l'anarchie réelle. Les conditions de climat et de configuration géographique reprirent le dessus : les montagnes se retrouvèrent de nouveau dressées entre les provinces, visible image de la séparation des esprits. L'essor de l'industrie et du commerce s'arrêtant avec celui des intelligences, tout recommença à végéter ; la population, qu'on assure avoir été de 40 millions d'âmes sous les Romains, tomba à un chiffre misérable : en 1700, elle n'était que de 6 millions. On ne vécut plus que des souvenirs de la grandeur passée, avec l'orgueil chevaleresque sans ce qui le justifie, avec le dégoût du travail effectif, avec l'étroitesse de conscience et l'absence de toute haute inspiration morale. Le résultat intérieur fut l'universel effondrement des caractères ; le résultat extérieur et matériel fut une sorte de famine généralisée, car jamais la poursuite de l'or ne ruina plus rapidement une nation au point culminant de sa puissance et de de sa gloire.

Jusqu'à notre époque et malgré tant de déboires, les Espagnols, au lieu du « Connais-toi toi-même », ont mis en pratique le : « Admire-toi toi-même ». Cette admiration était soigneusement entretenue par la Légende dorée qui, au-delà des Pyrénées, tient lieu d'histoire. Le patriotisme espagnol consistait à ne jamais mettre en doute la supériorité de l'Espagne, jadis maîtresse des mers et qui n'a cessé de l'être que par le « malheur des temps ». L'Espagne vivait de son passé, avant que la dernière guerre lui eût ouvert les yeux sur son présent et sur son avenir Le donquichottisme aveugle était entretenu par l'ignorance et l'esprit de chimère ; un ministre de la guerre ne déclarait-il pas que les Américains ne viendraient jamais à bout de l'Espagne parce qu'ils se briseraient « contre un rempart de poitrines espagnoles » ? Pour faire pendant à ce ministre de la guerre, un général carliste demandait qu'on lui donnât

une hache d'abordage avec laquelle il s'escrimerait contre
le cuirassé le *Iowa ?* L'emphase des paroles peut suppléer
aux actes, mais ne supplée ni aux canons, ni à l'argent

L'Espagne, en son temps de grandeur, possédait le Portugal, Naples, Milan, la Franche-Comté, les Flandres en
Europe, la plus grande partie de ce qu'on nomme aujour-
d'hui l'Amérique espagnole, une ligne d'importants établissements en Afrique, dans l'Inde, en Malaisie ; de Bornéo
à la Californie, le grand Océan n'était qu'un lac espagnol.
Contarini estime les revenus américains de Philippe II
pour l'année 1593 à deux millions d'écus ; Motley estime le
revenu provenant du Mexique à 3 millions de dollars. Un
siècle après la mort de Philippe II, les cabinets d'Europe
discutaient sur la manière dont on démembrerait l'Espagne.
A Séville, en 1515, on comptait 16 000 métiers à soierie,
occupant 130 000 ouvriers, en 1673, il n'y avait plus que
400 métiers. Dans les manufactures de Ségovie, 34 000
ouvriers confectionnaient jadis 25 500 pièces par an : en
1788, on ne produisait plus que 400 pièces. Ayant perdu
par sa faute ses possessions d'Amérique, l'Espagne perdit
les principaux débouchés de son commerce, qui bientôt
tomba presque entièrement, grâce à la position isolée de
l'Espagne et à la difficulté de ses voies de communication[1].

Dans tous ces maux, un partisan de Marx ne verra-t-il
encore que des phénomènes purement économiques, ou,
sans méconnaître l'importance des modes de production de
la richesse, n'y faut-il pas reconnaître avant tout l'action
des grandes causes intellectuelles et morales? L'histoire
de l'Espagne est un terrible exemple du suicide d'un peuple, exemple sur lequel les autres peuples ne sauraient
trop méditer.

V

ÉTAT MORAL ET SOCIAL DE L'ESPAGNE

Suivant la tradition populaire, à l'origine du monde,
l'Espagne demanda au Créateur un beau ciel, elle l'obtint ;

[1] Voir Valentin Almirall, *l'Espagne telle qu'elle est* (Paris, 1887) ; — L.
Mallada, *Los males de la patria y la futura revolucion espanola* (Madrid,
1892) ; — J.-M. Escuder, *Plus ultra* (Madrid, 1892).

une belle mer, de beaux fruits, de belles femmes, elle l'obtint encore ; — un bon gouvernement ? — « Non, ce serait trop, et l'Espagne serait alors un paradis terrestre. » Mais ce ne fut pas seulement de bons gouvernants qui furent refusés à l'Espagne ; ce furent aussi, trop souvent, des hommes gouvernables. Ferdinand le Catholique s'en plaignait à Guichardin, ambassadeur auprès de lui : « Nation très propre aux armes, disait-il, mais désordonnée, où les soldats sont meilleurs que les capitaines et où l'on s'entend mieux à combattre qu'à commander et à gouverner. » Et Guichardin ajoute, dans sa *Relazione di Spagna :* « C'est peut-être parce que la discorde est dans le sang des Espagnols, nation d'esprits inquiets, pauvres et tournés aux violences ». Ce portrait, de nos jours, n'a pas encore perdu toute sa vérité. Comme électeur, l'Espagnol ignore à peu près la résistance au gouvernement, qui, par un moyen ou par l'autre, a toujours la majorité. La seule ressource de l'Espagnol, sa manière de montrer de l'indépendance, c'est la rébellion. Et la ressource du gouvernement pour éviter la rébellion, c'est de donner spontanément et alternativement le pouvoir aux conservateurs et aux libéraux, quelles que soient les élections, de manière à satisfaire tantôt une catégorie, tantôt l'autre. Par malheur, cette sorte de pulsation qui devrait venir du peuple même, c'est le gouvernement qui la produit et qui, par des moyens artificiels, semble imprimer au cœur de la nation tantôt l'élan de diastole, tantôt celui de systole.

Le gouvernement espagnol ne pouvant être un gouvernement d'opinion, — puisqu'il n'y a pas d'opinion publique dans la Péninsule, — en est réduit à être « un gouvernement de tertulias. » M. le marquis de Moustiers, qui fut ambassadeur de France à Madrid sous le règne du roi Ferdinand VII, exposait ainsi ce trait fondamental de la vie madrilène. « Dans tout le cours de l'année que je viens de passer à Madrid, écrivait-il, je n'ai pas dîné une seule fois dans une maison espagnole ; les grands forment, le soir, chez eux ce qu'on nomme une tertulia, c'est-à-dire une veillée qui se compose presque toujours de leurs plus proches et de quelques subalternes, familiers de la maison, et au milieu desquels la présence d'un étranger, surtout lorsqu'il ne parle pas la langue, devient un véritable objet de gêne et de contrainte ».

L'indolence espagnole a eu plus d'un résultat imprévu. Peu portée au travail industriel, hormis en Catalogne et en Biscaye, elle a trouvé commode de placer des capitaux sur les fonds de l'Etat et d'en « manger paisiblement le revenu ». Dès lors, la stabilité de ces fonds étant devenue sacrée, on a vu disparaître les *pronunciamientos* et les troubles politiques. La turbulence a été disciplinée par l'intérêt.

« Si l'on me consultait, dit Ganivet, sur la maladie dont nous souffrons et qui est si difficile à guérir, je dirais que c'est le mal du non vouloir ; en termes plus scientifiques, nous souffrons d'aboulie, de faiblesse, d'exténuation de la volonté ». Ganivet développe tous les symptômes du mal : la vie nationale réduite au minimum, comme chez le névrosé, dont la vie redescend à celle de l'instinct ; absence d'intérêt pour tout ce qui sort du cercle habituel de la pensée. L'individu atteint d'aboulie oscille entre « l'idée fixe, qui se résout en un acte irréfléchi et violent, et l'idée vieille, abstraite, de pure tradition, inféconde et impuissante ». Ce qui lui manque, ce sont les idées saines, fruit de la réflexion et de l'observation. « Comme le névrosé, l'Espagne souffre d'un trouble dans ses fonctions intellectuelles, elle souffre de l'incapacité de faire la synthèse de ses propres idées et impressions ; et voilà pourquoi elle est incapable de comprendre réellement ses intérêts, et voilà pourquoi le sens de l'intérêt général et public fait défaut dans ce pays ». L'Espagne, ajoute Ganivet, ne rappelle en rien les pays de politique positive, et, par instinct, elle est « l'ennemie de la politique du fait acquis ». Les actes les plus odieux de sa politique ont eu toujours pour cause dernière une certaine foi, car « foi et volonté sont les deux éléments de tout héroïsme ». Mais cette volonté indomptable qui, avec la foi, avait été le trait dominant de la race, est aujourd'hui désorientée, égarée, et elle est devenue un obstacle à tout progrès réel. « Il y a cependant espoir partout où la vie palpite, et cette force indisciplinée, qui a fait de ce pays la terre classique des *pronunciamientos*, n'attend, pour devenir créatrice, que d'être bien dirigée ! » Notre génie aujourd'hui, conclut Ganivet, semble n'être que « fruste », parce qu'il a été rendu grossier par les luttes brutales de guerres interminables ; il est affaibli, « parce qu'il a été nourri, depuis des siècles, d'idées ridicules et vieillottes » ; il semble manquer d'originalité, « parce qu'il a perdu toute foi en ses propres idées créatrices et qu'il cherche au dehors ce qu'il trouvera en lui s'il sait se replier sur lui-même ».

Le droit avait été jadis comme la théologie, une science espagnole ; il s'est, comme la théologie même, perdu dans les subtilités d'une casuistique qui aboutit à détruire ce qu'elle prétend analyser et préciser. Dans la pratique, on a multiplié les lois ou règlements, et, par pléthore de lois, l'Espagne a perdu le sens même de la loi. M. Silvela a dit : « l'Espagne possède toutes les apparences et aucune réalité de nation juridiquement constituée. » Mme Pardo-Bazan ajoute : « le droit est tombé dans un tel discrédit que le nom de justice fait sourire ou frémir : on craint la justice beaucoup plus que les malfaiteurs ». D'ailleurs, la justice ayant été, en Espagne, toujours mêlée à l'administration, toujours entachée de quelque arbitraire, jamais représentée par des chanceliers comme ceux d'Angleterre et de France, par des L'Hôpital, des Lamoignon ou des d'Aguesseau, le peuple ne put jamais croire beaucoup à la justice. Il manqua ainsi à l'Espagne une des idées vitales de la conscience d'une nation. Et puisqu'elle n'avait guère, d'autre part, le sentiment profond de l'humanité, que restait-il, sinon l'orgueil dans le vide chez les uns, la soumission chez les autres[1] ?

Les impôts qui grèvent les classes populaires sont considérables. « L'immoralité et la vénalité, dit Mme Pardo-Bazan, rongent notre administration. » Le fonctionnarisme est une plaie ; 150 000 personnes, non compris l'armée, émargent au budget. Les fonctionnaires préposés au culte catholique sont plus de 70 000.

L'Espagne, sur 19 millions d'habitants, a aujourd'hui 6 mil-

---

[1] Un trait saillant de l'esprit en Espagne, dit encore Ganivet, c'est un individualisme excessif n'acceptant que de mauvais gré le droit positif et s'attachant à un certain idéal de justice conforme à ses convictions. Le dernier mot de cette tendance, c'est l'atomisme législatif, chaque province, chaque commune s'érigeant en législateur, et en fait, les *fueros* ne sont autre chose qu'une manifestation de cet état d'esprit. Cervantes, l'homme qui a le plus profondément pénétre dans l'âme espagnole, a consigné dans son roman cet état psychologique ; il a personnifié en Sancho Pança le droit écrit, la loi codifiée, et en Don Quichotte la prétention à représenter la justice.

lions de personnes sachant lire, 5 millions sachant écrire,
13 millions d'illettrés. Non seulement les maîtres d'école
sont mal payés, mais parfois ils ne le sont pas du tout.
Quand l'argent manque dans les caisses de l'Etat, on voit
des instituteurs réduits à tendre la main, — geste heureusement sans déshonneur dans les Espagnes. En ce pays, s'est
par trop répandue la paresse intellectuelle. La décadence
de l'enseignement supérieur y a eu pour cause principale
l'omnipotente autorité des docteurs infaillibles parlant
du haut de leur chaire. On connaît le dicton espagnol :
« Trop de savoir mène à l'hérésie. » Orgueilleux et renfermé dans sa presqu'île, l'Espagnol a refusé les idées du
dehors ; les mœurs du despotisme ont laissé en lui des
traces indélébiles. « Nous n'avons plus d'inquisition, il est
vrai, écrivait il y a cinq ans le probe et courageux Sanz del
Rio, mais nous avons encore l'esprit de l'inquisition, qui
nous pénètre et nous avilit. »

L'Eglise, en Espagne, conserve toujours une situation très
privilégiée : elle est forte, « d'une force formidable ». Non
seulement elle a de hautes vertus morales, qui entretiennent
son influence, mais, matériellement, elle dispose de
richesses que ne possède aucune autre institution ; elle a,
dans le budget de l'Etat, un crédit de 40 000 000 de pesetas ;
les archevêques siègent de droit au Sénat ; les chapitres
élisent des sénateurs ; les lois générales contre les réunions
et les associations reçoivent des dérogations en faveur du
culte catholique ; le catholicisme jouit de libertés non
reconnues aux autres cultes. Sont seules permises, d'après
la Constitution (art. 11) « les cérémonies et les manifestations publiques de la religion de l'Etat ». En 1896, les
représentants d'une communion protestante obtinrent
des autorités locales et gouvernementales l'autorisation
d'élever, dans une des rues de Madrid, un édifice destiné
à servir de temple. Cette autorisation souleva en Espagne
une véritable tempête. On dut enlever de la façade de l'édifice les emblèmes et sujets religieux. Les évêques demandèrent que le temple projeté ne fût temple qu'intérieurement et eût à l'extérieur les portes d'une simple maison
privée, qu'il fût même séparé de la rue par une cour ou un
jardin. Bref, ce fut un des principaux événements de cette
période, à ce point qu'il fut commenté par tous les « socio-

logues ¹ » Tout récemment encore, les évêques d'Espagne
se réunissaient pour réclamer les privilèges les plus exor-
bitants, pour se plaindre du scandale de temples protestants
élevés en plein Madrid, pour maudire toutes les idées de
liberté et de tolérance ; sous leurs robes violettes ou rouges,
ils ont conservé le tempérament des inquisiteurs ; ils n'ont
rien oublié et rien appris. Au lieu de chercher la principale cause des malheurs de leur patrie dans l'influence d'un
catholicisme aveugle et despotique, ils en accusent les
libéraux et l'esprit moderne, comme si la décadence n'a-
vait pas été l'œuvre des rois catholiques, des évêques
catholiques et des moines catholiques, auxquels ils doivent
encore d'avoir perdu leurs colonies.

Malgré tant d'abus tout puissants, tant d'inintelligence et
de routine séculaire, l'Eglise est cependant restée la grande
force morale, sans laquelle, en Espagne, tout s'en irait à
l'abandon.

L'enseignement des Universités, encore trop soumis au
contrôle de l'Eglise, se réduit pour le professeur à choisir
un livre au commencement du semestre : il l'indique sur
l'affiche des cours, puis il l'explique, le commente et le
fait réciter². Les étudiants libres, de ville en ville, vont
en pèlerinage à la recherche des professeurs renommés
pour leur indulgence ; les étudiants officiels passent l'année
à demander des vacances et encore des vacances, si bien
que la Noël apporte une relâche d'un mois. En Espagne,
les Universités sont principalement « des officines
d'expédition de titres », lesquels s'obtiennent avec facilité
moyennant un petit effort et une fréquentation régulière.
Quant à l'enseignement classique, uniforme pour tous,
avec ses deux cours de latin, sa « morale » considérée
comme simple matière d'examen, ses classifications ver-
bales de zoologie et de botanique, il est « un véritable
spécimen d'inutilité pratique et scientifique ». L'organisation des études officielles est telle qu'un docteur en philosophie et lettres ne connaît généralement de latin que le
peu qu'il en a appris dans les deux premières années consacrées à l'examen du baccalauréat. Aussi M. Mateo Gayo

¹ M. Posada, *Revue internationale de sociologie*, février 1898.
² H. Joly, *A travers l'Europe*.

a-t-il pu s'écrier ironiquement, en s'adressant à un éminent professeur de l'Université et orateur du Parlement :
« Vous êtes, en latin, à la hauteur d'un docteur en philosophie et lettres [1] ».

Quant à la science espagnole, dans son ensemble, elle
est « toute livresquée ». Le génie espagnol répugne aux
sciences exactes et aux sciences d'application. Ce n'est
pas à dire qu'en Espagne les hommes de savoir fassent
absolument défaut, mais la science, chez ceux mêmes qui la
cultivent avec succès prend une teinte particulière : « Cas-
telar, par exemple, dit Ganivet, est un historien consciencieux et d'un savoir aussi étendu peut-être que celui d'un
Mommsen, mais quand il écrit, il devient malgré lui poète
et orateur ; les études d'Echegaray, mathématicien, rappellent les théories du pythagorisme, et les médecins eux-
mêmes, d'une originalité si grande, exposent leurs observations comme le ferait un disciple de l'école de Salerne. »

Ceux qui prétendent que l'instruction ne sert à rien,
que la science même n'a aucune des vertus qu'on lui prête
pour le progrès des peuples, n'ont qu'à regarder l'Espagne. Ils ont là l'exemple de l'ignorance jointe à la foi
aveugle. Ce qu'à la fin le catholicisme, abandonné à lui-même
et à son instinct de domination temporelle, eût fait du monde
entier si on l'eût laissé seul et tout-puissant, l'Espagne
nous en donne le tableau, l'Espagne qui est bien la nation
la plus catholique de toutes, mais qui, à coup sûr, n'est
pas le « pays des lumières ».

Mme Emilia Pardo-Bazan, qui a fait le portrait de la femme
espagnole, lui reconnaît d'admirables dons de caractère et
d'intelligence, et cependant, au-delà des Pyrénées, pourquoi est-il « peu commun qu'un mari se plaise dans la
société de sa femme [2] ? » Elle est par trop ignorante. Ce qui
l'intéresse, lui, est pour elle indifférent. « La science, l'art,
la politique, la guerre, l'industrie, les affaires attirent
l'homme, et sont du pur grec pour la majorité de nos femmes. Il est à remarquer que, moins la vie de l'homme est
intense et compliquée, moins il court le risque de déserter
le foyer. » C'est une éducation suffisante qui fait défaut à

---

[1] Sanz y Escartin, *l'Individu et la Réforme sociale*, p. 259.
[2] La Femme espagnole, *Revue des Revues*, février 1896.

des femmes d'ailleurs pleines d'intelligence et ayant de la
volonté. Le « *summum* de culture nouvelle », nous dit
M. Sanz y Escartin, c'est d'être en état de lire le dernier
roman français, » qui n'est pas toujours une lecture capable
d'élever et de moraliser.

Le « culte de la femme », en Espagne, n'est guère, lui
aussi, qu'une légende, car on ne peut pas donner à la sensualité le nom de culte et, pour ce qui est du respect de la
femme, les mœurs espagnoles y sont entièrement défavorables. Mme Pardo-Bazan se plaint de ce qu'il est difficile
de constater à leur égard non pas même la galanterie,
mais la simple politesse.

Au point de vue social, l'Espagne est dans une situation
critique : la masse du peuple vit dans la « souffrance » du
labeur indispensable pour vivre, dans « l'ignorance de tout »,
dans la « désillusion ». Tandis que, à Londres, une famille
d'ouvriers qui, par la réunion de divers salaires, se fait un
revenu de 2 000 francs, paye à peine 90 francs d'impôts, à
Madrid, une famille qui gagnerait autant paierait déjà, du
seul fait des droits de consommation, 400 francs d'impôts [1].
On comprend que, dans de telles conditions, l'épargne
soit très difficile, puisqu'elle exigerait, outre des circonstances particulièrement favorables, des qualités morales de
premier ordre. Sous ce dernier rapport, l'Espagnol se
montre inférieur à l'Italien, grevé d'impôts, lui aussi, et
qui trouve pourtant moyen d'épargner ! La société demi-
éclairée ou éclairée n'a pas d'aspirations sociales « con-
crètres et définies » ; elle n'a qu'un libéralisme passif, qui
supporte, sans s'en émouvoir autrement « les injures
adressées à la liberté ». La jeunesse, étant peu instruite,
« ne forme pas un noyau, n'est pas un espoir. » Il n'y
a eu jusqu'ici aucun grand problème qui pût l'émouvoir
et « lui faire mettre en action ses qualités, toujours
généreuses et saines ». Les questions sociales, qui partout
ailleurs agitent l'âme de la jeunesse, la laissent indifférente,
« préoccupée qu'elle est principalement de la question
économique *personnelle* [2] ».

---

[1] Sanz y Escartin, *l'Individu et la Réforme sociale*.
[2] Voir M. Posada, *Revue internationale de sociologie, ibid.*

Dans son essai sur l'*Histoire de la propriété en Espagne*,
M. F. de Cardenas a excellemment montré les relations qui
lient la richesse aux qualités de culture intellectuelle et de
gouvernement des classes supérieures, — encore un point
négligé par Karl Marx. Il y faut ajouter aussi les qualités des classes inférieures. Comme leurs voisins d'Afrique,
les Espagnols de nos jours vivent pauvrement de l'élevage
des moutons et des produits d'une culture arriérée. Non
seulement ils n'ont pas de capitaux, mais nous avons vu
qu'il manque à leur caractère même le grand capital moral :
initiative et besoin de progrès. Consommant peu, d'ailleurs, ils travaillent peu. S'ils échappent à l'extrême
misère, c'est à force de tempérance et de sobriété. Outre
que le climat porte à ces qualités, en Espagne comme en
Italie, il y a peu d'occasions de dissipation et de dépense,
en dehors des courses de taureaux que l'Italie ne connaît
pas, et de la loterie, qu'elle connaît, hélas ! comme l'Espagne.
Aux ouvriers espagnols on reproche d'être souvent aussi
ignorants qu'intelligents, — ce qui n'est pas peu dire, —
d'être fréquemment enclins à la paresse dès que l'absolue
nécessité ne les aiguillonne plus, d'avoir un caractère irritable
et trop prompt, en même temps qu'orgueilleux, indépendant,
indiscipliné. On nous montre le gros des ouvriers espagnols habitués à l'indolence et à une existence misérable,
sans effort énergique pour améliorer leur sort, sans espoir
d'y parvenir, sans grands besoins, sans vifs désirs, sans
assiduité, sans ardeur ambitieuse ; plus remarquables comme
hommes que comme travailleurs, industrieux, mais inégaux,
insouciants, prenant peu d'intérêt à la besogne et ayant
besoin d'une constante surveillance : tantôt, après des
heures d'activité fiévreuse, passant des journées entières
dans l'oisiveté, — ce que feraient aussi des Arabes ; — tantôt
accomplissant leur tâche avec lenteur, inattention ou mollesse, plus occupés de fumer ou de causer entre eux que
de bien faire. Il n'y a guère d'exception que pour les Catalans et les Valenciens, plus actifs et qui, dans certaines
branches d'industrie, fabriquent des produits suffisamment
perfectionnés[1]. Au reste, comment l'ouvrier espagnol vivrait-
il bien et travaillerait-il bien, avec un aussi misérable

Lavollée, *les Classes ouvrières en Europe*, t. II, 506.

salaire ? Sa paie, dit un Anglais, « est d'ordinaire trop
faible, sa nourriture insuffisante, son vêtement des plus
communs et des plus grossiers [1] ». Il se nourrit presque
exclusivement de pain, de légumes, de fruits, d'huile et
de poissons, jamais de viande. La soupe froide de l'Andalou, « mélange indigeste de pain et de tranches de
concombre, » ne saurait être fortifiante. Mal logé, mal
vêtu, ne renouvelant guère ses vêtements, l'ouvrier reste
étranger à tout souci de l'hygiène. Malgré sa frugalité, il
n'arrive finalement qu'avec la plus grande peine à équilibrer recettes et dépenses.

L'émigration diminue notablement le taux d'accroissement de la population en Espagne, accroissement qui, sans
elle, irait très vite. Que les conditions économiques s'amé-
liorent et vous verrez se repeupler avec une rapidité
extrême cette terre qui eut jadis quarante millions d'habitants.

L'enquête ouverte par le gouvernement espagnol sur les
causes du mouvement d'émigration, qui va croissant, a
montré que, si l'on excepte les provinces basques avec
leurs populations aventureuses, c'est la misère profonde
et insurmontable qui pousse les Espagnols au delà des frontières. « Mauvaises récoltes, sécheresses, dénudation des
montagnes, absence d'eau et ravages des torrents, mauvais
état et insécurité des routes, détestable administration
municipale, excès des charges, » tels sont les faits que
signalent de toutes parts les autorités espagnoles. Les habitants cherchent ailleurs des pays plus riches et de meilleures lois.

M. Lucas Mallada, en étudiant *les maux de la patrie, los
Males de la patria*, nous révèle qu'aujourd'hui même, il y
a en Espagne quatre cent quatorze mille propriétés mises
en séquestre, autant dire improductives, parce qu'elles ne
peuvent payer l'impôt foncier, qui ruine la terre. Il y a
plusieurs millions de personnes sans profession et ne ren-
trant dans aucune classe, et près de 100 000 mendiants. Les
Espagnols ont par trop pris au pied de la lettre le mot de
saint Ignace, recommandant à l'un de ses religieux dénué de
ressources « la sainte mendicité ». A Madrid, les mendiants

---

[1] French, *Reports*, t. I, 315.

exploitent la municipalité plus profitablement que partout ailleurs, par manque de toute organisation de la bienfaisance privée. Plus d'une fois, M. Sanz y Escartin, impressionné par le ton lamentable d'un de ces mendiants aptes au travail qui racontent au passant leurs misères, lui donna l'adresse de son domicile, promit de lui fournir des secours et de le recommander à une association de bienfaisance : jamais le mendiant ne se rendit à l'invitation. Une pauvresse honteuse, le visage couvert d'une voilette noire, implorait d'un ton mélodramatique du pain pour ses enfants ; après avoir reçu quelque argent des uns et des autres, elle dînait largement au café et passait le reste du jour dans ce *farniente* plus doux à l'Espagnol qu'à l'Italien. Misère morale, misère intellectuelle et misère matérielle vont toujours ensemble.

V

LE GÉNIE ESPAGNOL EN AMÉRIQUE. INFLUENCE DE LA RACE,
DU CLIMAT ET DES CONDITIONS SOCIALES

Si nous suivons au delà des mers le génie espagnol et ses destinées, nous voyons d'abord que l'Espagne traita trop ses colonies comme elle traitait les hérétiques. L'Espagne ne les avait point préparées à la liberté ; elles ne surent pas la conquérir ou la garder. La mère-patrie, de son côté, quand elle eut perdu sans retour les revenus des terres du nouvel hémisphère, dut vivre sans cette aide : elle ne put que végéter. Dans les colonies qu'elle avait conservées, elle continua le régime traditionnel d'oppression et d'iniquité. Joignez-y la montée progressive de l'élément noir et sa revanche contre l'esclavage, et vous comprendrez les révoltes que l'on sait. L'Espagne n'envoyait dans ses colonies que des moines et des fonctionnaires. Or, le fonctionnaire n'est pas colonisateur, et il est dangereux que le moine soit tout-puissant. Il faut que ce dernier se borne à sa mission spirituelle et qu'à côté de lui le colon péninsulaire fasse sentir son influence. Aux colonies d'Espagne régnait un régime de corruption systématique, d'autorité aveugle, d'exploitation sans contrôle.

Aux Antilles comme aux Philippines, les gouverneurs militaires régnaient en satrapes, secondés par les religieux.
Le chef de l'insurrection des Philippines disait : — « Nous
autres, nous partons en campagne non parce que nous
désirons nous séparer de la mère-patrie, mais parce que
nous avons été forcés de subir le joug matériel et moral
de cette vieille ligue que les moines représentent dans
notre pays. Nous ne demandons pas d'autres réformes que
celles qui consisteraient à restreindre l'influence que les
moines ont acquise par les lois sur nos peuples [1]. »

A l'Amérique espagnole du Sud s'oppose l'Amérique
anglaise du Nord : mêmes institutions républicaines, copiées
sur le même type, mais produisant ici liberté, puissance,
progrès, là anarchie, impuissance, révolutions perpétuelles,
décadence irrémédiable. D'où vient l'antithèse ? Est-ce de
l'opposition même des races espagnole et saxonne ? Est-ce
de l'absorption des éléments ethniques supérieurs dans les
masses inférieures ? Est-ce de la différence entre les climats,
surtout de la différence entre les religions, entre les systèmes d'éducation, enfin entre les caractères ?

On a maintes fois insisté sur l'importance de la race dans
les États de l'Amérique et sur l'infériorité des races dites
latines par rapport aux races anglo-saxonne, germanique
et scandinave. Selon M. Le Bon, les causes de la décadence
des républiques hispano-américaines seraient tout entières
« dans la constitution mentale d'une race n'ayant ni énergie,
ni volonté, ni moralité ». Ici encore, il faut d'abord protester contre l'abus de cette appellation : races latines.
Les Français, encore une fois, ne sont pas vraiment latins ;
toujours est-il qu'au Canada, ils ont réussi aussi bien que les
Anglo-Saxons. L'élément celtique peut bien, en Amérique
comme ailleurs, montrer moins d'âpre énergie et de volonté
aventureuse que l'élément anglo-saxon ; mais c'est à peu
près tout ce qu'il est permis d'en dire. Quant à la race ibérique, est-ce que l'esprit de hardiesse et l'énergie lui manquent ? Malgré les théories sur les races latines, l'Espagne
romantique nous a paru bien éloignée de la positive et
souple Italie. Au delà de l'Océan, il en est de même. Les
noms d'Amérique espagnole, d'Amérique *latine* ne sont

---

[1] Voir Posada, dans la *Revue internationale de sociologie*, février 1898.

d'ailleurs pas exacts. Il reste bien peu d'Espagnols et de Portugais de sang pur ou même de sang mêlé. Africains et Indiens sont en nombre considérable. De plus, les Français, les Anglais et les Allemands se mêlent aux Espagnols. Au Brésil, nègres et mulâtres forment le tiers de la population; il y a beaucoup d'Indiens purs, encore plus d'Indiens métis ou civilisés; il y a aussi un bon nombre d'Allemands. Les Portugais y forment la majorité, mais il y a peu de familles portugaises pur sang, et le climat, excepté sur les hauteurs, est peu favorable pour maintenir la race européenne dans sa pleine vigueur physique et mentale. Selon M. Curtis[1], même dans les provinces du Sud américain, la plupart des colonisateurs ont succombé aux influences du climat. Est-ce la faute de la race latine?

Dans les contrées plus tempérées, c'est par l'énergie indomptable, par l'esprit d'initiative et le sentiment d'indépendance, autant que par l'intelligence même, qu'on peut se flatter de réussir. Les Yankees, — Anglo-Saxons mélangés de sang allemand, français, etc., et modifiés par le climat américain, — sont bien connus pour leur activité fiévreuse, leur hardiesse poussée jusqu'à la témérité, leur admiration de la force et du succès, leur absolue indépendance personnelle. Les Etats-Unis sont un pays de lutte et de conquêtes industrielles, où les qualités des esprits courageux et conquérants retrouvent, sous une forme pacifique, tout leur emploi et tous leurs succès; quiconque ne possède pas les conditions requises de caractère et d'esprit a bientôt disparu et ne peut faire souche. De là une sélection. Tandis que l'Anglo-Saxon prospère aux Etats-Unis, l'Irlandais trop souvent végète, hormis comme politicien, l'Italien meurt de faim. Quant à l'Espagnol, il n'a pas le génie industriel ni l'ambition insatiable de l'Anglo-Saxon. Dans les républiques du Sud qu'il a fondées, il n'a pas développé cette passion d'affaires et d'industrie qui se trouve aux Etats-Unis[2]. Les Espagnols ont d'ailleurs conservé en

[1] *Capitals of Southern America*, 606.
[2] Pour le commerce et l'industrie, où les grandes entreprises nécessitent des capitaux étrangers et une direction sûre, l'influence anglaise et allemande est prédominante dans l'Amérique dite Espagnole. L'influence intellectuelle qui prévaut, est l'influence française, qui est presque exclusive

partie leurs préjugés contre le travail et leur peu de goût
pour mettre personnellement la main à la besogne. C'étaient
des « conquistadores », disons plus simplement des aventuriers. De plus, ils se sont mêlés à la population indienne
et africaine, et ils l'ont laissée se développer à leurs dépens
dans des proportions énormes. Enfin, l'absence de lutte
industrielle très intense et la prédominance des intérêts
agricoles sur tous les autres a laissé le champ libre aux
politiciens. Ces derniers ont été en outre favorisés par
l'erreur, — fréquente chez les peuples *d'éducation* latine,
— qui consiste à croire que le gouvernement et les lois
peuvent tout, créent tout dans un pays. La politique est
ainsi devenue l'occupation dominante et, au lieu d'une
concurrence féconde dans l'industrie ou le commerce, on
n'a eu que la lutte stérile des partis politiques, avec les
révolutions perpétuelles qui en sont la conséquence. On
en est venu à chercher dans une nouvelle révolution la
sanction et le remède des abus de pouvoir. « Cette moralité, prétend M. Gil Fortoul, dans une intéressante étude
sur le Vénézuéla [1], en vaut une autre. » Nous nous per-
mettrons d'en douter. Aux États-Unis, les habitudes
d'empire sur soi, de respect du devoir et de moralité
avaient subsisté chez les meilleurs, depuis les Puritains,
qui exercèrent jadis tant d'influence. Et autre était l'éducation puritaine que celle des jésuites espagnols. Mais,
même aux États-Unis, que les temps et les mœurs sont
changés !

La conquête et même l'immigration pure et simple
entraînent toujours ce que les psychologues appellent une
régression morale. On l'observe dans l'Amérique anglo-
saxonne comme dans l'Amérique espagnole. L'immigré, en
effet, a brisé les liens de famille et ceux de la tradition
nationale : il est ramené à un état d'individualisme qui
peut ressembler à l'absence de règle. Son but, c'est le gain,
dont sa situation même lui fait une nécessité. M. Bosco a
montré, dans ses études sur *l'Homicide aux États-Unis*,
que la régression morale entraîne à son tour une régression juridique, dont le lynchage est la conséquence la plus

en littérature Dans les universités, la plupart des textes dont se servent les
etudiants sont français.
[1] *Revue de sociologie*, 1894.

visible et la plus frappante. Toujours est-il que le taux des homicides atteint, dans la totalité des Etats-Unis, le chiffre de 12 par 100 000 habitants, dépassant ainsi de beaucoup l'Italie même, l'Espagne et la Hongrie. Il faut d'ailleurs distinguer ici, avec M. Bosco, les diverses parties de l'Union. Les Etats atlantiques du Nord n'offrent que six homicides pour 100 000 habitants, encore deux de plus qu'en Espagne ; dans les Etats du Sud, où les noirs abondent, où les facteurs économiques viennent se joindre à la race même, (la situation des nègres ayant constamment empiré depuis l'émancipation), le chiffre d'homicides est doublé. Enfin, dans les Etats de l'Ouest, où se trouve une société en formation, composée d'émigrants européens et chinois, avec une autorité politique et judiciaire très faiblement constituée, l'homicide atteint le chiffre énorme de 28 pour 100 000 habitants. Les statistiques sérieuses manquent pour l'Amérique dite latine, mais il est facile de concevoir que les conditions de race, de climat et de milieu, y sont encore plus défavorables, ce qui doit entraîner un accroissement de criminalité. Ce serait une injustice pure et simple que d'en rendre responsables les Espagnols et surtout les « Latins », alors que les Anglo-Saxons eux-mêmes subissent des fatalités analogues.

VII

AVENIR POSSIBLE DE L'ESPAGNE

Rien ne serait plus faux que de juger l'Espagne elle-même sur ses colonies ou sur les destinées de la prétendue Amérique latine, où se trouvent réunies, comme on vient de le voir, tant de conditions fâcheuses qui sont vraiment étrangères à l'Espagne.

Pour l'intelligence et pour la volonté, l'Espagne européenne a encore d'immenses ressources ; et, d'autre part, même dans les temps modernes, la nécessité est toujours la grande maîtresse de l'industrie. Comment rester en dehors du courant économique qui entraîne les autres nations et qui, sans « commander » le courant intellectuel et moral, comme le prétendent les marxistes, finit cependant par le susciter et par l'aider ? La montée même de la population rend nécessaire des changements que sa stagnation n'aurait point provoqués. Sans doute l'Espagne n'a pas encore 20 millions d'habitants, et elle n'a que 35 habitants par kilomètre carré ; mais, comme le Portugal et comme l'Italie, elle a une natalité qui se rapproche de celle de l'Allemagne. A peu près constante depuis vingt ans en son taux d'augmentation, cette natalité est de 35 a 36 p. 1 000 ; le Portugal en a une de 34 à 35. L'Espagne aura bientôt retrouvé ses 40 millions d'habitants. Il y a là un grand élément de prospérité pour l'avenir, car la surabondance de la population permet les sélections sociales, oblige au travail, assure le succès final à l'intelligence.

Pour ses coutumes propres, nous avons vu combien l'attachement de l'Espagnol est opiniâtre : du dehors, il ne veut rien apprendre et n'a encore presque rien appris. Se fermant à la vie moderne, l'Espagne est devenue « de plus en plus africaine ». L'Espagnol traite l'étranger avec une grande courtoisie, qui recouvre une grande indifférence. Il est trop fier de lui-même pour être curieux à l'égard des autres : c'est « un grand seigneur ruiné qui maintient ses prétentions et reste fixé dans son attitude[1] ». Mais cette attitude ne durera pas : on peut de moins en moins vivre en dehors du mouvement intellectuel qui entraîne toutes les nations modernes : que l'Espagne s'instruise, et elle sera changée.

Dans sa dernière guerre, l'Espagne a perdu beaucoup d'argent, elle a perdu aussi beaucoup d'illusions : cette seconde perte est un gain, si la nation cesse enfin de rêver l'impossible, pour travailler au possible. Débarrassée du poids mort de ses colonies, il faudra bien qu'elle cherche à faire de l'Espagne même la grande ressource des Espagnols. Ses morts seuls étaient vivants, a-t-on dit, et la voilà forcée aujourd'hui d'enterrer ces glorieux morts ; il faut donc, si elle ne veut pas mourir elle-même, qu'elle naisse à la vie nouvelle.

Le peuple espagnol a toujours l'âme guerrière et vaillante : c'est un des traits les plus permanents de son caractère. S'il en faut croire ceux qui l'ont étudiée, l'armée

_____
[1] Vidal-Lablache, *Etats et nations de l'Europe*, p. 344.

espagnole, malgré ses revers, est douée de ces vertus militaires qui ne s'acquièrent point du jour au lendemain.
Moins brillante que certaines autres, elle a peut-être plus
de fond ; elle possède, en tout cas, le vrai soldat, celui
qu'on a défini l'homme sobre, robuste, endurant, brave,
enthousiaste et pourtant tenace, rempli d'orgueil patriotique
et exalté par le sentiment de sa supériorité, sentiment si
utile à la guerre. Il est malheureux que l'armée espagnole
compte tant de généraux : elle en avait récemment 540
contre 300 dans l'armée française, dont l'effectif numérique
est presque triple ! Durant plus de trois ans, avec une
énergie que toute l'Europe a admirée, l'Espagne n'a pas
reculé devant les plus grands efforts et les plus lourds sacrifices pour étouffer l'insurrection de Cuba. Si elle n'y est
pas parvenue, les hommes du métier font observer que les
insurgés, quoique sensiblement moins nombreux, ont
profité du pays et du climat pour mettre les colonnes espagnoles sur les dents, laisser faire la fièvre jaune, se rendre
eux-mêmes insaisissables : ils ont retourné ainsi contre
l'Espagne la tactique dont celle-ci s'était servie pour user
les armées de Napoléon. Enfin, divisés sur les questions
intérieures, les Espagnols retrouvent leur unité devant
l'étranger : leur population étant, comme nous l'avons vu,
la plus homogène au point de vue de la race avec celle
de l'Angleterre, l'esprit national est et demeure invincible.

L'industrie espagnole, jadis si florissante, aujourd'hui
si dégénérée, se relève peu à peu, quoique péniblement ;
sur les quinze provinces du royaume, il en est deux ou
trois où le travail industriel a pris du développement : avant
tout la Catalogne, la Biscaye, puis Valence et Alicante.
Les chemins de fer finiront par faire sentir leur influence
sur la richesse publique : difficiles à construire, à cause
de la nature du sol, ils ne représentent encore que dix
mille kilomètres, avec de mauvaises routes pour affluents,
des tarifs trop élevés, une exploitation trop lente et trente
kilomètres à l'heure. Malgré tant de désavantages, les effets
d'une meilleure circulation des produits se font déjà sentir :
pour ne parler que des vins, l'Espagne s'est mise en état
d'en exporter par an 5 ou 6 millions d'hectolitres en France [1].

_____
[1] Vidal-Lablache, _ibid._

On a fait aussi de grands travaux pour l'amélioration des ports. M. Ricart-Giralt, dans son livre sur *Nuestra marina mercante*, constate un état de crise produit par la diminution constante de la marine à voile et, par conséquent, la ruine des anciens chantiers de construction. En revanche, le tonnage à vapeur augmente et, dans la comparaison des marines à vapeur, l'Espagne semble venir après l'Angleterre, la France, l'Allemagne et les États-Unis, c'est-à-dire au cinquième rang. Par malheur, près d'un quart du tonnage n'est espagnol que de nom : en bien des cas, le pavillon n'est « qu'un passeport permettant aux étrangers d'éviter les droits dont est frappé pour eux le commerce des colonies espagnoles ».

Le commerce extérieur de l'Espagne, surtout celui d'importation, est en progrès, quoiqu'il n'atteigne pas deux milliards et qu'il ne dépasse pas celui de la Suisse. Ses principales relations sont avec la France et l'Angleterre. Le commerce avec les colonies représentait un dixième du total, proportion médiocre par comparaison avec l'Angleterre, mais considérable par comparaison avec les autres puissances coloniales d'Europe. C'est parce qu'une grande partie du commerce de l'Espagne reposait sur ses colonies qu'elle avait un si grand désir de les conserver [1].

La situation financière de l'Espagne a reçu un grave coup par suite de ses désastres. Est-ce pourtant une situation désespérée? On peut, sans être optimiste, déclarer que non. Il y a en Espagne une grande perturbation financière, mais ce n'est pas même une véritable perturbation économique. « Nous aurions souffert davantage d'une insurrection carliste suivie d'une guerre civile [2] ». La richesse publique augmente progressivement. L'exportation et l'importation de l'Espagne, dans ces quarante dernières années, le prouvent d'une façon très claire. Au lieu de 168 millions de pesetas, nombre auquel le mouvement s'élevait en 1850, on a eu 916 millions en 1897. L'importation, qui en 1850 était de 223 millions, est en 1897 de 1077. En même temps, la population péninsulaire avait déjà passé de 15 400 000 habitants en 1850 à 18 406 000 en 1897. En certains districts, par

---

[1] Mais les Antilles, par malheur, étaient l'avant-garde de l'isthme et la proie convoitée par les États-Unis !

[2] M. Adolfo Posada, *Revue internationale de sociologie*, juillet 1898.

exemple dans les Asturies, le mouvement industriel devient de plus en plus florissant. Une grande partie de la jeunesse finit par voir dans l'industrie un grand avenir. En peu de temps, l'exploitation du charbon a doublé sa production ; en moins d'une année, on a établi en cette seule province quatre fabriques de sucre, une d'explosifs et diverses fondations de forges. Si l'Etat avait une bonne direction économique, si l'on savait user d'économie dans les sphères officielles, les conséquences financières de la guerre seraient loin d'entraîner la banqueroute de l'Etat.

M. Costa qui a écrit un livre remarquable sur le collectivisme agraire en Espagne, a calculé que les frais de la dernière guerre représentent la valeur des améliorations suivantes qu'on aurait pu entreprendre : tous les canaux et travaux d'étangs artificiels possibles en Espagne ; la moitié des travaux d'irrigation, augmentée d'un million et demi d'hectares ; 250 000 kilomètres de chemins anciens qui auraient été convertis en routes carrossables, et 10 000 kilomètres de grands chemins ; une colonisation intérieure qui aurait été représentée par mille villages nouveaux, avec une augmentation de 4 à 5 millions d'habitants ; des acquisitions territoriales en Afrique pour l'industrie et la marine sur une surface double de celle de la Péninsule ; « qu'on calcule la différence qu'il y a entre avoir cette somme en actif comme un soutien, et l'avoir en passif comme un boulet ; et on commencera à comprendre le fruit de ces guerres ! »

M. Costa ajoute : « Toujours, depuis que la nation s'est constituée, il y a quatre siècles, ses politiques se sont laissé séduire par la carte de la Péninsule, dont ils ne connaissaient que l'étendue et la belle position géographique, sans se soucier d'apprécier son degré de production intérieure, la population qu'elle pouvait contenir, les ressources réelles dont elle pouvait aider le Trésor public. » Deux « accidents historiques », le débarquement de Christophe Colomb en Amérique avec la loterie du Nouveau-Monde, d'une part, d'autre part le mariage de la Reine Jeanne et ses espérances en l'Europe centrale, firent miroiter aux yeux de l'Espagne la perspective de la grandeur suprême et la tentation d'un empire universel ; pour y résister, il n'y avait pas dans la race espagnole un capital suffisant de sagesse politique, tel qu'on le trouve chez les

Italiens ; de là cette erreur d'orientation qui a produit quatre siècles de décadence. Déjà Canovas avait remarqué dans l'histoire de l'Espagne, depuis les rois catholiques, « un manque de proportion entre les moyens et les entreprises », qu'il considérait comme la cause de l'arrêt et de la décadence. C'est dire, comme nous l'avons nous-même remarqué plus haut, que l'Espagne fut victime de sa politique romanesque et romantique. Il y a encore là des causes intellectuelles et morales, non des causes ethniques.

Les Espagnols sont les premiers à reconnaître que les raisons de leur récente défaite sont l'ignorance, la paresse, l'imprévoyance. Un siècle après la Révolution, l'Espagne n'était-elle pas encore un peuple absolu, intransigeant ? Plus de cinquante ans après avoir déclaré obligatoire l'enseignement, ne compte-t-elle pas encore par milliers ceux qui ne savent ni lire ni écrire ; ne doit-t-elle pas à ses maîtres d'école environ 8 millions de pesetas ? Enfin c'est à peine si l'Espagne a encore pu se rendre maîtresse par le labour d'une petite partie de l'ingrat territoire péninsulaire.

Désormais dépouillée de ses colonies et dans l'impuissance de rêver des conquêtes, l'Espagne sera bien obligée de mettre à profit ses propres ressources intérieures, qui sont grandes. Presqu'île dégagée qui s'avance hardiment au milieu de deux mers entre l'Ancien Monde et les jeunes civilisations d'Amérique ou les civilisations futures d'Afrique, la position géographique de l'Espagne est trop belle pour ne pas produire un jour, par le commerce et la navigation, une renaissance de prospérité. L'Espagne redeviendra sans doute ce qu'elle fut dans l'antiquité, un grand pays métallurgique. Les Carthaginois et les Romains exploitaient déjà ses mines, comme le prouvent les amas de scories, les profondes excavations, les monnaies, statuettes et outils qu'on a découverts. Elle a d'importantes richesses non seulement en fer et en cuivre, mais aussi en houille, et l'on sait ce que de telles ressources peuvent donner entre des mains industrieuses. Ce sont surtout les moyens de transport qui manquent et c'est de leur développement, selon les économistes, que dépend l'avenir industriel de cette nation si intelligente. Dans nul pays leur défaut n'a produit plus de mauvais résultats ; dans aucun autre, peut-être, leur extension n'aurait des effets plus favorables et plus variés. Car il ne s'agit pas seulement ici des faits économiques, il s'agit encore des conséquences politiques, intellectuelles, morales. Quand l'Espagne aura réussi à établir des communications aisées entre ses parties, elle aura triomphé de ce qu'on a appelé sa grande fatalité géographique[1], qui est devenue une fatalité psychologique. Et si elle s'ouvre aux idées du dehors, c'est alors vraiment qu'il n'y aura plus de Pyrénées.

Déjà les philosophes et sociologues d'Espagne constatent qu'une heureuse réaction semble s'opérer dans leur pays. Le spectacle de la prospérité et de la force que d'autres nations doivent au travail, la conscience croissante des lacunes de la moralité espagnole, la culture positive qui arrive chaque jour des régions industrielles et commerciales de la péninsule et qui contre-balance le faux « idéalisme », aux décevants mirages, encore prédominant au centre et au midi ; le fond sain et vigoureux de la majeure partie de la nation qui, après avoir vécu, comme en un rêve séculaire, « dans la sphère de l'action réflexe et des instincts élémentaires[2] », est prête à se réveiller et à agir sous la loi de la raison ; le discrédit dont les rhéteurs deviennent l'objet dans le pays même de l'emphase héroïque, la faveur qui commence à s'attacher aux « éléments réfléchis et pratiques », une politique plus sage et plus prévoyante qui honorera et défendra le travail national ; la progressive élimination, par une sélection inévitable dans nos sociétés modernes, de tout élément autre que « la vertu et l'effort personnels », le sentiment plus *humain*, plus efficace et plus vrai, qui pénètre aujourd'hui jusque dans les convictions religieuses, en Espagne comme ailleurs, tous ces faits donnent l'espoir que, mettant fin à sa déviation séculaire, l'Espagne reviendra dans les grandes voies au bout desquelles l'histoire promet la vraie prospérité.

Tôt ou tard se rouvrira l'avenir pour cette noble nation, qui a toujours dans son caractère des réserves de résistance et d'héroïsme. L'Italie, qui eut ses siècles de décadence profonde, n'a-t-elle pas eu son *risorgimento* ? L'Espagne n'a cessé de fournir des écrivains et surtout

---

[1] Vidal-Lablache, *ibid.*
[2] Sanz y Escartin, *l'Individu et la Réforme sociale.*

des peintres de talent ; elle nous donne en ce moment des
études de sociologie et de droit très dignes d'attention,
ainsi que des études de physiologie. Nul ne peut se figurer
combien de richesses dorment enfouies au sein des nations.
Ce peuple d'une originalité si saisissante joint toujours à
sa fierté virile et à son courage tenace l'amour de la
patrie comme l'entend Camoëns, *não movido de premio
vil, mas alto e quasi eterno*, « non pas mû par un prix vil,
mais élevé et comme éternel ». Il suffit qu'un grand
soufle philosophique et scientifique vienne tout rani-
mer chez cette race héroïque, aventureuse et dévote, qui
dut sa ruine morale aux causes mêmes de sa puissance
politique. A notre époque, les changements qui eussent
demandé des siècles peuvent s'accomplir en un demi-
siècle. La science et l'industrie n'ont point de vraies
frontières et chaque peuple profite du travail de tous les
autres, à la condition de s'instruire et de s'approprier ainsi
les résultats de la science ou de l'expérience universelle.
C'est une raison pour ne pas remettre au laissez-faire le
soin de ses destinées : les peuples comme les individus ne
doivent « rien abandonner au hasard de ce qui peut lui être
enlevé par prudence. »

LIVRE IV

LE PEUPLE ANGLAIS

———

Les vieux chroniqueurs du continent, ignorants de l'avenir, ne voyaient dans les insulaires saxons que des « barbares illettrés, lents par tempérament et par nature, rebelles à la culture et tardifs dans leur développement. » Ils avaient grand tort de les dédaigner! Aujourd'hui on tend plutôt, sur le continent, à un sentiment contraire : admiration pour l'Anglo-Saxon. Rappelez-vous les deux ouvrages de M. Demolins, mélange étonnant de vérités et de paradoxes, et celui de M. G. Ferrero sur l'*Europa giovane*, qui est l'hymne d'un Latin à la race anglo-saxonne, sans parler des livres de MM. Gustave Lebon, de Lapouge, Max Leclerc, des *Etudes de philosophie et d'histoire* de M. Sarolea, enfin des intéressants et vivants *Souvenirs d'Oxford*, publiés par M. Jacques Bardoux[1]. Le premier psychologue de l'Amérique contemporaine, M. William James, dans la *Psychological Review* de mars 1897, fait observer que les étrangers s'occupent à idéaliser les Anglo-Saxons au moment même où ces derniers, en Angleterre et surtout en Amérique, sont eux-mêmes beaucoup moins enthousiastes sur leurs principes traditionnels de conduite et commencent à les avoir en suspicion. *Nemo sorte sua contentus!* « Au philosophe incombe la tâche d'être, autant que possible, juste pour tous les peuples. La difficulté est que, les Anglais étant à la fois très personnels dans leur individualisme et

[1] Ces pages avaient été écrites et publiées dans la *Revue des Deux-Mondes*, lorsqu'a paru le livre si pénétrant de M. E. Boutmy : *Essai d'une psychologie politique du peuple anglais au* xix* siècle* Nos diverses études de psychologie collective ont également précédé le livre intéressant de M. Coste sur *l'Expérience des peuples et les prévisions qu'elle autorise*, livre où se trouvent exposées des conclusions particulièrement favorables à l'Angleterre.

très semblables entre eux par leur vif sentiment de solidarité nationale, tout ce qu'on 'dit d'eux peut être contesté au nom d'exemples particuliers. Et cependant,
comment nier qu'il y ait en Angleterre, plus encore qu'ailleurs, des traits communs de tempérament, d'éducation
morale et sociale, de tradition historique, qui aboutissent
à des courants déterminés d'avance et par où les individus,
quelque originaux ou même excentriques qu'ils soient,
sont d'abord obligés de passer? C'est ce qui fait que nous
trouverons tout ensemble en Angleterre et de si fortes personnalités et une telle puissance d'association pour des
œuvres impersonnelles.

Le mot d'individualisme est pris dans des acceptions très
diverses, parfois opposées, et il importe de s'entendre sur
la valeur de ce terme. L'individualisme dont nous voulons parler ici pourrait se définir, au point de vue de
la psychologie, le penchant à développer en soi, avec le
plus d'intensité possible, et à faire dominer au dehors,
avec le plus d'extension possible, sa propre individualité. Or,
ce qui constitue surtout l'individu, c'est une énergie de
volonté et d'activité débordante, qui se pose devant autrui
avec une indépendance fière, avec un esprit de lutte et de
« combativité, » refusant toujours de céder et prétendant
toujours vaincre. Cette forte personnalité entraîne nécessairement une conscience non moins forte de son *moi* et
un sentiment parallèle de complaisance en ce moi. Elle
entraîne aussi un sentiment profond de la responsabilité
personnelle, l'habitude de compter sur soi et de ne répondre qu'à soi-même de ses actes. Sous certains rapports,
tel néo-Latin indiscipliné et frondeur peut sembler plus
individualiste que l'Anglo-Saxon ; mais une volonté vraiment énergique n'exclut pas l'obéissance à la règle, qui,
tout au contraire, exige la maîtrise de soi ; et d'autre part,
indiscipline, mobilité, facilité à l'oubli de la règle, difficulté
de fournir une obéissance soutenue et patiente, habitude
de compter sur autrui, de songer toujours à autrui, de se
décharger au besoin sur autrui de sa responsabilité propre,
tout cela ne constitue pas un individualisme positif, fondé
sur la force et l'énergie personnelle ; c'est plutôt cet individualisme négatif, par manque de volonté et d'empire
sur soi-même, comme aussi par manque d'union avec

autrui, dont on a fait plus d'une fois une si vive critique.

Jusqu'à quel point l'individualisme positif est-il une des qualités fondamentales de l'esprit anglais? Cette qualité exclut-elle, ou, au contraire, favorise-t-elle un développement de plus en plus manifeste du sentiment social en Angleterre? Quelles sont les origines ethniques et psychologiques de cette double tendance, qui forme une apparente antithèse pour l'observateur, et quelles en sont les conséquences dans les diverses manifestations de l'esprit anglais? Autant de problèmes qui offrent pour nous un intérêt actuel et permanent.

I

LES RACES, LE CLIMAT

On a voulu chercher l'explication de l'individualisme anglais, tel que nous l'avons défini, dans le mélange spécifique des races qui ont peuplé la Grande-Bretagne. L'ancienne couche ligure fut recouverte par l'élément celte, qui d'ailleurs en est voisin et auquel se mêla de bonne heure l'élément scandinave. Tacite distingue déjà les Calédoniens, grands et à cheveux roux, des Silures à cheveux noirs. L'Angleterre ayant été d'abord réunie au continent avant qu'un détroit l'en séparât, elle a dû offrir jadis une composition ethnique analogue à celle du Nord de la Gaule. Plus tard sont venues les invasions germaniques et scandinaves, qui ont recouvert de leur couche épaisse le fond celtique. Aujourd'hui encore, dans la Grande-Bretagne, les bruns se répartissent comme si des invasions successives de blonds, venus de l'Est, les avaient éloignés des côtes et refoulés dans les centres et à l'Ouest ; ce fait confirme les données de l'histoire sur les invasions germaniques, devant lesquelles reculèrent les Celtes. Au reste, l'Irlande et l'Écosse prises dans leur ensemble ont, comme l'Angleterre même, 50 p. 100 d'habitants à cheveux blonds ou roux, 50 p. 100 à cheveux bruns ou châtains. Plus de deux millions d'hommes parlent encore des langues celtiques tant en Irlande qu'en Angleterre et en Écosse ; et parmi eux, c'est bien le type celte qui domine avec sa tête

arrondie, sa taille moyenne, ses cheveux noirs ou châtains.
Dans l'ensemble, la taille est à peu près la même en Angleterre (1^m,70), en Irlande (1^m,69), en Ecosse (1^m,71). L'indice céphalique moyen est de 76 pour les Anglo-Saxons,
de 77 pour les anciens Bretons et pour les Anglais modernes,
de 78 pour les Écossais. L'indice céphalique est donc
presque le même d'un bout à l'autre de l'Angleterre, ce qui
indique une population très homogène et très fixée, tandis
que, en France, l'indice céphalique varie de 78 à 88 selon
les régions[1]. Entre les diverses provinces du royaume britannique, vous ne trouvez pas non plus des contrastes aussi
forts que ceux qui éclatent en passant de la Flandre à la
Provence, de la Bourgogne à l'Auvergne, de la Bretagne à
la Gascogne, de la Normandie à la Lorraine ou à l'Alsace.

On a prétendu que les Anglo-Saxons, non contents de
soumettre les anciens Bretons, les avaient exterminés. Il
n'y a pas d'exemple d'une conquête qui ait réussi à détruire
la population existante : on ne saurait étendre à toute la
Grande-Bretagne le sort de quelques villes, dont la destruction complète n'a été mentionnée par l'histoire que
parce qu'elle était une exception. Ce qui est vrai, c'est
que les immigrations en masse des hordes germaniques et
scandinaves, qui arrivaient même avec leurs bestiaux, produisirent en Angleterre un déplacement de population bien
plus sensible qu'en Gaule. On a pu se demander si la France
avait été réellement conquise par les Francs; le Grande-
Bretagne fut certainement conquise par les Germains et
Scandinaves, mais un certain fond celtique n'en subsista
pas moins.

Aujourd'hui, la Grande-Bretagne est partagée entre les
éléments liguro-celtiques et les éléments germaniques,
mais ceux-ci ont conservé un notable avantage. Le type
brun à tête large reprend cependant le dessus dans les
villes, depuis plusieurs siècles, et finira par exercer son
influence envahissante. Le mélange de sang celto-ligure
et de sang germain, qui, pour l'anthropologie, rend la
Grande-Bretagne si analogue à la Gaule antique, est peut-
être la raison pour laquelle le tempérament anglais, quoique souvent flegmatique, est plus nerveux que celui du

[1] Voir Beddoe. *Races in Britain*, p. 231.

Germain pur. La race anglo-saxonne est la première du monde pour la taille (classe ouvrière : 5 pieds anglais 9 pouces 1/4), après les Polynésiens et avant les Patagons [1]. Cette race est aussi la première entre les nations civilisées pour le poids du corps, pour la capacité pulmonaire, pour la force physique. C'est un superbe spécimen du sanguin flegmatique et nervo-moteur. Emerson peint la race anglaise en ces termes : « La nature dit : « Les Romains ne sont plus. Pour édifier un nouvel empire, je choisirai une race neuve, toute masculine, toute en force brutale. Je ne m'oppose pas à une compétition des mâles les plus grossiers. Que le buffle fonce les cornes en avant sur le buffle et que le passage soit au plus fort. Car j'ai un ouvrage à faire qui demande de la volonté et des muscles ».

Bien qu'il soit vraisemblable, comme on l'a soutenu, que des Sardes, mis en Angleterre à la place des Anglo-Saxons, n'eussent pas su mieux profiter de la situation géographique qu'ils ne l'ont su en Sardaigne, nous croyons que les considérations ethniques sont insuffisantes pour expliquer et le caractère et l'histoire d'un peuple : l'Angleterre en est la preuve. Entre la Grande-Bretagne, la Gaule et la Germanie, il y avait jadis analogie de composition : deux énormes couches de Celtes et d'hommes du Nord, avec une addition plus notable d'éléments méditerranéens en Gaule. Il faut donc chercher d'autres facteurs du caractère ; ces facteurs ne se peuvent trouver que dans le milieu physique et surtout dans le milieu social.

Taine, à la suite de Montesquieu, a insisté outre mesure sur les effets du climat. Ce qu'on peut lui accorder, c'est que le ciel humide et froid de l'Angleterre a renforcé les influences qui font de l'acquisition d'un certain bien-être individuel le but le plus nécessaire pour tous. On a calculé que la nourriture d'un seul Anglais suffirait à une famille de huit personnes en Grèce. Il est des pays cléments où, grâce au beau ciel, à la facilité de vivre, à la sobriété des besoins, la misère même n'a rien qui dégrade,

---

[1] Il est curieux de remarquer que, comparés à l'ensemble de la population anglaise, les fous montrent un abaissement de stature de 1 pouce 96 anglais et une diminution de poids de 10 livres anglaises ; les criminels : 2 pouces, 16 et 17 livres 8. (Voir les rapports du Comité anthropométrique de la *British association*)

ni au physique, ni au moral : le bien-être y étant en quelques sorte naturel, on a le temps d'être artiste. Comment en
serait-il de même sous un ciel glacé et brumeux, où l'abri
est difficile à se procurer, où la pauvreté se traduit par des
dehors repoussants et, au dedans, par une sorte de dénuement intellectuel, d'avilissement social et moral ? Dans de
telles contrées, l'utile et le bon se rapprochent parfois au
point de se confondre; il y a un certain bien-être inséparable du bien-faire, une indépendance matérielle sans laquelle, au sein d'une société civilisée, sont compromises
l'indépendance morale et la liberté de l'individu. Il ne faut
donc pas juger l'utilitarisme et l'individualisme anglais
d'après la même règle que l'égoïsme vulgaire : ils ont souvent leur principe dans un intérêt bien entendu, qui peut
se fondre, à la fin, avec le sentiment de la dignité personnelle et qui n'exclut nullement la solidarité sociale.

La situation insulaire devait aussi exercer une grande
action et sur les destinées et sur l'esprit du peuple anglais ;
elle tendait à l'isoler en soi. D'une part, elle l'obligeait à
une fusion plus rapide et plus complète de ses éléments
intérieurs, qui devait produire plus vite un caractère un
et homogène ; d'autre part, elle empêchait à l'extérieur
des communications qui auraient eu pour résultat une
sociabilité plus étendue. Les Anglais n'ont communiqué
avec le continent que pour s'efforcer d'y conquérir du territoire ou pour y faire du commerce. Nous voyons Charlemagne obligé de réprimer la mauvaise foi des marchands
anglais : ils importaient dans les Etats francs des robes de
laine de médiocre qualité ou de taille trop exigüe, et, de plus,
ils essayaient de frauder la douane. Au xv⁰ siècle, dans le
Débat des Hérauts d'Armes, on dit que l'Angleterre est reine
des mers du Nord, mais que, au lieu de se servir de cette
royauté pour transporter ses marchandises, elle s'en sert
pour piller les navires marchands des autres nations.

Mise à l'abri de ses voisins, la Grande-Bretagne a un vaste
développement de côtes, avec des estuaires de fleuves qui
rendent ses ports difficiles à attaquer. Dans son sol, fer
et houille abondent. Rien n'était donc plus naturel aux
habitants que de se tourner vers le négoce et, plus tard,
vers l'industrie. « Ces fiers boutiquiers, dit Byron au xᵉ chant
de Don Juan, portent leurs marchandises et leurs lois d'un

pôle à l'autre, et se font payer un droit par les vagues elles-
mêmes ».

Pour bien comprendre la direction et le développement
propre du caractère anglais, il faut se rappeler que la race
germanique, dont les Anglo-Saxons étaient une branche,
a fini par présenter une double antithèse, qui est devenue
sa marque distinctive : intérieurement, contraste du réalisme et d'un certain idéalisme mystique ; dans les rapports sociaux, conciliation de l'individualisme et du goût
pour la subordination hiérarchique. Les Anglo-Saxons
avaient sans doute les mêmes tendances que les autres
Germains, mais leurs penchants furent modifiés, d'abord
par l'influence celtique et normande, puis par les conditions de leur développement national. Quoique capables
aussi de mysticisme et d'idéalisme, les Celtes ne poussent
pas l'intensité de l'absorption intellectuelle jusqu'à oublier
entièrement la vie pratique. D'autre part, l'influence normande était celle d'esprits fermes et fins, ayant une raison
solide et peu portée aux chimères, une volonté entreprenante et persévérante en vue de « gaigner ».

Si d'ailleurs, des deux termes de l'antithèse germanique, — sens réaliste et sens idéaliste, — le premier s'est
développé au plus haut point en Angleterre, ce n'est pas
à dire que l'autre ait pour cela disparu. Tant s'en faut ;
mais les deux se sont attribué des domaines séparés. Dans
la pratique et dans le domaine de l'intelligence pure, l'Anglais est resté positif ; dans la poésie, nous le verrons
conserver le sens germanique de l'idéal, sans perdre
pour cela celui du réel. M. Darmesteter nous montre
Shakspeare aussi entendu en affaires qu'inspiré en poésie.
Au moment où le poëte écrit le monologue d'Hamlet, il
achète, pour 200 livres, 107 acres dans la paroisse d'Old-
Stratford ; vers 1604, il fait errer le roi Lear dans la tempête et il intente un procès à Philip Rogers en payement
de 1 livre 11 shillings 10 deniers, prix de malt à lui vendu
et non payé ; en 1605, il rêve à lady Macbeth et à la tache
de sang que l'Océan ne pourrait laver, et il afferme pour
440 livres les redevances de Stratford, Old-Stratford,
Bishopton et Wilcombe. Voilà l'Anglo-Normand, avec les
deux parts de son âme et de sa vie. Mais il ne faut pas
oublier qu'un Victor Hugo a pu offrir en France les

mêmes contrastes, plus fréquents toutefois en Angleterre.

Quant à la conciliation de l'individualisme avec le goût
de subordination sociale, elle est devenue bien plus manifeste chez l'Anglais que chez l'Allemand. Le grand événement qui modifia l'individualisme des Anglo-Saxons, leur
donna une marque propre, introduisit dans leur histoire
l'esprit politique et le sentiment de solidarité sociale par
lequel ils s'opposèrent aux autres peuples germains, ce fut
leur conquête par les Normands. Faut-il encore voir là simplement, avec Taine, un mélange de races, un effet de
croisement ethnique ? Non. Les Normands n'étaient pas de
race si différente. De plus ils étaient peu nombreux. Leur
action fut donc surtout politique et sociale. Les Normands
se partagèrent leur conquête ; Guillaume distribua terres,
maisons, abbayes ; les lois les plus dures maintinrent la
soumission. Liés entre eux par la crainte des Anglais, les
Normands étaient sous le roi comme une armée héredi-
taire, écrasant et contenant les vaincus du haut de leurs
forteresses. Anglo-Saxons et Normands formaient ainsi à
l'origine deux nations superposées, l'une maîtresse, l'autre
asservie. Mais les vaincus étaient vingt fois plus nombreux
que les vainqueurs ; aussi devaient-ils conserver finalement
leur trésor de forces vives.

Les familles normandes, dotées au détriment des Saxons
vaincus, furent simplement la souche de l'aristocratie
anglaise. A mesure que les cadets en sortaient par le rang de
leur naissance, le souverain y faisait entrer constamment les
hommes qui s'étaient illustrés dans les carrières administrative, militaire, scientifique. Cette aristocratie créa les
coutumes politiques et fit l'éducation du pays, soit par les
habitudes qu'elle réussit à imposer, soit par celles que
développa la résistance même à son action. De là une
double influence, positive et négative.

Les Normands avaient un esprit dominateur et organisateur ; ils n'étaient pas hommes à laisser se relâcher les liens
de la subordination. En outre, pour leur résister et disputer
ses droits, il fallait s'unir : l'esprit d'association pénétra
donc peu à peu dans la nation anglaise. Ainsi se dessina la
différence entre l'Angleterre et l'ancienne Allemagne. Là,
une forte organisation franco-normande empêcha l'indivi-

dualisme de rester à l'état d'isolement, d'éparpillement, de dissociation ; ici, l'unité fut tellement lente à se faire, qu'elle ne s'est faite que sous nos yeux et en partie par nous. Les Normands, d'esprit vif et clair, positif autant qu'aventureux, ne reculant pas devant la perfidie quand il s'agissait de leurs intérêts, achevèrent d'imposer aux Anglo-Saxons ces préoccupations pratiques et utilitaires que favorisaient déjà leur climat et, nous l'avons vu, leur situation géographique. Taine compare lui-même le Germain normanisé et devenu Anglais à quelque Allemand de Hambourg ou de Brème qui, pendant cinq cents ans, aurait été serré dans le corselet de fer de Guillaume le Conquérant : le voilà tourné malgré lui vers la vie militante et pratique.

Aussi peut-on dire que le caractère Anglais est en grande partie une œuvre de l'éducation franco-latine. Le positivisme anglais est, jusqu'à un certain point, une nature acquise ; on ne peut l'expliquer entièrement par la race, pas même en ajoutant beaucoup de sang celte et un peu de sang normand au sang germanique ordinaire ; il y a là, pour le psychologue, un effet de causes physiques et sociales extrêmement complexes, qui font comprendre comment la floraison de l'esprit anglais a dû s'écarter de plus en plus du vieux tronc allemand. — En Angleterre, dit Taine, c'est la vieille fidélité germanique qui maintient les hommes en société, pendant que la vieille indépendance germanique maintient les hommes debout. — Fort bien, mais comment la « fidélité germanique » n'a-t-elle pas produit le même effet d'organisation dans la Germanie même ? C'est sans doute qu'il y a eu en Angleterre l'autorité normande.

II

LE CARACTÈRE ANGLAIS

Toutes les influences que nous avons précédemment énumérées ont eu pour résultat final le caractère anglais, tel qu'il nous apparaît aujourd'hui en son originalité propre.

Les Celtes avaient l'instinct de la fraternité, le goût de

la société et de tous les groupements : il en resta quelque
chose chez les Anglais. En second lieu, la situation insulaire, qui enfermait les Anglais chez eux, leur permettait
aussi plus d'unité et de suite dans les entreprises ; ils pouvaient vider entre eux leurs querelles et arriver plus vite,
par le frottement mutuel, à un certain équilibre final. Leur
destinée étant renfermée entre des limites beaucoup plus
fixes, comment leur caractère ne serait-il pas devenu bien
plus vite un et homogène ?

La sensibilité, chez l'Anglais comme chez l'Allemand,
est moins fine et plus renfermée en soi que chez le Français
ou l'Italien. C'est le résultat de ce tempérament flegmatique dont nous avons vu la naturelle harmonie avec le
climat de la Grande-Bretagne. Les contrées froides et
humides ne laissent guère subsister, par sélection, que des
natures fortes et rudes, peu sensibles à l'action du dehors.
Le système nerveux répond alors aux choses par des vibrations moins promptes, moins délicates et moins variées.
Les instruments de la perception peuvent-ils s'affiner
sous un ciel sombre et monotone, où l'organisme est
obligé d'être toujours sur la défensive, prêt à repousser
plutôt qu'à laisser entrer des influences hostiles ? Les sens
perceptifs demeurent donc moins délicats et moins riches
en nuances. Seuls les sens vitaux acquièrent de la force ;
le plaisir de manger ou de boire, celui d'exercer ses muscles
et d'agir compensent le manque d'impressions plus désin-
téressées, plus « dilettantes » et plus « artistiques ». Sensible au confortable, l'Anglais l'est beaucoup moins aux
belles formes et à l'élégance extérieure ; comme l'éducation de ses sens, son goût laisse souvent à désirer. Il préfère les jouissances solides et profondes à ces jeux changeants de perceptions fines que favorise, dans d'autres
pays, une nature toute baignée de lumière, invitant les
yeux à une fête perpétuelle. En même temps que la sensibilité est plus obtuse, elle est aussi plus lente. Les nerfs
moins tendus vibrent moins rapidement ; il faut de fortes
impressions pour obtenir en échange des phénomènes
d'expression. De là un calme général et même une certaine
lourdeur. Mais une fois excitées, les passions de l'Anglais
ont une extrême force ; elles ont surtout de la durée.
Concentré et non expansif, l'Anglais individualiste ne

communique pas aisément ses impressions, mais il a beau, sous les dehors de la froideur, cacher ce qu'il éprouve, il affecte plus de flegme qu'il n'en a réellement. Au fond c'est un violent.

L'humeur générale de l'Anglais subit l'influence d'un ciel tantôt gris et voilé, tantôt tempétueux, qui inspire la mélancolie ou la tristesse. Malgré cela, les hérédités de race demeurent ici plus importantes que le climat, puisque nous voyons, sous les mêmes nuages et au milieu des mêmes tempêtes, l'Irlandais conserver quelque chose de l'insouciance et de la belle humeur galliques. L'Anglo-Saxon, lui, a plutôt l'imagination sombre du Germain. Froissart disait des anciens Saxons : « Ils se divertirent moult tristement, à la mode de leur pays ». « Les plaisirs mêmes de l'Anglais, dit Bain, ont en eux je ne sais quoi de triste ». Pourtant, le reste d'éléments celtes qui tempèrent les éléments germains, joint aux traditions d'activité énergique en vue d'intérêts positifs, empêche l'Anglais de verser aussi facilement dans le pessimisme que l'Allemand songeur et contemplatif. L'action ramène toujours la pensée sur terre ; elle impose un but précis, auquel on s'intéresse ; par cela même, elle donne du prix à l'existence. L'Anglais n'a guère le temps de s'attarder aux lamentations sur la vie. Souvent même son utilitarisme se tourne en un optimisme naïf : habitué à considérer le bonheur comme la fin suprême, il faut bien qu'il croie tout d'abord à la possibilité du bonheur. Un livre comme celui de John Lubbock, où nous voyons dressé minutieusement, à la manière de Bentham, le bilan de toutes les joies de la vie, ne pouvait être écrit que par un savant anglais. Aux poètes sont réservées les grandes visions pessimistes ; chez les autres, elles traversent l'imagination sans produire un effet durable. Pour quelques-uns, sans doute, l'oisiveté engendre le spleen, mais le travail, ce lot du grand nombre, guérit les blessures de la pensée. En somme, la sensibilité anglaise est la sensibilité germanique, mais plus individualisée encore et offrant, grâce à une vie plus active et plus utilitaire, une forme moins sentimentale et moins mystique.

La direction générale des sentiments, chez l'Anglais, est vers l'intérieur ; son centre, c'est sa propre personnalité.

Aussi le moi anglais, très développé, s'affirme-t-il avec énergie ; il n'entre ni facilement, ni rapidement dans l'âme et les sentiments d'autrui. Non qu'il soit incapable de sympathie, loin de là ! Quand il réussit à se mettre par la pensée à la place des autres, — ce qui exige un certain temps et un certain effort, — il souffre ou jouit en eux ; les pôles de l'intérêt, renversés, produisent la bienveillance et la bienfaisance la plus active. Dans aucun pays la bourgeoisie et l'aristocratie ne sont aussi généreuses pour les œuvres de charité et d'intérêt public.

La nature de la sensibilité et de l'imagination influe sur celle de l'intelligence. Grâce au calme habituel et à la lenteur du tempérament, l'intelligence anglaise a une allure sérieuse et réfléchie. Là où les sens ne sont pas toujours, comme dirait Descartes, chatouillés par les plaisirs extérieurs, il se produit un retour de la pensée qui la fait rentrer en elle-même. Si l'Anglais n'a pas la facilité d'intuition et le coup d'œil rapide qui distingue les tempéraments plus nerveux, il a en revanche la faculté d'attention soutenue et de concentration profonde. Le premier résultat est le besoin de s'attacher au fond plutôt qu'à la forme. Ce ne sont pas les belles ordonnances, les symétries d'idées, les dessins intellectuels, encore moins les arabesques de l'imagination, qui charmeront des têtes parfois un peu lourdes et médiocrement impressionnables aux choses du dehors. Ces têtes ne penseront pas pour le seul plaisir de penser, elles ne raisonneront pas pour se complaire à aligner des raisons en bon ordre, mais pour atteindre un but et accomplir un travail utile. Dès lors, c'est moins la beauté qui importera que la vérité ; et la vérité même devra finalement se trouver dans la réalité. Le goût du réel, tel qu'il est, avec ses laideurs comme avec ses beautés, avec ses dissonances comme avec ses harmonies, avec tous ses contrastes et sa complexité obscure, est caractéristique chez les Anglais comme chez les Germains ; ils n'éprouvent pas le besoin d'ordonner les choses pour le plaisir de l'œil ; arranger, pour eux, ce serait déranger.

Pourtant, ce fond commun d'intelligence sérieuse et sincère a produit, en Allemagne et en Angleterre, des formes d'esprit très différentes. Là, on a eu le temps, après avoir mis en pratique le *primo vivere*, d'ajouter le *philosophari*.

Ici, outre l'influence celte et normande, le tourbillon de la
vie active, — industrie, commerce, politique, — a déterminé autrement la direction habituelle de l'intelligence.
Quoique capable des longs raisonnements, l'Anglais a dû
se tourner vers l'expérience. Au lieu de spéculer à perte de
vue comme le Germain, il observe ; au lieu de déduire, il
induit ; aux vastes synthèses, aux généralisations, aux
abstractions il préfère l'analyse patiente des faits particuliers et concrets. Il ne se laisse pas prendre, comme
l'alouette française, au miroir des systèmes. Sa vue nette
et précise saisit le détail ; elle se défie des trop vastes
horizons. Bacon parle en Anglais lorsqu'il dit : « Il arrive
souvent que de basses et petites choses en expliquent de
très grandes, beaucoup mieux que les grandes ne peuvent
expliquer les petites ». Ainsi, dans un milieu nouveau et
avec un but nouveau pour son activité, le vieux Germain
est devenu éminemment positif.

Dans le domaine des faits, l'Anglais est un chercheur
incomparable. Son éducation, depuis des siècles, l'a toujours tourné de ce côté ; son esprit est entré dans le
moule. Il a un goût naturel pour collectionner des faits ;
toute sa vie il en collectionne. Qu'il soit chez lui ou à
l'étranger, il remarque, il note. L'Anglais dit : Il faut être
bien informé, *well informed*, et pour cela voir de ses yeux ;
le Français dit : Soyons au courant ; — un courant qui le
roule avec les autres, voilà son idéal. L'orientation finale
du vieil esprit germanique vers l'utilitarisme intellectuel
chez les Anglo-Saxons est la preuve de l'influence
qu'exercent le milieu social, les idées régnantes, les traditions historiques. La tête anglaise est devenue le premier
des appareils enregistreurs. Le Français intellectualiste
joue très souvent avec les notions et les déductions, qui le
charment indépendamment des résultats pratiques; comme
le Grec, il est artiste en idées. Si ses raisonnements se tournent en actes, c'est qu'ils ont éveillé en lui une de ses passions fondamentales; il les réalise alors immédiatement, par
une sorte d'impulsivité. Tout autre est, chez l'Anglais, le
rapport de la pensée à l'acte. Ici, ce n'est pas le besoin de
penser qui domine, c'est le besoin d'agir. Penser, pour
l'Anglais, s'exprime même souvent par le mot réaliser,
realize. Arrivé au bout de son raisonnement, l'Anglais ne

s'arrête pas satisfait ; la conclusion intellectuelle n'est pour lui qu'un commencement, un principe d'action. Ce qui l'intéresse dans cette conclusion, ce n'est pas sa généralité, ni même sa vérité purement abstraite ; c'est la réalité future dont elle n'est que le premier moyen et qui, elle, constitue la fin. Il n'a donc pas besoin de se passionner actuellement pour le principe de conduite qu'il a une fois adopté ; il n'a pas besoin d'être de nouveau entraîné par l'explosion des sentiments corrélatifs aux idées : il s'entraîne lui-même, en vertu d'un besoin d'agir constant et d'une volonté d'agir constante. Toutes ses conceptions sont déjà des convictions pratiques, des règles de conduite auxquelles il se conformera sans se laisser détourner ; ce sont des instruments de travail aussi résistants et immuables que la pioche et la charrue du laboureur.

Un des résultats les plus remarquables des nécessités où se sont trouvés les Anglo-Saxons, de la lutte où ils ont été engagés pour vivre, pour se conserver et s'étendre, de la direction active et pratique que leurs facultés ont dû prendre, d'abord par utilité, puis par goût, c'est cette transformation des facultés germaniques d'abstraction et de généralisation en amour du concret et du particulier. L'action exige une vue des choses sous un angle spécial, en un rapport déterminé à un but déterminé ; elle est ennemie des perspectives générales, qui, offrant à l'intelligence trop de pour et de contre, paralysent la volonté. Elle est ennemie des conceptions abstraites, qui, détachées du réel, demeurant comme entre ciel et terre, entravent l'action vivante et l'effort sur le réel. Burke, en parlant des abstractions, disait : « Je hais jusqu'au son les mots qui les expriment ». On a opposé ce mot à celui de Roger Collard : — « Je méprise un fait ».

C'est par la volonté, cette faculté fondamentale et pour ainsi dire organique, que l'Anglais rappelle le plus fidèlement la race des vieux Germains ; — volonté ferme, opiniâtre, patiente et persévérante, telle qu'on la peut attendre d'organisations à la fois robustes et équilibrées. A un plus haut degré que l'Allemand, l'Anglais possède l'audace entreprenante et le goût de l'initiative. Sous ce rapport il a quelque chose des anciens Scandinaves et Normands, si amoureux des aventures. La volonté grise, dit

Victor Hugo, en parlant des travailleurs de la mer. Cette
griserie, l'Anglais la connaît.

Il est une loi que la psychologie anglaise a mise en
lumière et dont le caractère anglais offre l'application : la
loi de transfert, qui finit par transférer au moyen dont on
se sert en vue d'une fin la valeur de cette fin même.
L'énergie volontaire a été d'abord pour les Anglais un
moyen en vue de la conservation et du bien-être sous un
climat rude qui semble dire : travaille ou disparais. A force
de vouloir en vue de l'utile ou du nécessaire, l'Anglais a
fini par vouloir pour le plaisir de vouloir, par lutter pour
le plaisir de lutter. « Énergiques par la volonté de faire
effort, de chercher, de trouver et de ne jamais céder. »
Ainsi parle Tennyson [1].

L'Anglais aime tout ce qui est puissance et force, ou
tout ce qui en a l'aspect. Il a la plus profonde estime pour
la volonté constante, pour tout ce qui est dessein suivi.
Il préfère un homme très imparfait, borné par certains
côtés, mais dont on peut prévoir la conduite et sur qui on
peut compter, à un bel esprit qui joue le rôle de moulin
à vent. Être indépendant, être confié de bonne heure à
soi-même, voilà l'idéal de l'Anglais : *self help*. L'auteur de
Tom Brown's School Days nous montre jusque chez les
enfants le plaisir silencieux, cher à tout Anglais, d'endurer,
de résister, de lutter contre quelque chose et « de ne pas
céder ». Peu précoce, peu vif, l'enfant anglais a déjà l'initiative et la ténacité. Il est souvent indomptable, parfois
brutal. De là l'emploi des verges. Les professeurs mêmes
d'Angleterre font généralement un cas médiocre de l'instruction, un très grand cas du caractère. C'est ce qui ressort
des fines observations faites à Oxford par M. Jacques Bardoux. Rappelons que le prince Albert, chargé par la reine
de fixer les conditions d'un prix annuel décerné par elle au
collège de Wellington, décida qu'il serait accordé non à
l'élève le plus instruit, mais à celui « dont le caractère
serait jugé le plus élevé ». Chez nous, dit M. G. Le Bon,
« le prix eût été certainement accordé à l'élève qui eût le
mieux récité ce qu'il avait appris dans ses livres ».

[1] *Strong in will*
To strive, to seek, to find and not to yield.

Plus on agit, plus on veut agir ; plus on gagne en agissant, plus on veut gagner. De là cette sorte d'activité insatiable et ambitieuse qui appartient à l'Anglais. Il n'a pas la prudence du Français ; il ne limite pas ses désirs, il veut gagner beaucoup pour dépenser beaucoup, et il dépense fréquemment tout son revenu. D'où la nécessité de travailler énormément et d'habituer ses enfants à travailler de même. Il pourvoit à l'avenir non par des épargnes, mais par des dépenses qu'il juge fructueuses ; telle est, par exemple, l'instruction donnée aux enfants et qui les rendra capables un jour de se suffire. L'Anglais pose en principe que ses enfants, sauf peut-être l'aîné, doivent être les artisans de leur propre fortune ; il ne songe point à se priver pour doter ses filles ou pour laisser du bien à ses fils. D'ailleurs ses enfants sont trop nombreux, il faut qu'ils se tirent eux-mêmes d'affaire. Chacun pour soi.

Dans sa moralité, l'Anglais n'est pas gouverné par un sentiment, — tel que celui de l'honneur ou l'instinct de sociabilité, — mais par la loi religieuse de la conscience ou par la loi humaine de l'intérêt bien entendu. Tout homme doit faire effort pour être utile à soi-même et aux autres, voilà le principe de conduite. La vie n'est pas un jeu, la vie est sérieuse, *Ernst ist das Leben*, a dit Carlyle. Dans ses beaux moments, l'Anglais réalise ce qu'on a appelé la conception héroïque de la vie ; de même qu'il a lutté contre les puissances adverses de la nature extérieure, « il lutte dans son for intérieur contre des puissances ennemies plus formidables[1] ». L'Anglais éprouve plus aisément que nous les sentiments de respect et de mépris. Nous, profondément égalitaires et volontiers niveleurs, nous ne savons guère ce qu'est la vénération pour ce qui est au-dessus de nous-mêmes, et nous avons souvent trop d'indulgence pour ce que d'autres n'hésitent pas à déclarer méprisable.

Le respect de la règle des mœurs, quand il demeure extérieur, a pour écueil l'hypocrisie, tant de fois reprochée aux Anglais. Il est facile de tourner en dérision le *cant* britannique, mais il faut aussi en reconnaître le bon côté. Cette préoccupation de ne pas livrer ses vices en exemple aux autres, à commencer par les enfants, de respecter extérieu-

---

[1] M. Sarolea, *Études de philosophie et d'histoire.*

rement et publiquement les convenances sociales, de rendre
ainsi « un hommage indirect à la vertu », ne semble pas
à l'Anglais méprisable ; il n'accordera pas que le cynisme
soit supérieur. Dans les relations individuelles, l'hypocrisie
lui paraît sans doute non moins odieuse qu'elle ne le semble
aux autres peuples, mais quand il s'agit des relations
sociales, il ne juge pas moral de faire parade d'immoralité,
parfois d'une immoralité qu'on n'a point. La théologie
catholique elle-même, qui enveloppe une psychologie profonde, n'a jamais méconnu ni la force du « mauvais
exemple » ni le danger du « scandale », et elle a toujours
préféré un respect au moins extérieur à l'absence de tout
respect et de toute honte. L'exemple, avait dit aussi Cicéron, fait autant de mal que la faute.

Il est d'ailleurs incontestable que l'Anglais a les défauts
de ses qualités. Son indépendance l'expose à l'égoïsme,
son sentiment du moi à l'insociabilité, son esprit d'originalité à l'excentricité ; son positivisme au culte du fait et
du succès, de la puissance et de la richesse, au mépris du
faible et du pauvre, alors même qu'il vient à leur secours.
En outre, l'attitude individualiste, devant autrui, engendre
l'orgueil, qui méprise l'opinion des autres, comme l'attitude en quelque sorte sociale engendre ailleurs la vanité,
qui vit pour l'opinion des autres. L'orgueil peut aboutir à
l'insolence, comme la vanité à trop de complaisance ; l'un
fait des Alcestes et l'autre des Philintes. Kant avait déjà
noté plusieurs de ces traits. De bonne heure, dit-il, l'Anglais apprend qu'il doit « se faire un caractère » et un
caractère à *lui*, tout au moins « affecter d'en avoir un. »
— « L'affectation d'un caractère, ajoute Kant, est précisément le caractère le plus général du peuple britannique, »
tandis que le Français sociable tend plutôt à effacer le sien
devant les autres. L'Anglais prétend vivre à sa manière,
ne s'occupe pas des autres, « ne leur demande que le respect et l'estime. »

Selon Kant, l'exemple des Anglais montre que les relations commerciales sont insuffisantes pour ouvrir et élargir
le caractère national ; l'esprit de commerce est souvent
insociable par lui-même, comme l'esprit aristocratique. Une
maison de commerce est séparée des autres par ses affaires,
« comme une maison seigneuriale l'est d'une autre par ses

ponts-levis. » Au moins est-ce vrai du commerce à l'anglaise où tout émane de grandes maisons qui sont « l'aristocratie de la finance [1]. » La conclusion de Kant est que le caractère anglais s'oppose plus qu'aucun autre à celui des Français. « L'Anglais, en effet, renonce à toute amabilité, qualité sociale par excellence du peuple français. »

« En compagnie d'étrangers, dit à son tour Emerson, on croirait que l'Anglais est sourd : il ne vous donne pas la main, il ne laisse pas rencontrer vos yeux ; à l'hôtel, il murmure son nom de manière qu'on ne l'entende pas. Chacun de ces insulaires est une île. » « Les Français, avait dit Montesquieu, ne peuvent faire un ami en Angleterre », et il ajoutait : « Comment les Anglais aimeraient-ils les étrangers ? ils ne s'aiment pas eux-mêmes. Comment nous donneraient-ils à dîner ? ils ne se donnent pas à dîner entre eux. Il faut faire comme eux, ne se soucier de personne... Il faut à l'Anglais un bon dîner, une fille et de l'aisance ; comme il n'est pas répandu et qu'il est borné à cela, dès que sa fortune se délabre et qu'il ne peut plus avoir cela, il se tue ou se fait voleur [2] ». Mill oppose à son tour la sociabilité et la bonne humeur françaises à la défiance et au « quant-à-soi » de ses compatriotes. « Chacun, dit-il, agit comme si tout autre personne était un ennemi ou un fâcheux. »

Après tant d'années passées ensemble à la Chambre des Communes, lord John Russel n'avait pas eu de rapports personnels avec Sir Robert Peel; c'est lui qui en témoigne dans un de ses *Essais*. Il y a dans cette façon d'être, dit M. Boutmy, une grande part de timidité, mêlée à une certaine froideur de tempérament et à quelque sécheresse de cœur.

---

[1] Kant fait observer encore que l'esprit commercial a des nuances qui se montrent dans certaines expressions. L'Anglais dit : Tel homme *vaut* un million ; le Hollandais : il *commandite* un million ; le Français : il *possède* un million. Kant remarque encore que l'Anglais, jusqu'en sa propre patrie, où il mange pour son argent, s'isole « Il prendra plus volontiers ses repas seul dans sa chambre qu'à l'hôtel, où il ne lui en coûte pas davantage, parce qu'ici il serait obligé à quelques frais de politesse ; mais à l'étranger, par exemple en France, où les Anglais ne voyagent que pour médire affreusement des chemins et des hôtels, ils se réunissent pour n'avoir d'autre société que la leur. »

[2] « Un couvreur, dit-il encore, se faisait apporter la gazette sur les toits pour la lire. » Un Français en serait descendu pour causer politique avec ses camarades.

« Les Anglais, a dit Carlyle, sont un peuple de muets ».
Mais le silence les met en rapport et en harmonie « avec
ce que la langue n'exprime pas, *congruity whit the unut-
tered* [1]. »

[1] Volney explique par là le succès des Anglais dans l'agriculture, le commerce
et l'industrie : « Avec le silence, dit-il, ils concentrent leurs idées et se donnent le loisir de les combiner, de faire des calculs exacts de leurs dépenses et
de leurs rentrées ; ils acquièrent plus de netteté dans la pensée, et par suite dans
l'expression, d'où résultent plus de précision et plus d'aplomb dans tout
leur système de conduite publique et privée. » Le même observateur rapporte à la même cause la fortune inégale des colonisations anglaise et française aux États-Unis. « Le colon français, dit-il, délibère avec sa femme sur
ce qu'il fera ; il prend ses avis : ce serait miracle qu'ils fussent toujours
d'accord. La femme commente, contrôle, conteste ; le mari insiste ou cède,
se fâche ou se décourage ; tantôt la maison lui devient à charge, et il prend
son fusil, va à la chasse ou en voyage, ou causer avec ses voisins ; tantôt il
reste chez lui, et passe le temps à causer de bonne humeur ou à quereller et
à gronder » « Voisiner et causer, dit encore Volney, sont pour des Français un
besoin d'habitude si impérieux que, sur toute la frontière de la Louisiane
et du Canada, on ne saurait citer un colon de notre nation établi hors de la
portée et de la vue d'un autre. En plusieurs endroits, ayant demandé à
quelle distance était le colon le plus écarté : Il est dans le désert, me répon-
dait-on, avec les ours, à une lieue de toute habitation, sans avoir personne
avec qui causer Le colon américain (lisez anglais), lent et taciturne, passe
la journée entière à une suite ininterrompue de travaux utiles ; dès le déjeu-
ner il donne froidement des ordres à sa femme, qui les reçoit avec timidité
et froideur, et qui les exécute sans commentaires. Si le temps est beau, il
sort et laboure, coupe des arbres, fait des clôtures ; si le temps est mauvais,
il inventorie la maison, la grange, les étables, raccommode les portes,
construit des chaises. S'il trouve une occasion, il vendra sa ferme pour
aller dans les bois, à dix ou vingt lieues de la frontière, se faire un nouvel
établissement. »

Le type général de l'Anglais, tel que nous l'avons esquissé, n'exclut
pas les variétés de tempérament individuel ; mais on retrouve partout les
mêmes caractéristiques principales. Selon M. Stewart, l'Anglais sanguin
« préfère les occupations musculaires aux intellectuelles. » Sa parole est
assurée et « en dehors » ; mais « il n'est pas minutieusement informé ».
Cette importance attachée aux informations nous révèle le sens pratique de
l'Anglais. — Le bilieux, lui, préfère les occupations d'affaires et de gain aux
musculaires et aux intellectuelles, mais il est capable d'exceller en tout. Il
met son bonheur à poursuivre et à atteindre la richesse, le pouvoir ou le
bien-être de la famille. Parole décidée. Toujours prêt et informé : « *always
ready, and informed.* » L'Anglais lymphatique a peu de goût pour les travaux musculaires, plus d'application que de talent dans les affaires ; « un
bûcheur. Met son bonheur dans le confort et le soin de sa personne.
Parole lente. Toujours informé. » L'Anglais nerveux se plaît aux occupations
intellectuelles et corporelles. « Heureux de tout ce qui charme les sens et
enrichit l'esprit : voyages, art, littérature. Parole rapide, parfois trop rapide.
Il est souvent indécis. La précision fait place à la fantaisie. Il n'est pas toujours bien informé. » Au reste les vrais bilieux et les vrais nerveux sont
plus rares en Angleterre que dans les régions tempérées ou méridionales,
quoique leur nombre tende chaque jour à s'accroître.

III

L'INDIVIDUALISME ANGLAIS ET LES INSTITUTIONS SOCIALES

L'Anglais, quoique moins sociable de tempérament, sait beaucoup mieux que nous s'associer à autrui. Il conserve d'ailleurs son individualisme jusqu'au sein des diverses associations dont il peut faire partie. Sa sociabilité n'est pas du même genre que celle du Français. Elle n'est pas une affaire de sentiment, mais pour ainsi dire, de raison et d'action ; ce n'est pas par besoin et goût inné de compagnie que l'Anglais s'unit à tels et tels, ni pour sympathiser, mais parce qu'il juge nécessaire de travailler en commun à une fin utile. De bonne heure, les habitants de la Grande-Bretagne se sont rendu compte de la force de l'association ; dès le moyen âge nous les trouvons groupés en sociétés qui, de Londres et des principales villes du royaume, nouent des relations suivies avec toute l'Europe occidentale. Ce sont des relations d'affaires, de commerce et d'industrie. S'ils s'habituent à former des corporations, c'est toujours pour un objet positif et restreint.

Cette habitude de s'associer en vue d'un but quelconque, soit d'utilité, soit de charité (ce qui est encore considéré comme une utilité supérieure), s'est conservée à travers les siècles. Elle n'est pas seulement favorisée par le sens pratique de l'Anglais ; elle l'est encore par son intelligence réfléchie et ses sentiments calmes, qui lui permettent d'écouter la contradiction, de discuter avec sang-froid sur des intérêts, de ne pas faire dégénérer une assemblée en une mêlée, un *meeting* en bataille. Les Anglais, dans leurs réunions, ne déclament pas pour déclamer ; leurs nerfs restent calmes et l'idée du but domine tout. Ils savent alors agir en corps sans que personne opprime personne ; ils unissent leurs individualités sans les absorber dans les groupes et, généralement, sans abdiquer leur liberté propre. Par ce sens pratique de la libre subordination, ils se montrent supérieurs non seulement aux Français centralisateurs, qui, dès qu'ils se sentent en nombre, deviennent trop volontiers oppresseurs des minorités, mais encore

aux Allemands, qui n'ont su que de nos jours, avec un
vrai génie positif, subordonner leur moi à quelque but
commun, et qui étaient restés si longtemps dans une sorte
d'anarchie.

La première des associations où l'Anglais manifeste son
double pouvoir d'individualisme intense et d'entente pratique avec autrui, c'est la famille. Dès la période de l'hep-
tarchie anglo-saxonne nous voyons la famille fortement
organisée ; l'unité territoriale est l'étendue de terre nécessaire à l'entretien d'une famille, *hyde*. Les Saxons étaient
groupés en communautés de famille ayant même origine
ou mêmes intérêts ; ce fut le germe des communes. Les
pays dont le ciel est clément invitent à une vie extérieure
plus ou moins dissipée en occupations ou plaisirs faciles,
parfois en amours et galanteries ; l'inclémence du climat,
au contraire, favorise davantage le goût de la vie intime,
du foyer où est le seul véritable abri, du bonheur régulier
et sûr près de la femme et des enfants. D'autre part, le
tempérament moins vif et plus stable est moins enclin à
l'inconstance des amours. Guichardin disait des peuples
du Nord : « Ils ont l'adultère en horreur. Leurs femmes
sont extrêmement sages, et cependant on les laisse très
libres. » Toute la littérature anglaise exprime cette aversion pour l'adultère ; elle n'admet rien qui puisse porter
atteinte à la sainteté du lien conjugal. L'individualisme
anglais se retrouve dans la manière même dont ce lien
s'établit. Chez nous, où tout est organisé en vue de la
société et de l'opinion, le mariage n'est pas entièrement
laissé à l'appréciation des personnes intéressées. La famille
n'étant guère conçue en dehors du milieu social, on ne se
marie pas exclusivement pour soi, mais aussi pour les
autres, pour les parents, pour la société dont on fait partie.
L'inclination individuelle n'est qu'une première base, qui
parfois manque ; la raison intervient, pour apprécier toutes
les convenances de famille et d'intérêts. De là le contraste, tant de fois noté par les observateurs et souvent
exagéré par eux, entre « le mariage anglo-germanique
d'inclination » et « le mariage français de convenance. »
Malgré le bel idéal du *home* anglais, la famille française,
selon M. Hillebrand, est généralement « plus heureuse » ;
elle a tous ses membres plus unis et plus longtemps que

les autres familles, parce qu'elle est « l'œuvre de la tendresse paternelle, de l'instinct social et de l'intelligence
organisatrice. » La famille germanique, au contraire, surtout la famille anglaise ou américaine, se dissout très souvent par l'émancipation des enfants et la fondation de nouveaux foyers. D'ailleurs, nous l'avons vu, le nombre même
des enfants y est si grand que l'affection des parents se
trouve naturellement dispersée et prend souvent un caractère provisoire. La famille anglaise est une monarchie, le
père y est souverain, ses décisions ne sont pas contestées ;
avant d'être aimé, il est et veut être respecté. Maître de
ses biens, les dépensant ou les donnant à qui lui plaît,
l'Anglais a l'autorité et le prestige de l'ancien *paterfamilias*
romain. Le manque de profonde affection paternelle chez
maint Anglais se montre souvent dans sa conduite envers
ses enfants : ils les garde à la maison jusqu'à ce qu'ils
arrivent à l'âge de sept ou huit ans au plus, puis, quelque
riche qu'il puisse être, il les envoie dans les maisons des
autres. L'Anglaise même est épouse plus qu'elle n'est
mère ; la Française est mère plus qu'elle n'est épouse [1].
Si le mari a une grande capacité d'agir, la femme a une
grande capacité de supporter : l'un est actif, l'autre est
plutôt passive, quoique sachant aussi, à l'occasion et quand
il y consent, s'associer aux travaux et aux périls de son mari.
La famille anglaise ne s'étend pas, comme la nôtre, à toute une
foule de proches : « A quoi bon des cousins ? disent les Anglais,
ce sont des amis gênants. Les vrais amis sont ceux qu'on
peut choisir. » Entre les frères eux-mêmes, le lien n'est
pas aussi étroit qu'en France ; sans être ennemis, ils vivent
souvent étrangers l'un à l'autre. L'individualisme extrême
a restreint l'esprit de famille en Angleterre. Ce n'est plus
cette communauté d'esprits et de cœurs qui fait que chacun
vit dans tous les autres et pour tous les autres.

Dans le domaine politique, l'individualisme anglais,
joint à l'entente de l'association, devait aboutir à ce régime
de liberté qui est un des principaux titres de gloire de
l'Angleterre. Non que, par une sorte de culte idéal, on
attachât d'abord du prix à la liberté pour elle-même, mais

---

[1] Voir : *Frankreich und die Franzosen in der zweiten Halfte des XIX
Jahrhunderts,* — *Italian Relation of England.* — Max Leclerc, *l'Éducation
en Angleterre.* A. Colin, 1894.

on y voyait la sauvegarde de l'intérêt individuel ou de
l'intérêt des corporations. Souvent étroites et jalouses,
celles-ci servirent la cause de la liberté, mais seulement
plus tard et contre leur primitive intention. Tandis que les
classes rurales tombaient dans une misère voisine de la
servitude, les classes marchandes s'organisaient et augmen-
taient leurs privilèges. Les villes, pour protéger leur commerce, revendiquaient leurs droits. La barrière de l'océan
permit de réaliser en Angleterre ce régime libéral qui
répondait tout ensemble aux instincts et aux intérêts de la
nation. Sur le continent, le pouvoir exécutif eut toujours
une importance capitale ; dans les îles bretonnes, où régnait
la sécurité à l'égard des voisins, on n'était obligé ni de
tenir prêtes sous les armes des armées permanentes, ni
même de contracter des alliances durables. On n'interve-
nait dans les querelles internationales qu'à son gré et à son
heure ; le pouvoir exécutif devait donc finir par se subordonner au pouvoir délibérant. Ni les guerres extérieures,
ni les guerres civiles ne menaçaient sérieusement la liberté.
Point d'invasion à craindre. En France, les luttes contre
l'étranger donnèrent aux souverains un empire croissant
et irrésistible, d'autant plus que, pendant huit siècles, la
France fut gouvernée par les diverses branches d'une seule
dynastie, éminemment nationale. Pour les souverains
anglais, au contraire, souvent étrangers et suspects, représentants de dynasties toujours changeantes, — Normands,
Angevins, Lancastre, Tudor, Stuart, Orange, Hanovre, —
les guerres devenaient, comme l'a bien montré M. G. Monod, une cause de dépendance vis-à-vis de leurs sujets. Ne
pouvant exiger des subsides au nom d'un danger immédiat,
ils étaient obligés d'en solliciter pour soutenir leurs prétentions plus ou moins lointaines au delà des mers. De là,
entre sujets et souverains, des marchés en bonne forme.
S'agit-il de conquérir les libertés publiques, où les Anglais
ont bien vite reconnu la sauvegarde de leurs propres intérêts, ils s'y appliquent avec la même persévérance et la
même méthode qu'à l'extension de leurs affaires personnelles. Ce sont de véritables contrats que les villes signent
avec le roi, pour obtenir le privilège de certains droits
nettement définis. Dès qu'un progrès politique a été
accompli, on le constate par un écrit formel, on le con-

sacre par une charte, qui passe sous silence les principes,
mais stipule exactement les moindres détails de l'affaire.
Même dans la guerre des Deux-Roses, si les villes se rangent sous le drapeau d'York ou sous celui de Lancastre,
c'est d'après leur clientèle et leurs intérêts commerciaux.
Les guerres civiles pouvaient, en Angleterre, durer plusieurs années sans provoquer l'intervention d'un voisin ;
la rébellion intérieure n'était donc pas, comme sur le continent, un crime contre la patrie même ; la complicité
volontaire ou involontaire avec un ennemi du dehors ne
compromettait pas la liberté de la nation. Grâce à toutes
ces circonstances, loin d'abandonner peu à peu leurs droits
devant la royauté (ce que durent faire les peuples du continent), les Anglais purent les conserver et les développer.
Plus heureux que les anciens Romains, ils ont su s'enrichir sans se corrompre, sans se diviser, sans compromettre leur liberté, sans avoir besoin de dire comme les
Romains de Shakspeare en présence de Brutus : « Faisons-
le César. »

Aussi les Normands, malgré leurs esprits de centralisation franco-latin, n'ont-ils pu faire accepter aux Anglo-
Saxons le droit romain, avec ses principes abstraits et son
formalisme : outre que l'intérêt commercial y était contraire, l'intérêt politique n'imposait pas aux Anglais cette
centralisation nécessaire au continent. Dès le xvᵉ siècle, le
légiste anglais Fortescue oppose la loi romaine, héritage
des peuples latins, à la loi anglaise : l'une, œuvre de prince
absolu et toute portée à sacrifier l'individu ; l'autre, œuvre
de la volonté commune et toute prête à protéger la personne. Dans les doctrines juridiques des Anglais, c'est
l'aspect économique qui est surtout mis en lumière. Le
droit même forme un seul tout avec l'utile ; il s'absorbe
dans les coutumes protectrices des utilités particulières ou
collectives. Point de « droits naturels », mais des intérêts,
dont la loi n'est que la règle. Le gouvernement, qui oblige
la liberté individuelle à sacrifier quelque chose, est un
mal nécessaire et une limite que le progrès fera reculer.
« En France, a-t-on dit, tout est système, en Angleterre
tout est compromis. » Les Anglais ont limité la monarchie et réduit les fonctions de l'État pour laisser la sphère
la plus large possible à l'énergie et à l'initiative indivi-

duelles. Ils ont en même temps donné à l'aristocratie une impulsion particulière en la rendant élastique et flexible, de rigide et fermée qu'elle était partout; enfin ils ont fini par associer les classes laborieuses au gouvernement : ils ont fait l'expérience de rendre le travail libre et d'enlever toute entrave à l'échange des produits. Leur développement économique est allé de pair avec leur développement politique.

Après l'établissement des libertés constitutionnelles et du régime parlementaire, le second fait important dans l'histoire de l'Angleterre est l'expansion coloniale. « L'Angleterre, dit Green, à partir du xviii° siècle, enfante des nations. » Les progrès de l'industrie et du commerce ont forcé l'Angleterre à agrandir indéfiniment son domaine. L'esprit national s'est élargi au delà des limites de la Grande-Bretagne. Les Anglais sont même arrivés à cette idée que, n'importe où sous le soleil, des hommes peuvent se faire leur patrie. Tandis que la fortune financière de la France repose sur l'épargne, celle de l'Angleterre a surtout pour principe l'extension des besoins, qui exige un double travail en vue d'une double production. De là, cette expansion indéfinie de l'activité individuelle ; de là aussi l'expansion de la vie coloniale. « Pour le Français, le *far-west*, c'est Paris. » Dans l'histoire des Anglais, l'Angleterre proprement dite n'occupe qu'une place restreinte : ce sont ses possessions qui importent. Encore aujourd'hui, outre qu'elle détient l'Egypte, l'Angleterre pousse ses troupes, d'une part, à travers le Soudan égyptien, de l'autre vers le Soudan de Tchad ; dans le Sud, elle soutient les entreprises les plus aventureuses ; de trois points différents, elle semble ainsi marcher, par une action convergente, à la conquête de toute l'Afrique. Elle n'oublie pas non plus la Chine. Ce qui a fait dire avec raison qu' « on se pressait un peu trop d'annoncer la fin de Carthage. »

Le troisième grand événement de l'histoire anglaise est le triomphe du protestantisme, où on a voulu voir un trait de race. En réalité, ce triomphe tint à bien des causes : la politique y joua un grand rôle. Si les Celtes d'Irlande ont repoussé la Réforme, les Celtes du pays de Galles ne l'ont-ils pas embrassée avec ardeur ? N'est-ce pas en Ecosse que presbytériens et puritains ont abondé ? De même, si l'Allemagne s'est faite en grande partie protestante, ne voyons-nous pas le catholicisme se maintenir non seulement en Autriche, mais en Bavière, en Westphalie, dans les pays du Rhin, tout comme dans la Belgique ? Malgré cela, on doit admettre une affinité générale de l'individualisme anglo-saxon avec une religion qui repose avant tout sur la conscience individuelle.

Le sens religieux est un des traits de l'âme anglaise ; l'habitude de rentrer en soi par la réflexion, la tournure d'esprit souvent morose et triste qui fait sentir le néant des choses humaines, la poésie tout intime et profonde qui ouvre un monde supérieur, enfin et surtout l'idée de la règle et de la loi, qui trouve son soutien dans la foi à un législateur des âmes, toutes ces raisons étaient favorables à l'essor du sentiment religieux. Mais ce sentiment ne s'est point traduit, en général, par la mysticité vague si fréquente en Allemagne. Il ne s'est pas non plus tourné en métaphysique panthéiste : l'absorption dans le grand Tout, dans l'Unité universelle, n'est pas le fait de l'Anglais individualiste. En outre, grâce à l'esprit pratique de la nation, la préoccupation religieuse a pris plutôt la forme morale que la forme métaphysique. Le sens du divin et le sens de l'utile, qui semblaient d'abord contradictoires, ne font plus qu'un. La religion est l'intérêt suprême, bonheur et paix spirituelle ; en même temps elle est la première des nécessités sociales, la plus respectable des traditions de la patrie. L'Anglais ne s'ingénie pas au même degré que l'Allemand pour trouver dans les dogmes religieux les symboles de vérités profondes ; il y voit la charte de la moralité privée et publique. Aussi toutes les associations religieuses de l'Angleterre aboutissent-elles à des résultats utiles : fondations d'écoles, qu'on s'efforce de rendre confessionnelles, institutions de bienfaisance, de propagande intellectuelle et morale, parfois même commerciale et coloniale. Tout se mêle en ces esprits tendus vers l'application pratique. L'incrédulité même n'est pas pour eux une affaire de pure vérité spéculative : en niant comme en affirmant, on poursuit un but, on veut être utile et réaliser une œuvre.

Les formes extrêmes de la religion protestante dans la Grande-Bretagne sont l'anglicanisme et le puritanisme.

L'église anglicane, une des plus riches corporations du
monde, est un protestantisme officiel, qui a conservé la
hiérarchie romaine et la pompe du culte ; elle reste ainsi à
moitié chemin entre l'esprit du catholicisme et celui de la
Réforme. Quant au puritanisme, deux traits de la physionomie anglaise y sont visibles. On l'a justement défini
l'excès de l'esprit individuel se manifestant dans l'éducation de la conscience, en d'autres termes, l'exaltation de
l'individualisme dans la sphère morale. Mais il faut y joindre un certain formalisme rigide qui le distingue du fanatisme allemand et en fait quelque chose de britannique. Au
moment même où on revendique « l'esprit » dans toute sa
liberté individuelle, on reste encore esclave de la « lettre »,
esclave aussi du groupe dont on fait partie. Un Anglais, a
dit un Allemand, peut bien être athée, mais à la condition
de faire partie d'une église d'athées. Heine, dans une de ses
boutades impertinentes, a dit que « le plus stupide Anglais
peut parler avec sens de politique, » mais que, si on discute religion, « il est impossible d'extraire autre chose que
non-sens de l'Anglais le mieux instruit. » M. Pearson lui
répond : ce n'est point que l'Anglais soit étranger au mouvement accompli dans le monde entier par la pensée spéculative, mais il résiste délibérément au désir d'explorer de
nouvelles régions et d'ébranler certaines croyances accep-
tées ou acceptables. Les résultats de la critique biblique en
Allemagne n'ont été tolérés en Angleterre que quand ils
avaient été tellement dépassés dans leur contrée native
qu'ils apparaissaient comparativement comme conservateurs.

Tradition et progrès, liberté religieuse, liberté politique,
mais avec toutes les transitions et gradations que réclame
le respect de la coutume, telle est en tout et partout la
méthode anglaise. Tennyson a bien résumé l'histoire et le
caractère de son pays quand il a dit, dans une poésie vraiment britannique :

> C'est la terre que travaillent des hommes libres,
> Qu'à choisie la liberté sobrement poursuivie,
> La terre où, devant ses amis ou adversaires,
> Un homme peut dire ce qu'il veut ;
> Une terre de gouvernement bien établi,
> Une terre de juste et vieux renom,

Où la Liberté va s'élargissant lentement,
De précédent en précédent ;
Où la faction rarement lève la tête,
Où, par degrés amenée à sa plénitude,
La force de quelque pensée diffusive
A le temps et l'espace pour agir et se répandre,

IV

LA LITTÉRATURE ANGLAISE

La langue anglaise a subi l'influence franco-romane. Il y a dans le vocabulaire anglais deux fois plus de mots d'origine française ou latine que d'origine germanique. Dans le dictionnaire étymologique de Skeat, ce sont les étymologies romanes qui occupent le plus d'espace. Au lieu de rester enchevêtrée comme l'allemande, la langue anglaise s'est pénétrée de logique et de clarté relative, surtout dans la prose ; elle est devenue plus pratique, plus apte en quelque sorte à l'action et à l'action utile. L'Anglais a négligé toutes les terminaisons pour s'en tenir à l'essentiel du mot, qui est le radical ; il a pratiqué une sorte d'utilitarisme en grammaire. Pour la syntaxe, il a montré le même esprit logique que les Français et parfois il a simplifié encore plus qu'eux. Au reste, si puissant et varié que soit le génie de la langue anglaise, il n'a pas cette ténacité et cette portée que l'allemand, raide et obscur, doit à sa haute origine ; il n'a pas non plus cette souplesse, cette flexibilité, cette transparence, ces grâces vives et légères que le français semble devoir à l'esprit celtique et méditerranéen.

L'individualisme de l'Anglais n'a pas entraîné, comme celui de l'Allemand, une inaptitude générale pour la composition de grandes œuvres unifiées, poèmes ou romans ; aucun Allemand, dit M. Meyer, n'aurait pu atteindre à la grâce de construction de la *Divine Comédie*. Sans s'élever jusque là, l'Anglais a subi l'influence italienne et française : il sait mieux composer que l'Allemand, il a un génie plus architectural, il a aussi une poésie plus profonde et plus spontanée.

Combinez les deux tendances dano-saxonne et celtique,

joignez-y l'influence latine exercée par la France et par l'Italie, et vous comprendrez comment a pu naître, comment a pu se développer en Angleterre la plus grande poésie des temps modernes. Elle est par excellence lyrique et dramatique. L'individualisme intense du Germain devait produire, chez l'Anglo-Saxon, l'habitude de réfléchir sur soi, de nourrir et d'exalter ses sentiments dans la solitude de la pensée, d'aller si au fond de sa joie ou de sa peine que la peine finit par se retrouver sous la joie, comme le « je ne sais quoi d'amer » au fond de la coupe. Dans les plus vieilles chansons d'Angleterre, ce qui frappe surtout, après la férocité, c'est le ton douloureux et triste, le mélange d'humeur guerrière et d'humeur contemplative, de chants de triomphe et de lamentations désolées; c'est aussi déjà, un certain sentiment de l'insondable nature et de l'insondable destinée. Dès l'origine, le Saxon fait un retour mélancolique sur la vie humaine, il en compare les courtes joies à l'oiseau qui, dans les festins d'hiver, traverse la salle à tire-d'aile et ne sent plus l'orage : « mais l'instant est rapide, et de l'hiver l'oiseau repasse dans l'hiver ». Le sentiment religieux est, comme l'a fait voir M. Jusserand, plus profond dans les poésies saxonnes que dans les chants celtiques. Plus grandiose aussi est l'attitude du moi solitaire, concentré en ses pensées ; plus exclusif enfin l'amour du foyer, où c'est encore le moi qui se multiplie lui-même et jouit de soi en autrui. L'expression naturelle de telles âmes, c'est le chant lyrique, où vibrent et s'amplifient tous les tressaillements de l'être intime. Le moi finit par retrouver en lui-même le monde entier ; la nature extérieure lui devient intérieure :

A piece and conterminous to his soul.

Mais c'est surtout dans le drame que la poésie anglaise devait se montrer supérieure. Les Germains n'avaient pas l'esprit dramatique ; les Anglais l'eurent, sans doute grâce à l'influence celto-latine, grâce surtout à ce génie de l'action qui, chez eux, complète le génie de la méditation. Au siècle d'Elisabeth, l'influence naturaliste de l'Italie et de la France se mêle à l'influence religieuse et morale du puritanisme ; l'esprit de l'antiquité classique et celui du chris-

tianisme se rencontrent. De nombreux voyageurs d'Angleterre avaient visité l'Italie et la France ; parmi eux des
écrivains, des poètes, qui en avaient rapporté de vivants
souvenirs. C'était le culte de la nature, en opposition à
l'ascétisme du moyen âge ; c'était un mode de penser
essentiellement laïque et humain, en opposition à la scolastique et à la théologie ; enfin, c'était le sens esthétique,
l'amour de la forme claire et harmonieuse, par contraste
avec l'obscure complexité des conceptions germaniques.
Toutes ces tendances et habitudes d'esprit séparent complètement du moyen âge les « Elisabéthains » ; elles les
rapprochent tellement et des anciens et de nous-mêmes
qu'elles les font tout ensemble antiques et modernes. Aux
esprits ainsi disposés une riche matière s'offrait, capable
d'inspirer toute une pléiade de poètes ; c'étaient les drames
de l'Italie au temps des Sforzas, des Borgias, des Médicis,
des d'Este, des Cencis. Les crimes italiens, histoires d'amour
et de sang, fascinèrent l'esprit anglo-saxon par l'attrait de
la grandeur tragique, de l'étrangeté psychologique, de la
monstruosité morale. Si les Anglo-Saxons avaient eu la
même placidité de scepticisme que les Italiens de la Renaissance, la même inconscience du bien et du mal, ils n'auraient pas eu plus qu'eux l'esprit tragique. Le sens de
l'horrible et du terrible, âme de la tragédie et du drame,
suppose, nous l'avons déjà remarqué [1], le sens du bien et
du mal, de la beauté et de la laideur morales. L'Italie de la
Renaissance fut sans doute incomparable dans les arts qui
exigent la perception énergique ou fine des lignes ou des
couleurs, des lumières et des ombres, de toutes les autres
qualités matérielles ; mais le drame, lui, réclame la perception forte et subtile des émotions humaines, le sentiment
de leur excellence, le jugement inflexible des mobiles
moraux de l'action. L'esprit tragique, a dit un Anglais,
naît de la conscience morale d'un peuple. En Italie, la
conscience était annihilée. Sur la terre des Puritains, au
contraire, elle était en pleine révolte contre toutes les horreurs du siècle. Le génie profondément psychologique de
la race anglo-saxonne, joint à son goût de l'action, devait
donc éclater dans le drame, et l'influence italienne fut

[1] Voir plus haut la psychologie du peuple italien.

l'occasion de ce grand essor dramatique auquel nous devons
Marlowe, Shakspeare, Webster, Ford et Massinger. Les
crimes des cours italiennes fournirent des sujets à la moitié
au moins des tragédies écrites sous les règnes d'Elisabeth
et de Jacques Ier. Shakspeare, lui, emprunte à l'Italie, à
l'antiquité, à l'histoire nationale, mais rien à la partie anglo-
saxonne de cette histoire ; il ne met en scène que les
Plantagenet, les York et les Lancastre. Il n'en demeure pas
moins Anglo-Saxon, comme on l'a justement remarqué, par
ce que ses pensées ont de plus profond et de plus dolou-
reux ; les doutes d'Hamlet, les désespoirs d'Othello, les
mélancolies de Jacques, les sombres appréhensions de
Claudio [1].

Dans Shakspeare, l'immensité du champ de la vision est
telle que le poète conserve, au milieu des horreurs tragi-
ques, une sorte de sérénité intellectuelle.

Le drame anglais n'a pas pour objet principal, comme
la tragédie antique, une action qui se développe, une destinée qui s'accomplit, avec des personnages dont le caractère, restant à l'état d'esquisse, n'offre que les traits généraux de l'humanité. Ce n'est pas non plus l'analyse de
quelque passion générale incarnée dans un homme, comme
nous en présente la tragédie française avec le Cid, Chi-
mène ou Phèdre. Le caractère individuel, voilà pour l'individualisme anglais l'objet propre de la poésie dramatique.
Mais, ici encore, une distinction est possible ; l'âme personnelle peut être représentée ou dans les phases successives de sa formation intérieure, ou dans son action extérieure sur un milieu réel. La première espèce de drame
est surtout allemande ; c'est celle qu'ont adoptée les poètes
philosophes, les Gœthe et les Schiller, qui se plaisent à
décrire l'évolution d'un caractère. La seconde forme du
drame est surtout anglaise ; c'est celle que Shakspeare
porte à sa perfection. Avec lui, caractère et action sont
ramenés à l'unité et transportés dans la vie active. Sans
doute Shakspeare, lui aussi, nous fait assister parfois à des
formations de caractère ; mais ce qu'il représente plus

---

[1] Voir, dans la *Revue des Deux-Mondes* du 1er juin 1892, la belle étude
de M. Jusserand, qui, toutefois, nous semble avoir exagéré l'influence celtique et française sur la littérature anglaise, en rejetant trop dans l'ombre
l'influence italienne.

généralement, c'est la manifestation progressive du caractère, déjà formé, dans les actes de la vie. Aussi ses caractères, au lieu de demeurer généraux, sont-ils dès le début fortement individualisés. Avant même d'être jaloux, a-t-on dit, Othello est déjà Othello, il est l'Africain au sang de feu ; et quand il sera jaloux, il le sera à la manière d'Othello, non du candide Troïlus. Avant d'être ambitieux, Macbeth est Macbeth, et si nous assistons au développement progressif de son ambition, comme nous avons assisté au progrès de la jalousie chez Othello, ce développement n'est qu'une conséquence de l'individualité propre au personnage. Quant à l'action même, elle est la dernière des conséquences, elle est la résultante de ces trois facteurs : le caractère individuel, la passion générale et humaine qui s'y est développée sous une forme particulière, enfin le milieu particulier qui a provoqué l'explosion au dehors de la passion intérieure. C'est donc bien la vie même, dans son principe et dans ses effets, que le poète nous représente ; le sens psychologique et le sens de l'action, en se réunissant et en se complétant dans l'âme anglaise, devaient engendrer le génie dramatique.

Après le drame, le roman était le fruit naturel de l'esprit anglais. N'exige-t-il pas, lui aussi, et le sens psychologique des caractères et le sens pratique des actions qui en résultent ? La vie réelle, observée avec amour, sans grossissement ni rapetissement systématiques, la manifestation d'âmes individuelles au sein d'un milieu dont elles subissent l'action et sur lequel elles réagissent, la solidarité de chaque individu et du groupe dont il fait partie, la complexité croissante des sentiments et des passions, les actes qui en résultent, l'enchaînement nécessaire de ces actes avec leurs conséquences heureuses ou malheureuses, la moralité qui se dégage ainsi de la vie même, tel est l'objet du réalisme anglais, — réalisme profond et sincère dont le principe n'est pas l'indifférence intellectuelle, mais la sympathie morale. On peut d'ailleurs étendre la même caractéristique à l'ensemble de la littérature anglaise : c'est une littérature non d'artistes, mais de psychologues et de moralistes. Ces génies réfléchis et peu sensuels n'ont point, comme les néo-Latins, le culte de la forme pour la forme ; ils cherchent le fond et, sous les apparences, l'être intime

des choses. Quand ils l'ont atteint, ils s'efforcent de nous
en donner la même perception exacte et vive. Ils n'éprouvent pas, par goût de symétrie et de belle ordonnance, le
besoin d'épurer la réalité, de la simplifier, de la propor-
tionner pour l'ennoblir ; peu sensibles aux dehors et aux
décors, ils voient et nous font voir les choses telles qu'elles
sont, complexes, irrégulières, parfois pleines de contradictions apparentes, en un mot naturelles. Mais par cela
même que, dans leur aversion pour le dilettantisme esthétique de quelques néo-Latins, comme aussi pour la spéculation pure des Germains, ils sentent profondément le
sérieux de la vie, du même coup ils saisissent la moralité
inhérente à la vie. La littérature allemande est celle de
philosophes spéculatifs ; la littérature anglaise est celle de
philosophes pratiques qui ne séparent pas l'observation de
l'action même.

V

LA PHILOSOPHIE ANGLAISE

C'est seulement en Angleterre, malgré la part qui revient
à notre Auguste Comte, que la philosophie a été vraiment
positive, c'est-à-dire expérimentale et dégagée de toute
conception *a priori*. Comte lui-même commence par avoir
un système préconçu : il construit tout d'abord une théorie
des trois états et une théorie de la connaissance, — combien rudimentaire ! — puis il applique à toutes choses ses
cadres faits d'avance, pour arriver partout à une conclusion
voulue et prévue ; il n'est pas vraiment positiviste.

Aussi est-ce en Angleterre que les règles de la méthode
expérimentale ont été posées ; la logique inductive y est un
sujet de prédilection. Les Bacon et les Mill, sans être le moins
du monde créateurs, sans avoir eux-mêmes renouvelé les
méthodes de la science par des découvertes, se sont faits les
législateurs de l'induction. Au reste, jusque dans cette
sphère de la logique inductive, une lacune s'est fait sentir qui tient à un défaut de l'esprit anglais. Pour avoir,
avec trop de conscience, séparé les deux domaines de
l'observation et de l'imagination, les Anglais ont parfois

méconnu la part de cette dernière dans les sciences mêmes
dites expérimentales ; ils n'ont pas toujours assez vu que la
pensée doit construire et deviner pour observer et induire,
que la plupart des lois sont d'abord des hypothèses, que le
savant est un poète qui, au lieu de l'idéal, s'efforce de
concevoir et de représenter le réel.

Pour ces têtes patientes et méthodiques qui ont l'esprit
d'ordre et d'exactitude, le goût des faits joint à l'habitude
de la réflexion ne pouvait manquer de produire le développement de la psychologie anglaise, où se reflète de nouveau
l'esprit général de la nation. D'abord, par sa défiance à
l'égard du préconçu, par son principe de non-intervention
dans les faits, le psychologue anglais reste un pur observateur, collectionneur et classificateur ; il n'invente pas des
expérimentations, il ne cherche pas à provoquer, par l'intermédiaire des faits physiologiques, les faits psychologiques,
ni même à relier systématiquement les seconds aux premiers,
comme firent Descartes et Malebranche, Herbart, Lotze et
Wundt. Il prétend n'être qu'un témoin et un narrateur ; il
s'en tient donc à l'*association*, à la suite naturelle et
spontanée des faits dans le temps et dans l'espace.

Toutefois, par cela même qu'il cherche à saisir le développement des phénomènes indépendamment de notre
action, l'observateur anglais prépare des matériaux pour
une doctrine philosophique qui devait trouver outre Manche
ses principaux représentants : celle de l'évolution. Les
faits se suivent et s'accompagnent ; mais par quelle série
de transformations les plus complexes sortent-ils des plus
simples ? quelle est leur « genèse » ? Voilà la question que,
dès ses débuts, la psychologie anglaise s'est posée et dont
le souci a fait son originalité propre. Locke, dans son
Essai sur l'entendement, cherche à comprendre la « croissance » de l'esprit, Son analyse procède par réductions et
régressions patientes. Il n'admet pas de constitution innée,
il explique tout par des acquisitions successives. Ce genre
de psychologie, d'abord tout empirique avec Locke, Mill
et Bain, devait, en se sylématisant peu à peu, aboutir à
l'évolutionnisme de Spencer. Et cet évolutionnisme, érigé
en explication universelle, devait particulièrement réussir
dans un pays où le nouveau procède presque toujours de
l'ancien par voie de croissance, de complication, d'agré-

gation spontanée, chez un peuple où la tradition, en se combinant avec elle-même, devient progrès. Si l'Allemagne, elle aussi, avait conçu l'évolution, c'était d'une autre manière, non pas empirique, mais métaphysique ; thèse, antithèse, synthèse, tel était pour la philosophie allemande le « processus d'idées qui régit *a priori* les faits ; le réel coïncide avec le rationnel, le devenir même est la manifestation de l'absolu. Ce genre d'idéalisme réaliste n'est point fait pour les cerveaux britanniques.

L'Angleterre a eu pourtant son idéalisme, mais tout original et procédant de l'empirisme même. Des phénomènes associés, voilà, nous l'avons dit, l'unique point de départ ; mais que sont ces phénomènes, après tout, sinon des perceptions de l'esprit ? N'existe, en définitive, que ce qui est perçu : *esse est percipi*, dit Berkeley. La matière, que l'on prenait jadis pour une « substance », se réduit donc à un ensemble de perceptions associées entre elles. Ainsi l'idéalisme de Berkeley est d'abord tout psychologique, et c'est ultérieurement qu'il aboutit à cette métaphysique pour laquelle la matière, comme telle, n'existe pas. Puis vient Hume, qui applique la même méthode d'analyse psychologique à cette autre substance respectée par Berkeley, l'esprit. Si la matière se réduit à une série de perceptions, n'en peut-on pas dire autant de notre moi, de sa prétendue unité, de sa prétendue identité, de sa prétendue activité ? L'esprit, en conséquence n'existe pas plus que la matière ; des phénomènes qui se suivent, voilà l'univers. La tâche de la science est de considérer dans quel ordre ils se suivent, et c'est cet ordre qui constituera l'évolution. Reste-t-il, au sein de l'universel devenir, quelque chose de fixe en apparence, — soit les formes de notre pensée, soit les formes des choses, — l'école anglaise n'aura pas besoin, pour en rendre compte, de recourir à l'innéité, ni à des lois et des types antérieurs aux choses mêmes. L'hérédité expliquera pour elle ce qui se trouve préformé dans l'individu dès sa naissance. Quant à ce qui paraît préformé dans les choses, comme les genres et les espèces, un grand et souverain génie d'Angleterre, Darwin, l'expliquera par une simple sélection, qui assure le triomphe des combinaisons les plus utiles à la vie et les mieux adaptées au milieu extérieur.

En cette philosophie de l'évolution, d'abord humblement empirique, puis ambitieusement systématique, qui aspire à représenter et comme à conquérir le monde entier, l'esprit anglais se mire avec ses hautes qualités de prudence et d'audace.

Dans la morale anglaise, nous retrouvons le même esprit. Pas de lois s'imposant d'avance, pas d'impératif catégorique édictant ses commandements du haut d'un Sinaï intelligible. Chacun cherche son plus grand bien : tel est le point de départ, tout individualiste ; et ce bien, exclusivement apprécié au point de vue de l'expérience, ne peut être que le bonheur. Mais, d'autre part, le bonheur n'est complet que dans l'association ; ce qui change l'intérêt individuel en intérêt collectif : voilà le point d'arrivée. Les conditions de la moralité et celles du droit sont généralement représentées sur le modèle de la société anglaise ; si elles sont généralisées par quelque esprit plus synthétique, elles deviennent les conditions de l'évolution de la vie, ou, en d'autres termes, les moyens par lesquels l'individu s'adapte à son entourage. Au delà, pour les besoins supérieurs de l'esprit et pour les aspirations de la poésie intérieure, s'étend la sphère de l'inconnaissable, qui est celle de la religion. Mais science et religion resteront à côté l'une de l'autre sans se confondre ; l'une demeurera toute positive, l'autre sera une foi individuelle ou collective. L'esprit anglais n'éprouve ni le besoin de supprimer, par une logique à outrance, le second terme du problème ultime, ni le besoin de ramener, par un effort de métaphysique transcendante, les deux termes à une foncière unité : il s'oppose ainsi tout ensemble à l'esprit français et à l'esprit allemand.

V

TRANSFORMATIONS DE L'ESPRIT ANGLAIS
ET DES INSTITUTIONS ANGLAISES

Nous venons de rendre assez justice aux qualités psychologiques et morales des Anglo-Saxons pour avoir le droit d'ajouter qu'elles sont loin d'être la cause unique des suc-

cès de l'Angleterre. Celle-ci a profité des circonstances
toutes matérielles qui étaient à son avantage, des « accidents heureux » dont parle Darwin. Ce n'est pas la moralité
anglaise qui fait que, quand on découvrit les emplois industriels de la houille, l'Angleterre était précisément la terre
la plus riche en mines de houille. Ce n'est pas la moralité
anglaise qui mit les Iles Britanniques à l'abri de toute
crainte sérieuse d'invasion et les dispensa de grandes
armées : c'est la « ceinture d'argent » que leur a faite la
mer. Ce n'est pas non plus la moralité anglaise qui, comme
se l'imagine M. Demolins, aurait fini par rendre l'Anglais
pacifique. mais c'est l'intérêt industriel et commercial.
Ce même intérêt l'a fait aujourd'hui guerrier contre tout
droit. Si l'Angleterre n'entretient encore qu'une petite armée, elle n'en dépense pas moins énormément pour ses
soldats, et on sait qu'elle va dépenser de plus en plus; en
outre, elle accroît sans cesse une flotte formidable, qui lui
coûte près de 700 millions par an.

Enfin, si l'Angleterre est aujourd'hui « stable et progressive, » si elle accomplit son évolution intérieure sans révolutions, elle fut jadis comparable au continent pour le despotisme des rois, pour la servilité et la vénalité du peuple ; et
n'est-ce pas la Révolution anglaise qui, la première, donna
l'exemple d'une nation décapitant son souverain ? Nulle
part la lutte pour l'existence n'a été aussi féroce que dans
la Grande-Bretagne, et ce fut même une des sources principales de l'énergie anglaise. Toutefois, cette lutte est
relativement récente. Au xvi siècle, Meteren déclarait les
Anglais « aussi paresseux que les Espagnols ». L'ambassadeur de Venise, André Trevisano, Nicander, Nucius,
Borde, Lely, ne font aucune mention de l'*industrie* parmi
les traits du peuple anglais. Le laboureur même existait à
peine au xvi siècle, la plus grande partie de la Grande-Bretagne étant en pâturages ; d'autre part, l'Angleterre doit ses
manufactures à des colons flamands. Les deux classes les
plus habituées au travail régulier n'avaient donc, en ce
temps-là, que peu de représentants.

En fait, les Anglais étaient alors, comme les Espagnols.
prêts à toutes les aventures, capables d'endurer les plus
grandes peines, explorateurs et corsaires incomparables,
mais peu disposés à l'industrie régulière, où brillaient

Allemands et Flamands[1]. Deux siècles après, Holberg
déclarait encore que les plus grands exemples d'indolence
humaine se trouvaient dans la classe pauvre d'Angleterre ;
mais il ajoute que les meilleurs exemples de travail appliqué sont parmi les aventuriers et marchands anglais[2]. Ce
sont les progrès de l'industrie qui généralisèrent les habitudes de labeur et en même temps de probité. « Si l'Anglais est pauvre, disait Fortescue il y a quatre cents ans,
et qu'il voie un autre posséder des richesses qu'il puisse lui
enlever par la force, il ne pourra s'empêcher de le faire[3]. »
Il le fait aussi étant riche.

La race des Anglais, d'une part, la race des Florentins,
de l'autre, se sont peu modifiées depuis le xive siècle :
nulle invasion étrangère n'a eu lieu en Italie ou dans la
Grande-Bretagne ; comment donc le Latin était-il actif il y
a cinq cents ans et l'Anglo-Saxon inerte ? Encore plus
tard, au xviiie siècle, quel est le tableau que les historiens
tracent de l'Angleterre ? Mœurs grossières en haut et en
bas ; criminalité effrayante, inutilement réprimée par une
législation féroce ; Londres livrée la nuit, par l'insuffisance
des *watchmen*, aux fantaisies sanguinaires des *mohocks*,
bandits dont le masque cache « plus d'un noble désœu-
vré » ; domesticité voleuse ou mendiante, insatiable de
« bonnes-mains » ; intrigants vivant dans le jeu et la
débauche ; ivrognerie du vin de Porto dans les classes
riches ; chez les pauvres, ivrognerie du gin et autres
liqueurs fortes ; mariages sans garantie et parfois simulés ;
spectacles immoraux et cruels, littérature la plus immorale
de l'Europe[4]. » Au xive, au xvie, et au xviiie siècle, les
Anglais étaient pourtant les mêmes « dolicho-blonds »
qu'ils sont aujourd'hui ; ils avaient aussi le même tour de
volonté opiniâtre, les mêmes tendances « individualistes » ;
d'où vient donc, comme le demande M. Novicow, qu'ils
avaient à cette époque tant de vices, dont ils se sont débarrassés en partie, et qu'ils manquaient alors de tant de qualités, qu'ils possèdent maintenant ?

[1] Voir Motley, *United Netherlands*, I, 291 Pearson, *National life and
character*, 99. — G Monod, *Essais d'histoire et de critique.*

[2] *Betænkning over nogle Europæiske Nationer*, s. 232.

[3] *Monarchy*, ch. xiii

[4] *Histoire générale*, Paris, Colin, 1896, t. VII, p. 862-873.

Se plaçant exclusivement sur le terrain de la lutte commerciale, M. Georges Aubert s'est demandé comment les Anglais, jadis paresseux, assez dépourvus d'adresse, même d'invention et de goût, ont cependant absorbé plus de la moitié du commerce du monde. Les causes de cette supériorité, il les trouve dans le prodigieux développement de leur empire colonial, dans les ressources presque infinies de leur marine marchande, et surtout dans l'audace intelligente de leurs capitalistes [1]. Tandis qu'en France, le rentier place presque invariablement son argent en fonds d'États, même quand la garantie de ces États est peu sûre, l'Anglais confie rarement sa fortune aux puissances étrangères et « ne place même en Consolidés qu'une toute petite part de son avoir ». Mais si, chez lui ou hors de chez lui, il faut des capitaux pour des entreprises publiques, mines, télégraphes, chemins de fer, établissements industriels ou agricoles, il donne largement sans compter ; quelquefois il se trompe, le plus souvent il réussit, parce qu'en raison de cet afflux de l'argent vers les affaires, les Sociétés qui s'organisent ne sont presque jamais arrêtées ou gênées par l'insuffisance des capitaux. C'est ainsi que l'Angleterre a gagné des milliards avec les céréales et les laines de l'Australie, avec les thés de Ceylan et des Indes, avec le coton de l'Égypte, et surtout avec les mines d'or, d'argent, de cuivre et de diamants du monde entier, dont elle a monopolisé absolument l'exploitation.

La crise morale et la rupture d'équilibre dans les consciences existe aujourd'hui en Angleterre comme en France. Le sentiment religieux, jadis si intense, va diminuant en Angleterre comme ailleurs. Le protestantisme libéral tend à s'absorber dans la philosophie pure. M. Hamerton cite des exemples de *clergymen* anglicans qui ne croient ni à une déité pensante et consciente, ni à l'immortalité véritable de l'âme, et qui cependant concilient la religiosité avec la plus extrême liberté d'interprétation. C'est dans le domaine religieux, selon M. Hamerton, que l'Anglais, ordinairement sincère, peut mériter le reproche d'une certaine hypocrisie, surtout de la part des nations qui, comme la nôtre, ne veulent admettre aucun milieu entre croire et

---

[1] *A quoi tient l'infériorité du commerce français.*

ne pas croire. La franche incrédulité va d'ailleurs en augmentant. Dès 1851, quand on entreprit le recensement des
fidèles, on trouva qu'un tiers seulement suivait, avec plus
ou moins d'assiduité, les exercices du culte ; les deux tiers
s'abstenaient totalement. Qu'est-ce aujourd'hui [1] ? Parmi
les vrais fidèles, ce sont les dissidents qui montrent le plus
de ferveur ; si la religion officielle possède encore aujour-
d'hui la majorité des croyants, il est probable que, dans
quelque trentaine d'années, il n'en sera plus de même. Le
nombre des incrédules, d'une part, des dissidents, d'autre
part, l'emportera énormément.

La criminalité n'augmente pas en Angleterre autant
qu'en France, grâce à un meilleur équilibre social, à un
sentiment plus intense de la responsabilité individuelle et
collective, du respect qu'on se doit à soi-même et aux
autres, grâce surtout à la sévérité du gouvernement pour
tout ce qui touche, non plus aux opinions ou aux actes
politiques, mais aux mœurs, justement considérées comme
le fondement inviolable de la liberté publique. Dans les
années 1868, 1869, 1870, l'Angleterre comptait, par
100 000 habitants, 46 malfaiteurs de moins de seize ans ; en
1893, elle n'en comptait plus que 14. Il est possible qu'on
ait simplement condamné moins d'enfants à la prison. Pourtant, les maisons de correction elles-mêmes, qui avaient
4 286 enfants en 1864, n'en avaient en 1894 que 5 187,
c'est-à-dire 24 p. 100 de plus, alors que la population s'était
accrue de 40 p. 100. Quant aux enfants fouettés après juri-
diction sommaire (peine préférée pour les fautes les moins
graves), il était de 3 000 en 1892 et est tombé à 2 583
en 1893.

Malgré ces chiffres favorables, on a contesté qu'il y eût
vraiment baisse de la criminalité en Angleterre. Selon
M. Morrison, aumônier des prisons et criminologiste de
premier ordre, « c'est une habitude aujourd'hui, chez les
optimistes officiels et les politiciens, de persuader au peuple que le crime décroît en Angleterre, mais il est évident,
pour quiconque étudie les faits, que les conditions préli-

---

[1] La ville de Londres est d'ailleurs tellement grande et les temples sont
relativement si peu nombreux qu'il est impossible au peuple, le voulût-il,
de s'y montrer assidu

minaires d'une telle diminution n'existent pas. » Les derniers recensements révèlent ce fait que la population rurale a augmenté seulement de 3 p. 100 dans les dix dernières années, tandis que la population urbaine a augmenté de 15 p. 100. « Jusqu'à ce que ces chiffres soient inverses ou jusqu'à ce que quelque transformation soit effectuée dans le mécanisme de la vie des villes, il sera vain d'espérer une véritable décroissance du crime. On peut produire une apparence de diminution par des changements dans la procédure criminelle, par des adoucissements de sentences et autres procédés, mais soyez assurés que, jusqu'à ce que les causes fondamentales du mal disparaissent, le crime ne diminuera ni en quantité ni en intensité [1]. »

On nous représente la race anglo-saxonne comme très féconde, et, sous ce rapport encore plus que sous tous les autres, on nous la donne en modèle. Certes, on a raison de nous reprocher notre infécondité volontaire, qui est peut-être la pire forme de l'individualisme mal entendu, la plus grande menace pour l'avenir de notre nation; mais, que la race anglo-saxonne ait aujourd'hui sa fécondité d'autrefois, rien de plus faux, malgré le préjugé. Elle est, au contraire, partout en décroissance. C'est en Angleterre et aux Etats-Unis que le mouvement de descente pour la fécondité est le plus accusé : la France, qui par malheur a pris ici les devants sur les autres nations, se contente d'être stationnaire.

Les idées démocratiques, avec leurs avantages et avec leurs dangers, ont envahi l'Angleterre ; le suffrage embrasse la presque universalité du sexe masculin, et l'heure est prochaine où il s'étendra aux femmes ; déjà mêlées aux affaires de la paroisse et du comté, elles le seront bientôt à celles de l'Etat. La Chambre des communes, élue par six millions d'électeurs au scrutin secret, sous l'antique et pittoresque appareil des *hustings*, est en réalité toute-puissante, et les Lords ne lui résistent au début que pour lui céder à la fin. La propriété foncière déchue de ses privilèges séculaires, privée de la protection que lui assuraient

[1] *Juvenile offenders*, 1898.

les droits sur les céréales étrangères, a été mise, depuis
1846, sur le même pied que la propriété mobilière ; elle
paie comme elle des droits de succession progressifs dont
le taux s'élève jusqu'à 18 p. 100 et entraîne des fraudes
formidables. Les conseils de paroisse, de district, de comté,
élus par un suffrage presque universel auquel les femmes
mêmes sont admises, ont été investis du droit d'exproprier
les terres pour les relouer en détail, d'acquérir d'autres
terres à l'amiable pour les morceler et les revendre à
crédit. Les propriétaires d'Irlande ont été obligés de laisser
le tribunal fixer à sa guise le montant de leurs fermages ;
ceux d'Ecosse ont été contraints de faire des concessions
aux *crofters ;* ceux du royaume entier ont été forcés de
tenir compte au fermier des améliorations par lui réalisées.

M. Schulze-Gœvernitz, dans son ouvrage capital *Zum
socialen Frieden* (Leipsig, 2 vol., 1890), a montré quelle
était la situation de l'ouvrier anglais au début du siècle :
les patrons le considéraient comme une machine humaine
qui doit rendre le maximum de profit avec le minimum de
frais ; ils réduisaient le salaire à ce qu'il fallait pour ne pas
mourir de faim, imposaient souvent jusqu'à vingt heures
de travail. Aux industriels anglais, préoccupés de produire
à bas prix, Pitt adressait sa recommandation fameuse :
« Prenez les enfants. » Ils n'y manquaient point. On faisait venir de loin aux ateliers des enfants de neuf ans
« qu'on frappait pour les tenir éveillés la nuit » ; on recevait gratuitement des *workhouses* les petits pauvres pour
les filatures ; on acceptait des paroisses une rétribution
pour les débarrasser de leurs enfants indigents ; on s'engageait parfois à prendre un enfant idiot sur vingt enfants fournis ; on acceptait, en un mot, toute chair humaine qui
« représentait la plus minime force musculaire [1] ».

Le résultat du nouveau régime industriel qui s'établissait
alors en Angleterre et dont, heureusement, nous n'avons
pas vu en France d'aussi féroces applications, menaçait la
nation de dégénérescence : « La femme, mère à quinze
ans parfois, et travaillant jusqu'au jour de l'accouchement ;
l'adulte inapte au service militaire ; l'homme grandissant
comme une brute dans l'ignorance, l'ivrognerie, la dé-

[1] Giffen, *The Progress of the Working classes*. Londres, 1884

bauche, l'immoralité, au milieu des fièvres contagieuses et
d'épidémies foudroyantes. » C'étaient aussi les révoltes
d'un prolétariat sans espoir : « les luttes sanglantes, les
réunions secrètes où la nuit on décrète le pillage, l'industrie vivant sous l'empire du terrorisme, l'antagonisme des
classes arrivé au paroxysme de la violence. » Lord Brou-
gham résumait bien l'économie politique de cette époque
et de ce pays quand il proférait cette incroyable sentence :
« Toute tentative humanitaire pour élever le prolétariat
est une atteinte à la loi naturelle d'assainissement qui, par
l'augmentation de la mortalité, conduit à l'élévation des
salaires. »

Aujourd'hui, par la vertu de la liberté et de l'esprit de
solidarité, comme aussi par la sage intervention de l'Etat,
nous assistons à la plus merveilleuse transformation.
M. Giffen nous montre la région même du Lancashire,
ancien réceptacle des misères et des haines, devenue l'abri
de la paix sociale et le foyer de la prospérité anglaise. Le
corps fortifié par une nourriture substantielle, l'esprit cul-
tivé par la fréquentation des cours, des musées, des bibliothèques, le cœur formé par la vie de famille, l'ouvrier d'il
y a soixante ans est devenu physiquement et intellectuellement, disait déjà Robert Kettle en 1873, « un type hautement progressif de l'humanité ». L'ouvrier anglais actuel
est celui qui, en Europe, touche les plus forts salaires ; il
a les journées de travail les plus courtes, neuf heures et
souvent huit heures ; mieux logé, mieux nourri, mieux
vêtu, il peut, en dépensant la même somme que jadis,
acquérir plus de choses ; la mortalité a diminué, l'âge
moyen s'est élevé, la criminalité est moindre relativement,
la vie s'est régularisée [1]. Et ce n'est pas au socialisme, au
collectivisme qu'on doit ses progrès : c'est à la liberté
même et à l'association, ainsi qu'au sentiment du devoir
social. « Rebelles à la contrainte, les Anglais, fidèles au
principe du libre concours des citoyens dans le groupement
des intérêts, ont fait appel au ressort moral, et ont donné
le spectacle d'une évolution régulière et continue des inférieurs vers l'indépendance [2]. » Depuis 1873, l'organisation

[1] Giffen, ibid. — Prins, l'Organisation de la liberté. p 23.
[2] Prins, ibid., 149.

ouvrière, affranchie, est légalement reconnue, et la classe
ouvrière a une situation équivalente à celle des autres
classes.

En Allemagne et en Autriche, le mouvement de réforme
sociale part d'en haut : le pouvoir cherche à reconstituer
des organismes corporatifs, sous l'action et le contrôle de
l'Etat. La législation allemande sur les assurances, dit
M. Prins, a l'avantage de comprendre l'ensemble de la
population ouvrière, mais elle a le défaut de ne pas couvrir le risque du chômage et d'abandonner l'individu à
l'autorité ; le système anglais a l'avantage de pouvoir couvrir tous les risques d'assurance, y compris le chômage,
et de faire appel à la spontanéité morale de l'homme ; il a
le défaut de n'englober encore que deux millions et demi
d'ouvriers sur six, c'est-à-dire une minorité d'élite, d'ailleurs considérable et qui ira en grossissant.

En Angleterre, l'industrie cotonnière emploie un peu
moins d'un quart d'ouvriers adultes, et l'industrie lainière
un peu moins d'un tiers ; mais, sans que la loi ait stipulé
rien de précis, les ouvriers adultes profitent, par la force
des choses, de la protection enfin accordée par la loi aux
femmes et aux enfants, parce qu'ils ne peuvent pas travailler sans leur aide. Aussi l'Angleterre est-elle, comme
nous l'avons dit, le pays d'Europe où les salaires sont les
plus élevés et la journée de travail la plus courte.

Là où jadis l'Etat s'abstenait, il intervient aujourd'hui,
il interviendra demain davantage. La législation sociale
réglemente jusque dans les plus minutieux détails l'hygiène
et la tenue des ateliers ; les administrations centrales con-
trôlent, à l'aide d'inspecteurs, le fonctionnement des pouvoirs locaux et l'application des lois qui régissent le
travail [1]. M. Spencer a beau déplorer l'invasion du « socialisme d'Etat », elle se produit en Angleterre comme ailleurs, grâce à la complexité croissante des relations économiques et à la puissance croissante de l'action collective,
à la difficulté et à la nécessité d'assurer aux travailleurs un
peu de justice sociale. Tout cela fait gémir le vieil individualisme britannique. « Ma foi dans les institutions libres,

---

[1] Voir le *Développement de la constitution de la société politique en
Angleterre*, par M. Boutmy.

a écrit récemment Spencer, si forte à l'origine, s'est vue
considérablement diminuée. Nous reculons vers le régime
de la main de fer, représenté par le despotisme bureaucratique d'une organisation socialiste, puis par le despotisme
militaire qui lui succédera, si toutefois il ne nous est brusquement apporté par quelque krach social. » La loi des
pauvres était déjà l'affirmation du droit de chaque homme
à se faire soutenir par l'Etat dans la dernière extrémité.
Aujourd'hui l'Etat se charge de résoudre une foule d'autres
questions auxquelles il était étranger. « L'Anglais a changé
sa foi à l'entreprise privée en une foi dans l'organisation
d'Etat [1] » Dans l'Australie et la Nouvelle-Zélande, les Anglo-
Saxons deviennent socialistes d'Etat autant que le deviennent les Germains d'Allemagne. Il en résulte, comme l'a
montré M. Pearson, une modification plus ou moins rapide
des caractères; l'individualisme énergique et entreprenant
de l'ancien Anglais fait place peu à peu à la foi dans le
gouvernement; au lieu de ne compter que sur soi, il
compte de plus en plus sur tous.

La confiance en soi et l'excentricité étaient jadis les
traits populaires de l'Anglais aux yeux des autres nations.
L'Anglais des anciens romans français est habituellement
un original, qui ne s'inquiète pas de l'opinion du monde,
tout prêt à se mesurer avec autrui dans n'importe quelle
querelle, ne demandant et ne donnant rien à crédit.
Aujourd'hui, ce sont les Anglo-Américains qui ont hérité
du vieux portrait des Anglais excentriques, aventureux,
toujours en quête de nouveauté. La race originelle, selon
les paroles amères de Hauthorne, serait devenue « bul-
beuse, d'esprit lourd, matérielle », toute à la balance de
ses comptes de banque ou au soin de ses propriétés; elle
est appesantie par le sentiment toujours présent de ses
nombreuses responsabilités. Les Peterborough et les Clive,
ces chevaliers errants à la tête des armées et des conseils,
ne seraient plus de mise aujourd'hui, et le gouvernement
ne leur laisserait pas la main libre : « Le premier acte
impétueux, dit M. Pearson, provoquerait un rappel par
télégramme. La conquête d'un Empire ne ferait que ter-
rifier le cabinet anglais par la crainte des critiques du Par-

[1] Pearson, *Life and character.*

lement[1]. » En écrivant ces lignes, M. Pearson n'avait pas
encore eu connaissance des exploits de M. Cecil Rhodes,
qu'il a d'ailleurs fallu désavouer, ni de la guerre entre les
Boers.

En fait d'industrie, M. Pearson trouve que l'Anglais
s'aventure beaucoup moins aujourd'hui qu'autrefois.
L'inventeur anglais est resté égal ou supérieur à ses
rivaux, plus fertile en expédients que l'Allemand, plus
patient que l'Américain ; mais. quand il s'agit d'accepter
une innovation. l'Anglais ne montre plus le même empressement. Son sentiment instinctif, aujourd'hui. est que, si
l'invention était réellement valable, elle aurait été déjà
adoptée ; le sentiment de l'Américain, au contraire, est que
tout ce qui est nouveau doit être essayé. Cet esprit conservateur de l'Angleterre contemporaine, qui a trop souvent
peur du changement, frappe d'autant plus M. Pearson que
l'Angleterre a introduit jadis de plus grands changements
dans le monde.

Malgré les lentes modifications et perturbations que nous
avons constatées, le caractère anglais, plus que tout autre,
a conservé son unité. Les éléments ethniques qui ont contribué à sa formation s'accordaient tous en un point :
l'énergie, la hardiesse et la constance de la volonté ; Bretons. Germains ou Normands étaient aussi aventureux et
aussi opiniâtres les uns que les autres. Entraînés dans le
même courant historique, ils se sont parfaitement fondus.
On a souvent comparé les Anglais aux anciens Romains
pour la trempe du caractère : même respect des institutions, même aptitude à les changer lentement et sans
secousses, même capacité à régir les peuples et à fonder
des colonies : *Tu regere imperio populos, Romane, me-
mento*[2]. L'unité du caractère anglais a entraîné, comme
conséquence, l'unité et l'énergie extraordinaire de
l'esprit public. Quelle « âme de peuple » a un moi plus
fort, plus impérieux, plus exclusif, plus retiré en soi? Aux
yeux des Anglais, dit Taine, qui les a si profondément étu-

[1] M. Pearson, *ibid.*

[2] M. Le Bon a fort justement insisté sur cette analogie du caractère
anglais avec le caractère latin, — ce qui ne l'empêche pas de vouloir
ensuite établir des différences infranchissables entre les Anglo-Saxons et les
soi-disant peuples *latins*.

diés. il n'y a qu'une civilisation raisonnable. la leur ; toute autre morale est inférieure. toute autre religion est extravagante. De sorte que. pourrait-on ajouter. l'Anglais est doublement personnel. d'abord comme individu. puis comme membre de la plus individualisée des nations. Dès que l'intérêt national est en jeu, toutes les dissensions cessent, il n'y a plus qu'un seul homme. un seul Anglais. qui ne recule devant aucun moyen et se montre prêt à tout : la morale se réduit alors pour lui à un seul précepte : sauvegarder n'importe à quel prix l'intérêt anglais. Nul peuple n'est plus froid, plus méthodique. plus tenace dans sa politique ; nul ne laisse au sentiment moins de place.

Nul peuple ne sait mieux calculer, diriger ses finances. prévoir l'avenir et ne rien abandonner de ses intérêts au hasard. Aussi, comme puissance financière, l'Angleterre marche à la tête des nations. Elle le doit non seulement à son expansion commerciale, mais encore à sa situation géographique insulaire. Suprématie maritime, suprématie commerciale et suprématie capitaliste, l'Angleterre les a toutes les trois, mais, selon les économistes, c'est la suprématie capitaliste qui est la mieux assise. Pendant le siècle dernier. le développement de la richesse en Angleterre a pris d'énormes proportions ; et, naturellement. la prospérité du Trésor s'est mise au niveau de la prospérité de la fortune publique.

A l'occasion du jubilé de la reine (juin 1897), maintes statistiques ont été publiées sur les progrès accomplis pendant le règne : En 1836, l'année qui précéda l'avènement de la reine Victoria, le revenu total de l'État ne dépassait point 52 millions et demi de livres sterling ; en 1896-97, il était de 112 millions. Au début de cette période, près de 72 p. 100 de ce revenu était fourni par les droits frappant la presque totalité des produits de l'existence : il y avait exactement 1,133 droits spécifiques. Aujourd'hui. le montant des recettes douanières, s'élevant à 20 millions de livres sterling, chiffre rond, porte à peu près exclusivement sur quatre articles inutiles ou nuisibles : l'alcool, le tabac, le thé et le vin. C'est là un excellent exemple donné aux autres peuples.

Le défaut de l'esprit anglais, qu'il reste isolé dans son

individualisme ou associé en groupes plus ou moins
étroits, c'est le manque d'universalité, soit dans les sentiments, soit dans les idées. « Véritables insulaires, dit
M. Green, nous sommes incapables de comprendre d'autres races. » L'Anglais a beau s'associer de mille manières,
il n'est pas universellement sociable. Certes, il le devient
de plus en plus et, depuis un siècle, il y a sous ce rapport un progrès sensible : « Les Anglais, dit M. Hamerton,
se font plus tolérants et plus ouverts, en même temps que
les Français gagnent en sens pratique et en prudence. »
Le jugement de Kant, exact pour son temps, comporte-
rait aujourd'hui des restrictions et surtout des complé-
ments nécessaires. Il y reste pourtant un fond de vérité.
Une certaine brutalité sauvage subsiste dans la civilisation
anglaise.

Pour quelques admirateurs contemporains de l'Angleterre, les Anglo-Saxons ne seraient rien moins qu'une
variété supérieure de l'espèce humaine, soit au point de
vue de l'anthropologie, soit à celui de la psychologie ; et on
voudrait transplanter chez nous les qualités anglaises, les
institutions anglaises, les mœurs anglaises, l'éducation
anglaise. N'est-ce point, comme on l'a dit, ressembler à
ces enfants qui plantent dans leur jardin des fleurs « sans
leurs racines », et s'étonnent ensuite de les voir fanées ?
Sous la Restauration, on s'écriait avec Villèle : transportons
en France une aristocratie de grands propriétaires terriens ;
sous le gouvernement de Juillet, avec Guizot : copions
les parlementaires ; sous le second Empire, avec Le Play :
empruntons la décentralisation et les libertés locales ;
aujourd'hui : imitons l'individualisme anglais, cultivons le
moi, soyons volontaires, soyons forts ! Tout sera sauvé si
nous devenons des Anglo-Saxons, c'est-à-dire des hommes
ayant la vigueur musculaire et l'amour du sport, la volonté
énergique et l'esprit d'entreprises lointaines. Selon le mot
du philosophe anglais : « Soyons de beaux et bons animaux ! » Autrement dit : Imitons précisément ce qui est
inimitable, imitons les qualités natives du tempérament
héréditaire ! Chose presque aussi logique que de dire :
Ayons une taille de 1^m,80, un indice céphalique de 74, et
amenons 100 au dynamomètre. Ce qu'il faut imiter de l'Angleterre, c'est son effort constant pour se perfectionner

elle-même sans rompre brusquement avec son passé. Au lieu de nous écrier : « — Soyons Anglo-Saxons », il serait plus sage de dire : — Développons nos qualités propres et luttons contre nos vices. Luttons contre la stérilité volontaire, contre l'alcoolisme, contre la criminalité montante, contre la presse licencieuse et diffamatoire, contre le scepticisme sous toutes ses formes, contre le matérialisme de la pensée et de la vie ; opposons à l'individualisme mal compris le sentiment du devoir social ; en un mot, relevons la moralité privée et publique, qui est la même pour les Latins, les Celtes et les Anglo-Saxons.

Si l'Angleterre a de très réelles vertus, sa principale qualité aux yeux des admirateurs de la race anglo-saxonne, c'est sa puissance et sa richesse. Mis à l'abri de ses voisins par sa position, le peuple anglais devait être, après les Hollandais, le premier chez qui l'esprit, purement militaire, amoureux du combat pour le combat même, devint inutile et céda le pas à ce que Spencer appelle l'industrialisme. L'Anglais finit par comprendre qu'il valait mieux commercer que guerroyer et piller, tout en restant prêt à ce dernier parti, si besoin est. De là les excès du mercantilisme. Le grand peuple anglo-saxon, depuis un siècle, a élevé à la dignité d'un culte l'amour de l'argent. Cet amour, sans doute, est presque aussi vieux que le monde, mais, si on honora toujours les riches, on n'honorait pas l'amour même de la richesse ; au-dessus de la fortune, on élevait la noblesse de naissance, la noblesse de situation, le talent, la vertu, la sainteté. L'Angleterre contemporaine, acceptant le nouvel ordre économique et financier comme un ordre politique plus profond et, par extension, comme un ordre providentiel, a franchement et ouvertement adoré l'argent. Ce n'est pas, à coup sûr, ce que les Anglo-Saxons ont introduit de meilleur dans le monde moderne, ni le plus bel exemple qu'ils ont donné aux Latins.

Emerson cite le mot de Nelson : « Le manque de fortune est un crime que je ne puis pardonner. » — « La pauvreté est infâme en Angleterre » disait aussi Sydney Smith. On se rappelle comment M. Cecil Rhodes a justifié dans un discours la conquête du Transvaal : « Nous avons fait notre devoir en protégeant le plus grand actif commercial du monde ; c'est-à-dire le drapeau britannique. »

Aux Italiens et Français qui admirent trop le peuple anglo-saxon, Ouida rappelle que « la richesse est le facteur dominant dans la vie sociale et politique de l'Angleterre » et qu'un « commerce sans scrupule forme le seul but de l'*impérialisme* dont on a récemment levé l'étendard ». La vieille noblesse a été étouffée sous une nouvelle, « créée seulement à base d'argent » ; tout ministère, en quittant le pouvoir, laisse son lot de « riches élevés à la dignité de lords ».

Outre l'individualisme économique, l'Angleterre a mis en honneur l'individualisme politique ; l'un aboutissant au culte de l'argent, l'autre à l'égoïsme individuel et national. Du même coup, l'Angleterre a fait triompher la morale utilitaire et le droit utilitaire. Que l'utilitarisme soit la marque propre de l'esprit anglo-saxon dans la philosophie morale et juridique, c'est ce qu'il est difficile de contester, et c'est aussi, semble-t-il, ce qu'il est difficile d'admirer.

Dans leurs rapports avec les autres peuples, qu'ils soient latins, germains, celtiques, hollandais, les nations utilitaires ont certainement de grands avantages. Comment en serait-il autrement ? Parfois aussi elles en abusent. Les Anglo-Saxons ne se sont-ils jamais fait accuser d'égoïsme, de superbe dédain pour les droits d'autrui ? « Nous ne subsisterions pas si nous étions justes un seul jour, disait au siècle dernier le plus grand orateur de l'Angleterre. » Bismarck a remarqué que, dans les relations privées, les Anglais sont des modèles d'honnêteté, mais que leur diplomatie est un tissu de mensonges. Tocqueville écrivait à Mme Grote la surprise que lui causait l'habitude apportée en politique par l'esprit anglais : « La cause dont le succès est utile à l'Angleterre est toujours la cause de la justice ». En France, ajoutait-il, « nous avons fait souvent des choses injustes en politique, mais sans que l'utilité cachât au public l'injustice. Nous avons même quelquefois employé de grands coquins, mais sans leur attribuer la moindre vertu. » L'Angleterre, elle, accorde son estime à qui réussit, son amitié à personne. Dure et impitoyable dans la répression des révoltes, elle fut trop souvent indifférente aux souffrances et aux griefs de ceux qu'elle dominait ; elle a réduit l'Inde à la famine ; elle a forcé la Chine, par le droit du canon, à tolérer la contrebande de l'opium ; elle a

dépouillé le Portugal d'une partie du Mozambique, lancé
dans le Transvaal une première expédition d'aventuriers,
puis une expédition de conquérants sans scrupule. Après
avoir fait à plusieurs reprises telles et telles promesses
solennelles, elle a déclaré devant l'Europe qu'il suffisait
de sceller certaines choses avec du sang pour les rendre
justes, car « un champ de bataille, dit lord Salisbury, est
une étape de l'histoire », — variante adoucie de la formule :
La force prime le droit.

Enfin, les Anglo-Saxons, ces grands colonisateurs en
pays lointains, n'ont réussi dans leur propre Royaume-Uni
qu'à faire l'Irlande martyre. La situation insulaire de la
Grande-Bretagne avait pour pendant la situation insulaire
de l'Irlande : les deux îles sont demeurées l'une en face de
l'autre. L'Anglais et l'Irlandais, quoique d'intelligence à
peu près semblable, ont conservé des caractères différents.
Et cette différence ne peut être due essentiellement à l'élément ethnique, puisque la moitié à peu près de l'Irlande
est germanique. Elle est due à des traditions et habitudes
qu'a développées l'oppression anglaise. On sait quel régime
de fer fut imposé à l'Irlande et comment on lui appliqua le
dicton barbare : « *It is no felony to kill an Irishman,* — il
n'y a point de félonie à tuer un Irlandais. » On a souvent
rappelé à ce sujet que, sous le règne d'Elisabeth fut pres-
crite la destruction des bestiaux et de la culture de plusieurs
comtés irlandais, pour y faire mourir de faim les habitants
impossibles à exterminer d'une autre manière ; le poète
Spenser décrit avec complaisance les horribles tortures de
cette famine préméditée. Il faut convenir que ce genre de
politique n'était pas fait pour opérer la fusion des esprits.
On ne voit pas bien ici « la supériorité des Anglo-
Saxons [1] ».

---

[1] L'Anglais, a dit M. Boutmy, est dépourvu « de sensibilité physique »; il
n'a donc guère de « sympathie » naturelle et spontanée, quoi qu'il soit capable
de s'élever à « une sentimentalité sincère, à laquelle le christianisme prête sa
force ». C'est à cette sentimentalité qu'est dû le succès des deux grandes lois
qui ont aboli la traite des noirs en 1807 et l'esclavage en 1833 « Mais il ne
faut pas s'étonner, ajoute M. Boutmy, si l'on rencontre au même moment,
chez les individus, des exemples d'impassibilité et de barbarie qui démentent
les sentiments supposés de la masse à l'égard de ces deux lois, unanimement
réclamées et acclamées. A la Jamaïque, aux premiers signes d'une révolte,
on a vu les Anglais organiser contre les anciens esclaves la plus cruelle des
chasses à l'homme ; des officiers de l'armée ont paru se complaire dans ces

Dans les pays étrangers, les Anglais pratiquent à l'égard

exécutions, comme dans une sorte de sport sanguinaire; quelques-uns se sont même glorifiés d'actes monstrueux qu'ils n'avaient pas commis. En Afrique, un lieutenant de Stanley, Jameson, demande ou accepte d'assister à un repas de cannibales : une petite fille est saisie, dépecée, éventrée sous ses yeux sans qu'il fasse un geste pour l'arracher à son sort La double circulaire du cabinet Disraeli, en 1875-76, pour enlever aux esclaves le droit de refuge sur les vaisseaux anglais a été rejetée finalement par l'opinion ; mais la seule pensée qu'elle aurait pu être acceptée sans soulever d'objection indique que toute une partie éclairée de la nation ne reconnaît pas l'autorité des principes et ne les admet que par décorum »

À l'égard des races moins déshéritées, la conduite des Anglais n'a pas été très différente. Nulle part, ni au Canada, ni aux États-Unis, ni dans l'Inde, ni en Égypte, les Anglais n'ont formé avec les indigènes une race métisse ; ils n'ont su que les détruire ou les exploiter. « La première solution a été appliquée aux Peaux-Rouges, la seconde aux Hindous, toutes deux alternativement aux Irlandais. » Burke a dépeint ces jeunes fonctionnaires anglais qui s'abattent sur l'Inde avec toute l'avarice du siècle, avec toute l'impétuosité de la jeunesse ; « les indigènes n'ont plus devant les yeux que la perspective indéfinie, désespérante, de volées toujours nouvelles d'oiseaux de proie et de passage, dont les appétits se renouvellent incessamment. » Burke ajoute qu'après avoir rapidement acquis une fortune par ces moyens criminels, l'Anglais retrouve, en touchant le sol natal, des vertus qui lui font faire le plus noble usage de cette richesse scandaleuse, en sorte que l'ouvrier, le laboureur bénissent ici la main équitable qui, dans l'Inde, arrachait la toile du métier, privant le paysan du Bengale de sa maigre portion de riz et de sel. « Lors de la révolte des Cypayes, dit M. Boutmy, un jeune officier, nommé Hodson, prend sur lui de condamner et d'exécuter lui-même les princes de Delhi, tombés par surprise entre ses mains ; et M. Carthy atteste que cet acte fut généralement apprécié en Angleterre comme « louable et patriotique » Lorsque la nouvelle du bombardement d'Alexandrie fut rendue publique à la Chambre des Communes, cette déclaration fut accueillie par un éclat de joie spontané et retentissant — *a ringing cheer* — tel qu'on aurait pu l'attendre d'écoliers qui assistent à un feu d'artifice, non pas d'une assemblée d'hommes intelligents, de chrétiens, à qui l'on venait dire qu'une ville de 200 000 âmes avait été bombardée et mitraillée à plaisir. La même joie indécente se manifesta dans le parti tory lorsqu'il fut donné lecture à la Chambre d'un télégramme du capitaine Plunkett ainsi conçu : « N'hésitez pas à tirer si cela est nécessaire » (Boutmy, *Psychologie politique du peuple anglais au XIXe siècle*.)

Nietzsche en des pages satiriques et irrévérencieuses, explique par une secrète conscience de ses restes de brutalité le besoin que l'Anglais éprouve du christianisme . « Sa discipline lui est nécessaire pour se rendre moral et humain L'Anglais, plus morne, plus sensuel, plus volontaire et plus brutal que l'Allemand, est aussi, parce qu'il est le plus brutal des deux, plus religieux que l'Allemand; il a encore plus besoin du christianisme La lourdeur et la gravité rustique de l'Anglais est travestie et rendue supportable, mieux encore, expliquée et transformée par la mimique chrétienne, par la prière et le chant des psaumes; et pour cette bête d'ivresse et de débauche qui apprit autrefois les grognements moraux sous la domination du méthodisme et, de nos jours, sous celle de l'armée du salut, les crispations de la repentance doivent véritablement être la plus haute manifestation de l'humanité qu'on puisse attendre : il est juste de le concéder. » *Par delà le bien et le mal*, VIII, § 252

des indigènes une méthode qui leur est propre, et ils les exploitent pour le plus grand profit de l'expansion britannique. Tandis que nous, Français, nous essayons d'imposer aux indigènes à la fois le bien-être matériel et le progrès -moral, de façon à les rendre le plus semblables à nous et à en faire « des Français de couleur », les Anglais n'entreprennent point de réformer l'existence de leurs sujets. « La masse indigène représente avant tout pour eux un élément fiscal et un élément politique : on lui demande donc de produire et de se tenir tranquille, pas autre chose ». Nous visons un idéal d'humanité et de justice ; ils ont d'abord en vue le gain. A quoi bon imposer aux indigènes d'inutiles progrès, des progrès qui de plus pourraient bien leur répugner ? La « race impériale » est d'essence trop supérieure pour s'abaisser à élever à elle l'indigène ; sa politique est faite d'une « hauteur dédaigneuse [1] ». Dans l'Inde. qu'a fait l'administration pour prévenir les famines désastreuses, pour enrayer les épidémies ? A-t-elle « le souci de la voirie, de l'hygiène, le souci de protéger le paysan et l'ouvrier ? » Le gouvernement songe de prime abord à réduire l'indigène à l'état de sujet, « dût-il se faire détester ? ». Toujours du moins il se fait craindre, toujours il maintient les divisions de castes, de races et de religions ; et pour éviter encore le voisinage indiscret, le contact dangereux d'autres colonies européennes, il s'efforce d'isoler la sienne « derrière des tampons d'Etat ».

Que les admirateurs des Anglo-Saxons cessent de condamner les autres peuples à l'infériorité et à la décadence ; chacun de ces peuples a sa valeur, ses mérites et ses défauts, son rôle utile.

Si l'admiration ne s'impose pas à l'égard des Anglo-Saxons, l'hostilité n'est pas plus admissible. Pourquoi l'Angleterre et la France continueraient-elles aujourd'hui les vieilles traditions de méfiance réciproque et de rivalité ? Les circonstances ont bien changé, et l'Angleterre n'a pas l'habitude de s'entêter quand les circonstances changent. Notre population, aujourd'hui réduite relativement aux autres nations et devenue stationnaire, ne nous permet

[1] V. Eugène Aubin, *Les Anglais aux Indes et en Egypte.*

pas de créer des colonies de « peuplement ». D'autre
part, notre production industrielle, « modérée comme
quantité et raffinée comme qualité », ne peut lutter com-
mercialement avec l'énorme production à bon marché
de l'Angleterre. On a donc eu raison de dire[1] que nos
progrès coloniaux, qui sont réels, peuvent profiter à
celle-ci, plutôt que lui nuire, et que le jour où la France
cesserait de compter dans le monde, l'Angleterre aurait
tout à craindre de sa vraie rivale, qui est la prolifique et
entreprenante Allemagne.

Dans la politique internationale, le peuple anglais ne se
livre pas, ne se lie ni ne s'allie. La situation qu'il occupe
lui permet de pratiquer la méthode d'isolement. En dehors
des combinaisons purement européennes, il se tient prêt
à profiter de tous les événements qui peuvent le servir;
aussi s'abstient-il de contracter d'avance des obligations qui
risqueraient de le gêner au moment opportun. Mais l'Angleterre qui avait à peu près cessé d'être, par ses intérêts
directs, une puissance européenne, le redevient dès qu'elle
rencontre les intérêts d'une autre puissance opposés aux
siens à l'extrémité du monde. Le développement énorme
de la politique coloniale depuis quelques années a mis
les vieilles nations de l'Europe en présence les unes des
autres en Afrique et en Asie, et c'est par ce détour, a-t-on
dit, que l'Angleterre rentre de plus en plus dans le cercle
jadis étroit, aujourd'hui démesurément élargi, de la politique continentale.

Selon le grand théoricien de l'impérialisme, J.-B. Seeley,
« le commerce conduit naturellement à la guerre, et la
guerre nourrit le commerce ». Selon lui, le commerce ne
rapproche pas tant les peuples que le prétendent les discours
officiels; quand du moins le commerce est le débouché
indispensable et vital d'une production industrielle intense,
« presque l'unique gagne-pain d'une grande nation », il
engendre la guerre dès qu'il rencontre un obstacle ou se
heurte à une concurrence. « Le commerce dirigé d'après cette
méthode, est presque identique à la guerre et peut difficilement manquer de conduire à la guerre. » N'est-ce pas déjà
une guerre de plus de cent ans qui a donné à l'Angle-

[1] Voir G. Monod, *Souvenirs et portraits.*

terre son empire colonial ? En attendant. l'Angleterre est
obligée. par une fatalité inéluctable de son histoire et de
sa situation, d'être à tout prix la maîtresse des mers. Il faut
qu'elle le soit pour se défendre d'une invasion possible ; il
faut qu'elle le soit pour pouvoir transporter avec sécurité
dans ses colonies les troupes dont leur défense extérieure
ou leur pacification intérieure peuvent avoir besoin.

Malheureusement pour l'Angleterre, la royauté des mers
ne peut être éternelle parce que toutes les grandes nations
continentales, non seulement la France, mais la Russie et
l'Allemagne augmentent sans cesse leur marine et leurs
colonies ; la distance entre elles et l'Angleterre va diminuant
par une loi fatale et, en se réunissant, elles ne tarderont
pas à pouvoir lutter contre l'Angleterre. Celle-ci a le sentiment du danger, et c'est ce qui explique son impérialisme
de plus en plus affolé et agressif [1].

Ce que les circonstances ont fait pour l'Angleterre elles
pourraient un jour le défaire. Renonçant à l'agriculture
pour la grande industrie et le commerce, l'Angleterre ne
subsiste que si les autres peuples achètent les produits de
son travail. Le quart du commerce britannique se fait avec
l'Europe et près du cinquième avec les États-Unis. Que la

[1] Voici ce que disait *jadis* lord Salisbury : « J'ai la ferme conviction que
l'opinion publique en ce pays est en train de subir une réaction qui l'éloigne
de plus en plus des doctrines de Cobden, d'il y a cinquante ans ; on croit
qu'il est de notre devoir de prendre tout ce que nous pouvons, de nous
battre contre tout le monde, de nous quereller dès que nous en avons l'occasion. Cela me semble une doctrine très dangereuse. D'abord elle est de
nature à exciter contre nous les nations étrangères et ce n'est pas là une
consideration à négliger : le genre de réputation dont nous jouissons actuellement sur le continent européen n'est, à aucun degré, ni agréable ni avantageux. — Mais il y a un danger beaucoup plus sérieux, c'est que nous nous
chargions d'un fardeau au-dessus de nos forces. Quelque fort que vous soyez,
homme ou nation, il y aura toujours un point que vos forces ne pourront
dépasser, et c'est de la pure folie, cela ne peut mener qu'à la ruine si vous
vous permettez d'aller au-delà. Cette témérité a causé la perte de nations aussi
grandes et aussi puissantes que la nôtre. » Après avoir cité récemment ces
paroles d'autrefois devant le Parlement, sir William Harcourt ajoutait :
« C'est une leçon que tous nous ferions bien de méditer. On nous a dit que
nous devons tirer beaucoup de leçons de cette guerre du Transvaal. leçons
dans l'art des préparations militaires et navales. Mais il y a une autre leçon
qui intéresse beaucoup plus la sécurité de ce pays : c'est de ne pas exas-
pérer, par une conduite arrogante et insolente, ceux que nous désirons
avoir pour amis, de ne pas maltraiter, insulter ceux sur lesquels s'exerce
notre influence, et de nous conduire avec cette modération, cette prudence.
ce « self-control » qui conviennent vraiment à la dignité d'un empire qui
a conscience de sa propre grandeur et de sa propre force »

concurrence allemande et américaine aille croissant, que les autres pays civilisés développent leur industrie nationale et se défendent par des tarifs élevés, et voilà la suprématie industrielle de l'Angleterre menacée. Ses colonies, étant autonomes, peuvent aussi se fermer à ses produits. Déjà l'Australie pratique un protectionnisme outré. Dans les Indes même, l'Allemagne a vendu, il y a quelques années, pour 300 millions. Les diverses parties de l'empire colonial, presque indépendantes, peuvent un jour se séparer de la métropole si des questions d'intérêt les y amènent. Aux nations triomphantes comme aux triomphateurs antiques, on peut rappeler ce mot : Souviens-toi que tu es mortel.

Incomparable par son industrie, son commerce et son expansion coloniale, comme par son entente des conditions pratiques du gouvernement libre, admirable par sa poésie et sa littérature, comme par son mouvement scientifique et philosophique, l'Angleterre n'a cependant pas fait, semble-t-il, pour l'élévation du genre humain tout entier, ce qu'ont fait l'Italie, la France, l'Allemagne ; elle se soucie peu de faire triompher au dehors les vérités qu'elle a pu découvrir : la propagande en faveur des « principes » n'est point de son goût. Mais elle a donné au monde un merveilleux exemple de liberté et d'activité, et les exemples valent souvent les préceptes. Bismarck a prétendu que, dans notre Europe, tout ce qui est germain est l'élément mâle ; douceur, générosité, bonté, ce sont à ses yeux choses féminines. — Est-ce bien sûr, et d'ailleurs les sexes ont-ils ici quelque chose à voir ? La vérité est qu'il y a des peuples de tête et des peuples de cœur ; tous sont nécessaires à l'humanité. Si la personnalité est une force, l'impersonnalité en est une ; si le sens pratique a son prix, la générosité a le sien, et ses apparentes folies font parfois sa sagesse. Certains peuples ont été épris d'un idéal universel et humain ; l'Angleterre a préféré mettre en pratique, pour la grandeur et l'expansion de sa propre race, la fière parole qu'une cité anglo-saxonne a inscrite sur ses armes : « Je veux, *I will.* »

LIVRE V

LE PEUPLE ALLEMAND

CHAPITRE I

LE PEUPLE ALLEMAND ET LA VIE IDÉALE

A bien des époques de notre histoire nous avons cru connaître l'Allemagne, et nous ne l'avons jamais bien connue. Malgré certains traits communs entre elle et nous, qui tiennent à l'identité ethnique des éléments Galate, Franc et Germain, les dehors du tempérament et du caractère, les marques visibles d'après lesquelles on se hâte de juger diffèrent trop d'un peuple à l'autre. Attentifs à la surface, nous n'avons jamais bien suivi le travail intérieur et sourd qui s'accomplissait dans l'âme germanique. De plus, nous avons toujours jugé nos voisins d'après les dernières expériences que nous en avions eues, sans tenir compte de la lente et secrète métamorphose opérée en eux par le temps. C'est ce qui fait que, selon la juste remarque d'Edgar Quinet, nos jugements ont toujours été en retard d'un demi-siècle. Seuls quelques prophètes, comme fut Quinet lui-même en 1831, ont vu et annoncé l'avenir.

S'il est vrai, comme le soutiennent les Allemands eux-mêmes, que l'histoire d'un peuple soit d'avance contenue dans son caractère, il importe aux Français de ne pas commettre de nouvelles erreurs sur le vrai génie de l'Allemagne ; nul autre peuple, peut-être, ne doit davantage attirer l'impartiale observation du psychologue et du sociologue.

L'histoire intellectuelle et matérielle de l'Allemagne est, pour les philosophes, le plus frappant exemple, surtout depuis un siècle et demi, de la lente formation d'un caractère national et de sa manifestation finale par des actes.

L'Allemagne, et c'est son originalité, a commencé par le point de vue le plus idéal, le plus voisin du rêve, pour se rapprocher peu à peu du réel. Nous la verrons accumuler patiemment toutes ses forces intellectuelles et morales pour aboutir à une explosion de vie active. L'Allemagne, a dit Wagner, « aime l'action qui rêve ».

Essayons de montrer d'abord dans la race et le tempérament l'origine première du caractère germanique : puis, après en avoir dégagé les traits essentiels, cherchons par quel développement, d'une merveilleuse régularité, ce caractère s'est exprimé d'abord dans la langue et la religion, puis dans la poésie, puis dans la philosophie, en un mot dans la vie idéale. Plus tard, nous le suivrons dans la vie réelle, dans le domaine de l'action et de la politique [1].

I

RACES ET CLIMATS. — LES ANCIENS GERMAINS

Un éminent historien a soutenu que l'Allemagne « est une race » tandis que la France n'en est pas une [2]. C'est une opinion fort répandue en Allemagne même et que partagent volontiers les pangermanistes, mais que l'ethnologie a entièrement réfutée. L'Allemagne, non moins que la France, a offert bien des mélanges de races à travers l'histoire ; elle a subi l'influence celtique, slave et finnoise. En Prusse, l'élément germanique se mêle dans une très large mesure à des éléments slaves ; en Bavière, à un fond celtique ; dans l'empire d'Autriche, il est de beaucoup inférieur en nombre aux éléments celtes et slaves.

---

[1] Nous invoquerons dans cette étude, autant qu'il nous sera possible, l'autorité des Allemands eux-mêmes, qui n'ont pas manqué d'approfondir leur développement intellectuel et moral comme tout le reste. Outre les écrits de Kant, de Gœthe, de Heine, on peut consulter les travaux très remarquables de M. Pfleiderer et de M. Meyer dans l'*International Journal of Ethics*, 1893 et 1894. Leurs témoignages sont précieux, car ils représentent la conscience que dans des esprits supérieurs le caractère allemand prend de soi et de sa direction. On devient semblable, dit Platon, à l'objet de sa contemplation, — et aussi de son ambition. L'idéalisation même que les Allemands font subir à leur caractère, dans certains sens, de préférence à d'autres, devient à son tour un signe de leurs tendances secrètes.

[2] M. Lavisse.

Nos pères disaient : *les Allemagnes*. Malgré l'accomplissement de l'unité politique, les géographies montrent que ce pluriel conserve une partie de vérité[1]. Parmi les groupes de populations qui se rencontrent dans l'Empire, on distingue encore, à leurs dialectes et à leurs mœurs, des Bavarois, des Souabes, des Franconiens, des Saxons, des Frisons, des Prussiens. L'Empire est loin d'être entièrement allemand : dans la partie septentrionale du Slesvig il retient malgré eux 150 000 habitants de langue danoise. A l'est, malgré les efforts de germanisation poussés à outrance, les provinces polonaises conservent en grande partie leur langue nationale ; les statistiques officielles avouent elles-mêmes près de 2 millions et demi de Polonais. A quoi bon rappeler l'Alsace-Lorraine ?

Il y a aussi en Allemagne l'influence mongole. On s'est même demandé si cette dernière n'expliquerait pas en partie le côté dur, égoïste et brutal qu'offre l'Allemand de certaines provinces ; mais l'hypothèse est peu vraisemblable. D'après Virchow, le type blond à crâne long, qui caractérise la race vraiment germanique, ne s'observe que de 33 à 43 fois sur 100 dans le Nord de l'Allemagne, de 25 à 32 fois dans le Centre, de 18 à 24 fois dans le Sud. L'Allemagne prise dans son ensemble est donc, en majorité, un pays « celto-slave », non purement germanique comme elle le prétend ; et la proportion des deux éléments, dolicho-blond, brachy-brun, n'est pas très différente de ce qu'elle est en France. L'opposition principale est dans l'absence de l'élément méditerranéen, ligure ou ibère. Le manque de ce dernier élément, avec sa vivacité et sa fougue méridionale, a un peu alourdi les deux autres. Nous reconnaissons d'ailleurs que, si l'Allemagne d'aujourd'hui n'est pas aussi germanique qu'elle l'imagine, elle le fut autrefois bien davantage, mais cela est vrai aussi de la terre des Gaulois. Toujours est-il que l'Allemagne n'est pas « une race », et la Prusse même, plus germanique que le reste par endroits, est de plus en plus envahie de Slaves. C'est d'une vieille famille slave que Bismarck lui-même prétendit descendre.

Si, par son élément blond à crâne allongé, l'Allemagne

---

[1] Vidal-Lablache, *États et nations de l'Europe*, p. 67.

se rattache aux races du Nord, énergiques, aventureuses, entreprenantes. conquérantes, individualistes et personnelles, par son élément brun à crâne large et à « tête carrée », elle se rattache aux races plus amies de la tradition et du sol, plus passives, plus faciles à gouverner. plus dociles à l'autorité et à la hiérarchie, plus enserrées dans tous les liens sociaux. Il y a là une antithèse de tendances que nous retrouverons, s'accentuant de plus en plus, dans le caractère germanique.

Le climat a exercé son action sur le tempérament physique et moral des Allemands. Il est facile de reconnaître en eux un fond lymphatico-sanguin, avec sa lenteur relative, sa froideur ordinaire interrompue par des fièvres de violence. son sérieux, sa nature réfléchie. son goût de la règle et de la méthode. son énergie persévérante.

Le caractère germanique s'est dessiné dès l'antiquité, tout comme le caractère gaulois. Tacite nous décrit les Germains, grands corps blancs avec des yeux bleus farouches et des cheveux d'un blond rougeâtre (traits qui leur sont d'ailleurs communs avec les Gaulois). Les Germains. dit César, « ne s'intéressent qu'à la chasse et à la guerre ; dès la plus tendre enfance, ils s'appliquent à s'endurcir physiquement ». « Ils détestent la paix, méprisent les arts ; violents, passionnés, ils sont moins ingénieux que les Gaulois et apprennent plus difficilement ».

Très remuants de leur nature, les Germains vivaient dans un flux et reflux d'incursions et d'attaques. La cité. qui avait pris de bonne heure, à Rome, un caractère civil et juridique (*municipium, munera capere*); chez les Grecs, un caractère moral et politique, n'existe chez les Germains que sous la forme du camp en permanence; leur *dux* ou capitaine deviendra leur chef civil. Groupés en villages, en petites communautés, ceux qui se réclament de la même origine ne se réunissent que pour un but militaire et se rangent autour du chef le plus courageux, c'est le *comitatus* dont parle Tacite. La Germanie est une masse d'hommes perpétuellement sur le pied de guerre : ses bourgs sont des camps ou de simples cantonnements militaires, *centena*. C'est seulement en temps de guerre qu'existe chez eux la vie sociale organisée ; c'est par la discipline des armes qu'ils arriveront à la vie civile. Leurs

assemblées, qui n'étaient d'abord que de simples rassem-
blements militaires, deviendront des assemblées législatives,
dont feront partie ceux-là seuls qui se distinguent par une
haute position dans l'armée.

Toujours en guerre avec l'étranger ou les uns avec les
autres, les Germains quittaient après peu de temps les
terres conquises pour en chercher de nouvelles. A leurs
yeux, nous dit Tacite, « c'est paresse et inertie que d'acquérir par la sueur ce qu'on peut conquérir par le sang ».
Ils admettaient comme un principe de droit l'occupation
de la terre dans la mesure de leurs besoins. Leurs chefs,
mettant en pratique la maxime de la ballade du *Roi des
Aulnes*, se saisissaient par violence de ce qu'ils ne pouvaient obtenir autrement :

> Bist du nicht willig,
> So brauch ich Gewalt.

Mais, une fois qu'ils avaient occupé une terre, ils s'attribuaient dessus un droit imprescriptible, même après
l'avoir quittée. Dès les temps anciens, les Germains ont
déjà des droits que les autres n'ont pas.

Le caractère original des associations germaniques, c'est
que le lien qui unit les compagnons à leur chef est volontaire ; car le compagnon choisit lui-même son chef, auquel
il prête serment d'obéissance et de fidélité. Ces associations
toutes personnelles ne sont point, comme on l'avait prétendu, l'origine de la vassalité, des bénéfices et du régime
féodal ; mais elles n'en ont pas moins, pour le psychologue
et pour l'historien, un grand intérêt : elles manifestent le
trait capital du vieux caractère germanique, qui ne conçoit
guère le lien *public*, mais qui conçoit le lien d'*homme* à
homme. Le devoir envers le chef se trouvait primer le
devoir national, qui n'était encore qu'à l'état de vague
notion ; de là un mélange de liberté individuelle, puisque
l'individu disposait de sa personne, et de subordination,
puisque l'individu se mettait au service d'un chef ; de là
aussi l'anarchie germanique, les troubles, les révoltes perpétuelles, la mobilité des combinaisons politiques, toute
la vie du moyen âge.

Le portrait de Tacite a fait fortune ; les Allemands l'on

de plus en plus idéalisé, les Français les ont crus sur parole
ont même fini par se persuader que les invasions germaniques avaient régénéré l'Italie et la Gaule. L'empire
romain, c'était la pleine « servitude »; la Germanie, c'était
la terre de la liberté et de la vertu. Fustel de Coulanges a
montré dans ces illusions historiques le germe des prétentions allemandes et même des haines allemandes ; il a fait
voir que les Germains étaient aussi corrompus que pouvaient l'être les Romains, avec la brutalité en plus ; qu'ils
ne possédaient ni vertus particulières, ni institutions origi-
nales : qu'ils étaient simplement à une période moins
avancée, plus voisine du régime familial et communautaire.
Ils n'ont rien « régénéré ». Les historiens, dans leurs idylles
sur les Germains comme sur les anciens Pélasges, ont voulu
nous faire croire à leur innocence morale. Il est aujourd'hui
démontré et par les documents archéologiques et par la
comparaison avec les races non civilisées, que tout leur
mérite consistait dans la grossière simplicité de mœurs et
dans les vertus du sauvage actuel.

On a voulu ainsi, en faveur des facultés métaphysiques
qu'auraient eues déjà les Germains, tirer argument de l'absence d'idoles chez eux, ou même de l'absence de divinités
plus accentuées que les vagues *numina* des Italiotes. Selon
Tacite, les anciens Germains n'adoraient pas leurs dieux
dans des temples ni par le moyen d'images ; ils appelaient dieux ce mystère qu'ils percevaient en éprouvant la
crainte sacrée, *sacer horror*. Dans la profondeur des bois et
sous les branches des vieux chênes, ils sentaient la présence de l'invisible divinité. Les historiens allemands n'ont
pas manqué de retrouver dans ce portrait flatteur « l'in-
trospection mystique, *Innerlichkeit* », qui ramène à une
sorte de sentiment interne l'idée de l'inconnaissable. Mais
d'abord, l'horreur des forêts sombres et des grands chênes
était tout aussi bien celtique et druidique, ou encore finnoise ; quant à l'absence d'idoles, où les philosophes allemands ont voulu voir une supériorité du culte, elle est au
contraire, pour les ethnologistes, la preuve d'un développement religieux encore rudimentaire. Les vieux Germains n'avaient pas même atteint la phase du polythéisme
et de l'idolâtrie ; ils en étaient à l'animisme et à la physio-
lâtrie. Les Allemands, — on pouvait s'y attendre, se

sont cependant livrés aux plus doctes dissertations, — ont
imaginé les théories les plus complexes pour retrouver
dans la mythologie même des vieux Germains les marques
de leur supériorité ethnique. N'avaient-ils pas de même
prétendu trouver dans les institutions des Germains le
signe de leur *mission* politique? Des études allemandes
ressortent trois points, qui concernent le combat des dieux
ou des héros, les enchantements runiques, enfin la destinée
du monde. Chez les Hindous et les Grecs, disent les critiques allemands, le combat des dieux est rejeté dans le
passé; chez les Germains, comme chez les Iraniens, le
combat continue toujours et constitue l'essence même de
la vie, pour les dieux comme pour les hommes. Il y a un
conflit sans fin entre les puissances du bien et celles du
mal, représentées par les géants. M. de Hartmann et
M. Pfleiderer ont voulu voir dans cette vieille religion de
la nature « un développement tragico-éthique » : le conflit
des forces ennemies, en effet, n'est-ce pas le fond de la
tragédie, et le triomphe des puissances du bien, le fond de
la morale même? En son livre sur la *Vieille poésie germanique*, M. Richard Meyer soutient, avec M. de Hartmann,
que ce qui la caractérise, c'est d'être la poésie du « combat
spirituel ». Le sujet des plus grands poèmes des Germains,
les histoires des dieux dans les Eddas, comme plus tard le
Parsifal de Wolfram von Eschenbach et le *Faust* de Gœthe,
c'est le combat pour la vérité. La division avec soi, le
zwivel, le doute, la discorde de deux âmes en une seule
poitrine, voilà, nous dit-on, ce qui cause au Germain un
sentiment d'oppression; la victoire sur l'ennemi au fond
de son propre cœur, voilà ce qui lui apporte la satisfaction
la plus profonde. — Nous craignons fort que le patriotisme,
joint à l'esprit systématique, n'égare les Allemands dans
leur admiration pour les Eddas, poèmes barbares, souvent
féroces, où l'on ne trouve guère trace du combat spirituel
et où, en revanche, on voit les héros boire du sang humain
pour se donner du courage, ou se faire servir le cœur de
leur frère sur un plat. Avec l'habitude allemande de chercher partout des « symboles », il n'est aucune vieille poésie,
fût-ce celle des Peaux-Rouges ou des Maoris, qui ne soit
digne d'admiration. M. Meyer n'en insiste pas moins sur
les diverses formes du « combat spirituel » parmi lesquelles,

en première ligne. se trouve le doute. Faire remonter les
combats de la pensée métaphysique jusqu'à Odin et à Parsifal, qui fut précisément un héros celtique, c'est peut-être
aller un peu loin, — quoique nous accordions volontiers
que le docteur Faust est la plus admirable personnification
du génie germanique.

Outre le combat intellectuel, la vieille poésie nous
présente encore selon M. Meyer. le combat moral, qui
d'ailleurs est inséparable de l'autre ; l'intérêt psychologique
devient alors dominant et prend la forme du drame intérieur. Ici encore, nous doutons que les vieux Germains,
les « fauves blonds », comme on les a appelés, eussent de
si hautes idées. Il faut surtout voir dans leurs mythes l'esprit
batailleur de peuplades primitives qui ne songeaient qu'au
combat matériel. Quant au dualisme iranien. qui vient
peut-être du contact des vieux Germains avec les populations iraniennes, on le retrouve tout aussi bien chez les
Celtes, qui ont leurs dieux du jour et leurs dieux de la
nuit, leurs bons et leurs mauvais génies, leurs fées bienfaisantes et malfaisantes; il n'y a, dans cette antithèse toute
naturelle aux populations barbares, rien de « tragico-
éthique ». De même, la conception d'un séjour réservé aux
guerriers morts sur les champs de bataille est commune à
beaucoup de mythologies. Ce qui est significatif dans le
Walhalla germanique, c'est que les guerriers morts dans
la bataille continuent de se battre comme pendant leur
autre vie, tandis que la foule de ceux qui sont morts
d'autres manières s'évanouit dans le nébuleux royaume
des ombres. Par allusion à cette croyance, Goethe disait
que la Nature lui devait la continuation de son existence
après sa mort, puisqu'il avait été toute sa vie un lutteur.
Mais les batailles incessantes du Walhalla, où l'on passe le
temps à s'enivrer et à s'entretuer pour ressusciter aussitôt,
ne sont qu'une farouche conception de barbares guerriers,
où la métaphysique et la morale n'ont rien à voir.

La *rune* fut un élément d'importance dans la vieille foi
germanique et finnoise; elle signifiait, a-t-on prétendu « le
mystère d'une chose », sa vraie essence, ce que Kant devait plus tard appeler la « chose en soi ! » Tout objet et
toute personne possède sa « rune » ; quiconque devient
maître de celle-ci, devient par cela même maître de la chose

ou de la personne. Par une longue suite de combats, les plus
élevés parmi les dieux se sont faits les maîtres de toutes
les runes, conséquemment de tous les objets et de toutes
les créatures. Ce mythe ne pouvait manquer d'exciter l'admiration des exégètes allemands, qui y ont vu un profond
symbolisme. Il est à craindre que les vieux Germains, ou
plutôt les vieux Finnois, n'eussent des idées beaucoup plus
enfantines. Les runes n'étaient en somme que des paroles
magiques ou des caractères mystérieux auxquels on attribuait des vertus extraordinaires. On interrogeait l'avenir
au moyen de bâtons runiques : c'étaient des baguettes cou-
pées à un arbre fruitier et sur lesquelles on écrivait des
runes. On les jetait au hasard sur une toile blanche ; puis
le prêtre invoquait les dieux, prenait trois fois les bâtons
un à un et, d'après l'assemblage des signes que fournissait
le hasard, interprétait l'avenir. Il est difficile de voir dans
ces pratiques, plus ou moins analogues à celles de tous les
peuples sauvages, l'anticipation des *choses en soi* de Kant.
Les runes ressuscitent un pendu, inspirent de l'amour aux
jeunes filles, amortissent le tranchant du glaive, calment
les vagues, facilitent les accouchements, guérissent les
blessures, séduisent les juges, donnent même de l'esprit.
Tous les pays ont leurs sorciers, et tous ces sorciers, encore
aujourd'hui, « disent des paroles », ne fût-ce que pour
guérir une entorse ; aucun ne songe à la « chose en soi ».

Plus originale est la conception de la fin du monde, cau-
sée par les péchés des dieux aussi bien que des hommes ;
car les dieux germains ne sont ni infaillibles, ni impeccables.
Aussi auront-ils leur « crépuscule ». Un nouveau monde,
plus beau, s'élèvera sur les ruines de l'ancien. Mais comment, dans cette conception, reconnaître « la caractéristique
invariable de la pensée germanique : l'union du mécontentement à l'égard du présent et des descriptions optimistes de l'avenir » ?

Il faut se défier de tous les systèmes des mythologues ou
métaphysiciens qui veulent retrouver dans les diverses religions barbares des dogmes profonds ou des idées sublimes.
L'animisme des Germains, après tout, ressemble à celui des
Gaulois, des Celtes, des Slaves, des Finnois, de toutes les
populations primitives. Peut-être cependant y avait-il chez
les Celtes Gaulois une foi plus complète et plus naïve à une

société ultra-terrestre, pareille à la nôtre ; chez les Germains,
une foi plus ardente à l'existence purement guerrière au delà
de la mort ; l'idée de combat domine certainement les
mythes des Germains. Au reste, l'interprétation même que
les divers peuples donnent de leurs vieux mythes, en les
idéalisant, peint leur naturel. La France a idéalisé le vieux
culte gaulois dans le sens du dévouement et de l'amour,
des rapports sociaux triomphant de la mort ; l'Allemagne
a idéalisé le vieux culte batailleur des Germains dans le
sens du combat spirituel, et leur naturalisme encore rudimentaire dans le sens d'un vague mysticisme, dialectique
et moral.

II

LE CARACTÈRE GERMANIQUE

I. — Sous l'influence du tempérament et de la race, à
laquelle il faut ajouter un climat assez froid et souvent brumeux, s'est développé en Allemagne un caractère dont il
importe de marquer avec précision les principaux éléments.
La sensibilité allemande, en général, comme la sensibilité
anglaise, est celle des flegmatiques forts et demi-sanguins,
à réaction lente, sous ce *cœlum germanicum* dont se plaignait Tacite. En ce qui concerne les sensations et les
perceptions, elle est peu aiguisée et peu fine. De même,
les émotions sont assez longues à exciter, mais, une fois en
mouvement, elles sont énergiques et durables. Sensations
obtuses et émotions fortes, voilà donc, en quelques sorte,
la formule moyenne de la sensibilité germanique. Nous
avons déjà trouvé ces traits chez les Anglo-Saxons, qui y
ajoutent un sens de l'activité pratique beaucoup plus développé par les nécessités de leur situation géographique et
sociologique. Au point de vue des penchants, la sensibilité germanique est partagée en sens contraires et nous
offre déjà un mélange curieux de réalisme et d'idéalisme.
À côté d'inclinations très matérielles, comme l'amour de
la bonne chère, vous trouvez des tendances idéales qui se
traduisent par des moments de langueur, de recueillement,
d'extase. Luther aime les chansons, la bière, la femme ; en
même temps, il a la foi ardente, il vit dans la terreur du

diable et de l'enfer ; il est homme d'action et « lutteur »
intrépide. Selon le tempérament et le climat, la sensibilité
des peuples est plus ou moins disposée à la gaieté ou à la
tristesse. L'Allemand alterne volontiers : il a ses heures de
gaieté un peu lourde ; il a ses heures de mélancolie ; il est
souvent pessimiste. Il n'a pas, en général, la persuasion
instinctive que la nature est bonne, que l'homme est bon ;
il se défie, il censure, il accuse autrui et s'accuse lui-même ;
il aperçoit le côté sombre des choses, le côté satanique
des hommes. En religion, il est tout pénétré par l'idée du
péché originel et de notre naturelle impuissance à obtenir
le salut. En philosophie, c'est l'Allemagne qui, après l'optimisme de Leibnitz, nous a donné le pessimisme de Schopenhauer, de Hartmann, de Bahnsen, pour revenir à l'optimisme de Nietzsche [1].

Malgré une certaine sauvagerie naturelle, l'Allemand est
prêt à la compassion. Mais il n'a pas parmi ses besoins
natifs cet amour de la société qui caractérise le Français.
Il se suffit volontiers à lui-même ; sa sensibilité n'a point
une direction essentiellement centrifuge, expansive et
communicative. Il est passionné en dedans, mais non de
la même manière que les méridionaux bilieux et nerveux,
toujours concentrés dans quelque idée d'amour ou de vendetta, d'ambition toute personnelle ; en général, l'Allemand
se passionne pour quelque travail auquel il attache une
haute importance, pour quelque tâche plus ou moins élevée, pour une doctrine morale, philosophique, religieuse,
patriotique. Sa passion est « objective » comme son intelligence. Ainsi que le Français, l'Allemand est enthousiaste, mais non de la même manière. Le Français, vif et
rond, s'illumine en quelque sorte, déborde, s'épanche ; le
cerveau germanique s'échauffe et s'allume intérieurement,
avec lenteur, mais avec persévérance : c'est un feu de
charbon de terre, souvent fumeux, non un feu de branches
à la vive flamme, encore moins un feu de paille. Quant à
l'Anglais, le sens pratique a si bien discipliné chez lui
l'imagination, que l'enthousiasme prend son unique revanche
dans la poésie, jamais dans la conduite.

Le « zèle » intérieur de l'Allemand ne va pas sans un

---

[1] Voir notre livre : *Nietzsche et l'immoralisme*.

côté négatif, qui est la haine à l'égard des adversaires de la bonne cause, de la bonne race, de la bonne patrie. L'Allemand abhorre le Polonais, il abhorre le Russe ; il a une aversion profonde pour le Juif et le lui témoigne vigoureusement. Les vieux ennemis, Romains, Gaulois, Slaves, sont encore en abomination comme s'ils attaquaient la frontière. Quant aux Français, à « l'ennemi héréditaire », c'est pis encore. Il semble, dit M. Lavisse, que le Palatinat soit toujours en flammes et que Louis XIV règne à Versailles : tout est contemporain pour ce patriotisme farouche. C'est là le pire côté de l'âme allemande. Après s'être détestés entre eux, les Allemands ont conservé l'habitude de détester l'ennemi du dehors avec une intensité qu'on ne retrouve guère ailleurs. L'Allemand met son énergie native dans tout ce qu'il sent comme dans tout ce qu'il fait. Heine disait : « Les Allemands sont plus rancuneux que les peuples d'origine romaine. Cela tient à ce qu'ils sont plus idéalistes, jusque dans la haine. Nous haïssons chez nos ennemis ce qu'il y a de plus essentiel, de plus intime, la pensée. » — « On nous croit flegmatiques, a dit M. de Treitschke, nous sommes le plus haineux des peuples. » Et cet aveu était confirmé par un des adversaires politiques de M. de Bismarck, M. Bamberger : « Une génération grandit à laquelle le patriotisme n'apparaît que sous le signe de la haine. » Et M. Bamberger ajoutait que cette génération, par son langage tranchant, semblait vouloir rappeler « le tranchant de l'épée allemande ».

L'intelligence de l'Allemand est, comme sa sensibilité, à réaction lente, mais soutenue. Parfois pesante, souvent dénuée de souplesse et de finesse, peu inquiète des nuances, elle se montre solide, résistante, ferme et libre, fortement attachée au vrai. L'esprit d'intériorité individuelle est excellemment indiqué par Ranke : « L'intérêt propre que nous prenons au monde, dit-il, consiste en ce que nous cherchons à faire de ce qui est en dehors de nous quelque chose qui soit au dedans de nous ».

L'Allemand laboure opiniâtrement et profondément le domaine de son choix. Au lieu d'être primesautière, sa pensée tourne et retourne longuement les plus difficiles problèmes. « Il était Allemand, dit Goethe d'un de ses personnages, et les Allemands aiment à se rendre compte de tout ce qu'ils font. » Schiller dit à son tour : « Nos bons Allemands ne se démentent point : on a beau leur servir des mets excellents ; pour les manger avec appétit, ils veulent en connaître le nom. [1] »

La patience du laborieux Allemand, chercheur, froid et tenace, se révèle dans le goût des travaux d'érudition et dans celui des langues. L'Allemand, disait Robertson, est négociant en gros et en détail dans le domaine de l'érudition. Selon Leibnitz, le caractère distinctif de l'Allemand, c'est la « laboriositas ». Qualité précieuse et pour la science et pour la philosophie. L'amour de chercher, d'inventer, de combiner et construire est un trait essentiel de l'esprit germanique ; combien d'Allemands, si Dieu eût tenu dans sa main droite la vérité, dans sa gauche la recherche de la vérité, se seraient écriés avec Lessing : « Père, je choisis la recherche ; la vérité n'appartient qu'à toi seul ! »

Quand un cerveau bien organisé se trouve joint à un tempérament doué d'une bonne dose de flegme, il en résulte un mouvement modéré dans le cours des idées, qui permet aux représentations voisines et aux idées collatérales de surgir devant l'esprit. La réflexion devient alors une seconde nature. Si forte est la vie de la réflexion chez l'Allemand, que souvent il s'en contente. Loin d'être « simpliste », son intelligence a plutôt pour fond la dualité de la thèse et de l'antithèse : elle procède dialectiquement, en opposant les contraires. Le goût de la bipartition lui est naturel ; et cette bipartition, chez certains, se réduit souvent à une affirmation suivie d'une négation. M. de Bismarck, dit-on, divisait le monde (d'une façon assez rudimentaire) en « amis de l'Empire » et « ennemis de l'Empire ». L'Allemand a aussi l'amour des classifications, et, d'ordinaire, ce sont les plus enchevêtrées qui font sa joie. Il aime à ranger ses idées par catégories, en ordre de corrélation ontologique plutôt que logique, pour pouvoir ensuite régler ses actes selon des principes. Il a du reste toujours deux ou trois

---

[1] Comparez la boutade de Lange : « L'Allemagne est le seul pays où un pharmacien ne peut préparer un remède sans s'interroger sur la corrélation de son activité avec l'essence de l'univers. » — Pour nous, faut-il le dire ? nous avons vu des pharmaciens allemands qui, comme ceux des autres pays, nous paraissaient plus préoccupés du prix à demander que de leurs rapports avec le Cosmos.

principes à sa disposition. Heine s'est moqué de cet esprit
méthodique, appliqué parfois à des choses fausses, et il
a écrit cette boutade : « Une démence française est loin
d'être aussi folle qu'une démence allemande, car, dans
celle-ci, comme eût dit Polonius, il entre de la méthode! »

En France, nous aimons à restreindre le champ de notre
vision pour bien voir ce que nous voyons ; l'esprit allemand,
qui veut surtout voir beaucoup de choses à la fois, est
large et trouble. Il n'éprouve pas ce goût de géométrie
rectiligne, ce besoin d'ordre et de clarté si impérieux chez
d'autres peuples ; il se plaît aux contradictions, aux com-
plications indéfinies : « avec lui, rien n'est jamais terminé »,
son imagination aime la fuite des horizons et le vague des
contours. Le revers de la profondeur, de la consciencieuse
application et de la « compréhensivité » d'esprit, c'est la
tendance à l'obscurité et à la confusion, au subtil et à l'arti-
ficiel, au pédantisme et au formalisme, qui se manifestent
si souvent par un style barbare, enveloppé, « à triple enche-
vêtrement, » dit Schopenhauer, par ce je ne sais quoi de
livresque qui sent l'air renfermé de la bibliothèque. Trop
souvent font défaut, chez ces esprits concentrés en eux-
mêmes, le plein air et le plein jour, ainsi que les larges
perspectives sur la vie sociale.

C'est surtout par la volonté que le caractère allemand
est digne d'estime. Energie et durée sont ici des qualités
de premier ordre. De là proviennent la patience à supporter les difficultés inséparables du succès, la persévérance,
la discipline, l'attachement au devoir. Là aussi est le vrai
centre de cet individualisme qui caractérise le Germain.
Là enfin est la source vive d'une activité incessante. Si la
profondeur de l'intelligence, jointe à l'exaltation intérieure
du sentiment, favorise la tendance religieuse ou métaphysique, d'autre part, la force de la volonté rend l'Allemand,
lorsqu'il le faut, capable d'action et d'action énergique.
Quand Heine exalte en Luther « le plus allemand des Allemands », c'est qu'il y voit « le mélange d'un rêveur mystique et d'un homme d'action ». Quand le même poète
appelle les Allemands des chênes sentimentaux, ce n'est
pas pure ironie. Il y a chez ce peuple un mélange de force
brutale et d'esprit contemplatif, de rudesse fruste et d'ins-

truction avancée, de sensualité et de mysticité, de militarisme et de religiosité, comme aussi de rigorisme logique
et de « sentimentalité intellectuelle » (l'intraduisible *Ge-
müth*). L'auteur de *Rembrandt als Erzieher* résume à peu
près de même le caractère de ses compatriotes : « Musique
et honneur, sauvagerie et douce pitié, ingénuité d'enfant
et amour de l'indépendance, tels sont les traits essentiels
de la nature allemande ».

On voit combien cette nature est livrée aux directions
contraires. Tout Allemand, comme Jacobi, nage « sur
deux vagues », l'une réaliste, l'autre idéaliste, qui le sou-
lèvent et l'abaissent tour à tour. Les Allemands parlent
souvent de la « polarité » qui distingue leur caractère.
Gœthe expliquait la vie de l'univers par un double mouvement de systole et de diastole, et lui-même oscillait sans
cesse du calme spirituel au trouble intérieur. Dans l'intelligence allemande, l'état de doute est fréquent ; — nous
disons le doute avec ses alternatives et son rythme, non
le scepticisme avec ses négations arrêtées ou son indifférence. Luther avait douté avant de se fixer dans sa foi,
d'autant plus ardente qu'elle était plus personnelle. Le pour
et le contre hantent tour à tour la pensée allemande, et
c'est pour cela qu'elle est si propre à la critique philosophique, à l'examen des thèses les plus opposées.

Nietzsche, sous la « profondeur allemande », qu'il satirise,
se plaît à montrer un amas insondable d'éléments informes.
L'âme allemande, selon lui, serait d'origine multiple, plutôt
faite d'éléments divers superposés que réellement bâtie.
Cela tient, dit-il, à son « extraction. » — « Un Allemand
qui oserait dire : — je porte, hélas! deux âmes en moi,
— se tromperait fortement sur le nombre : il ferait une
erreur de plusieurs âmes ». Nietzsche voit dans son peuple un
peuple disparate, un monstrueux pêle-mêle de races, « un
ensemble du milieu sous tous les rapports. » Il trouve les
Allemands « insaisissables, sans bornes, contradictoires, inconnus, ondoyants, surprenants, terrifiants même ». —
« Quel voisinage du noble et du vulgaire! quel désordre et
quelle richesse dans la disposition de cette âme! L'Allemand
traîne son âme, il *traîne* comme un fardeau tout ce qui lui
arrive. Il digère mal les événements de sa vie, il n'en *finit*
jamais. » Les Allemands, selon Nietzsche, échappent à toute

définition; par cela, déjà, « ils sont le désespoir des Français ». « Il est caractéristique des Allemands que la question :
qu'est-ce qui est allemand? soit toujours à l'ordre du jour. »
Une autre caractéristique, dit Nietzsche, c'est qu'on a
rarement tort en parlant d'eux. — « L'âme allemande a des
couloirs, des galeries, il y a en elle des cavernes, des
cachettes et des réduits; il y a en elle beaucoup du charme
de ce qui est mystérieux. L'Allemand connaît les voies
furtives qui mènent au chaos. Et comme toute chose aime
son symbole, de même l'Allemand aime le nuage et tout
ce qui est obscur, naissant, crépusculaire, humide et voilé.
Tout ce qui est incertain, embryonnaire, en voie de formation et de croissance lui semble *profond*. L'Allemand lui-
même n'est pas, il devient, il se *développe*. C'est pourquoi
le développement est le vrai travail de l'Allemand, sa perfection dans le grand domaine des idées philosophiques [1]. »

Si on résume l'impression de beaucoup de penseurs d'Allemagne, l'Allemand typique pourra se définir : une personnalité énergique et concentrée qui domine ses contradictions internes par l'humour et par l'action. L'humour,
c'est l'intelligence réconciliant les contraires par l'ironie
avec laquelle elle les égalise et les anéantit devant un idéal
supérieur; l'action, c'est la volonté franchissant les contradictions de la pensée pour réaliser cet idéal. Telle est la métaphysique du caractère allemand selon les Allemands
eux-mêmes [2]. Méphistophélès personnifie l'humour, Faust
personnifie la pensée se guérissant par l'action des blessures qu'elle s'était faites. Bref, pour parler encore des
Allemands en formules dignes d'eux, nous dirons que leur
esprit est à la fois éminemment antithétique et synthétique.

II. — Étant donné un tel caractère, que deviendra-t-il
dans le milieu social? La première attitude qu'on en peut
attendre, c'est l'énergique revendication de la personnalité.
Le moi allemand se « *pose* », pour parler comme Fichte, et
au besoin *s'oppose*. Nous ne voulons nullement dire que ce
soit de l'égoïsme, un calcul d'intérêt ayant pour centre

---

[1] *Par delà le Bien et le Mal,* « Peuples et Patrie », ch. viii, § 244. — Taine
avait écrit à Nietzsche qu'il trouvait ce chapitre très « suggestif ».

[2] Voir notamment M. Meyer, *International Journal of Ethics,* janv 1893.

le moi aux dépens d'autrui ; non, c'est une force qui s'affirme par le fait même qu'elle existe et qu'elle est énergique ; antérieurement à tout emploi d'elle-même, elle
manifeste et défend sa profonde individualité. Elle s'isole
volontiers en soi et, quand elle établit une relation d'elle à
autrui, elle s'efforce de faire que cette relation même ait un
caractère *personnel*. L'Allemand s'unit à son Dieu, mais
c'est d'un lien qui lui est propre et qui réside dans son for
intérieur, de sorte que son Dieu et lui forment, comme on
l'a dit, une communauté dans la communauté. L'Allemand
s'efforce-t-il de construire un système du monde, ce sera
son système personnel, sa solution à lui des problèmes
universels et éternels. S'agit-il d'interpréter simplement
« un passage d'Horace », ce sera *son* interprétation individuelle, à laquelle il attachera une suprème importance.
Dans les petites choses comme dans les grandes, il s'affirme
avec une candeur d'orgueil qui vous désarme par son inconscience. Nietzsche croit qu'une ère nouvelle commence
avec lui, plus importante que « l'ère néfaste du christianisme ». Schopenhauer et Hegel avaient d'eux-mêmes des
idées analogues [1].

Mais ce n'est là que le premier côté du caractère allemand quand on le considère dans le milieu social. Par une
de ces antithèses qui font son originalité, il combine son
amour inné et superbe de l'indépendance avec un goût
non moins inné de subordination hiérarchique et même
d'humble soumission. « Ce qui caractérise l'Allemand, dit
Biedermann, c'est l'obéissance. » Nietzsche reproche à ses
compatriotes leur « esprit de troupeau ». L'Allemand aime
à établir ou à voir établir autour de lui tout un système de
relations bien organisées, et comme il s'efforce de conserver à ces relations mêmes un caractère tout personnel,
l'antithèse aboutit de nouveau à une sorte de synthèse.
Kant, observateur profond, a noté cette « passion de mé-

[1] Je me rappelle le professeur d'allemand de mon lycée, homme excellent
et cœur généreux, chassé de son pays par les événements de 1848. Poète
fort distingué, ami de Heine, il avait publié plusieurs volumes de vers (les
Hirondelles, le *Pays Bleu*, etc.). J'avais traduit en vers français plusieurs de
ses poésies bibliques, qui étaient belles ; je le vois encore, parlant de lui-
même avec l'admiration la plus grandiose et la plus naïve, mettant la main sur
son cœur et s'écriant d'un ton prophétique : « Oui, je suis un grand poète,
et, grâce à mes vers, vous passerez avec moi *aux postérités!* »

thode » qui porte l'Allemand à se faire *classer* péniblement,
par rapport à ses concitoyens, non d'après le principe
d'égalité cher aux Français, mais suivant une échelle de
privilèges hiérarchiques ; de là. disait-il, une certaine « servilité » jointe à la pédanterie dans la graduation des titres :
« noble, très noble, etc. ». Kant y voyait en partie la conséquence de la constitution politique de l'Allemagne ; mais il
y trouvait aussi un penchant naturel de l'Allemand à établir,
« entre celui qui doit commander et celui qui doit obéir,
une échelle où soit marqué chaque échelon. avec le degré de
considération qui lui revient ; si bien que celui qui n'a pas
de profession, et qui n'a pas non plus de titre. n'est rien ».
L'individualisme outré de Nietzsche, au lieu de le conduire
à l'anarchie, le conduit à une hiérarchie de fer : maîtres et
esclaves. La dialectique étant de mise quand il s'agit du pays
de Kant et de Hegel. nous dirions volontiers que, au sein de la
société, le caractère germanique évolue en trois temps ; premier moment : individualisme ; deuxième moment : subordination ; troisième moment : hiérarchie de subordinations
conservant un caractère individuel. En langage historique,
on pourrait dire plus simplement que l'Allemand est resté
féodal d'esprit au sein de la société moderne. De plus, il a
gardé le respect mystique et superstitieux de la force. S'il
peut être le plus fort, il érige son triomphe en droit ; s'il est
le plus faible, il s'incline. Comme on l'a justement remarqué,
il est dans la nature de la force de se courber devant une force
plus grande : ainsi s'expliquent et l'autoritarisme de l'Allemand et son besoin de soumission à l'autorité. Nietzsche
voit partout la volonté de puissance, *Wille zur Macht*, qui
aboutit à savoir commander si l'on peut, à savoir obéir
si l'on ne peut rien faire de mieux. Nietzsche, qui se croit
essentiellement moderne, est, lui aussi, essentiellement
féodal.

Les Allemands reconnaissent qu'il y a du vrai dans les
deux principales sortes de critiques qui leur sont adressées
par les autres peuples. Au point de vue esthétique et moral :
manque de forme, manque de grâce, parfois la ruse
sous un air de franchise, esprit querelleur et rancunier,
rudesse de manières, en un mot une certaine barbarie ; au
point de vue politique : soumission exagérée, peu de respect
de soi, servilité. « Bon enfant et sournois, un tel côte à

côte » dit Nietzsche, « qui serait absurde chez tous les autres peuples, se vérifie trop souvent en Allemagne. » Nietzsche oublie d'ajouter qu'il y a aussi maint Allemand violent et brutal, surtout en Prusse. « L'Allemand, continue Nietzsche avec ironie, aime la *franchise* et la *loyauté*. Comme il est *commode* d'être franc et loyal ! Cette *honnêteté* allemande candide, avenante et sans arrière-pensée, est aujourd'hui peut-être le déguisement le plus dangereux et le plus habile que sache prendre l'Allemand. C'est par excellence un art méphistophélique qui lui fera *faire son chemin*. L'Allemand se laisse aller en regardant de ses yeux limpides, bleus, vides et allemands — et immédiatement l'étranger le confond avec sa robe de chambre !... Un peuple est très habile quand il se donne pour profond, maladroit, bon enfant, honnête, sans astuce ; *laisser* croire qu'il est tel serait même une marque de *profondeur*. Enfin, il faut faire honneur à son nom : on ne s'appelle pas en vain *tiusche Volk*, Taüsche Volk, peuple qui trompe ». Nietzsche conclut : « Les Allemands manquent de quelques siècles de travail moraliste que la France ne s'est pas épargnés ; celui qui, à cause de cela, appelle les Allemands *naïfs*, leur fait d'un défaut un éloge [1] ».

S'il faut en croire M. Hillebrand, il arrive très souvent à l'Allemand d'être grossier, susceptible, d'un abord peu agréable, parfois même intraitable en sa lourde pédanterie, ou bien d'une familiarité indiscrète, d'une franchise qui, sous prétexte de sincérité, consiste à vous dire des choses désagréables. Enfin l'Allemand a de la morgue, comme l'Anglais a de la raideur. « Nous autres Prussiens, a dit un jour M. de Bismarck, nous n'avons pas le talent de nous faire aimer ».

Les Allemands répondent ingénieusement aux satiristes que tous ces défauts de leur peuple ont la même origine : trop d'estime pour la « signification intérieure des choses », pas assez d'estime pour la forme extérieure. « L'Allemand, par exemple, est souvent impoli parce qu'il ne prend pas le temps de revêtir ses convictions personnelles d'une forme agréable, d'autant qu'il n'attache pas d'importance à cette forme ; de même, il a souvent et tristement négligé

[1] *Par delà le Bien et le Mal, ibid.*

la liberté politique, parce qu'il savait que sa liberté de
pensée était hors d'atteinte [1]. » Il y a toujours un refuge
pour l'Allemand : sa personnalité.

III

L'ESPRIT ALLEMAND ET LA LANGUE ALLEMANDE

La langue allemande fait prédominer la pensée sur l'harmonie, le sens profond des choses sur la beauté des formes ; elle néglige souvent l'euphonie en vue de ce qui est
énergique et « significatif ». Dans les mots, la partie essentielle étant le radical, c'est sur le radical que tout l'accent
a fini par porter ; le radical se prête même à des inflexions
sans que la fin du mot change. La langue reflète aussi
l'amour de l'Allemand pour la bipartition, pour l'opposition
des idées : elle développe en deux sens antithétiques la
signification des mots. Elle forme aussi, volontiers, des
mots nouveaux par la négation des vieilles formes, alors
même qu'il existe déjà des expressions positives pour l'idée
à rendre : quelques-uns diront *unschwer* au lieu de *leicht*.
Nous aimons, dit un Allemand, les « formes jumelles et opposées ». De là résulte dans le style un goût de complication
visible ; comme l'idée la plus riche semble à l'Allemand l'idée
la plus haute, son langage reflète cette persuasion. « Il veut
suivre à la fois, dit Schopenhauer, trois ou quatre pensées
différentes. » Souvent même, à la complexité naturelle des
choses il ajoute une complexité artificielle, due à ses classifications et à ses systèmes de catégories ; il se fait volontiers
assembleur de nuages, tandis que le Français est toujours
porté, coûte que coûte, à dissiper les nuages. L'individualisme germanique se trahit encore par le droit que chaque
Allemand s'arroge de fabriquer des mots et une langue à son
usage ; Dieu sait si les philosophes en ont abusé. Kant s'est
forgé sa langue, Hegel la sienne. Pour lire Kant, a dit
Wlœmer, je mets un doigt sur une incidente, les autres sur
une seconde, sur une troisième, sur une quatrième ; et je
finis par n'avoir plus assez de doigts. C'est l'histoire de beau-

---

[1] M. Meyer. *International Journal of Ethics, ibid.*, p. 241.

coup de phrases allemandes. L'avantage de cette langue est de pouvoir suivre les choses et les idées dans tous leurs détails, sans faire violence ni aux unes ni aux autres, sans leur imposer au profit de l'art un alignement régulier, un ordre et une simplification. Le danger, c'est de confondre le « subjectif » avec l'« objectif », c'est de permettre aux esprits confus de se complaire dans leur confusion, qu'ils prennent pour de la « compréhension » ; aux esprits obscurs de s'imaginer qu'ils voient des profondeurs parce qu'ils n'y voient pas clair, d'attribuer ainsi aux choses mêmes les ténèbres qui ne sont que dans leur esprit. La langue allemande est demeurée, entre les mains de ses écrivains, un instrument trop personnel ; elle n'a pas encore assez acquis l'esprit social et universel de la langue française.

IV

L'ESPRIT ALLEMAND ET LA RELIGION

Dans la religion, la véritable expression du génie germanique fut incontestablement la Réforme, dont les Allemands eux-mêmes ont si bien montré le vrai sens. Renonciation ascétique au monde et réglementation formaliste de l'Eglise romaine, voilà quels avaient été, disent-ils, les pôles du christianisme au moyen âge. Or, l'ascétisme était en opposition avec ce côté du caractère germanique qui est tourné vers les jouissances solides ; l'humilité monastique était en opposition avec l'orgueilleuse estime d'eux-mêmes qu'ont les Germains ; enfin la soumission au sacerdoce organisé gênait leur individualisme. Une réaction était donc inévitable. Elle l'était aussi contre le naturalisme, l'humanisme, le paganisme de la Renaissance italienne. Il s'agissait de savoir si le culte de la forme l'emporterait sur celui du fond, si l'élégance et la beauté triompheraient de la vérité, si l'art s'élèverait sur les ruines de la morale et, en définitive, de la religion même. L'âme du christianisme primitif « s'était endormie comme Brunehilde » ; le Siegfried qui la délivra fut le mysticisme allemand. Rappelons maître Eckart, rappelons Tauler, qui disait : « Notre éternelle sainteté ne dépend pas de nos œuvres, mais de la force de notre amour ». Au travail théologique de l'école d'Eckart Luther donnait déjà le nom de « théologie teutonique ». Mais Luther y ajoute un élément de pessimisme et de lutte intérieure. Luther se tourmente, en proie à toutes les angoisses religieuses. Comment se délivrer du péché, par cela même de la damnation ? Est-ce par les bonnes œuvres, en les accumulant ? Non, les œuvres n'agissent pas sur le fond intime de l'âme, l'*operari* ne transforme pas l'*esse*; par elles-mêmes les œuvres sont « mortes » et ne peuvent donner la vie. L'homme « est semblable à un arbre pourri, qui ne peut vouloir et produire que le mal ». De cette anxiété pessimiste Luther sort par le dogme de l'absolue gratuité de la grâce. Qu'importe que les œuvres, par elles-mêmes, ne puissent sauver, puisque Dieu donne sa grâce à qui il veut, pourvu qu'on ait la foi? « Le juste, dit saint Paul, vivra par la foi ». Telle est l'aggravation que Luther fait subir à l'un des dogmes les plus insondables du christianisme [1]. Et pourtant, aux mystiques intempérants, comme les anabaptistes, qui se disent « prêts à donner toutes leurs œuvres pour un liard », cet Allemand pratique répond : « Nous n'avons jamais enseigné que toutes nos bonnes œuvres ne valent qu'un liard. C'est le diable qui dit cela. Nos bonnes œuvres, c'est Dieu qui les fait. Si elles sont des œuvres divines, la terre entière n'est rien auprès d'elles ». Malgré les contradictions internes de cette doctrine, où notre œuvre propre perd toute valeur, peut-être même à cause de toutes ces contradictions, la pensée allemande est restée fidèle à l'idée du salut par la foi : elle en a tiré plus ou moins logiquement, dans la morale, la supériorité de la vie intérieure sur les œuvres purement extérieures. C'est un honneur pour les nations protestantes que d'avoir su tourner l'inintelligible au profit de la moralité, le fatalisme même de la prédestination au profit de l'initiative; un oriental en aurait tiré, lui, abstention et inertie.

Les Allemands ont toujours protesté contre la doctrine ascétique de l'ancienne Église, dont l'idéal était l'état monastique. A la base de l'ascétisme se trouvait la condamnation de tout sentiment naturel comme tel; aussi

---

[1] Voir Boutroux, *Questions de morale et de pédagogie* la *morale chrétienne*.

aboutissait-il toujours à la condamnation de l'amour des
sexes, qui doit être regardé comme le foyer de la vie des
sens. « La mesure de toute tendance ascétique, dit avec raison M. Pfleiderer, peut être déterminée par sa relation à ce
point capital ». Or, quoique l'Eglise eût élevé le mariage à
la dignité d'un sacrement et que la chevalerie eût répandu
le culte de la femme, le rigorisme catholique condamnait
l'amour des sexes comme une émotion sensuelle. Chez les
Allemands du moyen âge, on commence à trouver des protestations contre cet ascétisme. Le poète du moyen âge,
Walter, condamne la tradition ecclésiastique : « Consi-
dérez-le bien, dit-il, celui qui prétend que l'amour est un
péché ! ». Son contemporain Reinhard pressent la Réforme
en déclarant, avec beaucoup de bon sens, que le mariage
est un « ordre » divin, beaucoup plus que tous les ordres
de moines et de nonnes.

Le mysticisme germain tendait évidemment, comme on
l'a tant de fois remarqué, à délivrer l'homme de l'intermédiaire du prêtre et des moyens formels de salut, pour attribuer toute la signification religieuse à la sincérité de l'âme
individuelle et au désintéressement de la volonté. Contrairement à la conception ascétique, comme à la conception
centralisatrice du catholicisme romain, il préparait la voie
à la liberté dans la religion, à l'individualisme en morale.
Mais, si le mysticisme est une force, il est aussi une faiblesse.
Sa force, c'est la personnalité rentrée en soi, indépendante
du monde extérieur, cherchant au plus profond d'elle-même
un point de contact avec le divin ; quand elle croit l'avoir
trouvé, elle se suffit désormais, elle se repose en son Dieu ;
ad exterioribus ad interiora, ab interioribus ad superiora.
La faiblesse du mysticisme, c'est la prétention qu'il met en
avant d'une communication directe de l'individu avec Dieu ;
il aboutit trop souvent à une divinisation de ses propres
croyances et de ses propres sentiments. Un orgueil secret
se cache en cette absorption d'une âme solitaire.

En même temps, la suffisance de celui qui croit avoir
touché le divin engendre à l'égard des hommes une sorte
d'insociabilité. On se rend indépendant de toute relation
extérieure, de toute règle, de toute loi ; n'est-on pas à soi-
même sa loi ? Autant d'individus, autant de religions, de
cultes, de sanctuaires. Alors se manifeste l'antinomie

intime du mysticisme. D'une part, le droit que l'individu
s'arroge, pour ce qu'il faut croire et faire, de s'en rapporter
à sa seule conscience individuelle sans aucun égard au
reste, semble fonder la liberté de conscience et la tolérance
universelle. D'autre part, la conviction d'avoir trouvé le
vrai et le bon, de porter Dieu même en soi, confirme tellement le croyant dans sa croyance qu'il ne peut plus comprendre la foi d'autrui ; intolérant dans sa pensée, il finit
par l'être dans ses actes. Qui fut plus intolérant que les
fondateurs de la tolérance, les Luther et les Calvin ? Qui
eut moins qu'eux l'idée du droit individuel ? « Les souffrances et la croix, disait Luther, voilà le seul droit du
chrétien ; il n'en a pas d'autres ».

Un mot résume l'effet ordinaire du mysticisme religieux :
fanatisme. Kant a déjà remarqué que cette sorte de maladie
morale fut toujours en Allemagne plus fréquente qu'ailleurs.
M. Pfleiderer dit, à son tour, que « la tendance au fanatisme est spécialement caractéristique de la nature allemande » : elle est « le côté ténébreux des inestimables qualités que développa la Réformation ».

Le fanatisme espagnol porte principalement sur les formes
et les œuvres : il faut pratiquer ou être brûlé. Le fanatisme
allemand porte sur le fond et la foi intérieure : il faut croire
ou être damné, quelles que soient les œuvres. L'Italien,
lui, dira qu'il croit tout ce qu'on voudra, et il fera tout ce
qu'on voudra ; il ira à la messe et prendra de l'eau bénite ;
tout lui est égal, pourvu qu'on le laisse à ses occupations et passions personnelles. Le Français croira tout
avec ferveur ou ne croira rien et, s'il ne croit plus, rom-
pra ouvertement avec la croyance commune : il faut être
logique !

Quand l'Allemand ne va pas jusqu'au fanatisme, il est
trop souvent un « obscur et impratique songeur ». Là se
trouve l'explication de cette sorte d'anarchie religieuse qui
engendra tant de sectes ennemies, en discussion ou en
guerre les unes avec les autres, se lançant l'anathème quand
elle n'en venaient pas à s'exterminer. L'histoire religieuse
de l'Allemagne est d'accord avec son histoire politique.
« Les Allemands, dit M. Pfleiderer, payèrent leur délivrance religieuse à l'égard de Rome par la perte de leur
autorité politique et de leur indépendance ».

La nature « antithétique » du génie allemand se montre
donc dans les questions religieuses comme dans toutes les
autres ; mais ici une dernière antithèse est à signaler. Si l'Allemagne a été le pays de la foi la plus ardente, elle a été aussi
par excellence le pays de la critique religieuse. C'est ce
que l'individualisme de la croyance devait tôt ou tard produire. La Réforme a permis aux Allemands de concilier le
besoin d'adoration et de foi avec l'audace de la curiosité,
avec la liberté illimitée de la spéculation. Mais la critique
allemande fut toujours bien différente des attaques et sar-
casmes venus de France. A l'époque des « lumières », au
siècle de la « raison », le naturalisme français se montra
amer et radical en ses tendances destructives. Le radicalisme, selon les historiens allemands, est en rapport avec
« le jugement froid et mathématique des Français ». Il est
certain que nous allons droit devant nous, que la vérité
nous apparaît comme excluant le oui et le non simultanés.
La France est la terre des dilemmes : ou Jésus est Dieu ou
il n'est pas Dieu ; ou il est ressuscité ou il n'est pas ressuscité. L'Allemagne est le pays qui a pu proclamer l'identité des contradictoires. L'avantage est de maintenir le respect ; le désavantage, de favoriser quelque hypocrisie. C'est
une nécessité innée pour l'esprit germain, nous dit M. Meyer,
que de « traiter avec respect le sanctuaire des pères, même
quand on en est sorti ». On échafaude le nouveau sur le
vieux, et même on donne le nouveau pour le vieux. Lessing
fait porter sa critique sur la Bible et détruit la théorie traditionnelle sur l'inspiration verbale des Ecritures. Mais sa
critique n'a pas pour but la destruction du christianisme ;
il a, au contraire, la conviction de l' « indestructibilité »
de cette religion : les vérités éternelles de la Bible lui
paraissent indépendantes de tous les « accidents et événements historiques » avec lesquels la tradition les a liées.
Selon M. Pfleiderer, l'objet de la philosophie kantienne
fut le suivant : étant données ces vérités éternelles où
Lessing avait vu l'essence de la religion chrétienne, les
déduire de la nature même de la raison chez l'homme.

La tendance conservatrice à la subordination corrige,
chez l'Allemand, le courage d'une critique sans frein. Il
considère comme un devoir de « chercher la vérité sous les
antiques symboles » ; tant qu'il ne l'a pas trouvée, il ne

rejette point les formes traditionnelles ; il ne manifeste avec énergie son attitude de négation que quand il est en possession d'un « substitut positif » pour ce qu'il a abandonné ; s'étant alors « assuré de l'esprit », dit M. Meyer, il peut aisément « se dispenser de la lettre ». Ajoutons que l'Allemand renonce très souvent à l'esprit sans se dispenser pour cela de la lettre. Il conserve tous les dehors de l'adoration pour ce qu'il a brûlé de ses propres mains. Ce genre de « synthèse » réconciliant les contraires est aussi familier à l'esprit de l'Allemand qu'il est étranger à l'esprit du Français.

V

L'ESPRIT ALLEMAND ET LA POÉSIE

Après la religion, ce fut la poésie qui présenta à l'Allemagne un nouveau miroir où pût se refléter sa physionomie nationale. La poésie allemande offre un premier caractère qui lui est commun avec toutes les autres manifestations de l'esprit germanique : elle est très personnelle. Son second caractère, c'est d'être philosophique. Dans l'âme allemande, la réflexion ne se sépare pas de l'inspiration ; chaque poète est en même temps un philosophe et un esthéticien, quand il n'est pas en outre un savant, comme Gœthe. Humboldt écrivait à Schelling : « Nul ne peut dire si c'est en vous le poète qui philosophe ou le philosophe qui poétise ; les deux ne font qu'un. » Chez Nietzsche, poésie et métaphysique sont inséparables.

La force de l'individualité retirée en soi et réfléchissant sur soi devait favoriser en Allemagne l'essor du lyrisme, expression des sentiments intimes. Aussi les Allemands — un peu trop oublieux de l'Angleterre — réclament-ils « la palme de la poésie lyrique » avec les chants de Gœthe, de Schiller, de Heine, d'Eichendorff, etc. Et leur poésie lyrique, remarque M. Meyer, « est éminemment de nature solitaire ». Un personnage chante ses propres sentiments, son amour, sa mélancolie, son espoir, ses doutes, etc.

Dans l'épopée allemande et le drame allemand, c'est encore la personnalité qu'on retrouve — non plus, il est vrai, celle du poète, mais une autre avec laquelle il s'est

identifié et dont il donne une peinture toute psychologique
et philosophique. La tragédie allemande nous montre le continuel et contraire effort des passions naturelles. La terrible
femme qui causa la mort de Siegfried nous explique elle-
même comment, en elle, la « tendre épouse » s'est changée
en « furie ». De même, dit M. Meyer, la poésie allemande a
réussi à peindre comment un père aimant, simple et retiré
en soi par nature, peut se développer en meurtrier de sa fille
(Emilia Galeotti) ; comment un paisible marchand peut se
changer en un sauvage incendiaire, terreur de la contrée
(Michael Kohlhaas de Kleist) ; ou comment un homme
honorable se métamorphose en criminel (Erbförster d'Otto
Ludwig). Schiller se contente généralement de nous montrer le développement d'un seul caractère ; Gœthe et Lessing nous en montrent parfois deux. Quoi qu'il en soit,
nous assistons toujours à une série de crises intérieures,
de contradictions plus ou moins résolues, de doutes intellectuels et d'erreurs morales, dont le résultat est la formation d'une personnalité. La tragédie classique mettait d'ordinaire en scène une seule passion personnifiée, une vertu
ou un vice symbolisé par un homme, ou encore deux points
de vue intellectuels, deux idées en lutte dont l'intelligence
doit trouver la réconciliation. L'étude psychologique poursuivie dans la littérature allemande, au contraire, ne porte
pas sur l'étude d'une passion isolée : elle porte sur l'homme
entier et sur ses plus intimes transformations. Étant donnée
telle passion humaine, se dit le poète français, quel homme
la représentera ? Étant donné tel homme, se dit le poète
allemand, quelles passions contraires, simultanées ou successives, se développeront comme conséquences de son
caractère individuel ? C'est donc bien la formation et l'évolution naturelle d'un *moi* qui nous sont ici présentées.

Il est à remarquer que, dans la comédie, le caractère doit plutôt être peint à l'état de complet développement. Aussi les Allemands reconnaissent-ils que leur
poésie comique n'a pas atteint la hauteur de Molière,
des dramaturges espagnols, encore moins de Shakespeare.
M. Meyer nous donne de ce fait une explication curieuse ;
c'est que, en cette occurrence, le poète allemand « sent un
désavantage dans la force de son individualité » ; il trouve
« contraire à sa nature de se mettre à la place d'une autre

nature, sans pouvoir la modifier. et de suivre jusqu'au
bout les vices d'un autre homme ». De là, fréquemment.
la ridicule conversion des personnages méchants aux opinions du « bon auteur » qui, n'ayant pu parvenir à s'abstraire de soi, reparaît ainsi à la fin de la pièce. — Nous
donnons cette raison pour ce qu'elle vaut ; en tout cas,
elle est bien allemande.

Il faut reconnaître aussi, dans la poésie germanique, l'importance d'un dernier élément auquel ne s'attachent guère
les nations de culture latine : nous voulons parler de l'*inconscient*, de l'élément involontaire, contre lequel la raison lutte
en vain. L'idée que l'homme est le jouet des puissances inconnues qui luttent en lui remplit la littérature allemande, sinon
« depuis les vieux chants de l'Edda », comme le croit M. Meyer.
du moins depuis la légende de Faust jusqu'aux poètes pessimistes de l'Inconscient. Le motif en est que la seule région
où les contraires puissent se réconcilier, c'est celle même
d'où ils sont sortis : la région inférieure à la conscience.
« Je veux m'en tenir à la Nature, dit Werther, elle seule
est d'une richesse inépuisable. »

Le romantisme a pour traits caractéristiques, d'abord
cet amour de la Nature, puis, comme conséquence inévitable, le goût et le sens de l'histoire, où l'Allemand voit la
Nature continuée et épanouie ; le respect du passé et la
piété pour les vieux dogmes, où il reconnaît le germe des
vérités actuelles ; l'espérance indéfinie pour l'avenir jointe
à la patience dans le présent ; la prédominance attribuée au
sentiment, à l'imagination, à la volonté sur la raison rai-
sonnante et sur la logique abstraite ; par cela même,
« la tendresse pour le peuple », qui vit surtout de sentiment, pour les humbles et les petits, pour les pauvres
et même pour les coupables, qui apparaissent comme des
victimes d'une évolution à laquelle tous coopèrent sans le
savoir et, souvent, sans le vouloir. — Peut-être, cependant,
la « tendresse » pour le peuple est-elle moins grande que
ne le prétendent les apologistes de l'Allemagne.

En somme, malgré quelques exagérations des esthéticiens allemands, on ne saurait nier que la poésie germanique ne se soit efforcée, comme la philosophie même, de
s'égaler en quelque sorte à la réalité entière, de concilier
l'idéal et le réel dans cette vivante synthèse qui est « la per-

sonne individuelle ». D'une part, la personne a pour fond obscur la Nature inconsciente ; d'autre part, elle s'élève, à travers bien des luttes, à la conscience de soi et à la pleine lumière intellectuelle ; elle est donc le point de contact des deux mondes. En revanche, dans ce naturalisme mystique qui remplit la littérature allemande, le côté social est trop absent. Mme de Staël n'avait pas tort de trouver, chez ces esprits plus capables d'invention que de règle, « trop d'idées neuves et pas assez d'idées *communes* », entendez d'idées sociales. Ils nous montrent bien, en bas, la sourde et sombre Nature d'où tout sort, plus haut, l'individualité qui se forme et se pose ; mais cet autre monde, le monde de la société, de l'humanité proprement dite, n'est-ce pas bien plutôt la littérature et la poésie française qui en ont ouvert les vastes horizons ?

Parmi les arts, il en est un voisin de la poésie, sans paroles mais non pas sans âme, qui même emprunte à l'émotion son langage spontané, son accent, son cri de joie ou sa plainte, et qui nous remue jusqu'au fond de l'être sans avoir besoin de dire rien de précis à notre intelligence ; dans la musique, les Allemands sont incomparables. Tandis que la mélodie italienne parle surtout aux passions de l'ordre sensitif, tandis qu'elle agit sur les nerfs par sa force vibrante, tout en charmant l'intelligence par ses formes précises, l'harmonie allemande nous fait entendre les voix de l'âme les plus intérieures et, en même temps, toutes les voix de la Nature qui s'y mêlent ; il semble que nous soyons enlevés à l'existence proprement intellectuelle et consciente, pour être replongés dans cet océan de vie profonde où chaque être retentit des vibrations de la vie universelle. Naturalisme et mysticisme, ici encore, viennent se fondre : tout intellectualisme a disparu. En écoutant Beethoven ou Wagner, on ne peut, sous la complexité de l'harmonie, que deviner la science profonde et cachée qui, réalisant la définition de Leibnitz, a mis le calcul mathématique au service de l'inspiration : toute cette science n'a pour but que de nous faire sentir. Schopenhauer a dit que les autres arts, y compris la poésie même, expriment avant tout l'intelligence et son monde de « représentations » : la musique nous introduit au fond de l'être, qui est « volonté ».

VI

L'ESPRIT ALLEMAND ET LA PHILOSOPHIE

« De 1780 à 1830, dit Taine, l'Allemagne a produit toutes les idées de notre âge. » C'est faire par trop bon marché et de l'école théocratique et d'Auguste Comte, comme, plus tard, de l'école anglaise et de Darwin. Ce qui est vrai, c'est que, dans le « siècle de l'histoire », l'Allemagne a pris la conduite des âmes et mené la grande réaction contre le rationalisme néo-latin. La France, elle, ne voyait pas la sourde germination des idées allemandes qui, peu à peu, allaient s'élever contre les idées françaises. Il semblait que la spéculation philosophique fût tout à fait inoffensive : à quoi bon s'occuper des « théories » allemandes?

La philosophie française, dans son ensemble, est surtout intellectualiste. La philosophie allemande, malgré l'apparente orgie d'intellectualisme de Hegel, est au fond naturaliste, panthéiste et mystique. Hegel lui-même n'a de la *logique* que l'apparence : son rationalisme cache un réalisme profond, absolu, divinisé.

Si la philosophie allemande n'accepte point le rationalisme français, elle a une antipathie profonde pour l'empirisme terre-à-terre de la pensée anglaise. Nietzsche voit dans Bacon une *attaque* contre l'esprit philosophique en général; dans Hobbes, Hume et Locke, « un abaissement de l'idée de philosophie et un amoindrissement pour plus d'un siècle ». C'est contre Hume, remarque-t-il, que s'éleva Kant, « et ce dernier passa outre ». Kant n'avait pourtant point, à l'égard de Hume, le dédain que Nietzsche semble supposer, car on sait à quel point Kant estimait son devancier anglais et sentait la force du phénoménisme. De l'auteur des *Essais sur l'entendement*, Schelling disait : « Je méprise Locke ». — Contre le brutal mécanisme de la conception anglaise, dit encore Nietzsche, « furent d'accord (après Gœthe) Hegel et Schopenhauer, ces deux géniaux frères ennemis de la philosophie, qui divergèrent vers les deux pôles opposés de l'esprit allemand et qui so méconnurent comme seuls des frères savent le faire ».

Nietzsche veut parler sans doute de ces deux pôles : la dialectique intellectualiste, avec son amas d'abstractions, et la philosophie du vouloir, avec son sens des réalités profondes ; l'une, optimiste, démontre l'identité du réel avec le rationnel ; l'autre, pessimiste, voit dans le réel connu le scandale de la raison, dans le réel inconnu quelque chose de plus radical que la raison. Et Nietzsche lui-même, n'a-t-il pas étrangement rapproché les deux pôles, optimisme triomphant et pessimisme découragé? Il triomphe à la pensée de l'éternelle destruction, de l'éternel en vain (*umsonst!*), du retour perpétuel des mêmes joies et des mêmes misères, du cercle où l'existence universelle est à jamais enfermée, réduite à se répéter sans cesse elle-même, voulant toujours se surmonter (ce qui est l'essence même de la vie), retombant toujours sur soi (ce qui est l'essence de l'existence universelle). Hegel et Schopenhauer sont ainsi réconciliés au prix d'une contradiction de plus, d'une contradiction suprême, : Nietzsche accepte le monde, accepte le mal, accepte la douleur en s'écriant dans son ivresse de dyonisien : « Allons, recommençons encore une fois! [1] »

Si nous remontons au grand mouvement philosophique du xviiie siècle, nous voyons que, selon Herder, l'homme n'est qu'une partie de la création ; même quand l'homme obéit à ses passions et se laisse aller aux plus violents excès, il obéit à des lois non moins belles que celles qui président aux mouvements des sphères célestes. L'histoire de l'humanité entière ressemble au développement de la chrysalide, si étroitement dépendante du tissu qu'elle habite ; l'histoire humaine est « un des chapitres de l'histoire naturelle ». Essayer de rompre les liens qui rattachent l'homme au monde, c'est vouloir le faire respirer hors de l'atmosphère. Résultante des conditions antérieures, le progrès n'est pas réalisé par nos volontés, il est provoqué par nos besoins. Les facultés de raisonnement et de réflexion y ont sans doute un rôle, mais indirect ; elles modifient et dirigent l'instinct, celui-ci seul agit. Au lieu de vouloir transformer le monde à la manière française, tâchons de le comprendre.

[1] Voir notre livre sur Nietzsche.

Les Allemands se mirent avec raison dans Kant. Comment nier que, si le grand philosophe doit beaucoup à la patrie de Descartes et de Rousseau, il se sépare cependant, lui aussi, du rationalisme du xviii° siècle par des traits d'importance majeure, où l'on reconnaît la physionomie germanique? Pour le siècle des lumières et de la raison, l'homme était naturellement bon. D'accord avec le protestantisme allemand, Kant admet, au contraire, la perversité radicale de l'homme, son opposition naturelle envers la loi morale, opposition visible dans la lutte de l'intérêt contre le devoir. Pour surmonter le péché radical de notre nature, il ne faut rien moins qu'un complet changement de principe, une nouvelle naissance de l'inclination : il faut se créer une seconde fois par un acte volontaire, qui n'admet d'ailleurs pas d'explication. Il est *possible* de réaliser cet acte, parce que nous *devons* l'accomplir : voilà tout ce qu'on en peut dire. Et comme cet acte de salut intérieur, pour réaliser extérieurement sa tâche, a besoin d'un temps illimité, nous devons croire en une vie immortelle, dont Dieu est la garantie plus ou moins symbolique. Voilà la « Religion dans les limites de la pure raison », qui prépare un royaume moral supérieur à toutes les églises, une République des libertés, vrai règne de Dieu.

Les Allemands reconnaissent chez Kant, comme en une idéalisation de leur nature, le profond sérieux moral, le grand sens du devoir et de la discipline, l'enthousiasme pour la majesté de l'impératif moral qui gouverne le monde, le dédain d'une misérable utilité, l'abandon des flatteuses illusions concernant la bonté et la pureté de l'humaine nature; l'humilité religieuse, par conséquent, mais jointe à la haute dignité qui fait de l'être raisonnable un citoyen du monde suprasensible, enfin la claire vision du combat de la raison, de la liberté, de la vérité, contre les sens, l'esclavage, l'illusion. C'est toujours « la lutte des dieux contre les géants », et aussi la lutte du Christ contre Satan, dont l'esprit de Luther était obsédé : le vieux combat germanique et chrétien s'est vraiment spiritualisé dans la doctrine kantienne.

Selon M. Pfleiderer, si Kant représente le grand côté du caractère germanique, il en représente aussi le mauvais côté :

ce sentiment excessif de personnalité qui caractérise les
Allemands et entraîne chez eux un « individualisme anti-
social et antihistorique. » Kant semble parfois croire que
la liberté morale de l'individu peut se suffire, s'appuyer
sur elle seule, autonome, indépendante de l'influence des
pouvoirs extérieurs, délivrée des liens de la nature, de
l'histoire, de la divinité. Selon la théorie chrétienne du
salut, au contraire, ni le malheur ni le bonheur de l'individu ne trouve sa cause en lui-même ; le premier a sa raison dans la commune origine et la commune nature de
l'espèce ; l'autre a sa source dans l'éducation de la race
humaine par les divines puissances du bien, qui, le long
de l'histoire, livrent une guerre victorieuse aux puissances
du mal et changent la race naturelle des hommes en une
société religieuse. Le christianisme admet une solidarité
dans les responsabilités. Pour Kant, chaque individu est
responsable du mal qui est dans sa nature, parce qu'il l'y
a mis en vertu d'un acte de volonté transcendant, dont on ne
peut d'ailleurs rendre compte ; sa régénération aussi ne peut
être accomplie que par son seul vouloir. Personne n'a sa
part de vraie responsabilité dans les conditions morales de
ses semblables ; de même, personne ne doit son propre état
moral, bon ou mauvais, à des influences étrangères. « Dans
cette sphère d'atomes moraux isolés, ajoute M. Pfleiderer,
il n'y a aucun transport de l'opération des pouvoirs moraux
d'un individu à l'autre, aucune continuation de l'effet d'une
action morale d'un homme à l'autre. » — M. Pfleiderer
exagère assurément l'individualisme de Kant : ce dernier a
lui-même peint d'avance la société des esprits libres dans
le « royaume des fins », où se trouvent réconciliées l'idée
chrétienne de la cité céleste et l'idée républicaine de la
cité terrestre d'après Rousseau ; mais il demeure vrai
qu'un certain stoïcisme retiré en soi subsiste chez Kant.
M. Pfleiderer y voit une manifestation de cet individualisme systématisé et érigé en principe qui fit toujours
partie de l'héritage germanique, et que le pouvoir éducateur du christianisme eut lui-même de la peine à subju-
guer. On trouve aussi chez Kant le côté mystique cher
aux Allemands. Quoique condamnant les mystiques, Kant
se perd à la fin dans le « noumène » ; il recule au-dessus
du temps et de l'espace la liberté, le devoir, le royaume des

fins. Hegel, non moins hostile que Kant au mysticisme, place à son tour l'Absolu véritable au-dessus de la pensée comme de l'étendue : il le reconnaît dans l'Esprit, conçu comme supérieur aux catégories de l'entendement et aux lois de la nature, quoique fondant tout ensemble et ces catégories et ces lois. Pour beaucoup de philosophes allemands, pour Hermann, Herder, Jacobi, Schelling, comme pour Schopenhauer, ce n'est pas la pensée qui atteint le principe des choses, c'est la volonté.

Tout en étant idéaliste et même mystique de tendance, la philosophie allemande ne cesse point d'être en même temps naturaliste. On ne trouve chez elle ni des Malebranche, ni des Berkeley ; elle n'admet nulle part, comme l'a excellemment montré M. Boutroux, un idéalisme pur qui exclurait la réalité du monde matériel[1]. En proclamant le « primat » de l'esprit, elle reconnaît toujours les objets de l'expérience et la réalité propre du monde, sorte de « scandale pour l'esprit » dont il faut cependant trouver l'explication dans la nature de l'esprit même. Antithèse et synthèse de l'idéalisme et du réalisme, voilà donc, en résumé, la philosophie allemande, depuis Jacob Bœhme jusqu'à Kant, Schelling, Hegel, Schopenhauer. Pour tous ces philosophes — et non pas seulement pour le dernier — le monde est indivisiblement « volonté et représentation », esprit et matière. On a dit que le mot qui dépeint le mieux le génie de Gœthe, c'est : *totalité* ; la même définition pourrait s'appliquer encore mieux aux génies philosophiques de l'Allemagne : chacun a essayé d'embrasser le Tout et d'en donner une image aussi fidèle que le comporte la pensée humaine. De là ce caractère d'immenses constructions qu'offrent les systèmes allemands ; de là aussi, chez les penseurs de l'Allemagne, cette fréquente prétention à saisir l'absolu, heureux quand ils ne se donnent pas, comme Hegel le fit avec une complaisance en soi toute germanique, pour des incarnations de l'Esprit absolu lui-même.

Le trait d'union entre le naturalisme et l'idéalisme, chez l'esprit allemand, c'est un symbolisme qui fait de la réalité

---

[1] Voir l'étude de M. Boutroux sur Jacob Bœhme, le *Philosophus teutonicus*, dans les *Etudes d'histoire de la philosophie*.

l'expression de l'idéal et lui communique, en vertu de ce
qu'elle représente. une sorte de caractère sacré. C'est ainsi
que le fait devient le symbole du droit; la conquête, le
symbole de la justice. On arrive à diviniser ce qui est le
moins divin et même le moins humain. L'histoire entière
est érigée en manifestation de Dieu, toutes les violences
dont elle est pleine se colorent d'idéal. Le vieux fanatisme
germanique s'est raffiné et subtilisé, il subsiste toujours[1].

Selon Lange, l'Allemagne ne pourra jamais se livrer
entièrement au pur matérialisme : son vieux penchant pour
les créations métaphysiques ne s'arrêtera et ne se reposera
jamais; elle a pu oublier jadis les « aspirations unitaires de
la patrie »; elle ne pourra jamais oublier « les aspirations
unitaires de la raison ». La grande architecture philosophique, qui n'est autre que la reconstruction du monde
par la pensée, « nous tient encore plus à cœur. dit Lange,
que celle de nos cathédrales du moyen âge ».

VI

L'ESPRIT ALLEMAND ET L'HISTOIRE

Dans l'histoire. les Allemands se considèrent comme les
maîtres quand il s'agit de marquer proprement l'évolution
des idées et celle des peuples. En France et en Italie,
disent-ils, l'histoire décrit surtout comment de nouveaux
types *déterminés*, une fois produits, se *succèdent* l'un à
l'autre selon des *lois* également déterminées, comme le
type civilisé de Vico ou le type législatif de Montesquieu;
c'est, pour ainsi dire, une suite réglée de formes fixes et
« objectives ». Les Allemands, eux, ont été les premiers à
comprendre les changements tout intérieurs qui ont lieu
dans les limites du « sujet » vivant, soit qu'il s'agisse de
l'humanité (Herder), soit qu'il s'agisse de toutes les créatures organisées (Gœthe). M. Meyer explique par ce sens
du devenir l'aptitude particulière des Allemands pour l'in-
vestigation historique (Savigny, Grimm, Niebuhr) : là où
les historiens des autres nations, si brillants qu'ils soient,

---

[1] Voir notre *Idée moderne du droit*.

« embrassent un train entier d'événements », les Allemands
dirigent leur attention « sur le réel *moment* historique, sur
le vrai point où les choses tournent, et ils le choisissent
comme le phénomène d'importance. » On se rappelle le
fameux *moment* psychologique du prince de Bismarck ;
c'est aussi le *moment* psychologique que tout bon historien
allemand s'efforce de saisir : — « Il se plaît à l'investiga-
tion des lignes frontières, par exemple à la transition du
moyen âge aux temps modernes, etc. » Hegel voyait en
tout un processus à trois « moments », thèse, antithèse,
synthèse, — affirmation, négation, détermination : chaque
chose est toujours en train de se changer en son contraire.
Dans sa philosophie de l'histoire, Hegel a universalisé cette
idée de métamorphose incessante, de dialectique toujours
fuyante qui, en prenant vie et réalité, devient évolution.

Tandis qu'en France devait se développer la sociologie,
avec son caractère universel et vraiment « objectif », l'Allemagne devait, avec Hegel, s'adonner surtout à la « philosophie de l'histoire » et l'interpréter dans le sens national.
Aussi, même de nos jours, la partialité patriotique est
manifeste dans les jugements d'outre-Rhin. Et sans doute,
pour tout penseur, s'abstraire de sa nation est difficile
ou impossible ; mais, chez les Allemands, le « nationalisme » est érigé en théorie. Que MM. Meyer et Pfleiderer, par exemple, nous montrent la grande âme du
peuple allemand toujours active, toujours à la recherche du
mieux, ils en ont le droit ; mais ils vont plus loin : s'il fallait les en croire, l'initiative des grandes idées et des grandes
réformes serait toujours venue d'Allemagne. « Avant
toutes les autres nations, prétend M. Meyer, l'Allemagne
s'empare avec zèle de toute tâche imposée par le temps à
l'humanité. Les imperfections de l'Eglise sont reconnues
et le problème de leur disparition est résolu avec le plus de
profondeur par ce peuple » ; puis, au xviiie siècle, « la
lumière venant d'Angleterre se répand sur la France, mais
ce n'est qu'à son apparition en Allemagne qu'elle devient
l'objet de la législation pratique et un agent dans la vie
pratique. » Ici le patriotisme entraîne vraiment notre philosophe jusqu'à l'oubli des faits. Si la lumière vint d'Angleterre, elle était venue aussi, ce semble, du pays de Descartes ; ce n'est pas non plus l'Allemagne, croyons-nous,

qui a fait la Révolution française ; ce n'est pas elle qui a fait passer les idées nouvelles dans la « législation », dans la politique. dans la « vie active » ; ce n'est pas elle qui a donné son code aux autres nations. Il y a quelque affectation, quoique ce soit la mode en Allemagne, à traiter la Révolution française de quantité négligeable ; et, si nous constatons cette injustice chez un philosophe sincère, chez un psychologue, c'est évidemment qu'elle est un trait caractéristique de l'Allemagne contemporaine. Au reste, écoutons la suite du panégyrique : une telle philosophie de l'histoire sera instructive pour des Français. L'Empire romain gisait mort, nous dit-on, et le monde entier était rempli des « exhalaisons pestilentielles » de ce vaste corps en décomposition. « Alors vinrent les *hôtes* germains, qui contribuèrent à *clarifier* l'air, et le moyen âge s'éleva sur le terrain purifié ». Voilà comment s'idéalisent, dans la science allemande, les invasions des barbares. Nous apprenons aussi, non sans étonnement, que les grands missionnaires germains, tels que « Boniface », sont allés répandre le christianisme en Grande-Bretagne ; jusqu'à présent nous avions cru, au contraire, que Boniface, ou Wilfrid, né en Grande-Bretagne à Kirton en Wessex, était allé christianiser la Germanie ! « Le nouveau monde, en sa vigueur vierge, demandait des colons à l'ancien ; les Germains émigrèrent pour l'Amérique en vastes troupes, et, *aidés* par les habitants de race similaire, ils formèrent une nouvelle nationalité. » Ainsi, contrairement à ce qu'enseignent les ouvrages les plus élémentaires des écoles, ce sont les Allemands qui, avec l'aide de leurs similaires Anglo-Saxons, ont fondé les États-Unis ! Attendons les progrès de l'exégèse historique d'outre-Rhin, et bientôt elle nous apprendra que ce sont les Allemands qui ont découvert l'Amérique. « Toute science nouvelle, continue le docte historien, tire des recrues de l'Allemagne, alors que les autres nations hésitent encore à donner à cette science son approbation, comme cela est manifestement prouvé par les nouvelles méthodes *historiques et philologiques* ». Peut-être aussi Galilée, Bacon, Descartes, Lavoisier et Auguste Comte furent-ils Allemands. « Tout grand mouvement poétique rencontre en Allemagne sympathie. Il n'y a pas une autre nation aussi juste envers le talent étranger ; les héros étrangers sont honorés »,

témoin le profond silence de l'auteur sur tout ce que la
France a pu produire ; « les littératures étrangères sont
étudiées, les archives des étrangers sont fouillées. Chez
aucun autre peuple de plus fougueuses luttes n'ont eu
lieu pour une cause spirituelle. » Il est donc bien convenu
que les « idées » n'ont joué aucun rôle ni dans la Révolution
française, ni dans notre histoire depuis la Révolution. La
patrie exclusive des « combats spirituels » est l'Allemagne,
et la preuve. c'est que « les polémiques entre savants y sont
d'une violence notoire[1] ». M. Meyer explique ce fait par la
nature de l'esprit allemand. Dans ces querelles entre
savants ou entre corps savants, « une communauté d'individus est toujours affectée, et c'est pourquoi, dans chaque
cas, l'homme se sent lui-même attaqué personnellement ».
Lessing ne rengaina jamais sa lame aiguë « dans la bataille
pour les trésors spirituels » ; une question « de principe »,
celle du serment professionnel de Goettingen. « souleva
toute l'Allemagne ». M. Meyer ajoute que ce fait serait difficilement compris au dehors. C'est, dit-il, parce que l'Allemand. quoique s'appliquant volontiers aux choses de l'extérieur, considère sa conviction intérieure comme son plus
grand trésor et ne la subordonne à aucune puissance. *Ma
maison est mon château fort*, dit l'Anglais, tandis que
l'Allemand proclame : *Mon Dieu est un château fort*; son
Dieu à qui, avec un petit nombre d'associés, il s'est confié
lui-même, son idéalisme, sa foi. sa conception individuelle
du monde — ou d'un passage d'Horace — voilà toutes
choses également inattaquables. «L'attaque-t-on cependant
de tous côtés, il se retire en lui-même et, de la position
avantageuse de son individualité, il conquiert de nouveau
le monde[2]. » Tel est le portrait enthousiaste de l'opiniàtreté
allemande et du moi allemand chez un philosophe impartial d'intention, qui. sans s'en apercevoir, arrange l'histoire
comme certain homme d'Etat arrangea certaine dépêche.

L'amour de l'érudition et le souci du petit détail caracté-

---

[1] Treitschke dit aussi : « Chez nous. les discussions scientifiques dégénèrent
trop souvent en questions personnelles et aboutissent à des querelles dégoû-
tantes. » L'auteur d'une curieuse brochure. M. Flach. *Der deutsche Profes-
sor der Gegenwart*, dit de son côte : « Il n'y a qu'une petite minorité de
savants allemands qui ait de la politesse et de l'amabilité. »

[2] *Int. Journal of Ethics*, janvier 1893.

risent l'histoire allemande : « Cette race colossale, disait
Ranke, peine d'autant plus sur un sujet qu'il est plus insignifiant. » Mais ce qui la caractérise encore plus, c'est
l'habitude des conclusions générales au profit d'une idée
particulière, celle même de la nationalité allemande. Dans
la formation de l'unité germanique au XIXᵉ siècle, les historiens ont joué un rôle considérable. Ils furent les promo-
teurs de « la politique nationale-libérale » qui triompha
après les victoires de 1866 et de 1870. Cette politique, dit
M. Antoine Guilland [1], les historiens la rendirent possible en
y préparant la nation par leurs leçons. Plus tard, ils devinrent les conducteurs de l'opinion publique allemande, qui
se révéla d'un nationalisme si jaloux à propos de la question du Luxembourg. « Sans le concours des historiens,
dit avec raison l'économiste Schmoller, jamais l'Empire
n'aurait pu être mis sur pied. » — « Leur service, dit de son
côté lord Acton, fut de mettre l'histoire en contact avec la
vie nationale et de lui donner une influence qu'elle n'a eu
nulle part ailleurs, sauf en France : leur gain est d'avoir
créé l'opinion publique, plus puissante que les lois. » [2].
Ajoutons que les historiens allemands ont gâté l'opinion
publique. Une des plus grandes maîtresses d'erreur et de
fausseté, d'autant plus grande qu'elle a su mêler au faux
des connaissances vraies et une vaste érudition de détail,
c'est la prétendue *science* allemande de l'histoire. A force
d'étudier le passé, ou plutôt l'image déformée et souvent
trompeuse d'un passé que l'on ne pouvait plus atteindre en
lui-même, ces historiens ont étouffé dans les âmes le sens
du présent et surtout l'enthousiasme de l'avenir. Ils ont
écrasé, sous le poids des siècles, le sentiment de la liberté
et de l'initiative : ils ont substitué à l'effort individuel la
fatalité de l'évolution collective. L'histoire a dressé devant
la raison la nature, devant le droit le fait, devant la justice
la force. Et s'il est vrai que la raison, mal éclairée sur ce
qui doit être, aboutit à l'utopie, l'histoire, mal éclairée,
aboutit à l'adoration de ce qui est, à la divinisation de l'iniquité.

Un publiciste allemand, Karl Hillebrand, écrivait en

[1] *L'Allemagne nouvelle et ses historiens.*
[2] *German schools of history. Engl. hist. Rev.*, 1886.

1874 : « L'histoire en Allemagne, malgré l'impartialité dont
ses chefs se piquent, est avant tout nationale et protestante. MM. les Professeurs peuvent se faire toutes les illusions qu'ils veulent sur leur « objectivité », sur leur
« incorruptibilité scientifique », sur « la droiture de leur
conscience » et « l'infaillibilité de leur méthode », qu'ils le
veuillent ou non, qu'ils le sachent ou non, ils ont suivi les
intérêts nationaux et protestants. Ils ont plié l'histoire à
leur fantaisie. Parmi les faits, ils ont choisi ceux qui ren-
traient dans leur point de vue. La science apprise sur les
bancs de l'Université, ils ont vite fait de l'oublier : la tendance nationale et protestante seule leur est restée. »

André Léo, dont les œuvres eurent autrefois une grande
vogue, écrivait : « Les Français ne sont qu'un peuple de
singes (*Affenvolk*). La race celtique, telle qu'elle s'est montrée en Irlande et en France, a toujours été mue par un
instinct bestial, tandis que nous autres Allemands, nous
n'agissons jamais que sous l'impulsion d'une pensée sainte
et sacrée. Sous le masque des Gaulois, perce toujours la
pétulance unie à la vanité et à l'arrogance. » Dans le même
ouvrage, cet historien appelait Paris « l'antique demeure
de Satan », et il traitait Necker d'idiot. L'historien Menzel
voulait laver dans des « flots de sang français les hontes et
les malheurs infligés aux Allemands par Louis XIV et
Napoléon. »

Le prince de Bismarck disait un jour : « Même s'il dispose d'arguments médiocres, un homme a toujours raison
quand il a pour lui la majorité des baïonnettes ». C'est au
fond, comme le remarque M. Guilland, la philosophie qui se
dégage de l'*Histoire romaine* de Mommsen. Cette œuvre
n'est partout que glorification de la force, même et surtout
si celle-ci a été employée contre le droit. « L'histoire, dans
son irrésistible tourbillon, dit Mommsen, brise et dévore
sans pitié les nations qui n'ont pas la dureté de l'acier et
aussi sa souplesse. »

Mommsen fait pressentir Nietzsche, qui, dans son admiration de toutes les forces naturelles et du déploiement
de toutes les énergies humaines, aboutit à la morale des
princes et artistes de la Renaissance païenne. On a dit
avec raison que Mommsen a préparé Nietzsche et l'a rendu
possible dans son pays. En tout cas, personne plus que

Mommsen n'a contribué à réagir contre la conception chrétienne de la vie humaine. Son idéal, tel du moins que nous le révèle son *Histoire romaine*, est celui que Machiavel développe dans son *Discours sur Tite-Live* : « Notre religion couronne plutôt les vertus douces et contemplatives que les vertus actives. Elle place le bonheur suprême dans l'humilité, l'abjection, le mépris des choses humaines, tandis que la foi païenne faisait consister le souverain bien dans la grandeur d'âme, la force du corps et toutes les qualités qui rendent l'homme redoutable. Si la nôtre exige quelque force d'âme, c'est plutôt celle qui fait supporter les maux que celle qui pousse aux grandes actions. » En ce sens, on a pu dire que le disciple le plus direct de Mommsen est Nietzsche, qui, poussant la théorie jusqu'à ses conclusions logiques, a salué dans le prince de Machiavel « le type splendide des conducteurs d'hommes [1]. » De son côté, Ranke avait dit que les « sanglants combats humains ne sont, au fond, que la lutte des énergies morales » ; Nietzsche dit : des énergies brutales.

David Strauss osait écrire que, si Frédéric le Grand conquit la Silésie, c'est uniquement qu'il voulait affranchir les Allemands du joug de la catholique Autriche ! Le même Strauss écrivait encore que la Prusse n'avait jamais fait que de « saintes guerres », tandis que toutes les entreprises des Français (François Ier, Louis XIV, Napoléon) n'avaient eu pour mobile que le goût de la rapine et la rapacité (Raublust), et qu'en conséquence la France, en 1870, n'avait reçu que le châtiment qu'elle méritait. Il caractérisait ainsi la guerre de 1870 : « Une œuvre de salubrité publique accomplie par l'Allemagne, la France étant pourrie jusqu'aux moelles. »

Treitschke, enfin, fait intervenir Darwin pour appuyer l'absolutisme ; décrivant l'histoire d'Allemagne comme une vaste lutte pour la vie, il prétend que « le rôle historique de la Prusse avait commencé le jour où cette puissance incorpora, les uns après les autres, les États allemands pour lesquels l'heure de la mort avait sonné. » — « Dieu ne parle plus aux princes par des prophètes et par des songes ; mais

---

[1] Guilland. *L'Allemagne nouvelle et ses historiens*, p. 141 et suiv. Voir notre livre sur Nietzsche.

il y a *vocation divine* partout où se présente une *occasion
favorable d'attaquer un voisin et d'étendre ses propres frontières*[1]. » C'est le droit de conquête le plus cynique érigé
en droit divin. « L'issue des événements est un jugement
de Dieu[2] ».

Le même Treitschke ajoute : « La pure et impartiale
histoire ne saurait convenir à une nation passionnée et
batailleuse. » Il aurait pu dire que la falsification de l'histoire, sous un appareil d'érudition trompeuse, est un des
genres où l'Allemagne n'a jamais été dépassée.

VII

L'ESPRIT ALLEMAND ET LA PHILOSOPHIE DU DROIT

A la philosophie de l'histoire finit par s'identifier en
Allemagne la philosophie du droit. L'une comme l'autre au
service du pangermanisme, elles formèrent la transition
du vieil idéalisme au réalisme de l'Allemagne actuelle.

Depuis Herder, tous les écrivains allemands ont opposé
l'idée individualiste du droit germanique à l'esprit « socialiste » latin. C'est là confondre l'indépendance brutale de
l'homme à peine civilisé, ce qu'on a appelé l'égoïsme de
la force indisciplinée, avec le droit véritable, qui est un système de discipline pour la volonté. Hegel lui-même en convient : l'idée que le droit est une capacité morale inhérente à la
personne morale, à la liberté morale de l'individu, non à sa
puissance réelle et physique, n'existait pas chez les Germains,
et ce sont précisément les Romains qui ont donné pour fondement au droit la personne, la conscience individuelle. En
vain Ihering ne veut-il voir dans la conception du droit chez
les Romains que l'étroit égoïsme du caractère latin ; on lui a
justement répondu que ce qui peut expliquer les hautes destinées de Rome, ce n'est pas un vice, mais une vertu ; et cette
vertu, selon nous, c'est précisément la soumission de l'individu à un ordre universel, à une règle civile et politique qui
est la même pour tous. Si les grands philosophes allemands,

[1] *Zehn Iahre deutscher kampf*, p. 30.
[2] Treitschke. *H. und pol. Auf.*, II, p 559.

Kant et même Hegel, s'efforcent de s'élever à des conceptions impartiales, on voit qu'il n'en est pas de même
des juristes allemands, qui veulent nous faire admirer
l'anarchie germanique sous le faux nom d'autonomie.
Chez les Latins et les Néo-Latins, la conception du droit
comme *loi* universelle domine ; chez les Germains et leurs
successeurs, c'est la conception du droit comme *puissance*
individuelle ou collective. Le droit du plus fort s'expri-
mant par l'arbitraire, par la volonté personnelle sans frein
(*Willkühr*), est, de l'aveu des juristes allemands, le fond
du droit germanique ; caractère qu'il a conservé jusqu'au-
delà du xvi⁰ siècle, laissant des traces dans le *droit du
poing*, dans le *Faustrecht*. Aujourd'hui, c'est le droit du
canon. La « possession » germanique est définie par
Hensler : « la manifestation de la puissance effective. »
L'ancien *mundium* germanique est la *manus* romaine.
M. Aguiléra, qui a étudié l'idée du droit en Allemagne,
conclut, comme nous l'avions fait jadis [1], que « l'idée de
force est l'idée-mère » dans la vie juridique de l'Allemagne. Aux adorateurs des révolutions qui détruisent, les
Allemands ont eu raison, sans doute, d'opposer l'évolution, qui seule crée ; mais la philosophie allemande du
droit ne s'en est pas tenue là : elle a voulu éliminer toute
intervention de la raison et de la volonté. Tandis que, pour
le Français, le droit est un rapport de libertés et peut recevoir des améliorations par une nouvelle intervention de la
liberté, pour l'Allemand, le droit naît et croît à la façon
d'un grand chêne, qui, du même tronc nourri par les vieilles
racines, pousse des branches et des feuilles nouvelles. A en
croire Savigny, le droit n'est pas le résultat des lois positives.
Comme la langue, comme les mœurs, comme les institutions, auxquelles il est indissolublement lié, le droit est
« une force, une fonction du peuple [2] ». Le « détail infini de
la législation » se produit lui-même « d'une manière organique », sans intervention des libres volontés. Le droit, en
un mot, « est engendré partout par des forces intérieures
et silencieuses [3] ». L'État, qui l'incarne, est « la manifes-

---

[1] Voir notre *Idée moderne du droit.*
[2] *Von Beruf unserer Zeit*, 1814, p. 5
[3] *Ibid.*, 8.

tation la plus haute de cette force supérieure qui est la vie
du peuple. » Sur ces principes s'élève la religion de l'histoire, qui aboutit, chez beaucoup, à la superstition de l'histoire, et, par malheur, de l'histoire fausse. Le fatalisme
de l'école historique allemande, qui croit que les choses
humaines se produiraient sans les idées et volontés humaines. que l'effet final serait identique en l'absence de ses
conditions ou de quelques-unes de ses conditions, précisément les plus élevées, nous paraît le pendant du *fatum mahu-
metanum*, qui fait rester le mahométan au milieu de la
peste sous prétexte que, s'il ne *doit* pas mourir, il ne
mourra pas.

Il était réservé à Hegel de fondre en un seul tout le réalisme historique et l'idéalisme métaphysique. Pour ce penseur, dont l'influence fut si grande en Allemagne, chaque
Etat est indépendant et souverain par rapport à tous les
autres. L'affirmation la plus haute que l'État puisse donner
de sa souveraineté, c'est la guerre. Nulle part autant que
dans le « réalisme de la guerre », s'il faut en croire Hegel,
l'Etat n'atteint son « idéalité ». Car alors la vie et la propriété des citoyens se trouvent ouvertement subordonnées
à la conservation de la « substance commune », qui est
l'Etat. L'Etat représentant la force, il peut et il doit user de
la force pour se maintenir et s'agrandir. Hegel n'admet
nullement, avec l'école française, des guerres en vue de la
« civilisation », du « progrès », de la « justice », de l' « humanité » ; il n'admet que celles qui ont en vue l'intérêt
de l'Etat « menacé ou lésé ». Quant aux traités de paix
« qui doivent durer éternellement », il les raille : toujours
provisoires, la raison d'Etat les a signés, la raison d'Etat
peut les rompre. A chaque moment de l'histoire, un peuple
représente une phase du développement de l'Idée ; quand
il triomphe, les autres peuples sont sans droit contre lui.
Ainsi dominèrent l'Orient, la Grèce, Rome. C'est aujourd'hui
le tour de la race germanique.

La divinisation hégélienne du fait et du succès, l'élévation du réel à la dignité du rationnel, malgré le sens profond qu'un Hegel pouvait donner pour son compte à ces
théories. n'en devait pas moins favoriser finalement le
réalisme, en lui permettant de se couvrir des couleurs de
l'idéalisme. L'histoire étant divine, les hommes et les peu-

ples n'ont qu'à la réaliser selon leur puissance et selon
leurs intérêts, ils auront été les prophètes et les prêtres de
la divinité immanente à l'univers.

Après avoir une première fois pénétré chez nous grâce à
quelques esprits peu clairvoyants et superficiels, comme
Victor Cousin, la métaphysique hégélienne du droit nous est
revenue une seconde fois sous la forme de l'invasion. En
Allemagne, plus ou moins latente, elle subsiste au fond de
toutes les pensées. En 1876, pour célébrer l'anniversaire
de l'empereur Guillaume, Ihering prononçait son discours
sur la force et le droit, et, malgré des atténuations méta-
physico-juridiques, il concluait de nouveau que c'est la
force qui crée le droit. « Tout droit existant et en vigueur
est un enfant de l'histoire (ein Kind der Geschichte) et nous
devons nous incliner, dans un sentiment de vénération,
devant la force victorieuse, produit mystérieux des forces
et des lois morales qui dominent les éclats les plus sauvages
de la guerre... La *puissance* du vainqueur, voilà ce qui fait
et détermine le *droit;* et c'est en reconnaissant ce principe
que la guerre peut prendre fin et la paix revenir. C'est de
cette manière que notre sentiment juridique se concilie avec
la dure loi de l'histoire [1]. » Singulière conciliation !

L'idée française du droit n'a pu s'implanter dans les têtes
allemandes. Ceux mêmes qui s'efforcent le plus de garder
l'impartialité nous font aujourd'hui un reproche, avec le
professeur Koschwitz, de ce qu'en France on conçoit « la
réunion de l'Alsace-Lorraine à l'Allemagne comme une
iniquité » ! M. Koschwitz reproche aussi aux Français, après
avoir mis d'abord la guerre de 1870 sur le compte de Napoléon et d'Eugénie, qui voulait « avoir sa guerre », d'en rejeter
aujourd'hui la principale responsabilité sur « ce méchant intri-
gant de Bismarck, qui avait perfidement imaginé la candi-
dature du prince de Hohenzollern et si bien arrangé les
choses qu'une déclaration de guerre était devenue inévitable » [2]. Ainsi la dépêche d'Ems est considérée comme non
avenue et les aveux de Bismarck lui-même ne comptent
pas ; il n'a point voulu la guerre, nous seuls l'avons voulue !

---

[1] *Macht und Recht*, Bonn, 1876.
[2] *Les Français avant, pendant et après la guerre de 1870-71*, par le
Dr Koschwitz, professeur de philologie romane à l'Université de Marbourg
(traduit en 1897 par Jules Felix).

De Moltke n'avait ni préparé, ni espéré, ni attendu le conflit !

En dépit de cette interprétation germanique de l'histoire, il restera vrai que l'Allemagne organisait savamment la guerre depuis des années, avec de Moltke et Bismarck (que Negri appelait un barbare de génie). Par un chef-d'œuvre de diplomatie peu scrupuleuse sur le choix des moyens. la Prusse sut nous donner à l'égard de l'Allemagne, qu'elle voulait entraîner avec elle, l'apparence d'une odieuse offensive. M. Welschinger, dans son livre sur M. de Bismarck, a mis en regard de la dépêche officielle venue d'Ems la dépêche arrangée par le prince et il a cité les mots typiques qui la suivirent : « Ce texte sera connu à Paris avant minuit. Non seulement par ce qu'il dit, mais aussi par la façon dont il aura été répandu, il produira là-bas, sur le taureau gaulois, l'effet du drapeau rouge. Il est essentiel que nous soyons les attaqués. La présomption et la susceptibilité gauloises nous donneront ce rôle. » C'est ainsi que M. de Bismarck appliquait à nos dépens la psychologie des peuples [1].

¹ L'homme que les historiens allemands ont exalté est, dit M Guilland. l'homme de tous les faux, depuis le jour où, à la veille de la guerre du Danemark, il disait à Bernstorff : « Le prétexte que vous invoquez ne vaut rien. Si vous avez besoin de la guerre, je me charge de vous fournir un *casus belli* de la plus belle eau dans les vingt-quatre heures ; » jusqu'au jour où, crayon en main, il sabra la dépêche d'Ems pour lui donner l'allure agressive qui devait déchaîner la guerre. « Vit-il alors l'énorme responsabilité de son acte les milliers de soldats qui allaient s'entr'égorger. les ruines, les désastres, les deuils, deux nations armées jusqu'aux dents, se ruinant en armements, l'une pour garder ce qu'elle a pris, l'autre, pour essayer de le reprendre? Il ne vit rien de tout ceci et, selon son propre aveu, jamais il ne mangea d'aussi bon appétit. » (*L'Allemagne nouvelle et ses historiens*, p 172) M. de Bismarck a trouvé dans son pays des apologistes de « ce faux », et non parmi les moindres hommes. « Bénie soit la main qui a tracé ces lignes, dit H. Delbruck... Si la chose n'avait pas réussi, Bismarck en eût trouvé une autre... Un bon diplomate a toujours plusieurs flèches dans son carquois. » *Preuss Jahrl.*, t. XIX, p 739.

« Bismarck déclara un jour au Reichstag que tous ses efforts, après Sadowa, avaient visé à faire le silence en France sur les armements de la Prusse et à nous inspirer une fausse sécurité Une fois le moment venu, ajoutait-il, je n'ai eu qu'à supprimer les subventions aux journaux français, « ils sont redevenus du coup patriotes; en prêchant la guerre, ils m'ont aidé à la faire éclater. » De même, auparavant, « quand Cavour eut fait l'unité de l'Italie, il demanda aux Chambres un bill d'indemnité pour 62 millions de « publicité à l'étranger », dont il refusait de préciser l'usage Avec cela, disait-il, « j'ai fait l'Italie une ». Combien de ces millions avaient servi à alimenter la presse sous l'Empire ! » *La France au point de vue moral*, p. 100.

Si l'on peut accorder que la résistance à l'empire de Bonaparte et l'organisation ultérieure de la Prusse « furent en partie la consécration du labeur des philosophes et poètes d'Allemagne », on ne saurait justifier par les mêmes raisons la guerre violente, plus offensive au fond que défensive, faite par l'Allemagne en 1870, ni surtout la conquête dont cette guerre, espérée en Prusse depuis des années, n'était que le moyen.

La politique prussienne à l'intérieur est connue : « Grâce à Dieu, disait le comte de Moltke, l'antique régime policier et paternel, la vieille théorie tant incriminée qu'il faut rendre les gens heureux malgré eux subsiste encore en Prusse, malgré les progrès. » Les historiens allemands n'en essaient pas moins de démontrer que c'est la Prusse, non la France, qui seule comprend la liberté et l'égalité civiles et politiques. M. de Sybel entreprend-il de définir la liberté, il soutient que les Français n'en ont même pas l'idée : « La vraie liberté, dit-il, est le droit pour l'homme de développer toutes les dispositions morales de sa nature d'après sa libre décision. La vraie égalité consiste à reconnaître que cette liberté existe pour tous les hommes, qui ont droit à une égale protection et à une égale capacité juridique. De là l'idée démocratique, vraie et éternelle, qui prétend fixer le droit politique de l'individu non à la manière féodale, d'après le hasard aveugle de la naissance, mais seulement en tenant compte du travail qu'il a fait et en donnant le pas au patriote capable et instruit, même s'il sort de la plus humble chaumière, sur le descendant de la noblesse, égoïste ou ignorant. Libre carrière pour le talent et le mérite, c'est là la signification de liberté et d'égalité. » Tout le monde s'écriera que ce tableau de la vraie liberté et de la vraie égalité est précisément le commentaire des idées mêmes de la Révolution française. M. de Sybel répond par un *distinguo :* « Les Français, dit-il, ont totalement échoué dans la première des tâches qu'ils s'étaient assignées, celle de fonder la liberté dans leur pays, et ils n'ont qu'à moitié réussi dans l'autre, qui fut d'établir l'égalité des citoyens. » Là-dessus il nous expose ce qu'il appelle la fausse notion de l'égalité qu'ont les Français : « Les Français, dit-il, prétendaient que les hommes sont nés *égaux en droits* et que c'est la tâche de l'État de réaliser cette égalité en exigeant

pour tous : un droit de suffrage égal, un droit d'éligibilité
égal, une part égale à la puissance politique. Cette prétention devait les amener rapidement à la revendication qui
en est la conséquence logique : droit de possession égal,
droit de jouissance égal, ainsi que droit de travail égal.
Et nous savons comment Robespierre et Hébert se sont
approchés de la réalisation de cette idée. C'est là que se
trouve la source de l'échec de la Révolution, la raison de
tous les coups de force, l'origine de l'instabilité de toutes
ses œuvres, tant au xixe qu'au xviiie siècle [1]. » « Tandis
que la nature de la race anglo-saxonne, dit M. de Sybel,
est résumée par le mot *Self Government*, celle des Français se résume par un continuel effort vers la centralisation. » L'avortement de la Révolution française n'a pas
d'autre cause aux yeux de l'historien allemand : « Pour
expliquer la Révolution, dit-il, il faudra toujours revenir
à cette question : comment est-il possible que l'enthousiasme de 1789, qui aspirait si fort à la liberté, aboutit,
après six ans, à un résultat aussi meurtrier ? Sans doute
l'incapacité des chefs, dans la première moitié de la Révolution, le manque d'expérience de la masse dans la pratique des choses politiques et l'excitation des passions populaires pour la guerre étrangère y contribuèrent. Mais la
faute capitale fut l'absence absolue d'intelligence pour ces
deux idées fondamentales : la liberté et l'égalité. » — « Les
théories radicales, dit à son tour Treitschke, font naître l'Etat
de la libre volonté du peuple souverain. L'histoire nous
apprend, au contraire, que les Etats s'élèvent le plus souvent
contre la volonté de la majorité du peuple, par la *conquête*
et par la *soumission ;* et de même que la guerre, même en
des temps de haute culture, conserve toujours sa *puissance
plastique* de faire les Etats, de même la politique intérieure
des peuples n'est point déterminée seulement par les changements de l'opinion publique, mais par les actes des gouvernements [2]. » Puissance plastique, un nouveau nom de
la force primant le droit. Un Allemand n'est jamais embarrassé pour trouver une formule simili-métaphysique.

Treitschke a poussé plus fort que les autres historiens

---

[1] *Gesch. der Revolutionszeit*, édit. de Stuttgart, 1878, t. IV, p. 41.
[2] *Deutsche Geschichte*, t. IV, p. 300.

le cri du nationalisme barbare : « Nous ne nous sommes
que trop laissé séduire par les grands noms de tolérance et
de lumière (Aufklärung). » Il a été le « père nourricier » de
cette génération qui disait déjà avec Herwegh : « Assez
d'amour comme cela : essayons maintenant de la *haine*. »
En 1870, il touchait à la réalisation de ses rêves et, comme
le poète Geibel, énivré par les victoires, il pouvait s'écrier :
« Je te salue, sainte pluie de feu, tempête de la colère qui
éclate après tant d'heures d'angoisse ! Nous guérissons dans
les flammes, et mon cœur te répond par des battements de
joie. Aigles au puissant essor, en avant ! Déjà l'Allemagne
respire et accorde ses harpes pour célébrer ses victoires[1] ! »

Les harpes, l'épée, le feu, la baguette, l'aigle, la force,
l'Idée, l'érudition, la mythologie, le Seigneur, l'Empereur,
le piétisme, le caporalisme, la science, la brutalité, tout
cela se mêle encore aujourd'hui dans les têtes demi-féodales
et demi-modernes de l'Allemagne.

VI

LE CARACTÈRE ALLEMAND ET L'HISTOIRE D'ALLEMAGNE

Du caractère de leur nation les Allemands ont eux-
mêmes essayé de déduire *a priori* le sens général de leur
histoire, et il importe de recueillir leurs témoignages pour
voir comment ils se peignent eux-mêmes. Il faut, sans
doute, se défier de leurs spéculations métaphysiques, qui,
depuis Herder jusqu'à Hegel, ont introduit, sous les apparences de la « logique », tant de fantaisies dans la philosophie de l'histoire ; on peut cependant ici leur accorder leur principe essentiel, à savoir que l'histoire d'Allemagne est comme une sorte de longue dialectique où
l'esprit d'individualisme et l'esprit de subordination ont
formé tour à tour la thèse et l'antithèse, sans parvenir à la synthèse cherchée. L'individualisme germanique est réel, si l'on entend par là l'énergie de la volonté
personnelle cherchant en elle-même son aliment, se nourrissant pour ainsi dire de soi et poursuivant ce que Kant

[1] Guilland, *l'Allemagne nouvelle*, p. 188.

appelle l'autonomie. Mais n'oublions pas que, chez l'Allemand. la tendance individualiste a pour complément une tendance marquée à la subordination, une sorte de goût inné pour la hiérarchie. Ces deux traits de caractère se retrouvent dans l'histoire germanique. Le premier élément en est donc « positif » : c'est l' «ambition énergique » et l' « esprit national invincible » ; l'autre est négatif, c'est l'ombre du tableau : « conflit sans fin entre l'individualité et la subordination. » Ces deux extrêmes reviennent toujours en contact l'un avec l'autre : il se produit ainsi un mouvement dialectique dont M. Meyer, dans son livre sur le peuple allemand, a excellemment décrit les péripéties. Aussitôt que, par quelque heureux concours de circonstances, une « subordination en rangs déterminés ».s'est effectuée, la communauté ainsi produite « se pose en individualité possédant ses particularités personnelles »; l'*État prussien*, l'*Armée prussienne*, la *Cité de Vienne*, l'*École de Souabe* ne restent pas purement des idées, comme cela ariverait chez les nations dites néo-latines, mais deviennent des « organismes vivants », qui développent leurs caractères particuliers « bien loin au delà de ce que demandait leur but et leur fin ». La communauté se fait ainsi individuelle, à un tel degré « qu'il est presque impossible à des gens du dehors d'y obtenir entrée ». Une plus grande barrière existe entre des Bavarois et la bureaucratie prussienne « qu'entre des Français et le système anglais des officiers ». Et inversement, qu'il soit personnel ou collectif, l'individualisme germanique aspire toujours à la subordination. « Diogène, dit M. Meyer, Diogène, cet ancien *caractère* grec, se contenta de demander à Alexandre de ne pas lui enlever son rayon de soleil ; un Diogène allemand aurait immédiatement demandé à Alexandre de se retirer dans un tonneau *auprès de lui!* » L'idée est bizarre, mais elle n'en est que plus caractéristique. Au reste, selon notre philosophe, la réconciliation de l'individualisme avec la communauté, partout secrètement poursuivie par les Allemands, est restée « un beau rêve ».

Il est certain qu'on trouve une première preuve de ce conflit incessant dans l'histoire *intérieure* de l'Allemagne. Ce qui la constitue, nous dit-on, c'est « la lutte entre frères », soit « dans les migrations des peuples », soit « dans la guerre

de Trente ans », soit en 1866 ». Ce qui caractérise encore
cette histoire, « c'est l'inutile sacrifice de milliers d'hommes
pour des fins qui devaient être ultérieurement abandonnées:
le droit suprême d'investiture, la subordination de l'Italie,
etc. ». Nous voyons la guerre des princes contre l'Empereur,
des cités contre la noblesse, les paysans maltraités par les
nobles, les citoyens par les moindres petits princes, « le
plus grand empire du monde exposé au mépris des nations
pour des siècles, le plus noble des peuples tourmenté par
de minuscules tyrans ». Quelles sont les raisons d'un tel
phénomène ? M. Meyer nous les révèle en psychologue
perspicace. C'est que, l'Allemand étant foncièrement individualiste, « ses affaires d'intérêt personnel » sont pour
lui de trop de conséquence : les « matières *abstraites* »
perdent alors leur importance à ses yeux, car l'Allemand
« est un idéaliste de *sentiment*, et non, comme les nations
latines, de *conception* », si bien qu'une simple conception
ne le touche pas. — Manière ingénieuse de convenir que
l'Allemand est réaliste autant qu'idéaliste et que, s'il aime
à spéculer platoniquement dans son for intérieur, il sait
ramener pratiquement les choses à soi dans le domaine de
l'action. — « Tandis que la fine ligne de démarcation entre
ce qui nous intéresse, *nous*, et ce qui ne nous intéresse pas,
nous, trouve dans la vie son application quotidienne, la
conception pure de la *nationalité* demeure sans réalisation
dans la pensée ; c'est cette attitude qui explique la lutte entre
frères. » — Pourtant, dira-t-on, l'esprit d'obéissance et de
sacrifice en vue d'un principe est naturel à l'Allemand.
— Oui, mais c'est parce que « le principe est considéré
comme une partie du *moi* ». La situation sans défense de
l'Allemagne pendant des siècles fut due à ce fait que les
diverses tribus ou classes, tout en sentant le besoin de la
subordination, étaient de fait incapables de « subordonner
leur individualité au *tout* commun » ; le peuple subit les
exactions des petits seigneurs parce que personne ne s'aven-
turait à mettre le pied hors de sa province pour aller dans
une autre, « qui était, à ses yeux, celle d'un *inférieur* ».
Sous le préjugé de sa propre individualité, « le Prussien
n'a considéré dans l'Autrichien que le non-Prussien ; le
Guelfe n'a vu dans le Staufer que l'adversaire de sa propre
grande idée ; dans l'Empereur, chaque prince n'a vu que

le pouvoir menaçant sa propre splendeur ; et dans son tourmenteur le citoyen n'a vu que le maître placé au-dessus de lui ». Comment méconnaître, malgré les excès d'une métaphysique bizarre, ce qu'il y a de vrai et d'historique dans ce tableau ? L'ancien empire fédéral était, selon le mot de Puffendorf, un monstre au point de vue de la politique. Il embrassait 266 États, jouissant des pleins droits séculiers et ecclésiastiques, princiers ou républicains, sans compter les « seigneuries directes » disséminées dans les États principaux, et dont Jastrow évalue le nombre à 2 000. Aussi, tandis que la Révolution consistait pour la France à briser avec le passé, elle devait consister pour l'Allemagne à renouer les liens rompus depuis des siècles. Tandis que les Français, dit M. Sorel, démolissaient leurs bastilles et brûlaient leurs chartes, « les Allemands restauraient leurs châteaux et rassemblaient leurs archives ». S'il est permis de voir là une différence de tempérament et de caractère, il faut y voir encore plus l'effet de conditions sociales et politiques tout opposées, en même temps que la naturelle réaction qui suit l'action dans les choses humaines. Les Français, eux, avaient depuis longtemps une patrie et cherchaient la liberté ; les Allemands, avant tout, demandaient une patrie : pour cela, il ne fallait pas délier et dissoudre, mais relier et organiser en vue de « l'unité allemande ».

Depuis le milieu du xviiie siècle, tous les pays germains tendaient donc à l'unité économique, morale et politique, qui était alors leur commun idéal. D'autre part, le plus moderne, le plus militaire et le plus réaliste des États de l'empire, la Prusse, s'efforçait d'étendre sa puissance, d'agrandir son territoire, de l'égaler peu à peu au territoire germanique tout entier. L'Allemagne se trouvait ainsi avoir tout ensemble un but, l'unité, un instrument, la Prusse. Celle-ci, par le militarisme et la bureaucratie, devait envelopper à la fin, comme en une vaste toile d'araignée, tous les États jadis séparés de la confédération germanique. Pour le psychologue, il semble que l'Allemagne et la Prusse se soient partagé, avec les tâches, les deux principales forces de l'esprit allemand : patriotisme aspirant à l'unité idéale et morale, ambition aspirant à la domination réelle, politique et militaire. Ces deux facteurs du grand problème historique, nous les avons vus se combiner dans tout le cours du xix° siècle, jusqu'à ce que la fusion fût complète.

Parmi les antithèses fécondes que les Allemands comptent dans leur histoire, se trouve le caractère à la fois révolutionnaire et conservateur, destructif et constructeur qui appartient à la Prusse même. Beaucoup d'Allemands répètent qu'une race purement allemande n'aurait pas réalisé le type de concentration politique que représente l'Etat prussien, et qu'il y fallait le mélange d'un élément plus souple, l'élément slave. Cette opinion nous semble faire tort aux Germains. Sans doute il y a beaucoup de sang slave en Prusse. Mais, comme l'a montré M. Vidal-Lablache, c'est la colonisation germanique qui a mis le sceau à la nationalité prussienne ; colonisation non livrée au hasard, systématiquement poursuivie pendant plusieurs siècles, recrutée dans toutes les races de l'Allemagne, principalement dans l'élément saxon et néerlandais, auquel s'ajouta plus tard un ferment français. De cette combinaison est sorti un peuple spécial, un type très caractérisé et très personnel, qui déjà, vers la fin du dernier siècle, attirait vivement l'attention des observateurs, notamment celle de Mirabeau [1].

Le mot « d'entraînement » est, a-t-on dit, celui qui rend le mieux la différence principale qui existe entre le Prussien et les autres Allemands. Le Prussien a été soumis à un entraînement qui remonte loin dans le passé. « Arrivé en colon sur une terre nouvelle, le futur Prussien s'y trouva affranchi de ces attaches locales qui liaient le paysan à sa paroisse, le bourgeois à sa ville, et les empêchaient de rien voir au delà. Les cadres dans lesquels s'était cristallisée la société allemande n'eurent pas le temps en Prusse de se consolider. La main de chefs militaires, margraves, électeurs ou rois, put travailler sur une matière malléable et docile. De ces paysans endurcis par la lutte contre un sol avare, de cette bourgeoisie sans éclat municipal, elle fit un peuple de fonctionnaires et de soldats. Il n'y eut en Prusse que des serviteurs de l'Etat; et, dans ce concours où le prince donnait l'exemple, chacun eut le sentiment de son effort propre [2] ». Sur un sol ainsi préparé les succès du

[1] Mirabeau, *Tableau de la Monarchie prussienne*, Londres, 1788.
[2] Vidal Lablache, *Etats et nations de l'Europe*, p 192.

grand Frédéric allumèrent un orgueil national immense. Ils
excitèrent cette « verve nationale », — suivant l'expression
de Mirabeau [1], — qu'on nommait en Allemagne, l'aiguillon
prussien. « Les Prussiens, écrivait plus tard Beugnot, ont
de commun avec les Allemands la langue, le courage et le
penchant à l'illuminisme [2]; mais ils sont devenus, à l'école
de Frédéric, déliés et hardis. » C'est par ce « décidé d'al-
lures » et par « cette conviction de leur supériorité » qu'ils
s'imposent aux autres Allemands [3].

Une dynastie étrangère brisant impitoyablement l'indépendance de la noblesse indigène par une technique guerrière supérieure; abolition de l'autonomie des villes; politique de conquêtes amenant l'unité et l'égalité de tous les
sujets; pour ce but, formation des armées permanentes et
de la bureaucratie, instruments souples du pouvoir monarchique; en conséquence, fiscalité prononcée et, pour
l'entretenir, protection du commerce, de l'industrie, des
échanges, de la science même; enfin révolte contre l'ancien Empire et guerre contre son dernier représentant, la
monarchie des Habsbourg; à tous ces traits, M. Tœnnies
reconnaît le caractère révolutionnaire de la Prusse, c'est-
à-dire « libéral », car, selon lui, révolution, c'est libéralisme. Mais, en même temps, il nous montre dans la Prusse
une formation politique essentiellement conservatrice, puisqu'elle est l'absolutisme même, cherchant à se « donner »
une consécration surnaturelle », alliée à l'Église, s'attribuant la sainteté de la tradition et du droit héréditaire, alors
qu'en réalité elle a brisé une foule de traditions et de droits.

Pour comprendre comment l'unification intérieure et
l'expansion extérieure devaient marcher de pair en Allemagne, et se retourner finalement contre les obstacles
extérieurs, c'est-à-dire contre nous, il faut se rappeler
d'importantes lois de psychologie qui s'appliquent à la vie
nationale comme à la vie individuelle. La première est
que les peuples, comme les individus, dépassent toujours
dans la réalité le but immédiat qu'ils poursuivent comme

---

[1] Mirabeau, *Tableau de la Monarchie prussienne* Londres, 1788, t. III, p 661.

[2] *Mémoires*, t. I, p 296. — Ce dernier trait semble aujourd'hui de trop,
mais porte la marque du temps.

[3] Vidal Lablache, *Ibid.*

idéal : ils veulent toujours plus que ce dont ils ont besoin.
L'Allemagne ne pouvait se contenter de vouloir sa propre
unité; son ambition devait déborder à la fin par delà ses
frontières. Ce n'est pas d'aujourd'hui qu'on chante outre-
Rhin : « Aussi loin que la langue allemande résonne et
élève des hymnes à Dieu dans le ciel, cela doit être à toi,
vaillant Allemand. »

> So weit die deutsche Zunge klingt
> Und Gott in Himmel Lieder singt,
> Das soll es sein, das soll es sein,
> Das, wacker Deutsche, nenne dein !

Et non seulement, selon la revendication linguistique,
mise en faveur par les philologues, est allemand tout territoire où résonne la langue allemande, mais encore, selon
la revendication historique, mise en faveur par les historiens, est allemand tout territoire sur lequel, dans ses péré-
grinations, a vécu une tribu allemande. A l'aide de ces
deux principes, que ne peut-on s'adjuger? Là où le premier
ne s'applique pas, le second trouvera son application. S'il
fallait en croire pourtant M. Meyer, ses compatriotes, dans
leurs rapports avec les autres nations, n'auraient jamais
demandé « qu'une existence paisible ». Les tribus germaines
qui prirent part aux migrations des peuples barbares furent
presque « forcées par la nécessité » de conquérir l'Empire
romain, d'y demander l'hospitalité. « Des siècles après,
elles ne convoitèrent que l'Italie, en partie parce que cela
entre dans l'idée de *l'imperium*, en partie à cause d'une
passion ardente et sentimentale pour la *terre de beauté*,
sentiment comparable à celui d'un rude guerrier qui
cherche à conquérir une jeune fille captivante. » Les Allemands, on le voit, ne font rien que pour le bon motif; les
Vandales eux-mêmes étaient sentimentaux, et il faut dire
désormais *vandalisme* pour *amour de la beauté*. Quant aux
Allemands modernes, nous demanderons à M. Meyer, si
dans leurs chants nationaux, ils ne parlent pas aussi bien
d'*attaquer* que de se défendre :

> L'Allemagne, l'Allemagne par-dessus tout,
> Par-dessus tout dans le monde,
> Si, pour se défendre et *attaquer*,
> Elle s'unit fraternellement.

Mais M. Meyer nous répondrait que, si ses compatriotes
« ont fait beaucoup de conquêtes », c'est pour des causes
« toutes spirituelles ». — Mieux vaudrait, laissant de côté
toutes ces hypocrisies volontaires ou involontaires, dire
que les Allemands ont subi, comme tous les peuples, la loi
d'expansion qui régit la vie, mais qui doit, dans l'humanité,
céder le pas à la morale.

Une autre loi de psychologie collective devait se manifester en Allemagne et aux dépens de ses rivaux. Chez les
peuples encore plus que chez les individus, les sentiments
et penchants fondamentaux, qui agissent en secret et tendent
à mouvoir la volonté, échappent à la clarté de la conscience,
mais cependant cette clarté devient à la fin nécessaire pour
imprimer la direction ultime, pour faire passer à l'acte ce qui
n'était encore qu'à l'état de virtualité. Individus et peuples
agissent alors sous une « idée », avec un « motif » conscient, auquel même ils attribuent volontiers toute l'effica-
cité; mais, bien souvent, l'idée n'a été que l'occasion qui
provoque la décharge des forces réelles et des tendances
antérieurement accumulées. En Allemagne, les forces
d'unification emmagasinées pendant le dernier siècle avaient
besoin d'un motif conscient, d'une occasion réfléchie pour
réaliser tout leur effet; sous les deux Empires, la France
a pris elle-même le rôle de leur fournir ce motif; nous
nous sommes offerts à l'Allemagne pour que, contre nous,
elle se levât en masse et fît son unité !

S'il fallait en croire l'historien savant qui a écrit l'*Histoire politique de l'Europe contemporaine*, l'histoire du
XIXᵉ siècle s'accorderait mal avec notre tendance naturelle
à attribuer de grands effets à de grandes causes, tendance qui
nous porte « à expliquer l'évolution politique, comme
l'évolution géologique, par des forces profondes, continues,
plus larges que les actions individuelles ». La révolution de
1830, la révolution de 1848, la guerre de 1870 n'auraient
été que des événements soudains. « A ces trois faits
imprévus, on n'aperçoit aucune cause générale, dans l'état
intellectuel, politique ou économique du continent européen. Ce sont trois accidents qui ont déterminé l'évolution
politique de l'Europe contemporaine [1]. » Un philosophe ou

---

[1] M. Ch. Seignobos, *Histoire politique de l'Europe contemporaine.*

un simple psychologue admettra difficilement cette théorie,
surtout en ce qui concerne l'Allemagne, dont nous avons
vu que le développement, d'abord idéaliste, puis réaliste,
manifeste une dialectique si régulière et rationnelle. Dès
le siècle dernier, Mirabeau, avec une rare prévoyance,
insistait sur la nécessité de laisser sa forme à l'empire
germanique, « qui ne pourrait paraître peu important
pour la tranquillité de l'Europe, et même pour le bonheur de l'espèce humaine, qu'à ceux qui ne connaissent
pas cette inappréciable contrée ». — « Sait-on, disait-il encore, jusqu'où pourra aller celui qui sera une fois maître de
l'Allemagne ? » Les Allemands répètent volontiers que c'est
« l'impératif catégorique » qui a vaincu Napoléon (non sans
la voix encore plus catégorique des gros canons) ; il est certain que tous les hommes qui ont préparé ou conduit la
guerre de l'indépendance étaient imbus des hautes doctrines
idéalistes de Kant. Fichte notamment, dans ses fameux *Discours à la nation allemande*, releva une génération abaissée
et énervée en lui prêchant le devoir et le dévouement aux
idées. Mais l'instinct de défense et de conservation, ainsi
que celui de revanche, ont eu aussi leur rôle. Sourde colère,
incurable méfiance, tels devaient rester depuis Napoléon,
les sentiments de l'Allemagne à notre égard, jusqu'au moment du « choc en retour ». Du jour où elle avait marché
vers la primauté intellectuelle, l'Allemagne avait commencé « cette bataille de l'indépendance qui, une fois
engagée, quelles qu'en soient les péripéties, est toujours
gagnée », et elle avait le droit, à son tour, de s'écrier :
« Je pense, donc je suis [1]. » L'œuvre que ses philosophes
et ses poètes avaient commencée dans le monde des idées,
ses hommes d'État l'ont terminée dans le domaine des
faits : habituée à l'hégémonie intellectuelle de l'Allemagne,
l'Europe s'est trouvée toute préparée à accepter sa prépondérance matérielle [2]. Après avoir mis la main sur la
pensée moderne, l'Allemagne devait mettre la main sur la
force moderne.

Nous, pendant ce temps-là, nous en étions restés au

[1] Denis, *l'Allemagne de 1789 à 1810*.

[2] Voir A. Sorel, *l'Europe et la Révolution française* ; Levy Bruhl, *l'Allemagne depuis Leibnitz* ; Rambaud, *les Français sur le Rhin*.

tableau de l'Allemagne romantique et au livre de M^mo de
Staël [1]. Les savants et les penseurs d'Allemagne nous paraissaient « se plaire à écrire de longs ouvrages d'un style indigeste, ornés de citations innombrables, et dont le langage
lourd défiait la patience des lecteurs les plus indulgents [2] ».
Les gouvernants étaient, à nos yeux, « absolument incapables de créer une organisation un peu complète de l'Etat
et d'y introduire une administration énergique ; l'individualisme allemand paralysait toute communauté d'idée,
tout élan national ». Entre cent autres jugements extraordinaires, qu'on se rappelle Georges Sand écrivant le
8 janvier 1871 : « Le Prussien *en personne* n'est pas solide
et ne cause à nos soldats aucune crainte. On court sur lui
sans armes, il se laisse prendre armé ! » Et Charles Hugo,
dans un style digne de son père : « Qui a vu marcher un
régiment prussien a vu une horde féodale. On se croirait à
un carnaval guerrier. Le soldat est un arlequin déguisé
en Mars. » Quand des nations ignorent à ce point la psychologie des autres peuples, elles sont exposées à de sévères leçons.

Les Allemands, eux, n'avaient ni cette naïveté, ni cette
ignorance, ni ce manque prodigieux de mémoire. Parmi
les peuples, il en est qui ruminent plus longtemps leurs
souvenirs et qui, au besoin, remontent des siècles en
arrière pour y chercher de nouveaux aliments à leur rancune.
Là où dominent, comme en Allemagne, des natures à la
fois flegmatiques et sanguines, avec un développement
cérébral considérable, on peut s'attendre à un genre particulier de ressentiment. Comme chez le méridional bilieux,
d'Italie ou d'Espagne, la colère est patiente chez l'Allemand du Nord ; tranquille d'apparence, se nourrissant de

---

[1] Le Dr Koschwitz (*loc. cit.*) met en relief les illusions que nous nous
sommes faites jadis sur l'Allemagne. Avant la guerre, dit-il, toute l'Allemagne
paraissait aux Français encore couverte de forêts, parsemée de châteaux en
ruines, habitée par une race blonde aux yeux bleus « L'Allemand, un brave
Prud'homme, un peu borné, remplissait avec soin les devoirs journaliers de
sa profession ; après quoi il se rendait tous les soirs dans l'atmosphère épaisse
d'une brasserie. Là, fumant sa longue pipe, buvant chope sur chope, il échan-
geait avec des amis tout semblables à lui des idées nébuleuses, oubliant le
reste du monde pour ne songer qu'à ses utopies favorites et à ses intérêts de
clocher. » Sa ménagère Gretchen accomplissait au foyer domestique « les
devoirs qui lui sont prescrits dans la *Cloche* de Schiller ».

[2] *Ibid.*

son propre poison, elle attend l'heure. Mais il y a cette
différence que l'Italien ou l'Espagnol exerce sa volonté à
contenir extérieurement une haine qui, du premier coup, a
atteint toute sa violence intime; tandis que l'Allemand
exerce sa volonté à surexciter sa froideur naturelle. Blessé
dans son ombrageuse personnalité, il a besoin cependant
d'un certain effort pour manifester sa colère; il hésite longtemps et ne demande pas mieux, pour triompher de son
dernier scrupule, que de se voir, selon le mot de Quinet,
poussé à bout par les autres. En outre, parvenu le dernier
à la civilisation, l'Allemand a gardé, jusque dans notre
siècle, quelque chose de la dureté primitive, en s'appropriant
d'ailleurs toutes les ressources nouvelles de la science.
Nous aurions donc dû nous attendre à une explosion d'autant plus terrible qu'elle avait tardé davantage. Mais la
psychologie des peuples était chez nous complètement
négligée, et, semblables à des enfants, nous nous figurions
tout le monde d'après nous-mêmes.

Alors vint le dernier acte du drame. Quand des idées
et des sentiments ont été élaborés par les siècles, ils finissent toujours par s'incarner dans des *volontés*, parfois dans
celles de tout un peuple. Et quand un certain nombre de
peuples, plus ou moins divisés encore politiquement, mais
en communion d'intérêts économiques, de croyances philosophiques, morales, religieuses, ont besoin de faire leur
unité pour réaliser leur commune aspiration, ils savent trouver leur instrument dans celui d'entre eux qui a la volonté
la plus énergique. C'est pourquoi Quinet, exception solitaire
en France, avait raison de prédire, dès 1831 : — La race germanique se rangera « sous la dictature d'un peuple non pas
plus éclairé qu'elle, mais plus avide, plus ardent, plus exigeant, plus dressé aux affaires. — C'est donc de la Prusse
que le Nord est occupé à cette heure à faire son instrument? — Oui; et si on le laissait faire, il la pousserait
lentement, et par derrière, au meurtre du vieux royaume
de France ». Ce meurtre a failli s'accomplir. Le caractère
germanique s'est révélé à nous tout entier. Nous l'avons
vu aussi réaliste qu'idéaliste, aussi positif que mystique,
aussi capable de fureur que d'enthousiasme, joignant à
la puissance de l'intelligence celle d'une volonté indomptable, ne séparant jamais le droit de la force, divinisant ses

propres succès, érigeant en théories religieuses et métaphysiques ses ambitions de conquête, annonçant au monde entier sur les champs de bataille le jugement de Dieu. Ici encore, la psychologie avait joué son rôle, avant même que fût venu le fameux « moment psychologique » mis à profit ou plutôt provoqué par le chancelier de fer [1].

M. Koschwitz est persuadé que, « par une conséquence incroyable de l'orgueil national des Français, la malheureuse campagne de 1870-1871, avec toutes ses défaites, n'a fait qu'accroître dans le peuple la haute idée qu'il a de lui-même et le mépris qu'il professe pour ses vainqueurs ». Les Français « sont de nouveau convaincus, comme avant 1870, qu'à nombre égal les troupes françaises sont, sous tous les rapports, supérieures aux troupes allemandes, et qu'une nouvelle guerre dans laquelle les deux peuples se retrouveraient seuls vis-à-vis l'un de l'autre, tournerait à la gloire de la France [2] ». Nous ne croyons pas l'orgueil français aussi énorme que le pense M. Koschwitz, et quoique nous soyons le peuple le plus oublieux de la terre, nous n'avons pas encore oublié la plaie toujours saignante en Alsace-Lorraine, ni la menace toujours suspendue sur nos têtes ; mais ce qui est certain, c'est que nous ne devons pas, comme nous y incitent les sectaires sociaux, nous endormir dans une trompeuse sécurité !

En somme, sur les trois grandes transformations de l'Allemagne qui se sont produites au xixᵉ siècle, deux sont en partie notre œuvre ; la première et la dernière. La politique insensée de Napoléon Iᵉʳ, au début du siècle, par la dissolution de l'ancien Empire allemand, fournit à la réalisation du nouveau ce que les historiens d'outre-Rhin appellent

---

[1] Un historien anglais, Freeman, voulant caractériser la dernière transformation politique de l'Allemagne, s'exprime ainsi : « Il était difficile de ne pas rétablir la dignité impériale dans une confédération dont la constitution était monarchique, et qui comptait des rois parmi ses membres. Aucun autre titre que celui d'Empereur ne pouvait mieux convenir à un souverain placé à la tête d'autres souverains. Cependant, il faut bien se mettre dans l'esprit que le nouvel empire d'Allemagne n'est en aucune façon la continuation ou la restauration du Saint-Empire germanique qui était tombé soixante-quatre ans auparavant. On pourrait plutôt le regarder comme une restauration de l'ancien royaume germanique. » *Géogr. politique de l'Europe*, trad. fr., p. 229.

[2] *Ibid.*, p. 212.

« ses conditions extérieures et négatives » ; dans la deuxième
période, la politique commerciale prussienne établit la
base économique et matérielle du nouvel Empire, par la
formation de l'Union douanière allemande ou Zollverein ;
enfin Napoléon III fit parvenir à la réalité l'union politique
des Allemands, d'abord par sa bienveillante inertie à l'égard
de la Prusse jointe à son imprévoyante intervention en
faveur de l'Italie, puis par le piège final où son incurable
aveuglement précipita la France en 1870. Telles sont les
grandes leçons de psychologie historique qui ressortent,
selon nous, des événements du dix-neuvième siècle, et qui
montrent que la philosophie germanique de l'histoire n'a
pas tort de voir dans la réalité une dialectique vivante.

Les historiens et philosophes allemands, d'ailleurs, ne
manquent jamais de mêler à la dialectique la sophistique. Dans la guerre de nos temps, prétend M. Meyer,
« les Allemands n'ont jamais fait plus que d'affirmer leurs
droits, et fréquemment même ils ont manqué à le faire ».
Un peuple si « désintéressé » et si « pacifique à l'égard de
ses voisins », même quand il était encore barbare, un
peuple qui ne conquit l'empire romain, — ou la Pologne,
— que « par nécessité » ou par « amour du beau », devrait
être particulièrement sympathique aux autres peuples ; et
cependant, M. Meyer le confesse avec une franchise toute
philosophique, « les Allemands n'ont jamais rencontré la
faveur de leurs voisins, soit comme nation, soit comme
individus ». Il est vrai, ajoute-t-il, que « peu de nations
sont haut placées dans l'estime de celles qui les entourent ».
Toujours est-il que l'Allemand « est rarement un objet
d'amour comme conquérant et administrateur, ou comme
immigrant et comme hôte ». L'Alsace a « *même aujour-
d'hui* » (il paraît que la chose est surprenante) « plus d'admirateurs de tout ce qui est français qu'il n'y a d'amis du
vieux gouvernement prussien en Westphalie ! » Comprend-
on une chose pareille ? La faute, selon M. Meyer, doit être
uniquement attribuée à ce fait que les Allemands sont
enclins à négliger les formes : « Ils sont consciencieux,
sérieux et sûrs, mais ils ne savent pas apprécier la puissance
de la bonté à sa vraie valeur. » Sans cette unique raison,
comment l'Alsace et la Lorraine ne seraient-elles pas
joyeuses d'être allemandes ?

M. Meyer a beau prétendre que la sainte Allemagne ignore les guerres d'intérêt ou d'ambition, qu'elle est l'éternel soldat du droit, comment expliquera-t-il le mot de Frédéric au moment de pénétrer en Silésie : « Prenons d'abord ; je trouverai toujours des pédants pour prouver mes droits ! » A propos de la question du Schleswig-Holstein, M. de Sybel lui-même reconnaît qu'au fond, pour la Prusse, cette question n'était qu'une affaire d'intérêt, « la question de vie ou de mort de son commerce [1] ». Semblablement, il explique les origines de la guerre austro-prussienne moins par le résultat arbitraire de passions personnelles, que par le conflit inévitable de vieux droits accrus pendant des siècles avec les besoins nationaux pressants, toujours plus forts ». — « L'état de malaise qui en résulta, ajoute-t-il, était insupportable, et il n'y avait qu'une crise violente qui pût conduire à une guérison durable. C'est pour le salut de l'Allemagne que cette guérison s'est faite [2]. »

« La question des duchés, disait à son tour M. de Roon, n'est pas une question de droit, mais une question de force, et la force, nous l'avons. » A la bonne heure ! Tout le parti militaire en Prusse répétait la même chose. « Pensez, disait le général de Manteuffel au général Fleury, que je suis divisionnaire et que je n'ai jamais vu le feu ! » M. de Bismarck faisait cet aveu : « Il est certain que toute l'affaire danoise ne pourra avoir sa solution pour nous, comme nous l'entendons, que par une guerre ; nous ne serons pas embarrassés d'en trouver le prétexte quand le moment propice pour entrer en campagne sera là. »

Treitschke, selon qui la force est un droit assez haut pour n'avoir pas besoin de *ruse*, flétrit « les petites intrigues et les manœuvres maladroites et répugnantes des diplomates qui voudraient nous faire croire aux soi-disant droits des Hohenzollern sur les duchés », au lieu d'avouer sincèrement la vérité qui est que « nous ne voulons pas de nouvelle cour ;... que le particularisme des Holsteinois ne s'est déjà que trop marqué ; ... qu'il s'agit de la prospérité d'une terre allemande qu'il faut rendre heureuse malgré elle ; ...que la germanisation du nord du Schleswig est une

---

[1] *Die Begründung*, III, p 30 ; IV, p. 81.
[2] *Ibid*, *Vorwort*.

affaire pressante ; ...enfin que la Prusse doit annexer cette
terre pour être capable d'une grande politique allemande ».
(*Zehn Jahre deutscher Kampf*, p. 9-26.)

Dans notre naïveté traditionnelle, nous nous imaginons
que les autres nations, à notre exemple, admettent un droit
des peuples à disposer d'eux-mêmes. C'est oublier trop vite
toutes les déclarations des hommes d'État allemands ou
anglais. Selon eux, quand ceux qui gouvernent un pays
croient la guerre inévitable, c'est leur *devoir*, dans l'intérêt
du pays même, de la faire éclater par les moyens appropriés
et au moment le plus propice, de se réserver ainsi « l'offensive », de ne pas compromettre le salut de la nation pour
de « vaines formalités », telles que déclaration de guerre
préalable ou respect des neutres ; les rapports juridiques
n'étant pas encore organisés entre les nations, c'est la force
qui, ici, prime nécessairement le droit. Telle est la théorie
des praticiens, comme des philosophes et juristes de l'Allemagne. Tenons-nous donc enfin pour avertis ; ne continuons
pas de croire que les autres nations admettent nos propres
principes et qu'elles y soumettront bénévolement leurs
actes.

Rappelons-nous aussi que l'Allemagne, tout au moins la
Prusse, est loin d'avoir le naturel aussi pacifique que veulent
nous le faire croire des psychologues comme M. Meyer.
L'ambition politique et militaire y fut toujours aussi ardente
que le patriotisme national, et cela, alors même que la commune qualité d'Allemand constituait à elle seule la patrie
allemande. En outre, l'Allemagne ne s'est jamais contentée
de vouloir sa propre unité : son ambition a toujours débordé au delà de ses frontières. Ce fait se rattache à la loi
psychologique posée plus haut, en vertu de laquelle les
peuples dépassent toujours le but immédiat qu'ils poursuivent et veulent toujours plus que ce dont ils ont besoin.
« Je possède, dit le duc de Richelieu, qui contribua au
relèvement de la France après 1815, je possède une carte
dont je ne me séparerai jamais ; elle me fut donnée par
l'empereur Alexandre après la signature du traité du 20 novembre 1815... Sur cette carte est tracée la ligne des provinces qu'on voulait arracher à la France : ce que l'appui
seul de l'empereur Alexandre parvint à empêcher. Cette
ligne comprenait une partie de la Franche-Comté, toute

l'Alsace, une grande partie de la Lorraine et les Trois-
Evêchés, Stenay, Sedan, Mézières, Givet, tout le Hainaut
et la Flandre française jusqu'à la mer [1]. »

Dans l'Atlas classique de Stieler, — entre beaucoup
d'autres, — la carte politique de l'Allemagne, édition de
1869, englobe l'Autriche avec la Hollande et la Belgique.
L'Etat autrichien, *OEsterreichischer Staat*, y figure au
même titre que l'Etat prussien, *Preussischer Staat*. L'habitude s'est conservée d'englober théoriquement, en attendant mieux, dans la grande Patrie tout ce qui a un aspect
allemand ou simplement un voisinage allemand. Ainsi,
au-dessus des limites actuelles de l'Empire, il est une
autre Allemagne, « non moins populaire dans les livres
et dans l'école » : celle-là s'étend du Pas-de-Calais à Pres-
bourg, de la pointe du Jutland au golfe de Fiume. La
France s'y voit assigner des « limites naturelles qui, partant du cap Gris-Nez, atteignent les sources de la Lys, de
l'Escaut et de la Sambre, suivent l'Argonne et les hauteurs
entre la Meuse et l'Ornain jusqu'au plateau de Langres et
aux monts Faucilles ». Sans revendiquer positivement, au
moins dans son entier, le royaume d'Arles, on rappelle
que l'Allemagne a des droits historiquement fondés sur les
pays du Rhône. La Suisse, la Belgique, le Luxembourg,
les Pays-Bas, le Danemark figurent comme « Etats allemands extérieurs » dans l'orbite du nouvel Empire ; quand
ce n'est pas au nom de la parenté des langues, c'est au nom
du lien d'obéissance ou de vassalité qui les aurait jadis unis
à l'Empire d'Allemagne [2]. Les bons voisins de l'Allemagne.

---

[1] Extrait par la *Nouvelle Revue* du 15 octobre 1893 d'un rapport inédit du
duc de Richelieu.

[2] Ces exemples sont empruntés à l'un des ouvrages scolaires les plus
répandus : Daniel, *Handbuch der Geographie;* notamment t. III, p. 17,
t. IV, p. 945, t. II, p 673, etc., 5e édition.
En ce qui concerne les rapports de l'Allemagne et de l'Italie, on trouve le
passage suivant :
« Après Rodolphe de Habsbourg, les souverains qui ont embrassé dans
son ampleur l'idée impériale nous donnent la preuve que, même en Italie, tout
n'était pas perdu ; il aurait fallu seulement qu'un grand cœur présidât à la
succession de Charlemagne. Banale redite, que l'Italie n'ait été pour l'Allemagne qu'un appendice dangereux ! Jusqu'à ces derniers temps, une politique vraiment allemande ne pouvait renoncer à exercer une influence
précise sur les choses d'Italie .. » (T. IV, p 8.) La dernière phrase a été
supprimée dans la dernière édition, par égard pour la *triplice.*
La Prusse inspira aussi les cartes géographiques du genre de celle qui

qui avaient cru à la mort du Saint-Empire, feraient donc
les frais de sa résurrection, « si jamais un jour venait pour
l'application des prétendus droits historiques [1] ».

Encore de nos jours, et il y a deux ans (pour ne citer
qu'un seul exemple), dans le *Grand-duché de Bade* une
pétition était adressée par des esprits généreux à la Chambre
allemande pour appeler son attention sur l'enseignement
de l'histoire : « Le *Lehrbuch für Volksschulen*, prescrit par
les autorités scolaires du Duché, consacre, disaient-ils,
45 pages à des descriptions de batailles, sur le mode
épique, et la France y est représentée comme l'ennemi
héréditaire de l'Allemagne, *der deutsche Erbfeind.* »

Des discours bien connus de l'empereur Guillaume Ier,
de M. de Moltke, de M. de Bismarck, de M. de Caprivi, il
ressort que la politique allemande est celle du Sénat
romain : *Pacisque imponere morem*, contraindre par la
guerre tous les peuples à la paix. Aussi, devant le militarisme si puissamment organisé qui exerce une influence
continue sur le caractère germanique et le façonne en vue
de ses fins, nous devons, nous, Français, faire notre profit
du grand avertissement donné par Kant lui-même. « Jusqu'au moment suprême de la constitution des Etats-Unis
d'Europe, que chaque peuple ait la main sur la garde de

---

parut, en 1861, sous ce titre : *La France selon les vœux des Allemands.*
La Savoie, le Dauphiné, la province de Nice y sont attribuées à l'Italie ;
l'Alsace, la Lorraine et une partie de la Franche-Comté à l'Allemagne. Plus
récemment, le *Neue Kurz*, dont l'inspirateur était, dit-on, M. de Caprivi, la
Neckar Zeitung, la *Zwanzigste Jahrhundert* et, à leur suite, une foule de
journaux allemands ont démontré, par l'histoire et la linguistique, que la
France devait avoir pour limites, à l'est, la Seine, la Saône et le Rhône ; au
delà, tout est d'origine ou germanique ou romaine. L'Allemagne a donc le
droit de revendiquer comme lui appartenant les Flandres, l'Artois, la Picardie,
la Champagne, une partie de la Bourgogne, la Franche-Comté et le Nord du
Dauphiné ; l'Italie a pour « *devoir* historique » de reprendre le sud du Dauphiné, la Savoie, la Provence, Nice et la Corse, comme l'indiquent d'ailleurs tant de cartes du même genre publiées également outre-monts et où
figure « l'Italie extérieure », en attendant qu'elle devienne « intérieure ».
Les journaux allemands rétablissent volontiers par anticipation la frontière de l'empire « telle qu'elle était sous Charles-Quint ». « Après une nouvelle guerre victorieuse, nous prendrons sept départements à la France : le
Nord, la Meuse, la Meurthe, les Vosges, la Haute-Saône, le Doubs et le
Jura. La population de ces territoires est de sang allemand, bien qu'elle ait
adopté depuis le moyen âge des mœurs welches. » (*Neues Kurs* de Berlin,
octobre 1893.)

[1] Vidal-Lablache, *Etats et nations de l'Europe*, p. 203.

son épée ; autrement, il pourrait disparaître avant le grand jour. »

C'est ce qu'oublient, en France, les esprits légers qui s'imaginent que la France peut désarmer, abandonner le pied de défense, et qu'elle n'a rien à craindre de l'Allemagne. Parler ainsi, c'est faire preuve de cette profonde ignorance de la psychologie des peuples qui déjà, à tant de reprises, nous a lancés dans les pires aventures. Soyons bien persuadés que l'Allemagne a une idée du droit entièrement opposée à la nôtre, qu'elle en est restée au caractère sacré et divin de la force et de la conquête ; cette théorie n'a-t-elle pas encore été soutenue récemment par Nietzsche, dont les idées brutales vont se répandant de plus en plus en Allemagne, à la faveur de leur enveloppe poétique ? Nous voyons, en ce moment même, comment l'Angleterre met en pratique des doctrines analogues. Ce n'est sans doute pas non plus à la patrie de Machiavel que nous demanderons le culte désintéressé du droit pour le droit et de la paix pour la paix. Tels étant nos voisins, les attaques dirigées chez nous par certaines sectes contre toutes les institutions vitales de notre pays, contre la justice, contre l'armée, contre l'idée même de la patrie, ne sont rien moins qu'une trahison plus ou moins inconsciente ; et si ces sectes aboutissaient à nous faire abandonner tous nos moyens de défense, à anémier tous nos organes de vie, ce ne sont pas les idées humanitaires, socialistes ou libertaires qui en profiteraient : ce serait la politique réaliste et nationaliste de l'Allemagne, de l'Angleterre, de l'Italie, toutes prêtes à se partager les dépouilles de la France. Pour avoir voulu être des « sans-patrie », nos révolutionnaires seraient bientôt incorporés à la « Patrie allemande » ou à d'autres non moins douces pour les peuples conquis.

VI

L'ESPRIT ALLEMAND ET LA THÉORIE DES GRANDS HOMMES

A la philosophie germanique de l'histoire et du droit se rattache la théorie des grands hommes, incarnation du peuple et de l'Idée immanente au peuple. Le caractère

allemand se mire dans les génies de l'Allemagne, et non
seulement il se reconnaît lui-même en eux, mais, en vertu
de la fondamentale identité établie entre l'humain et le
divin, il s'adore en eux.

Sous le nom de « loi de singularité », on a proposé
une hypothèse qui, selon nous, n'est qu'un côté de la
vérité. On a prétendu que les grands hommes, surtout les
grands hommes d'État, se sont tous signalés par un caractère « particulier », opposé au caractère national du pays
qu'ils gouvernent : c'est à cette « singularité » de leur
caractère qu'ils seraient redevables de leur succès politique. En effet, dit-on, possédant les qualités qui manquent au peuple qu'ils gouvernent, exempts, d'autre part,
des défauts nationaux de ce peuple, ils excitent son
admiration et lui font subir leur influence[1]. Certes, un
grand homme doit avoir en lui quelque chose d'extraordinaire, sans quoi il serait un homme ordinaire ; mais sa
singularité ne l'empêche pas nécessairement de rentrer
dans le type national. Il est possible que beaucoup de
grands hommes aient eu des qualités qui n'étaient pas toujours celles de leur nation et qui sentaient même l'étranger ;
on peut le reconnaître surtout pour Napoléon et Mazarin.
Mais il est difficile de ne pas voir le Germain chez Bismarck et chez tous les autres grands hommes de l'Allemagne.

Tous les historiens allemands admettent les droits suprêmes du génie, qui est pour eux la personnification de
la force supérieure. Le dernier mot en toutes choses, pour
Hegel, revient au souverain : il est « le point sur l'*i* » :
mais le premier mot revient au génie. M. de Sybel soutient avec Treitschke, dans une de ses lettres, que « ce sont
les hommes forts qui font leur temps. La masse ne fait
rien ; elle sent des besoins trop pressants ; les hommes
cultivés, eux, entrevoient l'idéal de l'avenir, mais confusé-
ment ; pour le réaliser, il faut un homme, l'homme fort,
qui non seulement reconnaisse comme les autres l'idéal du
temps, mais qui trouve en lui les vrais moyens d'atteindre
le but. Ainsi Bismarck a fait l'unité allemande ».

Un coup d'œil sur la liste des plus importants héros de

[1] M Ferrero. *Europe giovane.*

l'Allemagne fait remarquer le retour de certaines caractéristiques. C'est toujours, nous dit M. R. Meyer, le *guerrier* qui est intéressant, qu'il se batte avec des armes,
des paroles ou « des plans »; et il intéresse surtout lorsqu'il fait face à une puissance supérieure. Le peuple, en
outre, n'aime pas à le laisser en complète solitude, comme
Napoléon ou Nelson, le pendant anglais de Blücher, — ou
comme Dante et Garibaldi. « Une femme légitime est
placée près de lui, des amis fidèles et des vassaux autour
de lui. » Les héros germaniques ne sont pas considérés
par couples, « méthode si naturelle à l'amour français de
la symétrie (Corneille et Racine) ». — Nous ne savons trop
où M. Meyer a vu ces couples de héros français. Ce n'est
pas par amour de la symétrie, mais par respect de l'histoire,
qu'on rapproche Corneille et Racine, comme les Allemands
eux-mêmes rapprochent sans cesse Gœthe et Schiller, Bismarck et Moltke. Quant aux héros de Corneille ou de Racine, Le Cid, Polyeucte ou Phèdre, nous ne voyons pas
qu'ils soient groupés deux à deux. « Blücher et Gneisenau,
continue M. Meyer, ne sont pas placés l'un près de l'autre
comme des égaux; le héros conduit, et son ami sincère
le suit à un long intervalle. » Il nous semble que c'est
encore ici M. Meyer qui se laisse entraîner à des symétries artificielles et germaniques. « En Allemagne, ajoute-
t-il, le premier héros national fut Arminius, brave, rusé
et ambitieux. On le représente debout au milieu de sa
famille; on le compare à Winkelried, qui s'élança sur
les bataillons des Autrichiens en s'écriant : « Prenez soin
de ma femme et de mes enfants. » Par le fait de ses
ambitions et de celles des autres, Arminius tombe victime
de la désunion germaine : « sa mort, hélas ! devait devenir
typique ». Chez Barberousse, les historiens allemands
retrouvent la « préparation patiente pour l'action », si
étonnamment combinée avec « l'impatience de l'espoir ».
Luther est encore « le guerrier d'une cause spirituelle ».
Le peuple allemand, nous dit-on, voit toujours Luther
au milieu de sa famille, tout dévoué à la théologie, à
la musique, conversant avec ses amis et leur demandant
conseil; on se le représente aussi dans d'autres situations,
à Worms, tenant seul tête au grand nombre, à Wartbourg,
plongé dans des travaux solitaires et « ne se retirant pas

devant le diable ». Son ardeur passionnée. son opiniâtreté
à ne voir qu'un côté des choses, comme aussi sa défiance
dans le combat, son humour, sa force et sa hardiesse,
jointes à son humilité devant Dieu, voilà la peinture nationale de Luther. « Combien éloignée, nous dit M. Meyer,
est cette figure intensément vigoureuse, inusuelle, des
types abstraits et conventionnels auxquels ont été réduits
les héros des nations latines, Dante ou Savonarole ! »
Nous ne voyons pas bien en quoi Dante et Savonarole sont
si abstraits, pas plus que saint Louis, Bayard ou Jeanne
Darc, ni ce que vient faire ici l'éternel préjugé des races,
si fort chez ces Germains qui se considèrent comme la
« race supérieure. »

Mais passons. On nous présente, à la suite de Luther, le
grand Frédéric, encore un « invincible guerrier », encore
« plein d'humour », possédant beaucoup des qualités nationales, entouré de ses fidèles comme Luther (et sa femme ?) ;
d'autre part. juge équitable (le moulin de Sans-Souci), puis,
dans sa vieillesse, un « solitaire renfermé ». Le peuple allemand, nous dit-on, est familier avec beaucoup de ses particularités caractéristiques : la veste tachée de tabac à priser,
la béquille, le petit chapeau bossu. Le peuple allemand
aime, en effet, chez ses héros, « la richesse des caractères
individuels et les particularités excentriques ». Le chapeau
rabattu de Bismarck, comme celui de Frédéric II, forment
une partie essentielle du tableau. — Soit, mais n'en est-
il point de même pour tous les portraits populaires, depuis
la quenouille de Jeanne Darc faisant paître ses moutons,
jusqu'à la redingote grise et au « chapeau » du petit ca-
poral. « La nation allemande se plaît à l'humour de ses
héros, à leur aversion pour la délibération théorique, et
aussi à certains détails de caractère presque mécanique,
comme la prise de tabac ou la pipe ; les Allemands ne
trouvent jamais naturel d'idéaliser leurs héros jusqu'à
l'incompréhensibilité. L'Alsacien Kléber, en adressant à
Napoléon cette hyperbole des hyperboles : — Général,
vous êtes grand comme le monde — parlait à un héros de
la nation *française.* » — Nous convenons que le Français
idéalise davantage, et aussi qu'il se laisse aller à la rhétorique, même quand il est « Alsacien » ; mais (outre que
les nations qui n'ont pas la rhétorique la remplacent vo-

lontiers par la sophistique) on conviendra, d'autre part,
que le génie épique d'un Napoléon se prête autrement à
être idéalisé que le froid machiavélisme et la reptilienne
perfidie de ce politique cauteleux qui fut Frédéric. « Les
héros allemands, conclut-on, ne sont pas des abstractions,
mais de vigoureuses personnalités. Un peuple néo-latin
s'accommode fort bien de ce qu'une place s'appelle ou
Place Cavour ou Place de l'Indépendance, que le nom
d'une rue soit ou Rue Colbert ou Rue du Commerce ;
pour ces peuples, les abstractions sont si vivantes et les
personnalités sont si abstraites, qu'elles s'évanouissent
l'une dans l'autre imperceptiblement. » Malgré l'étrangeté
de l'équivalence établie par le critique allemand entre
une rue Colbert et une rue du Commerce, son observation
a de la finesse ; il est certain que nous tendons à personnifier des idées dans des hommes ou à changer les
hommes en idées. Nous sommes plus intellectualistes que
les Allemands. « En Allemagne, une rue ne s'appellerait
jamais rue de la Concorde ; même l'avenue de la Paix
(Friedensallee). — quoique le traditionnel ange gardien
rende l'idée plus claire au moyen d'une palme tendue, —
est construite d'après le modèle français. Mais un square,
un navire ou un enfant, quand il est baptisé Bismarck, est
consacré non à une abstraction, mais à la vivante image
d'une complète personnalité... L'Allemand est ainsi idéaliste dans son *culte* des héros, mais, en même temps, il
est profondément réaliste dans sa *conception* d'un héros. »
Cette métaphysique, due à un philosophe allemand, est à
coup sûr typique elle-même. Sachons gré à notre philosophe d'avoir ajouté cet aveu : « Ce trait du caractère
germanique n'est pas bon de tout point. Ce n'est pas injustement qu'on a reproché aux Allemands ce fait que leur
traîtrise est souvent aussi remarquable que leur bonne
foi. » Arminius fut « oublié »; le roi de Prusse vieillissant
vit la faveur populaire « s'évanouir en fumée », et Bismarck fut aussi par elle « laissé dans l'embarras ». Mais
M. Meyer plaide pour son peuple les circonstances atténuantes avec la plus curieuse ingéniosité. C'est, dit-il, que
le rapport entre le héros et le peuple allemand est « une
relation chaude et personnelle », par conséquent « sujette
à des dépressions que ne connaît pas l'attachement plus

abstrait des admirateurs de Napoléon ou de Byron, de Glads-
tone ou de Disraeli ». Le héros allemand « doit chaque jour
gagner de nouveau l'amour de son peuple ». Si un dieu
même n'était pas à l'abri de la critique, « comme on le voit
dans l'Edda, » comment un héros pourrait-il s'attendre à
un tel privilège ? « Un culte de héros obstinément sans
critique, selon la mode qu'on a récemment importée
d'Angleterre (Carlyle) et de France, et dont on a fait l'essai
sur Richard Wagner et sur Bismarck, est profondément
anti-allemand et inconciliable avec le caractère national. »
Ainsi l'ingratitude même envers les grands hommes est la
forme d'une gratitude plus profonde, et, si on les trahit
parfois, c'est par chaleur d'affection « personnelle » !

Il faut le reconnaître d'ailleurs, le « culte » germanique
des grands hommes ou des « sur-hommes », quelques
critiques de détail qu'y vienne mêler la psychologie réaliste
des Allemands, finit toujours par un genre particulier
d'idéalisation voisin de la divinisation. Depuis Hegel, l'apothéose du succès et de l'homme fort est restée en Allemagne le dernier mot de la spéculation et de la pratique.
L'élévation du « réel » à la dignité du « rationnel », malgré
le sens profond qu'un aussi grand philosophe pouvait lui
donner, devait favoriser finalement le réalisme, en lui
permettant de se couvrir des couleurs de l'idéalisme même.
En parlant des « sauveurs », des « libérateurs » déjà glorifiés par Hegel, le jurisconsulte Ihering s'écriait : — « On
maudit ces hommes, mais leur justification est dans les
résultats de leur énergie... Ils en appellent du for du droit
au tribunal de l'Histoire, la plus haute instance que l'on
reconnaisse chez toutes les nations et dont le jugement est
sans appel[1]. » — Ainsi le droit de la conscience est au-
dessous de l'Histoire, la nouvelle divinité germanique.
L'histoire de qui ? l'histoire de quoi ? Qui l'a faite, l'histoire,
et surtout qui peut se flatter de l'avoir achevée ? Quel peuple
a obtenu la dernière sentence d'un tribunal qui, loin d'être
« sans appel », est au contraire un appel sans fin ?

[1] *Gesammelte Aufsaetze,* p. 252

CHAPITRE II

LE PEUPLE ALLEMAND ET LA VIE RÉELLE

Au commencement était, non le verbe, mais l'action, dit Gœthe. Chez le peuple allemand, l'action fut d'abord tout intérieure, puis finit par éclater au dehors. Les prétendus rêveurs se sont montrés de terribles agissants. Le Rhin allemand, comme l'avait prévu Quinet, s'est lassé de « couler sans bruit » en mirant dans ses eaux ses cathédrales gothiques: il a débordé avec furie et fracas. C'est que le peuple d'outre-Rhin avait subi, comme nous, l'empire des idées, mais d'une manière plus concentrée et plus lente. Après les conceptions religieuses s'était produit en Allemagne l'essor poétique; puis les grandes épopées métaphysiques avaient germé dans la solitude des consciences; une fois développées et prêtes à fructifier, les idées nouvelles devaient se faire jour au dehors.

Lorsque la France assista au développement de la philosophie allemande, depuis Kant jusqu'à Hegel, elle s'imagina qu'il ne s'agissait que de spéculations transcendantes, sans influence possible sur la société humaine. Elle qui devait en partie sa révolution à la philosophie du XVIIIᵉ siècle, elle qui était si bien faite pour comprendre quelle puissance appartient aux idées, elle dont Heine avait dit qu' « elle combattait le plus souvent pour des intérêts intellectuels et des conceptions philosophiques », elle se figura que des doctrines aussi nébuleuses ne parviendraient jamais à passer des consciences dans les volontés, des volontés dans les actions. C'était oublier que, dans le monde des forces spirituelles comme dans celui des forces matérielles, rien ne se perd et tout se transforme : ce qui n'a pu se manifester d'une manière éclate d'une autre. Tout enthousiasme intérieur est une accumulation de force latente, comme l'électricité qui se condense dans un nuage. Si cet enthousiasme n'arrive pas à réaliser son idéal, il se convertit d'abord en amertume, en sourde indignation, en colère contenue. C'est ce qui arriva à l'enthousiasme allemand vers le début de notre siècle, aux idées d'unité allemande, de liberté et de solidarité germaniques. Mais ce n'était encore là qu'une première transformation, à forme ironique et négative, de la grande force intellectuelle qui s'était accumulée dans l'esprit allemand; la manifestation positive devait arriver à son tour. Pareille au poète de Schiller, l'Allemagne était sortie, dit Lange, les mains vides du partage du monde; l'ivresse poétique et métaphysique était désormais dissipée, et la vie idéale « dans le ciel de Jupiter » ne devait plus lui suffire. Gervinus avait justement prédit que la phase poétique de l'Allemagne allait subir un temps d'arrêt, qu'une période de vie pratique suivrait nécessairement, que l'Allemagne enfin, sous la conduite d'un « Luther politique », s'élèverait à une forme meilleure d'existence. Un nouveau réalisme ferait disparaître la « fée Morgane de l'idéalisme métaphysique ». C'est la destinée de l'Allemagne d'osciller sans cesse de la « thèse » à « l'antithèse ». Actuellement, l'esprit positif a pris une éclatante revanche sur l'esprit spéculatif. Il importe au sociologue d'en suivre les résultats dans les différents domaines de la vie réelle : science appliquée à l'industrie, commerce, enseignement des écoles et universités, mouvement religieux et social.

I

L'ESPRIT ALLEMAND ET LE DÉVELOPPEMENT DE L'INDUSTRIE SCIENTIFIQUE

« C'en est fait de la Prusse, écrivait Napoléon au sultan ; elle a disparu de la carte de l'Europe. » Et le chevalier Gentz, prenant ses désirs pour la réalité, écrivait de son côté : « Il serait plus que ridicule de vouloir ressusciter cette puissance. » Ainsi jugeaient les ennemis des « idéologues », et ils se montraient plus idéologues eux-mêmes que tous les rêveurs et utopistes.

Après l'action antifrançaise provoquée par les guerres bruyantes du premier empire, et en attendant les guerres non moins folles du second, les causes économiques agirent à leur tour dans le silence, mais avec une sûreté infaillible, pour préparer l'Allemagne actuelle. La révolution industrielle, produite au xixᵉ siècle par l'outil-machine pendant le premier tiers, par la vapeur pendant le second, par l'électricité pendant le troisième, ne pouvait manquer de s'étendre à l'Allemagne. Elle y eut une influence d'autant plus forte, comme l'a fait voir un sociologue allemand de haut mérite[1], que, dans les siècles précédents, ce pays avait moins participé au grand commerce transatlantique. Le développement des voies ferrées dans le second tiers du siècle préparait déjà l'unification économique et politique des États allemands. L'événement principal de cette période fut la transformation d'un pays qui autrefois exportait du blé en un pays qui en importe. De là le développement progressif de ces industries d'exportation qui ont fini par faire de l'Allemagne la rivale de l'Angleterre. L'Allemagne doit ce développement à des causes en partie économiques, en partie politiques : formation de sociétés commerciales de même langue, formation d'États d'abord territoriaux, puis nationaux, qui marqua la seconde phase de l'évolution allemande au xixᵉ siècle. Là où Hegel, reflétant la période antérieure et idéaliste, avait vu surtout une lutte d'idées et une dialectique vivante, Karl Marx, reflétant à son tour le réalisme de son époque, put voir une lutte d'intérêts entre les classes et entre les nations : il représenta l'histoire entière, en particulier celle de son pays, comme une application sur le vif du « matérialisme économique ». A vrai dire, le mouvement d'idées et le mouvement d'intérêts subsistaient ensemble et se fortifiaient l'un l'autre. En même temps que les intelligences de l'Allemagne s'orientaient de plus en plus vers le réel, auquel le développement industriel ramène toujours, les idées de réaction contre la Révolution française, les sentiments d'hostilité contre les Bonaparte et contre la France même allaient croissant.

Ainsi se préparait la troisième et dernière période, celle qui commence en 1870 et que nous voyons encore se dérouler sous nos yeux. Après avoir, grâce à son sens de la vie réelle

---

[1] M. Tœnnies, dans la *Revue internationale de sociologie*, novembre 1895.

sous les couleurs mêmes de l'idéal, obtenu à nos dépens l'hégémonie militaire et politique, l'Allemagne ne pouvait manquer de poursuivre la prééminence industrielle et commerciale. Elle l'a fait avec la persévérance, avec la continuité qu'elle apporte à tout ce qu'elle entreprend. Le progrès incessant de l'industrie allemande est chose voulue, poursuivie méthodiquement depuis nombre d'années. Le caractère national et les conditions matérielles se sont encore ici trouvés d'accord. D'une part, l'Allemand est laborieux, patient, instruit, même savant ; d'autre part, l'Allemagne est riche en charbon, en fer, en cuivre, en sels. Le résultat de tous ces avantages, dans le siècle de la vapeur, devait être un essor industriel de plus en plus merveilleux. C'est le côté vrai des théories de Marx sur le « matérialisme historique ». Aussi l'importance relative de l'agriculture en Allemagne est-elle allée diminuant sans cesse, tandis que l'importance de son industrie et de son commerce allaient toujours en augmentant. Ajoutez les combinaisons perfectionnées du crédit en Allemagne, drainant le numéraire disponible pour le faire concourir incessamment à l'œuvre industrielle. Dans cette œuvre, l'esprit allemand s'est de nouveau montré indivisiblement spéculatif par le souci des théories, pratique par l'organisation des méthodes. Il a su, d'une manière admirable, réduire la recherche scientifique à un art ayant pour but la réalisation du possible et de l'utile.

Les Allemands ont acquis un rang très élevé dans la métallurgie, qui est en grande partie scientifique ; mais c'est surtout dans les industries chimiques, qui se rapprochent le plus de la science proprement dite, qu'ils ont montré leur supériorité. Au lieu d'être livrées comme jadis à l'empirisme, les industries chimiques sont devenues des applications de la science la plus haute et la plus déductive. La chimie nouvelle ne s'est plus contentée de demander à la nature des ingrédients, comme elle lui demandait les médicaments, les colorants, les parfums d'autrefois ; elle s'est posée en concurrente de la nature et, par ses procédés synthétiques, elle est devenue créatrice[1]. Du simple goudron

[1] Voir le rapport de M. Haller, directeur de l'Institut chimique de la Faculté des sciences de Nancy, sur l'Exposition de Chicago (1893).

de houille, par exemple, comme d'une mine inépuisable, elle
a su extraire des richesses insoupçonnées et innombrables.
De simples manœuvres appliquant les formules d'autrui ne
suffisent plus au progrès industriel, surtout dans les industries chimiques ; il faut de vrais savants, mais non per-
dus dans l'abstraction, des savants dont les théories
fécondes aboutissent à un véritable *fiat*. La synthèse de
l'alizarine, trouvée en Allemagne, a ruiné les producteurs
français de garance, en faisant tomber le prix du kilogramme d'alizarine de 300 francs à 10 francs. C'était le
triomphe de la science sur l'empirisme, car cette découverte
fut le résultat de recherches théoriques. La préparation artificielle de l'indigotine a été de même précédée d'études approfondies où la science la plus raffinée s'allie aux conceptions
les plus délicates [1]. Aujourd'hui, les matières colorantes à
base de goudron représentent pour l'Allemagne une valeur
d'exportation de plus de 70 millions, et cette valeur s'est
rapidement accrue dans ces dernières années.

Un second caractère de la science allemande, qui est également lié à une aptitude nationale, c'est l'association des
efforts et l'organisation du travail collectif. Les savants
allemands ont de vraies « écoles » qu'ils dirigent de leur
inspiration et de leurs exemples ; ils divisent et coor-
donnent tout ensemble le travail pour en obtenir le maximum d'effet. On a cité à ce sujet la récente découverte de
la synthèse des sucres par le chimiste Fischer. D'un seul
homme, une telle découverte eût peut-être exigé vingt
années de travail sans relâche ; grâce à la collaboration
active d'une dizaine de savants plus jeunes travaillant sous
l'œil du maître, elle a pu être accomplie en trois ou quatre
années. La plus grande fabrique de microscopes et de verres
d'optique qui soit au monde est, comme on sait, celle de
Carl Zeiss à Iéna. Le professeur Vierstoff a raconté la fondation de cette maison : comment Zeiss s'adjoignit un homme
de science pure, le professeur Abbe, assistant de physique
à l'université ; comment ce dernier, trouvant insuffisante la
théorie ordinaire sur la marche de la lumière dans les
lentilles, commença par constituer une théorie plus correcte

---

[1] Lauth, *Science pure et science appliquée* — *Revue scientifique*, 9 janvier 1897.

des systèmes optiques; comment, après avoir établi *a priori* les qualités que devraient posséder les verres, les associés créèrent une verrerie qui était en même temps un laboratoire d'optique; comment enfin ils arrivèrent à fabriquer les diverses variétés du célèbre verre d'Iéna. « Rarement, a-t-on dit, celui qui fait une découverte s'enrichit, mais c'est celui qui le premier l'applique[1] »; rien de plus vrai aujourd'hui, dans notre époque de transition, mais l'avenir verra l'intime union de l'inventeur et de l'entrepreneur. Déjà, de nos jours, l'industriel allemand comprend qu'il a intérêt à provoquer la découverte auprès de lui et chez lui; il change donc son usine en laboratoire de recherches, aussi bien théoriques que pratiques et, par là, il concilie l'amour de la science pure avec l'utilitarisme bien entendu[2].

Les industries de la bière, de l'alcool et du sucre de betterave, qui sont sous la dépendance des sciences chimiques, ne pouvaient manquer de prendre un développement rapide. La sucrerie doit son apparition à un chimiste allemand, dit M. H. Paasche; « les Français ont le mérite d'avoir appliqué en grand l'invention allemande et d'avoir soutenu la concurrence »; pourtant l'Allemagne est devenue « le premier pays du sucre dans le monde entier, celui qui produit la plus grande quantité, celui qui a conduit à sa plus grande perfection la culture des betteraves et leur traitement technique ». Par l'exportation de la bière, l'Allemagne occupe aussi le premier rang dans le commerce universel; la distillation de l'alcool des pommes de terre va croissant, et les économistes allemands font observer que

[1] M. Brunhes, professeur à l'Université de Lille.

[2] La fabrication artificielle des parfums est devenue aussi une industrie de plus en plus importante en Allemagne, grâce au même procédé d'union indivisible entre la science idéale et l'application réelle. La *Revue générale des sciences* de 1897 a fait le tableau de la maison Schimmel de Leipzig, avec ses neuf chimistes fortement rétribués, à la fois hommes de science et hommes de métier, étudiant tout aussi bien les arrangements intérieurs des molécules chimiques, leur réfringence ou leur pouvoir rotatoire, que leurs propriétés odorantes et leurs combinaisons dans les divers parfums artificiels. La maison, faisant à la fois œuvre de propagande scientifique et de propagande commerciale, publie un bulletin en allemand, en anglais, en français, qui est un véritable périodique scientifique, d'une valeur hautement reconnue par les savants. (Voir le travail de M. Haller, dans la *Revue générale des sciences* (15 février 1897), et celui de M. Brunhes, *l'Organisation du travail scientifique*, Lille, 1894.)

les principaux acheteurs de l'eau-de-vie d'Allemagne sont
les pays européens du vin, en première ligne l'Espagne
et le Portugal, puis la France, l'Italie et la Suisse. On
réimporte ensuite en Allemagne, sous forme de vin du
midi, une quantité considérable de l'alcool de pommes
de terre qui avait été produit par la plaine froide et stérile du Nord-Est. Et quand nous-mêmes nous buvons
les vins prétendus toniques du Midi, nous ne sommes
point sûrs de ne pas avaler de fort mauvaise eau-de-vie
de Berlin.

L'Allemagne bénéficie, on le voit, comme l'a fait
depuis plus longtemps l'Angleterre, des nouvelles conditions géographiques et des nouvelles conditions scientifiques. Le territoire allemand a des mines de charbon qui
dépassent en étendue et en richesse les mines de toutes les
autres régions du continent ; comment l'Allemagne ne
devrait-elle pas beaucoup à cet indispensable agent de
la prospérité industrielle, qui a jadis lancé l'Angleterre dans
l'industrie ? Les richesses houillères de son sous-sol ont été
mises en exploitation avec la plus grande activité et
le grand essor de ces travaux a eu un effet direct sur le
développement industriel. La métallurgie, l'industrie textile
ont été, dans ces conditions, totalement transformées. Le
prix relativement bas de la main-d'œuvre a contribué également, dans la lutte économique, à assurer l'avantage à
l'Allemagne sur ses deux concurrentes : France et Angleterre. De même, le peuple allemand était le moins
marin des peuples, mais la navigation a subi une transformation scientifique qui la met à la portée d'un peuple
savant et industrieux ; aussi voyons-nous l'Allemagne
s'emparer de la mer.

Les industries allemandes rivalisent aujourd'hui avec les
industries anglaises similaires et pénètrent sur les marchés
des deux mondes, depuis les États-Unis jusqu'en Chine.
Dans l'industrie des transports maritimes la supériorité de
l'Allemage, improvisée en vingt ans, devient de jour en jour
plus irrésistible, grâce au bon marché du fer allemand et
de la houille allemande. Par sa prodigieuse croissance,
Hambourg est devenu la principale entrée du continent
européen : il draine le commerce fluvial du centre de l'Europe
pour le faire aboutir à ses quais longs de vingt-six kilo-

mètres et assurer du fret à ses cent dix lignes de navigation[1].

Les qualités par où le peuple allemand nous est supérieur dans l'industrie, — et que le patriotisme ne consiste nullement à nier — sont pour une bonne part, a-t-on dit, « des qualités qui s'acquièrent » : persévérance, discipline, esprit de suite, esprit d'organisation, habitude de collaboration. On a même fait observer que les Pasteur et les Sainte-Claire-Deville ont su, comme les Allemands, fonder des écoles de savants et rompre avec la conception purement individualiste du travail scientifique. Nos universités nouvelles, si elles ont soin de ne pas se perdre dans le spécialisme régional et dans la préparation routinière aux examens, pourront beaucoup pour acclimater en France les habitudes à la fois théoriques et pratiques de l'Allemagne.

Une des causes de notre infériorité sous le rapport de l'expansion économique, c'est le service militaire, qui accapare la jeunesse française bien plus qu'il n'accapare la jeunesse allemande, grâce à la population plus grande de l'Allemagne. Il y a là un cercle vicieux déplorable pour nous. L'absolue nécessité de notre défense nous oblige d'enlever plus de forces vives que notre voisine à l'industrie et au commerce. En outre, notre égalitarisme farouche nous interdit toute exemption du service militaire en faveur du missionnaire, du colon, de l'agent commercial à l'étranger, de l'ouvrier exceptionnellement habile dans un travail savant et délicat, de l'étudiant remarqué pour ses succès, etc. De là une difficulté de vivre ou de prospérer qui pèse sur une foule de choses, y compris la fameuse colonisation, qu'on prêche si haut et qu'on rend impossible en fait. Le cercle vicieux est d'autant plus funeste que l'industrie et le travail des manufactures, la recherche scientifique, enfin la richesse industrielle ou commerciale, sont devenus des facteurs de premier ordre pour la préparation et pour le succès des guerres, témoin le sort de la moins industrielle et de la plus pauvre des grandes nations européennes, l'Espagne. En outre, tous les statisticiens sont d'accord pour nous montrer l'essor de l'industrie comme ayant pour conséquence

[1] Voir Blondel, *l'Essor industriel et commercial du peuple allemand.* Paris, Larose, 1898.

l'essor de la population : après s'être vérifié pour l'Angleterre, le fait se vérifie pour l'Allemagne. Comme, d'autre part, la population est le facteur principal de l'armée, on voit se refermer de toutes parts le cercle vicieux dont nous parlons. Nous pourrions cependant en sortir par une politique meilleure, moins unilatérale, moins superficiellement égalitaire, moins étroitement nationaliste, quoique plus attentive aux autres nations.

Si les Allemands ont, comme industriels, ce grand mérite de faire sans cesse appel à la science et à l'esprit de nouveauté, on leur reconnaît, comme commerçants, d'autres qualités non moins précieuses. Insinuants et même humbles, minutieux, souples, ils s'adaptent à tous les usages, à tous les goûts — « y compris le mauvais » — à tous les préjugés des nations diverses avec lesquelles ils trafiquent. Ils ne prétendent pas régenter les consommations et les habitudes de leurs clients. Ce sont là des traits de caractère national. Ajoutez le perfectionnement incessant des voies fluviales et des ports, l'entente entre les compagnies de chemins de fer et les producteurs, aboutissant à l'abaissement du prix des transports ; l'accord absolu entre le gouvernement et les particuliers pour tout ce qui touche au développement économique du pays, l'absence de querelles politiques irritantes et stériles, l'union des partis pour le bien de la patrie ; le système douanier allemand, simple et ingénieux dans son élasticité, la méthode commerciale allemande, technique admirable, aussi bien conçue qu'appliquée ; l'assimilation des procédés étrangers, le *labor improbus*, la lutte de tous les instants, la ténacité froide et l'esprit de suite qui caractérisent l'Allemand, par-dessus tout « l'esprit de solidarité qui s'étend de plus en plus[1] ». Les industriels d'une région ou d'une spécialité se groupent en puissantes associations, qui ont des « musées commerciaux », comprenant non seulement les produits nationaux, mais les articles étrangers à imiter. Des « expositions flottantes » vont faire connaître les produits allemands dans le monde entier ; les « agents voyageurs » s'insinuent partout, ne négligent aucune affaire, même minime, finissent par devancer leurs concurrents, grâce à leur activité, à leur connaissance appro-

[1] Voir Maurice Schwob, *le Danger allemand.*

fondie de la fabrication de leurs articles et à celle des nécessités du pays où ils opèrent. L'Allemagne se couvre d'associations et *unions* de tout genre, innombrables, inextrica-
blement mêlées et touffues, qui font, dit M. Tarde, sa force
expansive dans le monde. « Par la force de ses armes, elle
a conquis politiquement l'Europe, par l'enrégimentation
spontanée, et tout autrement variée, de ses producteurs,
elle conquiert industriellement l'univers [1]. »

De 1887 à 1895, le commerce extérieur allemand était
passé, en ce qui concerne les produits propres de l'Allemagne
(c'est-à-dire en laissant de côté le mouvement des entrepôts),
de 3 milliards 920 millions de francs à 4 milliards 150 millions de francs. C'était un accroissement de 230 millions de
francs ou de 6 p. 100 environ. La généralité des produits
ayant sensiblement baissé de prix dans l'intervalle, on comprend mieux l'importance de cette plus-value de 6 p. 100
en neuf années, qui, à première vue, peut sembler médiocre. En 1900, les exportations ont été de près de 6 milliards. Le fardeau des armements à outrance n'a pas constitué
un insurmontable obstacle à l'essor économique de l'Allemagne ; quoique armée jusqu'aux dents, elle voit son industrie et son commerce se développer plus vite que ceux de
l'Angleterre et des États-Unis. Pourtant l'Angleterre ne
sacrifie qu'aux armements maritimes, les États-Unis s'en
abstiennent presque. Il faut qu'une population soit bien
active et ingénieuse, il faut qu'elle sache amasser et se
priver, pour être ainsi à la fois une puissance industrielle et
une puissance militaire de premier ordre. Tandis que les
exportations des marchandises propres de l'Allemagne
oscillent, on l'a vu, autour de 4 milliards 150 millions de
francs, celles de la France ne montent qu'à 3 milliards
400 millions environ, soit un écart de 700 millions de
francs ou de 19 p. 100. Cet écart est inférieur à l'excédent
de la population de l'Allemagne sur la population de la
France, excédent qui n'est pas moindre de 35 p. 100. La
supériorité des exportations allemandes sur les exportations
françaises trouve donc dans l'inégalité de la population des
deux pays une explication naturelle, la première et la plus

[1] Voir Tarde, *Psychologie économique*, t II, p. 420, et Pierre Clerget,
les Méthodes d'expansion commerciale de l'Allemagne. Lyon, 1901.

importante de toutes. Toutefois, les économistes ont noté
bien d'autres causes à cet essor récent plus rapide du commerce allemand que du commerce français : l'une, peut-être
la principale, selon M. Leroy-Beaulieu, se trouve dans les
énormes communautés allemandes qui existent en tout pays,
aux Etats-Unis d'Amérique notamment, et qui constituent
une clientèle naturelle à leur pays d'origine, tandis que
nous n'avons, pour ainsi dire, point de groupes français résidant à l'étranger.

L'Allemagne a apporté dans le développement de son
outillage commercial et maritime le même esprit de
méthode et de suite qu'elle montre en bien d'autres
matières : elle s'est dit qu'elle arriverait à la prépondérance commerciale, et elle suit sa marche avec une rigueur
que rien ne fléchit. Aussi les résultats ne se sont pas fait
longtemps attendre. Le port de Brême, dont le mouvement
en 1880 était à peine de 1.169.000 tonnes, dépasse aujour-
d'hui 2 millions. Quant à Hambourg, qui semblait condamné
par sa situation géographique à un avenir si limité, nous
avons déjà dit que ce port va devenir le plus important du
continent européen. En 1880, le mouvement commercial de
Hambourg était de 2.800.000 tonnes ; en 1895, il dépassait
déjà 6.256.000 tonnes. Dans cette même année 1895, l'exportation allemande dépassait l'exportation française de 619
millions. « A chaque nouveau voyage, que l'on entreprend en Allemagne, écrit M. Charles Roux, on est frappé
de l'activité avec laquelle sont poussés tous les travaux
tendant au développement des affaires, et de l'entente de
plus en plus étroite entre les efforts dus à l'initiative individuelle et ceux de l'Etat. »

Selon une parole souvent citée de M. de Bismarck, l'Angleterre a des colonies et des colons, la France des colonies sans colons, l'Allemagne des colons sans colonies ; mais
l'Allemagne a acquis le domaine colonial qui lui manquait.
La valeur totale du commerce fait par elle avec ses
colonies a été, en 1896, de 13.185.000 francs, contre
11 millions 210.750 francs en 1895. Sur ce total, 8.328.750
francs représentent la valeur des exportations de la métropole, et 5.756.250 francs celle des importations des
colonies.

Le domaine colonial allemand, qui est surtout africain,

comprend environ 3 millions de kilomètres carrés, 11 millions d'habitants ; son commerce atteint 40 millions de francs par an ; l'Allemagne en fait à peu près les deux tiers. Il y a là des chances de développement pour l'avenir ; mais, à première vue, il semble que l'Allemagne n'a pas encore les colonies qui lui conviennent. C'est un pays d'émigration exubérante ; or les Européens ne peuvent pas s'installer en grand nombre dans les territoires qu'elle possède ; c'est un pays très industriel, et ses territoires extérieurs sont des débouchés médiocres ; d'autre part, ces territoires ne peuvent lui fournir qu'une très petite partie des produits coloniaux qu'elle consomme. Cependant, comme l'a fort bien montré M. Marcel Dubois, professeur de géographie coloniale à l'Université de Paris, le peuple allemand est apte à la vie coloniale et, dès lors, la question se pose de savoir où et comment il s'épandra. M. Dubois répond que, à côté de la colonisation telle que nous l'entendons, il y a la colonisation mercantile, par laquelle on essaye de recueillir les bénéfices d'une occupation dont on n'a pas eu la peine. Les Allemands pratiquent sur une grande échelle ce genre de colonisation. Leurs paquebots, par exemple, en se rendant dans leurs colonies, rencontrent sur leur chemin nos colonies de la côte occidentale d'Afrique et en drainent le commerce.

Le caractère national joue un certain rôle dans l'émigration : les races plus aventureuses et plus entreprenantes sont aussi celles qui cherchent le plus volontiers fortune en pays étranger. Mais le mouvement et la densité de la population, ainsi que l'état économique, sont ici les principaux facteurs. Les Italiens émigrent tout comme les Allemands ou les Anglais, parce qu'au-dessus d'un certain nombre d'habitants par kilomètre carré, — nombre déterminé par la statistique —, la tendance migrative se manifeste. L'émigration totale de l'Allemagne, dans les vingt dernières années, est évaluée à près de 6 millions : la perte moyenne annuelle de population, qui n'était que de 1,7 pour la période de 1841 à 1850, était de 2,8 par mille pour 1881-1890, et elle a augmenté depuis.

Les progrès du commerce intérieur en Allemagne peuvent se mesurer jusqu'à un certain point par l'usage croissant des services de la poste et du télégraphe. On comptait,

pour cent habitants, en 1872, 1.216 lettres envoyées, en
1893, 3.775. Une des premières choses qui frappent
l'étranger voyageant en Allemagne, c'est l'étendue et la
magnificence des palais consacrés aux postes et télégraphes,
ainsi que des gares des chemins de fer. Les postes de
l'Allemagne ont une recette de 487 millions de francs et
dépensent 470 millions ; contre une recette de 398 millions
aux États-Unis, de 286 en Angleterre, de 224 en France,
et une dépense de 449 aux États-Unis, 202 en Angleterre, 174 en France. Ces chiffres sont éloquents.

L'Allemagne, en définitive, fournit un exemple unique
de la pleine prospérité financière jointe aux charges militaires les plus étendues. Que de fois on prétendit en France,
par une de ces illusions qui y sont si fréquentes, que les
armements de l'Empire germanique excédaient ses forces !
Dès qu'il s'agit des intérêts de la patrie, le gouvernement
de l'Allemagne ne trouve plus aucune résistance de la part
des chambres. Un trésor de guerre en monnaie d'or allemande est conservé, comme on sait, et tenu toujours disponible dans la citadelle de Spandau. Recettes et dépenses
générales se trouvent à peu près en équilibre dans le budget
de l'Empire allemand, grâce à la combinaison des contributions matriculaires, qui prévient le déficit. Tout compté,
les contributions payées à l'État sont, par tête d'habitant,
moins élevées d'un tiers en Allemagne qu'en France.
Prudence et économie sont parmi les qualités du peuple
allemand, et elles n'excluent, dès qu'il en est besoin, ni
l'esprit de sacrifice, ni la hardiesse des décisions, ni la
résignation aux dépenses en vue de l'œuvre commune.

III

LE MOUVEMENT DE LA POPULATION ET L'ACCROISSEMENT
DES VILLES EN ALLEMAGNE

On a voulu expliquer par la race et par le caractère la
différence de fécondité entre les nations. Certes, la santé
et la force d'une race sont une première condition pour
être prolifique et ne manquent pas en Allemagne ; mais
les mœurs et les conditions sociales l'emportent sur tout le

reste. Les économistes allemands ont montré que le mouvement de la population, — qui se traduit en nuptialité, natalité
et mortalité —, a été, outre-Rhin, sous la dépendance directe
des transformations et crises de la vie économique. Les
premières années qui suivirent la fin des guerres napoléo-
niennes avaient été très favorables à la fondation de nouvelles familles. Plus tard, le nombre des mariages diminue
constamment en Prusse jusqu'en 1870. Même pendant les
cinq années de 1871 à 1875, qui avaient pourtant à combler
les vides de la guerre, la moyenne n'atteint pas celle de
1831 à 1840. Puis la nuptialité tombe fortement, comme
d'ailleurs dans tous les autres pays ; en 1881 commence
une faible et lente élévation. Dans l'Empire entier, la
quantité des mariages depuis 1841, après une élévation de
1860 à 1880, est descendue *au-dessous* du nombre initial.
Il en est de même, selon le professeur Tœnnies, pour le
nombre des naissances. Ce qui est remarquable, c'est que,
jusqu'en 1860 environ, les nombres des mariages et des
naissances se trouvent exactement en proportion inverse
des prix du seigle : à cette époque, l'agriculture était encore
le facteur principal pour la majorité du peuple. Depuis 1860,
au contraire, les courbes deviennent indépendantes l'une
de l'autre : la prospérité de l'industrie est devenue le facteur
principal. Au point de vue de la psychologie des peuples, il
résulte de ces observations que la nation allemande voit
croître, en général, sa fécondité du même pas que son
aisance. Elle n'offre pas encore le triste spectacle d'un
peuple limitant d'autant plus le nombre de ses enfants qu'il
pourrait en nourrir davantage. Et si la population s'est
constamment accrue en Allemagne pendant la durée de ce
siècle, la cause en est bien dans l'excédent des naissances
sur les décès, car l'émigration a dépassé l'immigration.
L'excédent des naissances est plus grand dans le Nord, à
cause d'une mortalité moindre, surtout en ce qui concerne
les enfants, et dans l'Est, à cause d'une natalité plus forte.
Une part considérable dans l'accroissement de la population
revient aux provinces slaves de la Prusse, dont les habitants se distinguent par une nuptialité et une natalité élevées. Mais l'accroissement moyen annuel de la population,
qui dépassait encore 1 p. 100 dans la période de 1816-1830,
a été moins grand de 1880 à 1890. Mort-nés déduits, la

natalité est d'environ 36 p. 1.000. En 1896, il y avait encore
un excédent de 815.000 naissances.

Un phénomène social de grande importance, qui se
montre de plus en plus indépendant des caractères nationaux, c'est l'accroissement des villes et des centres industriels. Sans doute il y a des peuples plus ou moins urbains
et plus ou moins ruraux ; mais c'est surtout le développement industriel et commercial, ainsi que l'extension des
voies de communication, qui produit l'accroissement des
villes. Le nombre d'individus vivant dans les agglomérations, qui n'était en Allemagne que de 22 p. 100 au début
du siècle, avec une population de 22 millions, atteint aujourd'hui plus de 50 p. 100, avec une population de près
de 60 millions. Les centres ayant plus de 100.000 habitants,
qui n'étaient que deux (Berlin et Hambourg) au commencement du siècle, étaient déjà 26 en 1890 ; ceux de
20 à 100.000 habitants, qui n'étaient que 20 au début du
siècle, étaient déjà 124 en 1890. Cette croissance des
villes caractérise le dernier tiers du siècle en Allemagne ; elle est produite par le progrès des chemins de
fer et de l'industrie. Les villes attirent peu à peu à elles la
majeure partie de la population, aux dépens des campagnes. En outre, c'est la portion la plus active, la plus
intelligente, la plus entreprenante qui est ainsi poussée
vers les grands centres. M. Otto Ammon a même montré
que ce sont les individus de la race blonde à crâne long
qui affluent dans les villes, parce qu'ils sont d'humeur plus
aventureuse et moins routinière. Le malheur est que, par
cette sélection progressive, les villes aboutissent à l'élimination graduelle des éléments mêmes qu'elles ont attirés
dans leur foyer dévorateur. Le nombre des naissances, on
le sait, est toujours moins grand dans les villes ; celui des
décès, en revanche, y est plus grand. Aussi les sociologues
allemands calculent-ils, d'une façon mathématique, que l'accroissement de la population urbaine aura pour effet final
de diminuer l'accroissement de la population générale. Si
l'on objecte que ce phénomène ne se fait pas encore sentir,
les sociologues répondent : c'est que la mortalité générale, *malgré* la croissance des villes, a considérablement
diminué ; et cette diminution est due, d'abord à la moindre

proportion des enfants et des vieillards (surtout hommes)
dans la population totale, puis aux améliorations hygié-
niques réalisées par l'Allemagne avec sa méthode scientifique habituelle, et qui ont été le plus efficaces précisément dans les villes. Nous assistons donc ici au commencement d'une lutte héroïque de la science contre une cause
nécessaire de dépopulation. La croissance actuelle du peuple
allemand, qui ne saurait tout d'un coup s'arrêter, n'en forme
pas moins un contraste fâcheux avec l'état stationnaire de
la France. Elle constitue pour notre avenir une terrible
menace, car elle favorise cette force expansive et envahissante qui, chez les Germains, s'est toujours considérée elle-
même comme constituant un droit politique, bien plus, une
mission religieuse. Nous perdons chaque jour une bataille.

IV

L'ESPRIT ALLEMAND ET L'INSTRUCTION PUBLIQUE

I. — Le mouvement libéral et unitaire de l'Allemagne avait
trouvé son expression, et de bonne heure, chez la « jeunesse des écoles », qui essaya de créer l'unité allemande
dans son propre sein. La *laboriositas* attribuée par Leibnitz
à l'esprit germanique s'est montrée dans tous les degrés de
l'instruction, mais, de nos jours, elle se tourne de plus en
plus vers le réel. Combien a été considérable, dans les divers
États de l'Allemagne, l'augmentation du nombre des écoles et
leur perfectionnement, nul ne l'ignore. Ce qui frappe depuis
un certain nombre d'années, dans le domaine de l'instruction
primaire et de l'instruction supérieure, outre une direction
plus positive, c'est la tendance à la centralisation entre les
mains de l'État, par opposition aux communes et aux corporations. Toutefois, l'école comme l'église dépendent encore, non de l'Empire, mais des divers États séparés constituant la Fédération germanique.

L'école allemande n'est pas seulement obligatoire sur
le papier : le père qui n'y envoie pas ses enfants est rappelé
à son devoir par une réprimande ou un avertissement :
en cas de récidive, il est puni d'une amende ou de la prison. Mais ce qui est surtout efficace, c'est la prolongation

des études après l'école, par l'enseignement primaire du
dimanche. Le cours dominical est ouvert, dans chaque
bourg, village ou paroisse, excepté durant la moisson, pour
les garçons et filles de douze à dix-huit ans. Parfois jeunes
gens et jeunes filles ne peuvent se marier sans prouver
qu'ils ont fréquenté ces cours. La classe du dimanche dure
deux heures, sous la surveillance du maire, du curé ou du
pasteur. On trouve en Allemagne, à la base même de l'enseignement, dans les *classes générales* des cours d'adultes,
la connaissance du sol natal, — *Heimatskunde*. On veut
attacher les hommes de demain au pays natal, leur inspirer
de bonne heure, à l'âge des premières impressions, l'amour
de la petite patrie, — « par le clocher », — de la grande,
— « par le drapeau ». On veut les associer directement,
dans le coin de terre où ils sont nés, où leur famille
a son berceau et ses tombes, à l'œuvre nationale commencée par les aïeux et qui, grâce à la perpétuité de la
tradition, doit être continuée par les descendants [1].

On trouve ensuite en Allemagne, à la base de l'enseignement des adultes, dans les *classes techniques*, la
connaissance du métier, *Geschaftskunde*, l'instruction professionnelle élémentaire, dont le jeune apprenti, indépendamment de l'atelier même où il travaille de ses mains,
ne peut se passer. Il n'en connaîtra, il n'en estimera que
mieux sa profession, et il l'aimera davantage. « On n'aura
pas fait de lui un ouvrier philosophe, qui rougira de ses
outils [2]. »

Pour les *classes commerciales*, les leçons de choses sont
remplacées par un petit cours de commerce, de comptabilité, de correspondance, de géographie appliquée au commerce, de droit commercial, d'économie politique appropriée, enfin de langues vivantes.

Pour les *classes rurales*, l'enseignement des cours
d'adultes est presque exclusivement agricole. On s'attache
à développer chez le jeune paysan, fils d'une race occupée
de père en fils aux travaux champêtres, le goût de la
terre et le soin de la terre ; avec l'amour et le sens des
besognes rustiques, on lui donne une première idée de la

[1] Voir la revue *Après l'école*, dirigée par M. René Leblanc.
[2] *Ibid.*

science agricole, mise à sa portée ; on le tire de l'ignorance et de la routine si naturelles aux populations rurales ;
on lui montre les perfectionnements nouveaux du vieil
outillage, le progrès des méthodes rationnelles ; on l'élève
pour être un bon « ouvrier du sol qu'il est appelé à mettre
en valeur et qui attend de lui une plus-value [1] ».

La proportion des illettrés est tombée en Allemagne à
2 p. 100, contre 3,50 en France, 3,49 en Angleterre, 0,60 en
Suisse, 0,49 en Danemark, 52 p. 100 en Italie, 80 p. 100 en
Espagne, et 67 p. 100 en Portugal. Il y a, en outre, pour
compléter l'instruction primaire, des écoles *bourgeoises*,
où sont admis les enfants âgés d'environ dix ans, jusqu'au
moment où ils subissent l'examen dit de confirmation. La
plupart de ces écoles, de plus en plus florissantes, sont
aussi ouvertes les dimanches et fêtes.

Est-ce, comme on l'a soutenu tant de fois, l'*instruction*
primaire qui causa les triomphes militaires de l'Allemagne ?
Certes, elle y a contribué, mais, à vrai dire, ce qui eut ici
le grand rôle, c'est l'*éducation*. « Si, de très bonne heure,
vous n'avez recours à la discipline, avait écrit le grand péda-
gogue Kant, il sera très difficile ensuite de changer le caractère de l'homme, qui suivra tous ses caprices. *Le manque
de discipline est un pire mal que le manque de culture.* »
Les compatriotes de Kant nous ont vaincus parce qu'ils
étaient disciplinés, militarisés d'esprit dès l'école, soumis
ensuite à la vie de la caserne, habitués à obéir, à supporter
sans murmure fatigues et souffrances, à ne pas critiquer
leurs chefs, à ne pas substituer leurs appréciations aux ordres
reçus, à ne pas renverser la hiérarchie. C'est ce qu'affirment
à l'envi tous les hommes de guerre allemands ; et nous,
Français, nous ne les écoutons pas : nous allons répétant
les mêmes jugements superficiels sur les enseignements
du maître d'école, sur les *connaissances* en géographie, en
histoire, etc. Qu'on examine la façon dont les officiers allemands sont recrutés et élevés, surtout dans les terribles
écoles des cadets, qui fournissent les trois quarts des officiers ;
—et on comprendra comment, avec nos officiers et nos généraux d'alors, nous devions être vaincus, surtout quand nos
soldats se sentaient mal commandés, manquaient de con-

---

[1] Voir la revue *Après l'école,* dirigée par M. René Leblanc.

fiance, se disaient toujours trahis, l'étaient parfois, marchaient malgré eux à une défaite attendue. En Allemagne, les enfants d'officiers et de sous-officiers qu'on destine à l'état militaire sont envoyés dès l'adolescence dans les écoles de cadets. Ils y vivent la plus dure vie de caserne, une vie barbare et féodale. Dès leur arrivée, des brimades sauvages durcissent leur caractère. La discipline est de fer ; on leur inflige avec la corde des punitions corporelles. Les lettres adressées aux élèves sont décachetées devant eux par un officier. Des examens d'une excessive rigueur obligent les élèves médiocres à redoubler leurs études (latin, français, histoire, sciences, etc.), à mettre six années là où d'autres ont mis trois ans. S'ils ne satisfont pas aux examens de passage, on les renvoie comme simples soldats dans les régiments. Ils sont d'avance enrégimentés à l'école et certains traits de leur régime ne sont pas sans rappeler celui des bagnes. Aucun Français ne tolérerait ce genre de vie à la prussienne. Une fois sortis de là, les officiers traitent leurs soldats comme ils ont été traités eux-mêmes ; la hiérarchie est sévèrement observée et maintenue du haut en bas de l'échelle ; il n'y a pas à discuter, à disserter, à « raisonner politique » : il faut obéir. Si l'on songe que cette forte et dure organisation s'applique à des millions de soldats, on comprendra ce que pouvaient faire jadis les nôtres, parmi lesquels s'était répandu l'esprit de division et d'insubordination. Quand on veut faire la guerre ou simplement se défendre contre une invasion possible de la part d'une nation en armes, il faut consentir à une éducation militaire, ne pas exciter les soldats contre leurs chefs, contre l'armée, contre la Patrie même ; il ne faut pas non plus croire qu'il suffise de bien savoir la géographie, d'avoir des fusils Lebel et d'être commandés par un général monté sur un cheval noir. La science géographique des officiers allemands, dans la guerre de France, consistait à avoir en poche des livrets depuis longtemps préparés en vue de l'invasion, autographiés par l'État-Major prussien, et où se trouvaient, avec des cartes de la route Metz à Paris ou Strasbourg à Paris, les plans des principales villes, ainsi que des renseignements détaillés, empruntés à notre grande statistique de la France, sur les ressources de chaque commune en vivres, chevaux, fourrages,

sur les principaux propriétaires du sol d'après le cadastre, etc.
Ce n'est pas à l'école qu'on avait appris cette géographie
réaliste, qui donnait aux officiers allemands, devant nos
maires imbéciles et stupéfaits, l'apparence de savants merveilleux et infaillibles, renseignés par une nuée d'espions
non moins merveilleux et insaisissables. Maires et conseillers
municipaux ne se doutaient pas qu'ils avaient simplement
devant eux un chef-d'œuvre de bureaucratie appliquée à
l'art de la conquête. On avait d'ailleurs, nous ne le nions
pas, enseigné dans les écoles allemandes une géographie
qui constituait une véritable arme de guerre ; mais ce n'était
pas, comme on l'a cru chez nous, la géographie « scientifique », connaissance exacte et impartiale des peuples ;
c'était la géographie pangermaniste, avec ses cartes englo-
bant tout ce que l'Allemagne convoite. De même, l'histoire
germanisée, arrangée ou dérangée (comme la dépêche
d'Ems) pour les besoins de la cause allemande, servait
d'arme contre nous. Le « livre de lecture » allemand avait
préparé l'explosion de l'inimitié longtemps contenue.
Ce n'est pas ce genre de pédagogie auquel songent ceux qui
s'imaginent que les moindres soldats allemands connaissaient notre pays par le menu avant de l'envahir [1].

La poésie même, la poésie populaire était depuis longtemps dirigée contre nous. On sait ce que disait un jour
le prince de Bismarck : « C'est le *lied* allemand appris et
chanté dans les écoles, qui a conquis les cœurs. Je le
compte parmi les *impondérables* qui ont préparé et facilité
le succès de nos efforts pour l'unité allemande. » Mais la
plus haute autorité qu'on puisse invoquer sur toutes ces
questions est celle même de l'empereur actuel. Comment
oublier cet éloquent discours sur l'enseignement où le
jeune souverain se livra à des considérations rétrospectives,
qui offraient pour nous, Français, un intérêt particulier.
« Le dernier moment, disait-il, où notre école allemande
ait été productive pour toute notre vie patriotique et pour

[1] Au témoignage du colonel Mozimau, quelque impassible que fût M. de
Moltke, on était certain de le dérider quand on lui parlait des victoires du
maître d'école à Sadowa, théorie dont le succès en France était loin de lui
déplaire, mais contre laquelle il avait bien soin de mettre les Allemands en
garde. Et M. de Waldersee, son élève, son héritier intellectuel, escomptait
aussi la « frivolité » de cette opinion à la mode en France.

notre développement, a été dans les années 1864, 1866, 1870. » — Que se passait-il donc alors? Etait-ce la fameuse « géographie » que l'on enseignait et qui allait préparer la victoire? — Non; mais à ce moment, « les écoles prussiennes, les collèges prussiens étaient dépositaires de l'idée d'*unité*, qui fut *enseignée partout*. Tout le monde en Prusse n'avait qu'une seule idée : *restaurer l'Empire allemand*, reprendre l'*Alsace* et la *Lorraine* [1] ». Et le jeune empereur se plaignait de ce que, depuis 1871, le mouvement n'eût pas continué. « L'Empire est constitué, disait-il, et nous avons obtenu *ce que nous voulions*, et on en est resté là. »

Le maître d'école allemand fut donc un maître de patriotisme pangermanique, voilà son vrai rôle; il n'a pas agi en répandant des connaissances, mais, fort souvent, en répandant ou maintenant des ignorances, en alimentant des préjugés, en attisant des haines.

En Allemagne, l'enseignement est plus confessionnel qu'en Angleterre. Dans les écoles primaires, une loi a rendu obligatoire l'enseignement évangélique ; mais le protestantisme prussien ne semble avoir gagné que « des adhésions toutes formelles ». Une instruction morale et théologique est donnée aussi dans les gymnases depuis la plus basse classe jusqu'à la plus haute. A l'armée, les recrues allemandes prêtent serment sur l'autel. L'Empereur parle sans cesse de Dieu et dit à ses bataillons : « Ne peut pas être bon soldat qui n'est pas bon chrétien. » En Allemagne, les fonctionnaires ont ou affectent un grand zèle pour la religion. A Noël et à Pâques, les gazettes officielles consacrent des articles, parfois fervents, aux faits chrétiens que ces fêtes remémorent. En Allemagne, aucun poète n'ose broder, autour de la figure du Christ, des fantaisies littéraires, ou mettre sa vie sur les planches d'un théâtre. *Jean-Baptiste* de Sudermann a été longtemps interdit par la censure, et Jésus n'y paraît pas. Seuls, a-t-on remarqué, des paysans naïfs et croyants peuvent, en pleurant de vraies larmes comme leurs ancêtres du moyen âge, représenter ou plutôt revivre les scènes de

---

[1] Notez ce point : *reprendre* la *Lorraine !*

la Passion. Le blasphème est sévèrement puni outre-Rhin.

Malgré tous ces efforts pédagogiques pour maintenir la vieille religion et y appuyer la morale traditionnelle, l'immoralité fait de grands progrès en Allemagne. L'alcoolisme y est très répandu et y croît sans cesse. La proportion des cas de folie causés par l'abus des spiritueux a doublé dans ces vingt dernières années. Les divorces pour causes graves se multiplient d'une façon plus rapide encore que dans notre pays. Les mœurs elles-mêmes se sont tellement relâchées, on a découvert de tels abîmes de corruption, des pièges si nombreux tendus à l'innocence dans les capitales et dans les campagnes, qu'une loi très sévère a été votée par le Reichstag pour essayer de réprimer ces abus Les pasteurs Schalk et Iskraut se sont trouvés d'accord avec le socialiste Bebel sur l'étendue du mal qui ronge l'Allemagne : les chiffres qu'ils ont donnés à l'appui sont d'une effrayante éloquence. D'autre part, le pasteur Berlin ayant osé dire tout haut ce que plus de quinze ans de ministère pastoral lui avait appris sur la haute société berlinoise, on lui a fermé la bouche, on l'a menacé de révocation, on l'a fait comparaître devant un conseil disciplinaire.

II. — L'instruction secondaire et l'instruction supérieure ont eu et ont encore en Allemagne beaucoup plus d'influence que l'instruction primaire. Pour en comprendre l'orientation, il n'est pas sans intérêt de se rappeler encore les lettres et discours de l'empereur d'Allemagne sur l'instruction publique. A un magistrat réformiste de Dusseldorf, M. Hartwich, Guillaume II écrivait, le 2 avril 1885, cette étrange épître, publiée dans un écrit posthume du professeur de physiologie Preyer : « Enfin il s'est trouvé un homme pour s'attaquer à ce système pétrifié (des études philologiques), le plus mortel à l'esprit qu'on puisse imaginer. Je souscris mot pour mot à toutes vos idées. Il est heureux que j'aie pu me convaincre par moi-même, pendant deux ans et demi, du crime que l'on commet contre notre jeunesse. Combien, dans vos brochures, de choses que j'avais déjà méditées en silence ! Pour ne citer qu'un fait, sur vingt et un élèves que nous étions en Prima, dix-neuf portaient lunettes; encore y en avait-il deux qui étaient obligés d'apposer un pince-nez devant

leurs bésicles, pour distinguer quelque chose au tableau.
Homère, le divin Homère, dont je suis l'admirateur passionné, Horace, Démosthène, dont les discours devraient
enflammer, comment les lisait-on ? Est-ce avec enthousiasme pour la guerre et les armes, pour les descriptions de
la nature ? Allons donc ! Sous le scalpel grammatical de
ces fanatiques philologues, chaque membre de phrase était
disséqué, coupé en quatre, jusqu'à ce que le squelette
apparût, dénudé, à la grande joie de tous, et que l'on eût
exhibé à notre admiration toutes les innombrables positions, soit avant, soit après, que peuvent prendre ἄν ou ἐπί,
ou n'importe quoi. C'était à pleurer ! Et quel galimatias on
mettait au jour ! Je crois qu'Horace en eût rendu l'âme
d'effroi... Assez ! Assez ! Guerre au couteau à un pareil
enseignement ! » Et le jeune réformateur concluait alors à la
suppression des discours latins et devoirs grecs, demandait
que l'on enseignât un peu mieux l'histoire, sans oublier les
campagnes de 1866 et de 1870 ; que les élèves eussent congé
tous les après-midi ; que la gymnastique renforcée fît d'eux
tous « de vrais moineaux », et que trois fois la semaine un
sous-officier vînt les exercer au bâton et aux marches militaires. « Mais hélas ! ajoutait-il mélancoliquement, nos grands
élèves sont bien trop blasés pour déposer leur jolie badine,
l'habit noir et le cigare, et pour se prêter à la boxe. Que
voulez-vous qu'on attende de si pauvres gens ? Raison de
plus pour pousser de l'avant. Guerre à outrance à ce système ! Je suis là pour seconder vos efforts. Votre affec-
tionné, GUILLAUME. »

Dès les premiers jours de son règne, Guillaume convo-
quait à Berlin un congrès de spécialistes et d'hommes politiques, qui se réunirent du 4 au 17 décembre au nombre de
quarante, pour discuter contradictoirement la grande question des réformes scolaires. Il y avait là Virchow, Helm-
holtz, Mommsen, Harnarck, quelques députés et membres
de la Chambre Haute, des professeurs d'universités et
des notables. Le Ministre, dans son discours d'ouverture,
s'était demandé si, à la suite du changement opéré dans
la situation de la Prusse et de l'Allemagne, le peuple
allemand devait, comme par le passé, « rester un peuple
de penseurs, un peuple cherchant sa satisfaction en lui-
même ». Et il avait répondu : — « Non, car les regards

de la nation allemande sont maintenant portés *au dehors* et même vers la *colonisation*. » A son tour, l'Empereur déclare alors qu'il faut élever la jeunesse allemande « de façon à répondre aux nécessités présentes de la situation qu'occupe la patrie dans le monde, et aussi pour la mettre à la hauteur des *luttes pour la vie* ». Nous voilà bien loin du « combat *spirituel* » et de la lutte pour les « *idées* » qui avait caractérisé l'Allemagne idéaliste. « Avant tout, ce qui manque dans les gymnases, c'est la base *nationale*. L'histoire, la géographie, la tradition doivent nourrir le *sentiment national*, nous voulons élever de jeunes Allemands, non de jeunes Grecs ou de jeunes Romains. » L'Empereur signale du reste avec perspicacité le grand vice de l'instruction allemande, l'abus prodigieux de la philologie : « Le point fondamental, dit-il, est que MM. les philologues ont siégé dans l'instruction en *beati possidentes*, et qu'ils ont principalement porté leur attention sur l'enseignement et le savoir, non sur la formation du caractère et sur les besoins de la vie présente. Des *Allemands* ayant *bon pied*, *bon œil*, voilà ce qu'il nous faut ». La littérature même et la culture antique sont suspectes au jeune César allemand : « A mort la composition latine ! » Il s'approprie le mot si juste du prince de Bismarck sur le prolétariat des bacheliers : « La plupart des candidats de la faim, principalement messieurs les journalistes, sont des lycéens ratés. » Le sens *pratique*, le sens *réel*, voilà selon lui, ce qu'il faut développer désormais : « Les hommes ne doivent pas regarder le monde à travers des lunettes, mais bien avec leurs propres yeux. C'est à quoi l'on tendra maintenant, je vous le promets ! » Mais la pensée de derrière la tête est une pensée politique, et voici les vrais griefs contre la pédagogie allemande : « Si l'école avait fait ce qu'on est en droit d'attendre d'elle, elle aurait dû avant tout engager le duel avec la *démocratie*. » Il aurait fallu faire de l'école un instrument de centralisation impériale. « Les collèges et les universités auraient dû attaquer sérieusement la question, instruire la génération naissante de telle façon que les jeunes gens qui sont de mon âge, c'est-à-dire aux environs de trente ans, eussent déjà préparé eux-mêmes l'*outillage* avec lequel j'aurais pu *travailler dans l'Etat*, afin de me rendre plus rapidement *maître du mouvement*. » Ainsi se révèle le secret motif des reproches

adressés à la philologie, à la littérature, à cette philosophie
même qu'un autre empereur, chez nous, avait jadis traitée
d'idéologie. La nouvelle tâche de l'Allemagne contemporaine, c'est la domination politique, industrielle, commerciale, maritime et, s'il est possible, coloniale ; l'idéalisme est fini, le réalisme commence. « C'est l'histoire
d'Allemagne qu'il faut apprendre à la jeunesse, mais en
changeant de méthode. L'histoire doit s'enseigner à
rebours en commençant par la fin. D'abord les campagnes
de 1870 et 1866, pour remonter de là, progressivement,
aux origines. Et surtout, messieurs, il importe de développer les *muscles allemands* par la gymnastique et le
jeu. »

Chez nous, les amis de l'enseignement moderne se sont
emparés d'un autre document émané de l'empereur Guillaume II, le 20 novembre 1900, sous forme de rescrit au ministre de l'Instruction publique, M. Studt ; et ils en ont conclu
aussitôt que la cause des « modernes » était définitivement
gagnée en « Allemagne ». D'abord, il ne s'agissait nullement
de l'*Allemagne*, mais seulement de la Prusse, l'empereur
n'ayant pas qualité pour s'immiscer dans les affaires intérieures des États. En outre, si nous nous en rapportons sur ce
point aux autorités les mieux informées, le rescrit impérial
ne visait en rien ce que nous appelons en France l'égalité de
sanction (*Gleichberechtigung*) pour les deux sortes d'enseignement, classique et moderne ; il reconnaissait simplement
aux élèves des écoles réales « le droit conditionnel (*Gleich-
wertigkeit*) de se présenter aux examens des carrières libérales, après avoir acquis, au préalable, un *diplôme officiel
d'études grecques et latines* délivré par un gymnase ».
Malgré cela, ce droit même n'était reconnu qu' « en principe ». En France, le rapport général présenté en 1901 au
nom de la Commission d'enquête parlementaire, par
M. Couyba, enregistra le fait et le présenta comme la victoire
de l'enseignement moderne en Allemagne. « Tout récemment, lisons-nous à la page 44 de ce rapport, l'empereur est
intervenu officiellement pour que l'égalité de sanction soit
un fait consacré. L'*Allemagne* a donc *résolu la difficulté*,
née de la coexistence de deux enseignements différents
de programmes et de méthodes, par la *reconnaissance
pure et simple de l'égalité des sanctions.* » Et M. Couyba

répète, page 84 : « L'égalité de sanction, pour le classique et le moderne (réal), est un *fait accompli* en Allemagne. »

Or, les explications fournies au Landtag par le ministre de l'Instruction publique et les nouveaux *Plans d'études* prussiens[1] ont prouvé, tout au contraire, que l'enseignement réal, en Prusse, n'est pas destiné ni à passer au premier plan ni à faire concurrence au classique sur son propre terrain ; malgré les efforts des *réalistes*, il est maintenu, à peu de choses près, au même degré d'infériorité ; ceux qui ont fait une étude approfondie de la question ont démontré que la réforme scolaire de 1901 est « tout à l'honneur du gymnase[2] ».

La volonté de l'empereur, en effet, demeura impuissante contre l'opinion publique, contre le sentiment déclaré de la magistrature, du clergé, des plus illustres représentants de l'enseignement. L'empereur se ravisa alors, en voyant que tout le courant intellectuel était contre lui. On avait espéré qu'il mettrait ses fils dans une école réale ; il s'en garda bien : il les confia au gymnase classique. Quand parurent, dans les premiers jours de 1892, les nouveaux *Plans d'études* élaborés conformément aux décisions de la conférence de Berlin, sous la direction du ministre, M. de Gossler, les défenseurs de l'enseignement classique remarquèrent avec plaisir que la composition latine était sans doute supprimée officiellement, que le nombre des classes de grec et de latin était diminué, mais que le gymnase « gardait tous ses avantages ». L'égalité de sanction n'était pas prononcée, et les élèves des écoles réales secondaires restaient exclus, après comme avant, des universités. Bientôt la composition latine, sans être imposée, fut autorisée et même conseillée. De plus, par un dispositif en date du 13 octobre 1895, le gouvernement permettait aux commissions scolaires des provinces « d'augmenter d'une heure par semaine les cours de latin dans les trois classes supérieures, tant au réalgymnase qu'au gymnase ».

---

[1] *Lehrplane und Lehraufgaben fur die hoheren Schulen in Preussen* Halle a S., 1901

[2] Voir, outre les communications de M. Veyssier et de M Pinloche dans la revue de l'*Enseignement secondaire, Die hoheren Schulen in Preussen und ihre Lehrer*, et l'*Enseignement secondaire en Allemagne* par M Pinloche

Quelque temps après eut lieu un nouvel essai de réforme,
sous le nom de « Réforme de Francfort ». Partant de ce
principe, « qu'une combinaison plus ingénieuse des diverses
matières d'enseignement amènerait bientôt des résultats
plus satisfaisants au point de vue de la formation de l'esprit
et fournirait la plus avantageuse solution à la question si
âprement débattue du surmenage », le directeur Reinhardt
fonda, à Francfort-sur-le-Mein, un nouvel établissement
d'enseignement secondaire. La durée des études y est toujours de *neuf* années, mais les matières propres au gymnase, au réalgymnase, à l'Oberrealschule, sont disposées
sur un plan nouveau, de manière à être étudiées non
plus simultanément, mais « successivement ». Les trois premières années sont consacrées à l'étude d'une seule langue
étrangère, le français, et l'enseignement y est identique
pour tous les élèves. Au début de la quatrième année, en
Untertertia, se produit une première bifurcation : les élèves
destinés au pur enseignement réal abordent l'étude des
sciences et forment l'Oberrealschule, tandis que le deuxième
groupe entreprend l'étude du latin. Deux ans plus tard, en
Untersekunda, il y a une nouvelle bifurcation dans ce groupement : les uns s'adonnent désormais au grec, matière
réservée aux gymnases ; les autres commencent l'étude de
l'anglais, dont le réalgymnase a la spécialité. Ainsi, dans
le « gymnase réformé de Francfort », pour ce qui concerne
l'enseignement classique, la durée des études latines est de
six années seulement, celle du grec est de quatre années.
Mais ceux qui ont étudié attentivement ces réformes dans
leurs moindres détails font remarquer que, pendant ce
temps, on pratique méthodiquement la culture intensive,
à raison de dix heures par semaine pour le latin et de
huit heures pour le grec! De plus, lorsque l'élève aborde
l'étude du latin, il est déjà familiarisé avec une langue
étrangère, ce qui aplanit pour lui les difficultés du nouvel
enseignement. Enfin, on a fait choix à dessein, pour cette
langue étrangère, de la langue française, langue « vraiment classique », dont le maniement constitue pour la
race allemande « une initiation au mécanisme et au génie
de la langue latine[1] ». Il en va de même pour l'étude du

[1] Voir l'*Enseignement secondaire en Allemagne* par M. Pinloche

grec. Elle est entreprise en un temps où les élèves possèdent déjà très solidement les principes du latin.

Tous ceux qui ont analysé ce nouveau mode d'enseignement reconnaissent qu'il n'est point une vraie *réduction des études gréco-latines*, car les programmes y sont les mêmes que dans les anciens gymnases et les examens y sont tout aussi rigoureux. Ce qu'on a réduit, c'est le temps consacré directement à ces études, mais en s'efforçant de « le mieux ménager ». La réforme de Francfort porte donc uniquement sur la méthode; les résultats, théoriquement, sont présentés comme devant être identiques aux anciens. Grâce aux avantages pécuniaires que ce système entraîne avec lui, un assez grand nombre de villes, — surtout les petites villes, dont les ressources suffisent à peine à entretenir dans des établissements incomplets les classes inférieures, — ont adopté la réforme de Francfort « à l'essai ». Pour des raisons analogues, le ministre des finances, M. de Miquel, ancien bourgmestre de Francfort, est devenu un ardent propagateur de la réforme.

Cependant, la lutte continuait; les modernes, ne trouvant point dans le système de Francfort la réalisation de leurs espérances, attaquèrent de nouveau les études classiques. Ils les représentèrent comme insuffisantes pour la lutte industrielle du xxᵉ siècle ; c'est toujours l'argument qu'on met en avant partout : lutte pour la vie, lutte économique, etc. L'Association des professeurs de langues modernes ou « néophilologues » (la philologie est toujours en honneur !) demanda et obtint, en 1900, que les élèves des écoles réales secondaires fussent admis aux universités pour la section des « langues vivantes », ce qui était assez naturel. D'autre part, une pétition, lancée dans le monde officiel et savant pour le maintien intégral de l'enseignement classique, fut couverte, en peu de jours, de « quatorze mille signatures ».

Le gouvernement fit alors étudier de nouveau la question dans une conférence scolaire, à laquelle furent convoqués, de préférence, des professeurs d'université, Mommsen, Diels, Harnack, Willamowitz-Moellendorf, etc. Les réunions eurent lieu du 6 au 8 juin 1900 [1]. C'est de ces discussions et des

---

[1] Cf. *Verhandlungen uber Fragen des hoheren Unterrichts.* Berlin, 6 *bis,* 8 Juni 1900.

décisions adoptées par la majorité que s'inspira le rescrit impérial du 26 novembre 1900. Les nouveaux *Plans d'études* de 1901 en sont la conclusion. De ces deux documents, le premier a induit M. Couyba en erreur ; ceux qui ont fait des choses une analyse plus attentive y voient, non la défaite, mais la « victoire de l'enseignement classique ».

Le premier point à déterminer, en effet, concernait l'égalité de sanctions réclamée par les *réalistes* pour les divers genres d'enseignement secondaire. Or, par l'article 1er du rescrit impérial, la question fut résolue « diplomatiquement », selon un mot qui, paraît-il, fit alors fortune ; c'est-à-dire qu'on proclamait, en bon diplomate, l'égalité de sanction sans l'accorder réellement. En principe, l'accès des universités fut déclaré possible aux élèves des écoles réales, mais moyennant *un examen supplémentaire de grec et de latin*. La diplomatie impériale concédait ainsi d'une main et retenait de l'autre. C'était, malgré la concession apparente et l'égalité purement honorifique des trois genres d'études, la négation même de l'égalité de droits poursuivie avec tant d'ardeur par les réformistes. Les explications fournies à la Commission du budget par le ministre de l'instruction publique, le 28 février 1901, achevèrent de dissiper toute équivoque. M. Studt déclara que, seuls, les cours de lettres et de sciences seraient ouverts aux élèves des écoles réales. « Mais alors, objectèrent les réformistes, rien n'est changé au *statu quo*, puisque les élèves des écoles réales ont déjà depuis longtemps le droit de suivre les cours universitaires de sciences et de lettres ! Une pareille décision équivaut à la condamnation officielle de l'Oberrealschule. » On s'était joué des réformistes.

Au Landtag, la séance entière du 7 mars 1901 fut consacrée à cette question. Mais le ministre répéta ses déclarations : « Désormais, disait-il, les élèves diplômés des écoles réales supérieures seront admis à suivre aux universités les cours de sciences et de lettres, droit dont ils jouissaient déjà, en partie du moins. *Toutefois*, pour se présenter aux cours de lettres, les élèves des Oberrealschulen devront justifier d'un *certificat d'études classiques* délivré, après examen, dans un gymnase classique ». Les élèves des Oberrealschulen sont très peu nombreux dans les universités : ils n'y font que des sciences naturelles ou des langues

vivantes. Encore le diplôme de professeur supérieur pour
les langues vivantes exige-t-il un certificat de latin. La
Faculté de médecine, en Prusse comme ailleurs, exclut
absolument les élèves des Ecoles réales supérieures sans
latin : ils ne sont pas admis à suivre les cours, même
comme simples auditeurs. Les règlements des Falcultés de
médecine sont choses d'Etat, *Reichssache*. Dans les Facultés
de droit, on admet les auditeurs des trois genres, gymnase,
réalgymnase, Oberrealschule, mais, en fait, il est impossible
de faire son droit et d'être reçu avocat sans latin ; on va
même, l'an prochain, placer le droit romain dans le premier semestre pour obliger les élèves à savoir la langue
latine. Quant aux Facultés de théologie, elles n'admettent
que les élèves des gymnases classiques.

Le caractère de la récente réforme, c'est d'être un pas
vers la liberté de l'enseignement. On ne demande plus à
l'étudiant où il a étudié, si c'est dans tel genre d'établissement universitaire ou dans tel autre. L'étudiant d'un
réalgymnase peut, dans beaucoup de cas, compléter ses
connaissances par des leçons particulières, apprendre ainsi
le latin nécessaire au droit. Mais les examens d'Etat ne
sont point pour cela modifiés ; on ne peut faire, par
exemple, ni médecine, ni droit, ni théologie sans connaissance du latin. En outre, on a entrepris de développer
chaque genre de collège selon son type propre et dans sa
pureté ; c'est ce qui fait qu'on a fortifié encore l'enseignement classique en y augmentant le nombre d'heures pour
les langues anciennes [1].

Non seulement les lettres classiques conservent ainsi
« leurs avantages et tout l'honneur », mais leur « valeur
pédagogique » est proclamée par les nouveaux *Plans
d'études* : les cours de latin, au réalgymnase comme au
gymnase, sont renforcés d'une heure par semaine, pendant
six années entières, ce qui donne un total de « 240 heures de
classe ajoutées à l'horaire d'autrefois ». L'étude de la grammaire latine reçoit de notables développements dans les
classes inférieures et moyennes ; le thème latin est imposé

---

[1] Nous devons tous ces renseignements à l'obligeance de M Wundt, de
Leipsig, de M Paulsen et de M. Simmell, de Berlin, enfin du Recteur
même de l'Université de Berlin M. Kekule ; tous ont bien voulu nous
donner des détails précis

chaque quinze jours aux classes supérieures, le thème
grec est rétabli. L'enseignement de la langue allemande
comprend, comme auparavant, un total de 1.040 heures
de classe, tandis que le chiffre correspondant pour l'enseignement du grec et du latin s'élève à 4.160 !

Ainsi donc, déclarait au Landtag le ministre de l'Instruction publique, « *le gymnase sort de ce conflit plus fort
qu'auparavant* ». Au Landtag, dans la séance du 7 mars, le
D' Gœbel, au nom du centre, et le D'Kropatscheck, au nom
des conservateurs, s'empressèrent d'adresser au ministre
« les plus chaleureux remerciements ». En sens contraire,
au nom des « modernes », le D' Beumer exprima son
mécontentement et réclama une dernière fois l'égalité de
sanction pour les études classiques et les études utilitaires.
Le ministre répondit que la Prusse est jalouse de tout ce
qui fait « sa force et sa gloire » ; elle a trop le souci de ses
« traditions » et sait trop bien ce qu'elle doit « aux études
libérales », y compris même «les études grecques et latines,
où excelle la science allemande », pour se priver d'un
« merveilleux instrument de civilisation et de progrès ».
En ce qui concerne les examens, la sanction des études
étant annuelle et sérieuse dans les gymnases, grâce à la
sévérité des examens de passage, la réforme ne pouvait
comporter aucune modification.

En somme, dans les « écoles » dites « *réales* », les sciences
naturelles et les connaissances pratiques continuent de tenir
le premier rang ; elles contiennent des cours facultatifs de
latin ; dans les « gymnases réales », le latin est obligatoire,
non le grec, les sciences y ont la prédominance, ainsi que
les langues vivantes, mais le droit et la médecine ne s'ouvrent qu'aux élèves des gymnases classiques proprement
dits et aux diplômes gréco-latins. Ainsi, à tous les degrés, la
hiérarchie est maintenue. Le latin et le grec ont une part
considérable dans les études des gymnases classiques, ce
qui n'empêche pas le français d'y être obligatoire pendant
huit ans, avec quatre heures la première année, puis trois,
puis deux dans les deux dernières années.

La légendaire géographie n'est représentée dans tous les
programmes des gymnases que par deux heures en sixième,
cinquième et quatrième, une heure en troisième inférieure

et troisième supérieure, *zéro* en première inférieure et en
première supérieure. Les mathématiques n'ont que trois à
quatre heures, les sciences naturelles deux heures, les
autres sciences, rien. On considère, avec raison, qu'une
bonne culture mathématique est le fondement véritable de
toutes les études scientifiques, que le reste est spécialité,
affaire d'université, non de gymnase. Même dans les réalgymnases, les mathématiques n'obtiennent que de trois à
cinq heures ; les sciences naturelles ont deux heures pendant
les cinq premières années, pour être remplacées pendant
les quatre dernières années par deux heures de physique,
auxquelles s'ajoutent enfin, dans les deux dernières années
seulement, deux heures de chimie. Quelle différence avec
nos études aussi superficielles qu'encyclopédiques !

Malgré le triomphe final des classiques, il subsiste dans
l'enseignement secondaire d'Allemagne un changement
d'esprit et de direction, qui ne date pas d'aujourd'hui, et
qui n'est pas sans inquiéter l'élite de la nation allemande.
Dubois-Reymond, qui était recteur de l'Université de
Berlin, ne cessa de protester durant toute sa vie contre
le réalisme exagéré des *Realschulen* et contre l'invasion de
leur esprit, par une contagion fâcheuse, dans les gymnases mêmes et dans les universités. Il réclamait avec
énergie un type de gymnases *secondaires*, « dont les
élèves sortiraient aptes à entrer, soit à l'Université, soit
dans l'armée, soit à l'académie industrielle ou à l'académie
d'architecture ». Et, bien entendu, ce seraient les gymnases d'*humanités*, mais réformés d'une façon rationnelle,
débarrassés de la philologie, plus littéraires et moins gram-
maticaux, enfin enrichis de sciences *philosophiquement
étudiées*. Un tel enseignement sera, disait-il, « un véritable adversaire pour le réalisme », tout en préparant aux
professions utiles dans un esprit non utilitaire. On fait d'ailleurs tout, en Allemagne, pour revenir à l'unité dans l'enseignement secondaire. On a déjà, aujourd'hui, des gymnases
et des réalgymnases qui ne diffèrent que par la présence ou
l'absence du grec et par une proportion plus ou moins forte
d'études mathématiques et physiques ; mais partout, on
exige de fortes études *littéraires* et on ne demande aux
sciences que l'initiation approfondie aux méthodes, non un

bourrage de mémoire ni une préparation aux professions spéciales.

Il y a là une situation à méditer pour ceux qui, en France, cherchent à renverser les études classiques et qui s'imaginent faire des commerçants ou des colons en ouvrant à tous, indistinctement, les Facultés de médecine et de droit, ainsi que les diverses Écoles du gouvernement.

III. — Ce qui présente en Allemagne la supériorité plus manifeste sur les institutions analogues en France, ce sont les universités. Dans les nôtres, on peut sans doute apprendre une science déjà faite, on peut même apprendre à professer cette science, mais, malgré des progrès tout récents, on n'y apprend pas encore assez une chose qui est très différente et qui exige un long apprentissage : le métier de savant. Faire progresser la science, soit théorique, soit appliquée, ou, pour mieux dire, indivisiblement théorique et appliquée, voilà le grand art qui ne s'improvise pas et qui, de plus en plus, exige cette longue patience où Newton voulait voir le génie. La science pure a elle-même sa technique, qui diffère de ses résultats acquis ou des idées générales sous lesquelles ces résultats se rangent pour le philosophe. Nous, Français, dans notre enseignement supérieur, nous nous sommes trop contentés, pendant de longues années, des « grands principes » et des « grandes conséquences », tandis que les Allemands s'occupaient, jusqu'à l'excès, des méthodes et de la technique. De plus, à côté des universités, dont plusieurs étaient nouvelles au commencement du siècle (Berlin et Bonn), l'Allemagne a vu s'accroître sans cesse, surtout depuis trente ans, le nombre et l'importance des écoles *techniques* supérieures et académies spéciales d'agriculture, de chimie, des mines.

En revanche, la philosophie est aujourd'hui en souffrance chez nos voisins. Les quatre cinquièmes des élèves suivant les cours des universités, et le gymnase n'étant guère considéré comme se suffisant à lui-même, la suppression de la classe de philosophie dans les gymnases sembla d'abord peu dangereuse. Cette suppression n'en fut pas moins fatale, et la compensation attendue des universités s'est montrée ici absolument insuffisante. L'enseignement philosophique, qui, depuis le XVIᵉ siècle, avait dans les gymnases d'Allemagne constamment gagné en importance, en fut brusquement et totalement supprimé grâce à l'engouement produit par l'essor des études philologiques. Les mesures prises depuis, pour introduire en *Prima* quelques textes de philosophes grecs ou latins (commentés par des professeurs linguistes, sans culture philosophique), n'ont pas atténué les conséquences de cette mesure. M. E. Halévy, qui fut récemment chargé par notre Ministère d'une mission officielle en Allemagne, a rendu compte des résultats de son intéressant voyage [1]. A l'université comme au gymnase, il constate « l'indifférentisme » ou, tout au moins, l'abstention philosophique. La pensée allemande, d'ailleurs, par lassitude ou stérilité, a réduit la philosophie à n'être plus qu'une « théorie de la connaissance », ou, s'il s'agit de réalités, un simple résumé de la science expérimentale ; « néo-kantisme ou positivisme », voilà aujourd'hui, sauf quelques exceptions, toute la philosophie enseignée aux rares élèves de bonne volonté qui suivent des cours de philosophie dans les universités ». M. de Hartmann disait à M. Halévy que le professeur d'université traite aujourd'hui la métaphysique comme le candidat socialiste traite la religion : « affaire privée », dit-il ; il ne la nie pas, il la laisse de côté. Le positivisme scientifique règne dès lors en maître dans les universités allemandes. « Nul esprit philosophique ne préside plus, conclut M. Halévy, aux travaux des universités. » Il en résulte que, faute d'instruction philosophique, elles sont la proie de l'économie politique nationaliste et socialiste. Les systèmes les plus opposés se disputent ces têtes sans méthode acquise et sans boussole. « Le matérialisme pratique », dont la plus haute forme est la *Nationalœconomie*, est florissant dans les chaires des universités, laboratoires de collectivisme.

Quels sont les résultats de cette mutilation et de cet abaissement de la philosophie dans un pays que certains de nos pédagogues voudraient imiter en tout? Selon M. Halévy, « on éprouve douloureusement, chez les étudiants des universités allemandes, le défaut d'une culture philosophique préalablement reçue dans les établissements

[1] Voir la *Revue internationale de l'enseignement* du 15 décembre 1896.

d'enseignement secondaire ». Un fait général l'a frappé :
la « décadence des études philosophiques en Allemagne,
et son retentissement sur toutes les parties du travail universitaire ». Beaucoup de cours universitaires de philosophie
en Allemagne ont aujourd'hui un caractère ridiculement
élémentaire, s'adressant à quelques élèves, sans initiation
préalable. M. Th. Ruyssen, qui, lui aussi, a fait sur les
lieux mêmes une étude approfondie des universités, a vu
des professeurs interrompre un développement pour écrire
au tableau noir l'orthographe de mots très simples ou très
connus, tels que : monisme, utilitarisme, Locke, Montesquieu. M. Halévy, de son côté, nous dépeint, en face de
l'état si prospère des *laboratoires* scientifiques, l'affaiblissement progressif des grandes recherches philosophiques,
morales, sociales, historiques et même de *science pure ;*
la philosophie, cette science universelle, réduite à l'état de
« spécialité », la vie se retirant peu à peu des universités
locales, que les maîtres quittent pour Berlin ; le corps ensei-
gnant se recrutant avec une difficulté croissante ; le *Privat-
docent* tendant à disparaître des petites universités, à faire
défaut pour certaines spécialités, et même pour les grandes;
les étudiants se détournant de la science désintéressée et
demandant de plus en plus une préparation rapide aux
examens [1]. « Le lien des sciences entre elles, écrit un professeur allemand, semble peu à peu se réduire à rien. Avec
le temps se creusera, si nous ne nous trompons, un abîme
profond entre les diverses Facultés spéciales; et les Facultés
elles-mêmes deviendront de simples institutions de dres-
sage, où l'on apprendra l'art de gagner son pain. » Aussi,
pendant qu'un grand nombre de spécialistes montrent pour
la culture philosophique, qu'ils ignorent, un aveugle dédain,
ceux qui voient les choses de plus haut signalent le danger
pour l'avenir. Ce ne sont pas seulement les professeurs
de philosophie comme Wundt, Eucken, Ziegler, Kapper,
Paulsen, qui réclament la restauration et le développement
de l'enseignement philosophique dans les universités, l'institution d'épreuves philosophiques sérieuses au doctorat et
à cet examen d'Etat par où passent tous les professeurs, surtout la réintégration complète de l'enseignement philosophi-

[1] M Halévy, *ibid*

que dans tous les gymnases. Les savants les moins suspects
de partialité pour la spéculation métaphysique font les mêmes
vœux. Virchow réclame « la rentrée de la philosophie au
gymnase », Hæckel déplore le manque d'esprit philosophique de la plupart des physiologistes actuels : — « La culture
et la discipline philosophique négligées, dit-il, se vengent
ici de la manière la plus cruelle ». Ihering lui-même écrivait, dans la préface de *Zweck im Recht :* « Si jamais j'ai
regretté que le temps de mon éducation ait coïncidé avec une
période où la philosophie était discréditée, c'est bien en
écrivant le présent ouvrage. Ce que, par la faute de l'opinion publique hostile, le jeune homme a négligé, l'homme
mûr ne peut plus le ressaisir. » — « C'est seulement,
écrit M. Kapper, l'idéalisme de la science et de la vie qui
avait conquis à notre enseignement supérieur allemand une
renommée universelle ; avec le déclin de cet idéalisme,
les universités devront aussi renoncer à l'honneur d'être
les protectrices et les dépositaires de toute culture scientifique. » L'indifférence philosophique et l'indifférence religieuse, voilà donc, d'après tous les témoignages, ce que
l'élève emporte avec lui lorsqu'il passe de l'école au gymnase, du gymnase à l'Université, « ayant appris seulement
et bien appris deux choses : la philologie grecque et latine,
et l'obéissance [1] ». Nous faisons, quant à nous, bon marché
de la philologie, si justement attaquée par l'empereur d'Allemagne ; nous regrettons qu'on ait cru devoir l'introduire
dans nos lycées, chez nous, où il eût certes mieux valu
développer un peu plus « l'obéissance » et l'esprit de discipline. Quoi qu'il en soit, le résultat de l'enseignement officiel
donné par l'État en Allemagne s'est montré peu fécond au
point de vue moral ; et il est à craindre, en l'absence de
convictions sérieuses, que l' « obéissance », devenue trop
machinale, ne dure pas toujours dans ce pays. D'après
les mêmes témoignages, le jeune Allemand, chargé de
grammaire et de philologie, sait moins de sciences et
connaît moins bien sa littérature nationale qu'un bachelier
français moyen. L'irréligion, conclut M. Halévy, et non
pas une irréligion violente et agressive, comme celle du
libre penseur de race latine, mais une irréligion apathique

---

[1] M. Halévy, *ibid.*

et passive, voilà l'esprit régnant de l'Allemagne, tout au
moins de l'Allemagne du Nord, à l'heure actuelle. Or,
l'indifférence en matière de philosophie est dangereuse.
Tout vaut mieux que le scepticisme passif qui ne se pose
même pas de questions, et qui, à la maxime : Que sais-je ?
ajoute : Que m'importe ? S'il faut imiter en France les
progrès de l'Allemagne, surtout ses laboratoires de recherches scientifiques, gardons-nous d'imiter ses fautes et
d'aboutir, comme elle, au recul de l'idéalisme.

Dans l'Allemagne ainsi devenue industrielle, militariste et
positiviste, l'esprit philosophique est tombé à un tel point
chez le public qu'on a vu un Wundt s'excuser, dans un de
ses ouvrages, de ce que certaines conclusions auxquelles
il était arrivé ressemblaient aux conclusions hégeliennes.
Les Allemands en seraient-ils venus à avoir honte de
Hegel! honte d'un philosophe qui a fait un effort de géant
pour réunir en une immense synthèse tous les points de
vue de la pensée humaine et qui n'a guère eu d'autre
tort que l'abus des thèses et antithèses dialectiques !
L'Allemagne finira-t-elle par avoir honte aussi de son
Kant, à peu près comme si la France avait honte de son
Descartes ? En revanche, on voit les Allemands s'enor-
gueillir de Nietzsche, leur seul philosophe aujourd'hui, ou
du moins le seul qui les occupe et se fasse lire des étudiants sans instruction philosophique !

Cet état de choses a attiré l'attention de la *Conférence
scolaire*, convoquée par l'Empereur, malgré le peu de goût
qu'a ce dernier pour la philosophie. La conférence a déclaré
que l'introduction de l'enseignement de la philosophie
devait se faire dans la dernière année des études (comme
en France), et que, là où les circonstances ne permettraient
pas mieux, les professeurs devraient diriger leur enseignement de manière à y suppléer le mieux possible. La mesure
est sans doute insuffisante, mais elle indique qu'on en
revient à comprendre l'importance de la *philosophie*, comme
à comprendre celle des *humanités*.

Une des grandes préoccupations a été « d'améliorer les
conditions d'hygiène physique et intellectuelle des élèves »,
et notamment d'éviter tout surmenage, soit qu'il provienne
de leur zèle pour le travail, soit qu'il provienne des exigences des professeurs. C'est ainsi qu'il est désormais

prescrit de n'autoriser les élèves qu'à titre tout à fait excep-
tionnel aux veillées studieuses.

Une mesure récente a en outre fixé le temps de repos
obligatoire qu'on accorde aux élèves, à dix minutes par
heure, qu'ils devront passer en plein air pendant que les
classes seront aérées. Depuis longtemps déjà, en été, les
classes doivent être suspendues lorsque le thermomètre
marque à dix heures du matin 25° centigrades à l'ombre.

Il est encore dit expressément que, « pour remplir sa
mission éducatrice, *l'enseignement secondaire doit assurer
rigoureusement la discipline et l'ordre extérieur*, développer l'obéissance et l'amour du travail, la sincérité et la
pureté des sentiments, et trouver dans toutes les branches
de l'enseignement matière à former le caractère et à exciter chez l'élève de saines aspirations ».

Le soin de cette éducation du caractère et de la volonté,
qui doit être la synthèse de l'enseignement secondaire, est
particulièrement confié au professeur principal (*Ordinarius*),
dont M. Pinloche a décrit le rôle et les attributions [1]. Plus
que jamais, on désire que l'influence du professeur principal soit fortifiée, et que son choix soit entouré de toutes
les garanties désirables, car c'est surtout à lui « qu'incombe
la tâche d'entretenir des relations avec les familles de ses
élèves, et d'aider les parents de ses conseils et de ses actes ».
La faible durée des diverses classes est ainsi compensée
par l'unité de direction, confiée au professeur principal.

On a souvent décrit la transformation qui s'est opérée
depuis cinquante ans dans les mœurs littéraires de l'Allemagne. Le réalisme littéraire, qui partout en Europe faisait
son apparition, a gagné, là aussi, la génération nouvelle.
« Les Allemands n'eurent pas en littérature les émules de
Gogol, de Flaubert et de Taine, mais ils eurent des historiens
d'un réalisme puissant, et Mommsen est au premier rang
de ceux-ci [2]. » Trois œuvres à ce moment passionnaient la
jeunesse allemande : le *Faust* de Gœthe, le *Monde comme
volonté et représentation* de Schopenhauer, et l'*Histoire
romaine* de Mommsen. On n'a pas de peine à comprendre

---

[1] *L'enseignement secondaire en Allemagne*, 1900.
[2] Voir Guilland, *l'Allemagne nouvelle*.

ce qui, dans ces trois œuvres, séduisait cette génération rassasiée de rêves, devenue positive et éprise de réalité. Le *Faust* de Gœthe lui prêchait cette philosophie à laquelle le poète, après avoir tant tourné, avait abouti et qu'il résumait dans ces mots : « L'action console de tout. » Après la guerre, pendant vingt ans, les lettres et les arts se sont tus. « La seule littérature qui ait fleuri est la littérature militaire[1]. » Avec les ouvrages du grand état-major, la correspondance de Moltke, les discours et les lettres de Bismarck, les ouvrages de tactique de Du Verdy du Vernois et l'*Histoire d'Allemagne au XIXᵉ siècle* de Treitschke, la grande œuvre de l'époque fut un essai sur la philosophie de la guerre, *la Nation armée* du major Colmar von der Goltz. Rien de plus étrange que cette œuvre et qui donne mieux l'idée de la transformation de l'Allemagne en une vaste Prusse militaire. « C'est l'apologie toute crue du militarisme, dans laquelle on entend célébrer, sur un ton lyrique, la vertu moralisante des grandes boucheries humaines, les bienfaits de l'état guerrier, l'infériorité de civilisation de l'état industriel, la mission de l'armée comme éducatrice des peuples et centre de culture nationale[2] ! » Il y aura des guerres, dit le baron de Goltz, « tant que dans le monde les peuples voudront acquérir les biens terrestres, qu'ils seront animés du désir de *procurer* aux générations futures l'*espace dont elles ont besoin pour vivre à l'aise*, la tranquillité et la considération, tant que ces peuples, sous la conduite de grands esprits, tendront, sans se tenir aux limites étroites des besoins journaliers, à réaliser un idéal politique et civilisateur. Il nous faut accepter ce que les dieux envoient... Les guerres sont le lot des hommes, elles forment le destin inévitable des nations. En ce monde les hommes ne jouiront jamais de la paix[3]. »

Les historiens et littérateurs, en Allemagne, ont pourtant fini par reconnaître que les guerres contre l'Autriche et la France avaient par trop détourné les esprits de la littérature et de l'histoire. Mommsen lui-même se plaignait de ce que la science allemande, depuis 1860, n'était plus ce qu'elle

[1] Voir Guilland, *l'Allemagne nouvelle.*
[2] Guilland, *ibid.*
[3] *La nation armée*, traduction française, p. 452.

avait été : « Elle s'est étiolée, disait-il. Des aspirations
naguère ardentes ont été arrêtées. Des germes pleins de promesse ont été desséchés. Notre gouvernement ne doit pas
avoir de soin plus pressant que celui d'entretenir et de fortifier les sources de la grandeur de l'Allemagne. Notre tâche
est difficile, mais nous pouvons et nous voulons développer
la *science allemande* ». Treitschke, de son côté, jette ce cri
d'alarme : « On dirait que le bruit des armes a fait pousser
une nouvelle race de Béotiens, qu'il est en train d'étouffer
l'intelligence des arts et de la science. Pourquoi rire des
Russes qui mettent des généraux à la direction de leurs jardins
botaniques, quand nous faisons aujourd'hui de même. »
Au vingt-cinquième anniversaire de la bataille de Sedan,
le 19 juillet 1895, moins d'un an avant sa mort, Treitschke
prononça dans l'Aula de l'Université de Berlin un discours
patriotique qui eut en Allemagne un grand retentissement.
Après avoir rappelé tous les glorieux souvenirs de la
« grande année » de 1870 ; après avoir montré que l'Empire
n'avait point désarmé ses ennemis du dedans ni ceux du
dehors, il ajoutait : « Tout est devenu plus grossier dans nos
mœurs : la politique et la vie... Si la politique est devenue
plus grossière, la cause intime en est dans la transformation
inquiétante de notre vie publique. Bien des choses que
nous tenions autrefois pour un apanage de l'Empire romain
de la décadence, sont en réalité un produit de cette culture
intensive des villes qui nous envahit à notre tour. Une société
démocratique ne cherche nullement pour chefs des hommes
de talent, comme se l'imaginent les rêveurs, car le talent
reste toujours une chose aristocratique ; elle cherche des
hommes d'argent ou des démagogues, ou les deux ensemble.
Le respect, que Gœthe nommait la fin dernière de toute
éducation morale, disparaît de la nouvelle génération avec
une rapidité vertigineuse. » Et, parmi toutes les formes
de respect, Treitschke note surtout : respect des bornes
que la nature et la société ont mises entre les deux sexes ;
respect de la patrie, qui s'efface de jour en jour devant
le fantôme d'une humanité jouisseuse. Plus la culture
s'étend, plus elle devient plate ; on méprise la profondeur
du monde antique, on ne considère comme important que
ce qui ne sert qu'à des buts très proches. Aujourd'hui que
chacun parle de tout d'après son journal ou son dictionnaire

de conversation, on rencontre rarement la puissance
créatrice de l'esprit et le courage d'avouer son ignorance,
qui distinguent l'esprit vraiment original. La science, qui
descendait même jadis trop profondément, dans l'espoir
d'atteindre l'insondable, se perd maintenant en surface...
Dans l'ennui d'une existence vide, les passe-temps tels que
les paris aux courses prennent une réelle importance, et
lorsque nous voyons le cas qu'on fait maintenant des héros
de cirque et des bateleurs, nous songeons, pleins de dégoût,
à la monstrueuse et précieuse mosaïque des vingt-huit
lutteurs des Thermes de Caracalla. Tout cela est un signe
sérieux des temps. » Treitschke s'emporte ensuite contre les
Teutomanes, « ces spirituels esthéticiens », comme il les
nomme, qui, en essayant de prouver par l'ethnologie que
la race française n'existe pas, et autres billevesées semblables, « ridiculisent le nom allemand » ; il admire l'esprit
de la Réforme française, qui a donné au monde la plus belle
forme du protestantisme : « le Calvinisme [1] ». Lorsqu'il

---

[1] Treitschke attribuait à l'esprit protestant ce qui s'est fait de grand en
France. S'il reconnaissait que « les essais parlementaires des Français ne
méritent pas complètement le dédain » (III. p. 113), c'est aux protestants
doctrinaires qu'il en rapportait l'honneur. Il disait parfois aussi : « Nous
autres Allemands, nous ne devons pas oublier que la France, dans ses luttes
sociales, a souffert pour le reste du monde » (III. p 228) Il reconnaissait
que les radicaux français, dont il n'aimait certes pas les idées, « avaient souvent fait preuve d'un esprit de sacrifice grandiose et d'une vaillance
héroïque » (Voir Guilland, *Ibid*, 229).

« Depuis 1870, dit aussi de Sybel, nous autres Allemands nous considérons
d'un cœur plus calme que du temps de notre morcellement les vicissitudes
de la politique française. Le danger de guerre est écarté par la défaite de
Napoléon. Le danger de l'invasion des idées françaises (1789, 1830, 1848) est
aussi amoindri. La marche de notre État est profondément différente de
celle de la France après 1789. Notre empire est sorti du principe des nationalités. inconciliable avec les fausses idées d'égalité de la Révolution française. Ces idées dénient tout vrai droit à l'existence individuelle, soit qu'il
s'agisse d'un peuple, soit qu'il s'agisse d'un individu. La prétendue libération universelle des Girondins, les conquêtes universelles de Napoléon
n'étaient pas autre chose que des applications logiques de ce principe fondamental, qui, en France même, a étouffé le libre développement des individus. Le principe des nationalités, par contre, repose sur des idées absolument opposées à celle-là, à savoir que la liberté personnelle ne peut
subsister que sous la protection d'un gouvernement dont les chefs
parlent la langue de leur peuple, partagent ses idées, sentent les battements de son cœur... Comme base : respect de l'individu ; l'accord de la
liberté et du pouvoir est la conséquence du principe des nationalités. Est-ce
trop avancer que de croire que l'Allemagne écartera de son État la fausse
égalité et la licence, qu'elle saura se tenir à l'abri de ces deux excroissances
despotiques, l'église et le radicalisme autoritaire, dont la Commune et les

entendait ses compatriotes tonner contre « les vices de la moderne Babylone », Treitschke ne pouvait s'empêcher de les engager un peu à regarder ce qui se passait chez eux : « Sommes-nous, dit-il, assez supérieurs à la France, au point de vue moral, pour lui adresser de tels reproches ? Si les Français aiment les femmes, nous, nous nous saoûlons volontiers, et je ne sais pas laquelle des deux choses est la plus belle. »

Nietzsche, de son côté, n'a cessé de protester contre la décadence produite, selon lui, dans le domaine intellectuel par la victoire et la gloire militaires. « Il faut s'en accommoder, dit-il, quand un peuple qui souffre et veut souffrir de la fièvre nationale et des ambitions politiques, voit passer dans son esprit un grand nombre de nuages et de troubles divers, en un mot de petits accès d'abêtissement : par exemple, chez les Allemands d'aujourd'hui, tantôt la bêtise antifrançaise, tantôt la bêtise antijuive ou antipolonaise, tantôt la bêtise chrétienne, romantique, tantôt la bêtise wagnérienne, tantôt la bêtise teutonne ou prussienne (qu'on regarde donc ces pauvres historiens, les Sybel et les Treitschke, et leurs grosses têtes emmitouflées), et quel que soit le nom que l'on veuille donner à ces petits embrumements de l'esprit et de la conscience allemande [1]. »

IV

MILITARISME, CAPITALISME ET SOCIALISME

Deux grandes influences ont, dans le cours de notre siècle, et surtout dans la seconde moitié, agi plus que tout le reste sur le caractère et les mœurs de l'Allemand ; le militarisme et le capitalisme, qui, par réaction, ont fait grandir le socialisme.

Kant avait dit : « Le militarisme a développé en Allemagne l'habitude, déjà considérable, de la discipline, de l'ordre et de l'exactitude, de la propreté, de l'entente

Jesuites sont les plus frappants exemples — excroissances qui entravent la réalisation d'un État libre. « Geschichte der Revolutionszeit, IV^{ter} Band, Bonn, 1871

[1] Par delà le bien et le mal, VIII, § 251.

mutuelle et de la camaraderie. » Devenue le modèle de l'organisation et de la hiérarchie, l'armée a exercé une influence croissante et sur l'État et sur la société entière. Mais, au point où on l'a poussée peu après, l'armée allemande tend aujourd'hui à se séparer de plus en plus de l'élément civil ; elle favorise la débauche et l'oisiveté ; elle s'oppose à l'adoucissement et à l'ennoblissement des mœurs ; elle enlève à la nation une foule de forces vives.

Un fléau plus grand encore que le militarisme, en Allemagne, c'est l'excès du capitalisme. On lui reproche d'exercer sur la nation une influence de plus en plus démoralisante : de produire d'un côté le luxe et la cupidité, de l'autre, la concurrence meurtrière, l'exploitation de la force ouvrière et spécialement des femmes, la destruction de la vie familiale, les crises ruineuses, les chômages, la prostitution, la vénalité, l'accroissement de la criminalité juvénile et virile. De fait, et quelle qu'en soit la cause, la criminalité générale va augmentant en Allemagne d'une manière sensible. Sur 10 000 personnes âgées de plus de douze ans, il y avait en moyenne annuelle, dans la période 1883-1887, 115,08 personnes condamnées, dont 39 pour crimes contre les personnes et 48 pour attentats contre la propriété. En 1890, 112,4 (43 contre les personnes, 51 contre la propriété) ; en 1892, 119,9 (44,8 et 55,9) ; en 1893, 120,9 (48,4 et 51,6). De plus, la criminalité de la jeunesse, de douze à dix-huit ans, s'est accrue (comme en France) en proportion beaucoup plus grande que le total des criminels. Les nombres 30,719 en 1882 et 43,776 en 1893 en sont la preuve. Enfin la multiplication des cas de folie, des suicides, des crimes contre les mœurs, accusée par toutes les statistiques, dénote « le bouleversement des systèmes nerveux » et « le bouleversement des carrières ».

Comme remède à l'accroissement de la criminalité juvénile, on a confié aux législations locales le soin « des enfants abandonnés et coupables ». En Prusse, notamment, dans la période de 1858 à 1892, 20 080 enfants ont été soumis au régime de « l'éducation forcée ». L'extension de ce régime est spécialement poursuivie par l'*Association criminaliste internationale*, dont les adhérents sont nombreux en Allemagne, et qui aspire à remplacer la *peine* proprement dite par un *traitement* approprié.

Un autre fléau, l'alcoolisme, a augmenté en Allemagne depuis que le prix de l'alcool de pommes de terre a baissé. La consommation de l'alcool s'élève aujourd'hui à 4 litres et demi (contre plus de 5 litres en France, hélas !). La consommation du tabac est restée à peu près la même. Le malaise moral, comme on le voit, est loin d'être particulier à notre pays. En Allemagne, récemment encore, une adresse signée par plus de 50 000 femmes demandait « aux honorés professeurs, maîtres de conférences et surveillants des universités, académies et autres établissements d'instruction publique » d'employer leur influence à « sauvegarder la santé et la pureté de leurs élèves contre tous genres d'incontinence ». Les plaintes sont à peu près les mêmes dans tous les pays ; partout on regrette de ne plus trouver les fortes convictions qui dominent à la fois la pensée, la volonté, la conduite. Il est impossible de méconnaître combien de traits, dans ce tableau, sont communs à l'Allemagne et à la France. C'est une preuve de la croissante identité des influences intellectuelles, morales, sociales, dans les pays les plus divers et chez les races les plus diverses. Les « caractères » des nations sont de plus en plus masqués par les maximes de la conduite collective, qui finissent par entraîner les mêmes mœurs collectives, aussi bien chez les Germains ou prétendus tels que chez les Celtes ou chez les prétendus Latins.

Dans l'ancienne Fédération allemande, les pays catholiques étaient prépondérants, ce qui constituait un désavantage pour l'Allemagne protestante du Nord. Au contraire, dans le nouvel Empire, de même qu'en Prusse, la population catholique dépasse à peine le tiers de la totalité. Mais, selon M. Tœnnies, il faut tenir compte d'une notable différence entre les deux groupes. La grande masse des catholiques allemands, même dans les grandes villes, reste fidèle à l'Église ; le catholicisme a augmenté, dans sa lutte avec l'État, son autorité et sa puissance ; au contraire, « presque toutes les classes du peuple protestant, et surtout la classe des prolétaires, sont devenues de plus en plus indifférentes à l'égard de leur église, et même une grande partie de ce peuple la renie ». M. Tœnnies nous apprend que, dans les classes supérieures des pays protestants, ce qui règne *en réalité*, c'est « la morale du patriotisme, de l'honneur extérieur et de la vie conforme à la situation de chacun ».

De la crise morale et religieuse est inséparable la crise sociale. Devant le militarisme triomphant se dresse l'ennemi de demain : le socialisme. Tout ce qui a été si fortement centralisé en vue de la domination d'une dynastie peut finir un jour par être l'instrument de la domination d'une classe, celle des prolétaires : *sic vos non vobis !* Ceux qui ont la superstition des races ont prétendu que les races latines (qui précisément ne sont pas latines) sont socialistes de caractère, tandis que les germaniques seraient individualistes par droit de naissance. L'Allemagne actuelle est loin de confirmer ces théories. Ce pays avait si longtemps végété sous le régime de la dissémination féodale, que la formation de l'unité nouvelle amena tout naturellement, selon la remarque de M. Bamberger, un courant d'enthousiasme vers la force concentrée de l'Etat. Ce fut à qui glorifierait le plus la grande collectivité et la chargerait des plus nobles fonctions. « Un homme d'Etat qui aspirait, comme M. de Bismarck, à réunir dans sa main le plus de pouvoir possible et à s'identifier avec l'Etat même, devait naturellement favoriser ce penchant. » Déjà, d'ailleurs, le règlement industriel primitif de la Prusse contenait certaines prescriptions qui impliquent le socialisme d'Etat. Ne lit-on pas, au titre XIX, deuxième partie, du *Preussische allgemeine Landrecht :* « § A. L'Etat doit fournir la nourriture et l'entretien aux citoyens qui ne peuvent se les procurer eux-mêmes ou qui ne peuvent l'obtenir de ceux qui y sont tenus par la loi. § 2. A ceux qui ne trouvent pas à s'employer on assignera des travaux en rapport avec leurs forces et leurs aptitudes. § 3. Ceux qui, par paresse ou goût de l'oisiveté, négligent de se procurer des moyens d'existence, seront tenus à exécuter des travaux utiles, sous la surveillance de l'autorité. § 6. L'Etat a le droit et le devoir de créer des institutions au moyen desquelles le dénuement des uns et la prodigalité des autres sont également empêchés. § 7. Est absolument interdit dans l'Etat tout ce qui peut avoir pour effet de provoquer l'oisiveté, surtout dans les classes inférieures, ainsi que tout ce qui peut détourner du travail. § 10. Les autorités commu-

nales sont tenues de nourrir les habitants pauvres. » C'est
le droit au travail joint à l'obligation du travail. Tempérés
très heureusement dans l'application, ces principes ont
rendu possible la « législation sociale de l'Empire ». Le
13 juillet 1878, l'inspection industrielle devient obligatoire
dans les divers Etats, dont chacun l'exerce pour son compte.
En 1883, on organise l'assurance obligatoire des ouvriers
(industriels, ruraux, domestiques, etc.) contre la maladie ;
l'année suivante, contre les accidents ; en 1889, contre l'invalidité et la vieillesse. De plus, on institue le bureau des
assurances de l'Etat, chargé de réaliser ces lois et, pour
cela, de s'immiscer directement dans la vie économique des
individus. En 1893, l'assurance contre la maladie disposait
déjà de 21 226 caisses, avec 7 millions et demi de membres,
qui ont dépensé 114 millions ; l'assurance contre les accidents enveloppait 18 millions de personnes avec 59 millions
de dépenses. Les invalides du travail et les vieillards se
virent attribuer au 31 décembre 1893, 210 204 pensions de
retraite équivalant à une somme de 15 millions.

L'excellente loi de 1891 limite l'arbitraire de l'employeur
dans les contrats et les règlements d'atelier, fixe à onze
heures la journée de travail pour les femmes, interdit le
travail des enfants au-dessous de treize ans et le travail
de nuit des femmes et des enfants. D'autres utiles prescriptions ont trait à l'hygiène, à la moralité et au repos dominical, devenu obligatoire d'abord dans le commerce, puis
dans la plupart des industries. N'ayant point été ébranlé,
comme chez nous, par des révolutions et des échecs de
toutes sortes, l'Etat garde en Allemagne son prestige et continue de s'attribuer une mission non seulement historique
et politique, mais sociale, avec la prétention d'incarner
l'« esprit collectif », l'« idée » du peuple germanique. On
croyait que les lourdes charges imposées par l'Etat dans un
intérêt de justice sociale et de paix entre les classes amè-
neraient à bref délai la ruine de l'industrie allemande ; il
s'est trouvé, tout au contraire, — soit coïncidence, soit con-
nexion intime, — que le merveilleux essor de cette industrie a accompagné l'extension de la législation industrielle,
plus vaste en Allemagne qu'en aucune autre nation.

Cette extension, d'ailleurs, n'a pas empêché les fondations
particulières de philanthropie et de justice sociale. Les

directeurs de la fondation Zeiss, par exemple, n'ont pas seulement montré, comme nous l'avons vu plus haut, ce que peut le concours organisé de la science et de l'industrie, *geordvetes zusammenwirken von Wissenschaft und technischer Kunst ;* ils ont aussi montré ce que peut le concours des patrons et des ouvriers pour améliorer le sort des seconds sans compromettre l'autorité des premiers. Ils ont posé ce principe si vrai que : « Quelle que soit la richesse actuelle du code des lois sociales, et quelle qu'en puisse être l'extension future, ce code n'épuisera jamais la matière ; il ne fonde qu'un strict minimum de droits et de devoirs ; il laissera donc toujours à l'initiative individuelle, en dehors et au delà de ce minimum de justice sociale que garantit la loi, un vaste champ d'activité ». Le professeur Abbe était convaincu qu'il ne saurait suffire d'améliorer le « bien-être matériel » de la population ouvrière sans se préoccuper d'améliorer « sa situation juridique », qu'il faut fonder solidement l'autorité sans lui permettre de se changer en arbitraire ; car, « pour être légal et régulier, l'arbitraire ne cesse pas d'être l'arbitraire, *Willkür nicht aufhoert Willkür zu sein* [1] ».

Par la puissance et par la variété de ses associations coopératives, le peuple allemand tient de beaucoup la tête des autres peuples. Chez quelques-uns, tels que l'Angleterre, les associations coopératives de consommation, chez quelques autres, tels que les Etats-Unis, les *Building societies* ont pris un développement tout au moins égal a

---

[1] Outre les règles relatives aux pensions de retraite, à la durée normale de la journée de travail et au prix des heures supplémentaires, on a signalé dans les statuts de la fondation Zeiss bien des traits originaux : le congé annuel de douze jours par an, avec paye intégrale ; le service militaire considéré comme une simple interruption de travail au bout de laquelle l'ouvrier est sûr de retrouver sa place à l'usine ; les congés accordés avec paye intégrale aux ouvriers investis de fonctions publiques non rétribuées ; les jeunes ouvriers et les femmes ne devant jamais être employés pour réaliser une économie sur la main-d'œuvre, mais seulement pour l'apprentissage ou pour l'exécution de travaux délicats ; pensions de retraite partiellement réversibles sur les orphelins ou les veuves ; caisse d'assurance contre la maladie ; participation aux bénéfices attribuée, en cas de bénéfices dépassant un certain minimum, au personnel ouvrier, sans que jamais celui-ci puisse le réclamer comme un droit ; enfin indemnité de renvoi, lorsque la maison se voit obligée de renvoyer un ouvrier sans manquements graves au devoir professionnel, — indemnité qui ne peut être inférieure à la valeur du salaire intégral d'une demi-année, etc. (Voir Arbeitsrecht, *Statut des Zeiss-Stiftung zu Iena*, et Brunhes dans la *Quinzaine* du 16 août 1897.)

celui de l'Allemagne ; mais aucune nation ne dispute le
premier rang au peuple allemand pour l'ensemble et pour
la diversité de ses associations coopératives, ni pour l'entente,
la pratique, le respect du droit d'association [1]. Cette importance des associations coopératives en Allemagne et des
grandes lois sociales qui en sont le couronnement a provoqué, chez les économistes, bien des réflexions ; ce qui les
a frappés surtout, c'est la grandeur des sacrifices que l'on
a pu obtenir des diverses parties de la population allemande. A ces sacrifices déjà énormes, et cependant bien
supportés, il faut joindre encore les sommes, relativement
considérables, affectées soit aux versements dans les
diverses caisses d'épargne, soit aux compagnies d'assurance sur la vie. Des prélèvements aussi étendus et toujours croissants attestent, avec une prospérité réelle, un
« pouvoir d'épargne toujours grandissant [2] ». Malgré toutes
les charges des lois ouvrières, malgré les cotisations
diverses auxquelles les travailleurs se soumettent volontiers, les dépôts des caisses d'épargne n'ont pas cessé de se
développer. Pour la Prusse, la Bavière et la Saxe, ils attei-
gnaient, dès 1892, plus de 5140 millions de francs, contre
3405 millions en France.

Le vote des lois ouvrières [3] d'assurance a créé pour l'Allemagne une situation très originale par rapport aux autres
pays. En Angleterre et aux Etats-Unis, le principe de la
liberté individuelle absolue ne souffre qu'une seule exception : obligation pour chacun de livrer à l'Etat, sous forme
d'impôt, une partie du fruit de son travail. L'Etat fournit en
échange « le grand outillage », tels que routes, canaux, etc.,
et aussi la sécurité. Dans la plupart des autres pays, on a
admis une deuxième exception, « l'impôt du sang ». Les
Etats germaniques ont innové une nouvelle exception ; son
objet est « d'assurer la conservation de ces ouvriers dont
l'organisation actuelle du travail fait une si effroyable consommation ». La réforme allemande n'a pas un caractère
exclusivement social ; on y a reconnu aussi une tentative

[1] Ch Grad, le Peuple allemand ; E. Fournier de Flaix, En Russie, A
travers l'Allemagne.

[2] Fournier de Flaix, A travers l'Allemagne, II, 375.

[3] Voir H. Fix, Quelques formes nouvelles d'assurance. (Revue scientifique
mars 1898)

politique de centralisation, un « gigantesque effort d'ingérence de l'Etat dans le travail même », et surtout dans le développement normal de la nation, pour lui imprimer un cours déterminé.

L'assurance obligatoire est une des formes de l'impôt. Et cet impôt est loin d'être léger. Si on fait le total des sommes annuellement versées, et qu'on le divise par le nombre maximum des assurés, dont une partie paie les trois assurances, on trouve une moyenne de plus de 18 marks (de 22 à 23 francs) par tête d'assuré.

Quel que soit celui des quatre objets cités plus haut auquel s'applique l'assurance, son mécanisme reste le même. L'obligation qui en forme la base est cependant, comme les classes sociales, « elle-même soumise à un échelonnement » ; elle n'est absolue que pour les ouvriers exerçant une profession industrielle pour le compte d'un tiers et dont le salaire ne dépasse pas un taux déterminé. Cette première catégorie, celle dont il était le plus facile à l'Etat de s'emparer, a servi en quelque sorte de « type », pour tout le reste. On a ensuite créé des adjonctions successives, plus ou moins serrées, en procédant par assimilation, en vertu du principe que « l'assurance est d'autant plus productive que le nombre des assurés est plus grand ». Une loi du 10 avril 1892 est venue associer les petits employés aux ouvriers manuels. Les petits patrons, les ouvriers travaillant à domicile, sont admis *facultativement*, ainsi que les agriculteurs. Parmi les raisons qui ont empêché d'assimiler totalement ces derniers aux ouvriers, on a noté la crainte de toucher aux privilèges, quasi féodaux, d'une partie de la noblesse chez laquelle « les initiateurs de l'œuvre ne se souciaient pas de provoquer de trop profonds mécontentements ». Outre les obstacles d'ordre politique et social, il en est d'autres « nés de la pauvreté et quelquefois de la demi-servitude de la classe rurale ». Ainsi la loi du 22 juin 1889, relative aux pensions d'invalidité et de vieillesse, range au nombre des personnes qui ne sont pas soumises à l'assurance celles qui, au lieu d'un salaire, ne gagnent que leur entretien gratuit. Or, la condition du paysan allemand ne lui laisse souvent rien ou presque rien en dehors du plus strict nécessaire.

En ce qui concerne la maladie, l'assurance est constituée

au moyen de caisses locales ayant les frais d'administration à leur charge et répondant aux besoins des différents genres d'industrie représentés « dans l'*endroit* ».
L'endroit peut consister en une commune ou en un établissement industriel. Dans le premier cas, l'organisation
est confiée aux autorités locales ; dans le second, aux chefs
de l'établissement. Ces derniers sont en même temps tenus
de contribuer aux cotisations dans une proportion assez
forte. La prime obligatoire payée par l'ouvrier varie, suivant les localités et les circonstances, entre 1 et 4 et demi
p. 100 du salaire moyen, et le tiers en est fourni par le
patron.

Dès 1893, les caisses locales étaient déjà au nombre
de 27 700, et le chiffre des personnes assurées atteignait
8 millions. Les recettes, la même année, furent de 135 millions de marks ; le capital en marks a été porté à 105 millions, nets de 127 millions de dépenses, et 167 en 1895.
L'impôt allemand, comme l'a remarqué M. Duclaux[1], a un
caractère spécial. Le produit n'en est pas versé dans les
caisses publiques pour alimenter les dépenses générales.
Il est administré, dans un intérêt particulier à ceux qui en
portent le poids, par un comité placé à portée du contribuable, car la caisse peut être communale, locale, ou
même ne pas s'étendre au delà des limites de l'usine ou de
la fabrique dans laquelle travaille l'ouvrier. « Son argent est
géré sous ses yeux, tandis que d'un autre côté, le lien légal
créé entre toutes ces caisses leur permet de s'entendre,
de se coaliser, de grouper leurs ressources pour une œuvre
utile dans l'intérêt de tous. On voit à la fois la souplesse
et la solidité de ce mécanisme. »

Cela posé, la logique des choses s'est montrée « dominatrice des conventions humaines » et a conduit plus loin
le fonctionnement des caisses d'assurance. Une caisse contre
la maladie, en effet, doit non seulement soigner ses malades,
mais encore veiller sur l'hygiène des bien portants, pour
éviter le plus possible des chances de maladie. C'est non
seulement son devoir humanitaire, c'est aussi son intérêt
financier. Une caisse d'assurances contre l'invalidité et
contre la vieillesse, doit, de même, donner des pensions à

---

[1] *I. Hygiène sociale*, p. 144 et suiv.

ses ouvriers devenus incapables de travailler pour une cause
quelconque (les cas d'accidents réservés, pour lesquels
existe une caisse spéciale) ; elle a donc, de ce fait, des préoccupations d'hygiène. « Les deux groupes de caisses ont
par conséquent des intérêts communs, peuvent faire con-
corder sur ce point leurs efforts, et, comme les fonds
qu'elles administrent leur viennent, non de la charité des
particuliers ni de celle de l'État, mais des intéressés eux-
mêmes, elles sont conviées à fournir le maximum de
résultat avec le minimum de dépense possible. Ce ne sont
plus des établissements de charité, ce sont des maisons de
commerce, des coopératives : elles vendent de la santé à
leurs clients, qui sont aussi leurs commanditaires[1]. »

Cette excellente remarque de M. Duclaux permet de juger
au point de vue social l'impôt allemand. En ne songeant
qu'à l'origine des ressources, prélevées tant sur le patron
que sur l'ouvrier, on pourrait dire : « C'est un impôt sur
le travail, qui doit réagir sur le prix de revient de l'objet
fabriqué ». En fait, répond M. Duclaux, cela est vrai, mais
on ne voit pas que cet impôt ait beaucoup gêné le développement énorme du commerce et de l'industrie en Allemagne
depuis quinze ans. En songeant d'ailleurs à la façon dont
cet impôt est employé, le vrai caractère de la combinaison
apparaît : « c'est une nouvelle industrie, portant sur une
denrée inexploitée jusqu'ici, la santé, et qui, lorsque son
inventaire de fin d'année accuse une augmentation dans le
chiffre d'affaires, accroît la fortune publique. En d'autres
termes, l'argent qu'on verse dans cette industrie, quand elle
marche bien, est « un placement dans une industrie à bénéfices[2] ». L'essentiel est donc une bonne gestion qui, dans
l'espèce, n'a pas manqué. A l'origine, les caisses contre les
maladies ont traité les malades chez eux, puis à l'hôpital,
qui était plus économique ; elles ont payé de bons médecins
et de bons chirurgiens, ont fini par avoir des hôpitaux à
elles, ont créé des maisons de convalescence. En 1898, elles
ont dépensé, d'accord avec les caisses contre l'invalidité,
environ trente-et-un millions de marks, dont vingt-et-un millions pour la construction d'habitations à louer aux ouvriers,

[1] *L'Hygiène sociale*, p. 144 et suiv.
[2] Duclaux, *ibid*.

et dix millions pour l'édification d'asiles, de maisons de convalescence, de crèches, de jardins d'enfants, de bains populaires, etc.

M. Duclaux a étudié particulièrement la lutte contre la tuberculose en Allemagne. Cette tuberculose, si répandue, n'aboutissant à la mort qu'après de longues années de souffrance, fut, dès l'origine, une préoccupation pour les deux caisses d'assurances ouvrières. Déjà, en 1895, c'est-à-dire six ans seulement environ après la mise en vigueur de la loi, le docteur Gebhardt signalait le péril au congrès de Stuttgard. Sur 60 000 rentes d'invalidité, 8 500 allaient à des tuberculeux, et ce chiffre augmentait tous les ans. C'était la ruine assurée et la faillite des Offices d'assurance, à moins d'une augmentation des cotisations contre laquelle tout le monde protestait d'avance. Pour parer à ce danger, on pensa à utiliser les sanatoriums. Ces établissements, où l'on envoie seulement « les tuberculoses commençantes et vraiment guérissables », ont, joints à la construction de maisons meilleures pour les ouvriers, diminué notablement les décès par tuberculose, qui ne sont plus que deux là où, en France, ils sont quatre.

L'assurance contre les accidents est un corollaire de celle contre la maladie. Elle en diffère toutefois sur divers points. L'accident peut survenir par la faute de l'ouvrier ou bien par celle du patron, dont la loi du 7 juin 1871 avait déjà établi la responsabilité. Mais la preuve était d'autant plus difficile à faire, qu'entre l'employeur et l'employé, l'inégalité de forces était grande ; la loi d'assurance du 6 juillet 1884 est venue se substituer au juge sans cesse embarrassé par les procès [1].

L'accident étant, bien plus que la maladie, une conséquence de la profession, les caisses ne sont plus locales, elles dépendent des patrons réunis par régions ou associations professionnelles. Les ouvriers n'y sont pas admis, mais simplement représentés, parce qu'au lieu de supporter, comme pour la maladie, 66 p. 100 des charges, il n'y en a que 11 p. 100 qui leur incombe. Malgré l'autonomie administrative des caisses contre les accidents, les caisses relèvent d'une façon assez intime de l'Office impérial des

[1] Voir encore M. Fix, *Quelques formes nouvelles d'assurance.* (*Revue scientifique*, mars 1898.)

assurances, qui joue le rôle d'une sorte de « tribunal au
contentieux et sans appel ».

« Ces combinaisons ont le mérite d'être à la fois savantes
et habiles, car elles mettent les patrons dans la main de l'État
aussi bien que les ouvriers. Le côté faible est toujours la
participation de l'agriculture, où il n'y a, en réalité, comme
patrons, c'est-à-dire comme propriétaires terriens, que les
membres de l'aristocratie, sur lesquels une mainmise osten-
sible ne peut encore être essayée sans danger [1]. »

Les catégories auxquelles le principe de l'assurance a
été progressivement transmis sont : transports, 28 mai 1887 ;
employés et soldats, en dehors des circonstances de guerre,
15 mars 1886 ; petits propriétaires et forestiers, 5 mai 1886 ;
chantiers de la marine, 11 et 13 juillet 1887.

Les caisses de maladies et celles d'accidents sont autorisées à se prêter un mutuel secours, matériel ou pécu-
niaire, à charge de remboursement.

En 1893, les industries se répartissaient en 64 associations contre les accidents, comprenant au total 18 millions
de personnes. 74 millions de marks avaient été versés, amenant le capital social à 117 millions, défalcation faite de
58 millions de dépenses. Depuis l'origine de l'institution,
environ 150 millions de marks ont été payés par les patrons
pour indemniser les ouvriers, et 100 millions pour constituer les réserves légales [2].

Pour l'invalidité et la vieillesse, la loi du 22 juin 1889 a
étendu l'obligation de l'assurance à peu près aux mêmes
classes que celles dont il a été question ci-dessus, « à partir
de 16 ans jusqu'à 70 ans ». Tout le monde étant soumis, en
cas de longévité, à la vieillesse, on s'attend à trouver un
chiffre d'assurés au moins égal à celui des assurés contre
les accidents. « Il n'en est rien : 11 millions, au lieu de
18 millions. Cela tient, comme pour la maladie, à l'absence
presque complète des agriculteurs, qui sont confiants dans
la force de leur santé qu'entretient la vie en plein air, comptent travailler jusqu'à leur dernier jour, ne craignent que les
accidents, et qui échappent à l'obligation en conséquence
des motifs économiques et politiques exposés plus haut [3]. »

[1] Voir M. Fix, *ibid.*
[2] H. Fix, *ibid.*
[3] *Ibid.*

Les ressources sont fournies concurremment par l'Empire, les patrons et les assurés. L'Empire verse une somme fixe de 50 marcs et prend les frais d'administration à sa charge, pour toute pension payée. Les patrons et ouvriers participent par moitié aux cotisations, dont le taux est réglé sur « une échelle de salaires professionnels moyens annuels, calculés sur 300 journées ». Le patron, percepteur de la cotisation, peut exercer des retenues sur la paye. La cotisation se verse au moyen de l'achat de « timbres » que le patron colle sur un « livret spécial ». En somme, elle est fort élevée car le taux varie de 14 à 30 pfennigs (15 à 35 c.) par semaine, pour obtenir, à 70 ans, une pension variant entre 106 et 191 marcs. Le taux de la pension d'invalidité est un peu inférieur, mais on espère « qu'au bout d'un certain nombre d'années, les chiffres se relèveront jusqu'à 162 et 448 marcs ».

L'assurance contre la vieillesse et les infirmités fonctionne au moyen d'établissements d'assurances dont les districts sont délimités conformément aux divisions administratives ou politiques. Les conseils directeurs sont électifs, mais relèvent de l'Office impérial des assurances.

En 1893, les recettes ont été de 103 500 000 marcs et le capital de réserve est monté à 245 600 000 marcs. Les dépenses se sont limitées à 21 500 000 marcs, auxquels il faut ajouter un subside d'Empire de 11 300 000 marcs. Le tableau suivant, emprunté à l'étude de M. H. Fix sur les assurances, donnera une idée des résultats généraux pour l'année 1893.

Population totale de l'Empire allemand.		50 000 000
Ouvriers salariés (un quart)		12 500 000

Assurances contre :	Maladie.	Accident.	Invalidité.
Personnes assurées	7 630 000	18 050 000	11 280 000
— indemnisées	2 768 000	258 460	239 650
Recettes (marcs).	135 000 000	74 400 000	114 800 000
Dont : payé par les patrons.	32 000 000	58 400 000	48 100 000
— ouvriers	78 000 000		48 100 000
Dépenses	127 000 000	58 400 000	114 800 000
Dont : indemnités	103 000 000	88 200 000	28 000 000
frais de gestion . .	6 100 000	8 000 000	4 800 000
Capital	105 000 000	116 900 000	245 600 000
Indemnité payée par cas . .	37	171	117
Charge par tête d'assuré . .	14	3,2	9,5
Charge en 1897	13		

A ce tableau, M. Fix rattache encore quelques chiffres.
Les cas de maladie sont moins nombreux chez les femmes
que chez les hommes, 32 au lieu de 38 p. 100. Les caisses
privées, qui n'existent à peu près que pour la maladie,
superposent aux caisses d'Etat environ 12 p. 100 d'assurances volontaires. Le nombre des blessés par accident, en
1893, avait été de 6,3 p. 1 000. Dans l'assurance contre l'invalidité et la vieillesse, lorsqu'un septuagénaire arrivera à
toucher au minimum 162, au maximum 448 marcs de pension, il aura dû payer, pendant 50 ans, une somme totale
de 227,50 ou 566,80 marcs, selon le cas.

Les assurances imposent aux patrons encore d'autres
charges que les charges pécuniaires, qui les obligeront à
relever les prix de vente. « Un Français qui possède en
Alsace (où il ne lui est d'ailleurs pas permis de résider
plus de vingt journées par an) une manufacture occupant
cent ouvriers et produisant un article de demi-luxe dont la
matière première ne se trouve que dans le pays, me disait
qu'un de ses employés était uniquement employé à la
comptabilité des assurances, et que la maison devait subir
de fréquentes visites d'inspecteur. Ce dernier point est à
noter[1] ».

II. — Le socialisme d'État, en Allemagne, comme aussi les
institutions sociales privées, a pour ennemi le collectivisme évolutionniste ou révolutionnaire, qui veut tout ou
rien. Le collectivisme allemand nie la morale du patriotisme militaire, du dévouement au souverain, du respect
de l'autorité. Il ne nie pas moins, aux yeux du peuple,
la sainteté de la religion traditionnelle que la sainteté de la
patrie. L'ouvrier allemand qui devient socialiste cesse peu
à peu de fréquenter l'église et se fait incrédule; depuis
trente ans, bien que le socialisme ait, comme on l'a vu,
déclaré la religion « chose privée », il s'est réduit incons-
ciemment à « une formidable propagande d'athéisme[2] ».
Que devient d'ailleurs la religion, selon les principes du
« matérialisme historique?» Elle est un simple « reflet de la
condition économique » et un des principaux « instruments

[1] M. Fix, ibid
[2] M. Ferrero, l'Europe giovane

de la domination des classes. » — Opinion d'ailleurs tout opposée à ce que nous enseigne l'histoire sur le rôle énorme des religions à l'origine des peuples, en des temps où la vie économique était si peu développée. La conception marxiste aboutit à considérer le protestantisme même, dont l'Allemagne était si fière, comme un moyen « d'oppression bourgeoise ». Luther n'est plus que « l'instrument inconscient d'une lutte économique »; Gustave-Adolphe, selon Franz Mehring, est « le champion antipathique de la classe des bourgeois ».

La loi de 1878 contre les tendances subversives de la démocratie socialiste, n'a fait qu'augmenter la force du parti, en l'astreignant, par les persécutions, à une discipline plus rigoureuse. Cet esprit de discipline, d'ailleurs, caractérise tout en Allemagne. Grâce à lui, le socialisme possédait déjà, en 1895, malgré une division des circonscriptions défavorable aux grandes villes et aux centres industriels, 47 sièges au Parlement de l'Empire, et il représentait plus du quart des suffrages exprimés [1]. Le parti entier, modèle d'administration méthodique et scrupuleuse, fonctionne comme une banque ou un ministère; il sait « tirer du plus enragé socialiste un fonctionnaire exemplaire [2] ». Les Allemands, ici comme ailleurs, partent de ce principe que l'héroïsme est rare, intermittent et passager, tandis que l'énergie du travail est commune et continue chez beaucoup d'individus, principalement en Allemagne. « Fonder un parti sur l'héroïsme, c'est confier une expédition vers le pôle nord à l'enthousiasme d'un poète »; l'héroïsme fait les révolutions, non les partis révolutionnaires.

On le voit, l'individualisme de l'Allemand ne l'empêche pas de devenir, à l'occasion, le vrai « collectiviste », non

---

[1] Dès l'année 1894, le parti socialiste possédait en Allemagne trente-sept journaux politiques quotidiens, trente-sept autres paraissant de une à trois fois par semaine; cinquante-trois journaux de métier. Le *Worwaerts*, organe du parti central, tirait à 50 000 exemplaires. Le parti a une revue, *the Neue Zeit*, deux journaux humoristiques hebdomadaires, dont l'un, *Der Wahre Jacob*, tire à 300 000 exemplaires; un journal hebdomadaire illustré pour les familles, *Die Neue Welt*, qui tire à 160 000 exemplaires, etc. Ajoutez une quantité énorme de petits livres de propagande et de pamphlets d'occasion. On en a vendu en 1894 pour 150 000 marks. La seule caisse centrale du parti, sans compter toutes les caisses locales, a encaissé, en 1894, 95 millions de marks et en a dépensé 332 000.

[2] Ferrero, *Europe giovane*, 212.

seulement d'idées mais de caractère et de naturel. Il travaille volontiers « en grandes masses ». En général, dit M. Ferrero (qui d'ailleurs exagère), « les gloires historiques de la Germanie sont des entreprises et gestes non d'individus, mais de masses, depuis les antiques invasions barbares jusqu'à la Réforme, au socialisme, à la nouvelle émigration colossale vers tous les pays du monde. » Comment ne pas reconnaître l'esprit allemand dans un socialisme à la fois systématique et réaliste, organisé comme une armée et comme une administration, et qu'on a justement appelé « la révolution bureaucratisée » ? Avec un orgueil messianique d'un nouveau genre, un collectiviste allemand n'a pas craint de dire : « Nous représentons l'accomplissement d'une loi de la nature. » C'est toujours l'histoire réelle érigée en logique idéale, le fait en droit, le succès en légitimité ; le socialisme s'applique à lui-même les théories de l'impérialisme, auquel il espère bien succéder un jour. Il s'applique également l'esprit centralisateur, l'esprit bureaucratique et fonctionnariste, enfin l'esprit militaire. C'est avec les armes forgées par le nouvel Empire qu'il pense venir à bout de l'Empire lui-même. Rien n'assure qu'il n'arrivera pas à ses fins.

III. — En somme, d'idéaliste qu'elle était, l'Allemagne est devenue de plus en plus réaliste. Elle s'industrialise, elle s'enrichit, elle révèle au monde un pays de commerçants et de militaires en même temps qu'un pays d'ouvriers préparant l'assaut de la classe bourgeoise. La prospérité politique et matérielle semble l'avoir portée à l'apogée de sa grandeur, mais il est plus d'un penseur, en Allemagne, qui se demande ce que sera l'avenir. M. de Bismarck compare le socialisme au *prophète voilé* de Moore, qui couvre son visage pour ne pas le faire apparaître en toute sa brutalité; mais ne pourrait-on appliquer la même comparaison au militarisme, dont M. de Bismarck s'est fait le défenseur? Le célèbre homme d'État disait un soir à ses amis, selon M. Moritz Busch, qu'il aurait à rendre compte à Dieu de trois grandes guerres, parce qu'elles étaient son œuvre; or, avant ces guerres sanglantes, l'Allemagne était déjà unie par la communauté de la langue, de la vie intellectuelle, par l'union douanière et monétaire. Ceux qui, en Alle-

magne, ont conservé l'esprit libéral et juridique du noble
Kant et qui considèrent le fatalisme historique de Hegel
comme un recul vers les idées de barbarie, se demandent si
leur patrie n'aurait pas pu, sans le secours d'une conquête,
arriver à un système meilleur au point de vue économique
et administratif. Aujourd'hui même, entre les diverses
parties du nouvel Empire, bien des différences politiques
et administratives sont restées; aux gouvernements locaux on a simplement superposé, selon l'expression de
M. Ferrero, « la colossale structure de l'Empire, dont
les fonctions principales sont encore la fonction militaire et la diplomatique. » Mais, ajoute le penseur italien,
admirateur des races germaniques, si l'Allemagne a augmenté son pouvoir de résistance aux ennemis extérieurs,
comme il lui a fallu pour cela trois grandes guerres, elle
n'a pu y parvenir qu'en se créant nombre d'ennemis nouveaux; si bien que la concentration militaire de l'Empire a
pour utilité « de parer aux dangers qu'elle a elle-même
produits! » C'est un « cercle vicieux », où sont envelop-
pées « les souffrances de millions d'hommes. »

Dans les guerres et conquêtes de l'Allemagne, M. Ferrero
ne trouve guère, comme bénéfice net qu'une sécurité plus
grande devant le grand État slave. Encore eût-il pu remarquer
que ce bénéfice même, — surtout depuis l'alliance franco-
russe, résultat final de la guerre franco-allemande, — est
devenu encore plus problématique. A l'intérieur, sous l'apparente union des Allemands, on trouve bien des désaccords
réels; les bourgeois de toute l'Allemagne se lèvent contre
les nobles prussiens; les industriels, contre les grands propriétaires fonciers; les catholiques, contre les protestants;
les protestants, contre les juifs; les petits commerçants,
contre les gros; la majorité du pays est en révolte, ouverte
ou latente, contre les traditions soldatesques et impériales
de la politique bismarckienne; les États particuliers, contre
l'Empire, les Polonais et les Alsaciens, contre les Prussiens, sans compter la grande lutte des conservateurs et
des socialistes. De tout cet état de choses, M. Ferrero
conclut que la conception pangermaniste de M. de Bismarck,
comme celle de tant d'autres amis de la guerre, notamment
de Napoléon, « est une colossale chimère politique. » Dans
ces avertissements venus d'un Italien, tout n'est peut-être

pas à dédaigner pour les Allemands. S'il est vrai, comme le croient les Allemands eux-mêmes, qu'il y ait une justice des choses « immanente à l'histoire », cette justice historique, qui a si sévèrement puni les Français de leur coopération à l'œuvre des Napoléons, pourrait bien un jour atteindre les Allemands pour leur coopération à l'œuvre des hommes d'État qui ont osé dire à la face du monde : « Les grandes questions de l'époque doivent se résoudre par le fer et le sang. » Où est le temps où la nation allemande parlait de vaincre « par l'impératif catégorique », et quel jugement porteraient les Kant et les Fichte sur cette politique matérialiste de la force et de la conquête ?

A vrai dire, la conscience allemande a eu beau tout ensemble et se remplir et s'élargir progressivement, elle a toujours conservé son caractère originel de particularisme national. Ce n'est plus, sans doute, la « cité de Berlin » ou la « cité de Vienne » qui est sa préoccupation, ce n'est plus la Prusse ou la Bavière, mais c'est l'Allemagne, — sentiment légitime, — et exclusivement l'Allemagne, — sentiment moins légitime. L'idéalisme religieux a été mis lui-même au service des ambitions les plus réalistes de race et de nationalité. Il existe chez les peuples une force qui les concentre sur eux-mêmes et leur fait affirmer leur individualité propre ; il existe aussi en eux une force centrifuge qui les ouvre au dehors, les fait sortir d'eux-mêmes pour s'assimiler l'esprit de l'humanité. Les caractères nationaux varient selon la proportion de ces deux tendances opposées : ils sont plus ou moins ouverts et universels, fermés et individuels. Il y a longtemps que l'on a remarqué, par exemple, la tendance de plus en plus expansive de l'esprit français. Si la France fut souvent trop humanitaire dans ses idées et ses sentiments, il faut convenir que l'Allemagne ne le fut jamais trop. Herder a beau soutenir que l'esprit de sa nation est celui de l'Humanité, on ne saurait accorder que la conscience allemande soit vraiment universelle. Nous en avons trouvé la preuve dans la théorie au nom de laquelle l'Allemagne a toujours voulu justifier ses conquêtes ; elle n'a nullement parlé et agi au nom de l'humanité et pour l'humanité, mais bien au nom de la race germanique et pour la race germanique. Elle a fini par pratiquer, au xix⁰ siècle, la haine à la fois scientifique et mystique des peuples ; au nom de la science, de l'histoire, de la philologie, elle s'est considérée comme de race supérieure devant les « Latins » et les « Slaves » ; au nom des droits mystiques de la Germanie, elle s'est attribué la tâche divine de « châtier par l'épée » ces immoraux et ces impurs. Il y a là une dernière transformation du vieux fanatisme allemand, qui mêla toujours le « zèle » à la « haine ». L'État étranger, la royauté étrangère, auxquels s'attaquaient jadis les guerres, étaient des principes abstraits, dont le peuple se sentait jusqu'à un certain point détaché ; aujourd'hui, c'est le peuple étranger lui-même que la guerre, conçue à la manière allemande, attaque dans son sang et dans sa race ; la masse entière des esprits, et surtout les plus bornés, se trouve mise en mouvement par des passions qui, autrefois, n'agitaient que le faible nombre des hommes adonnés à la politique. Non seulement c'est la conscience populaire qui est ainsi exaspérée, mais ce sont les nerfs mêmes et le sang, c'est le corps entier qui se soulève. Et c'est toujours une individualité, pour ne pas dire un égoisme, qui est en cause ; individualité nationale, égoïsme national ; il y a agrandissement du point de vue, mais, à coup sûr, ce n'est pas « l'Humanité » qui est en jeu ; on ne peut voir là qu'une exaltation de patriotisme exclusif et farouche. Dès lors, c'est toujours cette « lutte entre frères » à laquelle les Germains reconnaissent avoir été voués pendant des siècles, car les luttes entre nations européennes sont en réalité fratricides.

On sait que Werther, Faust, Holderlin, Lenau se tournent également vers Dieu pour lui adresser leurs plaintes amères : ils lui demandent d'être délivrés de la servitude et du tourment de leur individualité, car leur désir est d'être « absorbés dans le Tout ». M. Meyer voit dans cette aspiration, plus panthéiste qu'humanitaire, l'image de l'âme allemande ; l'absorption dans le Tout est aussi, dit-il, le vœu ardent, mais inexaucé, des membres du corps germanique : « ils paraissent aujourd'hui plus près que jamais de leur but ; un grand mouvement annonce la venue de la nouvelle ère prophétisée dans l'Edda. » Telle est la forme mythologique donnée par les philosophes allemands eux-mêmes aux tendances très positives de l'Allemagne actuelle. Avant de s'absorber ainsi dans le Grand Tout, ne serait-il pas désirable que l'Allemagne, qui vient d'accomplir son unité nationale, comprît que le moment est enfin venu pour elle de s'élever au-dessus d'un étroit nationalisme, de réaliser véritablement la pensée de Herder et d'identifier son esprit avec celui de « l'Humanité? »

APPENDICE

AUTRICHE, SUISSE, HOLLANDE, BELGIQUE ET PAYS SCANDINAVES

I

L'AUTRICHE ET LA LUTTE DES NATIONALITÉS

En Autriche, il est difficile de déterminer un caractère national, parce que cette nation n'est pas homogène. Elle contient 18 millions de Slaves, 9 millions de Magyars, appartenant à la même race que les Finnois, c'est-à-dire Ouralo-Altaïques, 10 millions d'Allemands qui tous ne sont pas de race germanique, mais, en grande partie, de race celtique. Il y a aussi un certain nombre de Méditerranéens. En Autriche, l'élément germanique ne représente que 35 p. 100, en Autriche-Hongrie, 25 p. 100 de la population totale. On peut s'attendre, en un pays de ce genre, à moins de sérieux qu'en Allemagne, à une vivacité plus grande, à un esprit plus méridional et plus enjoué, mais souvent plus superficiel, à une volonté moins énergique et moins persévérante.

La bigarrure de l'Autriche en fait, selon l'expression de M. Gumplowicz, professeur à l'Université de Graz, un champ d'expériences sans pareil pour le psychologue et le sociologue. Ce ne sont pas seulement des classes économiques qui s'y combattent incessamment, mais, en outre, des peuples, des nationalités, des confessions et des églises. Depuis un demi-siècle, la lutte des nationalités domine tout le reste. Il y a en Autriche plus d'une douzaine de peuples parlant chacun sa langue propre et, en 1867, on a proclamé le droit égal de tous ces peuples et de toutes ces langues. Le résultat est la victoire du Slave, qui refoule l'Allemand. En Bohême, il y a trois millions et demi de

Tchèques contre deux millions d'Allemands ; l'élément touranien a ainsi l'avantage numérique. En outre, on a constaté que les Tchèques apprenant l'allemand restent Tchèques, et n'acquièrent dans cette langue nouvelle qu'une arme
nouvelle pour combattre l'Allemand. L'Allemand, au contraire, principalement la jeunesse allemande de Bohême, s'il
apprend la langue tchèque, cesse d'être allemand et devient
tchèque. La nationalité slavo-magyare a donc, en Bohême
(et aussi en Moravie) une puissance d'assimilation que la
nationalité allemande n'a pas. Le moment n'est pas loin où
le nombre des Allemands commencera à diminuer rapidement, pendant que celui des Tchèques s'accroîtra doublement, par la fécondité de la race, et par les acquisitions
nationales faites sur les Allemands[1]. L'autonomie dont
jouissent la Croatie, la Slavonie et la Dalmatie est si grande
que ces pays forment, au point de vue de la nationalité, un
territoire complètement distinct. Dans la population de la
Hongrie, les nationalités magyares, d'après le recensement
de 1890, comptent 7 356 874 âmes, ou 48,61 p. 100 d'une
population totale de 15 133 494 âmes. En Autriche, il y
aurait, d'après le recensement de la même année,
8 461 580 habitants se servant de la langue allemande
comme langue de conversation, soit 36,05 p. 100 de la
population totale qui est de 23 473 056 âmes.

De 1880 à 1890, — par conséquent dans les dix années
qui séparent les deux recensements, — la population de la
Hongrie a passé de 13 728 622 à 15 133 494 habitants. L'augmentation est donc de 10,23 p. 100. Parmi les nationalités
de quelque importance, la nationalité hongroise seule
dépasse la moyenne, avec 14,89 p. 100 ; toutes les autres
restent inférieures à la moyenne. En Hongrie, malgré la
supériorité de culture des Allemands, l'élément magyare
fait des progrès constants et l'Etat hongrois se consolide
de plus en plus.

La connaissance de la langue hongroise s'est étendue
parmi les citoyens non magyars. 817 668 des citoyens non
magyars parlant hongrois en 1880 ; en 1890, il y en a déjà
1 077 800 ; 52,60 p. 100 de la population totale de la

---

[1] Voir l'étude de M. Gumplowicz sur le mouvement social en Autriche
dans la *Revue de sociologie*. 1894.

Hongrie, parlaient hongrois en 1880 ; en 1890, leur proportion était montée à 55,74 p. 100.

M. Lang[1] n'indique pas seulement la force envahissante de la langue hongroise, il nous en découvre le secret, si peu connu. Au temps de la domination des Etats en Hongrie, dit-il, la noblesse était unitaire. Tout gentilhomme devenait, en vertu de cette qualité, aussitôt membre de la « couronne sacrée », ou, comme on dit aujourd'hui, membre de la nation hongroise. D'où cette tendance naturelle, jusqu'à présent maintenue et qui va en s'accentuant, que « la classe appelée à recevoir des mains des Etats, autrefois privilégiés, la conduite des affaires, en un mot, la classe de l'intelligence, garde et conserve le plus possible un caractère magyar parfait ». En Autriche, au contraire, il n'y a jamais eu, et il n'y a pas d'aristocratie unitaire.

En Hongrie, il y avait, en 1891-1892, 16 917 écoles primaires ; de ce nombre, 9 445 étaient exclusivement magyares, 2 681 bilingues ; donc, en tout, 12 126 écoles (71,68 p. 100), dans lesquelles la langue magyare constituait à elle seule ou en partie la langue d'enseignement, contre 4 791 (28,32 p. 100), dans lesquelles la langue hongroise ne servait pas de langue d'enseignement ; mais, dans la moitié de ces écoles à peu près, la langue hongroise formait au moins une branche d'enseignement, de façon qu'il n'y avait que 2 386 écoles primaires où la langue hongroise n'était même pas branche d'enseignement. Ce nombre diminue encore de nos jours par suite des dispositions de la loi. En Autriche, la proportion des écoles primaires de langue allemande est environ 40 p. 100, et celle des élèves de nationalité allemande également de près de 40 p. 100.

En Hongrie, sur les 183 lycées, 158 se servent exclusivement de la langue hongroise comme langue d'enseignement ; dans 13 on se sert encore d'une autre langue, à côté du hongrois, comme langue d'enseignement ; dans 12 lycées seulement (dont 7 allemands et 5 roumains), le hongrois ne sert pas de langue d'enseignement, mais s'enseigne comme matière obligatoire.

---

[1] M. Lang est vice-président de la Chambre des députés en Hongrie, professeur à l'Université de Budapest. Voir : *Les Nationalités en Hongrie*, discours prononcé au VIII⁰ congrès international des hygiénistes et des démographes. *Revue politique et parlementaire*, oct. 1898.

La langue d'enseignement, dans les universités de Hongrie, est exclusivement le magyar, et, parmi les étudiants, les Magyars l'emportent dans une énorme proportion.

En Autriche, la division des langues se fait sentir jusque dans les Universités ; elle se fait sentir fortement aussi dans la langue maternelle des étudiants. La proportion des Allemands dans les écoles polytechniques n'est que de 54 p. 100, celle des Slaves de 38 p. 100. La proportion des Allemands diminue encore dans les Universités, où elle n'est que de 46 p. 100, tandis que celle des Slaves est de 45 p. 100.

On a souvent étudié et commenté cette grande transformation qui s'opère dans les relations des nationalités entre elles, en faveur du slavisme et au préjudice du germanisme, la diminution relative de la force numérique du germanisme, la marche rétrograde de sa supériorité économique et intellectuelle [1].

La lutte des Allemands autrichiens et du slavisme ne date pas d'aujourd'hui, surtout en Bohême ; elle remonte à bien des siècles et s'est déroulée avec beaucoup de vicissitudes. Autrefois, en Bohême, par suite de la culture supérieure des colons allemands, la culture allemande elle-même progressa : sous les empereurs de la maison de Luxembourg, Prague était devenue un centre de la culture germanique ; c'est à Prague que fut créée la première université allemande. Mais le mouvement des Hussites, qui éclata comme une réaction contre ce développement, brisa, au xve siècle, la puissance du germanisme, qui, jusque-là, n'avait cessé de se fortifier. « Des colonisations ultérieures de la part des Allemands en Bohême refoulèrent de nouveau l'élément tchèque sur les frontières de l'est et de l'ouest ; mais celui-ci se défendit avec d'autant plus d'énergie au centre du pays, qui lui resta. Au temps de la contre-réforme, le germanisme fut aussi protégé pendant quelque

---

[1] Voir, outre le discours prononcé par M. Lang à l'Académie des Sciences hongroise et publié par la *Revue politique et parlementaire, ibid.* ; M. Hainisch, *Avenir des Autrichiens allemands*. Vienne, Deutcke, 1892. — V. Dumreicher, *Considérations d'un Allemand du sud-est*. Leipzig, Dunker et Humblot, 1893. — O. Wittelshœfer, *Points de vue politiques et économiques dans la question des nationalités autrichiennes*. Berlin, Hermann Walther, 1894. — Rauchberg : *La population de l'Autriche*. Vienne, Holder, 1895.

temps par l'église catholique contre les Tchèques protestants ; mais, après l'extirpation du protestantisme, cette
Eglise eut plus d'intérêt à contenir le germanisme, qui,
depuis Joseph II, secondé par une bureaucratie dressée
dans son esprit, se trouva en opposition avec l'Eglise et
au service du progrès [1] ».

D'autre part, sous le règne de Joseph II, la langue allemande acquit un pouvoir dont elle n'avait jamais joui auparavant. Sans doute, après la mort de Joseph II, la réaction
ne tarda pas à se faire sentir, mais, en Autriche, la langue
allemande se maintenait, elle resta non seulement la langue
du gouvernement et de l'administration, mais aussi celle
de l'instruction publique, depuis l'université jusqu'à l'école
primaire. Tant que le pouvoir aux tendances centralistes
prédomina à Vienne, les efforts en vue d'étendre l'usage de
la langue allemande persistèrent naturellement. La fin
même du règne de l'absolutisme n'amena d'abord aucun
changement. Mais le changement devint décisif lorsque
l'Autriche, après la bataille de Sadowa, cessa d'être une
grande puissance allemande. La constitution de 1867, par
laquelle les libéraux allemands arrivèrent de nouveau au
pouvoir, était déjà réduite à l'impuissance par cette grande
transformation. « Les tendances germanisatrices pouvaient
bien encore subsister, mais les grands événements historiques avaient miné les fondements sur lesquels seuls
la création d'une Autriche allemande eût été possible ».
Le résultat qui s'était manifesté déjà lors de la dissolution
de l'empire germanique par Napoléon Ier, sous François Ier,
et qui avait été prédit par Stadion au Congrès de Vienne,
s'était effectivement réalisé : la maison de Habsbourg avait
renoncé à sa position en Allemagne, l'Autriche avait cessé
d'être un Etat allemand pour devenir un Etat polyglotte,
ayant sa base dans l'égalité des droits des nationalités.

En somme, à mesure que l'Autriche se séparait de l'Allemagne, qu'une puissance étrangère aux Habsbourg pré-
valait en Allemagne, en un mot, à mesure que le contact
entre l'Autriche et l'Allemagne diminuait, l'importance prédominante du germanisme en Autriche devait nécessairement décroître. La Prusse attirait à elle, dans les Etats

[1] Lang, ibid.

allemands plus petits, les citoyens à la recherche du pain
quotidien ou d'une carrière, soit par l'union douairière
(Zollverein), soit au moyen de son armée, tandis qu'en
Autriche la nationalité slave, sous l'influence d'éléments
économiques et sociaux devenus supérieurs, se fortifiait,
même au moment où l'absolutisme était à l'apogée. Le travail silencieux de longues années se manifesta après la
bataille de Sadowa et après la formation de la confédération de l'Allemagne du Nord, plus tard encore après celle
de l'empire allemand, au point que les libéraux allemands,
arrivant au pouvoir en 1867, ne furent plus à même d'arrêter ce mouvement [1].

Cette transformation, déjà ancienne, de l'Autriche, et
dont l'influence ne cesse de se faire sentir, est d'un double
caractère. Elle se rattache, d'une part, au développement
ethnique du nombre de la population, et est, partant,
d'une nature économique ; d'autre part, elle revêt un
caractère intellectuel. Le caractère ethnique apparaît dans
ce fait que l'élément slave augmente plus rapidement
que l'élément allemand, ce qui doit être attribué, dans
l'ensemble, à des causes économiques. Le caractère intellectuel apparaît dans ce fait que l'élément slave, en Autriche, se trouve à un niveau intellectuel bien supérieur
à celui des Slaves de Hongrie. Les Slaves d'Autriche ne
négligent aucun moyen de faire instruire leurs enfants
et recherchent de préférence les études qui mènent aux
services publics, aussi bien dans les carrières civiles que
dans la carrière militaire ou ecclésiastique, passablement
négligée par l'élément allemand. Telle est, en quelques
mots, l'explication du refoulement lent, mais indéniable,
de l'élément allemand par les Slaves en Autriche même [2].

M. Lang raconte qu'au dîner donné par la Cour en l'honneur des membres des Délégations, où les délégués hongrois et autrichiens sont toujours placés les uns à côté des
autres, il prit congé, après le repas, de son voisin allemand par le *au revoir* d'usage ; « à quoi celui-ci répondit, avec un sourire amer, qu'il serait bien difficile de nous
revoir au même endroit, car, les Tchèques étant arrivés

[1] Lang, *ibid*.

[2] Lang, *ibid*.

pendant ce temps à représenter la majorité, ils ne le rééli-
raient certainement pas, à cause de sa nationalité allemande. »

Certains prophètes non seulement slaves, mais aussi
allemands, prédisent que Vienne sera, au xxᵉ siècle, une
ville slave, de la même manière que la « Prague d'or » est
devenue une ville slave au xixᵉ siècle. A Prague, disent-
ils, les édifices les plus importants, cathédrales, portes,
ponts, ont gardé l'empreinte particulière d'une ville allemande du moyen âge ; les édifices publics et privés de cette
ville, provenant d'une époque postérieure, doivent leur origine aux plus célèbres maîtres de la renaissance allemande
et du rococo. La série ininterrompue des magnifiques et
grandioses édifices de Vienne, témoignage si éclatant de
la splendeur et de la gloire de la culture allemande, fortifie
sans doute chez beaucoup la croyance que Vienne restera
Vienne, et que son caractère allemand est impérissable ;
mais elle évoque, chez d'autres, la pensée que « les monuments les plus beaux sont quelquefois les avant-coureurs
d'une décadence prochaine? » Venise, lorsqu'on éleva dans
cette ville les plus splendides palais de marbre, portait déjà
en elle-même les germes de la décadence, pour sa puissance
politique et commerciale. Il est indubitable qu'en Autriche
des facteurs visibles ou cachés profondément coopèrent à
l'affaiblissement relatif de la force numérique, de la puissance économique et intellectuelle du germanisme : ces
facteurs ayant exercé dans le passé une influence, tantôt
plus faible, tantôt plus forte, mais incessante, « exerceront
certainement aussi cette influence dans l'avenir[1]. »

Dans les Etats unitaires, l'idée nationale est le principe
qui maintient l'Etat ; dans les pays formés d'une réunion
de peuples, comme l'Autriche, l'idée nationale de chacun
conduit à le faire lutter contre la puissance de l'Etat et à
préparer sa désagrégation. Ce fait est prouvé par le développement de la situation politique en Autriche et par les événements qui se sont déroulés au Parlement autrichien : la
lutte pour les droits des nationalités repousse à l'arrière-
plan toutes les questions qui intéressent l'existence même

[1] Lang, *ibid*

de l'État, elle empêche la formation de majorités parlementaires ; elle met des obstacles insurmontables aux travaux du pouvoir exécutif. Toute disposition administrative qui favorise les intérêts d'une race est regardée par les autres races comme une concession à l'ennemi et éveille chez elles l'hostilité. On ne veut pas reconnaître entre les diverses races la différence de développement, la différence des forces intellectuelles et matérielles ; tout mot qui rappelle cette différence devient une insulte à une race, contre laquelle le sentiment de cette race se révolte ; on se plaint de la méconnaissance de l'égalité de droits pour tous les citoyens[1]. On escompte dès à présent le développement futur des couches ethniques restées jusqu'ici retardataires. Mais on ne peut satisfaire en même temps et dans une égale mesure toutes ces revendications et tous ces désirs, et personne ne connaît un moyen de terminer à l'amiable, en contentant tout le monde, cette lutte pour la suprématie nationale dans le Parlement et l'administration. Dès lors, les intérêts particuliers passent, avec une force toujours croissante, au premier plan ; l'intérêt que prennent les citoyens à la prospérité de l'ensemble de l'État s'affaiblit, les forces se gaspillent en stériles conflits de nationalités ; l'existence même de l'État apparaît toujours menacée par de nouveaux dangers. Telle est la situation actuelle[2]. Elle contient plus d'une leçon pour d'autres peuples où la lutte des races est inconnue, mais où la lutte des partis et des classes produit le même triomphe des intérêts particuliers, le même affaiblissement possible de la force nationale.

L'Autriche voit, jusque dans la question du budget, rentrer celle des nationalités. Chacune des races qui composent l'Autriche est habituée à voir ses desiderata particuliers satisfaits par chacun des ministères ; elle ne s'inquiète pas un instant de savoir si la nouvelle concession qu'elle demande est conciliable avec la situation financière et avec le caractère unitaire de l'administration générale d'un grand État. Le ministre de la Justice lui-même doit s'exécuter. Mais c'est celui de l'Instruction publique qui subit les plus rudes

---

[1] Voir l'étude du Dr Kolmer sur l'Autriche dans la *Revue politique et parlementaire*, 1898, p. 184.

[2] *Ibid.*

assauts. Il y a en Autriche toute une série de provinces où
les administrations communales et régionales s'abstiennent,
pour divers motifs, de créer et d'entretenir des écoles, ainsi
que ce serait cependant leur devoir. « La fâcheuse situation
financière de ces communes ou de ces districts constitue
assurément l'un de ces motifs, mais le principal est le peu
de sympathie des populations agricoles pour l'enseignement,
et c'est là ce qui empêche la diffusion de l'instruction ».
Néanmoins, ces mêmes régions revendiquent bien haut l'é-
galité de traitement au point de vue de l'enseignement.
Celui-ci ayant eu, pendant tout un siècle, depuis l'impéra-
trice Marie-Thérèse, un caractère germanique, il est naturel
et juste que le nombre des écoles tchèques, polonaises, ruthènes, slovènes, roumaines, croates, serbes et italiennes,
augmente progressivement, de façon à être en proportion
équitable avec le nombre des écoles allemandes. Mais les
statisticiens de chaque nationalité ne se contentent pas de
cette augmentation spontanée ; hostiles à l'influence morale de la culture allemande, ils ne veulent tenir compte que
du chiffre de la population et s'en tiennent au calcul d'après
lequel chaque nationalité doit, vu sa population, avoir tant
d'écoles de toutes sortes, gymnases, Realschulen, écoles
techniques, etc. On en est arrivé par là à déclarer la guerre
aux universités allemandes d'Autriche [1]. En Galicie, où les
Polonais se sont emparés depuis longtemps des universités
de Cracovie et de Lemberg, les Ruthènes réclament une
université ruthène. En Bohême, où les Tchèques ont
obtenu, à côté des universités allemandes de Prague, une
université et une école technique tchèque, on déclare que
la proportion de la population tchèque exige la création
d'une seconde université en Moravie, car cette province
n'en possède pas encore. D'autre part, les Tchèques ont
obtenu, pendant la dernière période où le Parlement avait
cessé de fonctionner, qu'en vertu d'un simple ordre de
cabinet, une école supérieure technique tchèque fût créée
à Brünn, où il y avait déjà une école technique allemande,
et les dépenses occasionnées par cette fondation ont été
portées après coup dans le budget. Les Slovènes, de leur
côté, réclament une université à Laybach. La Carinthie,

[1] Voir l'étude du Dr Kolmer sur l'Autriche.

qui possède une population surtout slovène, est montagneuse et pauvre ; elle peut à peine payer les frais de ses écoles primaires et secondaires ; la population doit chercher, pendant une grande partie de l'année, du travail dans les pays voisins ; sa situation financière est précaire et le pays compte de très nombreux illettrés. Néanmoins on réclame pour elle une université, afin qu'elle soit traitée comme les autres [1]. Mêmes revendications des Serbes, Croates et Italiens. Tous menacent de contrecarrer le gouvernement s'il ne leur accorde pas satisfaction sur la question de l'enseignement. Ces dissensions font de l'Autriche une tour de Babel et préparent sa division possible. Ethniques ou politiques, les partis qui s'entre-déchirent au sein d'une nation oublient toujours les voisins qui convoitent leur territoire, qui se réjouissent d'en voir préparer la conquête par les habitants eux-mêmes.

Les Slaves espèrent que le « processus sociologique » qui a lieu en Autriche-Hongrie entraînera parallèlement un « processus psychologique », et que le caractère slave finira par l'emporter sur le caractère germanique. Mais l'avenir est incertain. Les Allemands d'Autriche-Hongrie, en effet, tournent les yeux vers leur vraie mère, l'Allemagne ; celle-ci, de son côté, fait une propagande active en Autriche et se prépare à mettre la main sur tout ce qu'elle y pourra prendre, si la mort de l'empereur actuel d'Autriche-Hongrie amène des bouleversements. D'autre part, la Russie travaille la partie slave. Pour avoir voulu âprement son autonomie, chacun des partis prépare son assujettissement à l'étranger. En attendant les destinées, peut-être prochaines, l'équilibre des esprits est éminemment instable dans un pays qui manque à ce point d'unité ethnique, politique et sociale.

II

LA SUISSE

La Suisse occupe parmi les peuples un rang des plus honorables, vivant en paix avec ses voisins, réalisant le

---

[1] *Ibid.*

fameux programme de l'ordre dans la liberté. Demi-germanique et demi-celtique, elle a produit, relativement à son
étendue, un grand nombre d'hommes remarquables :
Zwingle, les Bernouilli, Euler, Haller, Gessner, Lavater,
Pestalozzi, Rousseau, Necker, Bonnet, de Saussure, Sis-
mondi, Vinet, Léopold Robert, Pradier, Niedermeyer, de
Candolle, Agassiz, etc.

La langue française est parlée en Suisse par 630 000 habitants. Non seulement le français, depuis des siècles, maintient ses frontières, mais il empiète graduellement sur les
territoires de la langue allemande. Sierre (Siders) et les
communes voisines du Haut-Valais se romanisent peu à
peu. A Fribourg, où la langue allemande était la langue
officielle au commencement du siècle, il est question
aujourd'hui de fermer, faute d'un nombre suffisant d'élèves,
les écoles allemandes. Aux environs de Fribourg, Marly,
Guin (Düdingen), Saint-Silvestre, Morat (Murten), se fran-
cisent aussi. A Bienne, où la langue du *ja* était seule en
usage il y a trente ans, il se publie aujourd'hui plusieurs
journaux français [1]. On parle français dans le Jura bernois,
ainsi que dans les cantons de Neuchâtel, de Vaud, de
Genève, dans la plus grande partie de Fribourg et du
Valais.

Le lac Léman forme le centre de la Suisse française ou
romande.

Mon lac est le premier,

disait Voltaire. Située presque au point de contact de deux
langues et de deux civilisations, Genève ne se contente pas
d'être une des plus populeuses villes de la Suisse; c'est
« une sorte de petite métropole intellectuelle », qui se
glorifie d'avoir donné naissance, depuis le xviiie siècle, à
toute une série d'hommes distingués ou illustres [2].

On a dit de la Suisse qu'avec ses diversités de sol, de culture et d'habitants, ce petit pays est comme un abrégé de
l'Europe centrale. « Protestants s'y rencontrent avec catholiques, Germains avec Romains, la vie manufacturière des
villes avec la vie pastorale des montagnes [3] ». Des villes

[1] Knapp. *Bulletin de l'Alliance française*, nos 8 et 9, 1902.
[2] Vidal-Lablache. *États et nations de l'Europe*, p. 64.
[3] *Ibid.*

comme Genève ou Zurich ont un caractère cosmopolite bien marqué. Néanmoins, le Suisse reste fidèle à lui-même et ne se confond point avec les nationalités voisines. Au lieu de devenir Allemand ou Français, il reste Suisse. Sa nationalité lui est « d'autant plus chère qu'elle ne ressemble à aucune autre ». — « Songez bien, disait Bonaparte aux députés suisses, à l'importance d'avoir des traits caractéristiques ; ce sont eux qui éloignent l'idée de toute ressemblance avec les autres États, écartent celle de vous confondre avec eux et de vous y incorporer ». L'originalité des institutions est le lien qui unit ensemble ces races et ces confessions différentes de la Suisse. Par un privilège rare dans notre Europe, la Suisse a pu développer sa vie nationale sans porter atteinte aux libertés de ses membres. « Elle a pu limiter au strict nécessaire le mécanisme du pouvoir central, et laisser ainsi aux organismes locaux toute facilité d'agir et de se mouvoir à leur guise. Cela explique le genre d'attachement qui unit entre eux les citoyens de cette libre communauté. État créé en dehors, ou plutôt au-dessus des considérations de religions et de races, la Suisse mérite par cela même d'être regardée comme une haute expression de la civilisation européenne [1]. »

Cependant le progrès vers un certain degré de centralisation est indéniable en Suisse. La guerre du *Sonderbund*, en 1847, fut suivie de réformes dans le sens unitaire ; les douanes intérieures furent supprimées. De plus en plus s'établit, depuis vingt ans, l'usage du *Referendum*, consultation directe sur les questions qui intéressent l'ensemble du peuple suisse.

D'après ce qui précède, la Suisse ne saurait nous offrir un caractère national ayant une véritable unité, sinon sur quelques points importants : un certain sérieux de l'esprit, qui entraîne parfois un peu de lenteur et de pesanteur, une rigidité due surtout au protestantisme, une volonté laborieuse, patiente et tenace, un noble esprit de liberté et d'indépendance, joint à l'universel amour de la commune patrie. Entrer dans les détails des diverses physionomies particulières aux cantons serait une tâche trop longue et trop difficile. La Suisse offre, sous certains rapports, un

---

[1] Vidal-Lablache, *Ibid.*

curieux contraste avec l'Autriche, puisqu'elle a su fondre
ses diverses races en une fédération relativement forte.
Mais autre chose est un petit État neutre, autre chose un
grand, mêlé à la grande politique. C'est ce qu'oublient, chez
nous, ceux qui voudraient faire de la France une sorte de
Suisse, avec de simples milices, une décentralisation allant
jusqu'à la fédération communaliste, etc. La France renon-
cerait ainsi à sa puissance, à ses destinées, à ses devoirs. Au
lieu de devenir une vraie Suisse, elle deviendrait bientôt
une Autriche, toute prête à se faire dévorer par ses voisins.

III

HOLLANDE

Trois sous-races germaniques ont contribué à former le
peuple hollandais : Frisons, Francs et Saxons. On les distingue encore dans les parties du territoire où elles n'ont
pas été mêlées, à des traits de costume, de mœurs et surtout à leurs occupations spéciales : le Frison, « homme de
mer par excellence », habite les îles et la province qui
porte son nom ; le paysan saxon, dans les provinces de
Drenthe, d'Over-Yssel et de Gueldre, où il est surtout
groupé, se loge et vit comme ses pareils du Hanovre ou
de Westphalie ; les populations franques « se montrent
à l'état pur dans la province de Brabant et ressemblent à
leurs frères de Belgique ». Ces populations n'ont pas varié
dans leurs résidences respectives ; elles occupent toujours
les positions où on les trouvait dès le commencement du
moyen âge. Mais, dans la Zélande ainsi que dans les deux
provinces de Sud et de Nord-Hollande, les deux éléments
frison et franc se sont mélangés l'un avec l'autre. Dans
cette région toujours menacée qui s'étend depuis l'embouchure occidentale de l'Escaut jusqu'au Zuyderzée, il s'est
formé une population mixte : « C'est elle qui a su atteindre le degré le plus élevé de développement économique
et politique, et qui a servi, en définitive, à former le noyau
de la nationalité hollandaise [1] ».

[1] Vidal-Lablache, *États et nations de l'Europe*, p. 243.

Il n'y a guère plus de trois siècles que les Pays-Bas septentrionaux se sont affranchis de la domination espagnole, pour se réunir en corps de nation ; il y a à peine un peu plus de deux siècles que leur indépendance a été sanctionnée dans le droit public européen[1] ; mais la Hollande libre prit un tel essor comme puissance maritime, commerciale et coloniale, elle sut se maintenir avec tant d'énergie tour à tour contre l'Espagne, l'Angleterre et la France, qu'elle alla s'affermissant davantage dans « la conscience de sa nationalité[2] ».

. Il y a une langue et une littérature hollandaises, langue parlée non seulement en Hollande, mais au Cap et dans les républiques sud-africaines. On connaît la grande école de peintres qui s'est presque exclusivement inspirée des paysages et du ciel hollandais, des types et des scènes de mœurs locales. Le présent ne saurait sans doute être comparé au passé. Cependant la Hollande conserve un rang très honorable dans les arts et les sciences.

Le caractère hollandais a l'énergie, la ténacité, la patience, la persistance que montrent les races germaniques. On sait que, depuis longtemps, les habitants ont entrepris une lutte héroïque contre la mer. C'est une population extraordinairement forte, sérieuse et laborieuse, qui, par son économie, a accumulé non seulement dans les villes, mais dans les campagnes, des capitaux considérables. Est-il besoin de rappeler les glorieux efforts des Hollandais du Transvaal et des autres races auxquelles ils se sont mêlés, contre l'ambition éhontée et brutale de l'Angleterre, pour qui les « droits des peuples » n'existent pas, et qui déclare, non seulement que la force prime le droit, mais que le commerce prime le droit ?

IV

BELGIQUE

On sait que le nom de Belgique désignait jadis une des trois grandes divisions de la Gaule. Les Gaulois de Belgique

---

[1] Union d'Utrecht, 1579. — Declaration d'indépendance de la Haye, 1581. Traités de Westphalie, 1646.

[2] Vidal-Lablache, *Ibid.*

furent romanisés comme les autres. Dans le Nord et
l'Ouest, l'origine germanique des villes est mise en évidence par leurs noms mêmes. La Belgique flamande se
rattache à la Hollande et à l'Allemagne, la Belgique dite
Wallonne, à la France. Les caractères diffèrent entre ces
deux groupes; le Flamand est plus sérieux, plus tenace,
parfois un peu lourd; le Wallon est plus enjoué, plus spirituel, plus vif, plus hardi, plus léger, plus parleur et diseur
de bons mots, plus ami de la guerre et des batailles. Les
Flamands sont travaillés par la propagande allemande : ils
affectent le dédain pour les Welches et répètent volontiers :
« *Wat Wolsch es, volsch es, ce qui est welche est mensonge* »; ils s'efforcent de refouler la langue française au
profit de la langue flamande, sous prétexte que c'est la
Flandre, avec ses peintres, qui aurait fait la gloire de la Belgique. Les deux langues, aujourd'hui, se partagent le pays
par moitié. Il est fâcheux de voir ainsi le dualisme des
langues tendre à diviser les Belges les uns contre les
autres : les lauriers de l'Autriche-Hongrie empêchent les
Flamands de dormir.

Quoi qu'il en soit, la Belgique offre, dans son ensemble,
un merveilleux exemple d'activité intelligente et industrieuse. Elle est un des plus puissants foyers de production
du monde. Les mines de houille occupent environ la vingt-
deuxième partie de son territoire; on en tire par an 19 millions de tonnes, presque autant que la France entière. La
densité de la population, plus forte que dans tout le reste
de l'Europe, atteint 200 habitants par kilomètre carré. Le
réseau de chemins de fer et de canaux est le plus développé qui existe en Europe. L'esprit urbain et communal
est profondément imprégné dans la population ; « il respire dans leurs monuments favoris, dans ces hôtels de ville
fourmillant de statues et surmontés de beffrois superbes;
il s'exprime encore dans ces associations et ces fêtes qui
jouent un grand rôle, surtout dans la vie flamande[1] ».

Le port d'Anvers, grâce à l'industrie des Belges et à
l'aménagement intelligent qu'ils en ont su faire, tend à devenir, avec Hambourg, le premier port du continent. Au
point de vue des lettres, des arts, de la peinture et de la

[1] Vidal-Lablache, *États et nations de l'Europe*, p. 208.

musique, la Belgique a tenu et tient encore le rang le plus honorable, surtout si l'on songe qu'elle n'a que 7 millions d'habitants. Puisse-t-elle rester unie, au lieu d'entretenir en son sein des divisions qui la mèneraient tôt ou tard à devenir une province allemande ! Nous avons vu que le *droit linguistique*, en Allemagne, s'étend sur tout ce qui parle *allemand* ou une langue *voisine de l'allemand*, ou une langue non allemande, mais *voisine d'un pays où l'on parle allemand* (exemple : la Lorraine). Les arguments ne manqueraient point pour démontrer que la Belgique, même française, appartient de droit à l'Allemagne, qui seule peut faire son bonheur.

V

PAYS SCANDINAVES

La vraie race du Nord, nous l'avons vu, est la race blonde à crâne long, d'origine probablement scandinave, malgré les romans historiques qui avaient voulu la faire venir de l'Orient. C'est encore aujourd'hui la Scandinavie qui renferme les plus purs représentants de la race dolichoblonde, par lesquels furent jadis refoulés Lapons et Finlandais. Fondateurs de l'état russe, restaurateurs du royaume anglo-saxon, conquérants de la Normandie, les hommes du Nord ont toujours montré une volonté entreprenante et aventureuse, avec un courage incomparable et, en même temps, une obéissance aveugle au chef, une fidélité à toute épreuve, une grande concorde entre camarades. Joignez-y une haute intelligence et un esprit organisateur. Les Scandinaves de nos jours sont une race forte et libre, indépendante d'humeur, fière et en même temps respectueuse de l'autorité, unie, laborieuse, saine, pleine de vigueur physique et morale. Les Norvégiens sont les hommes les plus robustes de la terre et leur vie moyenne est la plus longue.

En Suède, la lutte pour la vie étant moins ardente que dans les autres pays et dans l'Allemagne même, l'individu n'est pas écrasé et peut, pour ainsi dire, respirer à l'aise ; aussi les deux qualités de la race du Nord, vif sentiment d'indépendance et rare faculté de discipline, sont particulièrement développées en Suède. On sait que la réunion de ces deux qualités en apparence incompatibles, en réalité complémentaires, firent jadis la grandeur de la Suède. Ses armées, les plus fières et les plus disciplinées qu'on eût connues, faisaient contraste avec les troupes mercenaires d'un Wallenstein ou avec l'ardeur indisciplinée, avec la fougue inconsidérée et anarchique des Polonais. Aujourd'hui, l'armée suédoise se perfectionne tous les jours, malgré le caractère pacifique de la nation. L'esprit individualiste se manifeste, en Suède, par l'amour de la vie de famille et même de la solitude ; les maisons sont isolées et chacun a, plus encore peut-être que l'Anglais, le culte du *home*.

La Suède est une nation bien équilibrée, où le corps n'a pas été oublié et qui, sous ce rapport, donne d'utiles enseignements. La gymnastique y est particulièrement en honneur ; on y croit que « toute civilisation est fragile, qui n'a pas pour base la force et la vigueur du corps ».

Dans la Scandinavie, les petits propriétaires apparaissent comme une des classes les plus instruites du monde et les plus aptes à gérer leurs propres affaires ; la bourgeoisie, active, industrieuse, a transformé Stockholm, Gothembourg, Malmö, Helsingborg, et voit s'accroître sa légitime influence. Les classes ouvrières ont un calme, un bon sens, une discipline, un esprit d'association qu'elles ont rarement ailleurs. Avec Œrstedt, Linné, Berzelius, Andersen, Runeberg, Thorwaldsen, Grieg, Ibsen et Björnson, les Scandinaves ont glorieusement contribué au mouvement général des sciences, des arts et de la littérature. On sait l'influence qu'ils exercent de nos jours. Les savants scandinaves continuent de maintenir le vieux renom de la Suède et du Danemark dans les sciences naturelles et mathématiques ; les littérateurs, dans le roman et le drame.

LIVRE VI

LE PEUPLE RUSSE

———

Quand le normand Corneille nous fait assister aux exploits du Cid, nous ne songeons guère que Rodrigue ou Rudrik est un nom normand passé en Espagne avec les Goths, le même que celui du normand Rurik qui, en 862, à la tête de ses compagnons scandinaves, les *Rus*, s'établit à Novgorod et appela cette contrée du nom de la terre originelle : Russie. La *Rous* était le mot par lequel les Finnois et les Slaves désignaient la Scandinavie. Les hommes du Nord ont ainsi donné leur nom aux quatre grandes nations modernes : les Francs à la France, les Allemans à l'Allemagne, les Angles à l'Angleterre, les Rus à la Russie [1]. C'est le signe de l'action dominatrice qu'ils ont exercée sur les masses antérieurement établies dans ces diverses contrées ; action plus ou moins profonde et durable selon que ces pays ont été plus ou moins normanisés. Dans tous, la race européenne du Nord, blonde à crâne long, aux yeux bleus, produit du climat européen et non de l'Asie, trouva une couche profonde de populations à tête large, asiatiques peut-être en partie. Les relations de ces deux éléments, au point de vue ethnographique, sont de première importance, plus décisives que les climats eux-mêmes ; mais, au point de vue historique, les influences sociales, morales, religieuses, sont plus capitales encore. Le monde slave nous montre aux prises toutes ces actions diverses et, de nos jours même, nous fait assister à la formation d'un grand peuple, par cela

———

[1] Outre les livres bien connus de MM Anatole Leroy-Beaulieu, Rambaud. L. Léger, voir Bestoujef-Rioumine *Histoire de Russie* ; Tratchewky *Histoire de Russie* ; Thomson. *The Relations between ancient Russia and Scandinavia* ; J. Legras *Au pays russe*.

même d'un grand caractère national, qui subit peu à peu
l'influence de la civilisation européenne sans perdre son
originalité. Aussi ce développement de plus en plus rapide
offre-t-il au psychologue et au sociologue un intérêt particulier.

I

LE CLIMAT ET LES RACES EN RUSSIE

On a beaucoup insisté sur l'influence du climat et du
pays. Climat froid, qui peut sans doute tremper certaines
constitutions résistantes, mais qui aussi, par son excès, a
parfois un effet dépressif et favorable à l'inertie. Pays d'immenses plaines, sillonné par de « grands chemins qui
marchent ». La monotonie des steppes sans fin étend son
uniformité sur les esprits eux-mêmes ; de plus, elle leur
ouvre l'espace, les invite à changer un pays pour un autre
qui lui ressemble, favorise les goûts vagabonds et nomades.
Elle rend aussi plus facile l'assimilation des peuples, et,
après la primitive anarchie, leur réunion finale sous un
même maître. M. Léger dit que la steppe est autocratique
comme le désert est monothéiste. M. Novicow ajoute
que, sur cette plaine immense, ne s'élèvent même pas
les châteaux aristocratiques perchés ailleurs sur des sommets ; les maisons de brique ou de bois des seigneurs sont
elles-mêmes rustiques. La seule chose qui en impose à
l'imagination, c'est le pouvoir lointain et mystérieux du
tzar. M. Leroy-Beaulieu a peint admirablement la terre
slave avec ses deux caractères opposés : amplitude et
vacuité, étendue de l'espace et pauvreté de ce qui l'occupe,
partout un contraste qui montre à l'homme sa propre peti-
tesse sans cependant lui rendre vraiment sensible la puissance de la nature. Il est certain que les perceptions et,
par conséquent, le milieu qui les fournit, commandent
en partie l'imagination ; une nature plate et nue, terne
et inerte, se réflétant uniformément elle-même, sans
Océan et sans montagnes, sans rien qui étonne, qui
excite et exalte, inclinera l'imagination à des rêves « vagues,
indéfinis et vides comme elle-même, non à des conceptions puissantes ou à de vivantes images ». Parmi les

causes qui ont façonné le caractère et les mœurs slaves, il faut compter l'énorme éparpillement des villages qui, pendant des siècles, ont presque seuls composé la Russie. Disséminés à travers d'immenses espaces, sans cesse menacés par les invasions de nomades, éloignés des centres possibles de production, les habitants étaient réduits à fabriquer sur place, presque dans chaque village, les objets dont ils avaient besoin. Il fallait se suffire dans son isolement, travailler et peiner d'une manière uniforme, supporter et se résigner, sans avoir d'horizon ouvert aux longs espoirs, aux grandes entreprises et aux initiatives fécondes.

Malgré tout ce que ces considérations de milieu renferment de vérité, il nous semble que le caractère des races et leur tempérament héréditaire dépasse de beaucoup en influence l'action du climat et du sol. La race blonde au crâne long et la race brune au crâne large ne se sont-elles pas conduites tout différemment dans les mêmes contrées.

L'existence d'un type russe a été justement contestée; en tout cas, il est peu déterminé. Le Russe, a-t-on dit, est un homme qui ressemble à tout le monde, offrant parfois le type germanisé, le plus souvent le type celto-slave. S'il y a beaucoup de Russes blonds, et de haute taille, surtout les Moscovites, il y en a beaucoup plus, même dans le Nord, qui ont les cheveux bruns ou noirs, souvent même le teint bistré. Un grand nombre frappent par leur figure large, leurs pommettes saillantes, leur nez long ou retroussé, leur bouche plate et longue. Les femmes ont souvent le visage rond, les yeux gris bleu, le nez écrasé, le teint pâle. Ce qui importe le plus, c'est la forme du crâne, qui, dans la masse, est large ou brachycéphale.

Au point de vue des races, beaucoup de Russes semblent croire, avec M. Sikorski, que « la race slave se distingue, dans le groupe indo-européen, par la plus grande pureté du sang aryen, ayant le moins souffert du mélange avec d'autres races, au moins durant le dernier millier d'années ». Mais les Slaves sont, au contraire, ce qu'il y a de moins aryen, de plus mélangé avec l'élément finnois et mongolique. On a compté 46 peuples différents en Russie, et ce sont presque tous des peuples non aryens. L'erreur de M. Sikorski est donc manifeste.

D'ailleurs, la part de l'élément scandinave et germani-

que ne doit pas être méconnue dans la population de la Russie.
M. A. Leroy-Beaulieu lui-même ne parle que des Slaves,
des Finnois et des Tatars; mais il est hasardeux de confondre sous le nom de Slaves des éléments aussi dissemblables que la race à tête longue et la race à tête large.
Au reste, rien n'est plus trompeur que les expressions de
Slaves et de Celtes. Elles ont en effet un sens anthropologique et un sens historique, ce dernier se rapportant aux
temps les plus anciens. Sont celto-slaves, pour l'anthropologiste, les brachycéphales à cheveux bruns. De fait, les
Celtes et Slaves de nos jours sont de ce type. Mais il n'en
est pas de même des Celtes et Slaves dont parlent les
vieux historiens et qui étaient dolicho-blonds. De là des
confusions et malentendus sans nombre. Ceux qu'on appelle
aujourd'hui les Slaves sont tout le contraire des primitifs. Il
faut donc toujours distinguer les vieux Slaves ou les vieux
Celtes des nouveaux, le sens anthropologique du sens
historique ou même géographique.

M. Anatole Leroy-Beaulieu disait jadis qu'il n'y a « point
de doute » sur la parenté des Slaves avec les Aryens;
depuis cette époque, les doutes sont venus, et même les
certitudes opposées à l'hypothèse de M. Leroy-Baulieu. Les
Slaves modernes, à crâne large, sont considérés comme ne
se rattachant pas à la race aryenne. C'est l'anthropologie
qui a établi la barrière entre les races, en se fondant sur
leurs caractères morphologiques, surtout sur la forme du
crâne, la couleur des cheveux ou des yeux et la hauteur de
la taille. Si les populations slaves ont adopté les langues
indo-européennes, il n'en résulte nullement qu'elles soient
aryennes d'origine ; les philologues croient que leur langue
primitive se rapprochait, comme celles des Finnois et des
Magyars, de la branche ouralo-altaïque ou touranienne.
Selon Penka[1], les Slaves à crâne large appartiennent plutôt à la race ugro-finnoise. Leur nom même montrerait
qu'ils étaient esclaves, ou sujets, ou clients des Aryens.

Dès le début de l'âge de la pierre polie, la Russie était
habitée par plusieurs races, l'une à tête large, l'autre, la
plus nombreuse alors, à tête allongée. Cette dernière fut
prédominante dans le centre et dans le sud-ouest de la

[1] Die Arier, Iena, 1878.

Russie jusqu'au moyen âge. Au témoignage des anciens, les peuples barbares connus sous les noms d'Antes, de Vendes, de Slovènes, de Sarmates étaient de grande taille, robustes, ayant les cheveux blonds ou roux, les yeux bleus ou gris. Les Scythes représentés sur les vases grecs ont le crâne allongé. D'autre part, les plus anciens tombeaux de Pologne et de Russie, par exemple aux environs de Cracovie, ont fourni des crânes ovales tout à fait analogues à ceux de la race dolicho-blonde[1]. L'Europe du Nord-Ouest est, selon l'hypothèse la plus plausible, le véritable berceau des prétendus Aryens, de l'*Homo Europœus* décrit par Linnée ; on peut admettre que, dès l'antiquité, des tribus blondes étaient répandues sur le Nord de la Russie. Les Tartares parlent encore d'un ancien peuple aux yeux bleus, qui aurait jadis occupé leur pays et élevé tous les tertres funéraires semés dans les steppes. Enfin, à une époque reculée, selon les traditions les plus autorisées de la Chine, les Chinois se trouvèrent en contact avec des populations blondes et de haute taille, qui occupaient alors la Sibérie. Ces populations semblent avoir joué un rôle important dans la formation et dans l'évolution primitive des États chinois ; elles auraient surtout fourni des éléments aux classes supérieures. Il est donc probable que la race scandinave rayonnait autrefois au Nord de la Russie d'Europe et de la Russie d'Asie. Le type des novogorodiens, vrais fondateurs de l'Empire russe, se rapproche beaucoup de celui des populations dont les squelettes, aux crânes dolichocéphales, associés aux objets de bronze, remplissent les Kourganes ; on le retrouve dans toute la moitié occidentale de la Russie, en Lithuanie et en Pologne. Selon nous, la présence du bronze prouve qu'il s'agit d'immigrants ou de conquérants aryens. Bogdanof, dans ces grands dolichocéphales des tombes scythiques et des Kourganes, voit les vrais Slaves ; mais ces Slaves primitifs sont des Scandinaves et des Germains. MM. Diebold

---

[1] Les Kourganes, ces monticules artificiels qui parsèment tout le midi et tout le centre de la Russie, ont confirmé le témoignage des anciens auteurs grecs et arabes sur les rites funéraires des peuples sauvages et barbares de leur temps : tantôt ils brûlaient les cadavres, tantôt ils les ensevelissaient, puis immolaient sur la tombe la femme du défunt, son cheval, ses esclaves, disposaient à côte de ses restes des armes, des joyaux, souvent même des ustensiles de ménage, montrant ainsi qu'ils se figuraient l'existence d'outre-tombe comme pareille à la vie qu'ils avaient menée.

et Kopernicki, dans leurs études sur les Petits-Russiens ont montré que, plus on se rapproche des Karpathes, plus le type brachycéphale à face large, quoique non vraiment mongoloïde, est abondant, soit dans les sépultures anciennes, soit dans la population de nos jours. D'autre part, depuis le moyen âge jusqu'à notre époque, dans la Grande-Russie même, le nombre des brachycéphales a passé de 40 à 62 p. 100. Ces brachycéphales sont les vrais Slaves de notre époque. Au début de la période historique, ils se sont répandus, venant du Sud-Ouest, sur la Russie actuelle et ont refoulé les hommes du Nord. Les Polonais d'aujourd'hui sont pour la plupart brachycéphales, comme les Slavo-Russes leurs voisins ; les cheveux, les yeux et le teint seraient, en moyenne, un peu plus clairs, mais les Slaves bruns de Pologne sont venus, comme ceux de Russie, se superposer à la couche préhistorique de race blonde, dont les restes se retrouvent dans les sépultures. Les anciens Lithuaniens appartenaient à cette race.

L'élément devenu essentiel de la Russie, les Celto-Slaves, se répandit en couches épaisses sur l'Europe, principalement dans la Grande et Petite Russie, dans la vallée du Danube, dans les Alpes et dans le plateau central. Au point de vue anthropologique, les Slaves d'aujourd'hui se distinguent difficilement des Celtes. Ils ont des crânes très brachycéphales, carrés et petits, avec un nez relativement étroit, les yeux bruns et les cheveux noirs, les pommettes souvent saillantes.

II

CARACTÈRE PRIMITIF DES PRINCIPALES RACES COMPOSANTES

Maintenant que nous avons vu quelle est, au point de vue ethnique, la composition de la Russie, demandons-nous quel était, d'après l'histoire, le caractère psychologique des principales races composantes.

Nous l'avons dit, les deux éléments *principaux* de la nation russe sont les Slaves et les Finnois, sorte de matière à laquelle les races scandinaves ont donné une forme, non moins importante d'ailleurs que le fond. Les anciens

Finnois, comme les anciens Slaves, étaient sédentaires et agriculteurs. D'après un archéologue distingué, le comte Ouvarow[1], ils connaissaient l'emploi du fer et l'usage des métaux précieux; ils avaient un art rudimentaire, une civilisation très voisine de celle des vieux Slaves, avec lesquels ils faisaient de nombreux échanges. Les écrivains arabes, dans leurs récits sur la Russie primitive, confondent volontiers les Finnois avec les Slaves pur sang. Les uns et les autres étaient doués d'instincts analogues. Aujourd'hui les Finnois représentent un type encore plus asiatique que les Celto-Slaves proprement dits. Le Finnois a d'ordinaire la tête large et courte, la face presque plate, les pommettes saillantes, les yeux petits et un peu obliques, le nez large, la bouche grande et les lèvres épaisses, la taille peu élevée, les jambes courtes et grêles. D'après la tradition et les chants finnois populaires, les ancêtres avaient les cheveux noirs comme le jais, les yeux très noirs, le teint brun. Il est donc permis d'attribuer les cheveux très blonds ou roux, les yeux bleus de beaucoup de Finnois actuels à un croisement avec cette race blonde, scandinave ou germanique, qui habita jadis les contrées du Nord, y compris la Finlande et la Lithuanie. Les deux branches (anciennement détachées) des Magyars (aujourd'hui un des plus beaux peuples d'Europe) et des Bulgares, ont conservé les caractères de ce croisement. Parmi les Bulgares de la Roumélie, il y aurait encore 60 p. 100 de dolichocéphales, et, parmi ceux du Danube, 65 p. 100 (selon M. Bogdanov)[2]. La Finlande est « le pays aux mille lacs. » En été, c'est à peine si le soleil (dans le nord surtout) disparaît de l'horizon. « Tous les objets semblent lumineux, dit M. Topelius, dans son livre sur la Finlande, et la lumière, nulle part concentrée, semble émanée de partout. » Mais l'hiver est terrible, non pas précisément sur les côtes de la Baltique, où règne encore un climat un peu marin, mais dans l'intérieur des terres et vers le nord.

[1] *Les Mériens*, trad. franç. de Malagué, Moscou, 1872.

[2] On sait le rôle joué en Europe par les Magyars de Hongrie, comment ils ont porté leur langue ouralo-altaïque et agglutinative à une rare perfection, comment ils ont manifesté un goût inné pour la musique et la poésie. Les qualités guerrières des Magyars sont également connues. Nous avons donc ici l'exemple d'un croisement heureux sous la plupart des rapports.

On a constaté là des températures de — 48°. La tempéra-
ture moyenne de la Finlande est de 2°,5. La moyenne de
juillet est 17°; celle de janvier est de — 12°.9 à Tornea,
et de — 6°,7 à Helsingfors. « Tout cela, dit M. Topelius,
donne l'image d'un pays en lutte constante avec une
nature marâtre ; souvent meurtri, jamais vaincu, toujours
espérant, toujours vivant, même sous les neiges profondes.
Rien de la gaîté insouciante du Midi : la joie y est un rayon
de soleil fugitif, la richesse y semble un conte de fées, la
parure des champs y passe avec la rapidité d'un beau rêve.
Sérieuse et dure, avec un trait de résignation mélancolique,
telle est la nature finlandaise. Le secret de sa beauté est
dans l'alternance constante de la mort et de la résurrection.
La moitié de sa vie est enveloppée de ténèbres; l'autre,
éclatante de lumière. Le poète demande : « Peut-on mourir
pour ce pays? — Oui, répond l'histoire. — Et on peut
vivre pour lui. ».

L'histoire des Finnois est obscure ; et on est réduit à des
conjectures quant à leur origine. Mais ce qu'on sait, c'est
que ce peuple diffère profondément par sa langue, comme
par sa race, des autres nations européennes ; il n'est ni
slave, ni scandinave : il est finnois. « Les traits généraux
du caractère finnois, selon M. Topelius, sont quelque chose
de fort et de dur, mais d'une force patiente, passive; la
résignation, la persévérance, et son revers, l'obstination,
l'esprit lent, méditatif, peu expansif. Aussi le Finnois est-il
lent à la colère; mais, une fois irrité, il ne connaît plus de
frein ». Calme dans les périls, l'expérience du danger le
rend prudent; généralement taciturne et laconique, il a
des accès de loquacité ; il est porté à attendre, à différer, à
vivre au jour le jour, avec des alternatives, parfois, de hâte
intempestive. Attaché aux choses qu'il connaît depuis longtemps, il est « ennemi des nouveautés » ; il possède à un
haut degré « le sentiment du devoir, de l'obéissance à la loi,
aimant la liberté, hospitalier, probe, pieux ». Son attitude
est réservée, renfermée, peu facile d'accès. Il met du temps
à se familiariser ; mais il devient alors un ami fidèle ; il
manque d'à-propos, arrive souvent trop tard, est souvent
« importun sans s'en apercevoir », salue un ami qu'il rencontre quand celui-ci est déjà passé, « se tait souvent quand
il faudrait parler, mais parle quelquefois quand il vaudrait

mieux se taire ». Selon beaucoup d'écrivains russes, les Finnois, qui ont la solidité et la patience, ne seraient pas inférieurs aux Slaves d'aujourd'hui : pris en masse, ils sont même plus actifs, plus économes, plus honnêtes que les habitants des contrées limitrophes. Ils ont surtout plus de persévérance dans le travail, plus de réserve et de dignité. Selon M. Louis Léger, ces qualités tiennent surtout à l'influence de la religion réformée, qui est celle des Finlandais. En outre, pendant la domination suédoise, les habitants du pays eurent part aux droits civils et politiques, tandis que les paysans russes contractaient les vices de l'esclavage. Jusqu'au commencement de notre siècle, la Finlande fit partie de la Suède, qui depuis longtemps l'avait conquise, mais dont la domination n'avait rien de tyrannique. Si le peuple était finnois et parlait finnois, la bourgeoisie, la noblesse et, en général, les habitants des villes étaient suédois. Bien des observateurs prétendent que, au point de vue de la moralité et de la vigueur, les populations de la Suède et celles de la Finlande sont à la tête de l'Europe [1].

On a voulu attribuer aux éléments finnois les qualités de résistance, de dureté, d'âpreté, l'esprit pratique et dominateur qui caractérisent les Prussiens parmi les Allemands. Cette théorie est des plus problématiques. Le mélange de brachycéphales et de dolichocéphales existe dans bien d'autres parties de l'Allemagne, en Bavière par exemple, et il n'y a pas produit les mêmes effets. Il est probable que les Prussiens doivent surtout leurs qualités à l'élément germanique, rendu peut-être plus dur par l'alliage finnois.

L'antique Slavie, avant l'impulsion donnée par les Normands, nous apparaît comme une masse inerte et flottante. Au IXe siècle, nous trouvons les Slaves (Sloviènes) établis dans le bassin de l'Ilmen et du Volga supérieur, dans la Grande-Russie. Ils sont sur les bords du lac des Tschoudes, et ce nom même indique, selon M. Léger, qu'ils y ont récemment remplacé une population finnoise. Leur principale ville est Novgorod, la « nouvelle forteresse », ce qui suppose une ancienne ville forte aux mêmes parages. De là M. Louis Léger a conclu, — ce qu'on savait d'ailleurs,

---

[1] *La Finlande au XIXe siècle, décrite et illustrée par une réunion d'écrivains et d'artistes finlandais* (2 vol. in-fol., Helsingfors, 1894).

— que les anciens Slaves, comme les Finnois, avaient des villes et étaient une race généralement sédentaire. S'ils faisaient, par grandes bandes, des émigrations, c'était pour s'établir ensuite à demeure dans les pays occupés. Les Slaves primitifs étaient médiocrement guerriers. Sans doute, d'après les découvertes archéologiques, ils ont connu les mêmes armures que leurs voisins, et beaucoup de peuplades slaves ou finnoises ont fait preuve de qualités belliqueuses. Mais, quand ils luttent, c'est famille contre famille, tribu contre tribu. Ils ne savent pas reconnaître l'autorité d'un chef ; ils ignorent la discipline et la hiérarchie ; ils ont plutôt l'esprit anarchique. Les aventures lointaines ne sont point de leur goût. Agriculteurs, ils restent volontiers à l'ombre de leurs enceintes fortifiées, *castra*, de leurs *grads* ou *gorodischa*, qui pouvaient, en cas d'attaque, servir de refuge aux hommes et aux troupeaux.

Dans les provinces du Nord, telles qu'Archangel ou Olonetzk, ainsi que parmi les cosaques du Don, existe encore de nos jours ou a existé tout récemment un mode d'appropriation du sol qui correspond parfaitement au témoignage de Tacite sur la communauté agraire des anciens Germains. La population n'est pas assez dense pour admettre la nécessité d'un partage périodique. Dès lors, chaque famille s'approprie la quantité de champs, de labours et de prés dont elle a besoin. Le sol une fois épuisé, on passe à d'autres terrains encore vierges ou restés en friche pendant une série d'années. Ainsi se pratique encore de nos jours ce que Tacite avait observé chez les Germains : *arva per annos mutant et superest ager.* M. Kovalewsky a raison de voir dans ces faits la réfutation de Fustel de Coulanges, qui voulait admettre à l'origine une propriété individuelle ayant précédé les essais de vivre en commun et de partages du sol par lots [1]. Il est probable que, comme les anciens Germains, les anciens Slaves avaient la même coutume. On les voit s'étendre cependant peu à peu, à mesure que leur nombre s'accroît ; mais, comme ils ont devant eux des espaces immenses, des terres sans bornes à défricher, ils n'ont pas besoin de les disputer les armes à la main ; ils les occupent « sans bruit et sans lutte. »

[1] Voir les Annales de l'*Institut international de sociologie*, t. I, p. 30

Selon M. Léger, les Slaves eux-mêmes ont peu pratiqué le commerce ; au négociant ils ont donné le nom d'*hôte* ; la « grande route », c'est le « chemin des hôtes », qui venaient leur proposer leurs marchandises ; le bazar, c'est la « cour des hôtes ». Le mot qui désigne encore aujourd'hui le marchand, *koupets*, est « emprunté aux langues scandinaves ». C'étaient donc les hommes du Nord qui se livraient au commerce et parcouraient les vastes contrées où les Slaves cultivaient le sol. Ces derniers vivaient par familles réunies en tribus, sans aucune idée de l'État, sans aucune organisation politique ni religieuse. Chacune des tribus slaves se subdivisait en cantons, les cantons en villages ou communautés. Le *mir*, famille agrandie, était l'élément primordial et irréductible. Les Slaves étaient ainsi attachés à la terre par une sorte de communauté agraire, qu'on retrouve d'ailleurs partout en remontant assez haut. Hérodote nous décrit les vieux Slaves laboureurs comme étant de mœurs douces, pacifiques, idylliques, aimant les fêtes, les danses, les chants, épris de la liberté au point de ne rien supporter qui ressemblât à un gouvernement, amoureux de l'anarchie, comme devaient l'être longtemps les Russes, même après la domination Varègue, et comme le devaient rester toujours les Polonais.

L'élément scandinave a été, en Russie, le plus important par l'influence historique, sinon par le nombre. Pourtant, même au point de vue de la quantité, nous répétons qu'on a méconnu la part de cet élément.

Dans les traités conclus au xᵉ siècle entre les Russes et Constantinople figurent les noms scandinaves : Karl, Ingeld, Farlof, Vermond, Ronald, Karn, Tronan, Stemid, Kanimar, Grim, Ist, Prastien, etc., que quelques savants russes ont voulu vainement ramener à des noms slaves. Mais, au bout de quelques générations, les Normands Varègues prennent des noms slaves et oublient leur langue, sans cesser d'être pirates, écumeurs de mer et de fleuves, amis du gain et des expéditions lointaines ; c'est toujours la gent normande, *gens astutissima, quæstûs et dominationis avida*, selon un de nos chroniqueurs. Le vrai foyer de la « cristallisation russe » a été, non pas un groupe slave, comme on le répète sans cesse, mais un groupe germano-scandinave. Ce sont en effet ces Varègues du Nord qui sont venus renforcer l'élément blond déjà existant, mais en grande partie submergé par les Celto-Slaves, et ce sont les Varègues qui, de plus, ont provoqué l'expansion de la Russie.

Est-il vrai que la tribu de Normands *Rous* ait été appelée par les Slaves indigènes, las de l'anarchie ? Sans doute ce récit de moines n'est pas plus vrai que celui de l'annaliste anglais Widukind, qui veut nous faire croire que les Anglo-Saxons furent appelés par les Celtes de Grande-Bretagne pour y établir l'ordre : « *Quidquid imponetis servitii libentes sustinebimus* [1] ».

Mais ces vieilles chroniques n'en ont pas moins leur vérité symbolique ; elles nous montrent les Celtes d'un côté, les Slaves de l'autre, peu propres à se gouverner eux-mêmes, ayant une certaine faiblesse native de la volonté et manquant d'instincts dominateurs. Il n'en est pas de même des hommes du Nord. Les Normands, qui ont conquis notre Normandie, puis l'Angleterre, les Deux-Siciles, une partie de la Syrie, colonisé les Féroé, l'Islande, le Groenland et découvert l'Amérique cinq siècles avant Colomb, voilà les vrais Varègues auxquels la Russie doit sa grandeur. La cotte de mailles et le casque pointu trouvés par M. Samokvassof dans la tombe noire d'un prince varègue rappellent l'armure des guerriers normands. Dans les anciennes miniatures, les princes russes ont même aspect, même taille, mêmes vêtements, mêmes armes que les chefs normands représentés sur la fameuse tapisserie de la reine Mathilde à Bayeux. Ils étaient hauts comme des palmiers, disaient les Arabes. Selon Léon le Diacre, ils combattaient en masses compactes, couverts d'énormes boucliers, poussant le même mugissement que les vieux Germains et que les Gaulois, se déchirant eux-mêmes les entrailles, comme ces derniers, quand ils désespéraient de la victoire, aimant mieux mourir que se rendre. Guillaume le Conquérant, sur le monument de Falaise, et Rurik le Varègue, sur le monu-

---

[1] M. Louis Léger cite l'épigramme suivante où on raille le récit de Nestor : « Quand notre Novgorod-la-Grande envoya des ambassadeurs au delà des mers pour demander des chefs, elle fit dire aux princes étrangers : — Notre pays est riche et vaste, mais nous ne savons pas y maintenir l'ordre. Et depuis ce temps-là la race de Rurik gouverna, et les Allemands pullulent et l'ordre manque toujours. »

ment de Novgorod, ont le même air et le même costume,
cotte de mailles et casque à pointe ; et c'est avec raison.

Les instincts voyageurs des Normands sont connus [1]. De
Scandinavie à Constantinople, où ils avaient déjà des
parents et amis, mercenaires dans la garde des empereurs,
les Normands varègues trouvaient le chemin beaucoup
plus court par les fleuves de la Russie et les « portages »
où ils traînaient leurs barques légères, que par l'Océan
Atlantique et la Méditerranée.

M. Léger fait remarquer que le mot knout, dont on s'est
plu à faire autrefois le symbole de la Russie mongole et
asiatique, est d'origine normande et se retrouve dans
l'Anglais knot. Les Normands étaient de durs maîtres. Ils
furent aussi en Russie, comme partout, de grands « rassem-
bleurs de terres [2] ».

Si les Tartares n'ont pas eu d'influence en Russie au point
de vue de la race, ils en ont eu une considérable, —
quoique maint écrivain russe la méconnaisse [3], — au point
de vue de l'éducation et des mœurs. L'empire mongol, au
xiiie siècle, comprenait une partie de la Chine ; les Mongols
empruntèrent aux Chinois les procédés de compression
administrative, de violence raisonnée, systématique et scientifique, qu'ils appliquaient au recouvrement des impôts, et
ils les introduisirent en Russie ; à la barbarie spontanée
succéda une barbarie organisée. Les premiers Tsars autocrates eurent beau se garder d'invoquer l'exemple et la tradition des Khans mongols, ils eurent beau s'appuyer sur la
Bible et sur les traditions de l'empire romain, leur administration était asiatique ; et on peut dire, avec M. Louis
Léger, qu'Ivan le terrible n'eût pas été possible si, avant
lui, Gensis-Khan n'avait pas existé. Malgré tant de progrès,
il était difficile que le niveau général de la dignité humaine,

---

[1]
        Coutume fut la jadis longtemps
        En Danemark, entre païens,
        Quand homme avait plusieurs enfants
        Et il les avait nourris grands,
        L'un des fils retenait, au sort,
        Qui est son her après sa mort :
        Et cil sur qui le sort tournait
        En autre terre s'en allait.

[2] De Lapouge, *les Sélections sociales*.

[3] Par exemple M. Tratchevsky dans son *Histoire de Russie*, 1885.

sous le poids du fonctionnarisme et du despotisme, ne
restât pas de plusieurs degrés inférieur à celui de l'Occident.
Le « joug tatar » devait produire à la fois la servilité et la
dureté, la souplesse féline et la ténacité secrète, la ruse et
la violence, la patience sourde et les explosions longtemps
couvées.

On voit qu'on a beaucoup exagéré le grand nombre de races
qui se trouveraient aujourd'hui mêlées en Russie. Il y a eu
sans doute en ce pays des tribus de noms très divers, mais,
en réalité, nulle autre contrée n'est plus homogène au point
de vue de l'anthropologie. Finnois et Slaves modernes,
nous l'avons vu, sont également brachycéphales et ouralo-
altaïques ; l'énorme majorité du pays est celto-slave et les
Tatars sont des brachycéphales restés encore plus asiatiques [1]. D'ailleurs ils n'ont laissé que peu de traces dans
la population russe. Le seul élément qui soit vraiment dis-
cordant, c'est donc l'élément dolicho-blond, scandinave ou
germanique. Mais, s'il est encore abondant dans la Grande-
Russie, il est en très forte minorité dans la Russie méridionale. A considérer l'ensemble, il compte pour peu relativement au vaste fond slave, sans cesse croissant. De tous
les pays d'Europe, la Russie est celui où la race blonde a
été le plus complètement submergée. On a, en somme, une
masse très compacte de crânes larges, masse d'autant plus
similaire que les différences de climat et de milieu sont peu
considérables dans tout l'empire ; partout, ou à peu près,
ce sont les mêmes plaines uniformes, le même climat sec,
avec les mêmes extrêmes de froid et de chaud. Il est donc
tout à fait illusoire de se figurer qu'en Russie l'agglomération
des races est *mal fondue*. La Russie est au contraire, avec
l'Angleterre et l'Espagne, le moins hétérogène des pays
d'Europe, parce que ces nombreux peuples sont presque
tous de même race, alors que la France est parmi ceux où
se sont mêlés les éléments les plus *opposés*.

D'après ces données, le monde slave est-il européen ou
asiatique ? Tout dépend du sens qu'on attache à ces mots, et
ce sens devrait même subir des modifications importantes
si on ajoutait foi aux théories les plus en faveur aujourd'hui

[1] Les Tatars et les Turcs manquent d'originalité et de fécondité intellectuelle Comparez les Turcs aux Arabes dolichocéphales et aux semites ; quel
contraste!

parmi les anthropologistes. Le véritable asiatique, l'*Homo asiaticus* de Linné, *luridus, melancholicus, rigidus, pilis nigricantibus, oculis fuscis, reverus, fastuosus, avarus*, est, en effet, du type dolichocéphale brun. Il est voisin des Sémites et des Méditerranéens à tête allongée. Les facultés intellectuelles sont chez lui développées et il est très capable d'invention. C'est à lui qu'on attribue la vieille civilisation Kouschite. Quant aux Celto-Slaves brachycéphales, il n'est pas démontré qu'ils soient originaires d'Asie, où ils sont précisément beaucoup moins nombreux qu'en Europe. *Anthropologici certant...* Toutefois, si on convient d'entendre par Asiatiques les bruns ou jaunes qui remplissent la Tartarie et la Chine, il est certain que la Russie se rapproche de ce mélange bien plus que tout autre peuple. La Chine, d'après les ethnographes, est composée, comme la plupart des pays à population jaune, d'une race à tête allongée constituant l'*homo asiaticus* dont nous parlions tout à l'heure, et d'une race à tête large qui est l'analogue de l'*homo alpinus* ou du Celto-Slave. On a prétendu que c'est ce dernier, qui, s'étant répandu sur la Chine sous la conduite de génies conquérants, aurait « figé » la primitive civilisation des Asiatiques dolichocéphales, mêlés de Sibériens blonds [1]. Le monde Slave, de composition analogue, malgré une différence de teint secondaire, serait une sorte de Chine européenne, avec cette différence capitale, qu'on ne saurait trop rappeler, qu'il contient encore beaucoup d'éléments germano-scandinaves, qui, *jusqu'à présent*, ont eu la direction de ses destinées, mais qui ne l'auront peut-être pas toujours, si la Russie se démocratise.

III

CARACTÈRE ACTUEL DES RUSSES

Du caractère primitif de la race celto-slave dominante en Russie, des modifications apportées soit par les autres races, scandinave et tartare, soit par les événements de l'histoire, soit par les conditions religieuses, sociales, éco-

[1] *Ibid.*

nomiques, devait résulter le caractère actuel des Russes, qu'il s'agit maintenant d'esquisser.

Certains observateurs ont éprouvé en face du monde slave, ce qu'ils nomment la sensation d'inachevé ; le type même des visages leur a souvent offert des traits encore mous, des yeux aux nuances effacées et qui semblent nager dans le vague [1]. Peut-être cette impression a-t-elle un côté « subjectif », car ces populations, jeunes sous le rapport de la civilisation, sont aussi des populations très vieilles et, au fond, très fixées ; ce qu'on peut dire, c'est que l'absence de vie intellectuelle intense maintient dans les esprits une sorte de crépuscule qui doit s'exprimer par quelque chose d'indécis et de fuyant dans les physionomies mêmes. Mais les tendances fondamentales n'en restent pas moins bien déterminées.

Le caractère psychique de la masse slave est analogue à celui des populations celtes, avec quelque chose de plus barbare. Le premier trait est la sensibilité impressionnable et la mobilité nerveuse. L'*inégalité* est la caractéristique même du Slave. Il semble, dit M. Novicow, qu'il se soit modelé lui-même sur son climat, qui offre les extrêmes du chaud et du froid (avec des écarts qui atteignent jusqu'à 96 degrés).

L'inconstance du Slave le fait passer d'un extrême à l'autre. Son élasticité lui permet d'ailleurs de rebondir toujours et de se retrouver sur les pieds. De même que le flegme et la morgue germanique sont inconnus aux Celtes d'Irlande ou de Basse-Bretagne, de même sont-ils étrangers aux Slaves de Russie et de Pologne. Le ciel du Nord ne réussit pas à compenser chez eux les effets de l'hérédité, et c'est une des preuves de l'insuffisance des milieux ou des climats. Le vrai Slave conserve un fond de bonne humeur. Il est souvent, même dans le Nord, pétulant et exubérant, porté à l'outrance, beaucoup plus encore que nos « méridionaux ». Le fond de l'âme russe, a-t-on dit pourtant, est mélancolique. — Ne serait-il pas plus vrai de dire que, si les Russes ont, comme tous les Celto-Slaves, la gaîté native, leur triste climat et leurs longs malheurs à travers les siècles ont développé aussi chez eux la mélan-

[1] M.-J. Legras, *Au pays russe.*

colie, comme on la voit également chez les Celtes de notre
Bretagne ou chez ceux des Iles-Britanniques? Au reste, la
mélancolie se rencontre plutôt chez les Russes du Nord,
mêlés de sang germanique, que chez les Petits Russiens
du Sud.

Les instincts sympathiques sont très développés chez les
Slaves comme chez les Celtes ; hospitaliers, accueillants, la
sociabilité est une de leurs qualités, elle est dans leur sang.
Du moins prodiguent-ils les appellations familières et tendres : mon petit père, mon petit pigeon. Ils ne sont pas plus
portés au socialisme qu'à l'individualisme, aimant l'égalité
dans la liberté ou dans la servitude.

Le sentiment de la probité est médiocre. « La bonne foi,
dit M. Novicow n'est pas extraordinaire et, dans les relations économiques, il est souvent nécessaire de prendre
bien des précautions légales pour traiter les affaires ». Le
Slave ignore le proverbe que l'honnêteté est la meilleure
des politiques [1].

Si la sensibilité est plus impressionnable et plus expansive chez le Slave que chez le Germain, la volonté est
moins énergique, plus impulsive et moins maîtresse de
soi. L'effort sera vigoureux, mais momentané, inégal. Un
Russe passera des semaines à ne rien faire, puis travaillera
trente-six heures consécutives [2]. Un travail soutenu et de
longue durée lui sera antipathique. Pour lui l'heure présente est tout : « L'avenir n'est rien qu'un rêve auquel on
ne songe pas à sacrifier les réalités ». Dans la conduite
de la vie matérielle, cette insouciance du lendemain se
trouve parfois cruellement punie ; mais, dans la vie morale, elle produit souvent des effets que M. Jules Legras
admire. Ce que nous nommons le fatalisme et la résignation du peuple russe ne semble pas autre chose, au fond,
que cette insouciance du lendemain. A quoi bon s'agiter,
pense-t-il? On ne changera rien au mal *présent; or*, qu'importe *demain?* Le mot qui est sans cesse à la bouche du
Slave, c'est *Avos*, à la grâce de Dieu ! L'apathie naturelle
à un peuple que le climat trop rude confine de longs
mois dans sa demeure et sous de lourds vêtements, forti-

[1] Novicow, *ibid.*, p. 374.
[2] Novicow. *The international Mordhly*, 1901, n° 4.

fie encore cette paresse et ce manque de prévoyance. La
pratique du moindre effort devient difficile ; « la résignation passive exige moins de force que la révolte, — surtout quand cette résignation n'est pas commandée par une
loi morale dont l'observation nous impose une violence ».

Le moujik slave ignore le prix du temps ; il semble que,
pour lui, ce mot de temps n'ait pas de sens. Il passe sa vie,
dit-on, à répéter : « Tout de suite », sans jamais se dépêcher.
Il a l'amour immodéré du repos. Il accueille avec joie les
jours de fête, si nombreux en ce pays. M. Leroy-Beaulieu a
remarqué le peu de goût des Slaves pour les exercices
corporels et pour les exercices physiques. « Pendant leurs
fêtes, dit-il, leur principal plaisir semble être le repos et
l'immobilité, la balançoire lentement berçante ou des
danses molles et monotones. Cette indolence des Slaves,
cette faiblesse de volonté et cette apathie peuvent tenir
partiellement, comme l'ont supposé M. A. Leroy-Beaulieu
et M. Jules Legras, au froid excessif qui déprime ; mais
nous y voyons surtout, pour notre part, un effet de cette
nonchalance celto-slave qui n'exclut pas une imagination
mobile. On a encore attribué au climat le courage passif
du Slave, sa force d'inertie, son endurcissement au mal.
M. Leroy-Beaulieu nous décrit un jeu national, sorte de
lutte à coups de poing qui, au lieu d'un assaut de force
et d'adresse, est un assaut de patience ; le vainqueur est,
non pas celui qui terrasse son adversaire, mais celui qui
reçoit le plus de coups sans demander grâce. Mais vous
retrouverez la même patience, la même facilité à souffrir
et à mourir chez les populations de l'Orient, sous de tout
autres climats. Ne faut-il pas voir encore là, outre l'effet du
despotisme séculaire et de l'éducation que tout despotisme
entraîne, un des caractères de la race celto-slave ou, si l'on
veut, touranienne, plus passive qu'active, plus résistante
qu'entreprenante, plus entêtée que volontaire, plus résignée
que révoltée, plus respectueuse de la force qu'impérieuse et
forte ? L'indolence et l'insouciance, avec l'entêtement au
besoin, demeurent le fond de ce caractère trop passif, qui
reste volontiers stationnaire, sans éprouver la soif du
changement ni l'impatience du progrès. Pourtant, on a
justement fait observer que, dans certains cas, l'insouciance de l'avenir peut devenir un principe d'activité vio-

lente : « Ceux qui calculent vont peut-être plus loin, mais
ils avancent moins vite que les imprévoyants ». Lorsqu'on
s'élance dans la mêlée de la vie sans caresser l'espoir d'en
rapporter des avantages et sans songer à ses réserves, on
frappe des coups plus forts et plus nets ; ainsi font les
Russes. « Voilà pourquoi , dit M. Leroy-Beaulieu, ils ne se
dévouent pas à demi, voilà pourquoi leur bonté, leur charité,
quand elles se font jour, sont si profondes, — voilà pourquoi, aussi, dans l'abaissement, ils vont plus loin, » Patience,
résignation à la volonté de Dieu, apaisement intérieur, avec
ces qualités on a la grandeur d'âme dans les épreuves,
l'empire sur soi-même dans les moments graves de la vie.

Dans la guerre, il importe peu aux Russes d'essuyer des
défaites au début des hostilités. Leur courage, fait de résignation et de fatalisme, ne s'en laissera pas abattre. Ils ne
perdront pas leur confiance dans leurs chefs, ni surtout leur
affection pour eux, affection que le malheur consolidera, loin
de l'évaporer. L'histoire le montre. Elle montre aussi que
rarement cette grande nation a triomphé du premier coup,
sa configuration géographique ne lui permettant pas d'être
immédiatement prête, d'avoir ses forces réunies au point
d'attaque ; par contre, elle lui offre le moyen de se ressaisir et d' « user » l'envahisseur [1].

L'enthousiasme russe est le trait moral qui a le plus frappé
quelques voyageurs, mais il existe surtout dans la classe
éclairée. Selon M. Jules Legras, tout ce que les Russes font,
en dehors de leur métier strict, ils le font d'enthousiasme,
et ils font beaucoup ainsi. Les idées les plus futiles, comme
les plus nobles dévouements, provoquent chez eux de ces
« élans irrésistibles qui nous étonnent » : dès qu'ils sortent
de la pratique de leur vie quotidienne ils vont, en tout,
« jusqu'à l'extrême ». Mais leur enthousiasme a un caractère fiévreux : de même qu'il naît brusquement, d'un
rien, de même un rien l'abat. Ils ont surtout « une force
d'emportement » ; ils n'ont guère de persévérance. Ils se
lassent vite, non « par faiblesse », mais « par ennui » ;
les choses produisent sur eux une impression plus vive,
sans doute, que sur la plupart d'entre nous ; mais, en plein
élan, ils se sentent arrêtés, détournés et « repris par une

---

[1] Voir sur ce point : *Revue scientifique*, février 1898

vision nouvelle ». De là, dans le domaine moral, ces
explosions de sentiments tendres, ces dévouements de tout
l'être ; puis, tout à coup « ces oublis, cette indifférence
sans cause et sans mesure ». Inégalité, encore un coup,
voilà le caractère slave.

Chaque idée nouvelle, quelque insensée qu'elle puisse
être, trouvera en Russie des néophytes; mais, de même
que l'enthousiasme n'est pas toujours la passion profonde,
l'engouement n'est pas l'enthousiasme lui-même. M. Leroy-
Beaulieu, lui, n'attribue guère au Slave que l'engouement :
« Le fond est rarement remué, dit-il, et, s'il l'est, il se
calme assez vite pour ne pas troubler le cours et les calculs
de la vie ». M. Leroy-Beaulieu trouve là, non sans raison,
une ressemblance avec l'Américain. Ce dernier, lui aussi,
est un mélange, encore assez mal fondu parfois, de race
blonde et de race brune, et son équilibre s'en ressent.

Pour M. Jules Legras, le peuple russe est surtout un
peuple jeune. C'est parce qu'ils sont encore tout près de
la nature que les Russes le séduisent tant, quand il les
observe chez eux ; c'est pour cela encore que, si souvent,
ils le déroutent. Ils ont les enthousiasmes, les dévouements,
la bonté légère, la simplicité cordiale de la vingtième
année, mais ils « en ont aussi l'inconstance, le facile découragement et l'imprévoyance ». Ce qui peut tromper sur le
vrai caractère de la Russie, ajoute M. Legras, c'est la vie
officielle que l'on y voit, « gourmée, hypocrite et cor-
rompue ». Mais il faut écarter cet élément, il faut aller
loin de la capitale où il se montre au grand jour, pour
saisir sur le vif tous les traits de la jeune Russie. « Nous
pouvons sourire çà et là de sa naïveté ; nous pouvons nous
irriter, quand nous y rencontrons des hommes indignes;
mais, du moins, ceux dont la nature est droite nous rajeu-
nissent au contact de leur enthousiasme et nous font mieux
apprécier la vie. »

Comme la sensibilité du Slave, son intelligence est vive,
primesautière et simpliste. Sa logique ressemble beaucoup
à celle du Celte ; elle est rectiligne, radicale et tend à
l'absolu. La relativité, avec ses mille rapports et avec ses
mille restrictions, ne plaît pas à ces esprits d'élan rapide
et souvent irréfléchi. Sous prétexte de voir mieux, ils ne

voient qu'un côté à la fois et oublient le reste, comme si
la nature avait souci de simplifier les choses à notre usage.
On a dit que l'horizon illimité des steppes invitait l'esprit
à marcher devant lui sans limites, dût-il aboutir à l'absurde ;
— mais l'horizon illimité des mers invite-t-il le Grec,
l'Italien ou l'Espagnol à l'illimité ? On a dit aussi que le
radicalisme slave vient de ce que l'histoire et la tradition ne
pèsent pas d'un poids bien lourd sur ce peuple jeune ; et
c'est là, sans doute, une explication meilleure ; mais la
vraie raison nous semble toujours dans le caractère même
et le tempérament de la race celto-slave, qui a l'horreur du
complexe et du difficultueux, l'amour des solutions géométriques et absolues. Le nihilisme russe est le plus beau
produit de cette tendance qui faisait dire par Dante au
diable : « Je ne te savais pas si bon logicien. »

Comme le Celte, le Slave a une grande facilité d'assimilation et d'imitation, plutôt que l'originalité et le génie
créateur. Sa souplesse et sa flexibilité sont incroyables ;
sa malléabilité, sa « ductilité » lui permet de prendre
toutes les formes sans changer de fond. Il cultive n'importe quelle science ou quel art ; il apprendra toutes les
langues, il les parlera presque sans accent ; il se pliera à
tous les usages et à toutes les modes. Il prendra l'aspect
et les manières des pays où il vit ; et, tout en changeant,
il restera foncièrement le même.

L'hospitalité, inhérente au caractère des races slaves, a
amené à une certaine estime de l'étranger, à une certaine
impartialité et au désir de s'approprier les meilleurs côtés
de la culture d'autrui. Ce serait là aussi la source de la
tolérance relative des Slaves en matière de religion. Cette
tolérance de croyance et de race se révèle dans la façon
dont les Russes s'assimilent les peuplades environnantes
d'une culture inférieure.

Tourguenef, dans *Rudine*, reproche à ses compatriotes
(non sans exagération) outre le manque de volonté, l'absence de personnalité morale et d'initiative créatrice :
« Nous n'avons rien donné au monde, sauf le samovar ;
encore n'est-il pas sûr que nous l'ayons inventé. »
M. Novicow est du même avis. On a répondu que, si la
faculté d'imitation et d'assimilation était surtout développée
chez les Slaves, c'est que, leur ayant été jusqu'ici la plus

utile, elle a été la plus exercée. Nous doutons que la raison soit suffisante ; les natures entreprenantes et inventives se font jour malgré tout ; l'esprit même d'imitation qui existe dans une masse d'hommes sert de base et de point d'appui aux génies inventeurs.

Il est difficile d'apprécier le contingent de grands hommes fourni par les Slaves, il faudrait, pour cela, connaître exactement les ancêtres et le type anthropologique de chacun d'eux. Les Slaves ont voulu s'attribuer le Polonais Kopernik, le Tchèque Jean Huss ; les Germains, avec raison, les revendiquent. Catherine II était allemande ; Pierre le Grand descendait du Scandinave Rurik par les femmes et, par les hommes, d'une famille d'origine germanique, dit-on, les Romanoff, qui vinrent s'établir à Moscou au xive siècle. Tolstoï a des origines germaniques. Ceux des hommes illustres qui furent dolichocéphales, blonds et aux yeux bleus, fussent-ils nés au cœur de la Slavie, ne peuvent être considérés comme de race brachycéphale celto-slave. D'autre part, il est clair qu'aucune loi physiologique ne défend aux Slaves de produire des hommes d'intelligence supérieure, même de volonté supérieure. Mais c'est le nombre moyen des grands hommes qu'il faut considérer, pour le comparer à la moyenne fournie par les autres races. Encore, dans cette comparaison, faut-il tenir compte du dégré de civilisation et d'éducation auquel chaque peuple est arrivé. Quand une contrée se trouve, comme la Russie, en dehors du courant général par sa position géographique et par son histoire, on ne peut juger avec certitude de sa fécondité en génies. C'est donc en réservant l'avenir qu'on peut se permettre de constater le passé et le présent. Sous cette réserve, la constatation ne saurait être très favorable aux Slaves, considérés dans leur ensemble. Leur masse est énorme et le nombre des génies qui en sortirent est proportionnellement minime. Ceux mêmes des peuples slaves qui se sont trouvés en contact avec la civilisation du midi et de l'occident, Polonais, Bohémiens, Bulgares et autres, n'ont pas contribué à ses progrès ; tout s'est fait sans eux. De plus, en étendant leurs couches sur les contrées où avait fleuri le génie grec, les brachycéphales de toutes sortes ont ramené une barbarie et produit une stérilité qui durent encore. Les Slaves ont beau revendiquer, dans l'antiquité même, le Thrace Orphée et le Macédonien Alexandre, ce que nous savons des grands hommes de Grèce ou de Macédoine les rattache pour la plupart aux dolicho-blonds, notamment Alexandre, ou aux dolicho-bruns de la Méditerranée, et il ne semble pas que les Slaves avaient eu la plus légère part à la floraison hellénique. La noblesse de Pologne, de Russie et des autres contrées slaves se rattache le plus souvent aux conquérants venus de Scandinavie et de Germanie ; d'autre part le peuple, dont la masse est seule franchement cello-slave, n'a guère eu l'occasion ou les moyens de manifester sa fécondité en talents ; il en résulte que les Slaves, s'ils ne méritent pas le dédain, n'ont eux-mêmes aucun prétexte au dédain qu'ils affectent assez volontiers pour les occidentaux. S'ils se croient appelés à de hautes destinées, c'est par une ambition de race fort légitime pour l'avenir, mais qui, dans le passé, ne repose sur aucune donnée historique. La Russie aurait eu peine à sortir de la barbarie et à devenir une grande puissance sans l'aide d'hommes de nationalités les plus diverses. Pour ne pas remonter de nouveau à Rurik et à sa dynastie, rappelons Gordon, Le Fort, Schein, Patkul, Münnich, Villebois, Greig, Elphinstone, Benningsen, Wittgenstein, Pozzo di Borgo, etc. Actuellement, elle déploie tant d'intelligence pour l'assimilation et l'utilisation qu'on peut espérer plus tard un développement de la faculté créatrice. Attendons.

IV

VARIÉTÉS DU CARACTÈRE RUSSE. GRANDS-RUSSES ET PETITS-RUSSIENS

Dans le caractère général de la nation russe se dessinent d'intéressantes variétés. La Russie du Nord offre avec celle du Sud le contraste qui se trouve partout entre le Nord et le Midi. Les Petits-Russiens, selon M. A. Leroy-Beaulieu, sont plus fins de membres et d'ossature, plus vifs et alertes d'esprit, à la fois plus mobiles et plus indolents, plus méditatifs et moins décidés, par suite plus apathiques et moins entreprenants. Ils ont l'esprit moins positif, plus ouvert au sentiment et à l'imagination, plus rêveur et poétique. Ils ont des instincts plus démocratiques

et sont plus accessibles aux séductions révolutionnaires.
A tous ces traits nous reconnaissons précisément le vrai
Celto-Slave. Dans la Grande-Russie, les cheveux blonds et
les yeux clairs l'emportent ; les crânes allongés sont fréquents ; c'est donc, comme nous l'avons montré, que la
proportion de sang scandinave ou germanique y est encore
considérable. Les Grands-Russes actuels sont le résultat
du mélange de deux populations : les scandinavo-germains,
mésaticéphales, parfois même dolichocéphales, de plus
haute taille que les autres (1 m. 69), ayant les cheveux parfois blonds ; puis les vrais ouralo-altaïques ou finno-
slaves, à face large, brachycéphales bruns (taille 1 m. 64),
ayant plusieurs caractères mongoloïdes [1]. Peu nombreux,
sans doute, étaient les envahisseurs normands, qui bientôt
se fondirent dans la population, abandonnant leur langue
et même leurs propres noms (ce qu'ils ont fait partout);
telle est la raison pour laquelle on a voulu conclure que
l'influence ethnique des Scandinaves avait été bien faible,
et on a attribué aux Slaves (gouvernés, il est vrai, par les
hommes du Nord) tout ce qu'ont fait les Grands-Russes.
Mais, si la *Rous* était peu nombreuse, n'avons-nous pas vu
qu'il y avait avant elle, dans la population de la Grande-
Russie, beaucoup d'éléments de race blonde ? Les Finnois
mêmes s'étaient vite mêlés de sang blond ; si bien que la
Grande Russie est, en réalité, demi-germanique et demi-
slave. L'homme qu'on nous donne, non sans raison,
comme le type achevé du Grand-Russe, Pierre le Grand,
avec ses qualités et ses vices, avec son énergie et sa souplesse, avec sa hardiesse de vues et son esprit positif, est,
par le caractère comme par le sang, un vrai métis de
Germain et de Touranien. Tous les colosses de la famille
Romanof ne sont pas de vrais Slaves ; ce qui ne les
empêcha pas, comme aussi Catherine l'Allemande, de
personnifier fort bien la Grande-Russie.

C'est donc dans le mélange des races et dans la prédominance de la race blonde qu'il faut chercher l'explication
de tant de traits moraux du Grand-Russe. M. Anatole

[1] Voir S. Reinach. *L'origine des Aryens*, Paris, Leroux 1892 N.-J. Zograf.
Les peuples de la Russie. trad. Tastevin (Moscou et Paris. lib. Nilsson).
N.-J Zograf *Types anthropologiques des Grands-Russes des gouvernements
du centre de la Russie*, Moscou. 1892.

Leroy-Beaulieu attribue de nouveau à la lutte contre une froide et implacable nature l'esprit éminemment pratique et positif qui distingua le Grand-Russe et du Petit-Russien et des Slaves occidentaux ou méridionaux. Avec M. Kalévaline, M. Leroy-Beaulieu explique aussi par les labeurs séculaires de la colonisation de la Grande-Russie la disposition à voir en toutes choses le but immédiat et le côté réel de la vie, ainsi que « l'esprit de ressources », la « souplesse physique et morale », « la fertilité des moyens », le « tact des hommes et des choses » qui caractérisent le Grand-Russe. Ne pourrait-on aussi reconnaître là une fusion de l'esprit normand et de l'esprit slave ? En Amérique et en Angleterre, nous voyons se développer, avec des mélanges de sang germanique et de sang celtique, la même « défiance des idées générales », le même « dédain » des conceptions théoriques, de la métaphysique et des spéculations sur l'essence des choses, la même préférence marquée pour les sciences physiques et naturelles ou pour les sciences sociales, le mépris de la sentimentalité, la défiance à l'égard des tentations de l'enthousiasme. Si le Grand-Russe, à son radicalisme spéculatif et logique, allie un sens très pratique et un réalisme prudent, c'est, selon nous, grâce au sang normand et scandinave [1]. Le Prussien est, tout comme le Grand-Russe, un mélange de sang germanique, slave et finnois, quoique à doses très différentes et avec une proportion bien plus considérable d'éléments germaniques. Or, il y a une certaine analogie entre l'esprit du Grand-Russe et l'esprit dominateur et pratique du Prussien, avec sa rudesse, sa sécheresse relative, sa force un peu âpre et sa solidité; mais le Grand-Russe a conservé en outre le pli de la domination tartare. Ce n'en est pas moins une contre-vérité que d'appeler les Grands-Russes des Moscovites et Asiatiques; quoiqu'ils se soient approprié une bonne partie des procédés de politique et d'administration tartares, ils sont précisément les plus Européens des Russes par le sang; s'ils sont aussi, comme nous en convenons,

[1] — « Comment la guerre ne disparaîtrait-elle pas ? » me disait un Grand-Russe de haute distinction; puis, au moment où j'attendais des raisons philanthropiques « Il n'y a plus de *pillage*, dit-il, on n'a donc plus aucune raison pour faire la guerre. » Cette vue pratique et atavique des choses me fit faire mainte réflexion

les plus asiatiques, c'est seulement par l'éducation administrative et politique. Cette antinomie constitue leur
étrange originalité. C'est parce que les Grands-Russes ont
eu cet esprit politique, ces instincts de colonisateurs et de
conquérants, qu'ils étaient destinés à former le noyau
définitif du monde russe.

Au xiii° siècle, les Mongols, se précipitant en masse
sur l'Occident, avaient envahi la Russie et atteint presque
le centre de l'Europe. Quelques siècles plus tard, par une
des plus éclatantes revanches dont parle l'histoire, les
Russes occupaient les régions d'où leurs vainqueurs avaient
pris leur élan, et l'Europe conquérait par eux presque
toute la moitié septentrionale de l'Asie. On a donc eu
raison de dire que le Tsar, avec son territoire asiatique
plus vaste que l'Europe, est le continuateur des rois Mongols dont il a pris la place. La pénétration de la Russie en
Asie est telle, qu'elle menace l'Inde en même temps que
la Chine. Mais, si le Tsar continue les rois Mongols, il
continue encore bien plus les Varègues de Rurik.

V

LE CARACTÈRE RUSSE ET LA RELIGION

Dans son *Esquisse sommaire de la mythologie slave*[1],
M. Louis Léger oppose les Slaves russes aux Slaves bal-
tiques, qui avaient déjà un commencement d'organisation
religieuse. Nous pensons que la différence, ici encore, est
due surtout à l'élément scandinave et germanique qui
abondait sur les bords de la Baltique. Chez les Slaves
proprement dits, la religion reste à l'état primitif: culte
vague des phénomènes célestes, des forces mauvaises ou
bienfaisantes de la nature, « sans aucune idée de moralité ». Si l'on croit aux doubles dans l'autre vie, il ne
semble pas qu'il soit question de peines ou de récompenses.
L'absence de temples et de caste sacerdotale indique aussi
le caractère rudimentaire, inorganique et anarchique de
cette religion. Tout est à l'état flottant, sans unité et sans

[1] Paris, Leroux, 1882.

aucune centralisation. Cette espèce d'anarchie religieuse
est le pendant de l'anarchie politique.

L'organisation religieuse viendra de Byzance, comme
l'organisation politique de Scandinavie et l'organisation
administrative, en grande partie, des Mongols. Constantinople était en rapports quotidiens avec la Russie kiévienne
et avait déjà converti les Slaves de Serbie, de Bulgarie.
Un culte prêché en langue slavonne convenait seul aux
Russes : la religion grecque fut adoptée. Les conséquences
de cet événement sont bien connues : d'une part, l'esprit
byzantin implanté en Russie, d'autre part, la civilisation
romaine et occidentale fermée pour des siècles, le rite se
substituant à tout le reste, l'orthodoxie jalouse étouffant
l'essor de la pensée, l'abaissement du pouvoir religieux
devant le pouvoir temporel, puis leur union sur une seule
et même tête ; d'où le triomphe et la glorification de l'autocratie, privée du contrepoids de la papauté. La Russie et
la Pologne, de même race, avaient cependant des religions
et civilisations opposées ; l'une avait reçu de Byzance sa
religion, prêchée par des missionnaires grecs en vieux
slavon, resté la langue d'Église ; l'autre avait reçu le
catholicisme romain, prêché par des missionnaires venus
de Rome ou de Germanie, dans la langue du « pape-roi »
et du « prêtre-roi », restée la langue d'Église ; d'où un
double courant de civilisation, là byzantin et infécond, ici
gréco-romain et de fécondité infinie. Car la Grèce elle-
même, la vraie Grèce n'a été connue de l'Occident que par
l'intermédiaire de Rome, et elle est restée inconnue de
ceux qui avaient précisément reçu l'orthodoxie appelée
« grecque ». La lutte de la Russie et de la Pologne, c'est
celle de deux civilisations contraires chez deux peuples de
même origine ; tant il est vrai que les influences morales
et sociales sont supérieures aux influences ethniques.

Le dogmatisme russe a conservé la même immobilité
que le dogmatisme byzantin. Quand, au début du xvii⁰
siècle, les théologiens russes formulèrent leurs neuf points
de dissidence avec la foi des Grecs, ils ne trouvèrent que
des différences de forme et de rite, qui n'en ont pas moins,
encore aujourd'hui, leur importance : faire le signe de la
croix avec deux doigts au lieu de trois, mener les proces-
sions autour des églises dans la direction du soleil et non,

comme les Grecs, à l'opposé; mettre sept pains sur l'autel
au lieu d'un ; conserver toute sa barbe au lieu de se raser,
car l'homme a été créé à l'image de Dieu le père, etc.
Aussi, tandis que, chez les Occidentaux, les sectes religieuses
modernes sont nées de la spéculation et de la critique, qui
cherchaient l'esprit sous la lettre, elles sont nées en Russie
de l'attachement minutieux aux formes, de l'aversion pour
les nouveautés, d'une tyrannie croissante de la lettre sur
l'esprit. Dans l'Église orthodoxe, la chaire sacrée est
presque toujours muette, la musique y remplace la voix des
sermonnaires. C'est peut-être une des raisons qui ont fait
se perdre le sens profondément moral des dogmes, au
profit d'un formalisme littéral et aveugle.

On a souvent prétendu que la Russie était mystique;
tout dépend du sens que l'on donne à ce mot. Mysticisme,
d'abord, n'est pas superstition, ni même fanatisme, ni
même religion. Ce n'est pas par l'intériorité que se signale
la religion russe : on ne saurait la comparer au protestantisme, qui favorise la pensée mystique en laissant la
conscience seule devant Dieu. L'âme russe, a-t-on dit,
c'est la cloche du temple qui sonne toujours les choses
divines, alors même qu'on l'affecte à des usages profanes.
Nous en doutons fort. Ce qui est vrai, c'est que l'ensemble
de la nation russe a une foi ardente, et que, chez un bon
nombre, cette foi va jusqu'à l'exaltation. Soit analogie de
race, soit similitude dans le degré de l'évolution, la foi slave
n'est pas sans analogie avec la vieille foi celtique et bre-
tonne; mais il s'y ajoute, chez le Russe, un fond de
réalisme qui n'existait pas chez l'ancien Breton. Au reste,
tout voyageur est frappé par la ferveur du peuple entier.
Sans qu'il soit nécessaire d'assister à un office de ce culte
solennel et triste, on ne peut voir sans étonnement les
rues toutes semées d'icones devant lesquelles brûlent des
cierges et s'agenouillent des hommes de tout rang. Ce ne
sont pas, a-t-on dit, des « accès de dévotion exceptionnelle
et intermittente, comme à Lourdes » ; c'est « une continuité
d'exaltation paisible ». Certains monastères immenses sont
remplis de moines; si vous leur demandez à voir la bibliothèque, il n'y en a pas : « cela est défendu ». Ils ne lisent
rien, ils ne font rien ; ils prient. Moscou, la cité sainte, cette
Mecque construite sur le type de Londres et vivant la vie

de Londres, paraît à M. Ferrero un immense oratoire, où un
million d'hommes prient du matin au soir, dans les temples,
dans les maisons, dans les tavernes, dans les rues, sur les
places ; quoique menant une vie semblable à la nôtre, ils
l'interrompent à chaque instant par une cérémonie religieuse, une prière rapidement murmurée, un signe de croix,
une révérence, une génuflexion devant chaque église ou
chaque icone, sans différence de sexe, d'âge ou de condition sociale ; c'est une scène colossale de culte, une fonction
religieuse qui ne s'interrompt jamais, ni jour ni nuit, et
qui occupe la cité entière. La Madone ibérique, située derrière le Kremlin, est l'objet d'une vénération inouïe ; et
comme la visite de cette Madone dans une maison porte
bonheur, on la transporte chaque nuit dans plusieurs ;
visite qui coûte au moins vingt-cinq roubles. Le peuple,
ne pouvant se payer à lui-même ce luxe religieux, se
dédommage en venant assister, par masses compactes et
prosternées, à la sortie nocturne de la Madone. L'auteur
italien, se souvenant de Naples, où l'on observe une semblable intensité de superstition, trouve cependant une
différence capitale entre l'Italie et la Russie. Que demande
le napolitain à Dieu ? Qu'il le garde des maladies, ou l'en
guérisse, qu'il éloigne la mort, qu'il accorde le pain, l'aisance, la richesse, l'amour de la personne désirée, le gain
dans un procès, un bon numéro à la loterie, parfois aussi
le moyen de tirer une belle vengeance, en échange d'un
beau cierge. Tout au contraire, M. Ferrero ne voit point
que la religiosité russe ait pour origine la crainte pusil-
lanime de la mort. Un des caractères les plus originaux de
beaucoup de Russes est même de considérer la mort tranquillement. L'*indifferentia mortis* est d'ailleurs une des
vertus barbares. Chez le Russe, elle est aidée par une foi
profonde à l'autre vie ; on se prépare au grand voyage
comme à un voyage ordinaire, l'esprit tranquille, pourvu
qu'on possède, bien et dûment délivré par l'autorité compé-
tente, « le passeport pour le paradis[1] ». J'ai étudié, disait
un médecin russe, dans les hôpitaux de Vienne, de Berlin,
de Paris ; j'ai vu mourir des milliers d'hommes, et j'ai
toujours trouvé chez le paysan russe une attitude originale

[1] Ferrero, l'*Europe giovane.*

de froideur et d'indifférence ; même chez les classes hautes, le stoïcisme est analogue. Une dame de Moscou donne tranquillement ses ordres à ses domestiques, en annonçant qu'elle sera morte dans trois heures, n'oublie aucune recommandation pratique, puis se tourne vers la muraille, ferme les yeux, attend le moment du départ pour une vie qui semble aussi certaine que l'âge mûr après la jeunesse et la vieillesse après l'âge mûr [1].

Le revers de la médaille, c'est la superstition et l'excès de crédulité. Le peuple de Russie croit encore l'air rempli d'êtres invisibles, malins plutôt que bienfaisants, qui occasionnent les maladies contagieuses et chez les hommes et chez les animaux. Ce sont des microbes fantastiques, dotés d'intentions conscientes à notre égard.

Malgré l'appareil de religiosité extérieure et de croyance naïve, les avis demeurent partagés sur la question de savoir si la Russie est vraiment religieuse. Qu'elle donne extérieurement toutes les marques de la religion, nous venons de le voir ; mais qu'est-ce que les œuvres extérieures sans la foi morale ? Si les Russes du peuple ont la foi, c'est assurément celle du charbonnier, car ils sont dans la plus profonde ignorance. Selon M. Novicow, le christianisme n'a pas encore eu le temps de pénétrer dans la conscience du peuple russe, auquel il n'a été prêché que depuis le x⁰ siècle. Sur un millier de Russes, 8 ou 900 environ, y compris les femmes, ne sauraient pas réciter, même mécaniquement le *Credo* de Nicée ; sur les 100 qui sauraient le réciter, il y en aurait peut-être 10 à en comprendre le sens littéral et 1 peut-être à entrevoir la doctrine. Voilà pour le dogme. Quant au sentiment religieux, qui est bien plus important, il est certain qu'il est fréquent chez un peuple malheureux et souvent mélancolique, voué à l'arbitraire du fonctionnarisme et à la misère des ressources vitales : la protection divine et surtout celle des saints deviennent alors un dernier objet d'espoir : « On s'adresse à Dieu, à Jésus-Christ, à la Vierge et aux Saints ». De là ce grand déploiement de dévotion extérieure : pèlerinages, culte des images miraculeuses, flots de peuple dans les églises. L'effet de toutes ces cérémonies, selon M. Novicow, est une sorte

---

[1] Ferrero, l'*Europe giovane*, p 268.

d'influence hypnotique. Le peuple russe écoute la messe sans même savoir (au témoignage de M. Novicow) que la messe est « une commémoration symbolique du sacrifice accompli par le fils de Dieu pour sauver l'humanité ». Au reste la messe est systématiquement rituelle et inintelligible ; c'est même grâce à sa complète incompréhensibilité qu'elle agit sur la « machine » dont parle Pascal. Quant à la prédication religieuse ou morale, elle est à peu près nulle. Sur le dogme, rien à prêcher : pas un *iota* n'y a été changé ou n'y peut être changé, depuis le fameux *iota* qui provoqua le schisme ; il n'est pas besoin de comprendre les mystères ; moins on les comprend, plus leur action mystérieuse est assurée. Reste la morale. Mais le prêtre ne peut prononcer un sermon qu'après l'avoir écrit et « soumis à l'approbation de l'évêque ». Ce dernier ne l'autorise que quand il est insignifiant et sous la condition de le lire sans y changer un mot. Pas d'improvisation, pas d'effusion du cœur. L'esprit a été tué par la lettre.

Aussi les Russes remarquent-ils eux-mêmes qu'ils n'ont pas eu, depuis qu'ils sont chrétiens, un seul grand théologien, un docteur de la foi, un seul saint remarquable, un grand missionnaire, un grand prédicateur. Ils opposent cet état de choses à l'Université de Paris au moyen âge ou au mouvement de la Réforme en Allemagne.

L'observance rituelle prouve d'autant moins la vraie foi profonde qu'elle est imposée par la loi. Pas d'autre mariage légal que le mariage religieux. Pas d'état civil pour l'enfant sans le baptême, ni de filiation assurée, ni d'héritage, ni de droits civils et politiques. Tout cela inspire le respect extérieur des sacrements et, par contagion, un certain respect intérieur, un *obsequium non rationabile*. « Le plus libre penseur, dit M. Novicow, fait baptiser ses enfants, puisque, sans cela, ils ne seraient pas considérés comme légitimes ».

Le clergé russe n'est point payé par l'État ; il faudrait trop d'argent ; 36 000 prêtres ! A 2 500 francs par an, cela ferait le tiers du budget ordinaire. On se tire d'affaire en donnant au prêtre un bout de terre qu'il cultive souvent lui-même et le « trafic des sacrements », qu'il pousse à l'extrême pour pouvoir se nourrir, lui, sa femme et ses enfants. Faut-il se marier, le paysan n'a pas de quoi payer le mariage. La lutte avec le prêtre com-

mence. Le prêtre lui-même est de la plus crasse ignorance,
sans supériorité intellectuelle ni même morale. Il ne va
jamais chez ses fidèles pour leur donner des conseils ou
leur apporter des paroles de consolation. Le fidèle éprouve-
t-il le besoin d'aller à l'église pour y prier seul ou y pleurer seul, en face de Dieu, l'église est fermée : on n'entre
qu'à l'heure du spectacle public. Résultat : le prêtre n'a
pas la moindre influence, pas même sur la femme ; l'indifférence du paysan est profonde et son hostilité pour le
prêtre est chronique.

Pourtant, les besoins religieux se manifestent parfois en
Russie par l'éclosion multiple des sectes. La conduite
d'un prêtre devient-elle une source de scandale, quelqu'un
apparaît qui se met à prêcher en interprétant à sa manière
les Écritures ; ainsi sont nées d'innombrables sectes
en Russie. Les « Doukhoborg » sont récemment passés
en Amérique pour échapper au service militaire, qu'ils
croient contraire à la Bible. Les Skoptki ont, comme beaucoup d'autres sectes, adopté des pratiques monstrueuses ;
après avoir interprété à leur façon le pathos sacré de saint
Mathieu, chapitre 19 : « Je vous dis que celui qui répudie
sa femme, *sauf pour infidélité*, et qui en épouse une autre,
commet adultère.... — Les disciples lui dirent alors : — Si
telle est la condition de l'homme à l'égard de la femme, il
n'est pas avantageux de se marier ». Jésus leur répondit :
« Tous ne comprennent pas cette parole, mais seulement
ceux à qui il a été donné de comprendre. Car il y a des
eunuques dès le ventre de leur mère ; il y en a qui le sont
devenus par le fait des hommes, et il y en a qui se sont
rendus tels eux-mêmes, pour gagner le royaume des cieux.
Que celui qui peut comprendre comprenne. » Les Skoptki
ont compris à la lettre. C'est un des innombrables contre-
sens qu'ont valus à l'humanité les métaphores orientales
de l'ancien et du nouveau testament. Le jour où un paysan
russe se met à interpréter la Bible, on devine jusqu'à quel
degré d'absurdité il peut aller ; en cela, il rivalise avec les
docteurs en théologie catholique, qui, par exemple, condamnent le divorce (admis par Jésus lui-même en cas
d'infidélité) et qui acceptent l'annulation du mariage pour
une foule de causes innommables, moyennant fortes
sommes pour le denier de Saint-Pierre.

Outre le fanatisme tout oriental des sectes où l'on renonce volontairement à son sexe en se mutilant, on voit, dans d'autres sectes, l'homme s'offrir soi-même, avec sa famille, en holocauste à Dieu. Le chef de la famille réunit tous les siens dans une cabane, y met le feu et se laisse consumer en l'honneur de Dieu. Les pénitences des anachorètes russes rappellent celles des moines boudhistes; dans les vieux monastères, on montre des puits où un moine vivait renfermé pendant dix et vingt ans, pouvant à peine se mouvoir. Ajoutez toutes les aberrations orientales, depuis les plus folles jusqu'aux plus terribles; les *Fedosseevetzys*, qui vivent en concubinage absolu; les *Tueurs d'enfants*, qui se font un devoir sacré d'envoyer au ciel un de leurs enfants avant qu'il se soit souillé des péchés de la terre; les *Etouffeurs* et *Assommeurs*, qui croient rendre service à leurs parents et à leurs amis en les étouffant lorsqu'ils sont malades; les *Compteurs*, qui bouleversent les jours de fêtes légales d'après un livre tombé du ciel en 1866; les *Soupireurs*, qui, depuis 1871, trouvant la prière trop matérielle, se contentent de soupirer au pied des autels, etc. [1].

Les nihilistes sont des fanatiques d'une nouvelle école, qui se dévouent à ce qu'ils croient le grand œuvre. On a remarqué avec raison qu'en France et ailleurs, quand une femme apparaît dans une affaire politique, c'est toujours l'amour qui est en jeu, tandis qu'il est loin d'en être toujours ainsi chez les Russes. Tourguénief raconte, dans ses *Terres vierges*, diverses histoires de mariages politiques conclus entre jeunes gens des deux sexes : liés légalement, les époux se séparent après la cérémonie et restent simplement coreligionnaires, prêts à s'immoler pour la même œuvre. Cette exaltation des jeunes filles russes se rencontre aussi bien chez les incroyantes que chez les croyantes; leur mobile est le dévouement à ce qu'elles jugent le bien de l'humanité. Les écrivains russes prétendent que le Slave a une tendance à s'immoler, un besoin natif de dévouement. Il ne faut pas tant généraliser.

Au fanatisme et à la superstition se joint un fatalisme naïf qui, lui aussi, rappelle l'Orient. Selon M. Leroy-Beaulieu, les compagnies d'assurances, plus bienfaisantes

---

[1] Voir l'étude de M. G. Lejean dans *Russie*.

en Russie que partout, trouvèrent un obstacle inattendu
dans le fatalisme du paysan, qui se faisait scrupule de
prendre des précautions contre un mal envoyé du ciel et
« d'acheter à prix d'argent l'immunité contre la Provi-
dence ». Si une invasion de criquets menace ses récoltes,
le paysan se contente de dire : Laissons passer la colère de
Dieu. Il refuse souvent les secours du médecin, parce que
ce serait aller contre les décrets de Dieu, si Dieu veut
qu'on meure.

En somme, sous le rapport religieux comme sous les
autres, la Russie nous offre l'inégalité qui la caractérise et
le contraste violent d'une masse au fond indifférente avec
une autre masse toute prête à croire ce qu'on voudra.
L'ignorance est toujours ou inerte à l'état de repos, ou fanatique quand on la sort de son inertie. La Russie, malgré
ses indifférents, qui sont innombrables, est actuellement,
a-t-on dit, le seul pays qu'on pourrait soulever tout entier
pour une croyance religieuse et surtout superstitieuse : il
constitue, par cela même, une puissance énorme en face
de nos peuples divisés et de plus en plus sceptiques.

V

L'ESPRIT SLAVE ET LA LITTÉRATURE

Les littératures primitives se ressemblent toutes ; il y a
tel chant polynésien qui vaut bien des chants celtes ou
germains. Toutefois, certaines races ont ou plus d'imagination, ou une imagination d'un autre genre ; elles
ont aussi des préférences pour tel ou tel ordre de sensations et de sentiments. Le débordement d'invention fantastique et féerique, plutôt que guerrière et héroïque, caractérise les races celtes, les races slaves et encore plus les
Ugro-Finnois. Le Kalévala est un torrent d'incantations.
L'incantation existe sans doute dans toutes les poésies primitives, mais nulle part elle ne joue un rôle aussi prodigieux que dans les chants finnois. Le magicien, héros
intermédiaire entre l'homme et la divinité, grâce à sa
connaissance des *runes* ou paroles magiques, accomplit tous
les prodiges. Waïnämoïnen chante, et les montagnes de

cuivre chancellent; il chante, et un sapin surgit de terre,
un sapin à la couronne fleurie, aux rameaux d'or, dont la
tête monte au-dessus des nuages; il chante, et la lune vient
se poser dans la couronne du sapin, et Ottava sème ses
étoiles sur les branches. Par ses ensorcellements, il change
le glaive du jeune Joukahainen en éclair, son arc orné
de mille couleurs en arc-en-ciel, ses flèches ailées en
rameaux de pin flottants, son chien au museau crochu en
borne des champs, son bonnet en nuage aigu, son bleu
manteau de laine en brouillard, sa fine ceinture en traînée
d'étoiles [1]. Ce sont toutes les visions changeantes du rêve,
où se plaît le barde finnois comme le barde irlandais. Un
vieux héros se blesse avec sa hache; son sang coule « avec
le mugissement d'une cataracte », et les *runes* qu'il pro-
nonce ne suffisent pas à arrêter le sang, car, tout savant
qu'il soit, il ne connaît pas « les trois paroles originelles. »
On a aussi remarqué l'animisme « délirant» de ces poèmes,
qui voient partout la vie et le sentiment, qui mêlent toute
la nature à l'homme. Qu'une mère pleure la mort de sa fille,
et, autour d'elle, tout lui parle: trois fleuves surgissent, et
de chaque fleuve trois cataractes, et au milieu trois îles et
sur les bords de chaque île trois montagnes d'or, et sur la
cime de chaque montagne trois bouleaux, et dans la cou-
ronnne de chaque bouleau trois coucous; et les coucous se
mettent à chanter, parlant à la mère; et le premier dit:
« Amour, amour! »; le second dit: « Fiancé, fiancé! » et le
troisième dit: « Joie, joie! » Et la mère pleure en enten-
dant le coucou du printemps chanter.

Le Kalévala est-il purement finnois? Les *runes*, qui y
jouent un si grand rôle, sont revendiqués par les Scandinaves et par les Germains, comme par les Finnois. Au
reste, les paroles magiques, quelque nom qu'on leur donne,
ont une part énorme dans les chants celtiques comme dans
tous les contes de sorciers.

La poésie slave n'est pas aussi débordante et délirante
que la finnoise; elle a cependant aussi des traits qui rappellent la poésie celtique. La partie la plus originale consiste dans les chansons historiques ou épiques, les *bylines*,
chantées par des bardes villageois, souvent par des femmes,

---

[1] Léouzou le Duc, le Kalevala, 85.

et transmises oralement des anciens aux jeunes. Les héros
de ces chansons sont, avant tout, laboureurs et défricheurs,
comme Micoula et Ilia. La fantasmagorie de l'animisme universel se mêle aux histoires de guerre et d'amour. Sadko est un
aventurier marin, moitié marchand, moitié pirate, qui voyage
avec une flotte; il se dévoue pour apaiser une tempête et
descend dans le palais du Roi de la mer. La chanson d'Igor
est une sorte de chanson de Roland, bien inférieure. Dans
les bylines qui se rapportent à Ivan le Terrible, le caractère
« impulsif » du tzar est élevé à la hauteur d'un type national. Pierre le Grand submerge une flotte suédoise rien
qu'en sonnant de son cornet d'or, tant la croyance au
merveilleux est encore vivace dans le peuple. Les histoires
et chansons de femmes ont de la grâce, de la délicatesse,
de la noblesse [1]. En somme, l'imagination slave apparaît
comme souvent vague et confuse, mal réglée, portée à la
superstition et au fantastique, mélange de douceur et de
barbarie, plus rêveuse et flottante qu'active et réfléchie,
encore primitive en ses aspirations et en ses conceptions.
L'influence des littératures occidentales, s'exerçant dans
cette atmosphère demi barbare, a produit la littérature
russe contemporaine, qui doit son originalité au mélange
même du primitif et du moderne. Il est d'ailleurs difficile,
en l'appréciant, de faire la part des races. Œuvre des
classes supérieures de la Russie, qui sont si mêlées de sang
scandinave et germain, fécondée par l'exemple et l'influence de l'Occident, elle ne peut guère se donner comme
purement slave; on peut seulement dire que tout ce mélange est bien russe.

Les Slaves en général et les Russes en particulier se
distinguent par le penchant à l'analyse intérieure, surtout
à l'analyse morale. Le Russe s'intéresse moins aux conditions extérieures de la vie; il se passe du confort indispensable à l'Anglais, des raffinements esthétiques dont s'en-
toure le Français. Il se contente d'un genre de vie simple,
ne recherche pas les trop grandes aises, préfère à tout,
selon le professeur Sichorscki, « une âme chaude et
un cœur ouvert. » Dans les expositions d'art, vous êtes

[1] Voir A. Rambaud, *la Russie épique;* Louis Leger, *Études slaves;*
Ralston, *Songs of the Russian people;* Letourneau, *l'Évolution littéraire
chez les diverses races.*

frappé par la pauvreté de coloris des peintres russes, et, en
même temps, par la fréquence, par la profondeur des sujets
psychologiques. La même chose s'observe chez les grands
écrivains : Lermontow, Tourguéniew, Dostoïewsky, Tolstoï.

La Russie n'a pas eu de grand philosophe, ni de grand
historien; elle a mis « toute sa philosophie et toute son
histoire dans son roman ». C'était du reste le seul genre
qui permît l'exposition indirecte des thèses les plus hardies.
Le roman russe, auquel on reproche généralement le
manque d'ensemble, la surabondance des excursions à
droite et à gauche, la profusion des détails inutiles, rend
visible le mélange de l'esprit germanique et de l'esprit
slave, ainsi que l'influence des modèles de l'Occident,
Dickens et Balzac. On a mainte fois dépeint le réalisme de
ces romans, où la sympathie et la commisération se mêlent
à la représentation exacte et minutieuse de la vie, où l'on
sent toujours une pensée et un cœur qui débordent ce que
les yeux voient et ce que l'imagination représente, où la
sincérité et la naïveté d'une littérature jeune se mêlent à
la clairvoyance et au raffinement des civilisations vieillis-
santes. La saveur propre de ces chefs-d'œuvre vient en
grande partie de ce qu'ils sont encore voisins du cycle
épique et des chants primitifs de la Russie, tout en n'étant
étrangers à aucune des idées modernes et même des utopies les plus aventureuses sur l'avenir.

Dans la musique, le cycle des mélodies populaires, avec
leurs rythmes originaux et leurs tonalités étranges, a servi
de mine inépuisable aux compositeurs les plus versés dans
l'harmonie moderne. De là ce mélange de vague et de relief,
de délicatesse exquise et de violence, de rêverie et de force
dramatique, de nervosisme et de science, qui caractérise
la grande école russe, depuis Glinka jusqu'à Rubinstein,
Tchaïkovsky et César Cui (ce dernier fils d'un Français et
d'une Lithuanienne).

VI

ÉTAT SOCIAL DE LA RUSSIE ACTUELLE

Il semble à première vue que, sous une autocratie toute
puissante, l'immense empire doive offrir partout uniformité

et monotonie ; mais qu'on réfléchisse à son immensité
même, que l'on songe à l'impossibilité de tout embrasser
de liens despotiques, à la sphère nécessairement bornée
où s'exerce la volonté venue d'en haut ; et l'on comprendra
que, le respect de la religion et le respect du tzar une
fois assurés, la liberté peut pénétrer tout le reste, y introduire la vie, la variété, le progrès. Sous la surface monotone et immobilisée s'agite un monde mouvant et changeant.

Le peuplement rapide de la Russie et les transformations
économiques qu'il entraîne nécessairement finira par entraîner des transformations plus profondes encore. Le mot
de M. Rambaud a fait fortune : « Quand il naît en France
un bataillon, et en Allemagne un régiment, il naît en
Russie un corps d'armée ». Les dernières statistiques ont
confirmé le fait et il ne semble pas que, d'ici à longtemps, un
changement se prépare. Nous sommes bien loin du moment
où le savant astronome français Chappe hasardait ses pronostics sur l'avenir de la Russie. Il arrivait la tête remplie
de récits allemands sur l'immensité des plaines qu'il allait
parcourir, sur les peuples innombrables qui s'y formaient
et sur le danger que, grâce à eux, courrait un jour la liberté
de l'Europe. Après avoir vu la Russie et une partie de la
Sibérie, Chappe déclara que ces périls étaient imaginaires.
Non seulement, à l'en croire, la Russie était trop pauvre
pour nourrir un grand peuple, mais encore ce grand peuple
ne pourrait jamais venir au monde ; épuisés par la misère
et les maladies contagieuses, les Russes étaient incapables
de se multiplier ; il était même douteux qu'il pût encore en
subsister quelques-uns à la fin du xixe siècle ! La croissance
prodigieuse de la population russe, simplement par l'excès
des naissances sur les décès, ne commença qu'après 1815.
Sans que les frontières aient presque changé, il y avait, en
1851, 67 millions ; en 1858, 74 millions ; en 1885, 108
millions de Russes. En supposant qu'il s'agisse là seulement d'une progression arithmétique, toujours égale à
elle-même, il aurait fallu ne s'attendre, en 1897, qu'à un
total de 120 millions. Or, le recensement du 18 janvier a
démontré l'existence de 129 millions de Russes, qui sont
maintenant plus de 130 millions. « Le peuple russe a plus
que sextuplé, a-t-on dit, depuis le temps où Chappe pro-

phétisait sa fin prochaine[1] ». Cette progression conti-
nuera-t-elle? Si l'on trouve déjà, à Pétersbourg et à
Moscou, des bourgeois qui n'ont qu'un ou deux enfants, la
bourgeoisie russe, née d'hier, n'est qu'une goutte dans
l'Océan. La Russie a cent et quelques millions de paysans
qui n'ont pas le caractère ni la prudence du paysan français.
Le moujik, outre qu'il ne songe pas au lendemain, sait
qu'il trouvera toujours ailleurs des champs nouveaux. Si le
XIXᵉ siècle a vu la colonisation de la Russie méridionale,
le XXᵉ verra celle de l'Asie centrale et de la Sibérie. On a
calculé que la zone de 100 kilomètres de large suivie dans
toute sa longueur par le Transsibérien a la superficie de
l'Europe centrale et qu'elle peut nourrir au moins 100 millions d'âmes; on peut calculer avec autant de précision
quand ces habitants existeront. Ce sera l'affaire d'une
soixantaine d'années. En 1910, en effet, le peuple russe
aura atteint son cent cinquantième million, entre 1930 et
1940, son deux centième. Selon toute probabilité, à la fin du
XXᵉ siècle, il y aura 300 millions de Russes.

La différence de densité entre la population de l'Europe
occidentale et celle de la Russie va diminuant. Le dernier
recensement, il est vrai, ne donne encore à la Russie
d'Europe qu'une vingtaine d'habitants par kilomètre carré,
alors que la France en a 71, l'Allemagne 91, l'Angleterre
122, la Belgique 200; mais, pour établir cette moyenne, on
a dû tenir compte d'immenses régions désertes au Nord et
au Sud. Dans les régions habitables, on obtient des chiffres
très supérieurs : 35 à 40 dans l'ancienne Moscovie, 75 à 80
dans la plus grande partie du bassin du Dniéper. Au fur et
à mesure des progrès de la population totale, on verra se
développer la population urbaine, et, avec elle, d'une part
les industries, de l'autre « les classes sociales dont la Russie
a été privée si longtemps ». Déjà Saint-Pétersbourg a
1 276 000 âmes, Moscou 1 000 000; Varsovie en a 620 000.
Après ces trois capitales viennent deux villes qui ont augmenté avec une rapidité quasi américaine : Odessa, 404 000;
Lodz, 314 000. Après Lodz, viennent Riga (282 000), Kief
(230 000) et douze villes de plus de 100 000 âmes (six de
plus qu'en France). En vingt ans la population urbaine a

[1] M. Émile Hermant, *Journal des Débats*, 14 juillet 1897.

presque doublé ; Pétersbourg sera vite dépassé par Moscou, grâce à la position centrale de cette dernière et à son immense réseau de chemins de fer.

Ce qui frappe les démographes, c'est que le noyau de l'Empire, la Russie centrale et historique, séjour de la race grand-russe, s'accroît avec une lenteur relative, tandis que les gouvernements éloignés et « excentriques » se peuplent deux ou trois fois plus vite. L'ancien royaume de Pologne a gagné un million et demi d'habitants. A côté, des gouvernements petit-russes, anciennes provinces polonaises, ont gagné, ceux de Kief, d'Iékatérinoslav, de Podolie, etc., chacun 700 000 âmes ; celui de Volhynie, 800 000 âmes. Un accroissement à peu près semblable s'est produit dans le territoire des cosaques du Don. Plus au sud, les gouvernements du Caucase ont passé de 7 284 000 à 9 723 000 ; à l'est, ceux de la *steppe*, entre l'Oural méridional et l'Altaï, de 2 567 000 à 3 415 000 ; le Turkestan et le territoire transcaspien, de 2 759 000 à 4 175 000. La Sibérie n'a gagné que 1 400 000 âmes, parce que la colonisation en grand ne fait qu'y commencer.

Tous ces faits ont donné lieu à mainte prévision pour l'avenir ; les uns voient déjà les terres éloignées de Saint-Pétersbourg se dégageant de la centralisation pétersbourgeoise et formant même une fédération. D'autres répondent que la Russie a un noyau compact, la Moscovie, et une race maîtresse, la race grand-russe, assez forte pour maintenir les pays éloignés, sous un gouvernement lui-même très fort. D'autres enfin montrent que ce noyau perd son importance relative à cause du peuplement croissant des pays excentriques, des Oukraïny, et ils en concluent que l'axe de gravité de l'empire se déplacera sans doute vers le sud et l'est. Mais, avec les chemins de fer, le télégraphe et la centralisation bureaucratique, il est impossible de savoir ce qui adviendra. On peut seulement dire que la Russie sera un vaste champ d'expériences sociologiques.

Le régime de la famille et celui de la propriété y attirent déjà l'attention des sociologues. La théorie, soutenue par M. Westermarck, qui admet l'existence primitive d'une famille dont le père formait la base, est très contestée des sociologues russes, qui n'en trouvent pas la confirmation chez les indigènes de la Sibérie ou du Caucase. En bien

des endroits survit encore la famille patriarcale, le régime
du clan et de la famille agrandie, dont les membres vivent
dans une dépendance étroite du plus âgé ou *nabolschi*. Les
rites nuptiaux, en Russie, gardent encore l'empreinte de
cette période éloignée où la femme était enlevée de force
à sa famille, échangée ou achetée.

La plus grande partie des provinces méridionales de la
Russie a déjà passé au régime individualiste ; le gouvernement a même dû recourir à des ordres fort stricts et faire
paraître de nouvelles lois pour empêcher les partages de
propriété et la dissolution définitive de la famille patriarcale. Cette dernière lui paraît être, et non sans raison, dit
M. Kovalewsky, « la base naturelle de ce régime soi-disant
paternel que présente l'autocratie russe. » De plus, la
famille patriarcale a un autre avantage non moins puissant
aux yeux du gouvernement : c'est celui d'assurer le prélè-
vement des impôts et d'être, en ce sens, le premier anneau
de cette « longue chaîne de responsabilités collectives qui,
tenant l'individu lié tant à la famille qu'au village, le
prive de toute liberté de locomotion ainsi que de toute
initiative dans le domaine économique[1] ». A ce régime,
qu'ont étudié à fond les ethnographes Efinsenko et Pach-
man, est dû le surplus de population dont souffrent quelques-unes des provinces et le manque de bras dans quelques autres.

Un des caractères les plus curieux des Slaves, c'est ce que
certains appellent dédaigneusement l'esprit grégaire, par
opposition à « l'individualisme anglo-saxon ou germanique », ce que d'autres appellent l'esprit d'association et
même de socialisme. La tendance communautaire, déjà si
visible dans l'institution du *mir*, ne l'est pas moins dans
celle de l'*artel*, association coopérative d'un genre particulier. Tandis qu'en Angleterre tous les restaurants des voies
ferrées sont tombés entre les mains d'une société puissante,
en Russie, ils ont été monopolisés par une société de garçons d'hôtel russes et tartars, qui, après avoir mis de côté
tous les pourboires, se sont constitués en *artel*, ont ouvert
un restaurant, puis deux, puis des centaines, et aujourd'hui
possèdent tous les restaurants des chemins de fer. A Lon-

[1] Voir les *Annales de l'Institut international de sociologie*, t. I, p. 33.

dres, deux ou trois grandes maisons ont monopolisé la
vente des journaux et des livres dans les stations; à Moscou,
à Saint Pétersbourg, et dans les principales villes russes,
les vendeurs ont su éliminer les intermédiaires, se constituer en *artel* et garder pour eux tout le bénéfice. Même
histoire pour les portefaix et porteurs de bagages. Les
maçons errants, les pâtres eux-mêmes ont su se constituer
en associations communistes. M. Ferrero voit là l'originalité pratique du peuple russe, la preuve d'une énergie
intellectuelle et morale qui l'empêche de se faire l'instrument du capitalisme. C'est aussi, chez ces illettrés, un
souvenir de la vie patriarcale, entretenu par les communautés de villages. Enfin l'habitude d'être enrégimenté et
gouverné est universelle. Elle a même abouti à l'organisation, par certains industriels, de véritables couvents de
travailleurs. Le patron loge et nourrit ses ouvriers, leur
fournit des réfectoires et des dortoirs, contenant chacun
deux ou trois cents lits. Toute la vie de l'ouvrier est
réglée au son de la cloche. C'est le « type militaire conven-
tuel de l'industrie », c'est la réalisation du rêve des socialistes. Là même où les patrons n'ont pas, de leur propre
autorité, institué des réfectoires, les ouvriers fondent pour
leur propre compte des cénacles communs et conviennent
de prendre leurs repas ensemble, comme les chrétiens de
la première communauté. Pour quatorze kopeks par jour,
un ouvrier peut ainsi se nourrir, et c'est une des causes
qui font que les salaires peuvent être si bas, sans que le
prolétariat meure d'inanition.

Tandis que la Russie politique, œuvre de Pierre le Grand,
a près de deux siècles d'existence, la Russie industrielle,
nouvelle venue dans le concert ou plutôt, comme on l'a dit,
dans le conflit des pays producteurs, ne date guère que du
règne d'Alexandre III; mais elle embrasse les mêmes
espaces immenses, possède d'inépuisables ressources et voit
s'ouvrir devant elle les perspectives les plus séduisantes, et
les débouchés les plus vastes. Quelle est sa situation présente ? où en est arrivé le développement de ses forces ?
quelle part y ont prise, quelle part peuvent y prendre
encore les capitaux étrangers ? c'est ce que M. Verstraete,
consul de France, a étudié dans son livre sur la *Russie
industrielle*. Son ouvrage, compte rendu d'une mission

officielle, nous montre le grand développement des industries minières et métallurgiques, la construction croissante des machines, l'extension des voies ferrées[1], le développement des industries textiles, les progrès des manufactures diverses et les efforts qui sont faits pour constituer une classe ouvrière et créer une main-d'œuvre habile en développant l'enseignement technique. Il montre aussi combien nous aurions tort de nous désintéresser des destinées économiques de la Russie, où le commerce allemand, puissamment organisé, représenté partout, écoule de plus en plus ses produits au détriment des nôtres. La lutte commerciale devient de plus en plus vive ; il importe de plus en plus que les industriels français suivent attentivement le sens et la vitesse du progrès dans les pays étrangers.

Le nombre des illettrés est encore beaucoup plus considérable en Russie que partout ailleurs. La Roumanie dépense 2 francs par habitant pour l'éducation primaire — la Roumanie, une création pour ainsi dire de la Russie. L'Italie dépense presque autant et l'Espagne 1 fr. 50. Et la dépense de la Russie pour le même objet, c'est 20 centimes. Nous avons cité à dessein des pays peu avancés. Si nous citions la Suède ou la Suisse, ce serait autre chose. Et les colonies anglaises ? Le Canada dépense 24 francs par tête !

Autres statistiques : Sur cent personnes, en Angleterre, 18 sont à l'école ; 18 aussi en Prusse ; 15 en Suisse ; 15 en Norvège ; 14 en Suède et en France ; 8 en Italie ; 5 en Bulgarie ; 4 au Portugal et 2 1/2 en Russie. Ainsi, la Russie est distancée du double par la Bulgarie — sa création la plus récente, là où, avant le passage des armées russes, l'homme était abruti par le joug turc.

Examinons maintenant les recrues. Les jeunes gens qui se présentent au service militaire en Saxe, en Bavière, en Bade savent pour ainsi dire tous lire et écrire. En Suisse, la proportion est de 99 p. 100, de même qu'en Prusse ;

---

[1] Les Russes construisent du côté de Samarkande des canaux ayant des centaines de kilomètres et accomplissent des travaux d'irrigation vraiment gigantesques dans un pays d'une fertilité extraordinaire. Si l'on y joint les travaux non moins gigantesques des voies ferrées, et des lignes de mille kilomètres, alors que le rayon de la terre est de dix mille, on aura l'idée de ce qui se prépare dans ce monde de peuples.

92 en Hollande ; 90 en France ; 58 en Autriche ; 48 en
Italie et 43 en Espagne. Et en Russie, 21 ! Comment en
serait-il autrement quand, alors que la Suisse consacre les
33 p. 100 de son budget à l'instruction, la Russie n'y consacre que le 4 p. 100.

En fait, la Russie dépense bien au delà de la somme dési-
gnée dans les statistiques ci-dessus pour l'instruction. Mais
ce sont les budgets privés qui suppléent à l'apathie du gouvernement. Les municipalités, les communes, les assemblées provinciales, voire même les riches particuliers
donnent avec un dévouement rarement égalé ailleurs. Et
ils donnnent le double de ce qu'alloue le gouvernement.
En 1886 il n'y avait que 29,45 p. 100 des conscrits qui
sussent lire, et leur nombre ne dépasse pas aujour-
d'hui 35 p. 100. Encore les conscrits appartiennent-ils à
la portion la plus jeune, par conséquent la plus cultivée
de la population masculine ; d'autre part, les écoles de
garçons sont beaucoup plus nombreuses que les écoles
de filles. Tout compté, la population capable de lire, en
Russie, ne s'élève pas à plus de vingt millions. La Russie a fort peu de journaux, neuf cents seulement, dit
M. Roubakine [1], sept fois moins que l'Allemagne, cinq
fois moins que la France ; il ne faut compter le tirage,
en Russie, des publications même les plus populaires
que par dizaines de mille. Les livres sont extrèmement
peu nombreux. On en a publié, en 1893, 7 722, à environ vingt millions d'exemplaires, ce qui fait un peu
moins d'un volume pour six Russes ; encore ne peut-on
se procurer facilement les livres. Dans les grandes villes,
l'amateur russe trouve des librairies où acheter ce qu'il
désire, « si la Censure en a permis la vente [2] ». En province,
dans les villes de district, même dans les chefs-lieux de
gouvernement qui ne sont pas des centres universitaires,
l'achat d'un livre est compliqué. En 1887, il y avait en
Russie 1 271 librairies ; la Sibérie et l'Asie centrale, deux
fois grandes comme l'Europe, en possédaient 6, Pétersbourg 283, Moscou 177 ; il en restait 800 environ pour

---

[1] *La Russie qui lit*, Moscou, 1895.

[2] Il arrive à la Censure d'interdire des livres sur le *dynamisme* en
croyant qu'il s'y agit de *dynamite*.

600 villes. M. Roubakine ne trouve, en 1887, qu'environ 600 bibliothèques publiques en Russie, plus de la moitié des villes n'en avaient pas. Je raconte l'histoire, qui s'est passée hier, de la bibliothèque de la ville d'Ouralsk, détruite par les tchinovniks qui étaient chargés de la garder : pendant l'hiver de 1888-1889, elle chauffa leurs poêles trois jours consécutifs. Les bibliothèques qui ont échappé à tous les périls sont pauvres en livres et font une concurrence peu efficace aux innombrables tables de jeu qui se dressent chaque soir dans toute la Russie. Elles ont pourtant leur public restreint, mais assidu, de tchinovniks, de marchands, d'artisans, de moujiks même. De tous les écrivains russes, c'est Tolstoï qu'on lit le plus ; après lui Tourguénief et Dostoïewski se disputent la seconde place. Quant aux traductions de langues étrangères, elles sont très demandées, surtout les traductions du français ; pour une œuvre allemande, les bibliothèques publiques en prêtent deux ou trois anglaises, douze ou quinze françaises. Mais que lit-on surtout? Gustave Aymard, Ponson du Terrail, Xavier de Montépin, Paul de Kock, Ferdinand de Boisgobey. Dumas père occupe, sur la liste, un rang assez élevé, Zola y vient le dernier des Français, mais avant Cooper, Dickens et Walter Scott. M. Roubakine nous montre cependant les masses populaires s'éveillant peu à peu, se dégageant des préoccupations superstitieuses qui ont été pendant des siècles toute leur vie intellectuelle, appréciant l'instruction, recherchant les livres ; mais on comprend que dans l'ensemble, la Russie soit encore loin d'être, comme on dit, « éclairée ».

La statistique des crimes et celle des suicides en Russie offrent aussi un grand intérêt. Quand on compare le nombre des suicides dans tous les pays, il se trouve que le moindre nombre est chez les Slaves, chez les Russes surtout. Sur un million d'habitants on compte en Saxe 311 suicides, en France 210, en Prusse 133, en Autriche 130, en Bavière 90, en Angleterre 66 et en Russie 30. En prenant une longue série d'années, il se trouve que ce phénomène reste presque stationnaire en Russie, tandis qu'ailleurs, dans un même laps de temps, il augmente de 30 à 40 p. 100. M. Sikorski attribue le fait à la force morale qui permet au Slave de supporter bien des épreuves. La vérité est que le suicide

est un mal des civilisations avancées et peu croyantes. Quant
à la criminalité, le nombre de condamnés pour homicide
est, sur un million d'habitants, de 96 personnes en Italie,
55 en Espagne, 22 en Autriche, 15 en France, 10 en Russie,
9 en Allemagne, 6 en Angleterre. La Russie occupe donc un
rang honorable, qu'elle doit en grande partie à ses croyances
religieuses et à l'état relativement peu avancé de sa civilisation industrielle et urbaine. Ces heureuses conditions, on
l'a vu, ne dureront pas toujours.

VII

L'AVENIR DE LA RUSSIE

I. — Les Russes, en somme, à les considérer dans leur
ensemble, sont des primitifs soumis à des conditions de
déséquilibration. L'énorme masse brachycéphale et touranienne dont le pays est constitué, représente, comme on l'a
vu, une vieille couche de la race humaine, jusqu'ici la moins
progressive, la plus passive et la plus inerte. En outre,
cette couche n'est encore qu'imparfaitement civilisée. C'est
à ce double titre que les Russes peuvent être appelés des
primitifs. Mais, d'autre part, l'antique fond celto-slave a
subi chez eux une dislocation qui l'a tiré de son équilibre.
Les causes de ce phénomène sont à la fois physiologiques
et psychologiques. C'est d'abord le croisement des races,
produit par le mélange, que nous avons décrit plus haut,
de sang finnois, de sang scandinave et de sang tartare. Le
sang finnois, qui se manifeste surtout dans la Grande-Russie, était voisin du sang celto-slave, avec plus de solidité,
de fermeté et de résistance; le mélange, ici, n'a eu aucun
inconvénient. Quant au sang scandinave, les Grands-Russes
lui ont dû à la fois, comme nous l'avons montré, leurs qualités distinctives et leurs défauts. Il leur a donné l'esprit
d'initiative, la hardiesse, la faculté d'organisation, l'énergie dominatrice; mais, d'autre part, comme il n'est pas
resté pur, il a contribué à rompre l'équilibre. Le croisement de la race blonde avec des races brunes très anciennes
et non dégrossies a produit une désagrégation qui aboutit,
chez les uns, à faire prédominer le premier des deux types,

chez les autres, le second. De là des Germains plus ou
moins slavisés; des Slaves plus ou moins germanisés; chez
les uns et chez les autres, l'unité primitive fait place à des
contrastes, la stabilité à des changements et à des oscilla-
tions. En Pologne, le mélange a été plus notable encore
et a eu des effets plus visibles.

Tous ceux qui ont pratiqué les Russes s'accordent à dire
(comme nous l'avons vu plus haut) que, chez eux, le contraste est la loi : force et faiblesse, ténacité et plasticité,
rudesse et douceur, insensibilité et bonté, indifférence et
pitié, cruauté et générosité. D'où vient cette longue série
d'anomalies et de contradictions ? Des deux facteurs
essentiels : race, éducation. Les races germanique et slavo-
finnoise sont encore en lutte chez le Grand-Russe, qui
lui-même offre bien des oppositions avec le Petit-Russien et les Slaves du Midi ou de l'Ouest. L'éducation occidentale, greffée sur ces peuples d'Orient, a produit les
autres contrastes. L'influence d'une civilisation très avancée sur des masses naturellement très attardées ne pouvait que contribuer à une rupture d'équilibre plus ou moins
provisoire. Le nihilisme est le grossissement, dans un petit
nombre de têtes, d'un phénomène général : contradiction
entre des idées très modernes et des instincts très antiques.
C'est l'analogue du trouble produit par les époques de transition, où les contraires sont aux prises. Toutefois, la masse
cello-slave est restée si énorme dans le vaste empire de
Russie, qu'elle échappe en son fond aux perturbations de
surface ; celles-ci, plus visibles, attirent davantage l'attention, mais, en réalité, l'ensemble de la population russe est
encore primitif, composé de la race qui, jusqu'à présent,
s'est montrée la plus semblable aux populations immobili-
sées de l'Orient. Seulement, cette masse est sous l'empire
du Grand-Russe.

On s'est demandé si certaines qualités qui, en elles-
mêmes, sont des signes d'infériorité et parfois même appartiennent à la psychologie des peuples barbares, ne peuvent
pas, unies à l'intelligence cultivée, à la capacité de travail,
à une imagination grandiose, à l'élan et à la persévérance
de la volonté, devenir des vertus, centupler la puissance
d'un peuple. M. Ferrero va jusqu'à croire que les races à
caractère déséquilibré, comme les Russes, ont par cela même

une supériorité. Nous ne pensons pas que la perte de l'équilibre soit bonne en elle-même ; ce qui est vrai, c'est que certaines formes de volonté ou de sensibilité encore un peu sauvages peuvent être des forces naturelles au service de l'intelligence, tandis que les intellectuels purs, trop souvent, ne savent pas vouloir. La civilisation élargit toujours et affine l'intelligence, elle énerve parfois la volonté : le mal des civilisés est l' « aboulie ».

Des universités construites et ordonnées comme des casernes, la religion devenue une branche de la bureaucratie, la bureaucratie enrégimentée, disciplinée, vêtue d'uniformes comme une armée, le simple collectivisme patriarcal renouvelé et compliqué, sous la protection de la plus despotique des administrations et du plus jaloux des cultes, le capitalisme industriel prêt à acquérir une puissance souveraine dans l'ordre économique, mais tremblant devant le dernier des fonctionnaires, un mélange invraisemblable de penchants slaves, de traditions tartares, d'influences byzantines, d'imagination sans équilibre et de tendances utilitaires, voilà le *mirabile monstrum* que nous a décrit éloquemment M. Ferrero, et qui finit par lui laisser, pour l'avenir de l'Europe, un sentiment de vague épouvante.

II. — Les historiens et sociologues ont posé cette loi : le pouvoir accordé au gouvernement central est le résultat direct de l'insécurité politique d'un pays. La Russie en a fait l'expérience, tant qu'elle a été exposée aux invasions. Aujourd'hui, c'est plutôt elle qui menace ses voisins barbares. Elle jouit d'une sécurité extérieure plus grande que celle d'aucun autre peuple d'Europe. En cas de guerre générale, l'Autriche, l'Allemagne, l'Italie pourraient avoir à combattre sur deux côtés de leurs frontières, la Russie sur un seul. « La Russie ne peut être enveloppée. Pour cette raison, et grâce à l'immense étendue de son territoire, elle est, pour ainsi dire, impossible à conquérir[1] ». Mais, si la Russie est à l'abri du dehors, elle reste exposée à des divisions au dedans. De plus, un gouvernement fort survit à la cause même qui l'a motivé. Enfin, beaucoup de Russes, en province, transportent en politique le mysticisme

[1] Novicow, *Ibid*,, p. 392.

et « l'indéfini intellectuel » ; leur faculté d'analyse est très
faible. De là leur idéal : — Un souverain père de ses
sujets, gouvernant bien en conséquence de son amour pour
eux et du sentiment de son devoir [1]. Un autocrate seul
peut s'occuper, selon eux, des intérêts du peuple, parce
que seul il n'a pas d'intérêts contraires à ceux du peuple,
aucune tentation de *do ut des*.

En Russie comme ailleurs, l'orgueil national est très
développé. Les Russes sont très fiers de leur puissance,
de leur religion, de leur langue [2]. Ils se flattent, dit
M. A. Leroy-Beaulieu, de résoudre les problèmes qui
s'agitent stérilement chez nous ; ils croient avoir « le
secret de la régénération morale et politique de l'Europe
et du monde chrétien ». Il y a des occidentaux qui se rangent à leur opinion. Le génie slave étant doux, sociable,
subtil et croyant, il sera dans l'avenir, nous dit M. de
Montégut, le génie de la fraternité, comme le génie celte
fut celui de l'égalité, le germanique, celui de la liberté.
Formule bien douteuse ! Ce qui est incontestable, c'est
que le peuple russe a un grand avenir. S'il paraît, dit encore M. Leroy-Beaulieu, manquer de quelques-unes « des
plus hautes et des plus fines qualités dont s'honore l'humanité, » il a celles qui donnent la puissance et la grandeur
politique ; « une énergie flexible est le principal trait de son
caractère, le sens pratique est le trait dominant de son
esprit, la résignation et la persévérance sont ses deux
principales vertus ». Selon le même observateur, si pénétrant et si impartial, nul peuple n'est moins sujet que le russe

---

[1] *Ibid.*

[2] Lomonosof, dans la préface de sa *Grammaire russe* (Moscou, 1855),
écrit : « Dominatrice d'un grand nombre de langues, la langue russe, non
seulement par l'étendue des espaces où elle règne, mais aussi par sa propre
expansion et par sa richesse, est grande devant toutes celles de l'Europe.
Charles-Quint, empereur des Romains, avait coutume de dire qu'il faut parler espagnol avec Dieu, français avec ses amis, allemand avec ses ennemis,
italien avec les femmes, mais, s'il avait connu la langue russe, il aurait certainement ajouté qu'on peut la parler avec tous. Car il aurait trouvé en elle
la majesté de l'espagnol, la vivacité du français, la force de l'allemand, la
délicatesse de l'italien et, en outre, la richesse, la concision pittoresque du
grec et du latin. La vigoureuse éloquence de Cicéron, la gravité grandiose
de Virgile, l'agréable élégance d'Ovide ne perdent rien dans la langue russe.
Les plus délicates conceptions de la philosophie, les qualités et les métamor-
phoses les plus variées de la nature, les phénomènes du monde moral
trouvent dans notre langue des mots pour les exprimer. »

à de subits entraînements, « aucun ne s'éprend moins de chimères, quelque nobles et brillantes qu'elles soient », aucun n'est moins porté à se faire « le champion d'une idée », le chevalier « d'une cause désintéressée ou d'une nation malheureuse ». Quand la politique russe a eu de ces airs de naïve générosité, en 1814 en France, en 1849 en Hongrie, M. Anatole Leroy-Beaulieu attribue le fait aux souverains et à quelques calculs plus ou moins réfléchis de la politique. « Avec une grande ambition matérielle et morale pour son pays, le Russe a l'esprit net, ennemi des aventures et des risques ; sachant se rendre compte de la force d'autrui et de ses propres faiblesses, il aime à ne rien compromettre et à marcher sûrement ! » Il a des sympathies et des antipathies nationales, mais « ne se laisse conduire ni par les unes ni par les autres, et personne ne peut compter sur son appui ou son alliance, à moins qu'il n'y ait un intérêt bien sûr et un profit bien direct ».

III. — Le panslavisme est né d'une réaction contre l'habitude qu'avait prise la Russie d'admirer et d'imiter les occidentaux qui avaient été ses éducateurs et ses maîtres. Les panslavistes découvrirent que, tout au contraire, la Russie était « entièrement différente du reste de l'Europe, et supérieure[1] ». Les deux grandes raisons de supériorité mises en avant sont, paraît-il, la propriété commune qui existe encore en Russie et l'autocratie qui y règne. Pas de prolétaires, prétendent-ils, chacun possède un lopin de terre. En outre, les autocrates russes ne sont pas, comme le furent les conquérants du reste de l'Europe, des guerriers germains ; Francs fondant le royaume de France, Angles celui d'Angleterre, Visigoths celui d'Espagne : Rurik et ses compagnons n'étaient pas des conquérants, ils reçurent une invitation des citoyens de Novgorod ! Grâce à cette merveilleuse exception, les autocrates russes se trouvèrent en rapport d'amour avec leur peuple, au lieu d'être en rivalité avec lui comme les autres rois de l'Europe. « Un autocrate russe qui n'aurait pas souci du bien de son peuple, disent les panslavistes, serait une contradiction ». Conséquence : tout va pour le mieux sous le meilleur des

[1] Novicow, *Ibid*, 396.

pères et la Russie n'a plus qu'à faire régner le même bonheur dans toute l'Europe, en la conquérant. Les esprits libéraux et positifs, répondent naturellement que, dans le fait, le souverain absolu ne fait rien par lui-même, qu'il doit déléguer son pouvoir à une immense collection de fonctionnaires, lesquels ne se conforment nullement à ses paternels desseins, etc.[1]. Mais écoutez M. Podénowistzet, procurateur du Saint Synode, un des plus hauts dignitaires de l'Empire, qui posséda une si grande influence sous le règne d'Alexandre II et en a conservé une partie sous Nicolas II ; il écrit dans ses *Questions religieuses, sociales et politiques*, publiées à Paris[2], que, si tous les représentants du peuple étaient des saints, le régime parlementaire serait le meilleur de tous; comme, au contraire, les représentants du peuple sont d'une moralité plus que douteuse « le régime parlementaire est le pire de tous ». M. Novicow a retourné en vain l'argument contre la monarchie absolue : « Si tous les fonctionnaires payés par le souverain étaient la perfection même, l'aristocratie serait le meilleur de tous les gouvernements. M. Podénowistzet croit-il donc que le Saint-Esprit descend sur chacun de ces fonctionnaires comme il est descendu sur les apôtres ? » M. Novicow reste une exception dans son pays ; le procurateur du Saint Synode représente la majorité.

La marche envahissante de la Russie, orgueil des panslavistes, est un fait indéniable, et tous les obstacles qu'on a essayé d'y apporter ont échoué. Lorsque, après avoir brisé la résistance des Turcs, l'armée russe s'apprêtait à franchir la dernière étape qui la séparait de Constantinople, un ordre du tsar, hiérarchiquement transmis, vint brusquement arrêter ce bel élan et enjoindre de rebrousser chemin. La Russie victorieuse s'était heurtée, aux portes mêmes de Constantinople, à une coalition formidable. Ayant ainsi acquis, par expérience, la certitude que la conquête de Constantinople, ce rêve traditionnel légué par le tsar Pierre le Grand, n'était décidément pas « réalisable pour le moment », les hommes d'État russes se tournèrent vers l'Asie. Un Russe, M. de Zenzikoff, mon-

[1] M. Novicow, *Ibid.*
Librairie Baudry, 1897

trait récemment cette orientation nouvelle. La Russie, remarque-t-il, dédaigne l'Afrique, qui conviendrait peu au tempérament et aux aptitudes de ses habitants, plus à l'aise dans une contrée froide. L'Asie, au contraire, est à la porte de la Russie, qui peut s'y étendre librement sans y rencontrer de rivalités par trop redoutables. Cette partie du globe, dont les conditions climatériques sont si particulières, ne convient pas aux autres races blanches et, partant, ne les attire guère. Maîtresse absolue déjà de toute la Sibérie, la Russie tient sous sa domination un vaste territoire de plus de 14 millions de kilomètres carrés, représentant le quart de l'Asie et dépassant d'une fois et demie l'étendue du continent européen tout entier. Ajoutez les possessions russes en Asie centrale, qui s'étendent jusqu'aux frontières de l'Afghanistan et de la Perse. Empire le plus vaste du globe, comprenant une grande partie de l'Europe orientale et tout le nord de l'Asie, la Russie ne devrait plus, semble-t-il, chercher à s'agrandir : on est porté généralement à blâmer ses convoitises, qui paraissent insatiables. Selon M. de Zenzikoff, comme selon la plupart des Russes, ce raisonnement est erroné ; et voici les raisons qu'on en donne. Elles méritent d'être connues et méditées en France.

« La vaste superficie occupée par les possessions russes en Europe présente malheureusement, dans son ensemble, trop de non-valeurs, dues aux conditions climatériques peu favorables et à l'infertilité du sol de plusieurs régions, vouées fréquemment, de nos jours encore, à la famine. Si quelques rares provinces russes sont de véritables greniers d'abondance, beaucoup d'autres, la majorité malheureusement, souffrent de l'inclémence de leur ciel. La population de ces régions inhospitalières, lasse d'endurer une existence de misère perpétuelle, désireuse de se soustraire aux impôts trop lourds qui l'écrasent et aux prestations multiples qui l'exaspèrent, n'aspire qu'à un exode collectif « et est prête à quitter ses foyers sans attrait, pour aller tenter la fortune ailleurs ». « Cet état de détresse des paysans russes est d'autant plus navrant que toute initiative pour en sortir fait totalement défaut à ces descendants directs de serfs, non habitués encore à compter sur leurs propres forces et incapables de se passer d'un appui quelconque. »

M. de Zenzikoff nous montre, et nous l'avons nous-
même montré tout à l'heure, la plupart des Russes comme
ignorants, superstitieux, fatalistes : ces humbles manquent
entièrement d'énergie et, jugeant toute lutte inutile, se laissent aller à la dérive, ne fondant leurs espérances que sur le
hasard. « Et ce sont des êtres aussi lamentables qui doivent
apporter la plus forte quote-part au budget de la Russie,
dont les impôts agraires représentent la meilleure ressource ! Il n'y a donc rien de surprenant que, pour équilibrer ce budget chancelant, le gouvernement russe soit
obligé de tenir la main à ce que la rentrée des « podati »
(impôts) se fasse régulièrement ». M. de Zenzikoff nous
fait le tableau des « tchinovniki » chargés du recouvrement, se voyant forcés, sous peine de destitution, de redoubler de zèle, pourchassant les malheureux « moujiks »
avec la dernière rigueur et les mettant sur la paille. Lors
des mauvaises récoltes, quand les poursuites dirigées par
le fisc viennent achever la ruine de toute une région contribuable, le trésor de l'État devient la première victime de
la férocité des hommes de loi : la poule aux œufs d'or ne
pouvant plus pondre, se transforme en une lourde charge
pour le gouvernement. Celui-ci, menacé de voir se tarir la
source de ses revenus, se décide enfin à intervenir. Indépendamment de secours provisoires accordés alors aux
paysans cruellement éprouvés, l'État cherche à les remettre
sur pieds, à faire quelque chose pour eux, qui puisse relever
leur courage et leur infuser l'énergie nécessaire pour la
lutte. Dans cette situation critique, la désertion d'un pays
d'origine si peu hospitalier apparaît comme le meilleur
remède : un exode vers les contrées plus favorisées par la
nature s'impose. « Or, les pays de cocagne, fort rares partout ailleurs, n'existent pour ainsi dire pas en Russie d'Europe, dont les provinces les plus florissantes, étant trop
peuplées, ne sauraient d'ailleurs être utilisées pour la répartition de la population des régions besoigneuses[1]. »

Il fallait donc chercher ailleurs. On songea naturellement à la Sibérie, immense contrée vierge non peuplée,
où la rigueur extrême du climat est compensée par la

[1] B. de Zenzikoff. *Orientation de la politique russe*. Revue politique et parlementaire, 10 déc. 1901

fécondité de la terre, non encore épuisée. Jouissant de la réputation, quelque peu surfaite, d'un « paradis terrestre », la Sibérie a toujours « fasciné les paysans russes ». Ils commencèrent à y immigrer dès l'année 1590 : le premier appel fut fait par le gouvernement aux agriculteurs des provinces russes, limitrophes de la Sibérie, désireux de s'y installer. Quelques chiffres donnent une idée exacte de l'extension que le mouvement d'émigration a prise dans la période des derniers vingt ans. De 1880 à 1892, près d'un demi-million de Russes ont immigré en Sibérie. De 1893 à 1899, grâce au Transsibérien, un million d'individus environ vinrent grossir la population sibérienne, qui comptait, en 1897, 8 188 368 habitants.

De tout temps, le gouvernement russe favorisa paternellement la colonisation de la Sibérie, mais c'est surtout à partir de 1860 qu'il s'appliqua à l'encourager par tous les moyens, pour les deux raisons suivantes, que M. de Zenzikoff met en lumière : 1° l'abolition du servage, décrétée par l'oukase de l'Empereur Alexandre II, en 1861, nécessita le partage de terres entre les paysans libérés et, lors de ce morcellement, les lots attribués à chacun d'eux s'étant trouvés insuffisants pour les faire vivre, le gouvernement se vit obligé de leur offrir, en compensation, des terrains d'une plus grande étendue en Sibérie et même de les aider à s'y installer ; 2° l'annexion à la Russie des provinces de l'Amour et de l'Oussouri, que la Chine lui céda en vertu du traité signé à Pékin en 1860, rendit le peuplement de ces contrées indispensable au point de vue stratégique, et le gouvernement s'efforça d'y attirer quelques colons en leur octroyant maints avantages exceptionnels (100 déciatines de terre par famille, la libération de tous les impôts et prestations pendant vingt ans, etc.) Renonçant définitivement à tout projet de conquête en Europe après l'avortement de sa tentative pour s'emparer de Constantinople, la Russie concentra donc toute son action en Asie et, dès ce moment, l'orientation de sa politique démontre nettement ses tendances à devenir une puissance asiatique. Pour assurer la réussite de ses projets, il lui fallait d'abord « s'établir solidement en Sibérie, dont la population clairsemée n'offre pas un rempart suffisant à l'invasion des races jaunes, qui se pourrait produire à un moment donné ». La nécessité de bien peupler les

régions confinant à la Chine se présentait donc en premier
lieu. L'extrême éloignement de la Sibérie ayant toujours été
le principal obstacle à sa colonisation, la construction d'un
chemin de fer, qui la rapprocherait de la métropole, s'imposait impérieusement et l'idée du Transsibérien « hantait
tous les esprits d'élite depuis 1860 au moins ». Mais la somme
nécessaire à l'exécution de ce projet colossal, faisant complètement défaut, surtout « après la guerre avec la Turquie,
si préjudiciable aux finances russes », on remettait toujours
la chose à plus tard. Cependant les intérêts primordiaux de
l'influence russe en Extrême-Orient exigeaient la réalisation
immédiate de ce projet dispendieux. C'est pourquoi, dès
son avènement au trône, le tsar Alexandre III s'intéressa
vivement à la question vitale du Transsibérien, qui amena
l'emprunt français et l'entente avec la France[1].

[1] Il n'y a guère dans toute l'Europe, dit M. de Zenzikoff, que trois marchés financiers pour la négociation de gros emprunts : ce sont les marchés
de Paris, de Londres et de Berlin. « Pressentis au sujet de cette opération,
les banquiers anglais et allemands exigèrent naturellement la garantie morale
de leurs gouvernements respectifs. Peu soucieux de contribuer à la prospérité
d'une puissance rivale, ces derniers se gardèrent bien d'encourager les
démarches de la Russie et lui refusèrent leur appui, si faible qu'il fût, considérant avec raison que l'on ne doit jamais donner des verges pour se faire
fouetter. » Après ce premier échec, d'ailleurs prévu, la coopération rêvée de
trois marchés puissants devenant irréalisable, tous les efforts de la diplomatie russe se concentrèrent sur la France.
    « Pour s'assurer ses bons offices, il fallait nécessairement trouver quelque
chose à offrir en compensation : l'idée de conclure une alliance avec la
République française hanta les diplomates russes, dont l'action s'orienta
immédiatement dans ce sens.
    « Commencés sur un terrain purement financier, les pourparlers élargirent
bientôt leur rayon d'action et revêtirent enfin un caractère nettement politique pour aboutir à l'entente franco-russe, dont tout le monde profita largement, n'en déplaise à ses détracteurs à courte vue. »
    Une fois en possession des milliards si généreusement souscrits en France,
on a pu enfin s'occuper de la construction du Transsibérien. Considérée
comme but final, cette entreprise colossale mériterait d'être traitée de
folie inconcevable ; envisagée comme moyen à longue portée, elle fait honneur à l'habileté de ceux qui dirigent la politique russe. En effet, l'utilité
pratique immédiate du Transsibérien apparaît douteuse « à tous ceux qui
connaissent à fond la Sibérie, pays inhospitalier par excellence, où tout
semble comploter contre le bonheur de l'homme. » Il est indéniable que le
Transsibérien deviendra un jour une excellente affaire qui rapportera gros
à la Russie, mais, « en attendant ce jour bien lointain, que de tracas lui cau-
sera ce véritable ogre, mangeur insatiable de milliards ! » M. de Zenzikoff
évalue à deux milliards la somme déjà dépensée, et ce n'est pas fini.
    « Ne pouvant être d'une utilité pratique immédiate, le chemin de fer de
Sibérie ne devait répondre, pour l'instant, qu'aux besoins exclusivement politiques : n'étant pas un but, mais un simple moyen pour faciliter l'exécution

Devenue aussi forte que jamais en Europe, incompara-

des plans grandioses conçus par la diplomatie russe, en vue de s'emparer de la Mandchourie, ce long réseau, stratégique avant tout, vient de rendre à la Russie des services considérables en Extrême-Orient.

« Tout imparfait qu'il soit, le Transsibérien contribua puissamment aux succès russes, assurés par le transport accéléré de troupes et de munitions, et c'est tout ce qu'on exigeait de lui pour le moment »

M. de Zenzikoff ne peut s'empêcher d'admirer l'habileté merveilleuse que déploya la diplomatie russe pour circonscrire la Mandchourie avant sa conquête définitive, singulièrement facilitée par tous les travaux d'approche antérieurs, qui simplifièrent la besogne de l'armée. Profitant adroitement, en 1860, de la détresse profonde où se trouvait la Chine, écrasée par la coalition franco-anglaise, la Russie s'empara tout d'abord, sans coup férir, des provinces de l'Amour et de l'Oussouri, limitrophes de la Mandchourie. « Ayant tout intérêt de voir s'affaiblir les forces des deux races jaunes, ses seules rivales en Extrême-Orient, la Russie, soucieuse de ménager ses propres forces, se garda bien d'entrer en lutte ouverte avec elles et, pour arriver à ses fins, se servit habilement de discordes, assez fréquentes, entre les Chinois et les Japonais, pour « pousser ces deux peuples voisins à une guerre meurtrière, qui épuisa leurs forces. »

« Une fois la Chine à terre, la diplomatie russe s'empressa d'intervenir au moment opportun pour lui offrir ses bons offices moyennant de larges compensations, bien entendu.

« C'est ainsi que, profitant, pour la deuxième fois, d'une détresse de la Chine, les Russes obtinrent, toujours sans coup férir, la cession de Port-Arthur et de Dalienwan, ainsi que la concession du chemin de fer de l'Est Chinois, traversant la Mandchourie de l'Ouest à l'Est, et descendant par une ligne d'embranchement au Sud du pays jusqu'à Port-Arthur.

« Dès ce moment, la Mandchourie se trouvait prise dans une immense toile d'araignée, patiemment tissée par la diplomatie russe, qui s'appliqua pendant quarante ans à ourdir sournoisement les mailles savantes, destinées à envelopper la proie convoitée.

« Comprenant enfin leur énorme bévue, les Chinois se révoltèrent, se débattirent violemment, mais hélas! il était déjà trop tard : tels des flots en fureur, brisant tout sur leur passage, les forces russes submergèrent rapidement la Mandchourie, en s'y introduisant par les quatre points cardinaux, de la manière suivante :

« L'armée de la Transbaïkalie, formée près de Tchita, fit son irruption par le côté ouest de la Mandchourie et, passant la frontière au village Nagadan, se dirigea sur Khaïlar, son premier objectif, d'où elle poussa plus tard jusqu'à la ville de Tsitsikar. » On sait, malheureusement, avec quelle férocité se conduisirent les troupes encore sauvages de la Russie et à quels massacres gratuits elles se livrèrent, malgré les intentions humanitaires et pacifiques du tzar.

« Deux autres armées envahirent la Mandchourie par le Nord, l'armée de Blagovestchensk et celle de Khabarovsk.

« La première, après s'être emparé d'Aïgoum, une ville mandchoue fortifiée, occupa Mergen et rejoignit, plus tard, les forces de la Transbaïkalie à Tsitsikar.

« Les troupes de Khabarovsk, concentrées à la « Stanitza » Mikhaïlowo-Simenovskaïa, située à l'embouchure du Soungari, remontèrent ce fleuve jusqu'à Kharbine, où ils firent leur jonction avec les colonnes parties de Vladivostok, ville située à l'est de la Mandchourie. »

Pourquoi ? Voici, selon M. de Zenzikoff, le mot de l'énigme :

« La conquête de la Mandchourie ne saurait satisfaire qu'à moitié les am-

blement plus puissante qu'autrefois dans l'Asie centrale, la

bitions de la Russie, car, pour lui devenir profitable, cette conquête doit
être complétée par celles de la Mongolie et de la Corée. »

Il reste à savoir maintenant de quelle utilité ce triomphe sera pour la
prospérité de la Russie, « atteinte par une extensiomanie excessive qui l'aveugle et lui fait trop oublier le sage avertissement du proverbe : Qui trop embrasse, mal étreint ». Ce n'est pas tout de conquérir un pays, il faut lui donner
une organisation apte à accroître sa prospérité, de manière à en tirer tout le
profit possible. Sous ce rapport, M. de Zenzikoff reconnaît qu'on a « des
preuves concluantes de l'incapacité des Russes à mettre en valeur les territoires conquis. »

« Ainsi, par exemple, la province de l'Amour, si florissante jadis, fut ruinée
en 1650, par les bandes de Cosaques indépendants, ces véritables brigands,
dont l'invasion obligea les Daoures, habitants paisibles et laborieux de la
contrée, à aller habiter les bords de la rivière Nonni, en Mandchourie, sous
la protection de la Chine.

« Depuis cet exode collectif de la population aborigène, le pays ne retrouva
plus jamais la prospérité de jadis et son annexion définitive à la Russie, en
1860, lui fut plutôt préjudiciable. »

M. de Zenzikoff conclut que, envisagées comme moyen stratégique propre
à prémunir les possessions asiatiques russes contre la future invasion chi-
noise, les conquêtes de la Mandchourie et de la Mongolie seront d'une
utilité incontestable, mais il se demande quels pourraient bien être les
avantages mercantiles que la Russie compte en tirer?

« L'industrie et le commerce russes, étant encore à l'état embryonnaire, ne
souffrent nullement de la crise de la surproduction et, partant, ne recherchent point de débouchés au dehors.

« On conçoit aisément qu'étouffées par un trop plein de leur population et
accablées du lourd poids de leur surproduction, les autres puissances
fassent l'impossible pour se créer, au delà des mers, des colonies destinées à
servir de déversoirs, mais que pourrait bien exporter la Russie en Extrême-
Orient?

« Les quinze millions d'habitants qui composent la population essentiellement hétérogène de la Mandchourie ne se laisseront assurément pas assimiler aussi aisément que les peuplades sauvages des Kirghizes nomades des
steppes asiatiques, et la russification de cette contrée fertile et industrielle
sera d'autant plus difficile que l'élément russe y manquera forcément : n'arrivant pas à peupler les immenses déserts de la Sibérie, la Russie ne peut
certes pas avoir la prétention de coloniser la Mandchourie, dont la population est déjà suffisamment dense pour l'espace relativement restreint dont elle
dispose. »

Une conclusion s'impose à M. de Zenzikoff :

« Après avoir dépensé des milliards pour réaliser son double rêve, la Russie
ne pourra tirer aucun profit *immédiat* ni du Transsibérien, ni de la conquête
de la Mandchourie, deux entreprises colossales encore inachevées, qui, avant
de devenir productives, réclameront un certain temps et beaucoup.. énormément d'argent. » (*Ibid.*) Toutes ces considérations sur l'avenir sont assu-
rement mêlées d'une part d'hypothèse ; mais elles n'en sont pas moins propres à nous éclairer sur la marche de la Russie, sur le caractère de ce
peuple, sur ses visées, sur ses ambitions, sur la nécessité, pour les autres
peuples, de ne jamais se départir de la plus constante prudence et de ne pas
s'abandonner à des rêves idéalistes. N'oublions pas non plus que l'Angleterre
vient de s'unir au Japon contre la Russie et contre nous. L'or anglais travaille la Russie à l'intérieur même, avec l'espoir d'y provoquer des révolutions et jacqueries.

Russie n'en convoite pas moins des ports dans le golfe Per-
sique aussi bien que dans les Dardanelles. Le chemin de fer
transsibérien mettra les marchés chinois à quelques jours de
l'Europe ; ce fait exercera sur la situation économique et
politique de l'ancien continent une action qu'il est difficile
de calculer et d'apprécier. La force d'expansion des peuples
est aussi incoercible que celle des gaz. Peuple jeune et
puissant, le Slave a nécessairement des ambitions illimi-
tées ; il reconnaît lui-même que sa vraie mission est de civi-
liser l'Asie, mais, jusqu'à présent, il n'a pu s'empêcher de
subir l'attrait de la vieille Europe, d'y placer son centre de
gravitation et ses rêves de gloire. Les Russes sont tous,
au fond, panslavistes ; ils se voient déjà maîtres de l'Europe, pour son bien[1]. Déjà, comme on le sait, l'Europe
devient spontanément celto-slave par la croissante prédominance des têtes larges et des couleurs foncées ; si le
panslavisme politique venait un jour se joindre à cette transformation typique, il est douteux que l'Europe gagnât par
l'absorption complète de cette race dolicho-blonde à laquelle
elle a dû sa grandeur. C'est dans les ambitions européennes de la Russie qu'est le danger : il ne faut pas
que « la fenêtre ouverte par Pierre le Grand sur l'occident » aboutisse à faire de l'Occident même une province
russe. D'une part, la défaite de la Russie par les Allemands
entraînerait la nôtre et nous mettrait aux pieds de l'Allemagne ; d'autre part, vainqueur de l'Allemagne, le peuple
russe annulerait l'Autriche et aurait la France même, son
alliée, sous sa réelle dépendance. Bientôt maître de Constantinople, il envelopperait, comme d'un bras reployé,
l'Asie Mineure, le canal de Suez, la Méditerranée.

Au point de vue économique, la Russie fait avec nous
juste assez de commerce pour que le gain réalisé par ses
exportations en France lui permette de rémunérer les capitaux français si largement engagés à son service ; mais pour
le reste, notre alliée reste tributaire de l'Empire germanique. Ce sont donc surtout des raisons politiques qui rapprochent France et Russie. Ce rapprochement, opéré depuis
Cronstadt, a et ne peut avoir qu'un caractère essentiellement pacifique. Son but est le maintien de l'équilibre par

---

[1] La *Russie industrielle*, par M. Maurice Vestracte, consul de France.

deux contrepoids à la Triple alliance aux deux extrémités
de l'Europe. Mais, faire fond sur une entente qui ne serait
que de pur sentiment ou de pure sympathie, ce serait s'exposer à de cruelles déceptions. Le concours de la Russie,
dans la politique européenne, est assurément des plus
nécessaires pour nous; mais nous ne pouvons compter,
pour l'obtenir aux heures décisives, que sur la confiance
par nous inspirée, sur la grandeur et la valeur européenne de notre cause, enfin et surtout sur une communauté réelle d'intérêts. N'oublions pas non plus que nos
rivaux font tout ce qu'ils peuvent pour détruire ou pour
paralyser la double alliance ; n'oublions pas qu'une révolution de palais est toujours possible en Russie, que les
puissances qui y sont intéressées y travaillent par tous les
moyens, qu'un changement de Gouvernement et de régime
pourrait entraîner un changement de politique, sans parler
de l'embarras des finances russes qui pourrait entraîner
des désastres économiques. Bref, tout en nous appuyant
sur les autres tant qu'il sera posssible, nous devons
chercher en nous-mêmes et dans notre force propre notre
véritable appui.

Rien n'est plus hasardeux que le métier de prophète.
Ceux mêmes, ceux surtout qui font de la politique leur
occupation sont souvent les plus incapables de prévoir
l'avenir, à moins qu'ils ne soient de profonds psychologues.
Ce qu'on peut dire, c'est que la psychologie des peuples
aboutit à cette conclusion : la politique, à notre époque, ne
saurait encore être dirigée par des idées de fraternité entre les
nations; elle doit s'appuyer sur l'idée de justice et, par cela
même, sur l'intérêt national dans les limites de la justice.
Efforçons-nous donc, si nous voulons éviter les mécomptes,
de mettre toujours d'accord les raisons de droit et d'utilité
avec les raisons de sentiment ; et surtout ne nous imaginons pas que, si jamais nous commettions quelque imprudence ou quelque folie (comme cela nous est tant de fois
arrivé), un grand peuple ami aurait la naïveté de nous suivre.
Si la libre Angleterre est tout naturellement indépendante
dans son île et sur les mers, la Russie autocratique n'est pas
moins naturellement indépendante en son immense continent, situé aux confins de notre monde civilisé. Son aide,
d'ailleurs, ne pouvant être que très tardive, ce serait une

grave imprudence de compter sur autrui et de ne pas compter sur soi. Le peuple français est tellement porté aux excès de confiance, il se laisse si facilement entraîner dans sa politique par les grands espoirs, qu'on ne saurait trop lui rappeler combien l'avenir est douteux, l'appui des peuples précaire, l'équilibre européen plus que jamais indispensable, la paix plus que jamais nécessaire, la sagesse et la discipline commandées, la force militaire toujours précieuse, la justice et la prévoyance seules sûres.

LIVRE VII

ESQUISSE SOCIOLOGIQUE DU PEUPLE FRANÇAIS

Le tableau que nous venons de présenter des peuples
européens ne serait pas complet si, en terminant, nous ne
disions quelques mots de notre propre pays et de ce qui le
caractérise en présence des autres peuples. Nous nous pla-
cerons surtout au point de vue sociologique, — point de vue
d'autant mieux justifié, quand il s'agit de la France, que
c'est la nation la plus socialisée, je veux dire celle où les
éléments sociaux ont fini par dominer le plus les éléments
ethniques et même psychiques. Néanmoins, malgré cet aspect
plus spécialement social sous lequel nous voulons exami-
ner le peuple français, nous serons obligé de rappeler, à
l'occasion, quelques-uns des résultats psychologiques auxquels nos précédentes études nous avaient amené [1].

I

LA SOCIABILITÉ EN FRANCE

Il y a des races d'hommes, comme d'animaux, plus ou
moins sociables par nature, selon les capacités et instincts

---

[1] Une importante revue américaine, *The International Monthly*, nous ayant
demande recemment une etude sur l'esprit français, nous avons ecrit les pages
qu'on va lire ; malgré nos travaux anterieurs sur des questions connexes, elles
offriront encore, nous l'esperons, quelque intérêt aux Français mêmes. On
remarquera que nous avons insiste plutôt (comme nous l'avons fait en ce
livre pour les autres peuples) sur les bons cotes du caractere national, non
pour inspirer aux Français le contentement d'eux-mêmes, mais pour leur
rappeler l'idéal que notre nation ne doit jamais mettre en oubli.

qui les caractérisent. La sociabilité est fondée avant tout
sur la sensibilité et l'intelligence. Sa base sensitive, comme
nous l'avons fait voir dans notre *Psychologie du peuple
français*, est la facilité de sympathie, qui permet d'éprouver
rapidement en soi le contre-coup des sentiments d'autrui.
Cette facilité elle-même présuppose une sensibilité ayant
pour triple caractère la vivacité, la mobilité et l'expansion. Ces trois caractères, nous les avons retrouvés depuis
l'origine chez les Français. La sensibilité à réaction prompte
et intense tient elle-même au tempérament sanguin-nerveux, qui prédominait chez les Gaulois et prédomine encore
chez les Français. L'homme sanguin-nerveux n'offre pas
cette lenteur relative de réaction qui caractérise le tempérament flegmatique des peuples du Nord, plus difficiles à
échauffer. La vivacité française implique un système nerveux très développé et qui, nourri par un afflux de sang
suffisant, est le siège d'un excès de tension, comme un arc
bandé tout prêt à lancer la flèche. Un autre caractère propice au développement de la sympathie, c'est la mobilité
nerveuse et sensitive. Pour que je sympathise avec tout
ce qui se passe chez d'autres, il faut que je sois capable
d'éprouver successivement les sentiments les plus divers
et de résonner ainsi à l'unisson des harmonies les plus
variées. Or, la mobilité gauloise et, plus tard, française,
est bien connue. Les Gaulois changeaient de sentiments
avec les circonstances et par une action mutuelle rapide [1].
La mobilité nerveuse engendre ce qu'on nomme aujour-
d'hui la suggestibilité, et l'on sait le rôle important de la
suggestion parmi les hommes, même à l'état sain et sans
hypnotisation préalable. Guyau et M. Tarde ont beaucoup
insisté sur ce point; ils ont fait voir que nous sommes tous
sous l'empire de suggestions continuelles, venant du milieu
où nous vivons. Plus l'individu est suggestible, plus il
subit l'influence du milieu social, plus il change avec tous
les changements, plus il reçoit en lui les vicissitudes et
impressions du dehors, comme un thermomètre très sensible qui varierait sans cesse dans une atmosphère variable
elle-même Tel est le Français. Un autre caractère qui établit des différences très nettes entre les tempéraments,

---

[1] *Gallorum subita ac repentina consilia,* dit César.

c'est la direction centrifuge ou centripète des émotions, en d'autres termes l'expansivité ou la concentration. Nous avons montré ailleurs que les sanguins-nerveux sont les plus expansifs de caractère : par cela même que leurs passions sont vives et mobiles, l'onde émotionnelle se répand avec rapidité dans tous leurs organes, y compris les membres et le visage; de là ces gestes et cette physionomie significative qui trahissent immédiatement au dehors les impressions du dedans[1]. La nature expansive et communicative des Gaulois frappait déjà César. Les Romains, eux, étaient plutôt d'un tempérament bilieux, comme le sont généralement les races méridionales et, en particulier, les races méditerranéennes dolichocéphales brunes, italiques et ibériques[2]. César remarquait aussi que les Gaulois ne savaient pas dissimuler, — un art où Romains et Italiens sont restés maîtres et pour lequel la France n'eut jamais de vocation.

La gaieté est un sentiment naturel aux caractères expansifs, parce qu'elle est elle-même une expansion : ce qui se communique le plus aisément à autrui, ce sont les sentiments agréables et sans effort, tout ce qui tend à augmenter l'intensité et la facilité du cours de la vie, tout ce qui tend à relever les forces ou, comme disent les psycho-physiologistes, tout ce qui est *dynamogène*[3]. Le Celte et le Français sont connus pour leur gaieté communicative et expansive, qui leur fait porter légèrement tout fardeau, accomplir avec bonne humeur toute besogne, pourvu que chacun y mette du sien et anime la tâche commune par un bon mot ou une saillie. Cette gaieté s'est toujours retrouvée chez le soldat français : au milieu même des plus grands dangers, il a toujours volontiers cherché ou accueilli le « mot pour rire ».

Le rire lui-même a un élément social qu'il importe de ne pas oublier et qui a été récemment analysé avec finesse par un philosophe français, M. Bergson. Très rarement le rire est solitaire, à moins qu'il ne s'agisse d'un ricanement amer et triste. D'ordinaire, le rire est un phénomène de sympathie et de sociabilité, et c'est ce qui fait qu'il n'est

---

[1] Voir notre livre : *Tempérament et caractère.*
[2] Voir plus haut, livre II, *Le caractère romain*
[3] Voir notre *Psychologie du peuple français*, liv. III, ch. I.

pas animal, mais humain. Il provient de la contagion, entre plusieurs personnes, d'un certain sentiment de ridicule. Le ridicule, à son tour, est ordinairement social ; il est un jugement porté, comme au nom de la société, sur un écart individuel, sur un geste, un jeu de physionomie, une parole qui échappe à la règle commune, à la discipline du « sens commun », qui tend ainsi à s'isoler, à se distraire de l'incessante adaptation qu'implique la vie sociale. Sous cette forme, le sentiment du ridicule est extraordinairement développé en France. On y fait la guerre à tout ce qui est trop personnel, trop original, trop excentrique, trop en dehors des règles ou des simples conventions sociales, ou même des simples modes passagères adoptées par la collectivité.

Selon nous, non seulement le ridicule suppose une sorte de patron social d'après lequel on juge les formes ou actions individuelles, mais il suppose aussi que les autres personnes auxquelles on veut faire partager ce sentiment adoptent le même idéal social, jugent et sentent d'après la même convention commune et réciproque : il présuppose donc une communication sympathique. Bien plus, il implique que celui même dont on sourit ou dont on rit est prêt à reconnaître au fond la même règle commune et, au besoin, à sourire ou à rire de sa propre bévue [1]. Du moins le rire suppose-t-il qu'il n'y aura pas, chez celui qui en est l'objet, le sentiment d'un affront à son honneur, d'une insulte sanglante et, comme on dit, mortelle. Des hommes disposés à rire les uns des autres se présupposent, par cela même, un fonds de bon caractère et de commune gaieté. Nous avons noté plus haut que l'Italien ou l'Espagnol ne rit pas des autres et, s'il en a envie, a soin de cacher en lui-même son sentiment : c'est, nous l'avons vu, que le fond du caractère italien ou espagnol est vindicatif, que le moi n'y admet pas les plaisanteries d'autrui. Une moquerie ou même un simple rire peuvent valoir là-bas de dangereuses représailles : cela rend prudent et nuit à l'expansion. Le sentiment du ridicule n'admet pas qu'on prenne les choses trop au sérieux et trop au tragique. En France, chacun sent que, si les autres vous plaisantent,

---

[1] Voir, dans notre *Mouvement positiviste* (chapitre sur l'Art et l'Esthétique), les pages que nous avons consacrées à l'explication du rire.

ce n'est pas par malveillance profonde, mais par une gaieté naturelle et un besoin de sociabilité sous toutes les formes. Le Français, d'ailleurs, est le premier à rire de lui-même : il ne considère pas une plaisanterie comme un blessure ; c'est là un nouveau trait de psychologie sociologique.

Si le Français est moqueur et rieur, il reste au fond bienveillant et même aimant. Aussi, dans la liste des vertus, les Français ont toujours placé une qualité éminemment sociale : ce qu'ils appellent l'amabilité. C'est Franklin qui disait, au xviiie siècle : « Je trouve les Français la plus aimable nation pour y vivre... Ils ont de certaines frivolités qui ne font de mal à personne... Il ne manque au caractère français rien de ce qui appartient à un aimable et galant homme. »

L'ardeur du prosélytisme est une des formes de la sociabilité française [1]. Nous éprouvons un invincible besoin de faire partager au monde entier nos idées ou nos sentiments. Nous ne pouvons nous résoudre ni à penser seuls, ni à sentir seuls [2] : il faut que nous retrouvions chez les autres notre image multipliée à l'infini.

Les tendances sociales du Français entraînent un moindre développement de volonté individuelle. Déjà la race et le tempérament sanguin-nerveux le prédisposent à une moindre énergie du vouloir, surtout à une moindre maîtrise de soi et à une moindre constance. Il a plutôt la puissance d'excitation que celle qui est appelée par les physiologistes puissance d'inhibition ou d'arrêt. Il est plus explosif et expansif qu'intensif et concentré [3]. Sa vivacité intellectuelle l'incite elle-même à se déterminer par une intuition rapide plutôt que par une longue réflexion. Isolé, le Français n'a pas la vigueur de volonté d'un Anglais, la patience obstinée d'un Allemand ; mais il retrouve ses avantages quand il se sent uni à la collectivité, quand il veut, pour ainsi dire, collectivement. Il dira très volontiers, avec Lamartine :

> Il faut se retirer, pour penser, de la foule
> Et s'y confondre pour agir.

[1] Voir là-dessus notre *Idée moderne du droit*, dans le chapitre consacré à la France.

[2] *Ibid.*

[3] Voir notre *Psychologie du peuple français*, liv. III, ch. i.

Que la nation tout entière soit soulevée par quelque
idée qui l'enthousiasme, la *furia francese* retrouve son
impétuosité irrésistible. On peut donc dire que, ici encore,
les influences sociologiques prédominent.

Concluons que les penchants sympathiques, grâce au
tempérament inné et à la longue suite de joies ou de souffrances communes dans un pays très civilisé, ont acquis
chez nous un développement supérieur. La tradition prétend
que Virgile disait : « On se lasse de tout, excepté de comprendre », *præter intelligere ;* le Français Auguste Comte, lui,
donne la supériorité et la perpétuité aux joies de la sympathie : « On se lasse d'agir, disait-il, on se lasse même de penser ; on ne se lasse pas d'aimer ».

Il est clair que chaque peuple a les défauts de ses qualités : le défaut de la sympathie, quand elle est trop
purement sensitive et impulsive, quand elle n'est pas gouvernée par la raison, c'est d'aboutir à l'emportement, à la
passion communicative, à la colère, à la fureur même.
L'histoire de France en fournit de trop nombreux exemples.

La sympathie vive, mobile et expansive se retrouve chez
les enfants, chez les femmes, enfin chez les foules ; ce qui
ne veut pas dire que la sympathie soit en elle-même enfantine ou féminine ou plébéienne[1]. Le peuple français ne doit
pas se juger sur des apparences trompeuses ; on peut facilement confondre, chez un peuple où l'esprit social domine,
des traits qui appartiennent au stade primitif avec des
traits qui préfigurent le stade final. La domination de
l'esprit social est un caractère qui se retrouve aux deux extrémités de l'évolution humaine ; chez les peuples enfants
comme chez les enfants eux-mêmes, la vie personnelle est
encore peu développée, la vie collective absorbe tout, parce
qu'elle est l'unique réservoir de forces, de pensées et de sentiments. A l'extrémité finale de l'évolution humaine, la vie
sociale doit offrir aussi un développement extraordinaire ; on
peut même dire qu'elle doit être dominante, mais avec cette
essentielle différence qu'elle n'exclut plus la vie personnelle, qu'au contraire elle la suppose très développée. La
synthèse de la personnalité et de la socialité est le terme

---

[1] Voir notre *Psychologie du peuple français.*

idéal de l'histoire. Dès à présent, il y a des peuples chez lesquels l'un des éléments est plus en évidence que l'autre, mais ces peuples sont modernes, non primitifs ; ils ne doivent pas être jugés comme des primitifs. Si la France, en particulier, présente un développement déjà considérable de l'esprit social et de la sensibilité collective, ne la jugeons pas comme si ce phénomène était un caractère des temps barbares, un signe d'infantilité, de féminilité, etc. ; c'est être dupe d'apparences superficielles. Pour apprécier les Français, il faut toujours se reporter au critérium social ; il faut se demander quelle forme ont dû prendre nécessairement telles qualités ou tels défauts chez un peuple très ancien et très unifié, en qui s'est développé l'esprit de liberté, d'égalité et de solidarité fraternelle.

Par exemple, on n'accuse généralement pas les Français d'orgueil, mais de vanité. L'orgueil est exclusivement individualiste : il se suffit à lui-même, il s'isole, il est volontiers son alpha et son oméga ; la vanité chez l'homme, comme la coquetterie chez la femme, est un impérieux besoin de plaire à autrui, le désir d'avoir un rang dans l'opinion de tous : la vanité a les yeux tournés vers les autres autant que vers soi. L'orgueil est immédiatement châtié par l'esprit de société sous la forme du ridicule. La morgue à la fois titanique et enfantine avec laquelle un Schopenhauer ou un Nietzsche, par exemple, parle de soi et se met au-dessus du monde entier, aurait soulevé en France un immense éclat de rire.

Les censeurs étrangers de notre pays, exagérant certains traits réels, mais dont ils ne comprennent pas la vraie portée, vont jusqu'à dire, avec M. Karl Hildebrand (*la France et les Français*) : « Toute la société française est, au fond, une compagnie mutuelle de vanité ! On caresse pour être caressé ; mais ce n'est jamais lourdement et sans grâce... Vanité d'enfant, inoffensive, presque aimable, et qui n'a rien de déguisé et d'hypocrite, de hargneux et d'aigri. Rien de plus éloigné du caractère français que l'hypocrisie calculée que l'on rencontre si souvent chez les nations germaniques. » Ces réflexions contiennent une grande part de vérité, mais elles laissent encore percer l'illusion que les étrangers se font si souvent sur la ressemblance du Français et de *l'enfant*. Répétons une fois de plus que, si l'enfant a de la vanité, c'est qu'il débute dans la vie sociale et a besoin de l'opinion des autres comme de leur soutien ; un peuple très vieux et très sociable, étant à l'autre extrémité de la série, aura aussi une tendance à la vanité, parce qu'il vit d'une vie de société plus intense et plus séculaire.

La politesse est une qualité de la civilisation avancée chez un peuple à la fois très raisonnable et très sociable. On sait à quel point elle s'est développée en France, où elle est considérée comme un devoir essentiel. En témoignant aux autres de bons sentiments, on finit par les éprouver ; la bienveillance qui est dans les manières extérieures finit par passer dans les cœurs eux-mêmes : de là l'importance sociale et morale de la politesse.

On sait encore tout le développement que l'esprit de société donne à la causerie française dans les salons français. La conversation, mise en commun des idées, ne permet pas seulement, comme on le répète, d'effleurer tous les sujets sans en approfondir aucun ; le contact d'opinions diverses peut aussi aboutir à un élargissement du point de vue individuel; et cet élargissement a souvent lieu dans le sens de la profondeur même. L'esprit français, très ouvert et très pénétrable de sa nature, est aussi très pénétrant : quelques mots suffisent pour lui faire entrevoir des perspectives nouvelles, où, aux heures de réflexion, il plongera plus avant ses regards. La causerie a l'avantage de vous faire sortir de vous-même, de vous faire vivre de la vie intellectuelle d'autrui : elle est un des freins de l'individualisme, un des moyens essentiels de la solidarité. Dans une simple conversation parisienne ou même provinciale, pour peu qu'elle ait lieu entre hommes instruits, combien sont agitées d'idées, combien sont posés de problèmes, et posés avec leurs aspects divers, de manière à combattre cet esprit exclusif qui aboutit si souvent, chez d'autres nations, à une sorte de fanatisme ! Chez un peuple d'intelligence vive et mobile, il n'est pas besoin d'une longue et lourde discussion pour élucider une question : des éclairs jaillissent qui, en un instant, vous découvrent des horizons inaperçus. Le résultat final, alors même que chacun semble garder son opinion propre, est une ouverture plus grande de cette opinion même, un commencement de conciliation avec l'opinion d'autrui : c'est, en quelque sorte, une socialisation de la pensée personnelle.

L' « esprit » est encore une qualité *sociale*, qui, non seulement suppose la société, mais encore une société très développée sous le double rapport de l'intelligence commune et de la sympathie mutuelle. Pascal a eu beau écrire : « diseur de bons mots, mauvais caractère », son opinion peut se soutenir quand il s'agit des bons mots proprement dits, qui peuvent devenir des mots méchants : celui qui décoche des traits risque toujours d'en enfoncer non pas seulement à fleur de peau, mais dans la chair vive. Pascal, lui, avait l'esprit le plus fin et même le plus mordant, joint à une bonté ferme et au sérieux de la pensée. Il faut donc distinguer le trait d'esprit du bon mot. Le véritable *esprit* est, pour le Français, non une médisance, encore moins une méchanceté, mais une vision soudaine de rapports nouveaux et inattendus entre deux vérités qui, par ce choc d'un moment, provoquent le plaisir d'une surprise désintéressée. L'esprit est une forme d'art, impersonnelle comme tout art véritable, qui tient du jeu et non de l'attaque, qui n'a pas pour but de blesser une personne, mais de faire saisir des vérités imprévues ou de châtier des ridicules généraux, indépendamment des individus. L'esprit, c'est la raison rapide et perçante s'adressant sympathiquement à la raison de tous. Tel est l'esprit de La Fontaine, tel est l'esprit de Molière, celui de La Bruyère, celui de Montesquieu, de Voltaire, de Diderot, de Musset, ou même de Renan. Cet esprit, si léger qu'il soit, n'empêche nullement la profondeur de l'observation : toute une série de vérités peut se condenser en une pensée fine. Pascal a dit que la vérité est une pointe subtile ; celui qui est assez subtil lui-même pour saisir cette pointe et la fixer dans le mot propre, aura de l'esprit jusque dans les choses sérieuses. Déjà les Grecs avaient montré qu'on peut être à la fois un penseur et un parleur spirituel : la profondeur d'un Platon nuit-elle à la finesse ou à la grâce de ses ironies ?

En même temps, l'esprit suppose un milieu éminemment sociable, disposé à faire bon marché des personnes pour ne considérer que le jeu commun et être beau joueur. Si des enfants se fâchent en jouant à la main chaude, c'est qu'ils ont le caractère trop personnel et trop peu sociable ;

il y a aussi, nous l'avons vu, des nations qui n'aiment pas la plaisanterie et dont la susceptibilité, toujours en éveil, soupçonne toujours quelque attaque personnelle. Depuis longtemps, cette susceptibilité s'est émoussée en France. Un peuple qui aime tout ensemble à sympathiser et à raisonner ne peut qu'admirer, dans le véritable « esprit », une sorte d'*invention* soudaine et rapide de la raison, au milieu du train monotone des *imitations* quotidiennes : l'association inattendue de deux idées lui paraît une découverte, que son auteur abandonne immédiatement et libéralement à tous ceux qui l'écoutent.

Une autre qualité à laquelle les Français attachent un haut prix, soit dans l'art ou dans les œuvres mêmes de l'industrie, soit dans le vêtement, la démarche, la physionomie, c'est ce que les Grecs avaient déjà nommé la « grâce ». On sait qu'elle implique l'aisance et la facilité des mouvements, qu'il s'agisse des mouvements du corps ou de ceux de la pensée : absence de tension, d'effort et de concentration, un je ne sais quoi d'épanoui qui se communique et se donne sans retour sur soi-même, sans attention à soi, sans l'ombre d'une préoccupation individualiste ou égoïste. Aussi la grâce enveloppe-t-elle l'amabilité et, si elle est, selon le mot français, « plus belle encore que la beauté », c'est qu'elle est ce par quoi la beauté même se fait aimer. Il en résulte que la grâce est une qualité éminemment sympathique et sociable, qui doit plaire plus que tout le reste à un peuple où la sympathie est si développée, en même temps que l'intelligence y est si facile, sans contention et sans prétention. Trop peu accessible aux obscurités insondables du sublime, le peuple français est un des plus ouverts au charme de la grâce souriante.

La « raison », que les anciens appelaient la raison commune, κοινὸς λόγος, est une faculté profondément sociale, qui n'exprime pas seulement les conditions nécessaires de toute pensée isolée, mais encore et surtout celles de toute pensée en commun, de toute société intellectuelle. La raison est tellement unie au langage même, ce grand moyen de communication sociale, qu'un seul mot désignait, chez les Grecs, la raison et le verbe, λόγος[1]. Chez le Français lati-

---

[1] Voir sur ce point, notre *Psychologie des idées-forces*, t II, liv V, ch. I

nisé et hellénisé, la raison est devenue la forme intellectuelle de la sympathie humaine.

Le rationalisme français a des raisons sociologiques en même temps que psychologiques. Il y a des opérations de l'esprit plus chères à certains peuples parce qu'ils ont des aptitudes à la fois natives et acquises pour les unes plutôt que pour les autres ; si l'Anglais est plus observateur, il est clair que le Français est plus raisonneur, et, en fait de raisonnement, c'est la déduction qui lui sourit. Il aime aussi à abstraire et à généraliser; aussi a-t-il toujours réussi dans les mathématiques. Ces tendances rationalistes sont en même temps, répétons-le, des tendances sociales, car les idées abstraites, générales et logiquement enchaînées, sont par cela même socialisées, rendues accessibles à tous les esprits, toutes prêtes à voyager de l'un à l'autre malgré les barrières de l'espace et du temps. En outre, nous l'avons montré ailleurs, quand les idées générales, qui sont à leur manière des « idées-forces », arrivent à se réaliser dans la conduite, elles deviennent des idées généreuses, c'est-à-dire valables pour tous, s'adressant à l'humanité entière et faisant abstraction des égoïsmes individuels ou nationaux[1].

Bien d'autres qualités généralement reconnues au peuple français ont les mêmes racines cachées dans la double tendance rationaliste et sympathique : tel est le « goût ». Le goût a tout d'abord un caractère de raison harmonieuse, qui ne veut rien d'excessif et de heurté, qui se plaît à une pondération et à une conciliation des extrêmes ; mais il a aussi un caractère sympathique et sociable, qui exclut les éléments trop individualistes et trop excentriques, qui impose à tous une règle commune d'eurythmie et de rationalité universelle, même dans l'expression du sentiment le plus personnel.

Le développement de l' « esprit critique » en France tient encore à la prédominance des deux grandes sortes de lois auxquelles la critique même se réfère : les lois de la raison commune et les lois de la société. En France, tout ce qui s'écarte trop de cette double législation tombe immédiatement sous la critique, qui devient elle-même une sorte de tribunal rationnel et social.

[1] V. La *Psychologie du peuple français*, liv. III, ch. I.

Les diverses qualités du peuple français, que nous venons de rappeler, peuvent paraître aux esprits superficiels plus médiocres que celles des autres peuples, parce qu'elles sont plus modérées, plus disciplinées par la raison et par l'esprit de société ; mais modération n'est pas médiocrité et est souvent une force.

Michelet reconnaissait le caractère dominant des génies français à « la logique passionnée », et c'est surtout pour les questions sociales ou politiques que le Français se passionne. « Ma forme d'esprit, disait aussi Taine, est française, » et il la définissait : « Classer les idées en files régulières, avec progression, à la façon des naturalistes. » Il aurait pu dire plutôt : à la façon des logiciens. Stuart Mill se plaignait de ce que les réformateurs sociaux, en France, prennent trop souvent la cohérence logique pour une preuve et se dispensent trop du contrôle des faits [1].

[1] Quoi de plus typique que les réflexions de Stuart Mill dans une de ses lettres à G. d'Eichtal : « Je suis sûr que mes compatriotes sont dans un état d'esprit qui les rend incapables d'accueillir une véritable doctrine générale, ou de la comprendre réellement s'ils l'accueillaient. En France il en est peut-être autrement

« En Angleterre, l'idée de commencer une réforme dans les esprits, en leur prêchant une doctrine d'ensemble, est une notion qui n'entrerait jamais dans la tête de personne qui y aurait vécu assez longtemps pour bien connaître notre peuple. Les Anglais se méfient habituellement des vérités les plus évidentes, si celui qui les produit peut être soupçonné d'avoir des vues générales. Pour agir ici sur les esprits, il faut tout d'abord cacher soigneusement qu'on possède un système ou un corps d'opinions ; il faut enseigner des faits isolés, et tâcher d'apprendre à penser en traitant des questions simples et pratiques. Une fois connu et réputé comme bon connaisseur des faits et appréciateur fin et avisé du détail, vous pouvez aventurer des vues étendues; mais là même il faut être très prudent et circonspect.

« Un journal qui débuterait par l'exposé d'idées générales et de principes à longue portée, ne trouverait pas vingt abonnés. Aussi, à mes yeux, en se déclarant les apôtres d'une nouvelle doctrine, en voulant inculquer tout d'abord cette doctrine et obtenir ensuite des résultats heureux de tout genre comme conséquence directe de cette doctrine, les membres de votre école violent la première et la principale règle de leur philosophie, à savoir que le premier devoir est de considérer quelle est la première étape que notre pays doit traverser dans la voie du progrès de la civilisation, et de réunir tous ses efforts pour faciliter la transition et la faire réussir. Je suis convaincu également que, tout en devant nous efforcer d'aboutir, si nous pouvons, à un système général de philosophie sociale, que nous aurons toujours présent à la pensée, nous ne devons pas l'exposer au public, qui n'est nullement mûr pour le recueillir, mais nous servir de ce qu'il y a déjà de bon dans ce public pour l'éclairer, en l'habituant à penser juste sur les sujets qui lui sont déjà familiers, pour lui transmettre toutes les vérités qu'il est déjà préparé à recevoir. Spécialement en Angleterre (où la *philosophie critique* n'a pu encore triompher de la doctrine *théologique et féodale*), tous nos efforts doivent

De nos jours, l'esprit français n'a pas cessé de vouloir des idées distinctes, dans les sciences sociales comme ailleurs, seulement il les veut plus complexes, parce qu'il sent de mieux en mieux que la réalité, surtout la réalité sociale, est complexe elle-même. Ne jamais accepter comme entière une demi-solution, ne jamais croire que l'on comprend une partie d'un sujet tant qu'on n'a pas compris le sujet tout entier, voilà aujourd'hui la persuasion des savants et philosophes français.

L'ordre logique des idées, qui est aussi le meilleur ordre d'exposition, est une qualité éminemment sociale, par cela même qu'elle est éminemment rationnelle. « Comment s'ordonnent les idées, dit Taine ; voilà ce que les Français ont enseigné à l'Europe. » Et il nous appelait : Les secrétaires de l'esprit humain. Il y a là une évidente exagération. Descartes et Pascal n'étaient pas de simples secrétaires, bien que le premier conseillât avant tout de « mettre de l'ordre dans ses idées. » Si l'ordre est, en quelque sorte, socialité, il est aussi, en définitive, vérité, et le vrai n'est que ce qui est ordonné conformément à la nature.

La foi aux idées morales et sociales est un des traits saillants du peuple français. Pour Descartes, pour Pascal, les passions mêmes sont des « précipitations de pensées » non pas sans doute de pensées froides, mais de pensées ardentes, qui sont des représentations d'objets et des visions intérieures. Et Pascal ajoutait : « à mesure qu'on a plus d'intelligence, les passions sont plus grandes ». Cela peut s'appliquer aux peuples comme aux individus : les passions d'un peuple intelligent sont nécessairement des mouvements de son intelligence en même temps que de sa volonté[1].

Bien connue est l'horreur de Napoléon Ier pour ceux qu'il appelait les idéologues, c'est-à-dire ceux qui attribuaient une force et une vertu sociales aux idées morales et philo-

tendre à modifier cette portion de nos institutions sociales et de notre politique, qui actuellement entravent tout progrès, dégradent, abrutissent l'intelligence et la moralité du peuple, qui, en attribuant tout l'ascendant social à la seule fortune provenant elle-même du privilège des droits politiques, — empêchent la formation d'un *pouvoir spirituel* capable d'imposer confiance à la majorité, laquelle doit croire et croit à l'autorité. » *Lettres de Mill à G. d'Eichtal* (Alcan).

[1] Voir notre livre sur *la France au point de vue moral.*

sophiques, aux principes premiers de la raison. Il trouvait en eux les grands coupables intellectuels de la Révolution française. Il disait au Conseil d'Etat, le 20 décembre 1812 : « C'est à l'idéologie, — cette ténébreuse métaphysique qui, en recherchant avec subtilité les causes premières, veut sur ces bases fonder la législation des peuples, au lieu d'approprier les lois à la connaissance du cœur humain et aux leçons de l'histoire, — qu'il faut attribuer tous les malheurs de notre belle France ». Ce n'est pourtant pas l'idéologie ni la métaphysique qui ont causé Waterloo ou Sedan et, après chaque défaite, ont laissé la France amoindrie.

Le positivisme d'Auguste Comte a sa partie idéologique : c'est la loi des trois états, qui subordonne le mouvement social entier au développement intellectuel, aux idées d'abord théologiques, puis métaphysiques, enfin scientifiques et positives. Le comtisme français est aujourd'hui l'antithèse du marxisme allemand. L'un voit surtout la superstructure sociale, la direction consciente de l'ensemble, l'autre voit surtout l'infrastructure sociale, la pression inconsciente qui s'exerce de bas en haut. Les deux points de vue ont leur vérité et notre Saint-Simon avait eu raison de les unir. Ce qui est vrai aussi, c'est que la part de la conscience et de la science va croissant à mesure que l'humanité, avançant en civilisation sociale, s'éloigne de l'animalité. L'*idée-force* est dans le sens de l'avenir : un peuple qui a foi aux idées ne peut être accusé que d'anticiper avec trop d'impatience sur ce qui sera la réalité de demain. Avoir foi aux idées, en somme, c'est avoir foi à la science ; or, n'en déplaise à Marx, l'évolution politique et l'évolution économique, comme aussi, en grande partie, l'évolution morale et religieuse, sont dominées par l'évolution des sciences et de la philosophie. La « technique » même, dont Marx parle sans cesse, n'est que la science appliquée à l'industrie, et comment nier que la technique pratique ne soit sous la dépendance de la théorie? C'est une loi qui se vérifie de plus en plus à mesure que les sciences elles-mêmes deviennent plus constructives et plus déductives, plus voisines des mathématiques : telle est, par exemple, la chimie, où la technique est tout entière dirigée par la spéculation théorique et où l'on a vu, d'abord en France,

puis dans la patrie de Marx, les savants créer par synthèse
des séries entières de corps nouveaux, ayant un rôle capital
dans l'industrie.

II

LA LOI SOCIALE DE L'IMITATION ET CELLE DE L'INVENTION CHEZ LE PEUPLE FRANÇAIS

On a voulu faire de l'imitation un phénomène primitif,
fondement de l'ordre social. Nous admettons (et c'est un
des principes de la doctrine des idées-forces), que toute
représentation intense, répétée, exclusive, tend à se faire
action parce que toute représentation est accompagnée d'un
mouvement ; mais l'imitation n'est qu'un corollaire de ce
théorème, non un principe. La tendance innée à la sympathie pour les uns et à l'antipathie pour les autres a sans
doute son expression *objective* dans l'imitation des uns et la
non-imitation des autres ; mais c'est là seulement *une* des
expressions de la sympathie, non la seule, selon nous, ni la
plus essentielle. Nous n'irons donc pas jusqu'à dire avec
M. Tarde que l'imitation soit par excellence le phénomène
social, mais il est incontestable qu'elle est un des plus
importants phénomènes sociaux. Le degré de sociabilité,
chez un peuple, se mesure en partie à son pouvoir d'imiter
et à son goût d'imiter. Il n'est pas vrai, comme le prétend
Bagehot, que la puissance d'imitation décroisse avec la civilisation[1], ni que les peuples les plus avancés imitent moins.
Ce qu'ils imitent moins, c'est leurs prédécesseurs ; mais ils
imitent davantage leurs contemporains. La civilisation elle-
même est un immense réseau d'imitations, d'actions et de
réactions mutuelles ; on peut donc être certain que les
peuples vont en imitant davantage, ce qui n'exclut pas,
mais, au contraire, provoque le mouvement parallèle des
inventions.

L'imitation mutuelle est considérable en France et
prend des formes diverses, depuis le souci de l'opinion
publique jusqu'au respect de la mode. Malesherbes, voyant
l'extraordinaire et croissante influence des idées et de

[1] Bagehot, *Lois scientifiques du développement des nations*, p. 115.

l'opinion dans notre pays, disait au début du règne de
Louis XVI : « Il s'est élevé un tribunal indépendant de
toutes les puissances. Ce tribunal public est comme un juge
souverain de tous les juges de la terre. Organes et ministres
de l'opinion, ces gens de lettres qui paraissent les vrais
rois du xviii° siècle, sont non moins puissants au milieu
du public dispersé que les grands orateurs des démocra-
ties antiques au milieu du peuple assemblé. »

Quant à la mode ou, pour parler comme M. Tarde, à
l'*imitation-mode*, qui remplace peu à peu l'*imitation-coutume*, elle transporte la réciprocité d'imitation dans le
présent au lieu de la lier au passé. En France, l'imitation-
coutume a fini par être en grande partie déracinée. Tout
ce qui venait du passé, le peuple français a, jusqu'à l'excès,
essayé d'en faire table rase. Monarchie, noblesse, privilèges
de toutes sortes, traditions de province, traditions locales,
tout a été oublié, nivelé, égalisé. Le rationalisme est trop
établi en France pour laisser place au traditionalisme.
L'habitude de se rendre compte de tout et de tout ramener
à ses raisons ne permet plus de suivre longtemps la coutume uniquement parce qu'elle est la coutume. En
revanche, l'imitation-mode a pris un développement extraordinaire, dû au goût de se mettre en harmonie avec les
autres. Et s'il y a des sélections sociales comme il y a des
sélections physiologiques, les premières favorisent un
certain type adapté à la nation, comme les secondes
favorisent le type le mieux en harmonie avec le milieu
naturel. Il en résulte que la nation imprime peu à peu sa
marque sur tous les individus : ceux qui s'écartent trop du
type commun, les originaux et les excentriques, risquent
de ne pas réussir et de ne pas faire souche, auquel cas leur
postérité est bientôt éteinte. Ainsi s'impose la moyenne
générale de la nation, qui maintient les variations individuelles entre des limites plus ou moins étroites. Les nations
très sociables montrent peu de faveur aux excentriques,
parce qu'ils s'écartent de la commune règle : la France en
est un exemple. Ce n'est pas que la France repousse la vraie
originalité, celle du mérite et de l'intelligence, mais cette
originalité doit se faire en quelque sorte pardonner en
conservant dans les manières extérieures, dans le langage,
dans le vêtement, dans le mode de vivre, ces apparences

communes à tous qui font que chacun se reconnaît encore chez les autres.

Un peuple où l'esprit d'imitation semble être si développé n'est nullement, pour ce motif, dépourvu de l'esprit d'invention. Il n'y a pas entre ces deux termes l'antithèse que l'on imagine, il y a plutôt une secrète harmonie. Quelque neuve, en effet, qu'une invention puisse être, elle ne se rattache pas à rien et ne sort pas du néant. Elle provient toujours d'un fonds commun, et, plus ce fonds commun est riche, plus il rend possibles les additions particulières qui doivent l'enrichir encore. Dans la science, par exemple, il est clair que, plus il y a de lois établies et connues de tous, plus il devient facile à quelques-uns d'entirer des lois nouvelles ou des applications nouvelles. M. Tarde est allé jusqu'à dire que l'invention est un confluent d'imitations ; toujours est-il qu'elle se produit en un confluent de ce genre, par un effort personnel qui fait surgir une idée non encore aperçue. Le triomphe progressif de « l'imitation-mode » en France sur « l'imitation-coutume » ne ferme donc nullement l'issue, mais l'ouvre au contraire aux découvertes. Ce qui est certain, c'est que la France a apporté et apporte encore son contingent à la science, à l'art, à la philosophie. Comme elle agite énormément d'idées, elle ne peut manquer d'en trouver parfois de neuves.

Il est d'ailleurs remarquable qu'un des traits de notre esprit national, déjà noté par César chez les Gaulois, c'est l'amour du nouveau[1]. Cet instinct provient d'une sensibilité vive, toujours en quête d'émotions nouvelles. Tant que, sous l'ancien régime, a régné la tradition, le peuple français, comme tous les autres peuples, en a subi le joug. Une fois la tradition dépouillée de son prestige au profit de la mode, le peuple français s'est montré de plus en plus avide des nouveautés, jusqu'à être déplorablement révolutionnaire en politique.

La subordination fréquente et même habituelle de l'individu à la société, dans notre pays, explique aussi les alternatives d'esprit routinier et d'esprit révolutionnaire qui étonnent dans notre histoire. L'esprit de routine est une forme de la sociabilité, qui fait que l'individu, réprimant

[1] Voir notre *Psychologie du peuple français*, livre I.

toute initiative trop personnelle, subordonne son moi à
la tradition collective. L'esprit révolutionnaire est, en
France, une autre forme de la sociabilité, qui fait que, si
une idée nouvelle surgit, se répand, devient comme
une mode intellectuelle et sentimentale, la contagion est
immédiatement subie et aboutit pratiquement au besoin
de tout bouleverser. L'esprit révolutionnaire français n'est
pas exclusivement une révolte de l'individu contre l'ensemble, il n'est pas, comme dans d'autres pays, une exas-
pération de l'individualisme, il est une propagation soudaine aux individus d'une idée déjà en partie collective,
une sorte d'incendie par inflammation réciproque, une
traînée de poudre qui éclate. La sympathie contagieuse
a joué un rôle détestable dans nos révolutions.

III

LES LOIS SOCIALES DE COMPÉTITION ET DE COOPÉRATION
DANS LE PEUPLE FRANÇAIS.

L'instinct de la compétition vitale existe à l'intérieur de
chaque nation comme entre toutes les nations ; il est un
des objets essentiels de la sociologie. Ou plutôt la lutte
pour la vie est un élément biologique qui se prolonge dans
la sociologie et y rencontre un principe opposé, celui
de l'accord pour la vie. Le degré de sociabilité d'un peuple
peut se mesurer au degré où les instincts d'union l'emportent sur ceux de lutte et de concurrence. La lutte, en effet,
est surtout individualiste : elle vient de l'individualité qui se
pose en face d'autrui et, au besoin, contre autrui; elle aboutit au triomphe de l'individualité la plus forte, de quelque nature que soit sa force, physique, intellectuelle ou
même morale.

Si l'on cherche les peuples où la lutte pour la vie est
la plus universelle, la plus âpre, la plus implacable, où les
individualités se font la concurrence la plus effrénée, non
pas seulement pour la subsistance, mais pour la fortune
ou pour le pouvoir, ce n'est assurément pas la France que
l'on citera en tête de ces peuples. Grâce à son climat
plus doux, à sa terre moins dure, à sa longue histoire, qui a

adouci les mœurs et émoussé les angles de l'individualité, grâce aussi à sa Révolution, à l'égalitarisme consécutif qui a démocratisé les fortunes, morcelé les propriétés, rapproché les conditions, l'instinct combatif et la concurrence *per fas et nefas* ont, chez nous, beaucoup perdu de leur force.

A l'égard des autres peuples, la France a été dans l'obligation, pendant de longs siècles, de défendre sa propre intégrité et de conquérir son unité; elle a joué un rôle important dans la concurrence vitale des nations, elle a vu se développer dans son sein cet esprit militaire (*rem militarem*) que Caton attribuait déjà aux Gaulois. Le courage, et surtout le courage militaire, constitue d'ailleurs en grande partie une vertu sociale. Du moins l'est-il en France, où ce n'est pas le courage solitaire et renfermé en soi qui prédomine, mais la vaillance expansive et sympathique, celle qu'on pourrait appeler sociale, parce qu'elle est le désir de montrer au groupe tout entier que l'individu est capable de se sacrifier lui-même. Le mépris de la mort, qui frappait les Romains chez les anciens Gaulois, était déjà une vertu d'honneur, de camaraderie et de fraternité sociale. « La vaillance, l'amour de la gloire, disait Napoléon Ier dans son *Mémorial de Sainte-Hélène*, sont, chez les Français, un instinct, une espèce de sixième sens. Combien de fois, dans la chaleur des batailles, je me suis arrêté à contempler nos jeunes conscrits se jetant dans la mêlée pour la première fois. L'honneur et le courage leur sortaient par tous les pores. » De nos jours, l'esprit militaire est en partie contrebalancé chez nous par l'esprit pacifique qu'ont prêché les philosophes français du siècle dernier et les républicains de 1848, y compris les Lamartine et les Victor Hugo. La tendance des Français est de plus en plus vers l'union pour la vie, non vers la lutte pour la vie.

La dépendance ou l'indépendance de l'individu par rapport au groupe est un des rapports sociaux les plus importants pour la connaissance des peuples. Nous avons vu que l'Anglo-Saxon ou le Germain, tout en ayant un esprit d'indépendance plus grand que le nôtre à l'égard du groupe dont ils font partie, ont le besoin inné de se rattacher à un ou à plusieurs groupes formant hiérarchie. Le Germain, surtout, nous a montré l'amour de la subordination régulière, quoiqu'il soit, au fond, très individualiste. Le Français est beaucoup moins docile et discipliné ; il ne veut, d'autre part, se rattacher qu'à des groupes extrêmement généraux, comme la nation même ou, qui plus est, l'humanité. Ce que l'esprit français comprend le mieux, c'est l'individu humain comme tel ou la société humaine comme telle, deux termes extrêmes qui se touchent, dont l'un est l'élément social et l'autre la collectivité sociale. L'esprit français comprend beaucoup moins bien les intermédiaires, qui sont les associations particulières ou même les personnalités sortant plus ou moins du cadre commun. C'est là un de ses graves défauts. Il faut d'ailleurs, ici, faire la part de la longue soumission à l'autorité qui a caractérisé la centralisation traditionnelle en France. De plus, la Révolution fit la guerre aux associations en vue de tout ramener à l'unité du pouvoir et à l'égalité des citoyens ; par là elle a étouffé l'esprit de coopération pacifique chez le peuple français. Nous avons beaucoup à faire pour nous mettre ici à la hauteur des Anglais, des Allemands et même des Italiens.

IV

LES FORMES SOCIALES EN FRANCE : VOLUME, DENSITÉ, MOBILITÉ, DIVERSITÉ ET UNITÉ

On sait qu'une école de sociologie, représentée en France par M. Durckheim, attribue aux « formes sociales » la principale influence. Par formes sociales, elle entend la quantité et la qualité des unités sociales, leur homogénéité et leur hétérogénéité, leur mode de groupement et d'union, en un mot toutes les formes extérieures et tous les caractères objectifs de l'agrégat social[1]. Nous ne sommes pas de ceux qui réduisent toute la sociologie à l'étude de ces formes, et nous croyons que l'étude du fond psychologique est essentielle à la sociologie même. Mais nous ne méconnaissons par pour cela la part d'action qui revient aux formes sociales : volume de la population, densité, mobilité, variété et unité de ses éléments.

[1] Voir l'*Introduction*

Une nation ne se développe pas seulement en fonction du sol, du climat et de la race; elle se développe encore et avant tout en fonction de la quantité et de la qualité de ses unités composantes. Dans la population même, considérée au point de vue de la quantité, il ne suffit pas de considérer le nombre; il faut voir aussi la distribution dans l'espace, selon que la population est concentrée : 1° dans une capitale; 2° dans de grandes villes; 3° dans les campagnes. En Angleterre, la capitale représente 11,20 p. 100 de la population; les grandes villes de 50.000 âmes et plus, 27 p. 100 : les campagnes et moindres villes, 61,80 p. 100. En France, nous avons; capitale, 6,60, grandes villes, 9,90, campagnes, 83,50. En Allemagne : capitale, 3,20, grandes villes, 14,60, campagnes, 82,20. Certains sociologues français, comme Ad. Coste, ancien président de la société de statistique de Paris, ont voulu mesurer la puissance des nations modernes à la proportion de ces trois éléments, en accordant l'action principale, — scientifique et industrielle, — aux capitales et aux grandes villes. A ce compte, multipliez les uns par les autres les trois chiffres afférents à chaque État (capitale, villes, campagnes) et prenez la moyenne géométrique, vous aurez un indice de la puissance nationale, en tant du moins qu'elle est sous la dépendance du développement des capitales et grandes villes. D'après cela, Ad. Coste a trouvé pour l'Angleterre 155, pour l'Allemagne 121, pour la France 100, pour les Etats-Unis 74[1]. Quelque intérêt que ces chiffres offrent, ils ne nous paraissent pas aussi significatifs qu'on le croit. La puissance d'un peuple a des éléments très nombreux, qui ne peuvent se résumer dans un rapport mutuel de stratification entre capitale, villes et campagnes.

Le même statisticien, divisant les indices précédents de puissance nationale par ceux de la population totale, obtient un quotient qui lui paraît exprimer la valeur *sociale* d'un pays. Ce nouveau calcul donne pour la Grande-Bretagne 152, pour la France 100, pour l'Allemagne 89, pour l'Espagne 77, et pour les Etats-Unis 44. Un tel résultat rend plus que suspecte la méthode simpliste qui attribue au chiffre des capitales et des grandes villes une telle impor-

---

[1] Ad Coste, l'*Expérience des peuples* Voir notre *Introduction*

tance et qui considère les villes comme les principaux organes d'une nation. Méfions-nous des jeux de la statistique et
des pronostics qu'en veut tirer l'esprit de système, tout
comme nous devons nous méfier des pronostics fondés sur
la race, sur le sol et le climat. Que le pays le plus *citadinisé*, si on peut parler ainsi, et surtout le plus *industrialisé*
soit l'Angleterre, c'est tout ce qu'on peut conclure des
chiffres qui précèdent; mais l'exode des campagnes vers les
villes et de l'agriculture vers l'industrie n'est pas sans offrir
de graves inconvénients sociaux et moraux. Il n'est donc
nullement prouvé que le régime démographique de l'Angleterre soit en lui-même supérieur à celui de la France,
de l'Allemagne ou des Etats-Unis.

La France était, au XVIIe siècle, la puissance la plus importante de l'Europe ; l'Espagne avait déjà perdu sa force.
La France avait alors 20 millions d'habitants, la Grande-
Bretagne et l'Irlande, 8 à 10 millions, l'Allemagne, 19 millions. La France a donc, dès cette époque, subi les effets
d'une population volumineuse et relativement dense. Ces
effets sont, d'après M. Durckheim et M. Bouglé, de rendre
possibles des rapports économiques plus nombreux et plus
variés, d'augmenter la division du travail entre les hommes,
de les rapprocher par cela même dans la coopération, de
leur donner plus de cohésion matérielle et plus d'unité
morale. En outre, il est certain que les capitales et grandes
villes, par la condensation de la population et par les rapports qu'elles établissent entre les esprits les plus divers,
tendent à précipiter le mouvement des idées et de la civilisation. Or, la France a eu depuis longtemps Paris, dont
l'importance intellectuelle et artistique ne saurait être niée.
La France a vu aussi, de bonne heure, augmenter la mobilité de ses éléments, la facilité des communications, par
cela même le frottement mutuel des personnes. Tous ces
phénomènes devaient tendre à rapprocher les éléments de
la nation française, à les faire se connaître mutuellement,
à les rendre plus familiers l'un à l'autre, à augmenter chez
le Français le sentiment d'une certaine similitude fondamentale existant entre tous les hommes, qui aboutit à l'idée
générale d'humanité ou d'égalité humaine [1].

---

[1] Voir, plus haut : *le Caractère romain.*

La complication et l'unification des unités sociales produisent, pour leur part, des résultats analogues; or, la France est parmi les pays qui ont été le plus tôt unifiés, tout en conservant une grande complexité et une grande richesse d'éléments. De là M. Durckheim et surtout M. Bouglé ont conclu que la France était parmi les contrées les plus mûres pour la démocratie, au temps même où elle était encore sous la monarchie : elle se dégageait peu à peu de l'esprit fermé des castes et des coutumes, pour s'ouvrir à des idées générales d'humanité, d'égalité, de perfectibilité universelle. L'accroissement de la société en quantité et en qualité a donc fortifié en France le sentiment de la sociabilité, qui y avait déjà de si profondes racines.

Mais nous ne pouvons nous arrêter aux *formes* sociales et aux dehors : il faut tenir compte des *fins* sociales, dont la pensée est toujours plus ou moins présente à la conscience d'un peuple, et qui animent en quelque sorte les formes sociales, comme un esprit anime un corps.

V

LES FINS SOCIALES EN FRANCE. LA LIBERTÉ, L'ÉGALITÉ

Toute nation conçoit plus ou moins clairement, aime avec plus ou moins d'ardeur, poursuit avec plus ou moins de constance et d'énergie les grandes fins sociales et morales. En France, on sait que ces fins se sont résumées dans la devise républicaine.

L'esprit de liberté fait assurément partie de l'âme française; mais ce mot de liberté prête à bien des interprétations très diverses. Il importe donc de comprendre sous quelle forme le contact mutuel et l'action de l'histoire ont amené les Français à comprendre la liberté.

Il existe un idéal individualiste de la liberté qui est très répandu chez les Anglo-Saxons et même chez les Germains : il consiste dans une sorte de pouvoir conféré à l'individu de se suffire à lui-même, de se gouverner lui-même en dehors de la société : αὐτάρκεια disaient les Stoïciens, *self-government*, disent les Anglo-Saxons[1]. Dans l'idée française

[1] Voir plus haut : *le Peuple anglais.*

de liberté, l'idée de société n'est jamais absente. La liberté est conçue comme un pouvoir d'agir égal chez les divers individus ; c'est un pouvoir *social*, en ce sens qu'il est limité et réglé par la société et que la liberté de l'un entraîne l'égale liberté des autres. La liberté apparaît donc comme une solidarité des activités individuelles au sein du tout. C'est ce qui fait qu'on a souvent accusé les Français, non sans raison, de penser à l'égalité plutôt qu'à la liberté, de ne pas montrer dans la pratique cette initiative personnelle, presque indifférente à autrui, qui est si fréquente chez d'autres races où le moi est très développé.

Au fond, c'est la liberté *universelle*, conséquemment *rationnelle*, plutôt que la liberté proprement individuelle, qui est familière à l'esprit et au cœur des Français. Il en résulte cette conséquence que, même dans la revendication de la liberté individuelle, l'idée sociale est toujours en vue, tantôt comme but à poursuivre, tantôt, au contraire, comme joug à renverser. L'individualisme français se manifeste trop souvent sous la forme d'une révolte contre la règle collective ; la liberté devient alors facilement indiscipline et même licence. Nous n'en voyons, de nos jours, que trop d'exemples.

C'est ce qui a causé l'illusion de certains psychologues et sociologues au sujet du peuple français. Tandis que tels observateurs nous attribuent « l'esprit sociétariste », tels autres nous attribuent, au contraire, l'esprit individualiste, conçu comme tendance de l'individu à se délivrer de tout frein, de tout joug, de toute discipline. Mais l'esprit d'indiscipline n'est, chez les Français, qu'une réaction plus ou moins passagère contre l'esprit de soumission à la solidarité sociale, qui est beaucoup plus constant et nous est plus intime. Soit qu'il courbe la tête, soit qu'il la relève dans un esprit de rébellion, le Français, encore un coup, songe toujours à la société : il se met *avec* elle ou *contre* elle ; il ne songe pas uniquement à développer sa personnalité à part des autres et dans son for intérieur. Son individualisme apparent et intermittent n'est pas le vrai et profond individualisme de l'Anglo-Saxon ou du Germain ; il est moins une attitude intimement personnelle qu'une attitude encore sociale. Certains Français ont beau, par une sorte de mode anglaise, prêcher la *culture du moi* : le Français ne peut se résoudre à vivre en lui-même; il est toujours trop préoccupé de son milieu, auquel le rattache sans cesse sa nature expansive, communicative et sympathique. Il a les qualités et les défauts inhérents à un développement trop faible de la vie intérieure, au profit de la vie sociale.

Cette tendance à ne considérer la liberté que sous une forme de sociabilité a été implantée peu à peu, dans l'âme française, par les longs siècles d'une civilisation romaine et d'une monarchie très centralisée, qui avait fini par être absolue et, en conséquence, ne permettait pas à l'individu de se considérer isolément. Elle a été de même favorisée par la longue influence catholique, qui, elle aussi, ne conçoit la liberté que sous forme de solidarité, d'attachement de l'individu à l'Église, comme membre d'une société spirituelle. Le catholicisme a même beaucoup insisté sur la réversibilité des mérites et des fautes, qui est évidemment un point de vue solidariste plutôt qu'individualiste.

Le sentiment de la liberté, tel qu'il s'est développé en France, explique les alternatives de soumission à l'autorité et de soulèvement révolutionnaire qui remplissent notre histoire. La subordination du point de vue personnel au point de vue social a produit également en France et l'autoritarisme et l'anarchie, qui a été trop souvent la forme prise par la liberté individuelle. Ce n'est pas un paradoxe de dire que l'anarchie même, chez les peuples néo-latins et français, n'est nullement l'individualisme anglo-saxon ou germanique, qu'elle aussi est une sorte de pose sociale, — geste de révolté, sans doute, mais geste qui a encore pour objet la société et qui n'exprime nullement une vie intense, concentrée en soi, se suffisant à elle-même. L'individualiste anglo-saxon ou germain n'est pas vraiment anarchiste, et l'anarchiste français est, au fond, socialiste.

Une des tendances les plus manifestes et les moins contestées de l'esprit français, c'est l'amour de l'égalité. Nos idées égalitaires ont une double origine, l'une morale, l'autre sociologique, et ces deux origines, s'étant trouvées réunies en France, devaient y imprimer un essor considérable à l'égalitarisme.

Dans son excellente étude de sociologie sur les idées

égalitaires, M. Bouglé a parfaitement reconnu qu'elles constituent des idées pratiques, postulant la valeur de l'*humanité*
et celle de l'*homme* comme tel, tenant compte des *différences*
des hommes en même temps que de leurs *ressemblances*,
— leur reconnaissant, par suite, non les mêmes facultés
réelles, mais les mêmes *droits* idéaux, — et réclamant
enfin « qu'à leurs actions diverses des sanctions soient
distribuées, non *uniformes*, mais *proportionnelles* ». Une
telle définition implique évidemment des idées morales,
philosophiques et même religieuses ; aussi est-il étonnant
que l'auteur du livre, éliminant ces idées, oubliant l'action des doctrines platoniciennes et stoïciennes, puis des
doctrines chrétiennes, enfin des systèmes philosophiques
du xviiiᵉ siècle, prétende expliquer l'expansion des idées
égalitaires par de simples considérations sociologiques
sur les « formes sociales », par la quantité et la densité des unités sociales, par leur complexité et par leur
unification dans les sociétés modernes, particulièrement
en France. Nous serons moins exclusif. Nous recon-
naîtrons avant tout que ce qui s'est développé en France,
depuis deux siècles, c'est la notion de l'humanité et de la
valeur qui appartient à l'homme par cela seul qu'il est
homme, c'est-à-dire être doué de raison, de sympathie et
de sociabilité. Cette notion est venue d'abord de la philosophie antique et du droit romain, qui a traité les hommes
en égaux par l'application à tous des mêmes lois et de la
même commune mesure[1]. Le droit romain a exercé et
exerce encore en France une influence profonde : par son
caractère d'universalité, il était excellemment adapté à
l'esprit universaliste des Français ; par sa symétrie et sa
logique, il convenait également aux instincts logiques et
même géométriques du peuple français. D'autre part, le
christianisme avait mis en lumière la valeur infinie des
hommes comme fils d'un même père céleste, portant tous
en eux l'image de la divinité ; et la France embrassa le
christianisme avec ardeur. Mais l'idée qui devait se développer principalement en France n'était pas seulement
celle d'une égalité mystique des hommes en Dieu et pour
Dieu ; c'était celle d'une égalité de droits sur la terre même

---

[1] Voir, plus haut, notre étude sur le caractère romain.

et dans la société humaine, au nom de la justice humaine.
Cette idée remplit la philosophie du dix-huitième siècle, qui
est essentiellement humanitaire. Elle devait aboutir aux
théories de la Révolution française, qui s'inspirèrent en
même temps des idées anglaises de liberté, des idées américaines d'égalité, en les adaptant au génie social de la
France.

D'autre part, nous accordons que l'expansion des idées
égalitaires, une fois conçues, est explicable en grande partie
par des raisons sociologiques, qui ne sont pas d'ordre économique : « quantité et qualité des unités sociales, complication et unification des sociétés. » Après s'être demandé
pourquoi la France fut le porte-parole de l'égalitarisme,
Tocqueville répond, entre autres raisons, que, de tous les
pays d'Europe, la France était le plus unifié : « Un corps
unique et placé au centre du royaume, qui réglementait
l'administration pratique dans tout le pays : le même
ministre dirigeant presque toutes les affaires intérieures. »
Cette centralisation, à elle seule, n'eût pas suffi pour
rendre la France égalitaire, mais elle y a certainement
contribué. Ajoutons que, malgré tous les privilèges qu'en-
tretenait la monarchie, les mœurs éminemment *sociales*
des Français avaient rapproché les hommes des diverses
conditions, anobli le mérite et l'intelligence, accordé
au talent le prestige et la prédominance finale. L'accès
de toutes les fonctions et de tous les avantages, ouvert
à toutes les capacités « sans autre distinction que celle
des talents et des vertus », comme dit la *Déclaration
des droits*, voilà, depuis 1789, l'idéal social de la France. Le
culte de l'intelligence et du talent est dans les mœurs et
dans la tradition du peuple français ; ce peuple est trop
intellectualiste pour ne pas avoir, à l'égard de l'intelligence,
le même amour et la même foi qu'avaient eus déjà les
Grecs. Quant aux conditions de fortune, aux conditions
d'hérédité et de hiérarchie traditionnelle, tout cela ne
touche pas le peuple français, tout cela lui semble une sujé-
tion, étrangère à l'homme même et à l'humanité. La seule
valeur qu'il considère, c'est la valeur sociale de l'individu,
c'est, pour ainsi dire, la valeur humaine de l'homme. Etes-
vous, par votre intelligence et par votre dévouement, un
être en qui la société vit, dont elle reçoit des avantages

31

destinés au profit de tous, vous avez alors droit, de votre côté, aux avantages sociaux, quelles que soient votre naissance, votre fortune, votre position. Telle est l'idée d'équivalence rationnelle qu'on trouve au fond de tout esprit français.

Les sociologues constatent, chez tous les peuples, des rapports de domination et de subordination qui s'expriment dans la *hiérarchie* sociale. De tous les peuples européens, c'est le Français qui fait le moins de cas de cette hiérarchie, du moins en tant qu'elle est fondée sur la naissance, le privilège, la fortune, la tradition même et l'histoire. Ce peuple n'admet guère que la hiérarchie naturelle des talents et la hiérarchie acquise des mérites ou services. Tout ce qui ressemble à une caste fermée, à une classe plus ou moins jalouse, lui est devenu odieux. La « noblesse » n'a plus aucun prestige, la « bourgeoisie » n'a guère que celui qu'elle peut devoir à la fortune ; et ce prestige est de moins en moins « populaire » depuis que le peuple s'oppose lui-même à la « classe bourgeoise ». Il y a là une tendance à l'aplanissement social, qui n'a pas pour but de créer le nivellement intellectuel et moral, mais, au contraire, de supprimer les échelons artificiels pour les remplacer par une échelle naturelle.

Selon l'individualisme si cher à la patrie de Darwin, tout relâchement excessif apporté à la concurrence vitale, dans la société, aboutit à l'arrêt du progrès humain et au déclin même, parce qu'on égalise alors les chances de survie entre l'homme mal doué et l'homme « apte ». Il y a dans cette doctrine un élément de vérité, que la France même ne méconnaît pas, tout en ne lui accordant qu'une importance relative. Une égalisation artificielle de tous les hommes, travailleurs ou paresseux, intelligents ou inintelligents, doux ou brutaux, affectueux ou égoïstes, aboutirait certainement à suspendre le progrès social. Aussi n'est-ce pas là la vraie justice, qui doit rendre à chacun ce qui lui est dû selon son mérite, mais ce n'est pas non plus, aux yeux des Français, la vraie égalité, puisque le traitement égal des inégaux revient au traitement inégal des égaux. Poser, dans une équation pratique, que $2 = 4$, ce n'est pas réaliser des égalités, mais bien des inégalités, et c'est tout simplement être absurde. L'égalité n'est donc pas l'égalisation mécanique des inégaux ; c'est l'égale liberté de manifester les inégalités mêmes au sein de la société. Plus les hommes sont égaux, plus leurs inégalités peuvent se révéler et, en fait, se révèlent. Il faut égaliser les droits pour inégaliser les capacités et, réciproquement, il faut tenir compte des inégalités de capacité pour égaliser les droits. Telle est, depuis 1789, l'idée française de l'égalité ; elle est avant tout civile et pratique.

Pour distinguer l'égalité brute de la juste équivalence, on a fort bien rappelé l'exemple des vases communicants : versez-y un seul liquide, les niveaux seront les mêmes ; versez-y des liquides différents, les niveaux seront différents, mais les hauteurs soulevées ne s'en feront pas moins mutuellement équilibre ; dans le domaine de « l'hétérogène », la justice n'est donc pas l'égalité brute, c'est l'équivalence ou l'équilibre[1]. Mais, quand on ajoute, avec l'école économiste et individualiste, que, si la concurrence est libre, cet équilibre des services échangés s'établit spontanément en vertu d'une loi naturelle[2], on oublie que les conditions de la liberté et de son exercice ne seront pas les mêmes, en dépit des vases communicants, s'il y a d'un côté des riches qui peuvent attendre, de l'autre, des pauvres qui mourront de faim à moins de travailler à vil prix. Rêver d' « abolir » toute concurrence vraiment libre et s'exerçant dans des conditions équitables, ce serait renoncer à l'idéal de *justice* pour poursuivre la chimère de l'*égalité* absolue ; mais il n'est pas chimérique, quoi qu'on en dise, de diminuer la concurrence, surtout de la rendre équitable, c'est-à-dire, en définitive, égale dans ses conditions extérieures, pour permettre aux inégalités intérieures de se manifester, et de se mesurer à leurs véritables effets, non à ceux du milieu et des circonstances étrangères. C'est pour cette raison que la France, après avoir poursuivi l'égalité juridique, puis l'égalité politique, poursuit aujourd'hui l'égalité sociale, non sous la forme d'un nivellement absolu, mais sous celle d'une égalisation des plus essentielles conditions de concurrence entre les hommes au sein de la

[1] M. Edmond Goblot, *Revue d'économie politique*, janvier 1899.
[2] *Ibid.*

société. L'esprit français est trop logique pour s'arrêter dans les conséquences; ami de l'égalité purement civile et politique, nous le voyons passer de plus en plus à la conception d'une égalité plus profonde, qui serait économique.

Quand les adversaires de la démocratie française confondent l'esprit d'égalité avec l'esprit d'envie, ils prennent la déviation d'un principe (malheureusement trop fréquente chez nous) pour ce principe même. L'envie est précisément une révolte individualiste contre la valeur sociale d'un autre homme : la vraie égalité est l'exclusion même de l'envie par la reconnaissance d'un droit semblable chez tous à faire valoir les avantages naturels et surtout acquis.

Un autre sujet de discussion, c'est de savoir comment un peuple égalitaire comme le nôtre est précisément de ceux qui aiment le plus les distinctions personnelles, les décorations, les places et dignités. D'abord, les distinctions sociales accordées au talent et au mérite sont parfaitement compatibles avec le principe de l'égalité, puisqu'elles constituent, non plus des privilèges héréditaires ou des faveurs, mais le prix d'un service personnel rendu à tous. Les distinctions et décorations sont accessibles à chacun, pourvu qu'il s'en rende digne : c'est précisément ce caractère, vrai ou apparent, de *dignité* qui plaît au Français. D'autre part, les distinctions sociales constituent un *honneur* auprès de tous, une place éminente dans l'opinion d'autrui : un peuple très sensible à l'opinion et toujours tourné vers la vie de société ne peut manquer d'avoir un faible pour tout ce qui relève chacun aux yeux des autres. Nous avons en France la déviation trop fréquente et l'excès d'un principe en lui-même juste.

VI

L'ESPRIT DE FRATERNITÉ EN FRANCE.
L'IDÉE DE SOLIDARITÉ

Le mélange des races brise certains liens et en noue d'autres. Les liens qu'il brise sont ceux qui rattachent tels groupements sociaux à telles espèces biologiques et rendant ainsi ces groupements solidaires de la forme du crâne, de la taille, de la figure et de l'aspect corporel, indices de la constitution générale. Les liens que le mélange des races noue sont ceux qui, entre des êtres biologiquement dissemblables, établissent une unité psychologique et sociale. Nous n'irons pas jusqu'à dire que l'idée générale d'humanité, avec le respect qu'elle inspire, naît du mélange des races; mais, si par ailleurs le mouvement intellectuel a fait naître cette idée, elle trouvera à coup sûr, dans une nation très mélangée, un milieu approprié pour son développement et pour son application [1].

Kant attribuait aux Français une « bienveillance secourable », une « philanthropie universelle »; il remarquait que le Français, « aime généralement les autres nations. » Selon Heine, « la générosité, une bonté non seulement générale, mais même puérile, dans le pardon des offenses, forme un trait fondamental du caractère français. » Gioberti nous reproche amèrement « l'amour des antipodes » et « l'adoration du genre humain [2]. » Rappelons que la chevalerie s'est surtout développée en France et que les Français ont toujours eu la prétention à la générosité chevaleresque. La passion philanthropique fut la passion française au xviiie siècle. Mme Roland écrivait : « Je me sens l'âme un peu cosmopolite... Alexandre souhaitait d'autres mondes pour les conquérir; j'en souhaiterais d'autres pour les aimer ». Rappelons enfin que les Gaulois, selon Strabon, prenaient volontiers en main la cause de ceux qui leur paraissaient souffrir une injustice. La France était fidèle à ces traditions généreuses de son génie quand elle s'allia aux Etats-Unis combattant pour leur indépendance; la partie éclairée de la nation s'enflamma à l'idée de liberté, le gouvernement suivit l'élan universel. L'enthousiasme de La Fayette, de Rochambeau, l'énergique diversion de la flotte française sur toutes les mers ne nuisirent pas à la cause de l'indépendance américaine; et l'on vit le plus ancien roi de l'Europe « fidèle aux traditions de sa race et à la politique de son pays », devenir l'allié de la République naissante, « comme ses ancêtres avaient été les

---

[1] C'est seulement ce point qu'il faut concéder à M. Bouglé , voir les *Idées égalitaires*, p. 153.

[2] Voir de nombreux textes sur ce sujet dans notre *Psychologie du Peuple français*.

utiles alliés des républiques du vieux monde et avaient
soutenu tour à tour les cantons suisses, les villes libres
d'Italie, les Provinces-Unies de Hollande et les États con-
fédérés de l'Allemagne. La France ne craignit pas de s'engager dans une longue guerre pour atteindre un grand
but,[1] ».

La préoccupation de l'humanité entière et des droits
généraux de l'homme fut un des traits manifestes du mouvement révolutionnaire. Dupont disait à la Constituante :
« On ne peut se dispenser de faire des déclarations (de
droits), parce que la société change. Si elle n'était pas
sujette à des révolutions, il suffirait de dire que l'on est
soumis à des *lois* ; mais vous avez porté vos vues plus loin ;
vous avez cherché à prévoir toutes vicissitudes ; vous avez
voulu enfin une déclaration convenable *à tous les hommes, à
toutes les nations*. Voilà l'engagement que vous avez pris
à la face de l'Europe ; il ne faut pas craindre ici de dire des
vérités de tous les temps et de tous les pays ». (Séance du
18 août 1789). Par ce caractère de large humanité et malgré
de sanglantes inconséquences, la Révolution nous avait, en
somme, conquis les sympathies intellectuelles de l'Europe,
que le premier Empire devait changer en antipathies. On
se souvient du mot de Kant : « Il fut un temps où je croyais
que la science et la curiosité de savoir faisaient tout l'honneur de l'humanité et où je méprisais le peuple, qui ne sait
rien ; c'est Rousseau qui m'a ramené à la vérité. Ma présomption aveugle s'évanouit alors ; j'appris à honorer les
hommes ; et je me trouverais bien plus inutile que le dernier des artisans, si je ne croyais pas que travailler, comme
je le fais, à restituer à l'humanité ses droits, puisse donner
une valeur à nos travaux[2] ». Restituer à l'humanité ses
droits, c'était le programme même de la Révolution française que Kant adoptait. Un peu plus tard, on sait comment,
le plus grand poète d'Allemagne chantait la « radieuse
espérance » introduite dans le monde par la France : « Qui
peut nier que son cœur se soit épanoui, qu'il l'ait senti
battre plus librement dans sa poitrine aux premiers rayons
du nouveau soleil, lorsqu'on entendait parler d'un droit

---

[1] Mignet, *Vie de Franklin.*
[2] Kant, Werke, II, 240.

commun à tous les hommes, de la liberté qui exalte, de la précieuse égalité? Alors chacun espéra vivre de sa propre vie; alors sembla se briser la chaîne sous laquelle tant de nations gémissaient asservies, et que l'oisiveté et l'égoïsme tenaient entre leurs mains. Dans ces jours de tempête, tous les peuples n'avaient-ils pas les yeux fixés sur la capitale du monde, qui l'avait été si longtemps et qui, plus que jamais, méritait ce titre magnifique[1]?» L'Empire devait détruire ce que la République avait fait. Le mouvement de l'Allemagne, naturel et légitime, vers l'unification intérieure et vers la liberté, nous avons montré plus haut comment Napoléon, par sa coupable politique de conquête, le précipita, en amassant contre nous toutes les haines; comment il prêta ainsi lui-même le point de résistance nécessaire au levier allemand dont la Prusse constituait la « puissance »; comment il prépara l'unité germanique *à nos dépens*. Au lieu de l'abandonner à sa propre spontanéité, qui eût été déjà plus que suffisante, cet utopiste la fit exister contre nous et par nous. C'est ce que nous devons de plus incontestable à ses visées de domination sans bornes.

Les illusions ingénues sur la fraternité des peuples fermèrent les yeux de tous les Français sur les farouches rivalités qui préparaient le choc des nations. « Si la démocratie française se fait cosmopolite, disait pourtant Quinet après Sadowa, comme elle sera la seule qui se détachera du sol natal, elle deviendra immanquablement dupe de toutes les autres ». C'est ce qui ne manqua pas d'arriver : nous avons été dupes de l'Italie, dupes de l'Allemagne, de toutes les nations qui ne demandaient qu'à nous laisser notre « humanitairerie » pour conserver, fonder ou étendre leur nationalisme plus ou moins jaloux. La politique de sentiment, qui a plusieurs fois compromis les destinées de la France, devait être vaincue dans la réalité par la politique d'intérêt nationaliste.

La France n'en a pas moins conservé obstinément,

---

[1] « Entre nous, écrivait encore Gœthe, je ne haïssais pas les Français, quoique j'aie remercié Dieu de nous en avoir délivrés. Comment pouvais-je haïr une nation qui compte parmi les plus civilisées de la terre et qui a tant contribué à mon propre développement ? ». . . « Comment aurais-je pu écrire des chants de haine, n'ayant pas de haine ? » Par malheur la sérénité de Gœthe contrastait avec l'âpre ressentiment de presque tous ses compatriotes, excité par nos folles entreprises *injustes*.

malgré tous ses revers, son esprit humanitaire, son sentiment de solidarité avec les autres nations. Il suffirait qu'elle rentrât en possession des membres enlevés à la patrie, par la conquête au mépris du nouveau droit des peuples, pour qu'elle oubliât immédiatement toutes ses idées de ressentiment à l'égard des nations voisines. Oublieuse par tempérament, elle le serait par volonté et raison : ne fut-elle pas toujours prête à « fraterniser » le lendemain avec ceux qu'elle combattait la veille ?

L'esprit français de solidarité ne s'étend pas seulement aux vivants, mais aussi aux morts. On sait que, chez les Gaulois, le souvenir des morts jouait déjà un rôle considérable : en Gaule, les deux mondes étaient considérés comme en continuelles relations. Nous avons montré ailleurs que, de nos jours, la dernière religion vraiment subsistante en France chez le peuple, surtout à Paris, est le culte des morts. Auguste Comte, fidèle aux traditions françaises, avait fondé son culte sur une base analogue : il disait avec raison que la société est faite de plus de morts que de vivants ; il voulait que, parmi les morts, les grands bienfaiteurs et héros vécussent toujours dans la pensée de tous. Guyau a exprimé des idées analogues dans son *Irréligion de l'avenir*. Le « jour des morts », à Paris, donne le spectacle d'une immense procession de toutes les parties de la ville à tous les cimetières.

L'idée de solidarité a pris en France un développement si considérable qu'elle est en train d'envahir non seulement la sociologie, mais l'éthique tout entière. C'est sur cette idée de solidarité que s'édifie peu à peu en France une morale purement laïque, sans dogmes religieux ni même métaphysiques. La justice, dont l'idée est si chère à la France moderne, apparaît comme une conséquence de la solidarité, puisqu'elle consiste, nous l'avons vu, dans l'égalité des libertés au sein d'une société dont tous les membres se considèrent comme frères.

La forme sociale de l'obligation, c'est l'honneur. Tandis que l'individualiste se suffit à lui-même et dit avec le Stoïcien : *mea mihi conscientia majus est quam omnium sermo*, l'être préoccupé d'autrui dirait plutôt : *omnium mihi conscientia majus est quam mea*. Ce n'est pas sans raison qu'on parle de la *religion* de l'honneur, car l'honneur est un lien analogue à celui qui relie les hommes en une société spirituelle ; s'il n'est pas l'impératif catégorique, il est l'impératif social.

Renan parlait en véritable Français quand il disait : « Une justice obstinée, accordant avec une implacable opiniâtreté la liberté à tous, même à ceux qui, s'ils étaient les maîtres, ne l'accorderaient pas à leurs adversaires, telle est la seule issue que la raison entrevoie aux graves problèmes soulevés de nos jours [1]. » La justice obstinée est le but poursuivi par la France, à travers tant d'erreurs, de fautes et même d'injustices.

VII

L'ESPRIT SOCIAL ET LA LITTÉRATURE

La langue d'un peuple est le résultat d'une longue série d'actions et de réactions sociales ; elle a donc une valeur à la fois psychologique et sociologique de premier ordre, qui en fait le moule à la fois passif et actif de l'esprit national. Ce dernier s'y exprime et, en même temps qu'il y prend forme, y prend force pour imposer aux générations futures certains modes collectifs de penser et de sentir. La langue française a été maintes fois étudiée à ce point de vue. Nous l'avons nous-même examinée dans notre *Psychologie du peuple français*. Nous y avons reconnu, pour tout dire en deux mots, un instrument merveilleux de raison et de sociabilité, — de raison, parce qu'elle est le moyen de clarifier toutes les idées, de les rendre distinctes et d'exprimer leurs rapports logiques ; — de sociabilité, parce qu'elle est le moyen de rendre les pensées et sentiments communicables à tous, clairs et distincts pour tous, si bien que les mille nuances individuelles auxquelles se prête cette langue flexible, alerte et fine, n'empêchent jamais son caractère de généralité, accessible à tous les

[1] *Questions contemporaines*, p. 412

esprits. Elle est, pourrait-on dire, une sorte de lumière pénétrant tout, qui rend tout pénétrable, par laquelle l'individualité de chacun devient transparente pour la collectivité entière. Non seulement « ce qui n'est pas clair », mais ce qui n'est pas communicable et sociable n'est pas français. Si original que soit un de nos écrivains, il ouvre toujours à autrui son âme par l'effet de cette langue vraiment commune à tous dont il est obligé de se servir : son moi, au lieu de demeurer isolé, est forcé de s'unir à autrui par une sorte d'épanchement que lui impose une langue expansive, fluide et éthérée. Grâce à elle, chacun reçoit toutes faites les formes d'expression rationnelle et sociale : chacun est invité, dès qu'il parle et pense, à penser selon la raison et selon la loi commune, à penser non seulement pour soi, mais pour tous. — Pense et parle de telle sorte, dit cette langue à ceux qui s'en servent, que les pensées et tes paroles puissent être érigées en formules universelles pour tous les êtres raisonnables. — La profondeur germanique, si réelle qu'elle soit souvent, n'est souvent faite aussi que d'obscurité ; l'originalité germanique, parfois, n'est qu'une manière toute personnelle et extraordinaire d'exprimer des choses ordinaires, une sorte d'individualisme dans la méthode et le style. La clarté française peut sans doute engendrer, chez certains écrivains, une facilité trop superficielle, mais, chez les penseurs de race, elle provient de la profondeur même où pénètre le rayon venu des yeux : elle est une ouverture lumineuse sur le fond des choses.

Dans l'œuvre littéraire, la France accorde à coup sûr le premier rang à l'invention, mais, tandis que beaucoup d'autres peuples s'en tiennent presque à ce premier point, font bon marché de la composition proprement dite et parfois même du style, la caractéristique littéraire du peuple français est dans le souci constant de la composition et de l'élocution. L'ordre des idées, le lien et la proportion des diverses parties de l'œuvre ont une importance capitale pour un peuple rationaliste et logicien, qui, de plus, veut toujours rendre sa pensée accessible à la société entière. Le soin de la forme et du style vient des mêmes préoccupations, auxquelles il faut ajouter le sens artistique.

Parmi les manifestations de l'art, il en est deux qui devaient particulièrement convenir à un peuple de vie sociale si développée : l'éloquence et ce qu'on nomme au sens étroit la littérature. L'éloquence est le vrai ou l'utile devenu non pas seulement beau, mais séduisant pour tous ; c'est comme la socialisation, dans une enceinte plus ou moins large, des pensées et sentiments d'un esprit qui agit sur les autres esprits. Cet art expansif, communicatif, ne pouvait manquer de plaire aux descendants des Gaulois, qui déjà aimaient trop les beaux discours et qui se représentaient un de leurs dieux comme enchaînant les hommes par des chaînes sorties de sa bouche. Faire partager aux autres ses opinions et entraîner les autres avec lui-même, c'est la joie suprême du Français.

Quant à « la littérature » française, elle est une sorte d'éloquence s'adressant, selon le mot profond de Malesherbes, non pas aux hommes rassemblés sur la place publique, mais aux hommes dispersés. Les gens de lettres comme les Pascal, les Montesquieu, les Voltaire, les Diderot, les Rousseau, les Chateaubriand, les Taine, les Renan, sont des orateurs qui parlent au monde entier et qui tâchent de faire triompher une idée. La propagande par les lettres est une de ces conquêtes pacifiques que la France a toujours cherchées et qu'elle cherche encore. Au siècle dernier et pendant tout le dix-neuvième siècle, elle fut écoutée du monde entier. C'est que le caractère ailé et léger de l'esprit français n'exclut nullement le sérieux. Le même Pascal qui faisait de hautes découvertes scientifiques, et qui jetait sur le papier ses plus profondes pensées, savait, comme nous l'avons rappelé plus haut, manier l'ironie et la fine plaisanterie pour attaquer la morale des Jésuites. Ce grand géomètre et polémiste qui a écrit à la fois les *Pensées* et les *Provinciales* est un des plus purs et des plus complets représentants de l'esprit français, ardent et logique, tour à tour plongeant au plus profond des choses ou se jouant autour avec aisance pour en apercevoir tous les aspects.

Le théâtre devait acquérir en France un développement tout particulier, parce qu'il est vraiment une institution sociale et une œuvre sociale. Si nos auteurs dramatiques étudient peu le *moi*, le développement de la personnalité, la façon dont un caractère surgit des profondeurs de l'inconscient et dont les passions les plus contradictoires surgissent à leur tour du caractère même, c'est qu'ils ne sont pas individualistes dans leur théâtre. La tragédie française et même le drame français demeurent essentiellement sociaux : sous la peinture d'individus, ils nous présentent réellement une peinture de la société. Le tragique français est encore plus un moraliste qu'un psychologue.

D'où vient l'écrasante supériorité de la comédie française? C'est que, dans le fond, la comédie est encore une œuvre essentiellement sociale. Un ridicule n'est, nous l'avons remarqué plus haut, qu'un écart de la règle sociale, châtié par l'opinion sociale. La comédie est la vindicte de tous à l'égard des débordements d'une personnalité qui ne voit plus qu'elle-même et sa passion propre ; l'arme de cette vindicte, c'est le rire, sentence sociale en acte, phénomène de sympathie sociale traduit par une commune antipathie à l'égard d'un individu trop singulier et trop perdu en soi. C'est une sentence d'excommunication qui n'a d'autre sanction que la critique même, avec une note non « d'infamie », mais de « ridicule ».

Dans le théâtre, l'élément personnel consiste dans la *passion* ou dans le *caractère* individuel. Ce dernier est même inconscient, parce qu'il est en grande partie physiologique et qu'il représente les profondeurs insondées de la nature au sein de l'humanité. Par cela même, c'est le côté non social de l'homme, ce par quoi il oppose son moi de nature à celui des autres, à la société tout entière. Est-ce ce côté que préférera peindre un peuple chez qui domine l'esprit de société? Non. Au lieu d'ouvrir des perspectives sur les ombres du fond inconscient, il se plaira dans les régions lumineuses de la conscience, où, non seulement il voit clair lui-même, mais où les autres voient clair comme lui. C'est la partie du moi diaphane pour tous qui lui paraîtra la plus intéressante et la seule digne d'être représentée, soit dans la tragédie et la comédie, soit dans le roman, soit même, ce qui est plus fort, dans la poésie lyrique[1].

La France ignora longtemps le véritable lyrisme dans la poésie. Le caractère français n'était pas assez retiré en soi pour favoriser l'essor d'une poésie qui est surtout l'expres-

[1] Voir la *Psychologie du Peuple français*.

sion des sentiments intimes, de l'individualité réfléchie
sur elle-même. Tandis que le lyrisme allemand, par
exemple, est, comme nous l'a dit plus haut M. Meyer, de
nature éminemment solitaire, le lyrisme français a conservé le caractère expansif et social. Même quand les
Lamartine et les Hugo parlent d'eux, c'est pour exprimer
des sentiments très généraux et communs à tous : malgré
tant de nuances individuelles, leurs joies, leurs peines, leurs
amours, leurs espoirs ou leurs désespérances conservent
quelque chose d'impersonnel et d'humain. Cela est si vrai
qu'on a pu les accuser de développer souvent des lieux communs, sans réfléchir que ce sont surtout des lieux *sociaux*,
des histoires d'âme universelles. Victor Hugo, d'ailleurs,
a développé des idées philosophiques et sociales, moins communes qu'on ne se l'imagine. Guyau, dans son *Art au point de
vue sociologique*, M. Renouvier dans son *Victor Hugo philosophe*, ont fait voir combien ces prétendus lieux communs
renferment d'idées profondes et surtout d'idées généreuses,
sur le progrès humain, sur l'avenir des sociétés, sur le
triomphe final de la démocratie et de la justice dans la démocratie. Selon Nietzsche, qui a beaucoup lu nos auteurs et qui
a su transporter dans sa langue certaines qualités de la nôtre.
« la noblesse européenne, celle du sentiment, du goût, des
mœurs, la noblesse enfin dans l'acception la plus élevée du
mot, est l'œuvre et l'invention de la France. » Maintenant
encore, ajoute-t-il, la France est « le siège de la culture
la plus intellectuelle et la plus raffinée de l'Europe et la
haute école du goût. » Il y a, selon Nietzsche, trois choses
que les Français peuvent présenter avec fierté comme leur
héritage et leur possession, comme le signe indéfectible de
leur ancienne suprématie civilisatrice sur l'Europe : en premier lieu, « la faculté de passions artistiques, d'abandon à la
forme, qui créa, à côté de bien d'autres, l'expression *l'art
pour l'art*. Tout cela n'a pas fait défaut en France depuis
des siècles, et, grâce au respect pour le *petit nombre*, une
sorte de musique de chambre de la littérature, qu'on ne
saurait trouver dans le reste de l'Europe, n'a pas cessé
d'être possible. En second lieu, « les Français peuvent
fonder leur supériorité en Europe sur leur ancienne et multiple culture morale, qui fait que l'on trouve en moyenne,
même chez les petits romanciers, des journaux et les petits

boulevardiers de hasard, une susceptibilité et une curiosité psychologiques qu'on ne trouve pas en Allemagne, dont les Allemands n'ont même pas idée. » Il existe encore, selon Nietzsche, un troisième droit à la supériorité : « l'âme des Français présente une demi-synthèse du Nord et du Midi qui leur fait comprendre et faire bien des choses qu'un Anglais ne saisirait jamais ; leur tempérament, périodiquement attiré et repoussé par le Midi, et que le sang provençal et ligurique envahit de temps en temps, les préserve de l'épouvantable *gris sur gris* nordique, des fantômes d'idées pâles et anémiées, — *notre* maladie du goût, à nous autres Allemands, contre laquelle on se prescrit en ce moment, avec la plus grande énergie, *du fer et du sang*, je veux dire de la *grande politique*, conformément à une grande et dangereuse médicamentation qui me fit jusqu'à présent attendre et attendre encore, mais sans m'apprendre à espérer[1]. »

VII

L'ESPRIT SOCIAL ET LA SCIENCE

La nation française n'a pas seulement l'esprit littéraire ; elle a l'esprit scientifique, s'il est vrai que la science est la logique appliquée au réel et qu'elle est faite d'idées distinctes, non d'idées confuses. Pour citer de préférence le témoignage d'un Américain, M. Lester Ward a dit : « Il n'y a pas de plus grande erreur que de se représenter l'esprit français comme léger et banal. J'ai entendu des mathématiciens, des astronomes, des physiciens relever l'erreur en question pour les grands départements de leurs sciences respectives. Tout chimiste, anatomiste, physiologiste est obligé d'être familier avec la pensée française sur ces matières ». Ce fut Lamarck, comme M. Lester Ward le remarque fort bien, qui réellement ouvrit la voie à la nouvelle *biologie* et lui donna son nom. L'économie politique, avec tous ses mérites et ses défauts, débuta grâce aux physiocrates. « Dans le terme même d'*altruisme*, Auguste

[1] *Par delà le bien et le mal*, p. 206, 207 (trad. franç.).

Comte établit les fondements d'une éthique scientifique. »
Il est à remarquer que les principales idées de Comte sont
aujourd'hui répandues et tendent à dominer dans le monde
entier. « L'esprit français, continue M. Ward, pénètre au
cœur même de chaque problème social, l'attaque et ne se
laisse point détourner par les obstacles pratiques. »
Réflexion d'une grande justesse, qui peint excellemment
la confiance du Français dans la raison, dans la science,
dans la théorie bien déduite et bien justifiée. « L'esprit
français, conclut M. Ward, a été le grand *organisateur*
de la pensée humaine, laissant les détails et les embarras de frottement aux écoles allemandes et anglaises.
La France a ourdi la *chaîne* de la science et de la philosophie, d'autres nations la trame [1]. » M. Lester Ward aurait
dû aussi mentionner l'immense révolution opérée dans la
médecine et l'hygiène par les travaux de Pasteur ; la médecine microbienne est une des gloires de la France au xixe
siècle, comme sa part dans la constitution de la chimie
analytique avec Lavoisier au xviiie siècle, de la chimie
synthétique avec Berthelot au xixe siècle. Enfin la lignée des
géomètres français a toujours été ininterrompue depuis les
Descartes, les Fermat, les Pascal, les Lagrange, les d'Alem-
bert, les Monge, les Laplace, les Cauchy, jusqu'aux mathématiciens actuels de l'école française, qui n'est en rien
au-dessous des écoles allemande et anglaise.

Entre les peuples, par l'extension du marché universel et
par la croissance de la population ouvrière, la concurrence
va sans cesse augmentant ; comment donc les industriels
pourraient-ils compter d'une manière durable et sûre,
comme ils le faisaient jadis, sur le haut prix des produits
et sur l'abaissement des salaires ? Aujourd'hui, la vraie
source de richesse qui « ne tarit pas », c'est la science ;
la société future, en appuyant l'industrie sur le travail
scientifique et sur la découverte scientifique, spéculera
sur les secrets des choses au lieu de spéculer sur le travail
des hommes. C'est ce que les Français et les Allemands
ont eu le mérite de comprendre. Du même coup, ils se
sont élevés au-dessus de l'empirisme. Les « faits » eux-
mêmes ne sont-ils pas une rencontre de vérités scientifi-

---

[1] *Outlines of sociology.* London, 1898, p. 9.

ques, une application complexe de théories enchevêtrées, dont il faut préalablement débrouiller l'écheveau pour devenir maître à la fois du vrai et du réel ? Les procédés empiriques, les « tours de main », la technique sont réductibles à des lois et à des méthodes scientifiques ; découvrir la raison de ces procédés, rendre ainsi l'empirisme rationnel, c'est le souci constant de la science et de l'industrie en France et surtout en Allemagne. Si l'on peut faire scientifiquement la guerre aux hommes, comment ne ferait-on pas scientifiquement la guerre à la nature, en vue de la conquérir ? L'actuelle infériorité de la science française par rapport à la science allemande, c'est que la première est encore restée trop théorique et que les savants de France, par une sorte de point d'honneur mal placé, ne se sont pas assez appliqués à l'industrie et à la pratique commerciale. C'est un défaut dont nous devons nous corriger en France.

IX

L'ESPRIT SOCIAL ET LA RELIGION

Si, dans la religion, la Réforme ne pouvait manquer de convenir à l'individualisme germanique et anglo-saxon, elle convenait assurément moins à l'esprit français, plus défiant à l'égard de la personnalité individuelle, plus habitué à des règles de croyance universelle. Bien que le mysticisme même, presque inconnu à l'Italie, ait eu en France d'illustres représentants, surtout sous la forme de l'amour mystique chez les Gerson et les Saint-Victor, il est incontestable que l'esprit mystique était opposé tout ensemble au rationalisme français et à la sociabilité française : au rationalisme, parce que le mystique veut précisément s'élever au-dessus de la raison et de ses méthodes, pour entrer en communication avec Dieu par le sentiment ou par la foi personnelle ; à la sociabilité, parce que l'âme du mystique est toute tournée vers soi et, au plus profond de soi, vers un Dieu qui est *intimior intimo nostro*. La société humaine, pour le mystique, perd sa valeur essentielle : elle n'est plus une fin, elle est un simple moyen et même, souvent, une gêne : la seule fin est l'union du moi avec Dieu, non l'union du moi avec la société universelle. Il y a dans la Réforme une inspiration mystique : le croyant rentre en lui-même, n'écoute plus la voix de l'Eglise commune, n'est attentif qu'à la voix même de l'Esprit divin qui va lui parler dans sa conscience sans autre intermédiaire que la Bible. Si sublime que soit cette attitude, elle a ses dangers : le croyant peut très bien prendre sa propre voix pour la voix divine et, nous l'avons vu, au bout du mysticisme, il y a le fanatisme [1]. Toujours est-il que l'esprit de clarté, d'ordre, de règle sociale, de loi rationnelle communément acceptée, de législation impersonnelle et universelle, qui caractérise les Français romanisés comme il caractérisa jadis les Romains eux-mêmes, offrait de grands obstacles à la victoire de la Réforme en France.

Notre pays devait pourtant, lui aussi, avoir sa Réforme à sa manière, mais une Réforme toute philosophique, toute constituée par des règles de raison universelle et par des maximes de philosophie universelle : c'était une Réforme humanitaire laïque, où ce n'est plus la conscience individuelle qui s'enferme en soi, mais la raison de chaque homme qui s'identifie avec la raison de l'humanité. Au catholicisme religieux devait succéder en France une sorte de catholicisme philosophique de la libre pensée, toujours sans mysticisme, toujours sans individualisme, avec la sociabilité pour fond, les droits de l'homme pour dogme, la justice pour seule règle. On sait que Descartes avait posé le principe du libre examen sous la forme la plus absolue et la plus philosophique en conseillant le doute méthodique universel et la soumission à la seule raison, maîtresse de clarté et de distinction dans les idées, organe de lumière et de vérité. Il n'avait fait qu'une seule restriction, d'ordre tout pratique, en faveur de deux choses mises en réserve : législation et religion. Il n'avait point voulu étendre son examen aux *lois* et aux *croyances* de « son pays ». Une telle restriction ne pouvait être que provisoire. Le rationalisme français ne tarda pas à s'attaquer, avec toutes les ressources de la critique philosophique, aux deux objets mis à part : lois et croyances, tous les deux d'ordre éminemment *social*. En un mot, ce furent les fondements mêmes

---

[1] Voir plus haut la *Religion en Allemagne*.

de l'organisation sociale et des croyances sociales qui
furent examinés, critiqués, sapés par le xviiiᵉ siècle, non
avec un but aussi négatif qu'il le semble, mais avec le
but positif de préparer une humanité nouvelle, une société
conforme tout ensemble à la « nature » et à la « raison ».
A la notion générale de l'humanité se rattachèrent alors les
deux idées qui en étaient le développement : 1° celle de la
justice et des « droits de l'homme », de l'homme en général, pas plus français qu'anglais ou allemand ; 2° celle du
« bonheur » du genre humain. Ces deux formules sont sans
cesse à la bouche des écrivains français, depuis le xviiiᵉ siècle. Elles constituent comme un cartésianisme élargi, sans
restriction ni réserve, où la recherche de l'*évidence* rationnelle vient se confondre avec celle de la *justice* et du *bonheur* universels.

De là découlent toutes les formules particulières où s'est
complu l'esprit français : « haine du fanatisme », haine des
« persécutions religieuses ou politiques », tolérance et
liberté de penser, « émancipation du genre humain ». De
là aussi l'horreur croissante des institutions féodales et
monarchiques, des privilèges de toutes sortes, que les
privilégiés mêmes devaient abandonner dans la nuit du
quatre août. De là la haine des inégalités, celle de l'esclavage,
attentat à la liberté naturelle, l'horreur de la guerre, les
rêves naïfs de paix perpétuelle, la foi finale dans la perfectibilité humaine et, plus particulièrement, dans la perfectibilité des institutions politiques ou sociales, que la science
doit rendre conformes à la raison. Ainsi se fondait cette
sorte de république intellectuelle qui débordait nos frontières, où venaient s'unir les esprits les plus libres et les
plus élevés de la terre entière ; le Français éclairé, comme
le stoïcien, se considérait alors comme citoyen du monde.
Le caractère de cette époque est que la France, dont
le gouvernement n'était plus à la tête de l'Europe, exerçait cependant l'hégémonie intellectuelle par sa société,
par sa philosophie, par sa littérature. Elle devait cette
hégémonie non seulement à « l'universalité de la langue
française », mais à l'universalité de l'esprit français et, si
l'on peut dire, de la sensibilité française.

La foi à la perfectibilité humaine s'est surtout développée en France depuis Pascal jusqu'à Fontenelle, Condor-

cet, Turgot, Saint-Simon et Auguste Comte : elle constituait une sorte de religion intellectuelle et rationnelle qui
convenait à un peuple pour qui la raison est la force
suprême. La foi à la science, — y compris les sciences
morales, sociales et philosophiques, — est restée absolument indestructible en France : nul retour offensif du
« fidéisme » catholique ne saurait la détruire. S'imaginer
que notre pays de libre pensée et de libre examen va revenir en arrière, cesser de raisonner et de discuter pour
croire aveuglément, c'est nourrir une illusion à la fois
psychologique et sociologique. On aura beau proclamer la
faillite de la science, c'est en réalité la faillite de la foi
ignorante dont nous sommes partout témoins, alors même
que cette ignorance se pare du nom de science. La réaction
en faveur des dogmes demeure en France toute superficielle, d'autant plus qu'elle est menée par un certain nombre de littérateurs qui, eux-mêmes, ne semblent pas toujours avoir la foi. Il est sans exemple qu'on ait entraîné les
peuples en leur conseillant de croire, pour leur intérêt, ce
qu'on paraissait ne pas croire soi-même. Il faut donc en
prendre son parti : la foi catholique va diminuant en France
et ne peut être remplacée que par une foi philosophique et
sociale. D'autre part, l'esprit français a l'horreur des demi-
mesures, des compromis plus ou moins illogiques : on ne
peut donc espérer (avec M. Renouvier) que le Français, en ces-
sant de croire au catholicisme, éprouvera le besoin de croire
au protestantisme, parce que la dose de mystère ou de miracle y est moindre, la dose de raison plus grande ; la foi aux
mystères ne lui paraît pas une question de dose : un des
traits de l'esprit français est le radicalisme logique :
tout ou rien. S'il peut admettre une incarnation ou une
transubstantiation, que lui importera le degré ou la forme
du dogme théologique? Son besoin de clarté ou abdiquera
tout entier ou voudra une satisfaction entière : il sera
complètement croyant ou complètement incrédule. Aussi
le Français n'a-t-il aucun goût pour le *symbolisme* cher à
l'âme germanique : il ne donne pas un sens nouveau et
poétique aux dogmes anciens; il ne les transforme pas
en métaphores, allégories et mythes philosophiques ; fidèle
à l'esprit de Descartes, ou il les met tout à fait à part
avec respect, ou il les rejette tout à fait au nom de la

raison. Aucune considération politique tirée de l'intérêt des masses, de la « religion nécessaire au peuple », ne lui fera admettre une altération quelconque de ce qu'il croit être la vérité. Pour lui, pas de symbole qui tienne : ou cela est ou cela n'est pas, ou il adore ou il brûle, mais il n'adore pas tout en brûlant. Les inconvénients pratiques de cette intransigeance rationnelle peuvent être grands (et nous sommes loin de les nier), mais le Français a précisément pour conviction que la pratique finit toujours par être conforme à la théorie, comme la théorie *vraie* finit toujours par devenir pratique. Personne ne lui persuadera que deux et deux font toujours quatre pour la science, mais pas toujours pour la réalité. Pas plus que Pascal, il ne sépare l'esprit de finesse de l'esprit de géométrie, et il croit que la finesse à saisir les moindres nuances n'est elle-même qu'une plus subtile géométrie, ou plutôt une plus subtile logique[1].

---

[1] La France a beau ainsi devenir de plus en plus incroyante, les évêque français n'en ont pas moins le droit de soutenir que la France est encore, de toutes les nations européennes, celle dont la conduite à l'égard des autres est la plus conforme à l'esprit évangélique de justice et de charité, comme à l'esprit chevaleresque et humain de l'honneur. N'a-t-on pas entendu récemment l'évêque d'Orléans s'écrier, du haut de la chaire de Notre-Dame

« Une fois les fumées de la bataille dissipées, nous ne fûmes jamais vindicatifs vis-à-vis de l'ennemi. Ni Behanzin, ni Samory ne reçurent de nous cruautés pour cruautés. Abd-el-Kader mourut libre et notre ami. Nous n'avons pas d'île de Sainte-Hélène pour les vaincus.

« Quant aux nations européennes, laquelle, battue par nous, ne put ensuite signer une paix sans aigreur? De laquelle avons-nous retenu le bien? Contre laquelle avons-nous péché par félonie?

« Si l'escadrille turque fut brûlée un jour, dans le port de Sinope, ce n'est pas de notre fait, sans doute.

« Si le Danemark fut dépouillé du Holstein, du Slesvig, du Lauenbourg, ce ne fut point à notre profit

« Si quelqu'un s'est agrandi par la politique des soulèvements, des émeutes, des révolutions fomentées chez le voisin, ce n'est pas nous.

« Si quelque Alsace-Lorraine s'agite encore douloureusement, nous souffrons avec elle.

« Nous n'avons pris ni la Savoie, ni Nice. Leur souverain ne nous les a même pas transférées Elles se sont données à nous.

« Si la guerre a sévi autour de quelque île de l'Atlantique où s'étendent des plaines fécondes en canne à sucre; si, aujourd'hui encore, le fléau tueur d'hommes fait rage en un lieu où se rencontre plus d'un gisement aurifère, le monde sait à qui s'en prendre. Il ne s'en prend pas à nous.

« Depuis Bonaparte, depuis que la nation, échappée au pouvoir absolu, a la responsabilité de ses destinées, nous sommes restés fidèles à notre idéal de justice et d'honneur. »

Il n'est pas sans intérêt de relever, dans la bouche d'un représentant de l'autorité catholique, cette éloquente revendication de la générosité humaine telle que la comprend la France démocratique.

X

L'ESPRIT SOCIAL DANS LA PHILOSOPHIE ET LA SOCIOLOGIE

La philosophie française a produit à la fois le rationalisme de Descartes et le positivisme sociologique de Comte. Les Allemands reprochent généralement à la France, à ses philosophes, à ses écrivains, à ses hommes d'État, d'en être restés à une conception purement *mécanique* du monde et de la société, tandis que l'Allemagne se serait élevée à une conception *organique*. Pour les Français, le monde serait demeuré analogue à la machine artificielle dont les rouages inertes subissent et transmettent une impulsion venue du dehors; au contraire, la philosophie allemande aurait pris pour type universel la notion de la *vie*, avec sa spontanéité interne et son développement du dedans au dehors. S'inspirant de ces idées, un historien français est allé jusqu'à dire que le soulèvement de 1813 contre la tyrannie napoléonienne est un simple épisode du duel entre la conception mécanique et la conception organique du monde, entre l'Encyclopédie et le kantisme, entre Voltaire et Herder. C'est ce que nous ne saurions admettre. Sans les agressions du premier empire, ces deux conceptions du monde se seraient pacifiquement développées l'une en face de l'autre. Montesquieu, Diderot, Rousseau, Buffon avaient préparé les doctrines de vie organique et d'évolution interne. Mais ils ne leur avaient pas donné la forme systématique : jusque dans leur naturalisme et dans leur panthéisme, ils avaient gardé quelque chose du rationalisme français. Nous ne saurions leur en faire un reproche. Certes, dans la conception de la nature, c'est un Allemand, c'est Leibnitz qui substitua le premier au mécanisme cartésien la « spontanéité », la vie se développant par sa propre force et par sa secrète loi. Le mécanisme n'est pourtant, dans la philosophie française, que le dehors des choses ; c'est l'intelligence, ce sont les « idées » qui animent et meuvent le dedans. La philosophie française, depuis Descartes, est surtout *rationaliste :* elle poursuit la pleine satisfaction de l'intelligence par l'universelle intelligibilité; le mécanisme même n'est donc valable à ses yeux, dans l'explication de la nature, que parce qu'il est la réduction des choses à l'intelligibilité par le moyen des idées d'espace, de nombre, de figure et d'ordre. Descartes, d'ailleurs, a vu lui-même au-dessus de la pensée une volonté supérieure à ses lois; Pascal a élevé au-dessus du domaine de l'intelligence le domaine de la « charité ».

Ce qui est vrai, c'est que la tendance proprement mystique est aussi rare chez les philosophes français qu'elle est fréquente chez les philosophes allemands. Par cela même, l'idée sociale a pris chez nous, surtout au xix° siècle, un développement extraordinaire. Si l'Allemagne est le pays où devait surtout réussir la philosophie de l'histoire — qui d'ailleurs avait eu en France pour représentants Bossuet, Montesquieu, Voltaire, Turgot, Condorcet — la France devait être plutôt le pays de la sociologie, science plus vraiment universelle et plus objective, qui s'efforce de dégager des rapports généraux et constants.

Le peuple français, à deux reprises, jeta les fondements d'une science de la société, la première fois sous la forme de l'économie politique, la seconde sous la forme plus large de la sociologie positive. Bois-Guillebert et Vauban fondèrent l'économie politique; Gournay, pour protester contre l'interdiction de l'exportation des grains et de leur circulation à l'intérieur, trouva le mot célèbre, si détourné depuis de son vrai sens : Laissez faire, laissez passer. Quesnay, médecin ordinaire du roi, reprit ces doctrines et les propagea dans sa *Physiocratie ou Constitution naturelle des gouvernements,* qui devint comme le manuel de l'école nouvelle des économistes. Tous ces travaux, austères pourtant et techniques, trouvèrent en France la plus grande faveur, parce qu'ils traitaient de questions sociales et avaient pour objet non seulement la production, mais aussi la juste distribution des richesses.

Quant à la sociologie proprement dite, c'est une science française d'origine, en harmonie avec le caractère du peuple français. Une nation qui a la conscience de sa propre existence sociale très développée, en même temps que l'idée la plus développée de la société universelle, devait être la première à se demander si la société même, comme telle, ne peut pas devenir objet de science. L'amour de la généralisation et de l'unité logique, si grand en France, avait inspiré au xviii° siècle l'*Encyclopédie*, qui avait pour but de montrer l'unité de toutes les sciences. Condorcet et Turgot jetèrent les premières assises d'une discipline qui étudierait les sociétés humaines et leur développement par une méthode analogue à celle des sciences naturelles. Saint-Simon conçut formellement la physiologie sociale; Auguste Comte trouva le nom de sociologie, en même temps qu'il constituait les principes essentiels de la nouvelle science et distinguait la statique sociale de la dynamique sociale. Auguste Comte a vu que toute affirmation scientifique est l'affirmation d'un *rapport* entre deux faits, et que, tout rapport étant une découverte d'ordre intellectuel, la science est le triomphe constant de l'esprit sur la matière, « l'intellectualisation de la matière »; il affirme que la suprématie scientifique, la présidence philosophique, l' « universelle domination » appartient à la sociologie et à la morale. Il est de ceux qui ont admis implicitement que les idées sont des forces et mènent le monde. Il écrit : « La légitime suprématie sociale n'appartient ni à la force, ni à la raison, mais à la morale, dominant également les actions de l'une et les conseils de l'autre. » Et encore : « Le type de l'évolution humaine, individuelle et collective, consiste dans l'ascendant croissant de notre humanité sur notre animalité, d'après la double suprématie de l'intelligence sur les penchants et de l'instinct sympathique sur l'instinct personnel; ainsi ressort directement, de l'ensemble du développement spéculatif, l'universelle domination de la morale. »

La philosophie française du xx° siècle devra recommencer, avec une méthode nouvelle, l'œuvre du xviii° siècle.

Cette œuvre fut le culte de la raison et de la science, la recherche d'une morale sans dogmes, à la fois naturelle et sociale, d'une politique rationnelle fondée sur l'idée de justice, d'une religion purement humaine, ayant pour principal article de foi la perfectibilité de l'humanité et même de l'univers. Mais la tâche fut mal menée, par des littérateurs plutôt que par des philosophes, et l'œuvre échoua en partie.

La première moitié du xix° siècle, fut, comme nous l'avons

montré ailleurs [1], une vaste réaction du traditionalisme
contre le rationalisme, du naturalisme contre l'idéalisme,
du culte de la force contre le culte du droit, et, par conséquent, de tous les adversaires de la France contre l'esprit
de France. Le vingtième siècle reprendra, nous l'espérons,
en lui donnant une forme moins naïve, plus approfondie
et plus scientifique, le rationalisme français : la raison doit
finir par avoir raison.

En outre, il imprimera une direction franchement sociale
à la morale et à la politique, il fera passer la question
sociale au premier rang. Cette grande œuvre vraiment
humanitaire sera notre revanche intellectuelle contre la philosophie allemande et anglaise, contre la glorification germanique du succès et de la conquête, contre le darwinisme
anglo-saxon en morale, en politique et en économie politique.

Dès aujourd'hui, les philosophes, les moralistes et sociologues de la France doivent se consacrer à ce qu'on pourrait appeler la justification de l'idée de justice. Nous avons
besoin pour cela de penseurs qui, au lieu d'être simplement,
comme Voltaire ou Rousseau, hommes d'esprit ou d'éloquence, aient toute la profondeur philosophique des Descartes, des Pascal, et qui soient enfin des hommes de science
et de cœur.

Lorsqu'il s'est agi, en 1870, de défendre la patrie, l'idée
nationale nous a donné une ténacité dont on nous croyait
incapables. Une nation à la fois accessible, comme la nôtre,
aux idées universelles, aux passions et aux sentiments
universels, possède deux ressorts d'importance majeure,
pour peu qu'elle sache en faire un bon usage. C'est en se
concevant que l'idéal se réalise :

> Nous l'aurons, nous l'avons ! Car c'est déjà l'avoir,
> C'est déjà le tenir presque que de le voir [2]!

Nous ne connaissons plus guère aujourd'hui, en France,
que l'enthousiasme pour les idées humanitaires. Longtemps
étrangers au vrai lyrisme dans la poésie, ennemis de tout
ce qui n'est pas sobre, modéré, raisonnable en fait de litté-

[1] Voir *La France au point de vue moral.*
[2] Victor Hugo.

rature et d'art, il semble que nous ayons réservé le lyrisme, la « sainte ivresse », pour les questions relatives à l'organisation morale, politique et économique des sociétés. Sous ce rapport, il est vrai, nul peuple n'a déraisonné comme le plus « raisonnable » des peuples ; la foi sociale n'en est pas moins aujourd'hui notre plus précieux ressort, celui qui, par cela même, a besoin d'être dirigé dans le vrai sens. Elle est d'ailleurs devenue la seule foi sur laquelle l'État ait le devoir et le droit de prendre appui, parce que seule elle est restée commune à tous. Il faut que cette foi nous soutienne. Bien plus, elle doit se rendre à elle-même un compte de plus en plus précis des voies et moyens par lesquels elle peut atteindre son but.

XII

RÔLE ET AVENIR DE L'ESPRIT SOCIAL EN FRANCE

Deux éléments servent, chacun pour sa part, à manifester et à apprécier le caractère d'un peuple : l'étude des couches inférieures et celle des couches supérieures. Les premières sont comme l'infrastructure du caractère national ; elles en représentent la partie presque inconsciente, qui plonge par ses racines dans le sol national, qui y demeure attachée, qui est le produit direct des races et de leurs croisements, du climat, du milieu physique, de l'état économique et social, des mœurs antiques, des traditions religieuses et morales. Là existent, à l'état latent et parfois léthargique, les forces vives de la nation ; de là sortent, en général, les hommes d'énergie, qui condensent en une conscience plus vive et plus claire les aptitudes héréditaires ou les aspirations nouvelles de la masse. Les couches supérieures, plus intellectuelles, ont à la fois les qualités et les défauts de l'intelligence : elles prononcent le mot que la foule cherche en vain, elles donnent une détermination aux rêves et aux instincts du peuple entier. Mais elles perdent en largeur ce qu'elles gagnent en précision et en clarté ; elles représentent la suprastructure, domaine de la conscience réfléchie. Elles peuvent, par cela même, diriger l'ensemble, comme la conscience dirige la volonté par ses motifs réfléchis : les forces vives, en devenant idées-forces, acquièrent ainsi une puissance nouvelle, tantôt bienfaisante, tantôt nuisible, suivant la direction qu'elles entraînent.

Il est impossible de mesurer l'élite d'un pays : on ne peut que s'en tenir à l'impression générale que produit la classe intellectuelle, littéraire, artistique, savante. Au xixᵉ siècle, les grands hommes ont été extrêmement nombreux en France, dans tous les genres. Depuis un quart de siècle, les très grands noms font sans doute défaut, mais c'est là une situation qui n'est pas particulière à la France : ni l'Allemagne, ni l'Angleterre n'ont rien à citer qui dépasse ce qu'on trouve aujourd'hui chez nous; au point de vue littéraire et artistique, le premier rang nous appartient toujours. La philosophie française et la science française ne sont pas non plus en infériorité par rapport aux autres pays.

Les qualités essentielles des couches populaires, pour une nation, sont le goût du travail, l'amour de la maison et l'amour de la patrie, joints à une intelligence assez vive naturellement et assez cultivée socialement pour permettre un emploi rationnel des forces de la nation. Ces diverses qualités sont manifestes dans les couches profondes et saines de notre peuple. Il est laborieux, il est prévoyant, il aime son pays.

La France dépense, par tête d'habitant pour le budget de la guerre, 20 fr. 80; pour celui de l'instruction publique, 3 fr. 05. Voici les chiffres dans les autres pays :

Angleterre.	19,25 et 2 75
Allemagne.	12,45 et 2,40
Russie	10,25 et 0,15
Italie	8 » et 1,85
Autriche-Hongrie	7,05 et 1,75

Ces chiffres montrent que, sous le rapport de l'instruction, la France n'est pas en retard par rapport aux autres grandes nations européennes et qu'elle peut lutter à peu près à armes égales.

Un des traits les plus intéressants pour la psychologie sociologique, c'est l'esprit d'épargne, si prodigieusement répandu en France. Cette épargne n'a pas le caractère d'in-

dividualisme qu'offre la dépense anglaise. Celle-ci compte
sur l'énergie de l'individu pour continuer à gagner
afin de continuer à dépenser. Le Français songe à l'avenir non pas seulement pour lui, mais pour les siens :
il se croit obligé de « faire quelque chose pour eux »,
d'amasser pour sa famille. L'Anglais dira volontiers :
que chacun fasse lui-même ses affaires et sa fortune. De
là encore un esprit de personnalité plus développé en Angleterre, un esprit de solidarité plus développé en France.

La famille française est restée solide et profondément
unie. Il ne faut pas juger les ménages de France sur les
vaudevilles parisiens ni sur les romans de libertinage
et d'adultère qui font le succès d'une certaine presse, aussi
peu scrupuleuse en matière de vérité que de moralité.
La vie domestique est très développée en France et elle y
a pris le caractère d'une croissante égalité entre les époux.
Souvent même la femme se montre supérieure à l'homme
dans le gouvernement de la maison et des affaires; en tout
cas, elle est sans cesse mêlée à l'administration intérieure.
La démocratie règne dans la famille française encore plus
que dans le gouvernement. Les enfants mêmes sont élevés
sur un pied d'égalité affectueuse avec les parents.

Cet esprit d'union et de coopération n'empêche pas la
famille française de laisser une place importante, jusque
dans sa constitution même, au souci des relations sociales.
La famille française n'est pas conçue comme un égoïsme
à deux ou à trois, mais comme une union raisonnable où
la société extérieure a son mot à dire, ses conditions à
imposer. L'idée de solidarité domine celle du mariage. De
là la fréquence des unions dites de *convenance*, qui sont
en effet de convenance *sociale*, et qui d'ailleurs, bien souvent, ne tournent pas plus mal que les mariages d'inclination. On se marie non seulement pour soi, mais pour les
siens, pour les autres membres de la famille, pour la société
dont on fait partie ([1]). La femme française, si intelligente et
si active, devient la vraie « compagne » de l'homme.

Les deux phénomènes fâcheux, en France, sont la
stagnation de la population et le progrès de l'alcoolisme.

---

[1] Voir *La France au point de vue moral*.

Nous en avons déjà parlé longuement dans notre *Psychologie du peuple français*. Nous avons montré que la stagnation de la population n'est nullement due à des causes physiologiques, mais à des causes psychologiques et sociales, qui n'agissent pas seulement en France. L'esprit de prévoyance familiale est très développé dans notre pays, précisément parce que les individus ne sont pas, dès le jeune âge, habitués à compter uniquement sur soi. Ils comptent toujours plus ou moins, d'abord sur la société familiale, puis sur la société nationale. L'amour anticipé des enfants qui naîtront, le désir de ne pas les voir dans la misère sont les spécieux mobiles psychologiques qui arrêtent l'essor de la population. Quant au mobile social qui restreint le nombre des enfants, c'est le progrès même de la démocratie : chacun aspire à ne pas être l'inférieur des autres, à jouir non seulement des mêmes droits, mais des mêmes avantages. Ce besoin de monter au niveau des voisins entraîne ce que M. Dumont a appelé la *capillarité sociale*, qui elle-même aboutit à restreindre la population pour rendre aux enfants l'ascension plus facile, la lutte moins dure, la concurrence moins effrénée. Les pays démocratiques et très avancés en civilisation, comme la partie la plus éclairée des Etats-Unis, présentent les mêmes phénomènes relatifs à la natalité; l'Angleterre elle-même restreint de plus en plus son taux. Nous sommes donc bien en présence, comme nous l'avons fait voir ailleurs, d'un phénomène surtout sociologique, qui n'indique ni la décadence vitale, ni la décadence sociale d'un peuple, quelque graves que soient les inconvénients d'une population stationnaire en face des pays prolifiques.

Il y a bien aussi quelques compensations, surtout du côté de la richesse publique. M. Tornielli disait un jour : — Vous, Français, vous avez une situation financière appropriée à une population qui serait le triple de la nôtre et à un territoire qui serait le double ; pour nous, Italiens, c'est tout le contraire, et nous en souffrons ; votre aisance, en outre, vous met beaucoup plus à l'abri des entreprises révolutionnaires et collectivistes.

Le goût naturel du Français pour la société est une des causes qui ont multiplié ces déplorables lieux de réunion, de causerie, de discussion politique ou sociale qu'on nomme

les cabarets. Par lui-même, le peuple français n'est pas plus
enclin qu'un autre à l'abus des liqueurs fortes, pas même à
celui du vin, quoique la France soit le pays du vin par
excellence. Mais le Français est enjoué de sa nature et il
aime ce qui ajoute à sa gaieté. Il aime surtout à offrir aux
amis et camarades une distraction en commun : s'il s'at-
table, ce ne sera pas pour absorber isolément de l'eau-de-vie
ou du gin, mais pour faire ou recevoir les honneurs d'une
conversation assaisonnée d'offres mutuelles et de politesses
réciproques, bref, « pour causer en trinquant ». Le cabaret
est le salon du pauvre et, par malheur, le pauvre ne peut
que s'y corrompre [1].

On voit heureusement se dessiner une considérable réaction de l'opinion publique contre les cabarets et contre les
lois infâmes qui les protègent. On comprend de plus en

[1] Nos députés ont sacrifié la santé et la moralité du pays à leurs ambitions et à leur esprit de parti. Pour fonder la République, ils ont laissé pleine
licence à l'alcoolisme et à la débauche. L'odieuse loi de 1880 a supprimé
toutes conditions pour l'ouverture des débits de boissons, Il suffit que
l'intéressé n'ait pas subi de condamnations « excédant un mois d'emprisonnement. » A ce prix, il peut se faire marchand de drogues alcooliques. Quant
à la fermeture des débits, aucune disposition n'est édictée. Faut-il s'étonner
qu'en deux ou trois ans la quantité de cabarets se soit accrue de 80 000,
que le territoire tout entier ait fini par être infesté du fléau de l'alcoolisme?
On ne peut plus faire nulle part cinquante pas sans rencontrer un débit de
boissons.
— Le maire, dit-on, a droit de surveillance. — Le maire ! Il est *élu* par les
habitants, élu pour leur obéir, non pour leur commander. Ce prétendu représentant de l'autorité souveraine n'est trop souvent que l'humble serviteur de ceux qui l'ont nommé. Toucher à l'arche sainte des cabarets, il
s'en garde bien ! Ce serait toucher aux plus fermes soutiens de la République ! Les cabaretiers reconnaissants sont devenus les parrains et apôtres du régime qui assure leur irresponsabilité et leur enrichissement.
En 1860, la France ne produisait que 873 000 hectolitres d'alcool; en 1870,
le chiffre de la production monte à 1 237 000 hectolitres. A partir de 1871, la
progression continue sans le moindre arrêt : en 1878, on relève le chiffre
de 1 309 000 hectolitres; en 1887, la production n'est pas inférieure à
2 005 000 hectolitres; en 1895, elle est de 2 166 000; en 1898, comme nous
venons de le voir, elle atteint le chiffre jusqu'alors inconnu de 2 412 000 hectolitres, soit 4 litres 72 par tête d'habitant. Par rapport à 1850, la production
de l'alcool a presque quadruplé en France. La production indigène ne suffit
même plus aux besoins des consommateurs : il faut s'approvisionner de
plus en plus à l'étranger. En 1850, la France importait 5 555 hectolitres; en
1898, elle a demandé à l'étranger 133 980 hectolitres. Encore ces derniers
chiffres ne s'appliquent-ils qu'à l'alcool pur, il faut y joindre l'importation
de l'alcool sous forme de liqueurs, qui a passé de 99 hectolitres, en 1850, à
1 370 hectolitres en 1898. En Allemagne, la production de l'alcool, sans être
restée stationnaire, n'a pas suivi la même progression que chez nous : de
3 058 025 hectolitres, — chiffre de 1887, elle a passé à 3 287 890 hectolitres

plus que le seul salut est de restreindre progressivement
le nombre de ces cabarets, d'arriver à les supprimer, de
frapper l'alcool buvable des droits les plus énormes, comme
en Angleterre et dans d'autres pays, de renforcer et d'appuyer les lois contre l'ivresse, d'enlever les droits politiques aux ivrognes récalcitrants, dès la deuxième récidive,
de débarrasser ainsi le terrain électoral d'une plèbe indigne
et éhontée, enfin d'encourager officiellement et par tous
les moyens les sociétés de tempérance, de répandre partout l'enseignement anti-alcoolique (ce qu'on fait déjà dans
les écoles primaires et les lycées), d'extirper peu à peu
l'absurde préjugé que « le vin donne de la force », enfin
de faire venir d'en haut les leçons et exemples de tempérance. Si nos députés n'étaient pas sous la terreur des
marchands de vin, on aurait déjà obtenu en France des
lois sévères et efficaces.

A l'alcoolisme et à l'arrêt de la population on peut joindre le troisième mal dont souffre la France : la licence de
la presse. Les députés républicains ont établi l'absolue
liberté des journaux sans en organiser la responsabilité : il
est étonnant qu'une presse absolument abandonnée à elle-
même et sûre de l'impunité ne soit pas encore pire.
Mais, répétons-le, rien n'est plus injuste que de juger la
France sur ses journaux, sur ses romans, sur les pièces de
théâtre qui ont pour but à Paris d'attirer la foule, souvent
même la foule des étrangers de passage. Paris donne de la
France une idée très fausse. Grâce au régime de liberté et
d'irresponsabilité absolues, tout « scandale » prend à Paris
et, par extension, en France, des proportions extraordinaires, devient un moyen de vivre pour la presse, une
machine de guerre pour les partis politiques, une occasion
de calomnie pour la presse étrangère. L'affaire Dreyfus,
qui fut pour tant de journaux du *dehors* une occasion

en 1898. Quant à la consommation par tête d'habitant, elle a un peu diminué.
En 1898, la proportion par tête d'habitant, en Allemagne, était de 4 litres 05
par tête, soit 67 centilitres de moins qu'en France. On voit le résultat du *laisser faire* inauguré sous la République. Toutes les digues ont été rompues
sous prétexte de liberté : nous avons eu la liberté de l'empoisonnement et le
règne des empoisonneurs publics. Est-il vrai qu'un candidat socialiste ait,
dans Paris, fait distribuer à ses électeurs des *bons d'absinthe?* Celui-là a
bien compris les rapports du petit verre et du bulletin de vote; c'est un
député de progrès!

d'injurier la France et de miner son crédit international, a, en réalité, prouvé deux choses importantes : la première, c'est le profond et opiniâtre souci de la justice qui existe chez la nation française et qui lui a fait, pour une question de justice pure, oublier jusqu'à ses plus graves intérêts, suspendre presque sa vie nationale pour ne s'occuper que de savoir où étaient les innocents, où étaient les coupables. Dans telles et telles nations voisines qui ont accusé la France sur l'injonction de leurs gouvernements, une pareille affaire de justice *militaire* eût été immédiatement étouffée au nom de la discipline, de l'armée, de la raison d'État, etc. C'est déjà un honneur pour l'esprit français que cet indomptable besoin de vérité et d'égalité qui a rendu irrésistible le mouvement revisionniste. Mais ne croyez pas que, dans le camp opposé, on n'ait pas eu souci de la justice : de ce côté-là, on était persuadé que les juges militaires avaient eu raison, que « l'or juif » avait seul pu soulever une pareille affaire, que, pour complaire aux puissants de la finance, on allait compromettre injustement et l'honneur de l'armée nationale, et son organisation, et son prestige, et sa puissance en cas de danger commun. Bref, chacun se croyait dans la justice et, en définitive, combattait pour ce qu'il croyait le meilleur. Que des passions moins nobles aient fini par s'y mêler, quoi d'étonnant? Que l'étranger ait, pour sa part, fomenté à prix d'argent nos discordes intérieures, quoi de plus conforme à la tradition ? Il n'en est pas moins vrai que, dans ce pays de Voltaire et de Calas, c'est encore une question d'humanité qui passionna la nation entière. Ceci nous amène au second point : c'est que, comme il est arrivé souvent dans notre histoire, notre prosélytisme contagieux a fini par intéresser le monde entier à une affaire de justice militaire française! A cet élan en quelque sorte désintéressé sont venues, à coup sûr, se mêler des questions d'intérêt personnel, des animosités et des intrigues internationales ; mais, en définitive, la France et tout le monde civilisé se sont trouvés unis dans une même anxiété finale relativement au sort d'un homme qui, selon de graves apparences, était innocent. Ainsi, au milieu de tristes dissensions et de honteuses querelles, on a vu toute l'intensité de force intérieure et de contagion internationale que peut acquérir

une idée de justice ou d'humanité. On a vu les ennemis
mêmes de la France finir par sympathiser de fait avec la
France, épouser ses idées et ses passions, se mêler de ses
affaires comme si elles eussent été les leurs, alors qu'ils
n'eussent jamais supporté pour leur compte la moindre ingérence de notre part ni dans les arcanes de « *leur armée* »,
ni dans les mystères de « *leur justice* ».

Un des caractères de l'esprit français, c'est le goût et
l'habitude de la vie au grand jour, comme dans une maison
de verre, l'absence de secret, de dissimulation, d'hypocrisie. C'est aussi, en même temps qu'une fâcheuse ostentation de ses propres défauts « comme s'ils étaient des qualités » (la remarque est de Machiavel), une non moins
fâcheuse habitude de se dénigrer soi-même devant autrui,
d'élever les nations étrangères aux dépens de la France,
bref, de mêler tout le monde à ses affaires comme il se
mêle volontiers lui-même des affaires de tout le monde.
Ces habitudes d'action à découvert et de paroles sans diplomatie tiennent à la fureur de vie sociale illimitée dont le
Français est comme possédé. Elles supposent un manque
de prudence, un défaut de sens politique et d'habileté
internationale qui furent souvent très nuisibles à la France.
Combien peu, sous ce rapport, se ressemblent les prétendus
néo-latins, dont la plupart, nous l'avons vu, ne sont nullement latins ! Comparez une fois de plus la réserve et l'habileté italiennes à l'indiscrétion et à l'imprudence française !

Pour être juste envers la France, il faut se demander,
comme nous l'avons fait dans un précédent livre [1], quel
autre pays, soumis à un tel régime de liberté sans responsabilité, — et cela, en l'absence de toute éducation démocratique préalable, — se serait montré et se montrerait plus
sage que le peuple français. Ce dernier, il est vrai, dit et
écrit beaucoup de sottises, mais en somme, depuis trente ans,
il n'en a pas fait autant qu'il en dit. Son gouvernement
même, malgré tant de défauts qui crèvent les yeux et le
discréditent, s'est montré en définitive plus sage que tous les
Bonapartes et tous les Bourbons : l'énorme extension de
l'empire colonial, la lutte énergique contre les maladies

---

[1] Voir *La France au point de vue moral.*

de la vigne qui nous menaçaient de ruine, l'alliance avec la Russie, le rapprochement actuel avec l'Italie, voilà des œuvres de haute prévoyance accomplies par un gouvernement qui semblait l'imprévoyance même et sous lequel, à coup sûr, n'abondaient pas les Richelieu.

Les maux dont souffre encore la France tiennent en grande partie à ce que, sur beaucoup de points, principalement dans la décomposition des antiques croyances ou dans le renversement des antiques traditions, elle a devancé la plupart des autres pays européens : n'avait-elle pas elle-même une plus grande ancienneté relative, une vie plus longue, des destins plus agités, un caractère plus mobile ? En France, nous l'avons vu, la foi *sociale* en même temps que rationnelle est la seule, ou à peu près, qui subsiste encore : situation dangereuse, qui cependant indique plutôt une avance intellectuelle qu'une décadence morale. Le peuple français est en train de se faire une France toute nouvelle, sans vrai lien traditionnel avec l'ancienne, tout au moins sous le rapport politique et même, en grande partie, sous le rapport social. Elle se prépare à donner au monde (peut-être en partie à ses dépens) le spectacle anticipé de ce que sera un jour, au sein de l'humanité, la foi morale rationnelle et purement humaine.

CONCLUSION

NÉO-LATINS ET ANGLO-SAXONS

Il est des paradoxes qui, par leur diffusion dans la presse quotidienne, tendent à devenir des lieux communs ; ils ne deviennent pas pour cela des vérités. Que les peuples qui s'intitulent anglo-saxons aient essayé d'ennoblir leurs succès industriels et leurs conquêtes militaires en prétendant anoblir leur race, qu'ils se soient attribué je ne sais quelle supériorité naturelle ou providentielle, rien de plus conforme aux habitudes de tous ceux qui réussissent : dans tous les temps, ceux-ci ont éprouvé le besoin de faire adorer intellectuellement leurs triomphes matériels. A la consécration religieuse a succédé de nos jours une consécration pseudo-scientifique, empruntée aux théories régnantes et surtout aux moins démontrées, qui, par leur incertitude même, prennent un air mystérieux et sacré. Plus la doctrine des races est douteuse, mieux elle est appropriée au culte de la victoire. Les oints du Seigneur ont cédé la place aux oints de la Science. Mais ce qui est curieux pour le psychologue, c'est de voir certains peuples qui avaient été non moins orgueilleux que les autres à l'heure de leurs succès, qui même traitaient leurs voisins de « barbares », consentir eux-mêmes de nos jours à leur prétendue infériorité de race, s'incliner devant les nouveaux préjugés nobiliaires des peuples favorisés par la fortune.

Entre les diverses nations dites néo-latines, nous avons trouvé une communauté de traditions religieuses, une parenté de langues, enfin les analogies de la culture classique et un commun amour des arts : c'est l'origine des plus naturelles sympathies et des plus précieuses pour la civilisation. Il faut cependant aussi tenir compte de ces inévitables différences de tempérament, de caractère, de milieu social que la psychologie et la sociologie nous ont fait reconnaître. C'est ce qu'oublient les partisans des doctrines courantes sur les prétendues « fatalités » inhérentes à tous les peuples néo-latins.[1] Faut-il donc admettre, comme des conclusions scientifiques, ces prophéties hasardeuses qui veulent imposer d'avance à tous les peuples de langues néo-latines une destinée semblable, inférieure à la haute mission que s'attribue l'orgueil des races germaniques et anglo-saxonnes? — Il résulte de ce livre qu'il est absolument impossible de rendre ainsi solidaires l'Espagne, l'Italie et la France. L'Italie, d'ailleurs, qui est le type même des nations latines, nous a présenté, malgré les difficultés qu'elle traverse, un éclatant exemple de toutes les ressources morales et sociales cachées au sein des nations qui avaient paru s'affaisser ou s'endormir. Elle a monté dans ce siècle, elle continue de monter sous nos yeux. Elle nous fait voir que chaque grand peuple a sa vitalité profonde et son caractère propre, qu'il est lui-même, en majeure partie, l'auteur de ce caractère et qu'il peut, dans l'avenir, par sagesse ou par folie, lui faire produire de bons ou mauvais fruits pour l'humanité entière.

I

LA PRÉTENDUE DÉGÉNÉRESCENCE PHYSIQUE DES NÉO-LATINS

Et d'abord, l'avons-nous trouvée quelque part, cette « race latine » dont on parle sans cesse et dont on prétend *a priori* déduire le sort futur, selon la méthode géométrique chère à Taine? Le vrai peuple latin, ce fut sans doute l'antique peuple romain ; s'il y avait chez les Latins comme tels une infériorité de « race », c'est chez les Romains que nous aurions dû la trouver. Comment donc se fait-il qu'ils aient conquis, organisé, réformé le monde? Pour Nietzsche, le Germain est la « noble bête de proie blonde, » qui abat ses « griffes » sur les peuples plus pai-

---

[1] On retrouve ces doctrines dans l'intéressant ouvrage de M G. Ferrero sur *l'Europa giovane*, que nous avons plusieurs fois cité. L'auteur partage, avec beaucoup de simplicité, l'Europe en deux camps : les races du Nord et les races prétendues latines. M. G. Sergi, plus récemment encore, a étudié les causes de « dégénérescence » des Néo-Latins.

sibles, plus serviles. Et pourtant c'est un Latin qui, résumant l'histoire d'une autre race de proie, a prononcé le *debellare superbos*, en y ajoutant un correctif que Nietzsche n'eût pas admis : *parcere subjectis*.

Quant à la France, qui sert de thème aux déclamations contre les peuples néo-latins, nous avons vu qu'elle n'a de latin que sa langue et une partie de ses traditions. A moitié celtique, elle est germanique pour un quart et, pour l'autre, méditerranéenne ou, si l'on y tient, latine. En d'autres termes, elle présente une proportion supérieure de crânes courts à cheveux noirs, mêlés à des crânes allongés de race blonde scandinave et à des crânes également allongés de race brune méditerranéenne. C'est là une étonnante manière d'être « latin ! » En Espagne domine, comme nous l'avons vu, le type brun dolichocéphale des races méditerranéennes, avec mélange de Celtes et de Germains ; rien ne ressemble moins à la proportion du mélange français, où l'ordre des éléments est renversé. Avons-nous du moins trouvé la race latine sur la terre des Latins? Non ; ce qui a fini par dominer dans l'Italie moderne, au point de vue ethnique, ce n'est pas l'élément latin, c'est l'élément celto-slave à crâne large dans le Nord, avec de nombreux méditerranéens à crâne long dans le Midi. Du « sang » des Quirites, nous avons vu qu'il ne reste à peu près rien. C'est donc précisément l'élément latin qui manque le plus aux races dites latines, qu'il s'agisse des Italiens, des Espagnols ou des Français.

Les anthropologistes nous disent que les brachycéphales de France sont identiques aux Badois, aux Piémontais, aux Suisses, aux Bavarois, aux Albanais et aux Polonais ; or, ce ne sont pas seulement les langues qui diffèrent d'un de ces peuples à l'autre ; le caractère est au moins aussi différent : un Breton ou un Auvergnat ressemble-t-il à un Albanais ou à un Bavarois? Nous avons reconnu que la race est secondaire quand il ne s'agit que d'une différence de quelques degrés dans l'indice céphalique.

Le tempérament, qui a une si grande influence sur le caractère, nous a paru différer beaucoup chez les divers peuples qu'on réunit sous la commune étiquette de néolatins. Tandis qu'en France dominent les nerveux-sanguins, ce sont plutôt les nerveux-bilieux qui abondent au delà des Alpes et des Pyrénées, comme dans toutes les contrées méridionales et chez toutes les populations brunes à crâne allongé. Nous avons noté ce tempérament en Italie, surtout dans l'Italie méridionale; nous l'avons trouvé aussi en Espagne, où dominent les Méditerranéens bruns à crâne long. On ne le trouve guère en France, même parmi nos Méridionaux et nos Méditerranéens, qui ont bien la vivacité impulsive, mais qui ont l'expansion plutôt que la concentration sur soi, que l'intérieur fermé des Italiens ou des Espagnols.

Le tempérament tient lui-même en grande partie au climat. Les climats ne nous ont pas paru plus identiques que tout le reste chez les nations néo-latines. Ils ont un seul caractère commun : c'est d'être plutôt tempérés, avec des mélanges de chaud et de froid qui sont sensibles quand on passe de Naples à Turin, de Grenade à Madrid, de Marseille à Paris. Si les Néo-Latins sont peu pessimistes, cela tient en partie à leur climat tempéré. On ne peut vraiment exiger que, sous un ciel ensoleillé, l'Italien, l'Espagnol et le Français même nourrissent l'humeur sombre des brumes anglo-saxonnes. Un climat plus doux n'opère pas une sélection aussi rigoureuse en faveur des constitutions fortes et des volontés fortes qu'un climat où la lutte incessante et pénible élimine presque tous les faibles; c'est là, nous l'avons vu, le secret de certaines supériorités attribuées aux races du Nord, ainsi que d'une certaine tendance à la mollesse chez les races du Midi. Le climat chaud produit la précocité chez les jeunes gens, les fait parvenir plus tôt à la puberté, les éveille et les excite davantage; d'où il suit que l'éducation est moins longue et a moins de prise, qu'une certaine fermentation est dans le sang, qui rend la sagesse plus difficile. M. Ferrero a voulu déduire de là des conséquences innombrables. Toute l'école lombrosienne a l'habitude de s'attacher à un détail et de l'enfler outre mesure afin de faire prendre la grenouille pour le bœuf. Sans nier l'influence du climat et celle de la précocité juvénile sur les « passions de l'amour », nous n'avons pu trouver dans l' « érotisme » chronique le secret des destinées néo-latines.

Pour la sobriété et la tempérance, qui est aussi une de ces grandes vertus à la fois physiques et morales dont l'action

est profonde chez les peuples, les vrais Latins nous ont
paru donner de belles leçons aux faux Latins comme
nous, ainsi qu'aux Anglo-Saxons ou aux Germains. Que ne
sommes-nous tempérants comme les Italiens et les Espagnols! La sobriété est une des forces vives qui assurent
la santé et l'énergie d'un peuple. M. Ferrero a beau gémir
sur les mœurs amoureuses des Latins, l'érotisme même
est bien loin de produire les ravages de l'alcoolisme; — sans
compter qu'il ne faudrait pas trop approfondir les vertus
de chasteté qui semblent appartenir à certaines nations
plus soucieuses que nous du *decorum* extérieur. Ce souci,
fort honorable et fort nécessaire, ne va pas toujours sans
quelque hypocrisie. Ce n'est point chez les nations néo-latines
qu'on trouve le plus de pharisiens remerciant le ciel de
n'avoir point les vices de leurs voisins.

Après le climat et le tempérament, on invoque contre
les Néo-Latins l'usure des siècles. Mais, quand on dit que
tels peuples ou telles races sont parvenus à leur vieillesse,
par exemple les Néo-Latins, c'est là une métaphore qu'il
ne faut pas prendre pour une réalité. Un peuple se renou-
velle incessamment, à vrai dire; il est donc toujours jeune.
La grande question est de savoir de quels éléments il est
composé à tel ou tel moment de sa vie. Il se produit sans
cesse, en effet, une sélection de ces éléments, tantôt avec
excédent des meilleurs, tantôt au profit des pires; dans le
premier cas, il y a progrès, dans le second, il y a recul.
C'est un jeu compliqué de forces sociales où, fort heureusement pour les peuples « intellectuels », l'intelligence joue
un rôle de plus en plus considérable. La France est infiniment plus intellectuelle que l'Espagne, par exemple, et
ce n'est pas un malheur. L'Europe elle-même est-elle
« vieille? » N'est-elle pas plutôt, sous maint rapport, trop
jeune et trop en retard? Nous ne résoudrons jamais un
problème avec des figures de rhétorique, fussent-elles
habillées à la mode scientifique du jour.

La population joue un rôle capital dans la puissance
industrielle d'un peuple, comme dans sa puissance militaire, quand d'ailleurs la race n'est pas par elle-même inférieure ou attardée. Or, les Anglo-Saxons, les Germains, les
Slaves ont aujourd'hui pour eux le nombre; c'est là leur
vraie « supériorité. » Les Néo-Latins, relativement à eux,

nous ont paru notablement réduits. Mais la « latinité » n'y
est pour rien ; car, si la France reste stationnaire, l'Italie et
l'Espagne accroissent très rapidement leur population ; l'Italie a même un taux d'accroissement supérieur à celui du
reste de l'Europe. Il y a donc ici ascension et non décadence.

D'autre part, le mouvement de la population tend partout
à décroître à mesure que les nations vivent d'une vie plus
intellectuelle, plus industrielle et plus démocratique, c'est-
à-dire plus moderne. L'intelligence plus développée, nous
l'avons vu, accroît la prudence pour l'avenir de la famille,
en même temps que l'ambition ; les besoins croissent aussi
dans les milieux plus industriels ; enfin, répétons que la
démocratie, en répandant l'égalité, généralise l'ambition
d'arriver, qui entraîne la nécessité de restreindre les charges
de famille pour alléger la marche. Sous tous ces rapports,
est-ce les nations latines qu'il faut accuser ? Si la France
sert ici de texte aux plaintes de dépopulation, songez que
le taux de la natalité diminue d'une manière semblable
en Angleterre et aux États-Unis. Tandis que la France, par
exemple, passait en dix ans du taux de 22,6 pour 100 à
celui de 21,1, l'Angleterre passait du taux de 36,3 à celui
de 30,8, diminution énorme. L'Angleterre a encore une
supériorité acquise, mais cette supériorité va diminuant
plus vite qu'ailleurs. Comment donc admettre que les
Anglo-Saxons nous donnent ici l'exemple ? Des préceptes,
oui, ils en sont prodigues! Mais leurs actions, comme il
arrive trop souvent, contredisent leurs sermons, et ce
sont précisément les Italiens, les Espagnols et les Grecs
qui donnent ici le bon exemple.

Il en est de même pour un autre symptôme réputé
fâcheux : l'exode vers les villes, qui dépeuple les campagnes, entasse pêle-mêle les travailleurs dans un milieu
malsain au point de vue physique et au point de vue moral,
leur donne le goût du plaisir et de la vie mondaine, éveille
leurs ambitions aux dépens de leur sobriété, de leur fécondité, de leur santé. Où cet exode est-il le plus considérable ? — En Angleterre, en Allemagne. Ici encore les
détracteurs de la France la laissent bien loin derrière eux.
D'ailleurs, la vie urbaine a des avantages et des inconvénients, et nous avons vu se produire sur ce point les
théories les plus opposées.

Un autre orgueil des Anglo-Saxons, c'est qu'ils colonisent. Mais les Romains ont été les premiers colonisateurs du monde, tout latins qu'ils fussent; les Français ont été jadis de grands colonisateurs, tout latins qu'on les prétende. S'imagine-t-on que le Canada eût cessé de prospérer s'il fût resté en notre pouvoir, et voit-on aujourd'hui que les vieux Français s'y montrent inférieurs aux Anglo-Saxons? Les Espagnols et les Portugais ont devancé les Anglais. Les Allemands ont beau être de race germanique, ils ne colonisent pas encore, mais attendez demain! Tout peuple dont la population déborde émigre et, s'il le peut, conquiert les pays où il émigre. La France d'aujourd'hui a beau ne pas émigrer, — étant à l'aise et au large chez elle, — elle a conquis un vaste empire colonial; et ne serait-ce pas une des raisons pour lesquelles les Anglo-Saxons la voient de mauvais œil?

Parmi les systèmes relatifs à l'infériorité des nations latines, il faut considérer encore celui qui attribue toute décadence à l' « immobilisme. » La biologie étant aujourd'hui en honneur, les sociologues lui empruntent des comparaisons qu'ils donnent volontiers comme des raisons; or, la biologie érige en loi l'adaptation des espèces au milieu. Le milieu physique changeant, une espèce doit elle-même se transformer ou disparaître. De même, le milieu humain se modifiant à travers les siècles, grâce aux progrès de la civilisation, de la science, de l'industrie et des arts, chaque nation, chaque race doit s'adapter au milieu nouveau ou disparaître. Le manque de flexibilité et d'adaptation progressive est ce que M. Sergi appelle l'immobilisme. Selon lui, il y a une paléontologie sociale, où nous voyons subsister des monstres d'un autre âge, des races attardées qui n'ont pas su se plier aux nouvelles conditions d'existence. A l'en croire, c'est par l'immobilisme que tombent tous les empires, depuis l'empire de Chine jusqu'à l'empire romain, et, si les races latines sont aujourd'hui en décadence, c'est qu'elles s'endorment dans l'immobilité. Mais on peut répondre que, si l'immobilisme est un péril, le « mobilisme » exagéré en est un autre. En outre, si certaines nations dites néo-latines ne brillent pas par une flexibilité extrême, comme l'Espagne, voit-on que l'Italie, elle, soit tellement immuable, incapable d'une souple accommodation aux circonstances? Partout où l'on instruit les Italiens, ils profitent très habilement de leur instruction. Quant aux Français, c'est bien plutôt l'excès de mobilité gauloise que l'immobilisme « latin » qui les a fait souffrir. Nous aurions pu, sans inconvénient, faire l'épargne de je ne sais combien de révolutions, de guerres, de changements de politique, de renversements de ministères, etc., etc. Comment prétendre que la France soit, comme l'Espagne, un pays attardé, perdu dans son passé, ignorant du présent, insoucieux de l'avenir? Toutes ces généralisations sont de pures fantaisies, toutes ces formules étroites laissent échapper la réalité. Quand on a dit que le progrès est fait tout ensemble de permanence et de changement, de « statique » et de « dynamique, » on n'a encore énoncé, sous des formes scientifiques, que le plus banal des lieux communs.

En somme, à voir tout ce que de prétendus savants attribuent qui au climat, qui à la race, qui au tempérament, qui à la vieillesse ou à la jeunesse des peuples, on se prend à douter des systèmes et des vocables sonores où les systèmes viennent se résumer. On soupçonne que la grandeur et la décadence des nations tiennent à des causes trop complexes pour rentrer dans une formule ethnique. De la physiologie des peuples, nous avons toujours dû, dans ce livre, passer à leur psychologie.

II

LE PRÉTENDU TYPE PSYCHOLOGIQUE DES NÉO-LATINS

Le *type* Français, — car il n'y a pas de *race* française, — nous a-t-il semblé moralement plus voisin du type italien ou espagnol qu'il ne l'est du type anglais ou allemand? Sensibilité vive et passions intenses, intelligence subtile, pénétrante et rusée, longue mémoire et longues rancunes, défiance mutuelle, activité impulsive et impétueuse, quoique ordinairement prudente et circonspecte, patience et persévérance, avec des alternatives de longues périodes d'apathie, tel nous a paru le caractère commun des Méditerranéens

méridionaux[1]. A la nation latine et méditerranéenne par
excellence, l'Italie, avec son agilité, sa souplesse, sa ductilité, son sens positif, le moins rêveur qui soit au monde,
son art de temporiser et de préparer des effets à longue
échéance, comparez l'esprit de chimère des Don Quichottes
d'au delà ou d'en deçà des Pyrénées, l'Espagne demi-afri-
caine, avec son caractère romantique et chevaleresque, son
idéalisme nuageux et trop souvent étranger aux choses
positives, son inflexibilité hautaine et son manque de souplesse, son entêtement indomptable, son insociabilité, sa
volonté âpre, dure et cruelle[2]; la France, avec sa vivacité de
réaction, ses emportements, ses coups de tête, ses légèretés,
ses étourderies, ses ingénuités, son manque de tradition
et de continuité dans les desseins, sa mobilité, son impatience brouillonne, son intelligence simple et claire,
toute primesautière, sa volonté trop peu tenace, ses grands
espoirs suivis de grands découragements, son ressort
final et ses ressources inépuisables, qui réservent sans
cesse au monde des surprises, sa confiance en soi, en
tout, en tout le monde, son ignorance de l'étranger, sa
facilité à juger autrui d'après soi, sa gaieté d'humeur, son
insouciance prompte à l'oubli, son optimisme natif, ses
penchants sympathiques, sa passion contagieuse, son esprit
de prosélytisme, son idéalisme philanthropique, son absence
de sens politique; son amour des abstractions, sa logique
illogique; sa nature diffusive, expansive, communicative,
son goût de mettre en commun idées et sentiments, comme
si ce que chacun garde était perdu pour lui et pour les
autres; son amour de l'égalité qui exclut le respect hiérarchique en laissant subsister la fraternité et en refrénant
l'originalité individuelle; son « humanitairerie, » que
Gioberti raillait si amèrement, enfin et en un mot, sa foncière
sociabilité! A la concentration en soi, à la circonspection,
à la réserve du vrai Latin peut-on assimiler notre imprudence, notre étourderie gauloise, notre nature ouverte et
sans détour, qui se laisse duper à toutes les protestations
d'amitié, prend les belles paroles pour argent comptant?
Si l'Italien nous a paru l'ami des moyens termes et des

[1] Voir livre deuxième.
[2] Voir livre troisième.

accommodements, s'il a le génie des compromis, s'il rivalise sous ce rapport avec l'Anglais, peut-on en dire autant du
Français mathématicien en toutes choses, dialecticien par
plaisir de pousser les raisonnements jusqu'à ce bout où
ils choquent la raison, radical, intransigeant, qui veut tout
ou rien à la fois et d'un seul coup? Au peuple italien trop
souvent sceptique, qui respecte les faits et, d'ordinaire, ne
respecte que les faits, comparez notre foi aux idées, notre
crédulité aux systèmes, notre oubli fréquent des réalités,
notre fonds d'enthousiasme mal contenu par les dures
leçons de l'expérience. Il est clair que qualités et défauts
instinctifs diffèrent profondément en deçà et au delà des
Alpes, comme aussi des Pyrénées. On peut même dire
que les qualités natives des trois nations sont complémentaires. Comment donc le pychologue pourrait-il les réunir
sous une même appellation et sous une commune appréciation?

III

L'INTELLIGENCE ET LA VOLONTÉ DANS L'ÉVOLUTION DES PEUPLES

Nous avons vu que le rationalisme cher à l'esprit français provoqua, au xixᵉ siècle, une violente réaction chez
les autres peuples et même en France. Parmi les Germains
et Anglo-Saxons, les objections à l'intellectualisme et au
rationalisme ont pris toutes les formes. Récemment encore,
en Angleterre, une véritable croisade a eu lieu contre le
rationalisme en faveur de la foi religieuse. Il n'est pas
sans intérêt de prendre un exemple et un texte de discussion
dans le livre bien connu de M. Benjamin Kidd, qui a eu le
mérite de résumer excellemment l'argumentation des anti-
rationalistes. L'auteur n'a pas craint d'y mêler des pronostics relatifs à l'avenir de la France et des pays néo-
latins, comme à l'avenir des pays anglo-saxons ou germains.

M. Kidd est de ceux qui croient que la France représente
probablement, au point de vue du caractère, l'élément
celtique parmi les trois peuples conducteurs de l'Europe
occidentale. Les considérations sur le celtisme sont, elles
aussi, très hasardées, mais enfin il est clair que l'élément cel-

lique prédomine en France. Selon M. Kidd, tout observateur impartial se trouve forcé de reconnaître que « certains traits caractéristiques placent la France en tête des nations intellectuelles de l'Occident. » Une fois qu'on a fait « la part de certaines jalousies nationales », on reconnaît généralement, dans tous les pays, « tout ce qu'on doit à la France au point de vue intellectuel. » L'énorme influence française se fait en réalité sentir « dans toute notre civilisation, dans la politique, dans presque toutes les branches de l'art, dans toutes les directions que suit la pensée spéculative. » Lors même que les peuples teutoniques ou germaniques arrivent aux plus hauts résultats intellectuels, M. Kidd trouve qu'entre eux et les peuples celtiques il y a toujours une certaine différence à établir pour les qualités de l'intelligence[1]. « Les peuples Teutoniques obtiennent en général les plus hauts résultats intellectuels là où sont nécessaires les recherches approfondies, laborieuses, consciencieuses, là où il faut réunir pièce à pièce les éléments de l'œuvre. Mais il manque à ces recherches l'idéalisme de l'esprit français. Cette manière ailée et pourtant ferme de comprendre les principes et les idées, qui caractérise l'esprit français, fait souvent défaut aux peuples teutoniques. » M. Kidd ajoute, — et nous croyons qu'il a raison, — que certaines qualités particulières à l'ancien esprit grec se retrouvent chez le peuple français plus que partout ailleurs. « Les peuples teutoniques manquent de ces qualités jusque dans les arts, ce qui a fait dire que, chez eux, le sens éthique primait le sens esthétique. Tout observateur consciencieux qui se trouve pour la première fois en relation intime avec l'esprit français doit y sentir immédiatement un quelque chose d'indéfini, mais d'ordre intellectuel élevé, qui ne se trouve à l'état *naturel* ni chez les Allemands, ni chez les Anglais. Ce quelque chose se sent dans l'art, dans la littérature courante de l'époque non moins que dans les

---

[1] A ce point de vue on peut encore rappeler l'opinion exprimée par M Grant Allen (Le Celte dans l'Art anglais, *Fortnightly Review*, 1891). Si, dans la littérature anglaise, l'élément celtique est indéniable, en art il suffit de le signaler pour le découvrir. M. Allen affirme aussi que l'idéalisme qui anime l'art et la littérature en Angleterre, et même la religion et la politique, est avant tout un produit celtique. Nous croyons qu'il y a là une très notable exagération; les Germains et les Saxons, eux aussi, ont leur genre d'idéalisme, d'ailleurs différent de celui des Celtes et Français.

productions supérieures du génie national dans le passé.
Dans les rues de la capitale, dans les villes de province,
dans les édifices publics, églises, temples, galeries artistiques, jusqu'aux devantures de libraires, on retrouve
quelque chose de ce noble sentiment de l'idéal et des proportions qui était une des caractéristiques de l'esprit grec. »

Une fois ceci reconnu avec une remarquable sincérité,
M. Kidd ajoute que les peuples teutoniques possèdent à
leur tour certaines qualités caractéristiques, « non pas
intellectuelles en elles-mêmes », mais qui contribuent
davantage à la puissance sociale et qui sont, en conséquence, « plus importantes que les simples qualités intellectuelles, étant donnée la manière dont opère la sélection naturelle et la direction dans laquelle s'accomplit l'évolution de
la race. » Un jour, dit M. Kidd, quand on écrira l'histoire
du XIXᵉ siècle avec ce sentiment des proportions qu'apporte
seul l'éloignement du temps, on s'apercevra que « deux
choses donnent à cette histoire sa couleur particulière »,
rejettent dans l'ombre tous les autres événements. La
première, c'est « le triomphe complet et absolu, dans
notre civilisation occidentale, des principes de cet idéalisme
politique qui a eu pour expression principale la *Révolution
française*. La seconde, c'est l'expansion matérielle, également triomphante, des peuples de race teutonique, « leur
victoire finale, dans la lutte pour l'existence, sur les autres
peuples occidentaux voisins (surtout la France) dont l'influence intellectuelle avait marqué le siècle. » En d'autres
termes, au XIXᵉ siècle, la France a régné intellectuellement en faisant accepter au monde ses principes de droit
égal pour tous, de justice et de fraternité, mais elle n'en
a pas moins été vaincue par des peuples devenus militairement ou industriellement plus forts et plus nombreux.
C'est que, selon M. Kidd, ce n'est pas l'élément intellectuel que développe avant tout la sélection naturelle; d'autres éléments, surtout de volonté et d'énergie, contribuent
plus efficacement à l'activité sociale et ont bien plus
d'importance pour l'évolution de l'humanité. Si, dit-il, les
peuples teutoniques ont acquis et continuent à acquérir
une place prépondérante dans le monde, c'est principalement à cause du grand développement qu'ont atteint les
qualités volontaires parmi ces peuples. M. Kidd ajoute que

les plus hautes capacités intellectuelles ne peuvent pas compenser l'absence de certaines qualités; ces capacités mêmes, si elles ne sont pas accompagnées des qualités sociales propres à les mettre en emploi, deviennent une cause d'infériorité pour un peuple. — Rien de plus vrai, mais le peuple français, précisément, a pour originalité l'union étroite des qualités intellectuelles et des qualités sociales; ce qui lui manque, ce sont les qualités individualistes de robustesse physique et mentale, d'énergie, d'opiniâtreté, de patience obstinée et entêtée, d'égoïsme, de volonté forte jusqu'à la brutalité, un je ne sais quoi de romain ou d'anglais. Et si ces qualités, dans la lutte des nations, ont l'importance de tout ce qui peut assurer le droit du plus fort, si même, dans l'ordre moral, elles peuvent produire de très heureux effets de fermeté d'âme et de vie régulière, elles ne constituent cependant pas les seules et uniques qualités humaines, ni surtout les seules qualités « sociales. »

Avec l'école anti-rationaliste, M. Kidd conclut : 1° que les races avancées, comme la nôtre, ne garderont pas, par la seule vertu de leur intelligence, la position prépondérante qu'elles ont prise dans le monde; 2° que l'évolution qui s'accomplit lentement dans la société humaine présente avant tout « un caractère religieux plutôt qu'intellectuel », et que la race humaine, sous l'effet de la sélection naturelle, doit devenir « de plus en plus religieuse. »

L'école anti-rationaliste oublie, dans ces appréciations et pronostics, deux points de capitale importance. Le premier, c'est que le développement de l'humanité accorde une part de plus en plus prépondérante à la science, qui devient la grande source de puissance industrielle, commerciale, militaire même et politique. Or, la science est de nature intellectuelle, et il en résulte que, loin de diminuer, l'importance de l'intelligence va croissant.

Le second point que méconnaissent ou que comprennent mal les anti-rationalistes, c'est l'influence et le rôle de la religion. Ils prétendent que cette influence va en augmentant; mais, pour soutenir un tel paradoxe, ils sont obligés de confondre la religion avec la morale, avec la « subordination des intérêts présents et égoïstes aux intérêts futurs de la société. » Une telle confusion ne saurait être admise. A vrai dire, l'élément théologique et dogmatique qui caractérise proprement les religions, par opposition aux philosophies et aux sciences, perd de plus en plus sa force et son action. Seul l'élément intellectuel et rationnel, en même temps que social, des religions, — à savoir la morale et surtout la morale sociale, — s'en dégage peu à peu et va l'emportant sur tout le reste. Est-ce la théologie ou est-ce l'éthique qui fait encore la force du protestantisme, comme du catholicisme? Sans doute les deux éléments, l'un proprement religieux, l'autre proprement moral et social, sont encore intimement mêlés chez la plupart des peuples ; mais en sera-t-il toujours ainsi? N'est-il pas manifeste que, tout comme l'empire de la science va croissant dans les rapports de l'homme avec la nature, de même aussi il va croissant dans les rapports des hommes avec leurs semblables? C'est la partie scientifique et sociale des religions, je veux dire leur partie morale, qui subsiste sous les fictions de la foi imaginative et sentimentale, et c'est cette partie qui ira toujours se dégageant, grossissant jusqu'à absorber tout le reste. Or ce phénomène est déjà de plus en plus visible en France.

Il faut se garder des prophéties. L'évolution des peuples est impossible à prédire, parce que des éléments nouveaux s'introduisent sans cesse dans le calcul. Il y a notamment, chez les peuples modernes, deux *inconnues* de premier ordre : 1° Les découvertes futures de la science, qui réservent des surprises dont nous ne pouvons avoir idée ; 2° les modifications sociales produites par la montée croissante du socialisme chez tous les peuples. Cet élément intellectuel et cet élément social contiennent des problèmes tellement insolubles pour nous, qui vivons aujourd'hui, que nous ne saurions nous flatter de prophétiser l'avenir des nations.

Tout ce qu'on peut, c'est de constater l'*idéal* que chaque peuple se fait de l'humanité et, qui plus est, de lui-même, la fonction et la mission qu'il s'attribue, la foi qu'il a dans certaines idées dominantes, en un mot, la force de conscience collective dont il dispose. Suffit-il, en effet, que la nationalité *s'objective* dans la langue, dans la religion, dans l'art, dans la poésie, dans l'industrie, dans le gouvernement, dans toutes les manifestations de la vie sociale

économique et politique ? Non, il faut encore, il faut de
plus en plus, à mesure que la civilisation avance, que la
nationalité devienne *sujet* pour elle-même et prenne
conscience de soi. Qu'elle soit une réalité, cela ne suffit
pas, il faut qu'elle soit une idée. Par là, elle acquiert
une réalité supérieure ; l'idée tend à se réaliser elle-
même, à maintenir contre les obstacles et à développer sans cesse la réalité dont elle est la forme consciente
et la fin consciente. L'idée qu'une société a de soi et de sa
force est donc une force pour cette société L'idée qu'elle
a de sa fonction ou mission est aussi une force informatrice,
fonctionnelle et directrice.

Sous ce rapport, le peuple français est parmi ceux où la
conscience sociale a acquis le plus grand développement.
Comment, d'ailleurs, l'action réciproque des citoyens ne
se réfléterait-elle pas avec clarté chez un peuple aussi
intellectuel, dont une longue histoire a développé la communauté de conscience ? Un des caractères sociologiques
d'un peuple, c'est la confiance qu'il a dans la « petite
société » qu'il constitue au sein de la grande société humaine. Le Français a cette indomptable confiance. Dans les
malheurs, profonds sont ses découragements, mais la tristesse n'est pas dans sa nature : sa sensibilité hostile aux
émotions déprimantes lui fait bientôt reprendre le dessus.
De là ce ressort, cette élasticité dont la France a tant de
fois fait preuve, au moment même où on pouvait la croire
perdue. Le courage de chaque Français est en grande
partie fait de confiance en autrui comme en lui-même ;
chacun compte, dans le malheur, sur les « camarades »,
sur les « compatriotes » ; chacun est persuadé que, si tout
le monde se met à la besogne, tout le monde sortira du
mauvais pas. C'est une sorte d'optimisme social et humanitaire. D'autre part, le Français croit à la nécessité de
son pays pour l'humanité même, où la France représente
moins un intérêt particulier qu'un intérêt universel et
humain ; il croit donc à l'avenir de la France. Sa persuasion intime est que les peuples de cœur valent les peuples
de tête, que les nations qui ont faim et soif de vérité et de
justice, non seulement pour elles-mêmes, mais pour l'humanité entière, finiront par être rassasiées, que la vraie
loi des sociétés humaines n'est pas la sélection naturelle et

la lutte pour la vie, mais le choix rationnel et l'union pour
la vie, que, par conséquent, sur les grands et éternels
principes de droit humain, de justice sociale et de fraternité humaine, c'est la France de 1789, malgré ses erreurs,
malgré ses fautes, malgré ses revers, qui finira par avoir
raison.

IV

LES RACES LATINES ET GERMANIQUES AU POINT DE VUE
DE LA RELIGION

Un des principaux thèmes à déclamation contre les races
latines est leur « infériorité religieuse. » Pour soutenir cette thèse, on commence par faire du catholicisme
une sorte de propriété commune des Néo-Latins. Les
catholiques de Belgique, ceux de Cologne, d'Aix-la-
Chapelle et des bords du Rhin, ceux de la Bavière et de
l'Autriche, enfin ceux de New-York et des États-Unis sont-
ils donc des Néo-Latins? Se ressemblent-ils entre eux et
ressemblent-ils aux catholiques de Naples, de Séville ou
de Paris? Rien de plus illusoire que d'enrégimenter des
peuples très divers sous une seule bannière. Ce qui est
vrai, c'est que, dans leur interprétation du sens intime de
la religion, les peuples latins et néo-latins en ont toujours
modifié la primitive idéalité et la tendance mystique; ils en
ont tempéré le sublime pessimisme moral par un serein
instinct de l'art et de la vie sociale, par l'eurythmie d'un
naturel qui répugne à tout idéalisme excessif.

Il est injuste de ne voir dans la religion des peuples
néo-latins que la sanctification des pratiques extérieures.
Les « œuvres » ne sont pas seulement des cérémonies
liturgiques, des sacrifices, des pénitences imposées au
croyant; elles sont aussi, elles sont essentiellement des
actes de justice et d'amour; elles s'élèvent, chez le chrétien, jusqu'à « l'ascétisme héroïque », à la pauvreté volontaire, à la perfection du dévouement. Si les excès de la
justification par les œuvres peuvent, chez les Latins, aboutir au culte machinal, ceux de la justification par la foi

n'aboutissent-ils pas, chez les Teutons et Anglo-Saxons, au dédain mystique de la morale concrète et vivante? En se tournant surtout vers les œuvres, les nations catholiques n'ont pas négligé l'œuvre la plus haute et la plus vraiment sociale, comme la plus divine : la charité. C'est un des honneurs de l'Italie et de la France que le développement des institutions charitables dans leur sein, et non pas seulement de celles qui ont un caractère religieux, mais aussi de celles qui sont purement civiles et laïques.

On ne saurait soutenir que, avec ses qualités et ses défauts, la puissante organisation catholique, dont un Auguste Comte a si admirablement montré le grand rôle civilisateur à travers le monde entier, soit une œuvre de races inférieures. En Angleterre même et aux États-Unis, le catholicisme a eu sur le protestantisme une influence heureuse, en l'adoucissant, en adoucissant les mœurs publiques, en tempérant chez une minorité, puis, par la contagion de l'exemple, chez la majorité même, ce qu'avait de farouche et d'insociable l'individualisme protestant, ce culte du moi en vue de Dieu, ce culte de Dieu dans le moi, qui confinait à la divinisation du moi. Un éminent critique a dit que le protestantisme fut la « protestation de l'individu contre le caractère social du catholicisme, » et ce n'est pas là, assurément, une définition complète ou adéquate de la Réforme; mais on peut accorder que la Réforme fut une révolte de l'individualisme et une victoire de la personnalité, qui enveloppait d'ailleurs une juste exaltation de la conscience individuelle, de la foi individuelle, de la religion individuelle, trop étouffées sous les formes, sous les œuvres, sous l'organisation collective du catholicisme. Il y a donc là deux tendances également hautes, l'une vers la diversité individuelle, l'autre vers l'unité sociale, dont aucune ne constitue une vraie « infériorité » de race ou de valeur morale.

V

TENDANCES SOCIALES ET POLITIQUES DES NÉO-LATINS

Un des plus beaux exemples de confusion d'idées qu'offre la théorie des races « néo-latines », c'est l'habitude

de leur attribuer je ne sais quel socialisme inné, par opposition à « l'individualisme anglo-saxon ou germanique[1] ».
On peut répondre que l'individualisme se rencontre
partout à doses diverses et sous diverses formes : les
Italiens, les Espagnols, les Français ne nous ont semblé,
à divers points de vue, que trop individualistes. L'Espagnol, surtout, nous a offert un individualisme replié sur
soi et un étonnant esprit de rébellion à l'égard de la discipline sociale. La race, a dit Mme Pardo-Bazan, a un instinct
d'anarchie individualiste qui « empêche toute œuvre collective » et qu'on ne doit pas confondre avec l'instinct
d'indépendance[2]. Des reproches semblables sont adressés à
l'Italien. Chez le Français, nous avons vu l'indiscipline
et l'individualisme d'humeur en partie compensés par
l'extrême sociabilité, par l'esprit de suite et même d'imitation. Dans la société française, l'individu a toujours
moins d'importance que n'en ont les relations des individus entre eux. A l'individualité libre nous avons même
substitué trop volontiers la société anonyme et irrespon-
sable. On nous déclare, en conséquence, socialistes d'instinct et par fatalité « latine! » On oublie combien de
variétés individuelles, trop souvent indisciplinées, se
cachent sous l'apparente uniformité des manières et sous
l'impersonnalité de la politesse. Ce qui est incontestable
et ce que nous avons rappelé plus haut, c'est que, le sentiment de sociabilité étant très développé en France,
la justice a fini par apparaître aux Français comme de
nature éminemment sociale. Ce n'est pas là, à coup sûr,
une infériorité : pour le philosophe, la justice sociale est
la seule vraie justice.

Aux yeux des Romains, l'État était tout, l'individu
empruntait sa valeur à l'État, il n'avait, en quelque sorte,
qu'une valeur sociale. Dans le christianisme, l'individu
acquiert une valeur infinie, mais il est en même temps
un simple membre de la cité spirituelle. Que cette cité,
dans le catholicisme, devienne une monarchie absolue,

---

[1] Ainsi raisonne, par exemple, M. G. Lebon, un des admirateurs forcenés
de la race anglo-saxonne; ainsi raisonnent M. de Lapouge et M. Demolins.

[2] Si cet instinct a parfois contribué à la défense du sol, il a plus souvent
« rendu inefficace la loi, allumé la discorde, dispersé les forces nationales. »

avec le pape à sa tête, l'obéissance trop passive aux communes règles et aux commandements de l'Eglise tendra à devenir le vrai moyen d'assurer la tranquillité de la conscience ; l'individu perdra le sentiment de lui-même dans sa soumission au pouvoir religieux. Si les peuples du Midi et si la France ont montré l'amour de la centralisation politique et religieuse, ils le doivent moins à leur génie de race qu'à leur éducation latine, au double joug que leur imposèrent la Rome des empereurs, et la Rome des papes. On ne saurait encore voir là une infériorité, car l'avenir n'est pas plus au pur individualisme qu'au socialisme exclusif ; il sera la synthèse de la dignité individuelle et de la subordination sociale, de la liberté personnelle et de la centralisation.

On attribue encore aux Latins, comme qualité intime, l'assujettissement volontaire au pouvoir d'un seul, le « besoin inné de tutelle gouvernementale ». Mais ce besoin, s'il existe, vient d'une longue habitude d'être gouverné. En France, les excès du pouvoir absolu ont produit une habitude de ce genre, qui persiste et fait que nous ne savons pas encore nous gouverner nous-mêmes. Un défaut non pas de la race, mais de l'éducation latine, c'est l'habitude de compter toujours sur un individu, un sauveur, un héros — comme ceux de Carlyle, qui pourtant n'était pas un Latin. On confond trop la moralité avec l'héroïsme, et on compte sur l'héroïsme des autres plutôt que sur son effort personnel. C'est une ressouvenance persistante des temps héroïques de la Grèce et de Rome. Mais, si vous songez que le progrès de la liberté individuelle n'empêche nullement celui de l'action collective et de l'intervention gouvernementale, vous reconnaîtrez qu'il n'y a encore là aucune marque de vraie décadence : c'est plutôt l'anticipation d'un avenir encore trop éloigné.

Le sentiment de l'égalité, nous l'avons pu voir, devait particulièrement se développer dans les nations de culture latine, parce que la loi et les institutions romaines avaient un caractère de généralité et même d'universalité devant lequel s'effaçaient les irrégularités individuelles. En France, surtout, a fini par se répandre l'amour de l'uniformité. C'est, au contraire, une tendance des Anglo-Saxons que de distinguer et de diversifier, pour établir une répartition

et une hiérarchie des tâches. Division du travail, tel est
le grand secret, plus d'une fois signalé, de la prospérité
anglaise. Dans l'industrie, cette division accompagnée de
coopération a produit les résultats que l'on sait. L'ouvrier
anglais n'a pas la prétention de savoir tout faire, comme
l'ouvrier français ou italien, qui a conscience de son
extrême souplesse intellectuelle ; il s'en tient à une besogne
spéciale, il l'accomplit avec une persévérante opiniâtreté.
S'il passe d'une occupation à une autre, il ne prétend
jamais faire deux choses à la fois. Le commerçant anglais
n'essaie pas d'étendre sans cesse les objets et la nature de
son commerce, d'ajouter sans cesse des occupations nouvelles aux anciennes : il élargit sa clientèle et le chiffre de
ses affaires pour un objet déterminé, auquel il s'attache
exclusivement et qu'il perfectionne courageusement. La
politique anglaise repose également sur la division du
travail : elle met à part, pour l'intérêt de la nation, une
dynastie toujours chargée de cet intérêt ; elle met à part
une Chambre des lords chargée de maintenir les traditions
gouvernementales et de constituer une aristocratie ayant
sa tâche politique. Elle ne confiera pas tout à la Royauté,
ni à la Chambre des lords, ni à la Chambre des communes :
séparant les pouvoirs, elle distribuera à chacun sa besogne
spéciale pour le bien général. La manie de tout faire, de
tout mêler, de tout égaliser, de tout ramener à l'uniformité n'indique pas, chez les Néo-Latins, une infériorité
intellectuelle, mais plutôt le sentiment d'aptitudes intellectuelles très variées, avec une plus grande mobilité des
goûts, d'où résulte un défaut traditionnel de concentration.
L'Anglo-Saxon et le Germain sont meilleurs ouvriers ;
le Néo-Latin est plus artiste. Dans notre monde d'industrie
mécanique, qui n'est plus l'ère des artisans, des outils et
des chefs-d'œuvre de maîtrise, l'art importe moins qu'une
application soutenue : c'est ici que le génie devient une
longue patience. Ne faut-il point pourtant qu'il existe des
peuples plus portés à maintenir et à développer en toutes
choses les qualités de goût, d'art et d'inspiration ?

VI

LA CRIMINALITÉ CHEZ LES NÉO-LATINS ET LES ANGLO-SAXONS

Un des plus grands chefs d'accusation contre les « races latines », c'est le taux de leur criminalité. Considérez l'Espagne, moins la Catalogne, la Sardaigne, la Sicile, la Corse, enfin les anciens États romains et napolitains, vous remarquerez, avec les statisticiens, un énorme taux de criminalité à peu près semblable. Faut-il donc accuser la race latine ou méditerranéenne d'être « impropre à une civilisation élevée ? » Mais c'est de la plupart de ces contrées que, au moyen âge, venait la lumière ; ce sont elles qui initiaient l'Europe septentrionale « aux arts, aux sciences, au commerce et au droit [1]. » Il faut donc, encore ici, chercher d'autres causes que la race.

Si l'on divise l'Italie en trois zones, Lombardie, Centre et Midi, on trouve dans la première trois homicides sur 100 000 habitants, dans la seconde dix, dans la troisième seize [2]. Question de culture sociale, non de climat ou de race, car, du temps de la Grande-Grèce, la proportion était assurément renversée. L'augmentation de la criminalité italienne nous a paru surtout due aux facteurs moraux et sociaux. M. Tarde dit avec beaucoup de raison : « La moralité d'un peuple est si étroitement liée à la *fixité* de ses *mœurs* et de ses *coutumes*, comme, en général, celle d'un individu à la régularité de ses habitudes, qu'il ne faut pas s'étonner de voir les époques troublées par de grandes crises, les nations remuées par la longue lutte de deux *cultes*, de deux *civilisations*, de deux *partis*, de deux *armées* se signaler par leur criminalité exceptionnelle [3]. » Toutes les révolutions produisent un accroissement d'immoralité. Depuis la révolution de 1789 et celles qui l'ont suivie, le résultat a été visible en France. En Italie, non seulement les révolutions ont remué, comme il était iné-

---

[1] Voir sur ce point, M. G. Richard, *Année sociologique*, 1899.

[2] A Côme, nous l'avons vu, il n'y a que deux homicides par an pour 100 000 habitants ; à Agrigente, il y en a 50. Voir livre II.

[3] *Criminalité comparée*, Paris, Alcan, 1893.

vitable, les éléments fangeux que contient toute société, mais l'unité italienne s'est réalisée en antagonisme direct avec la papauté et le catholicisme, c'est-à-dire avec les éducateurs, moraux d'une nation où morale et religion avaient toujours été fondues ensemble ; de là, dans la péninsule, cet amoindrissement simultané du sentiment religieux et du sentiment moral que nous avons constaté[1]. Parmi les facteurs de la *delinquenza*, les statistiques officielles signalent entre autres : « l'affaiblissement du sens moral dans les populations » (*Atti della commissione per il riordinamento della statistica giudiziaria*). Elles reconnaissent aussi, comme une des sources de l'accroissement actuel de la criminalité, la *miscredenza*, l'incroyance. On a justement noté dans l'histoire du *risorgimento* deux courants parallèles : l'un conservateur et chrétien, qui eut surtout ses représentants dans le Nord : Silvio Pellico, Balbo, Manzoni, etc. ; l'autre anticatholique : Cavour, Garibaldi, Mazzini, Crispi, etc., et qui l'a finalement emporté. La « fibre du tempérament national », naguère si tendue, s'est bientôt relâchée, la disproportion entre les espérances conçues et les réalités auxquelles on avait abouti a contribué à produire la démoralisation. En Espagne et en France même, vous pourriez constater des résultats analogues, qui ne tiennent en rien à la latinité ; nous l'avons vu, les facteurs les plus décisifs sont économiques. Avec la plupart des criminologistes, nous avons montré que, si la criminalité est plus grande en Italie, c'est que ce pays y rassemble en ce moment les délits ou crimes de la civilisation à l'européenne, qui y a fait irruption, et ceux d'un état social plus arriéré.

Mais quelle est la nation, en Europe, qui pourrait jeter à l'Italie et à l'Espagne la première pierre ? Par million d'habitants, il y a en Italie 45 suicides contre 392 en Saxe, 198 dans le Wurtemberg, 166 en Prusse ; 2 444 vols contre 2 608 en Angleterre et dans le pays de Galles et 1 236 en Ecosse. Sur 1 000 naissances, l'Italie en compte 73 illégitimes, la Saxe 127, la Suède et le Danemark 101. En 1885, il y avait eu en Prusse 230 707 mariages et 3 902 divorces ; en Italie, 233 931 mariages et 556 séparations. Si les

---

[1] Voir livre deuxième.

meurtres sont plus nombreux en Italie qu'ailleurs, nous en avons trouvé une des causes principales dans la fougue du tempérament et dans l'antique habitude de la vengeance, qui finit par être considérée comme un devoir.

Non seulement la criminalité a augmenté aussi en France, — on sait dans quelles proportions inquiétantes, — mais elle s'est accrue de même chez les peuples germaniques et anglo-saxons. En Hollande, les délits commis par les enfants au-dessous de seize ans ont doublé depuis vingt années. En Allemagne, d'après la statistique de l'Empire, de 1888 à 1893, le nombre des condamnés de tout âge s'est élevé de 21 pour 100, et celui des adolescents entre douze et dix-huit ans, de 32 pour 100. Tandis que l'accroissement de la population allemande était de 25 pour 100, celui du crime juvénile était de 50 pour 100. Quant aux Anglais, ils ont une catégorie de jeunes criminels que l'on essaye de corriger par la peine du fouet. Or, les jeunes Anglais *fouettés* après condamnation judiciaire, de 1868 à 1894, ont passé du chiffre de 385 par an à celui de 3 192[1]. L'auteur de la plus récente statistique officielle anglaise (1896) après avoir constaté la bonne opinion qu'a le continent sur l'exception que ferait l'Angleterre à « l'accroissement de la criminalité des mineurs », exprime la crainte « que cette exclusion faite en faveur de l'Angleterre ne soit due à une fausse interprétation des statistiques pénitentiaires anglaises »; puis, chiffres en main, il conclut à « une augmentation considérable. » Aux États-Unis, l'accroissement est plus inquiétant encore. Les diverses races n'ont donc pas lieu de se lancer l'anathème. Les conditions morales et économiques ont partout un rôle dominant; le tempérament national et le climat ne déterminent guère que la forme générale des crimes, où prévaut tantôt la violence, tantôt la ruse. Au lieu de s'en prendre aux races, mieux vaut donc s'en prendre à l'état psychologique et social des peuples.

[1] Voir notre livre : *La France au point de vue moral.*

VII

LA CRISE SOCIALE ET POLITIQUE CHEZ LES NÉO-LATINS

A la crise morale, chez les Néo-Latins comme chez les Germains ou même les Anglo-Saxons, se joint la crise sociale. Si l'Italie et la France voient monter sans cesse le parti socialiste, elles restent cependant, sous ce rapport, bien loin de la germanique Allemagne, où M. Ferrero lui-même nous a montré le collectivisme s'élevant à la hauteur d'une église en même temps que d'une armée puissamment disciplinée et chaque jour plus nombreuse [1]. La statistique allemande, comme la française, comme aussi l'italienne, constate une pléthore de médecins, d'avocats, d'ingénieurs, d'architectes, dont le nombre augmente d'année en année, et qui est hors de toute proportion avec le nombre des places disponibles. Le développement de l'enseignement supérieur ou même secondaire entraîne une somme énorme d'activités inoccupées, et ce prolétariat intellectuel, ouvert à toutes les utopies sociales, finit par constituer lui-même un véritable danger social.

En Italie comme en France, le régime parlementaire, emprunté aux Anglo-Saxons, a produit, par les abus qu'il entraîne, la montée et le règne des politiciens, leur action dissolvante sur les ministères esclaves de leurs votes et livrés à l'instabilité, leur ingérence continuelle dans l'administration et jusque dans la justice, dont ils faussent tous les ressorts, leur immixtion aux affaires d'argent les plus louches, leur influence démoralisatrice sur une presse sans frein et sans pudeur, assurée de l'impunité auprès des jurys populaires ; enfin leur habitude de tourner au profit de leurs ambitions personnelles les tendances sociales du peuple, de fomenter les grèves et les discordes, de faire dévier les plus belles associations pour le travail et l'épargne en instruments de révolte contre la société entière. Il faut toute la sagesse italienne et française pour avoir résisté à une telle force de dissolution

[1] Voir livre cinquième.

et d'abaissement, et cela au milieu des difficultés économiques. Dira-t-on que le parlementarisme perd ses
vertus quand on le transplante en sol latin ? Nous ne
voyons pas qu'il soit plus impeccable en Autriche ou
même en Allemagne. Quant à la terre bénie des politiciens, n'est-ce pas précisément l'Amérique anglo-saxonne ?
La « corruption » n'existe-t-elle qu'en France ou en Italie ?
N'est-elle pas plus énorme encore aux Etats-Unis, où se
font de plus en plus éhontés le trafic des votes et celui de
la justice ? Et voit-on que, sous le régime autocratique, les
Slaves soient plus exempts de corruption que les Latins
sous leur régime démocratique ?

Considérez un politicien à succès et voyez son mépris
pour ceux qui ne sont pas « dans le mouvement. » —
« Croker et Platt, et Quay, et Hanne, et toute leur vulgaire
espèce, grosse ou petite, voilà les Anglo-Saxons prospères,
favorisés du Ciel ; et tous ceux qui travaillent contre eux
en faveur d'une politique honnête sont une race décadente ;
leur insuccès prouve qu'ils sont *condamnés !* » — Ainsi
parle, avec une amère ironie, un Américain de bon sens.

VIII

LATINS ET ANGLO-SAXONS EN AMÉRIQUE

Il n'est pas aussi sage que le croient MM. Ferrero et
Sergi d'exciter les nations latines à la servile imitation des
anglo-saxonnes et des germaniques. S'il est incontestable
que, eu égard au nombre moindre de leurs habitants et à
l'état de leur industrie ou de leur commerce, les nations
du Midi ne peuvent étendre leurs conquêtes et leur trafic
à l'égal des nations du Nord et de l'Ouest, c'est une raison
de plus pour qu'elles n'abandonnent ni leur culture latine
ni leur génie dans les arts. C'est là que l'Italie pourra
dire : *Je ferai par moi-même*, et surtout : *Je serai moi-
même*. Et la France aussi *farà dà se*.

Un Anglais qui a longtemps vécu en France, qui connaît à fond notre pays, qui lui a consacré deux gros
volumes nourris de faits, qui enfin ne lui refuse ni son
estime ni sa sympathie, M. Bodley disait récemment aux

Français : « C'est en cultivant votre génie national, formé
par vos aïeux, que vous maintiendrez la grandeur de votre
race ; ce n'est pas en le transformant selon les ordonnances
de vos empiriques anglomanes. D'ailleurs, l'imitation n'est-
elle pas un signe d'infériorité[1] ? »

Quand on propose aux Espagnols comme modèles les
Anglo-Saxons, ils demandent si, à leur école, ils n'ap-
prendraient pas « l'acquisivité » et « l'instinct d'appropriation » plutôt que « la loyauté et l'humanité. »

Si nous suivons jusqu'en Amérique les Anglo-Saxons,
il est incontestable que cette race ou cette nationalité y a eu
le principal honneur. Elle a fourni, avec les institutions
essentielles, le premier fonds psychologique et moral du
caractère américain. Il n'en est pas moins vrai que, de plus
en plus, l'Américain se fait multiple et multicolore selon le
pays, la race, la religion, alors même qu'il s'attribue le
titre honorifique d'Anglo-Saxon. Dès lors, ce titre n'a plus
aucune valeur scientifique ni historique. Les États-Unis,
qui comptaient 4 millions d'âmes en 1790 et en ont
aujourd'hui plus de 70, sont composés d'États ayant chacun
sa physionomie propre et ses centres d'activité ; l'immigration amène par mois 50000 habitants, dont les meilleurs
arrivent d'Angleterre, de France, de Scandinavie et
d'Allemagne, les plus dangereux de Russie, d'Italie, de
Pologne et de Hongrie. 60 pour 100 des immigrants de
ces derniers pays ne savent pas lire. Dans la population
entière des États-Unis, il y a 29 pour 100 d'habitants
d'origine étrangère. En mettant de côté les criminels noirs,
les prisons pénitentiaires offrent, parmi 100 prisonniers,
51 d'origine étrangère ; les maisons d'assistance, 60
pour 100. Les Chinois sont nombreux, malgré les lois
restrictives. Dans de telles conditions, il se produit nécessairement aux États-Unis le plus singulier mélange de
races, qui donne aux caractères quelque chose d'instable,
empêche toute définition générale, toute qualification
commune. Ajoutez que, en 1890, la population de couleur,
dans les États-Unis, était de 20 pour 100. Le gouvernement américain a prohibé l'importation d'esclaves, puis

---

[1] Discours au Congrès d'économie sociale.

[2] Voir le beau livre de M. Boutmy : *Éléments d'une psychologie politique du Peuple américain*, cours 1902.

encouragé l'immigration des blancs à tel point que la proportion des gens de couleur est tombée à 15 pour 100. Malgré cela, elle s'accroît d'une manière très inquiétante dans les États du Sud. Dans les anciens États à esclaves, les nègres seront deux pour un, vers 1920. Si, par divers amendements à la constitution fédérale, les noirs ont gagné l'égalité politique, ils sont loin de l'égalité sociale. Les mariages mixtes sont prohibés par la loi. Une barrière morale sépare toujours les deux races. Dans beaucoup de stations de chemin de fer, le voyageur ne lit-il pas : salle d'attente pour les blancs, salle d'attente pour les gens de couleur? Au fond, les blancs conservent le sentiment du danger que court la race blanche en s'absorbant dans une race inférieure ; mais ils poussent ce sentiment jusqu'à l'injustice et à la cruauté.

Les États-Unis ont refoulé les noirs avec une dureté qui n'avait rien à envier aux Espagnols, et ils continuent de se montrer hostiles. A chaque instant, les noirs subissent la loi de Lynch. On en a vu souvent, qui avaient poursuivi des femmes blanches, saisis par la foule, enduits de goudron, allumés comme des candélabres. Les journaux font le silence sur ces scènes, la statistique n'enregistre qu'une partie de ces exécutions ; elle n'en a pas moins noté 1100 pendant les sept dernières années. Cette façon de maintenir en respect la criminalité des noirs par un mode de justice qui est lui-même criminel montre que les Anglo-Saxons et les Espagnols sont souvent équivalents pour la barbarie.

Quand on oppose l'Amérique colonisée par les Espagnols à l'Amérique colonisée par les Anglo-Saxons, on met sur le compte des Latins ce qui est le fait des nègres et des rouges, témoin M. Le Bon qui nous donne en spectacle « la décadence des races latines » dans l'Amérique du Sud, alors que les races de beaucoup dominantes et absorbantes sont l'indienne et la noire. En outre, dans les républiques hispano-américaines, les conditions climatologiques et économiques sont dix fois pires que dans le Nord. M. Child, dans un livre célèbre, reproche à ces républiques d'être sous la férule de présidents qui exercent une autocratie non moins absolue que le tsar de toutes les Russies, plus absolue même, en ce qu'ils sont à l'abri de toutes les

importunités et de l'influence de la censure européenne.
« Le personnel administratif est uniquement composé de
leurs créatures ; les citoyens votent comme bon leur
semble, mais il n'est tenu aucun compte de leurs suffrages. » Chaque république, le plus souvent, « n'est une
république que de nom ; en réalité, c'est une oligarchie
de gens qui font de la politique un commerce. » A propos
de l'une des moins dégradées parmi ces républiques,
M. Child dit : « Au point de vue commercial, on reste
confondu par l'immoralité qui s'affiche partout. » Mais
faut-il accuser ici les races néo-latines ? S'il est vrai que
la mère-patrie espagnole est elle-même difficilement gou-
vernable, comment des colonies mêlées d'éléments si disparates, la plupart nègres ou indiens, et sous un climat si
défavorable, ne manifesteraient-elles pas le même pseudo-
individualisme, trop voisin de l'anarchie ?

Les républiques sud-américaines n'en ont pas moins leurs
apologistes. Selon eux, si les Etats-Unis n'ont pas de révolutions, c'est parce que, depuis le commencement de leur
vie politique, ils furent entraînés dans une véritable tourmente d'affaires matérielles. Les Américains du Sud excu-
sent leur régime de bouleversements en prétendant qu'ils
en sont où l'Europe elle-même était jadis en sa période
de révolutions et de guerres ; ils déclarent que, si les luttes
européennes n'ont pas pris plus souvent la forme des guerres civiles et sociales, c'est parce qu'on était maintenu dans
l'union par la crainte de l'étranger et sans cesse occupé
aux querelles internationales. Aujourd'hui encore, les Européens ne sont-ils pas tous sous les armes, dépensant en
vue des exterminations futures le meilleur de leurs ressources? Ne versent-ils pas, en somme, plus de sang, et ne
prodiguent-ils pas plus d'argent en ces luttes insensées que
les républiques américaines dans leurs révolutions intérieures, phénomènes de surface, auxquels la généralité du
pays reste dans le fond indifférente? — Il est certain qu'il y a
du vrai dans ces reproches qu'on nous adresse ; ce qui n'empêche pas la vérité des reproches adressés par l'Europe
aux Américains du Sud et même du Nord. Si donc on parcourt les divers pays d'Europe et d'Amérique, on trouve
partout un inextricable mélange de bien et de mal, où la
latinité n'a rien à voir, où il est bien difficile de discer-

ner la décadence sociale de l'état d'enfance ou de simple
croissance.

IX

INCERTITUDE DE L'AVENIR

En résumé, nous n'avons pu trouver rien de vraiment
scientifique dans les théories qui soutiennent l'infériorité
native ou la dégénérescence des soi-disant Néo-Latins. Ces
théories ne sont qu'une des innombrables transformations
du culte secret de l'humanité pour la force et le succès.
Achab étendit des mains violentes sur la vigne de Naboth ;
cette glorieuse expansion était-elle une preuve de nature
supérieure ? Achab aurait-il pu se justifier en disant à Naboth
que la perte de ses possessions prouvait qu'il était « condamné » ? Les coryphées de la gloire anglo-saxonne, au
fond, cèdent à un sentiment d'utilitarisme plus ou moins
déguisé, à l'admiration pour « l'industrialisme, » pour le
« commercialisme » et, à parler net, pour l'argent. Sous le
nom de « volonté », semblablement, les flatteurs de l'Angleterre, de l'Amérique et de l'Allemagne n'adorent-ils
point trop souvent la force individuelle, la force qui prime
le droit, chez les individus comme chez les peuples, qu'elle
soit « anglo-saxonne » ou « germanique? » Ils répètent aux
jeunes gens : « Soyez pratiques! soyez énergiques! » Traduction trop fréquente : « Soyez brutaux! Enrichissez-vous
par tous les moyens. Le succès justifie tout. »

Parmi les prétendus Néo-Latins, nous l'avons reconnu,
les Français sont ceux qui s'accusent le plus volontiers
eux-mêmes. Il y a partout des « fanfarons de vertu », et
aussi des « fanfarons de vice » ; les premiers sont les
hypocrites, et ce n'est pas en France ni chez les Néo-
Latins qu'ils sont le plus nombreux ; peut-être trouve-
rait-on outre-Manche et même outre-Rhin plus de fanfarons de vertu que sur les bords de la Méditerranée. En
revanche, les fanfarons de vice abondent parmi nous et y
font une étrange ostentation de « décadentisme », dont
nos voisins, sur la roue de la fortune, profitent pour
s'écrier : *Habemus confitentem reum!* Les Italiens, aujourd-
'hui, se mettent à faire montre comme nous de vices

néo-latins. Ne faisons pas le jeu de nos concurrents et de
nos rivaux. A l'étranger, ceux qui parlent tant de la décadence des nations latines sont tout simplement ceux qui
sont en rivalité avec elles et qui ne demanderaient pas
mieux que de recueillir leur héritage. Mettons-nous en garde
contre le découragement qu'ils voudraient nous inspirer.
Le pessimisme, par ses effets d'auto-suggestion dépri-
mante, est comme la jalousie dont parle Othello : le
monstre aux yeux verts qui fabrique lui-même le poison
dont il se nourrit.

Ce sont les conditions économiques qui, dans notre siècle, ont nui le plus aux pays dits néo-latins, mais, par les
progrès de la science, dont les résultats s'étendent toujours
d'une nation à l'autre, les conditions industrielles, agricoles, commerciales, iront partout s'améliorant, et la solidarité des peuples en sera fortifiée. Ne mesurons donc pas
tout au degré de puissance présente, n'estimons pas uniquement les peuples d'après les succès matériels.

Quant à nous, Français, la plupart des maux qu'on attribue aujourd'hui à notre « latinité » viennent d'un régime
démocratique encore mal conçu, amorphe, inorganisé.
Récemment, dans la jeune et confiante Amérique, quelques professeurs ont cru devoir donner comme sujet à
leurs élèves : « Pourquoi la France et les nations néo-latines sont-elles en décadence? » Mais d'autres professeurs,
également en Amérique, font volontiers appel aux écrivains
français pour leur demander des conférences et des leçons.
S'il s'agit d'un concours pour une nouvelle université à
construire, par exemple à San Francisco (où l'on disposait
d'une somme de quarante millions), le jury international
met au premier rang quatorze concurrents, dont neuf français, les autres de diverses nationalités, mais tous élèves
de notre Ecole des Beaux-Arts; puis, parmi ces quatorze,
le jury finit par donner le prix à un Français. Dans combien d'autres branches les concours ne nous seraient-ils
pas favorables! Que les admirateurs exclusifs des Anglo-
Saxons cessent de condamner les autres peuples à l'infériorité et à la décadence : chacun de ces peuples a sa valeur,
ses mérites, son rôle utile dans le présent, ses espérances
pour l'avenir.

Etaient-ils de race saxonne, les Italiens de Gênes et de

Venise, si puissants jadis par la banque (invention italienne
qui a merveilleusement fleuri en terre anglo-saxonne), par
la lettre de change, par la généralisation du crédit, que les
Anglais d'alors ne connaissaient guère? Etaient-ils de race
saxonne, les Portugais qui doublaient le cap de Bonne-
Espérance et couvraient de leurs comptoirs les Indes aujourd'hui anglaises? On a rappelé à ce sujet, pour montrer
les vicissitudes de l'histoire, que Malacca était alors le
Singapore des Néo-Latins; on a cité les portes monumenta-
les de la ville, surtout le cimetière grandiose construit par
les conquérants pour couvrir toute une colline avec une
muraille de quatre mètres de haut entourant un quadrila-
tère de cinq cents mètres de côté, et dont le temps n'a pu
ébranler la solidité, digne des anciens Latins. Dans ce
cimetière, taillé pour servir d'abri pendant mille ans aux
restes de cinquante générations, un voyageur a fait observer que, sur la première ligne des tombes et sur une partie
de la seconde, on lit les noms des grands navigateurs portugais : Gama, Mascarenhas, Pinto, da Silva, etc.; puis,
tout d'un coup, sans changement dans la couleur ni la
forme des pierres, les noms portugais font place aux hollandais; mais la ligne de leurs tombes s'arrête à son tour
et l'on voit commencer la série des Robinson esquire, Gordon esquire, Smith, et autres enfants de cette Albion qui,
aujourd'hui, se croit en possession définitive de la suprématie terrestre! N'a-t-on pas eu raison de voir dans ce
cimetière une « sévère leçon d'histoire[1]? »

Avant l'Angleterre, l'Espagne s'était vantée, elle aussi,
de ne pas voir le soleil se coucher sur ses royaumes; la
France elle-même, qu'on prétend inhabile à la colonisation, avait des possessions bien plus vastes que n'en
avait la Grande-Bretagne; c'est avec les dépouilles de la
France, de l'Espagne, de la Hollande, que les Anglais ont
fini par former leur immense empire colonial. Nous l'avons
déjà remarqué, la grandeur exagérée de leurs possessions
actuelles peut rendre un jour difficile de maintenir une si
disparate accumulation de territoires à l'abri des désordres
intérieurs et des convoitises du dehors; la sécurité des mers,
nécessaire à l'Angleterre, peut être compromise même par

---

[1] G. de Contenson, *Revue politique et parlementaire*, 1898, p. 476.

des marines moins fortes que la sienne. En un mot, l'avenir est incertain pour les Anglo-Saxons comme pour les Néo-Latins; aucun ne peut se flatter d'être dépositaire ni de la vertu ni de la puissance perpétuelle. « Il y a place pour tous, disait Spinoza, dans la maison du Seigneur »; il y a place aussi pour tous les peuples dans les destinées de la grande famille humaine, et aucun n'est, par nature ou par race, voué à la décadence. De plus, nous l'avons montré tout le long de ce volume, c'est une loi de l'histoire que les facteurs scientifiques et sociaux, conséquemment, intellectuels ou moraux l'emportent de plus en plus, avec le progrès des civilisations modernes, sur les facteurs ethniques, géographiques et de climat. Le mouvement vertigineux des sciences et des découvertes industrielles transforme de plus en plus rapidement les conditions de la vie sociale et du travail, ainsi que les rapports mutuels des diverses classes. Nul peuple ne peut plus se flatter d'une éternelle prééminence; nul ne peut non plus être condamné à une déchéance irrémédiable, chacun profitant, par la solidarité universelle, des découvertes et expériences d'autrui. Cette loi de solidarité dans le milieu social l'emporte de plus en plus sur les conditions d'originalité propre dues au tempérament de la race et au milieu physique. L'avenir n'est pas aux Anglo-Saxons, aux Germains, aux Grecs ou aux Latins; il est aux plus savants, aux plus industrieux et aux plus moraux.

TABLE DES MATIÈRES

LIVRE VI. — LE PEUPLE RUSSE

LIVRE VII — ESQUISSE SOCIOLOGIQUE DU PEUPLE FRANÇAIS

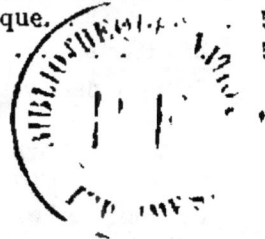

FÉLIX ALCAN, éditeur, 108, boulevard Saint Germain, Paris 6ᵉ

BIBLIOTHÈQUE DE PHILOSOPHIE CONTEMPORAINE

OUVRAGES DE M. FOUILLEE

OUVRAGES DE M GUYAU

ÉVREUX, IMPRIMERIE DE CHARLES HÉRISSEY